哲学践行文献精选

潘天群　主编
丁晓军　王志远 等　译

南京大学出版社

图书在版编目(CIP)数据

哲学践行文献精选 / 潘天群主编. —南京：南京
大学出版社，2023.1
ISBN 978 - 7 - 305 - 24047 - 8

Ⅰ.①哲…　Ⅱ.①潘…　Ⅲ.①哲学-文集　Ⅳ.
①B0 - 53

中国版本图书馆 CIP 数据核字(2020)第 259797 号

出版发行　南京大学出版社
社　　址　南京市汉口路 22 号　　邮　编　210093
出 版 人　金鑫荣

书　　名　哲学践行文献精选
主　　编　潘天群
责任编辑　王其平　　　　　　　编辑热线　025 - 83596923
照　　排　南京紫藤制版印务中心
印　　刷　常州市武进第三印刷有限公司
开　　本　787×1092　1/16　印张 36　字数 796 千
版　　次　2023 年 1 月第 1 版　2023 年 1 月第 1 次印刷
ISBN 978 - 7 - 305 - 24047 - 8
定　　价　120.00 元

网址:http://www.njupco.com
官方微博:http://weibo.com/njupco
官方微信号:njupress
销售咨询热线:(025)83594756

序:哲学践行的历史、现状与未来

2018 年 8 月,哲学界的奥林匹克——第 24 届世界哲学大会(World Congress of Philosophy)首次在中国举办,大会主题为"学以成人",其中一个分组会议名为"哲学咨询和治疗"。然而,国内哲学界的许多同仁都提出的一个疑问是:哲学咨询、哲学治疗到底意指何物呢?

作为当代西方哲学之应用转向的代表,哲学咨询和治疗,以及其他的将哲学应用于日常生活中的哲学应用的林林总总,统称为哲学践行(philosophical practice)。当代哲学践行源于 20 世纪 80 年代在欧洲开启的一系列哲学运动,但这并不意味着哲学践行是什么新鲜事物。早在古希腊、古罗马、古印度以及古代中国的哲学家那里就已经开始在一定程度上发挥哲学的咨询与治疗功能了。西方哲学自柏拉图开始直至今天,理论化探索占着绝对主流,哲学被认为是纯粹理智的事业,它依赖于概念分析以及严密的逻辑论证。这种"扶手椅哲学"虽然通过系统的逻辑推理和抽象思辨为人类建立起了强大的思想王国,但是哲学的这种与普通公众和日常生活相割裂并且越来越疏离的状态令许多人不满。哲学践行便是因对传统学院哲学的不满而提出的哲学应当走向日常生活的概念。

一、何谓哲学践行?

"哲学践行"是将哲学与人们的日常生活相结合,往往由一个受过训练的哲学践行家借由哲学的方式,如借助哲学理论或哲学方法,通过对人们自身经历的洞察,检查人们的信念,改进人们的思维方式,使参与其中的人学会像哲学家一样地思考,以帮助人们解决他们在日常生活中所遇到的实践性问题(practical problem)或者存在性问题(existential problem),最终进一步认识自我、提升自我,获得内心的安宁与平和。

英国哲学践行家、认知行为心理治疗师罗伯逊(Robertson,1998)认为,与应用伦理学(applied ethics)一样,哲学践行也是应用哲学(applied philosophy)的一个子类。在哲学践行中,哲学践行家与顾客所处理的都是私人性的具体生活问题;哲学践行家在学院哲学的启发之下,运用一系列哲学技巧来使他们与顾客之间的对话成为真正哲学性的。美国哲学践行家拉哈夫(Lahav,1995)则将哲学咨询看作一种世界观诠释(worldview interpretation)。他主张,潜藏在哲学咨询的众多不同进路之下的一个原则便是:日常生活的不同方面都可以被诠释成对自我以及对这个世界的观念的表达;这种观念是经验的或者是哲学的,而这些观念的总和就构成了一个人的世界观。

根据其对象与目标的不同,哲学践行主要被分为个体咨询(individual counseling)、群体建导(group facilitation)和组织顾问(organizational consulting)三大类。个体咨询的对象(client)通常是带着某个实际问题或者困扰来求助于哲学践行家的。以往,人们在生活中遇到困扰的时候通常会求助于心理咨询师或者牧师等等,以获得相应的辅导与建议。但是,由于心理治疗存在着耗时长、见效慢、诉诸药物、症状容易反复等问题,以艾利斯(Albert Ellis)为代表的一些心理学家转而求助于哲学作为对心理治疗的补充与替代,发展了心理学中的认知疗法,创立了理性情绪行为疗法(Rational Emotive Behavior Therapy)。人们在日常生活中所遇到的各种问题并非都是源自心理或者精神疾病。尤其是对现代人来说,在这个纷繁复杂的现实世界中,人们面临的往往是生存意义上的各种困惑与纠结,而不是精神病理学上的脑部神经紊乱。如果你的问题可以通过对你基本的生活理念,即世界观、人生观、价值观,进行仔细检查、诊断与治疗从而得到解决的话,那你需要的就正是一名哲学咨询师,而不是心理咨询师或者主要通过药物进行治疗的精神科医生。而如果你是情绪上出现功能失调或者生理上产生疾病,那你可能就得去看医生、吃处方药了。然而,即使对那些需要药物治疗的病人,哲学的介入对其病症的治疗也是帮助巨大的,这也是当今医学人文(medical humanity)兴起的原因所在。当人们的思想得以澄清之后,世界随之明朗了,他们内心的痛苦与挣扎会消失,肉体上的痛苦,如果有的话,也能够在一定程度上缓解。美国哲学践行家协会(American Philosophical Practitioners Association)创始人马里诺夫(Lou Marinoff)也称哲学咨询为“对精神正常者的疗法”(therapy for the sane)。

哲学践行既可以是一对一的,也可以是一对多的——群体建导便是一种一对多的哲学践行。非正式的群体建导通常在咖啡馆、酒吧或者书店里举行。在哲学践行发展的早期,尤其是在法国,咖啡馆等公共场所为哲学践行家与普通大众的对话与交流起到了关键作用(Marinoff,2002)。人们定期地集会,参加由某个哲学践行家主持的讨论。讨论的主题可以是事先确定了的,也可以是当下大家经过商量或者投票决定的。这样的主题是所有人都感兴趣并且都有话可说的,例如,“自由就是按照我们的想法来行动吗?”“说谎在何种情况下是不受谴责的?”等等。由于参与者具有不同的学术和职业背景,他们的观点常常是各不相同的,讨论到最后大家可能还是无法达成一致,但是在此过程中他们都进行了独立的、批判性的思考,这样就已经达到了哲学践行的思维训练目的。

正式的群体建导具有相对固定的程序,其主要形式是尼尔森式苏格拉底方法(Nelsonian Socratic Method),也被称为新苏格拉底对话(Neo-Socratic Dialogue)。参加践行的团体人数在10人左右,他们可以是普通的小学生、家庭主妇、企业员工或者政府工作人员,而不必事先具有任何哲学背景。哲学践行家在整个过程中并不用说太多的话,也不会表达自己的观点,而只是起一个引导讨论进程的作用。正式的群体建导通常发生在某个相对封闭、安静的空间里,例如教室或者会议室,但是有时候同样也在咖啡馆、书店等场地举行。与非正式的群体建导不同,正式的群体建导最终要求得到一个答案,因此讨论的时间可能会持续好几天。

一个组织,不管它是政府、学校还是公司,都会面临各种各样的伦理与道德困境;而所谓的"组织顾问"就是哲学践行家运用一系列哲学技术来提高或改善组织的道德感与精神风貌的过程。荷兰经济哲学家范卢克(van Luijk,1993)认为,哪里有商业,哪里就存在着道德危机,而一个有道德的组织能够为其员工提供更积极的工作环境,培育出员工间更融洽的同事关系,因而也会使员工与顾客之间的关系更和谐。因此,这样的组织顾问对于所有人来说都是有益的,最后也能达到组织利益最大化的要求。

哲学践行家可以通过综合运用个体咨询和群体建导的技术来解决特定的组织性的、人际间的问题。马里诺夫则结合他多年的哲学践行工作,发展出了著名的"PEACE"进程模式,使得这种以"组织"为顾客的哲学践行模式成功地由欧洲蔓延至北美洲乃至全世界。"PEACE"进程由以下五个步骤组成(Marinoff,2002):问题(P,problem),正确地确定核心问题;情绪(E,emotion),建设性地表达出顾客对这个问题的情绪性反应,使得接下来的讨论成为可能;分析(A,analysis),为了帮助解决问题,理性地、基于逻辑论证对顾客的各种可能解决方案进行深思熟虑,而不是像心理治疗那样仅仅是试图安抚顾客或者帮助他重新开始、继续前进;沉思(C,contemplation),发现一个能让顾客做出最好选择的意向、思想框架与环境;平静(E,equilibrium),达到一种使原先的问题不再成为问题的状态。"PEACE"进程的哲学化的部分在于深入探究某人理性地做出的选择。马里诺夫认为,"PEACE"进程既适用于个体咨询,也适用于组织顾问。因此,他将"PEACE"进程看作哲学践行的元方法论或者通用框架。

二、哲学践行研究范式的形成

荷兰哲学践行家哈特劳(Peter Harteloh)采用哲学家库恩(Thomas Samuel Kuhn)的术语,将哲学践行视为当代西方哲学中新涌现的一种范式(paradigm)。在传统的"扶手椅哲学"范式下,许多理论哲学家痴迷于对形而上学、认识论中的问题进行深入思考与论证,以抽象甚至晦涩的专业术语来阐述自己的哲学思想。而不具备相应哲学基础的人对这些哲学理论常常是不明所以,即便是哲学家同行之间也未必能够在思想、理论上做到无障碍地相互沟通。这样的哲学理论工作无疑是有其积极意义的,但是哲学家的哲学理论与方法不能真正渗透进他自己的生活方式之中,并且为其他人理解周遭世界提供指导与帮助,那么这样的哲学研究在价值上的局限性就是显而易见的。哲学对于人类历史发展的影响力往往不如科学来得那么明显与直接也部分出于这样的原因。

虽然哈特劳对"范式"的使用已经与库恩的原意不完全一致,但是他对哲学践行发展历程与现状的概括是恰当的。而通过一定的对比研究,我们会发现哲学践行确实已经在哲学研究领域里掀起了一场革命,导致了"范式"的转换,而这种新旧范式更替的意义便如哈特劳所说,"存在于哲学的自我完善当中"。比照库恩对科学范式的描述,哈特劳认为哲学践行已经体现出一个真正范式的特点:拥有著名的哲学践行家、代表性的哲学践行理论与方法、专门的哲学践行组织、学术期刊、学术会议以及专业的学院教育与培训等等(哈特劳,2013)。

哲学践行初步形成为一个范式体现于以下标志性事件的发生:第一届哲学践行国际

会议(International Conference on Philosophical Practice)由拉哈夫和马里诺夫于1994年共同组织在加拿大召开,来自世界各地的55位哲学践行家参加了此次盛会。此后,该会议基本上每两年召开一次,举办地包括荷兰雷斯登(Leusden)、美国纽约、德国本斯堡(Bensberg)、英国牛津、挪威奥斯陆、丹麦哥本哈根、西班牙塞维利亚(Sevilla)、意大利卡洛福泰(Carloforte)、韩国春川、希腊雅典、塞尔维亚贝尔格莱德(Belgrade)、瑞士伯尔尼(Bern)、墨西哥城以及俄罗斯圣彼得堡。会议举办地点的广泛分布表明,哲学践行已经成为一个全球性运动,其影响力已经从欧洲延伸至北美洲、亚洲。

自从阿亨巴赫于1981年建立第一个哲学践行组织"哲学践行国际学会"(Internationale Gesellschaft für Philosophische Praxis),哲学践行便迅速在欧洲大陆上流行开来,尤其是在荷兰植根并且持续获得了蓬勃发展。到20世纪90年代末,哲学践行家和区域组织的数量激增,与此同时更多的顾客也开始出现,哲学践行得到了全世界媒体的高度关注与热烈报道。除了德国,目前在荷兰、挪威、以色列、芬兰、英国、意大利、西班牙、葡萄牙、希腊、美国、加拿大、澳大利亚、巴西、南非、韩国、日本、中国香港和中国台湾等国家和地区也都已经建立了正式的哲学践行学会或社团,拥有众多会员,并且定期或不定期地举行与哲学践行相关的研讨会和工作坊。仅在美国哲学践行家协会的网站上,我们就可以找到在美国境内外的、已经得到相应资格认证的数百名哲学践行家的名单以及他们的地址、电话、电子邮箱等联系方式。

哲学践行方面的学术期刊也陆续出现,这进一步形成了哲学践行理论与实践并重、以理论指导实践、以实践促进理论反思的积极互动模式。目前已有的相关杂志主要包括《哲学践行》(*Philosophical Practice*)、《哲学践行国际杂志》(*International Journal of Philosophical Practice*)、《践行哲学》(*Practical Philosophy*)、《应用哲学国际杂志》(*International Journal of Applied Philosophy*)、《人文治疗杂志》(*Journal of Humanities Therapy*)等等。

1995年,哲学咨询的首个现代学术论文集问世,汇集了阿亨巴赫、拉哈夫、马里诺夫、柯亨(Elliot D. Cohen)等著名哲学践行家的14篇重要论文(Lahav & Tillmanns,1995)。哲学践行家们也写作了许多关于哲学践行的介绍性、理论性书籍。这些书为那些将来想要成为哲学践行家的人提供了指导与帮助。更为重要的是,哲学践行家还为普通大众写作了许多通俗读物,并且有部分书还成了国际畅销书,例如马里诺夫的《柏拉图灵丹:日常问题的哲学指南》和柯亨的《这么想就对了:哲学家教你破除11种负面想法》、《亚里士多德会怎么做:透过理性力量疗愈自我》。它们的流行极大地提升了哲学践行在当今社会中的知名度与认可度。

在专业教育方面,哲学践行也已经开始进入学院,得到相关行政部门的重视与支持。西班牙的塞维利亚大学是世界上第一个为哲学咨询设立文学硕士学位(Master of Arts)的学校。2010年,纽约市立大学城市学院通过了设立"应用哲学"文学硕士学位课程的方案,而这其中也包括了"哲学咨询"这一子学科。目前,已经有一些学者在哲学咨询和治疗方向上写作毕业论文,取得了博士学位,例如,舒斯特(Shlomit C. Schuster)于1997年向耶路撒冷希伯来大学申请博士学位的论文《哲学自传:对哲学之实践的评价》(*Philo-*

sophical Autobiography：*A Commentary on the Practice of Philosophy*)[1]，蒂尔曼斯 (Maria da Venza Tillmans)于1998年向伊利诺伊大学厄巴纳-香槟分校申请博士学位的论文《哲学咨询与教学：在一个二元世界中"保持张力"》(*Philosophical Counseling and Teaching*：*"Holding the Tension" in a Dualistic World*)[2]，拉伯(Peter B. Raabe)于 1999年向英属哥伦比亚大学申请博士学位的论文《哲学咨询的哲学》(*Philosophy of Philosophical Counseling*)[3]，纽鲍尔(Patrick Neubauer)向德国柏林洪堡大学申请博士学位的论文《信仰与性格："哲学践行"中的生活咨询》(*Faith and Character*：*Life counselling in "Philosophical Practice"*)[4]。

三、哲学践行理论研究现状

（一）国外相关研究

哲学咨询在欧洲、北美被称为"哲学践行"或者"哲学顾问"，在日本被称为"临床哲学"，韩国学者则将其拓展为"人文治疗"。归纳起来，国外对西方哲学咨询理论及其应用研究主要可分为以下六个方面。

1. 哲学咨询的历史性思想资源

这部分研究工作主要关注于为当代哲学咨询提供了思想资源的启发性哲学家与学派，通过澄清哲学咨询的理论起源与思想传承，为当代哲学咨询的合法性提供支撑。阿道(Hadot，1995)通过对苏格拉底、犬儒学派、亚里士多德、伊壁鸠鲁学派和斯多葛学派的哲学思想的探索，将哲学总结为一种生活方式，认为哲学号召人们努力通过精神操练 (spiritual exercises)而获得智慧。与阿道的看法一致，费拉约洛(Ferraiolo，2010)指出，作为斯多葛学派的代表人物，尽管爱比克泰德和奥勒留一个是奴隶、一个是皇帝，但是他们关于自制的思想都同样能够帮助现代人理性而有效地应对生活中所不可避免、无法控制的兴衰沉浮，使人们获得内心的平和，过上良善生活。法蒂奇(Fatic，2014)则认为，伊壁鸠鲁主义作为一种普遍的生活哲学可以成为解决哲学咨询中与情绪、意义相关问题的有力工具。

除了古希腊、古罗马哲学家，许多近现代哲学家也为哲学咨询贡献了理论与思想资源。罗伯逊(Robertson，1998)认为，当代哲学咨询从黑格尔、布伯(Martin Buber)、海德格尔、萨特以及维特根斯坦等人的哲学思想中获得了许多灵感。斯皮瓦克(Spivak，2004)指出，克尔凯郭尔关于人类自由的哲学思想对于哲学咨询有着很强的解释力与相关性。而舒斯特曼(Shusterman，1997)通过对杜威、古德曼、罗蒂和普特南等实用主义者的哲学理论与哲学生活进行考察，指出哲学应该被用于分析并引导个人生活，使人们过得更好。

2. 对"哲学咨询"的概念界定

与"什么是'哲学'"这个问题一样，对于"什么是'哲学咨询'"的回答也是没有定论的。多数哲学家都从自身角度围绕哲学咨询的对象、方法与目标来尝试对其进行间接界定。罗伯逊(Robertson，1998)认为，哲学咨询是应用哲学的一个子类，哲学家在学院哲学的启发之下，运用一系列哲学技巧来处理来访者的私人性具体生活问题。阿米尔

（Amir，2004）将哲学咨询直接与其方法相等同，认为哲学咨询就是一系列方法的集合，而这些方法是以哲学的方式来解决日常生活中的问题与困境的。拉哈夫（Lahav，1995）则将哲学咨询看作一种世界观诠释，并且认为不同的哲学咨询对于世界观诠释有着不同的方法。舒斯特（Schuster，1997）认为哲学咨询意味着哲学咨询师与来访者以自主讨论的方式对来访者的自我（self）进行哲学关怀。

3. 哲学咨询的目标与作用

大部分研究者认为哲学咨询的目的是解决来访者所遭遇的问题、解除其思想困惑（Lahav，1995；Amir，2004）。格罗索（Grosso，2012）将哲学咨询视为一种概念艺术，认为哲学咨询的目的就是帮助来访者以新的方式来看待他们的问题，从而使来访者能够以新的方式来解决这些问题。土屋阳介与宫田真一（2015）则将哲学咨询视为在儿童哲学（Philosophy for Children，P4C）中开发儿童的智识美德（intellectual virtues）的一个可行工具。除了对思维方式的训练、对智慧的寻求，还有研究者主张哲学咨询也是一种进行伦理美德教育的重要方式。琼斯（Jones，2012）将卡巴莱（Cabaret）喜剧表演视为哲学咨询的一种方式，表演者通过讲述一个有着普遍意义的私人故事而对观众进行道德教育。杜帝欧（Tuedio，2003）则指出，哲学咨询不对最终的功利性效果作任何承诺，哲学家的唯一责任就是不断地进行追问、质询（further inquiry）。

4. 哲学咨询与心理咨询、心理治疗之间的关系

当代哲学咨询在兴起之初的一个重要使命就是对心理咨询、心理治疗的理论预设以及方法和效果进行挑战。大部分研究者将哲学咨询视为对心理咨询、心理治疗的一种替代，试图以哲学咨询独立为人们提供理性生活的指导，避免使用任何心理治疗手段（Achenbach，1998；Marinoff，2002；Raabe，2010）。与他们不同，罗素（Russell，2001）认为，如果仅仅通过比较哲学咨询师和心理治疗师都做了些什么以及他们为什么这么做，那么在哲学咨询与心理治疗之间并没有明确而清晰的区分。阿米尔（Amir，2004）也指出，在哲学咨询中一个决定性部分就是哲学咨询师的相关心理学知识及经验，否则哲学咨询师将很有可能迷失在他自己的哲学迷宫里。

还有研究者认为，虽然哲学咨询并不能完全代替心理治疗，但是心理治疗师需要借助哲学咨询为来访者提供更有效的缓解心理疾病的途径，因此他们将哲学咨询视为心理治疗的补充手段（Cohen，2013）。米尔斯（Mills，2001）主张哲学咨询就是心理治疗的一种形式，但是哲学咨询需要一种结构以及引导以使之发展成为解决心理问题的一个可靠进路、一种理论与实践上的"哲学-心理学"范式。

5. 哲学咨询的不同方法与模式

哲学家们可能会依据他们所诉诸的哲学资源，采用各种各样的、在他们看来"管用"的方法来作为他们进行咨询活动的载体，因此哲学咨询呈现出明显的方法论多元化。在当代哲学咨询中已经比较成熟的方法包括但不限于："精神修炼"（spiritual exercises）方法（Hadot，1995）、存在主义方法（Russell，2001）、"PEACE"方法（Marinoff，2002）、"FITT"方法（Raabe，2002）、罗马斯多葛主义方法（Lahav，2009）、新苏格拉底对话法（Littig，2010）、"IDEA"方法（Ferraiolo，2010）、基于逻辑的疗法（Cohen，2013）、"问题树"

(Issues Tree)方法(Raabe,2013)、伊壁鸠鲁主义方法(Fatic,2014)、幽默法(Amir, 2014)、诗歌法(Rolfs,2015),等等。

6. 哲学咨询行业的准入条件、培训方式、价值规范与伦理守则

由于哲学咨询作为一个比较年轻的行业还在不断成熟与完善当中,因此与该行业的运作、发展相关的一系列实际问题也得到了许多研究者的关注。霍夫曼(Hoffman, 2003)为哲学咨询师以及哲学咨询组织的未来发展提出了一个比较中肯的规划。乔普林(Jopling,1997)提醒公众注意哲学咨询在某些情况下可能出现的危险。米尔斯(Mills, 1999)通过对"加拿大哲学咨询学会"、"美国哲学践行家协会"以及"美国哲学、咨询与心理治疗学会"所颁布的关于哲学咨询师的职业伦理守则的考察,指出了在这些守则中所存在的许多模糊不清之处。舒斯特(Schuster,1995)则为美国那些害怕承担法律责任的哲学咨询师提供了一些实用建议。

(二)国内相关研究

在国内,学术界对西方哲学咨询理论及其应用的研究主要兴起于21世纪初期,目前仍处于译介与初步探索阶段。可喜的是,在近十多年里,国内学者与国外哲学践行家之间的交流越来越频繁,这也带动了相关学术论文的发表以及相关研究项目的设立。归纳起来,国内研究主要由以南京大学、香港中文大学、台湾辅仁大学为代表的数个学术共同体所发起和承担。

南京大学的潘天群于2012年在南京大学现代逻辑与逻辑应用研究所成立了"思想分析实验室",并发展和提倡基于逻辑分析的哲学践行模式。该实验室不定期开设国际性哲学践行工作坊,邀请著名西方哲学践行家做讲座,提供哲学咨询相关技术的展示与培训。潘天群参加了2012年在韩国春川举办的第11届和2014年在贝尔格莱德召开的第13届哲学践行国际会议,在会上倡导"思想分析"的理论与方法。由潘天群的研究生所组成的研究团队从事哲学咨询理论与实践研究以及相关文献翻译工作,已有多位研究生写作完成与哲学咨询相关的博士学位论文(龚艳,2013;丁晓军,2016)和硕士学位论文(耿琳琳,2015;张艳芹,2016;刘芳,2018)。中国人民大学的欧阳谦(2012)将哲学咨询视为一种返本开新的实践哲学,提倡重新发挥哲学的"心灵治疗"功效。周永生(2008)对西方哲学咨询理论的重要著作《柏拉图灵丹》作了解析,并从北美哲学咨询的具体研究及实践中初步揭示了心理咨询与哲学咨询之间的竞争关系。中南大学的冯周卓(2010)对哲学咨询与心理咨询作了对比研究,指出二者之间存在互补关系。他还与黄渊基(2010)根据中国现当代国情探讨了哲学咨询在马克思主义哲学大众化中的作用。安徽大学的陈红(2012)对西方哲学咨询方法进行了总结与归纳,并对哲学咨询的核心价值与本质进行了详细探讨;卫春梅(2013)则对哲学咨询与心理咨询之间的异同进行了考察,主张两者在中国特定的时代和文化背景中通过融合与互补共同发展。扬州大学的罗龙祥从2013年开始研究存在主义的践行价值,并探讨哲学践行与哲学教育的双向启示。安徽师范大学的王习胜对思想分析(思想咨商、思想关怀)的叙事疗法(2020)、思想政治教育功能(2014a)、道德治疗功能(2015)以及在中国社会语境下中国特色的哲学咨询理论(2014b)进行了深入探索;杨希则对思想咨商与心理咨询在价值诉求、学科基础、适用阈限、技术

原则等方面的关联与差异进行了探讨(2015),并对世俗伦理所蕴含的丰富的咨商解惑资源进行了挖掘(2016)。

青海师范大学的王志远、山东师范大学的张利增和山东大学威海分校的夏卫国到纽约市立大学城市学院访学,跟随马里诺夫(Lou Marinoff)研究哲学践行,在访学期间获得了美国 APPA 协会认证的哲学咨询师证书。

在香港地区,哲学咨询一般被称为实践哲学或者哲学辅导。香港理工大学的温带维(2010)认为,正常健康的人遇到难以解决的人生问题,感到困惑和沮丧是很自然的,受过训练的哲学工作者能针对个人的具体问题和处境,提供哲学上的建议、指导,使人们获得更大的思考空间和理智能力。香港岭南大学哲学系自 2006 年起开设实践哲学文学硕士课程,旨在培养学生的批判性思维。香港中文大学的卢杰雄于 2010 年创立香港实践哲学学会。该学会与美国哲学践行家协会合办哲学辅导证书课程,由马里诺夫等西方哲学咨询界的领军人物亲自授课。

在台湾地区,哲学咨询一般被称作"哲学咨商"。淡江大学的傅杰思(Fleming,1996)作为一名外籍学者,对古代中国的哲学咨询思想进行挖掘与阐释,将哲学咨询介绍给台湾哲学界及心理学界。华梵大学哲学系于 2002 年将哲学咨商纳入正规课程当中,并进而在 2013 年将哲学咨商设为专业课程。黎建球较早系统性地将哲学践行引进到台湾。黎建球为台湾辅仁大学前校长,现为台湾辅仁大学哲学系教授,他为推进哲学咨商的发展做了大量工作,贡献卓著。辅仁大学以黎建球为核心,创建了哲学咨商团队,开设哲学咨商研究方向的硕士点与博士点,专门从事中国传统哲学咨询思想的梳理与挖掘工作,已形成富有中华文化特色的哲学咨商理论与实践研究(吕健吉,2004;黎建球,2007;苏嫈氛,2011)。2011 年,黎建球教授创建了台湾哲学咨商学会,开设"基于逻辑的疗法"(Logic-based Therapy)基础能力培训认证课程,由该治疗模式的创立者柯亨(Elliot D. Cohen)亲自参与授课,而黎教授提出自己的 CISA 哲学咨商方法。

综上所述,西方学者在哲学咨询的理论及其应用研究方面相对成熟与全面,尤其是在发展各类咨询模式与方法上实现了突破与创新;与此同时,西方学者对与分析哲学相结合的哲学咨询理论和实践模式的探索却比较罕见。国内学者在理论引介方面成果颇丰,并且在对中国传统哲学中践行思想、实践智慧的挖掘方面取得了突出成果。

四、哲学践行的未来:哲学家走上广场、走向市场

哲学践行作为哲学研究的一个新动态,已然带动起一个新的职业。在某种程度上可以说,哲学咨询的职业化是走在理论研究的前面或者至少是与理论的成形相同步的。德国哲学家阿亨巴赫(Gerd Böttcher-Achenbach)于 1981 年建立专门的哲学践行机构是当代哲学践行运动开始的一个标志。就目前而言,美国、加拿大、英国、法国、德国、西班牙、意大利、荷兰、丹麦、希腊、以色列、韩国、日本、中国香港、中国台湾等国家和地区都已经有哲学家开门迎客,为个体或者群体、组织提供咨询、建导和顾问的服务。如前所述,哲学咨询作为咨询的一种类型,是将世界上最伟大的哲学家的见解与思考方式运

用于帮助人们思索他们人生中的重要事件，解决由生活中出现重大转折带来的悲伤痛苦问题，找寻人生的意义与目的，这些是大多数人在人生的某个阶段都会面临的重要议题。

目前，绝大多数哲学咨询师都是兼职从业的，他们的主业还是在大学或者学院里教书、做学术研究。但是也有一些哲学咨询师是专职做这项工作的，他们在某种程度上是一名自由职业者，因为哲学咨询不是传统意义上的工作类型，尚未被纳入政府监管的市场劳动力体制之中。哲学咨询更多的还是哲学家利用自己的才智与学识所进行的一种个人活动，具有比较鲜明的独立性。有些哲学践行家自己成立研究所，在网络上创建个人主页，或者挂靠某个哲学践行协会，以吸引顾客、招徕生意；他们与顾客对话的方式也不限于面聊，而是充分利用网络社会带来的便利，发展出了以电话、电子邮件、Skype 等现代通讯手段进行咨询的方式。

与传统治疗不同，哲学咨询师不把顾客当作一个需要进行治疗的病人，而是将顾客视为一个健康的理性人，顾客来寻求咨询只是想要以哲学分析的方式处理生活中一些特别复杂的困惑或问题。但是，由于哲学咨询师不把顾客当作患有精神疾病或心理疾病的病人，因此目前社会上的商业保险公司也都不覆盖哲学咨询这类消费。[5]哲学在哲学咨询师那里成了真正能为他们带来物质财富的工具，能让他们以此养家糊口、安身立命。在当今全球经济不景气的大环境下，这对于在求职道路上困难重重的哲学系毕业生来说，无疑是一个振奋人心的好消息。而许多大学的哲学系也已经在招生简章中将"哲学咨询"作为哲学系毕业生的职业方向之一，并且为学生提供或者介绍相关专业培训课程。

想要获得从业资格，成为一名职业的哲学践行家，是需要满足一定条件的。以美国哲学践行家协会（本章相关内容请参见 APPA 网站：https://appa.edu/documents/）为例，个体咨询、群体建导和组织顾问作为三种不同的哲学践行种类，分别要求具有相应的三种不同资格证，不能一证通用。每一领域的资格证又有副研究员（Associate）和研究员（Fellow）之分，并且副研究员和研究员中各有初级（Primary）和正式（Full）两个等级。只具有初级资格证的副研究员和研究员必须在协会其他正式研究员的监督之下进行哲学践行的操练。就学历而言，成为一名副研究员的最低要求是已经获得哲学硕士学位或者是准哲学博士（或具备同等学力），而成为一名研究员的最低要求是已经获得哲学博士学位。初级资格证的有效期是两年，如果持证者到时候没有获得正式资格证的话，他通常就会被清退出协会而不能以协会名义从事相关哲学践行工作。

除了掌握最基本的哲学践行方法以外，"个体咨询"初级资格证的申请者还必须具备以下哲学能力：掌握伦理学（价值分析）、逻辑学（形式与非形式推理）、认识论（信念辩护）、形而上学（世界观）以及至少西方（最好也包括东方）哲学史上的主要人物的理论。另外，申请者也要知晓心理学、精神病理学的一些基本原理，要具备个体咨询的经验或者相关培训，要熟悉哲学曾经作为一种咨询学科的这段历史，申请者本人也必须有恒心、有耐心，具备健全的人格与心理素质。"群体建导"初级资格证的申请者必须具备大小型群体建导、冲突解决的技巧，能够发掘群体达成共识的动力，掌握对抗性、开放式讨论的形式。非正式的群体建导通常发生在一个公共场所。无论群体建导是正式的还是非正式的,也无论话题是提前选好的还是当场确定的,哲学践行家必须能够引导、维持这种交流的哲学性,而不能让讨论最后沦为无意义的漫谈或者闲聊。"组织顾问"初级资格证的申请者必须具备与组织结构、任务、政策、管理和战略规划原则相关的实用知识。另外,由于"组织顾问"的综合性特征,协会也鼓励"组织顾问"初级资格证的申请者同时也通过相关学习和训练来获得"个体咨询"与"群体建导"的资格证,这样将有助于哲学践行家更出色、更高效地完成组织顾问的工作。

目前,在哲学践行家数量激增的同时,哲学践行的顾客群也不断扩大,越来越多的个体、群体和组织开始有意识地主动向哲学家寻求帮助。此外,哲学践行对主流学院哲学的影响也日趋显著,哲学践行与局限于教学和理论研究的学院哲学之间的互动获得了丰硕成果。哲学践行揭示了哲学研究中的新进路,因此需要引进与传统哲学探索方式所不同的新资源、新方法,或者说是从不同的角度、以新的方式对已有的哲学理论和方法在人类日常生活中进行新的应用。哲学践行这个研究领域无疑是激动人心的,它的出现将哲学与普通人平常所关心的问题紧密结合起来。同时,哲学践行也正在努力使自己成为学院哲学建制下一个真正的学科,它作为一种哲学应用已经在哲学生活的许多方面提出新的哲学问题。因而,哲学践行既是一个职业、一个应用哲学的新成员,同时也是一个哲学话题、哲学研究中的一种新范式。而从理论范式向践行范式的转变,实际上也就是将哲学从只有极少数精英才能做的高端学问,变成了人人都能置身其中的世俗文化,这样的革命性转换无疑是当今社会向古老的哲学所提出的时代课题,值得人们为之投入更多的时间与智力资源。

基于上述对哲学践行的历史、现状与未来的梳理与展望,我们按照不同的主题挑选了哲学践行领域里的这些重要文献,旨在通过本文献的出版促进中国哲学践行事业的发展。本文献选取的部分文献由马里诺夫、李英仪推荐,感谢他们惠赐了《哲学践行》和《人文治疗杂志》上的论文的版权。需要说明的是,我们的工作不可能做到完美,肯定会遗漏一些重要的文献;同时由于时间仓促,且翻译工作量巨大,译文中难免有不准确甚至错误的地方,恳请读者理解。我们保留了每篇文章的参考文献,并标出了原文来源,希望国内读者可以按图索骥,借助这个译本准确了解、把握国际哲学践行的状况,继而能够结合自己的研究旨趣与专长推动在中国语境下哲学践行学术共同体的自身壮大与国际输出。

感谢各位译者的辛苦奉献,这些译者完全出于对哲学践行的热爱;感谢南京大学哲学系给与的经费支持。最后要感谢南京大学出版社王其平编辑为本书所付出的辛劳。

注释

[1] 舒斯特在文中对奥古斯丁(Augustine of Hippo)、卢梭(Jean-Jacques Rousseau)和萨特(Jean-Paul Sartre)的自传进行了分析,说明了哲学的理论及实践是如何改变这三位哲学家的生活的。论文的结论是,与心理分析对持续性(continuity)和一致性(consistency)的理解不同,这三位哲学家通过以他们自己的方式践行哲学获得了自身的统一性与和谐性。

[2]蒂尔曼斯在这篇论文中发展出了自己关于哲学咨询与教学的理论。这个理论源自她自己在理论与实践之间保持一种张力。论文聚焦于布伯(Martin Buber)关于对话(dialogical)的概念,这个概念意味着要承认他人的他者性(otherness),而在咨询与教学中,在咨询师与顾客、老师与学生之间,十分重要的一点就是要承认并且相信他人的他者性,在坚持自身观点的同时能够与他人进行沟通、交流。

[3]拉伯在这篇论文中对哲学咨询现存的理论概念以及实践说明都进行了批判。通过将哲学咨询与心理治疗相对比,拉伯指出那种主张哲学咨询与所有形式的心理治疗都完全不相关的说法是错误的。拉伯在文中提出自己的四阶段哲学咨询模式FIIT,并且认为这个模式比所有其他模式都更为全面、更为积极、更为清楚也更具决定性,解决了潜在顾客更多的实在需要,也更加符合哲学践行的规范性标准。拉伯还强调了哲学咨询优越于心理治疗的那些部分,并且探讨了哲学咨询优于其他咨询形式的方面。

[4]纽鲍尔获得博士学位的具体时间不详,但是肯定不晚于2000年,因为他在2000年已经将这篇论文出版。纽鲍尔以这篇论文获得了"优等"(cum laude)的成绩,并且这也是德国第一篇以哲学践行为主题的博士论文。纽鲍尔在文中探讨了哲学咨询的机构发展以及概念基础,研究了对话哲学以及咨询的哲学目标,并且对不同种类的心理治疗进行了对比。文中还例举了不同咨询师的一些案例分析,首次对实际的咨询实践进行了系统考察。

[5]与哲学咨询的处境不同,心理咨询被纳入健康医疗保险,而且部分国家的公民已经可以享受到由政府资助的免费心理治疗。在2007年的世界精神卫生日(World Mental Health Day),英国政府宣布在英国国民医疗服务体系(English National Health Service)内启动大规模的、前所未有的"使更多人获得心理治疗"(Improving Access to Psychological Therapies, IAPT)的项目,每年对心理治疗的经费投入在原有预算的基础上增加近2亿欧元,计划在2015年前培训出6000名新心理治疗师,每年为100万人左右提供免费的心理治疗。这个项目最初针对的群体是处于工作年龄阶段的成人,后来扩展至所有成人,再后来又扩展至所有儿童和青少年。该项目是世界范围内提供心理健康服务的最大项目,瑞典、挪威、中国香港等地也进行了效仿。值得关注的是,这个项目旨在扩大认知行为疗法(Cognitive-Behaviour Therapy, CBT)的使用,帮助个人挑战可能会导致焦虑和抑郁的悲观想法。而CBT起源于斯多葛哲学,强调通过审视人们对一个事件的看法来修正他们的认知,进而影响他们的情绪。由于该项目仅仅对CBT提供资助,其他不同路径的心理治疗师对此颇有争议,并且他们担心政府的这一做法会导致一些不具备足够资质的新治疗师为人们提供低质量的服务,从而使患有心理健康问题的人得不到恰当、及时的治疗进而导致病情恶化。在笔者看来,哲学咨询至少应该得到与心理咨询同等程度的重视,因为哲学咨询的顾客群比心理咨询的更广大,并且所起到的效果也是更具全面性、深远性的。IAPT项目的运作给哲学咨询的启示是多方面的。笔者认为,在健康保险和全民免费治疗这两者的顺序上,或许哲学咨询可以与心理咨询相反,先寻求得到政府部门的财政支持,使国民能够得到免费的哲学咨询,体会到哲学的现实作用与价值,然后再走向市场,进入保险覆盖领域,这样说不定可以为哲学咨询行业的发展与壮

大谋得生机,缓解其当下面临的生存困境。令人欣喜的是,从 2021 年 8 月 15 日开始,广东将心理治疗纳入医保支付范围。这一政策的提出与落实也为哲学咨询与治疗在国内的生存与发展带来了希望和借鉴。

参考文献

Achenbach, G. (1998)."On Wisdom in Philosophical Practice". *Inquiry*. Vol. 17, No. 3.

Amir, L. B. (2004)."Three Questionable Assumptions of Philosophical Counseling". *International Journal of Philosophical Practice*, Vol. 2, No. 1.

Amir, L. B. (2014). *Humor and the Good Life in Modern Philosophy: Shaftesbury, Hamann, Kierkegaard*. Albany: State University of New York Press.

Cohen, E. D. (2013). *Theory and Practice of Logic-Based Therapy: Integrating Critical Thinking and Philosophy into Psychotherapy*. Newcastle, UK: Cambridge Scholars Publishing.

Ellis, A. & MacLaren, C. (2005). *Rational Emotive Behavior Therapy: A Therapist's Guide*. 2nd edition. Atascadero, CA: Impact Publishers.

Fatic, A. (2014)."Epicurean Ethics in the Pragmatist Philosophical Counsel". *Essays in the Philosophy of Humanism*, Vol. 22, No. 1.

Ferraiolo, W. (2010)."The IDEA Method: Stoic Counsel". *Philosophical Practice*, Vol. 5, No. 2.

Fleming, J. (1996)."Philosophical Counseling and the *I Ching*". *Journal of Chinese Philosophy*, Vol. 23, No. 3.

Grosso, M. (2012)."Philosophical Counseling as Conceptual Art". *Philosophical Practice*, Vol. 7, No. 2.

Hadot, P. (1995). *Philosophy as a Way of Life: Spiritual Exercises from Socrates to Foucault*. Davidson, A. (ed.) Translated by Chase, M. Oxford: Wiley-Blackwell.

Hoffman, E. (2003)."The Future of 'Philosophical Counseling': A Modest Vision". *International Journal of Philosophical Practice*, Vol. 1, No. 4.

Jones, B. (2012)."The Art of Cabaret as Philosophical Practice". *Philosophical Practice*, Vol. 7, No. 2.

Jopling, D. A. (1997)."'First Do No Harm': Over-Philosophizing and Pseudo-Philosophizing in Philosophical Counselling". *Inquiry*, Vol. 17, No. 3.

Lahav, R. (1995)."A conceptual framework for philosophical counseling: Worldview interpretation". In Lahav, R. & Tillmanns, M. V. (eds.) *Essays on philosophical counseling*. Lanham: University Press of America.

Lahav, R. & Tillmanns, M. V. (eds.) (1995). *Essays on philosophical counseling*.

Lanham: University Press of America.

Lahav, R. (2009). "Self-Talk in Marcus Aurelius's *Meditations*: A Lesson for Philosophical Practice". *Philosophical Practice*, Vol. 4, No. 3.

Littig, B. (2010). "Neo-Socratic Dialogue in Practice: The Xenotransplantation and Genetic Counseling Cases". *Philosophical Practice*, Vol. 5, No. 3.

Marinoff, L. (1999). *Plato, Not Prozac!: Applying Eternal Wisdom to Everyday Problems*. New York: HarperCollins.

Marinoff, L. (2002). *Philosophical Practice*. Cambridge, MA: Academic Press.

Marinoff, L. (2004). *The Therapy for the Sane: How Philosophy can Change Your Life*. New York: Bloomsbury USA.

Mills, J. (1999). "Ethical Considerations and Training Recommendations for Philosophical Counseling". *International Journal of Applied Philosophy*, Vol. 13, No. 2.

Mills, J. (2001). "Philosophical Counseling as Psychotherapy: An Eclectic Approach". *International Journal of Philosophical Practice*, Vol. 1, No. 1.

Raabe, P. (2002). *Issues in Philosophical Counseling*. Westport, CT: Greenwood Publishing (Praeger).

Raabe, P. (2010). "'Mental Illness': Ontology, Etiology and Philosophy as 'Cure'". Haser. *Revista Internacional de Filosofía Aplicada*. No. 1.

Raabe, P. 2013. "Philosophical Counselling and the Issues Tree". *Journal of Humanities Therapy*, Vol. 4.

Robertson, D. (1998). "Philosophical and Counter-Philosophical Practice". *Practical Philosophy*, Vol. 1, No. 3.

Rolfs, A. M. (2015). "Healing Words: Poetry, Presence, and the Capacity for Happiness". *Journal of Humanities Therapy*, Vol. 6, No. 2.

Russell, J. M. (2001). "Philosophical Counseling is not a Distinct Field: Reflections of a Philosophical Practitioner". *International Journal of Philosophical Practice*, Vol. 1.

Schuster, S. C. (1995). "Report on Applying Philosophy in Philosophical Counseling". *International Journal of Applied Philosophy*, Vol. 9, No. 2.

Schuster, S. C. (1997). "Sartre's 'Words' as a Paradigm for Self-Description in Philosophical Counseling". In *Perspectives in Philosophical Practice*, *The Reader of the Second International Congress on Philosophical Practice*. Doorwerth: Vereniging Filosofische Praktijk.

Shusterman, R. (1997). *Practicing Philosophy: Pragmatism and the Philosophical Life*. London & New York: Routledge.

Spivak, L. (2004). "An Application of Kierkegaard's Philosophy of Freedom to Psychotherapy and Philosophical Counseling". *International Journal of Philosophical*

Practice，Vol. 2，No. 1.

Tsuchiya，Y. & Miyata，M. (2015)."Philosophical Dialogue and Intellectual Virtues". *Journal of Humanities Therapy*，Vol. 6，No. 2.

Tuedio，J. (2003)."Assessing the Promise of Philosophical Counseling：Questions and Challenges for an Emerging Profession". *International Journal of Philosophical Practice*，Vol. 1，No. 4.

van Luijk，H. (1993)."Ethical Corporate Consultancy". *Business Ethics*，Vol. 2，No. 3.

（荷兰）彼得·哈特劳. (2013). 哲学践行：西方哲学中的一种新的范式. 安徽大学学报(哲学社会科学版). 杨征源译. 37卷05期.

（美国）伊利特·科恩. (2012). 这么想就对了：哲学家教你破除11种负面想法. 蔡淑雯译. 台北：心灵工坊.

（美国）伊利特·科恩. (2013). 亚里斯多德会怎么做？：透过理性力量疗愈自我. 丁凡译. 台北：心灵工坊.

（美国）马瑞诺夫. (2001). 柏拉图灵丹：日常问题的哲学指南. 吴四明译. 台北：方智出版社.

陈红. (2012). 哲学咨询的兴起与发展. 安徽大学学报(哲学社会科学版)，36卷04期.

冯周卓. (2010). 论哲学咨询与心理咨询的互补. 北京师范大学学报(社会科学版)，02期.

冯周卓，黄渊基. (2010). 哲学咨询在马克思主义哲学大众化中的作用. 求索，04期.
黎建球. (2007). CISA理论的实践与应用. 哲学与文化，34卷01期.
罗龙祥. (2013). 听任：萨特心灵解惑的哲学践行方案. 江苏行政学院学报，03期.
罗龙祥. (2016). 苏格拉底助产术与哲学教育的实践方案. 教育学报，12卷05期.
吕健吉. (2004). 论语之哲学咨商研究. 哲学与文化，31卷01期.

欧阳谦. (2012). 哲学咨询：一种返本开新的实践哲学. 安徽大学学报(哲学社会科学版)，36卷04期.

潘小慧. (2007). 苏格拉底对话在哲学教育的应用——以团体讨论为主的儿童哲学与哲学咨商为例的探讨. 哲学与文化，34卷09期.

苏嫈雰. (2011). 儒家哲学的"克胜收摄"咨商历程. 哲学与文化，38卷01期.

王习胜. (2014a). 思想咨商的示例与理路——基于思想政治教育人文关怀的视角. 贵州师范大学学报(社会科学版)，02期.

王习胜. (2014b). "思想咨商"及其中国式问题论要. 安徽师范大学学报(人文社会科学版)，42卷02期.

王习胜. (2015). 伦理咨商的道德治疗功能. 哲学动态，04期.

王习胜. (2020)."思想咨商"的叙事疗法. 安徽师范大学学报(人文社会科学版)，48卷01期.

卫春梅.(2013).论哲学咨询与心理咨询之异同.安徽大学学报(哲学社会科学版),37卷05期.

温带维.(2010).正视困扰:哲学辅导的实践.香港:三联书店.

杨希.(2015)."思想咨商"与"心理咨询"的关联与差异.贵州师范大学学报(社会科学版),04期.

杨希.(2016).世俗伦理的咨商解惑意蕴.道德与文明,01期.

周永生.(2008).哲学咨询在北美的生存状态略窥.现代哲学,04期.

潘天群(南京大学哲学系)、丁晓军(西安交通大学哲学系)

目　录

第四部分　哲学践行的方法种种

第五部分　面向特定目标的哲学践行

第六部分　哲学践行案例

第一部分

哲学践行的一般主题

什么是重要的、真正重要的以及最重要的？哲学践行的主导原则*

格尔德·阿亨巴赫(Gerd Achenbach)

"在哲学史上，以下这句话总体来说是适用的：告诉我你对苏格拉底的看法，我会告诉你你的哲学是什么。"

——奥多·马奎德(Odo Marquard)

我想讨论三个问题，这三个问题类似于一个家族里的不同成员，因此我们可以说它们从某个方面来看其实是同一个问题。然后我想表明这三个或这一个问题的答案在多大程度上将得出关于哲学践行的主导观点。

但是，对我来说，让大家尽可能正确地理解这三个问题是很重要的，因此，我冒昧地首先将原来的德语表达展示在这里：Worauf kommt es an? Was ist wahrhaft wichtig? Was ist letztlich entscheidend?（什么是重要的？什么是真正重要的？什么是最重要的?）

. 如果我们试图将它们翻译成英文，需要意识到直接翻译可能会很困难，但我认为我们可以将其翻译为：What matters? What is important in truth? What is crucial in the end?（什么是重要的？什么是真正重要的？什么是最重要的?）

看过我的文本的译者提出了一个较为清楚但可能不那么准确的版本：What matters? What is really important? What is essential in the end?（什么是重要的？什么是真正重要的？什么是最重要的?）

现在，让我首先提出一个主张：我认为这些问题不仅为我们的践行提供了指导，而且它们也是哲学（至少是传统哲学）的真正问题。事实上，正是这一点使它们有资格被称为哲学践行，并且也正是这一点使我们的践行有资格成为一种哲学上的努力。

让我来详细说明一下！

当我们被问到我们的哲学鼻祖是谁时，我们会说出谁的名字呢？毫无疑问，我们大多数人都会说苏格拉底，我们这样做是对的。西塞罗称苏格拉底为"所有哲学之父"，并说苏格拉底"把哲学从天上拉了回来，又在城邦里建立起哲学"。是的，苏格拉底"甚至将哲学引入家庭之中"，并且"逼迫"人们去"探究关于生活、美德和善恶的问题"。[1]

---

* 本文是 2018 年 6 月 25 日至 29 日在墨西哥城举行的第 15 届国际哲学践行大会的开幕演讲。

我们是否注意到,西塞罗在谈论苏格拉底时是如何决定什么是最重要的,或者他是如何说什么是重要的呢?"探索天上的事物"不是首要的关切。相反,我们应该感兴趣的是对下面的、城邦里的人们来说是重要的那些东西。

但重要的是:作为最初的哲学家,苏格拉底没有像他亲爱的同胞们那样,在十分零散的日常生活中被卷入各种普通问题和困扰。

不,苏格拉底确信他的同胞在大多数情况下都像梦游者一样生活,并为那些不值得为之努力的事情而苦恼。在某种程度上,他们自己所过着的生活就仿佛不断地上演莎士比亚的《无事生非》中的场景。因此,他们没有问自己真正重要的是什么。相反,他们全神贯注于正如英国人所说的许多小事和琐事,而似乎并不关心真正重要的事情。这就是为什么西塞罗说苏格拉底"强迫"人们面对他们所不想参与的问题思考。苏格拉底用以与他的雅典同胞们进行对抗的是这些思想:要么是他们所没有的,要么是他们即使拥有也尽一切可能回避甚至逃离的。

这会带来什么结果?

结果是,从一开始,哲学就总是引起麻烦,有些人甚至讨厌哲学。而其他人则认为哲学是对日常中他们所非常喜爱的常规生活的干扰。换句话说,哲学是破坏性的。我应该补充的一点是:不再引发干扰和不适的哲学不值得我们去关注。

持苏格拉底传统立场的德国哲学家罗伯特·斯派曼(Robert Spaemann)从一开始就是哲学践行的伙伴。这一点表现在他曾经简洁地解释道,哲学之存在不是"提供简单的解决方案,而是使任务和我们的问题更加困难了"[2]。当然,在当今社会,大多数人似乎都希望可以在他们完全不用做出任何努力的情况下就能够直接摆脱他们生活中的困难。斯派曼和苏格拉底一样都认识到了这一点,我也认识到了这一点。

这是哲学的基本特征。就让我这么来说吧:哲学的方式是尊重性地使人们觉得难以承受,而不是为人们服务。现在,我真的很想一一说出所有采取这种立场的人的名字,但是时间不允许。因此,我只会再请出另一位关于这一原则的关键证人,而我也很高兴地指出他是一位南美洲人,并且顺便说一下,至今他已经成为德国知识分子的内幕消息有段时间了。当然,我指的是已故的哥伦比亚人尼古拉斯·戈麦斯·达维拉(Nicolás Gómez Dávila)。这位伟大的特立独行者完全地以哲学践行的精神宣称:

> 重要的是:为人们开辟一条道路,让他们开始问自己最终真正重要的是什么。因为如果我们能诱使他们以一种深刻的方式问自己这些问题,那么他们就已经开始使自己摆脱他们无意义的、往往是无关紧要的、不稳定的生活,也开始使自己摆脱他们枯燥的得过且过状态。[3]

再说一次:人们如何回答关于重要事项的问题起初并不是最重要的问题。重要的是他们确确实实问自己这个问题。通过问自己"对我们来说什么是重要的"这个问题会增加我们生活的重要性,或者像达维拉所说的那样,让我们陷入"崇高的冲突"(noble conflicts)。例如,"想要"这个或"想要"那个是一回事;而问我们自己实际上、真正想要的是什么则又完全是另一回事。因此，我们不是仅仅"想要"，而是让我们的"意愿"成为讨论的主题。也就是说，我们的思维因而不再是为了满足我们的欲望，而是我们的意志和欲望必须服从我们的思维和沉思。这常常导致对我们许多人所珍视的欲望原则的批判。

接下来的论述十分重要——首先，我要回到我们的哲学大师苏格拉底。让他人基于这些问题的精神来讯问自己是不够的。更重要的是，我们自己应该认识到这些问题的意义，并且我们自己应该遵循它们而生活。这里有一个非常重要的原因，而当我们考虑苏格拉底的生活时，我们会更加清楚这一点。但为了说明这一点，我必须走得更远……这也正是我现在要做的。

我们首先注意到以下这点：苏格拉底以他表面上的无知而众所周知地惹恼了他的同胞，并且经过艰苦的讨论，他最终逼得他的对话者不得不承认他们所知道的东西并不像他们起初所以为的那么多。苏格拉底这里的反讽在于看上去似乎是他自己需要被教育。然而，这同一个苏格拉底在决定性的时刻，也就是他在法庭上进行申辩的时候，却确切地知道什么是真正重要的。

并且苏格拉底毫不动摇地、毫不怀疑地知道什么是真正重要的。他对此知识的肯定性和坚定性就正如人们肯定可以知道某些事情一样。我在这里指的是什么？我指的是苏格拉底对雅典人的请求。他请求雅典人，为了使他高兴，在他死后雅典人对待苏格拉底儿子们的方式能够就像苏格拉底对待那些他在广场上所遇到的雅典人那样。

你还记得他对那些判他死刑的人所提出的请求吗？

> 先生们，当我的儿子们长大以后，请用我困扰你们的方式来同样地困扰他们，以此来对他们进行惩罚；如果他们看起来像是对于金钱或其他任何东西的喜爱要超过对于美德的喜爱，以及如果他们不自量力地自以为是，那就请像我曾经责备你们那样来责备他们，因为他们没有关心他们应该关心的那些东西，并且他们还不自量力地自以为是。[4]

但不仅如此！事实上，苏格拉底在雅典人面前申辩时突然"知道"了很多，并且他的知识是不可动摇的。但最重要的是：他在这里不是以他著名的论辩或辩证的方式而知道，而是仅仅知道他的"信念"（逻各斯），而这种"信念"其实就是"在他的慎思中被证明是最好的那一个"[5]。并且他告诉我们，一直以来他就是这样保有这种"信念"的。

但是：这种"信念"到底是什么样的？它们真的是最基本的东西，比如……好吧，让我们来考虑一下他问自己的问题：一个人应该害怕死亡吗？他的答案是什么？他不太了解阴间这另一个世界，但有一件事他肯定地知道："但我确实知道，做错事并且不服从比我更好的人是邪恶的、可耻的，无论那个人是上帝还是普通人。"[6]

如果他被指控"追随这样的追求，而正因为他的这种追求导致他现在有被处死的危险"，他会回答："先生，你这就说得不对了，你似乎认为一个哪怕只有一丁点优点的人应该考虑的是有关生死的危险，你似乎不认为在他做事情的时候仅仅应该考虑的是他所做的事情是对还是错，以及他的行为是好人还是坏人的行为。"[7]

因此,苏格拉底知道什么是正确的,什么是典范的。顺便说一下,苏格拉底所"知道"的东西可能对于我们今天大多数人而言会以一种截然不同的方式来看待和评判它们:不同的时代,不同的习俗。不过,我们应该听听他的意见。他"知道",例如,"……阿基里斯因为他的朋友帕特罗克勒斯之死而向赫克托耳进行复仇是正确的",因为"活成一个不为其朋友复仇的懦夫"是耻辱的。[8]

换句话来说,苏格拉底知道:一个人必须坚持到底,因为与"耻辱"[9]相比,死亡和危险就算不上什么了。

但我将在这里提到的那场审判是德国哲学家弗兰兹·沃内森(Franz Vonessen)所说的那场苏格拉底的审判(the sentence of Socrates)。什么是那场苏格拉底的审判?我这里要引用《申辩篇》里的内容:"美勒托和阿尼图斯都不能伤害到我;那是不可能的,因为我相信一个更好的人被一个更坏的人所伤害这不是上帝的旨意。"[10]

苏格拉底向雅典法官说明了这一点,他想让他们意识到,如果他们杀了他,他们所伤害的就不是苏格拉底而是他们自己。苏格拉底说明了他的立场——而这场审判恰恰关涉一种立场或一种态度!在几行之后苏格拉底接着说:

> 然而,美勒托可能会杀了我或驱逐我或剥夺了我的权利;也许他认为他会因此给我带来很大的伤害,而其他人也可能这么想,但我不这样认为;我认为通过做他现在正在做的事情,他给自己造成了更大的伤害:他不公正地杀死了一个人。[11]

我们注意到这是建立在一个深刻的、同时超越所有的这样一个信念之上的,也就是说,这是建立在苏格拉底与高尔吉亚对话最后所谈到的确定性之上的:

> 在我们所做出的许多陈述中,……仅此一个陈述是没有被动摇的:比起因为别人所做的错事而受折磨,我们更应该避免的是做错事;最重要的是,一个人应该学习的不是看上去像是,而是真正成为一个不管在私下还是在公共场合都做好事的人。[12]

现在我想问一下:我们应该承认这些是真正基本的信念、指导原则和信条,并且它们以我们最想要达到的清晰性说明了对于苏格拉底来说仅仅什么才是重要的、真正重要的以及最重要的吗?人们"拥有"这些信念的方式与人们拥有一顶帽子、拥有金钱或拥有一个任意观点的方式是不相同的……请记住,对于苏格拉底来说,自己做错事要比因为别人所做的错事而受折磨更糟糕。因此,我们对这个世界进行衡量和判断的时候可以借助苏格拉底所深刻坚持的这种信念和主张,而后者则以不同的方式阐释了这个世界、那些与人类有关的东西以及人们自身在这个世界上的位置。某些东西在真正意义上以"清除"这个词的真正含义进行了"清除"并且开始闪耀发光。与此同时,通常的跑题信条很容易让这个世界陷入茫茫黄昏。

因此，我们可以看出，重要的并不是苏格拉底对人们说了什么，而是他自己到底是什么样的一个人。我提出这个主张是为了表明，我们把什么东西告诉前来拜访我们的客人或者来访者其实是次要的；然而最重要的是，是什么东西对我们自己来说已经变得至关重要。换句话说，最重要的是，是什么东西帮助我们成为最好的自己。

这引出了一个问题，是什么让苏格拉底以他这样的方式进行思考？如果他声称他知道确实如此，那么我必须问：他怎么知道是这样？他有理由这样说吗？是什么论证说服了他，如果有这样的论证的话？这几个问题的答案是：不，不，不！相反：他主张这样的信念。苏格拉底本人坚决捍卫自己的信念。他对法官所发表的哲学言论的基础就是哲学家本人，就是活生生的、呼吸着的苏格拉底本人。

苏格拉底承认，他本人就是遵照这个座右铭来生活的，并且他也希望自己能够一直到死都可以遵照这个座右铭来生活；也正是以这种方式，苏格拉底申明了这种态度或立场是唯一值得人们遵照其而生活的。

顺便说一句，我们不应该忘记：这才是苏格拉底的追随者被说服的原因，而不是苏格拉底那常常古怪的论证或者他那后来被称为"辩证法"的来来回回的讨论，而且肯定也不是他为他的结论所构造的所谓"证明"——关于所有这一切我们都必须考虑苏格拉底独特的"讽刺性"。让我们扪心自问（我选取了一个例子！）：我们当中真的有哪怕一个人会对苏格拉底关于灵魂不朽的论证表示深信不疑吗？——随后苏格拉底的对话者就会说并且承认：是的，确实如此（Yes, so it is）——如此我们就会成为灵魂不朽论的信徒吗？我并不这么认为……

当苏格拉底用一些辩证法伎俩使得他的雅典同胞感到不安、使得他们的观点发生动摇时，以及当因此突然之间，一切都不再像人们想的那样明显而是一切都因为遭受怀疑而"成为未知数"时，在苏格拉底的方法中还有其他一些东西在起作用。这正好说明了以下所发生的事情：苏格拉底在法庭上宣称，人们恐惧死亡"无非就像人们在并不明智时认为自己是明智的"，因为这意味着"你认为自己知道那些你实际上并不知道的东西"。没有人知道"死亡是否对人类来说就不是最大的祝福，但是人们害怕死亡，就好像人们已然知道死亡就是最大的恶一样"[13]。

正如我们所知，被亚西比德称呼为怪老头或者萨提尔（Satyr，森林之神）的苏格拉底就是这个样子的——但这也只不过是修辞性的胡言乱语和讽刺。因为对于苏格拉底来说真正重要的——他的追随者都非常清楚这一点——是他不能因为乞求饶命而在那些他认为做了错事的、苏格拉底的控诉者们面前降低了苏格拉底自己的身份。对我来说，重要的是我得到了这个至关重要的区别，我们在这里没有任何混淆：所有关于死亡的辩证讨论都与苏格拉底显然比起害怕死亡要更害怕其他事情这个事实无关。因此，重要的是苏格拉底在判处他死刑的法庭面前的无所畏惧，以及当苏格拉底向他的控告者们解释他们对于他们自己的伤害要多于他们对苏格拉底的伤害（因为正是他们自己需要承担那份不公正，并且这是一个人所能对自己做的最坏的事情）时的那份平静和从容。这就是说服了苏格拉底的追随者们的东西，这也是征服了他们、让他们保持警惕并因而最终导致他们走向哲学的东西。因为他们确信：在如此严峻的形势下能够如此平静和安详的人,必须得到哲学本身的力量以及充满活力的、令人充满生气的确定性,而这种力量正是他们自己所渴望找到的。我在我的毕业论文中声称,这一点(没有其他别的)正是苏格拉底的实践影响,而苏格拉底也是在广场上工作的实践哲学家们当中最早的那一位。这是他的追随者们所理解的教益。然而:并非后来所有受过学术训练的哲学家都会以同样的方式理解它……是的,他们中的大多数人仍然没有理解它,这就是为什么我现在结合这些考虑因素把重点放在它上面。

毕竟,许多其他哲学家后来在其中看到了我们的苏格拉底与被他们执行了死刑的所谓"犹太人之王"耶稣之间的相似性,而耶稣不朽的话语"主可以原谅他的折磨者和嘲弄者,因为这些人不知道他们正在做什么"(《路加福音》23:34)以及其他话语实际上非常接近苏格拉底的教义。

既然我刚刚提了他的名字,让我接下来再多说几句话:玛丽的儿子(即耶稣)和雕刻匠(即苏格拉底)在很多方面都是那些早期哲学家在精神上的双胞胎,这些早期哲学家的目标和愿望是成为真正智慧的人,尤其是他们希望自己在"什么是重要的"以及"什么是真正重要的"这样一些问题上能够是智慧的。让我们回想,耶稣给他的门徒们讲著名的《无知财主的寓言》,以便向他们说明一个人的生命不是由其丰富的财产构成的。这个寓言告诉我们一个富裕农民的故事,他的土地生产力很高,因此他自己想:"我无处存放庄稼,我该怎么做呢?"他说,"我会这样做:我会拆掉我的谷仓并建造更大的谷仓,在那里我将储存我所有的谷物和货物。我会对我的灵魂说,'灵魂,你有足够多的货物可以存放多年;放轻松,吃好,喝好,要开心哦。'"但上帝对他说,"傻瓜!今晚,你要献出你的灵魂,那你所准备的这些东西,它们又将是谁的呢?""为自己积累财富,却不在上帝面前显示富足的人,也是如此。"(《路加福音》12:13—21)

我试图想要表明的观点已经变得更加清楚了吗?

但是,那些惹恼苏格拉底的人又怎样呢?也就是说,那些采取与苏格拉底截然不同的观点、认为最好不要因为别人所做的错事而受折磨的人。他们认为,如果其他人所受的折磨是无法避免的,那么最好自己不要去关心它。正如英国有句白话所说,人皆为己。或者又有些人会说,生活中"当然"首要的在于获得成功并拥有大量的金钱、权力、声望、良好的声誉以及(如果命运已然如此决定的话)锦上添花的一些浮华和魅力,这些人又怎样呢?你是否真的相信"无可辩驳的论证"可以说服那些坚信这些主张并且遵照这些主张而生活的人?

鉴于我刚才提到过的关于上帝的寓言,你能否以好的论证来劝服任何一个人放弃他们所坚信的主张,以使得只要他们在这个世界上拥有美好的生活、可以享受他们丰厚的财富和利润,那么他们就能够高高兴兴地放弃所谓"在上帝面前显示富足"吗?总的来说,对于这个袖珍版的浮士德而言,他不会认为假如他将视野降低至人间的话就能够有一丝丝模糊的希望使得其将来某一天在天上得到补偿。他认为,正是因为使用了这个伎俩,牧师们才能长久以来蒙蔽那些可怜的灵魂。

在这种情况下,人们可能会试图推进论证!到最后,如果他没能成功证明任何观点,那么他将不得不接受这个世界上存在着其他真正重要的东西;那就是他自己如何理解这些问题。从哲学作品中引用一些巧妙的或智慧的句子来试图给人留下印象也是无济于事的——叔本华用一个很好的比喻对此进行了总结:"你不是用未消化的血液来哺育别人,而是用你自己血液分泌的乳汁来哺育别人。"[14]

让我给你举个例子。想象一下,有人来找你寻求帮助,这个人深陷于想要获得"成功"的瘾。这是一个总是试图取悦所有人并获得他们认可的人,他像骆驼一样,已经穿过了每根针的针眼——但是他这么做不是为了获得进入天堂的方式,而是为了获得他所瞄准的职位或工作。因此,想象一个从来没有勇气展示其骨气、从未学会挺立甚至不知道说一不二是什么意思的人。这个人认为可靠性是过时的陈词滥调,而正直于他而言也只是一种过时的意识形态。这个人总是试图通过任何必要手段以混过去、以适应、以不被驱逐、以不被超越。想象一下这样的一个人——你知道遇到这种类型的人的可能性是多么大——来找我们,来到我们的哲学践行;他们很疲惫、精疲力竭、充满失望,但他们仍然羡慕那些"成功"的人、"到达"顶峰的人、那些成功人士、聚光灯下的那些少数人、那些被追捧的人、被羡慕的人、幸福的人,这些就是你的来访者对那些人的称呼。

好吧,你会做什么? 你会对你的来访者说什么?

我认为这是肯定的:如果一个人觊觎于获得成功以及获得持续的、即时的满足感,如果他担心自己的来访者可能会离开他或者会对他产生怨恨,那么这个人就不能够帮助这个来访者。恰恰相反。在理想情况下,这个来访者应该找到一个能够对我们这位想象中的来访者所陷入的诱惑表示了解的人,而这个人自己又能够通过专门的思考来避免那些诱惑;因此,你应该成为一个从这些诱惑中解脱出来并将其像儿时的疾病一样抛在脑后的人。因为我们必须首先曾经遭受过这样的疾病才能在我们的余生中对它免疫。

那么我会怎么做呢? 嗯,也许我会攻击我的病人,只是稍微进行攻击;这只是为了考验他,只是为了看看他是否具有幽默感——他是否可以被诱使至嘲笑自己,或者至少微笑一下;这将是一个开始……请注意,为了这个目的,我会向他吟诵一首诗,一首具有哲学性的、具有较高教育意义的诗。顺便提一下,这首诗是罗伯特·格恩哈特(Robert Gernhardt)所写的,其标题是《永远》(Immer)。[15]因为这是一首非常有趣的诗,我要为你读一遍。

永远有人比你更快
你爬行
他走路
你走路
他奔跑
你奔跑
他飞:
永远有人比你还要更快。

永远有人比你更有天赋

你阅读
他学习
你学习
他寻求
你寻求
他发现:
永远有人比你更有天赋。

永远有人比你更有名
你在报纸上
他在百科全书里
你在百科全书里
他在《名人录》里
你在《名人录》里
他被立了一座纪念碑:
永远有人比你更有名。

永远有人比你更富有
你的书被审稿
他的书被阅读
你的书被阅读
他的书被如饥似渴地阅读
你的书被珍视
他的书被购买了:
永远有人比你还要更富有。

永远有人比你更受欢迎
你受到称赞
他受到爱慕
你受到尊重
他受到崇拜
他们匍匐在你的脚下
他们让他坐在他们的肩膀上:
永远有人比你更受欢迎。

永远有人比你更好
你生病了

他憔悴了
你死了
他去世了
你被审判了
他被救赎了：
永远有人比你还要更好

永远
永远
永远

　　这就是那首诗。现在我们可能会认识到以下几点：这一切都取决于我真正理解并掌握了这首诗教给我们的东西，也取决于我们想象中的来访者能够因为我的行为举止而注意到并且可以体会到这一点（即我的知识）。

　　因此，我想总结一下到目前为止所说的内容。

　　那些来找我们这些哲学践行者的人并不是在寻找哲学指导。相反，他们是在寻找一个在哲学上智慧且深思熟虑的人。而借用克尔凯郭尔的说法，我们就可以说，他们所寻找的是：一个在哲学上得到强化的人。

　　当然，现在我知道到目前为止我对此还没有说很多，但是，我能确信的是，我认为我已经说了一些对我们的践行来说真正重要的事情。让我这样说吧：

　　正如我们所知，对治疗的研究已经一次又一次地发现，就治疗的有效性而言，重要的不是被应用的治疗理论的类型，重要的是治疗师，这也就是说：重要的是治疗师是哪种人。然而，我在这里所看到的问题是，跟随着这些发现的、更加详细的说明能够因而完全适应心理治疗的社会环境，因此，人们会谈论"同理心"和敏感性以及对理解的友好承诺等等。我们已经知道这个经常被引用的长篇大论是几乎没有任何实质内容的。

　　然而，在很大程度上，对于哲学践行我们也可以说些类似的话。哲学践行者所读的是什么样的哲学并不重要，重要的是哲学践行者是什么样的哲学家，亦即重要的是我们的来访者会遇到什么样的人。这意味着哲学践行的指导性问题不再是"什么是哲学"，相反，现在的问题是"谁是哲学家"。作为一名践行中的哲学家，我不是任何一种特定的做哲学之方法的"代表"，不是任何一种哲学潮流、哲学时尚或哲学学派的"发言人"。相反，可以说，对哲学和哲学家（这些哲学家已经成为我们的榜样和动力）的熟悉，必须由我们来体现。哲学践行的来访者所希望遇到的哲学家是在某个特定情形里的哲学知名人士：哲学由一个受神学影响并且也属于神学的术语而得到"体现"和实例化。

　　但现在，为了表达我对来自世界各地的哲学践行者在这个可以说是墨西哥高地的地方所举行的"高峰会议"的尊重，最后我想做一件我一直到现在为止都在严格避免的事情。到目前为止，据说我一直在极其令人尴尬地避免使用"方法"一词，就像保罗·费耶阿本德（Paul Feyerabend）避免使用"方法"一词一样。

但是,就此一次,我要在我的原则上进行妥协,并稍微说一些关于"如何"准确地诱导、或许甚至是引诱他们将自己暴露于那些正如我们的来访者所说的、对他们而言是"奇怪"的问题。

为此,我仔细考虑了我最近在乔治·皮希特(一位重要的德国哲学家,同时也是海德格尔的学生)1971年的演讲中所发现的一个思想。这是一个相当简单的思想:

> 如果一个人理解他们自己所说的话,那么他就是有教养的(gebildet)。[16]

那么,我们能理解这句话试图告诉我们的东西吗? 它表达了一种深刻的洞见,即:我们所说的或所思考的一切、我们所"意识到"的一切,都是建立在有着无限深度和丰度的无意识、未思考、未理解或尚未理解的东西之上的。人们可以谈论无意识、被误解的逻各斯,甚至是莫名的恐惧。你懂我的意思吗? 我们所说的每一个词汇、每一个词项都有它自己的历史、它自己的含义,并且带有丰富的思想,正是因为如此这个词才获得了它的意义和形式。我们的每一个判断都是通过悠久的历史来实现的,这个历史可能一直追溯到史前时代——甚至连日常的闲聊也会关注于时尚或模式,甚至为了理解我们这样的闲聊,我们也得理解一个短语是如何形成的以及是什么让这个短语成为可能或受到欢迎。

我并不害怕引用一个非常琐碎的例子:谁能理解人们是如何开始称某东西为"酷"的? 在德国年轻人中,"酷"这个词非常受欢迎。以及,我们是否相信自己能够以一定的方式说明这种对"酷"的使用习惯,以便我们的对手能够理解"酷"这个短语所属的和所代表的"世界观"? 而这种特定的世界观也决定了人们会如何判断"什么是重要的、什么是真正重要的、什么是最重要的"这些问题的答案。但这是哲学践行的贡献,这是一种强烈意义上的启蒙。我希望通过这些暗示我已经澄清了皮希特那句非常聪颖的话的意思,即他所说的:只有那些理解他们自己所说的话的人才是有教养的(gebildet)。因为它确实如此:在我们所说的每一句话中都包含着无限丰富的更多句子、更多思想、更多判断、更多评估、更多观点等等,而它们在很大程度上都像无人认领的宝藏一样被隐藏起来。哲学践行者的任务就是对它们进行揭示和检索。

因此,我为哲学践行设定了一个崇高的、雄心勃勃的目标。这个目标既是对苏格拉底遗产的接受,也对其进行了修改。让我将我的思想总结如下:

> 哲学践行完全就在于让人们理解他们自己所说的话。

当人们开始理解哪种精神在"他们所说句子的背后(或者在其中)"显示出来,以及当他们开始理解哪种精神起初隐藏在他们的句子之中时,人们就算是理解了他们自己所说的话。如果我们能够成功地将这种精神揭示出来,以便我们的来访者能够对这种精神进行判断,那么他们就会看到是什么让他们决定"什么是重要的、什么是真正重要的、什么是最重要的",只有这样,后面的修改才可能开始。

至于我们呢?

我们将一路陪伴和支持我们的来访者，而我们这么做的时候所根据的将是那些已然在我们的生活中成为衡量标准的东西。通常我们在这里最需要的是勇气，我们需要这样的勇气来相信我们自己坚定的信念。至于其他，我深信：气馁的人不会取得任何成就，因此当他们的来访者身处重大的存在性危机因而向他们求助时，他们自然也不会向他们的来访者伸出双手。

注释

[1] Cicero, *Tusculanae disputationes*, 5, 10. [*Gespräche in Tuskulum*]

[2] "Sache der Philosophie kann es nicht sein, die Lösungen leichter, sondern die Aufgaben schwerer zu machen." Robert Spaemann, *Die zwei Grundbegriffe der Moral*, in: ders., Grenzen. *Zur ethischen Dimension des Handelns*, Stuttgart 2001, S. 78.

[3] "Die kranke Seele gesundet nicht, indem sie ihre armseligen Konflikte unterdrückt, sondern indem sie sich in edle Konflikte stürzt." Nicolás Gómez Dávila, *Einsamkeiten*, Wien 1987, S. 111. [The sick soul does not heal by dwelling on its pathetic conflicts, but by plunging into noble conflicts.]

[4] Platon, *Apologie des Sokrates*, 41e.

[5] Platon, *Kriton*, 46b.

[6] Platon, *Apologie des Sokrates*, 29b (Übersetzung. Manfred Fuhrmann).

[7] Platon, *Apologie des Sokrates*, 28b (Übersetzung. Manfred Fuhrmann).

[8] Platon, *Apologie des Sokrates*, 28c (Übersetzung. Manfred Fuhrmann).

[9] Platon, *Apologie des Sokrates*, 29a (Übersetzung. Manfred Fuhrmann).

[10] Platon, *Apologie des Sokrates*, 30b-c (Übersetzung. Manfred Fuhrmann).

[11] Platon, *Apologie des Sokrates*, 30d (Übersetzung. Manfred Fuhrmann).

[12] Platon, *Gorgias*, 527b.

[13] *Apologie* 29a.

[14] Schopenhauer, *Parerga und Paralipomena* II, § 247.

[15] Original：FAZ Nr. 53 vom 3. März 2007, S. 44.

[16] Georg Picht, *Enzyklopädie und Bildung*, in: Merkur 25 (279), 1971, S. 633ff. Original："Gebildet ist ein Mensch, wenn er das versteht, was er selber sagt."

[作者简介]格尔德·阿亨巴赫：出生于 1947 年，于 1981 年创立了欧洲第一个哲学践行机构，于 1982 年成立了"国际哲学践行协会"（IGPP），并担任此协会的主席直至 2003 年秋季。阿亨巴赫在国际哲学践行协会里担任教学型践行者。2003 年，阿亨巴赫在贝吉施-格拉德巴赫（Bergisch-Gladbach）创立了区域性的"哲学践行学会"，并从那时起担任该学会主席。阿亨巴赫作为一名讲师任教于克拉根福大学、梅兰（Meran）和柏林的莱辛大学（Lessing University）以及莱克（Leck）的北海学院（North Sea Academy，在他的帮助下，那里发展成了一年一度的夏季学院）。他还是维也纳大学的大学课程《哲学践

行》的科学顾问。作为一名作者,他还出版了几本关于哲学践行、哲学和文学的书籍。

[通讯方式] post@gerd-achenbach.de

原文出处:Gerd Achenbach, "What Matters? What is Important in Truth? What is Crucial in the End? Leading Principles in Philosophical Practice", *Philosophical Practice*, November 2018, 13.3: 2171 - 2181.

（丁晓军　译）

哲学究竟意味着什么?

莉迪娅·阿米尔(Lydia Amir)

引　言

　　哲学与科学一起于公元前 6 世纪由米利都的泰勒斯(Thales of Miletus)这位数学家兼天文学家所创立,至少我们是如此被告知的(Aristotle, *Metaphysics* bk. 1, 983b6.3)。泰勒斯在他的一生中以他的智慧而闻名,而在西方文明中他也经常被与他的心不在焉关联在一起。这个故事是众所周知的:在研究天空时,泰勒斯掉进了一口井里;并且,至少根据柏拉图给出的关于这件轶事的版本,这一事件激起了泰勒斯的仆人的笑声(*Theaetetus*, 174 b-e)。自从这一令人难忘的科学和哲学这两者之开端以来,那些被人们嘲笑以牺牲实践为代价而将自己局限于理论的哲学家的名单长之又长。

　　关于泰勒斯这位天文学家由于太忙于看天上而没有注意他脚下开口的井这件轶事顽固地从伊索(伊索没有提泰勒斯的名字)那里延续到了海德格尔(Martin Heidegger)那里,尽管后者对故事的记载已经有了一些变化。正如汉斯·布铭邦(Hans Blumenberg, 2000)所提到的那样,第欧根尼·拉尔修 (Diogenes Laertius)、塔提安[Tatian,由斯托拜乌斯(Stobaeus)所记录]、西塞罗(Cicero)、奥维德(Ovid)、斐洛(Philo)、欧西比乌斯(Eusebius)、圣·奥古斯丁(St. Augustine)、德尔图良(Tertullian)、皮埃尔·达米安(Pierre Damien)、米歇尔·德·蒙田(Michel de Montaigne)、弗朗西斯·培根(Francis Bacon)、皮埃尔·贝尔(Pierre Bayle)、让·德·拉封丹(Jean de La Fontaine)、伏尔泰(Voltaire)、康德[康德将这个故事讲成了另一个天文学家第谷·布拉赫(Tycho Brahe)的故事]、路德维希·费尔巴哈(Ludwig Feuerbach)、爱德华·冈斯(Eduard Gans)以及海德格尔都提到了这个故事。此外,我们还要感谢柏拉图对该事件的概括及其将这种概括明确地应用于哲学家:"同样的玩笑适用于所有在哲学中度过一生的人。"柏拉图以这句话补充了他对这个故事的描述(*Theaetetus*, 174 b)。事实上,正如我在一个对哲学与滑稽的研究(Amir 2013)中所介绍的,荒谬哲学家的传统将哲学首先视为对于社会而言是可笑的,而后则是将哲学视为对于那些将实践优先于理论的神学家和哲学家而言是可笑的。

　　这种荒谬哲学家的传统从古希腊至今有着悠久的历史。嘲笑学院派哲学家的习惯始于赫拉克利特,他嘲笑他的前辈们,后有犬儒主义者第欧根尼,他嘲笑柏拉图。古希腊哲学家伊壁鸠鲁和怀疑主义者泰门(Timon the Skeptic)嘲笑其他哲学家,而琉善

(Lucian)则嘲笑所有哲学家,因为这些哲学家都喜欢抽象化。在中世纪,神学家追随这些批判哲学家的脚步:为了优先化对上帝的信仰及其所赐予的救恩,他们嘲笑哲学对于理性的强调。在关于哲学本质的争论中,文艺复兴时期的哲学家如德西德里乌斯·伊拉斯谟(Desiderius Erasmus)和米歇尔·德·蒙田(Michel de Montaigne)嘲笑中世纪的哲学家和神学家纠缠于抽象化之中,嘲笑他们没有将生命优先视为真正在哲学和神学上应该关注的问题。在启蒙运动时期,沙夫茨伯里伯爵三世嘲笑理论思想和学院哲学,这种嘲笑很快在19世纪和20世纪由弗里德里希·尼采(Friedrich Nietzsche)和乔治·桑塔亚那(Georges Santayana)所追随,甚至最近又由吉尔·德勒兹(Gilles Deleuze)所追随。秉持着伊拉斯谟和费尔巴哈的精神,索伦·克尔凯郭尔(Søren Kierkegaard)嘲笑格奥尔格·威廉·弗里德里希·黑格尔(Georg W. F. Hegel)的抽象化,克尔凯郭尔也嘲笑那些黑格尔主义神学家,因为他们忘却了个人真正的信仰生活。

除非哲学应该与生活相关,否则指责哲学家将自己局限于理论那就是不合适的。事实上,哲学与日常关切的分离被广泛认为是偏离其最初目的的。举个例子,保罗·奥斯卡·克里斯特勒(Paul Oskar Kristeller)的《文艺复兴时期的思想:古典的、经院的以及人文主义的旋律》评论了文艺复兴时期人文主义论著的重要性。他写道,这些论著,

> *之所以显得更为重要是因为,事实上道德哲学的一些真正的和更为具体的问题显然被当时的专业哲学家所忽视,因此人文主义者为后来的哲学家更加系统地处理同样的问题奠定了基础。在任何时候,当专业哲学家专注于技术性并且拒绝讨论某些基本问题时,这似乎就成了诗人、作家和业余思想家的功能。* (Kristeller 1961,18;斜体为添加)

虽然柏拉图将哲学家的无用归咎于社会对哲学家的潜力的无知(*Republic*,489b),但伟大的社会学家格奥尔格·齐美尔(Georg Simmel)指责哲学家拒绝"正确地完成他们的工作",他的意思是"关于生命的智慧,我们至今仍然没有比那有点过时的表达方式更好的描述"(Simmel [1921] 1971,235)。

沿着这些思路,认真对待哲学意味着正确地完成哲学家的工作。然而,与齐美尔所说的相反,对哲学家工作的描述尚不清楚。之所以如此,是因为哲学在其存在的数千年中得到了各种各样的定义,而其定义本身就被认为是一个哲学问题。例如,即使通过关注于当代哲学观点以减少可能性,我们也不能轻易回答"哲学"的含义问题。这个问题之所以会产生的一个重要原因就在于哲学现在是一个分裂的学科,即在分析哲学和欧陆哲学这两大传统之间存在着分裂。最近的哲学践行运动更是如此:它不仅仅被关于哲学本质的理论关切所分隔;此外,它还进一步被分为关于实践哲学的目的和方法的问题,以及它在实践上和理论上应与学院哲学所保持的关系的问题。

《认真对待哲学》(2018)这本书解决这些问题的目的是概述一个框架,在这个框架中,所有哲学践行派别都可以参与进来而不会忽视它们之间的重要差异。为此目的,它将学院哲学和实践哲学置于一个连续体,这个连续体始于有效教学所需要的、对哲学理

论的成功占用,终于将这些哲学理论根据不同受众的需要和能力跟受众进行分享。这本书将完美主义区分为少数人的激进哲学以及社会向善论这样一种作为多数人的民主化哲学,并指出后者是哲学在学术界以内和学术界以外的当代挑战。

相当违反直觉的是,社会向善论在自由主义国家尤其是一种挑战。在这些国家里,成人教育在许多领域里是无人看管的,而这种教育对于一个人抓住自己的机会而言是必要的。使用这些自由所需要的工具不仅仅是在自我完善的道德项目中所使用的奢侈品,相反,它们对于民主的生存是必要的,它们包括道德美德和智性美德,如果没有它们,个人的自主就是毫无意义的。如果一种自由是人们没有能力来实现它的,那么这种自由就是一个空洞的概念。

因此,《认真对待哲学》提出了一个改善民主化哲学的社会向善论方案,从而为哲学践行的新领域所遇到的许多问题以及哲学在学院中所经历的危机都提供了切实的解决方案。该书介绍了一个不管是在学术界以内还是在学术界以外都需要的详细教育愿景,而对于该愿景的可行性,我40年来在各大洲的教学和实践中都已经见证过了。对于理论与实践之间的鸿沟,该书通过揭示此鸿沟在哲学中的人为性来对其进行挑战。该书的目的是让实践哲学家和学院哲学家双方一起参与到一种元哲学讨论里来,这种讨论是回答哲学所面临的内部和外部危机的必要条件。该书进一步提出了评估课程的相关标准以及教授哲学理论的方式。这些手段有助于传授哲学,因为它们一方面使受众能够适应哲学课程,另一方面也确保了哲学通过其经过修正的以往理论及其对当代需求的未来可能贡献,从而既可以将自己稳固地保留在学院之中,同时也能够使自己在学院之外获得蓬勃发展。

因为哲学教育应该个性化才能富有成效,哲学践行在当代社会中起着至关重要的作用。哲学践行提供的服务既必要又罕见。因为没有其他学科能够满足哲学践行所处理的需求,所以哲学家们对他们所在的社群负有责任,而关于这一点,我在《反思哲学家的责任》(Amir,2017a)这本书里进行了详尽阐述。[1]

本文的第一部分介绍了《认真对待哲学》这本书所解决的主要问题,在第二部分中,我将详细阐述我提出的社会向善论方案,以及哲学践行如何利用这一方案来实现哲学在社会中的作用。

《认真对待哲学》这本书是关于什么的呢?

我提出的旨在加强民主化哲学的社会向善论方案或大众哲学,是当前卷的主题。第一章概述了我在本书其余部分将进一步发展的主题。这本书呼吁哲学在实践中忠实于哲学的目标、手段和方法。

由于哲学的本质本身就是一个哲学问题,因此我研究了哲学的过去和现在,以在其中寻找哲学共同的目标和手段。我发现了三个相互关联的哲学目标,在这一点上我们可以达成共识,因为它们最终揭示了哲学的目标,这一结论即便对于分析哲学所代表的极简的、谦逊的哲学路径也是适用的。

首先，哲学的目标是真理，至少通过否定的方式（via Negativa）、通过消除我们的错误来获得真理，正如卡尔波普尔在科学方面所提出的那样（Popper，1962）。其次，哲学旨在从错觉、先入之见和以自我为中心的感知中获得解放，或者至少是部分解放。第三，哲学的目标是智慧，即使这种智慧是否定性的，而这种否定性一方面是在意识到什么是我所不知道的这个意义上来说的，另一方面也在于主动地发现我不想知道的东西，例如什么会反驳我的信念，或者其他观点可能具有的有效性，这种可能性最终导致我们更好地理解人类状况的不确定性特征。这些目标之间的关系似乎如下：从虚假之中解放出来是通向智慧的道路。

哲学使用抽象的或普遍的反思，并将逻辑和认识论置于其核心。一个向善论的哲学应该忠实于哲学的目标和主要方法，以使得自身有资格获得"哲学"这一称号，从而将自身区别于心理自助书籍、"新时代"（New Age）非批判性的理论和实践以及大多数宗教对上述目标的非多元的、经常是教条主义的、非宽容的、非特别开放的态度。这意味着应该通过充分的反思来寻求这些目标（真理、解放和智慧），而这种反思反过来应该通过抽象思想、逻辑和认识论等哲学方法来得到确保，唯有如此才有可能通达亚里士多德所谓的"多"。

因此，我强调抽象思想在哲学践行中的重要性。我进一步提出了一种认识论模型，即一种基于主体的智性美德认识论，这种认识论是适用于哲学践行的。最后，通过道德美德和智性美德之间的紧密关联，我所捍卫的观点是：哲学应该有助于创造广泛的感受而不仅仅是深刻的思想。因此，哲学践行在民主社会和自由社会中具有重要的道德作用，即通过将人们塑造成哲学教育所最终旨在达成的个性来缩小其成员之间的差距，使"自主性"这样一种认知美德和道德美德可以被尽可能多的人有可能获得。

本书进一步分为六个部分，以解决在哲学践行领域里所遇到的主要问题。[2] 我首先概述了哲学领域里师徒关系所存在的问题（第一部分）以及对以往哲学家的仿效所可能遇到的挑战（第二部分）。我随后通过批判性地仔细考虑哲学践行的手段（第四部分）、工具（第五部分）以及最后通过分析哲学践行带给哲学学科本身的问题和益处（第六部分）从而研究在哲学践行中一些不适当地被忽视了的主题（第三部分）。让我简要介绍一下每个部分。

哲学家-教师（或导师）和原初哲学家（或学徒）之间的关系这个主题（包括他们对彼此的需要以及他们之间最终存在的棘手关系）很少得到解决，而这个主题又与哲学践行这个新学科高度相关。哲学践行可以被设想为好像在一个连续体上，这个连续体始于对哲学理论的占用，并且（有希望）终于与广大受众分享哲学理论。然而，首先，人们如何才能学会做哲学呢？进行历史分析能够对当代人所关注的东西产生洞见，而通过这样的分析，我试图在本书的第一部分"哲学家作为导师和学徒"中强调对教师的需要（第2章）以及强调自我教育的必要性（第3章）。由于这两种需求之间的紧张关系是显而易见的，我讨论了防止或减弱这种张力的方法，而这些方法是由已经意识到了这种张力的不同哲学家所提出的。

第二部分仔细考虑了以往哲学中的里程碑，而对于哲学践行者来说，在今天仿效这些里程碑尤其是有用的或危险的。这部分涉及古希腊哲学,包括斯多葛主义、伊壁鸠鲁主义、怀疑主义以及犬儒主义(第4章),英国启蒙运动时期的现代苏格拉底式哲学家沙夫茨伯里伯爵三世(第5章),还有19世纪的丹麦哲学家、存在主义的先驱兼黑格尔的批评者克尔凯郭尔。让我解释一下我为什么要选择这些人。

自公元前5世纪以来,在智者和苏格拉底的时代,哲学至少部分地被认为是一个实践性学科,其目标是道德的和政治的。这种哲学观不仅体现在柏拉图的对话中,也体现在他的学园中,体现在他对叙拉古所进行的、经常是充满危险的探访中,他希望通过这样的探访能够贯彻他的哲学观点。虽然亚里士多德的吕克昂学园的目标在道德和政治方面不亚于他的老师的目标,但是柏拉图和亚里士多德的形而上学哲学的理论部分以及亚里士多德的观点(即对理论知识的追求本身就是有价值的)立即受到了攻击。犬儒主义者已经嘲笑了这些观点,斯多葛主义、伊壁鸠鲁主义和怀疑主义等古希腊哲学则用实践哲学取代了它们,而这些哲学在罗马时代经常要被修改得更加可被接受。

乍一看,古希腊学派对广大受众的吸引力使得古希腊哲学成为使哲学变得实用这个新的努力(哲学践行运动)的理想前提。在第四章中,我对包括犬儒主义在内的古希腊哲学进行了彻底分析,以探讨这种主张的合理性以及由它所引发的问题。我提出将启蒙运动而不是古希腊哲学作为当代哲学践行的真正根源。

因此,第5章介绍了与当代哲学践行相关的、沙夫茨伯里伯爵三世的思想,并首先评估了他在英国启蒙运动中的作用。通过将美德作为幸福的内容、将良好的教养作为哲学的目标,沙夫茨伯里伯爵三世这位现代苏格拉底使哲学成为他的政治所声称要创造出来的新一代市民阶层的必需品。今天再贯彻他的观点会将哲学践行从心理学和自助类书籍中单独挑选出来,但是我不确定哲学践行者会不会轻易付出相应的代价。

第6章讨论了19世纪的丹麦哲学家克尔凯郭尔,他对存在性问题的关注构成了哲学践行的初步前因。在阐述了对克尔凯郭尔的宗教目的的关注之同时,本章概述了克尔凯郭尔的哲学可以为哲学践行服务的多种方式,并提出了将克尔凯郭尔在具体与一般之间往返的辩证运动视作哲学践行的一个模型。

第三部分论述了不常见的实践主题,这些主题在哲学践行中被不恰当地忽视。它由三章组成:第7章阐述了当代人忽视本尼迪克特·斯宾诺莎伦理学的原因。既然我没有找到避开斯宾诺莎的充分理由,并且我找到许多好的理由来接受他的伦理学,以及鉴于促进我在本书第一章中所介绍的智性美德和道德美德的这个理想,因此我推荐将斯宾诺莎伦理学作为一种实践哲学来进行探讨。第8章处理了人类境况,并且对幽默(即使被视为一种生存性工具)减轻在人类境况中所涉及的痛苦的能力进行了质疑。第9章通过解决被忽视的、对个人意志进行教育的话题,将我们带入了西方哲学的前沿。最后,第10章将性别置于实践哲学家的议程上。

第四部分重新考虑了哲学践行的手段。自苏格拉底以来,自知之明和对话的概念在对哲学践行的反思中显得尤为突出。鉴于无意识和对话(无论是个体内的对话还是个体间的对话)在哲学和心理学中都占据着主导地位,因此,构成这一部分的三章都批判性地评估了自知之明的可能性。在第11章中,西格蒙德·弗洛伊德关于无意识的作用的观点、让-保罗·萨特对弗洛伊德的观点的批评以及萨特的替代性方案的缺点都得到了彻底的研究。在第12章中，我个人建议通过一种创新的、个体内的对话形式来进一步获得自知之明。最后，第13章研究了富有成效的个体间对话所要满足的条件。

第五部分通过两章重新仔细考虑了哲学践行的可用工具。第14章提出了一种哲学践行方法，这种方法使我们能够认真对待哲学。它规定了哲学目标和手段，而不是依赖于哲学家所没有接受过培训的其他类型的咨询。第15章通过哲学工具处理了自我改变甚至是全面转变的可能性这个棘手问题，并且为所有人提供了追求这种改变的手段。

最后，第六部分通过揭示作为哲学践行之核心的三个可疑假设从而处理了哲学践行领域所遇到的问题（第16章），但同时也强调了哲学践行领域为哲学学科本身所提供的好处（第17章）。基于两次书面访谈的一个个人结语总结了我由在哲学践行中的经验所塑造而成的观点。

这本书提出的主要观点是向善论。本文下一部分将解释它是什么以及哲学践行将如何进一步发展它。

哲学践行中的向善论[3]

与上座部佛教不同，向善论遵循的是大乘佛教的目标。在上座部佛教看来，为了帮助他人，圣人不会达到启蒙的作用。上座部佛教后来被改名为小乘佛教或小车，这名字意味着很少有人能够沿着这条道路获致启蒙。相比之下，大乘意味着大车，也就是多数人的道路。西方哲学家经常会考虑这两者在西方的相应对等进路之间的区别，即适用于多数人的宗教以及适用于少数人的哲学。因此，各种完美主义哲学家仅仅为哲学家提供了雄心勃勃的目标和途径。

像柏拉图这样的非自由主义哲学家为特定阶级保留了这些道路，而人们未必生来就属于这个阶级，他们之所以属于某个阶级是因为他们被"诊断"为某种类型的孩子，或者后来又被"诊断"为某种类型的守卫者。像斯宾诺莎这样的自由主义、完美主义哲学家向所有人提供了他们的方案，但他们没有事先说明在这种方案里谁会成功或者谁可能成功，不过他们强调了这当中的进步是渐进的，并且随之而来的好处是与人们投入的努力程度成正比的。然而，为了使之有用，我们必须理解斯宾诺莎的方案，这种理解本身就是一个不小的壮举；而且，根据斯宾诺莎自己的建议，这个方案必须得到愉快的实施，而这需要人们将理性确认为自己的兴趣，但理性这种激情并不为多数人所共享。值得注意的是，斯宾诺莎特别同情宗教，他相信宗教可以通过他视为"无知"的东西来实现救赎。因此，将"群众"（multitude）问题提上议事日程这个功劳被正确地归给了斯宾诺莎。

再举另一个在哲学中关于少数人和多数人的例子，约翰·洛克认为道德在没有宗教的情况下是有效的，但他认为宗教所引发的恐惧对于多数人来说是必要的。亚里士多德已经在《尼各马可伦理学》中描述了两条幸福的途径，其中一条是为少数人的途径（在关于沉思的、简短的第10章中对其进行了描述），而该书的其余部分所描述的伦理学路径则是为了多数人的途径。随后，尼采和克尔凯郭尔将尤为关注19世纪新文化的民主观点,正如尼采所强调的那样,这些观点成功地向新闻界和教育界发展,并且正如克尔凯郭尔所注意到的那样,这些观点也成功向宗教界发展。两人都认为这种民主化是很不幸的。

与向善论相反,完美主义是激进的哲学。哲学中的完美主义传统非常丰富,而作为一种永恒哲学,完美主义传统一次又一次地对自身进行重新定义。可能只有少数人是完美主义的,但大多数哲学学派都是完美主义这种类型的。即便存在主义看上去似乎是尼采和克尔凯郭尔哲学的民主化,但它实际上也将真实性(authenticity)设定为目标,并要求人们将焦虑视为真实的人类状况,但这是与普遍的幸福观相抵触的,因此也很少有人能够达成这种"真实性"目标。

哲学作为一个激进事业具有以下特征:它将自身作为官方宗教和其他所有权势集团的替代品。它高度批判社会的价值观:它摒弃了普通人的常识性观点、非批判性观点,敦促他们审视自己的生活,不要对表象信以为真;它将自身作为对通常的社会幸福观(财富、快乐、权力或名望)的替代。它要求人们转变为具有创新性的思想、转变自己所忠贞于的对象,这样的两个要求可能就会使大多数人望而却步了。它假设通过思想的变革力量以及通过专有的理解和实践,就有可能实现彻底的改变。它是全面的,与其他学科保持着联系,但在这种联系中它是站在监督和批判的立场上。那种想要回应所有有价值的需求(包括精神需求)的想法是完美主义的、雄心勃勃的。它规定了在道德和伦理方面的最高理想:它的目标不过是自由、幸福或心灵的平和甚至是哲学上的救赎。这样的哲学是为少数人的。因为很少有人能够按照这样的要求生活,而敢于声称自己按照这样的要求生活的人那就更少了。

对这种哲学传统的兴趣最近被托马斯·霍尔卡(Hurka,1993)和斯坦利·卡维尔(Cavell,1994)等人恢复了,但该传统所设立的目标之雄心勃勃程度还是让我震惊。然而,除了那些具有理性力量、具有对真理的热情或具有对独立和解放的渴望以及具有每一种完美主义哲学所提出的不同其他要求的人以外,这种传统想要实现自我转化所需要的手段同时也是受到制约的。这种雄心壮志加上无能为力感,或者加上许多完美主义哲学所具有的这种不切实际的规范性,都可能会使那些想要追随其中一种完美主义哲学的人感到沮丧。不幸的是,如果没有彻底的自我改造,完美主义传统就无法兑现其承诺。

由于认识到我们的大学生以及我们的私人顾客都使我们面对着为多数人提供哲学的必要性,于是我提出了我自己的主张。我的这种哲学仍然被认为是哲学的,但它会避免完美主义哲学的传播可能会给学生或给顾客直至最终也会给哲学教师或哲学践行者带来的挫折感。从19世纪的浪漫主义运动开始,再到战后对存在主义和后现代主义的批判,这些因素与理性所历经的攻击一道促使哲学变得不切实际,也就是说,哲学被体验为或者被认为与顾客或与学生的生活、抱负和才能是不相关的。这种态度将哲学充其量最多是转化成了通识教育和文化教育,并且还徒劳地将哲学的命运与人文危机完全混为一谈,这种混淆就好像学习语言、学习艺术史和学习传统上被认为是人文学科的其他东西(尽管这些东西也是重要的)可以相提并论于哲学对一个人生活所具有的特殊的、丰富的、革命性的和实用的重要性一样。

此外，与对哲学之效力的认识伴随而来的是我们对所属社群以及最终对整个文明所负有的特殊责任（Amir，2017a）。这个责任就是拯救哲学在学术界的地位，并在外部促进其他人从中获益。我认为，这可以通过我提供的向善论方案来完成，该方案保证了哲学以一种重要而有效的方式进行传播，而不管它被带到怎样的受众面前。因此，理论与实践之间的界限逐渐消失，因为仅仅是为了对教授为了教学、写作或就哲学理论进行对话而所需要的哲学理论进行理解就已然需要至少部分地对这些哲学理论进行实践，以便完全掌握这些理论所涉及的内容。而且，如今所谓的有效教学法需要苏格拉底式地清空人们的意见，也需要与每一位学生形成一种对话进路，其目的是更好地反思并进一步提高学生的自主性。此外，这里所描述的内容都不一定与学术相关，因为任何人都会从这种哲学知识和哲学技能的实现中获益。

因此，我认为向善论包括三个特征。第一个特征是，向善论是一个从具体到抽象再往复的运动。这个主张遵循了克尔凯郭尔（参见 Amir，2014）和斯宾诺莎（Spinoza，1985；Lindseth，2018）关于反思或思想的观点；事实上，那些哲学家已经在这一点上被进行了比较。对哲学问题的论辩是抽象地进行的，并且这种抽象论辩本也就是应该的，只要造成相关哲学问题的、在哲学家的时代或在我们的顾客及学生的生活中所发生的那些具体事情被突出了出来就行，并且，抽象论辩的实际结果和具体结果在现实生活中又得到了明确并跟进。而如果没有这种跟进的话，就不会因而产生真正的理解。

向善论的第二个特征是强调实践认识论，但这种实践认识论不是它通常所呈现的形式，即那种单独地和直接地涉及论证和批判性思维的实践认识论。我主张，美德认识论最为便利地服务于日常生活中认识论的实践目标，并且美德认识论也有助于塑造作为哲学教育之最终目标的个性。

最后，正如伯特兰·罗素所建议的那样（Russell，1956），由于知识和道德美德是相互交织的，哲学应该有助于创造更广泛的感受而不仅仅是更深刻的思想。反过来，这使得自我的壁垒和利益逐渐消退，直至人类的手足情谊或者"人类的同胞情谊"（Agassi，1990）得以实现。这是通过恢复理性的名誉来实现的：理性也包含某种特定的感受，并且理性所反对的只是对狭隘视野下的公平正义进行直接的、未经调整的情感表达。因此，理性有助于我们道德地、共享地以及最终全球化地成长，以便使我们成为我们所共同栖居的这个世界的公民。

我进一步主张，通过对日常生活进行问题化，我们能够最好地实现我所提供的向善论哲学的目标（从具体到抽象再往复的运动，推进智性美德以及发展更广泛的感受），从而使哲学问题在被突出出来的同时又与熟悉的事件相接续，因此这样的哲学问题其威胁性也较小。让我概述以下方法或路径：我们首先在具体的故事和事件中找到一些相关哲学概念，我们选择对这样一些哲学概念进行关注，以便使我们在日常生活中获得更好的理解和更大的活动空间（例如"友谊"这个概念）。然后可以提出一个关于这个概念的问题（例如"什么是友谊？"），并且，一旦该问题的假定被澄清（存在着友谊这样的东西；它的本质可以被澄清；它的不同形式有着共同的本质，等等），那么就可以发现或者提供替代性的并且有望是有争议的答案（你自己的答案，以及你朋友的答案，还有亚里士多德、西塞罗、波爱修、蒙田等人的答案），在此之后则将会对每个答案进行批判性评估，由这样的评估又会给我们带来新的问题，而这个新问题可以是与我们提出的第一个问题在逻辑上是相关的或者是无关的。

我们通过这种方式促进了知识，而这种"智性发展"与人们采纳另外的观点或者替代性观点的能力相关[根据让·皮亚杰（Jean Piaget）的认知发展理论（Piaget，1932）以及替代性观点在科学史上所发挥的作用（Holmes，1976）]。这个过程也有助于发展智性美德：采用不同的观点可以培养认知美德，例如对他人观念的无偏见性和开放性。对不同的答案进行批判性评估可以促进人们的智力清醒（intellectual sobriety），也可以促进谨慎问询的美德，即只接受那些有证据进行保障的东西。此外，整个过程还进一步促进了智性勇气（intellectual courage）这个美德的发展，该美德包括坚持不懈以及坚定决心。

然后，一旦每个答案的优点和缺点都得到了理解，那么这个过程就会结束，人们根据各自偏好而选择出来的、关于自己人生问题的一个答案就会得到实施，从而将那些在抽象层面所理解的内容带回到人们的具体生活中去。人们还应该在适当的时间内对该答案的可行性进行进一步的批判性评估。

通过这种方法进一步发展智性美德的过程扩大了我们狭隘的自我利益，因为理解既是一种智性美德，也是一种道德美德，这因而也给它带来了许多哲学所阐述的情感和道德上的好处。通过这个过程所带来的对自我的扩大，可以对人类的困境和问题进行一种确认。这反过来缓解了人们的孤独，培养了人们的同情心，并且教给了人们以一种比例感，这种比例感对于人们在同伴中间、在人类境况的核心里来接受自己的死亡是必需的，而这种比例感也是哲学打着实用的幌子温和地教导我们的。

结　论

在这篇文章里，我提到了我在《认真对待哲学》（Amir，2018）这本书里所主张的详细规划。这是呼吁将社会向善论纳入全球议程。它邀请所有国家的同事们来一起反思什么东西可以使哲学能够在教育我们当代的和未来的全球世界公民方面再次具有或者甚至比过去还要具有更多的相关性、前卫性、吸引力和必要性。并且，它为哲学践行者提供了所有的说服、方法和手段。而在这样一个具有包容性的平台上，哲学践行者可以在不放弃他们的内在争议的情况下来重新考虑他们自己应该如何有助于实现将哲学从当代危机中拯救出来这个雄心勃勃但又可行的目标。

注释

[1] 在我的一篇文章（Amir，2017b）里可以找到对《反思哲学家的责任》这本书的一个展示。《人文治疗杂志》（*Journal of Humanities Therapy*）已经为关于这本书的一次研讨会奉献了一期专栏（Vol. 9，No. 1），其中包括了六位哲学家的文章以及我自己的回应。古罗·汉森·赫尔斯科格（Guro Hansen Helskog）和迈克尔·诺亚·韦斯（Michael Noah Weiss）为本书所写的书评即将于 2019 年 3 月发表在该期刊上（Vol. 14，No. 1），而

由何塞·巴林托斯·拉斯特罗乔(Jose Barrientos Rastrojo)用西班牙语所撰写的书评已经在另一期刊(*Haser*,9:178-188)上发表。

[2] 关于这本书的描述一直到本文第一部分结束,而这些描述源于《认真对待哲学》这本书的引言部分。

[3] 在参加了于墨西哥城举办的国际哲学践行大会之后,我在由中国西安的陕西师范大学所举办的"变化世界中的价值观国际学术论坛"(2018年8月)上发表了主题演讲,该演讲已经发表在会议论文集《反思将哲学划分为理论与实践的价值所在》(第6—14页)中。此部分的一些段落与文集文章有重叠。

参考文献

Agassi, Joseph. 1990. *The Siblinghood of Humankind: An Introduction to Philosophy*. Caravan Books. Translated into Chinese by Margaret NG.

Amir, Lydia. 2017a. *Rethinking Philosophers' Responsibility*. Newcastle upon Tyne: Cambridge Scholars Publishing.

Amir, Lydia. 2017b. "The Custodians of Rationality: Introducing Lydia Amir's *Rethinking Philosophers' Responsibility*". *Journal of Humanities Therapy*, 8(2): 129-160.

Amir, Lydia. 2018a. *Taking Philosophy Seriously*. Newcastle upon Tyne: Cambridge Scholars Publishing.

Amir, Lydia. 2018b. "An Answer to the Reviewers of Amir's *Rethinking Philosophers' Responsibility*". *Journal of Humanities Therapy*, 9(1): 97-124.

Amir, Lydia. 2014. *Humor and the Good Life: Shaftesbury, Hamann, Kierkegaard*. Albany, NY: State University of New York Press.

Amir, Lydia. 2013. "Philosophy's Attitude towards the Comic. A Reevaluation". *European Journal of Humor Research* 1(1): 6-21.

Aristotle. (1933) 1989. *Aristotle in 23 Volumes*, translated by Hugh Tredennick. Cambridge, MA, Harvard University Press; London, William Heinemann Ltd.

Barrientos, Jose Rastrojo. 2018. "Review of Lydia Amir's *Rethinking Philosophers' Responsibility*". *Haser: Revista International de Filosofia Aplicada*, 9: 178-188.

Blumenberg, Hans. 2000. *Le rire de la servante de Thrace: Une histoire des origines de la théorie*. Paris: L'Arche.

Cavell, Stanley. 1994. *Conditions Handsome and Unhandsome: The Constitution of Emersonian Perfectionism*. Cambridge, MA: Harvard University Press.

Helskog, Guro Hansen, and Michael Noah Weiss. Forthcoming(2019). "Review of Lydia Amir's *Rethinking Philosophers' Responsibility*". *Philosophical Practice*, 14(1).

Holmes，Richard. 1976.*Legitimacy and the Politics of the Knowable*. London，Boston：Routledge and Kegan Paul.

Hurka，Thomas. 1993.*Perfectionism*. New York，NY：Oxford University Press.

Kristeller，Paul Oskar. 1961.*Renaissance Thought：The Classic，Scholastic，and Humanist Strains*. New York，NY：Harper Torchbooks.

Lindseth，Anders. 2018. "Through the Practice of Philosophizing, the Philosopher Gets Responsibility". *Journal of Humanities Therapy*，9(1)：34 – 47.

Piaget，Jean. 1932. *The Moral Judgment of the Child*. London：Kegan Paul, Trench，Trubner and Co.

Plato. 1997.*Complete Works*，edited with introduction and notes by J. M. Cooper. Indianapolis，IN：Hackett.

Popper，Karl R. 1962.*The Open Society and Its Enemies*. London：Routledge.

Russell，Bertrand. 1956.*Portraits from Memory*. London：Routledge.

Simmel，Georg.(1921) 1971. "Eros，Platonic and Modern". In Georg Simmel：*On Individuality and Social Forms*，edited by D. Levine，235 – 48. Chicago，IL：Chicago University Press.

Spinoza，Benedict. 1985.*The Collected Works of Spinoza*，ed. and trans. By E. Curley，Princeton，NY：Princeton University Press.

[作者简介]莉迪娅·阿米尔是一位法国-以色列学者、一位经验丰富的哲学践行者、以色列哲学践行协会主席以及国际哲学践行协会学术委员会成员。莉迪娅·阿米尔是以色列贝特伯尔学院(Beit Berl Academic College)的哲学副教授,也是美国塔夫茨大学哲学系客座教授。除去写了许多文章和短文外,她还撰写了《现代哲学中的幽默与良善生活：沙夫茨伯里、哈曼、克尔凯郭尔》(*Humor and the Good Life in Modern Philosophy：Shaftesbury，Hamann，Kierkegaard*，2014)、《反思哲学家的责任》(*Rethinking Philosophers' Responsibility*，2017)以及《认真对待哲学》(*Taking Philosophy Seriously*，2018),她还编辑了《哲学践行中的新前沿》(*New Frontiers in Philosophical Practice*，2017)以及与亚历山大·法蒂克(Aleksandar Fatic)共同编辑了《践行哲学》(*Practicing Philosophy*，2015)。

[通讯方式] lydamir@mail.com

原文出处：Lydia Amir，"What Does Taking Philosophy Seriously Mean?" *Philosophical Practice*，November 2018，13.3：2182 – 2192.

（丁晓军　译）

自我的哲学

皮埃尔·格兰姆斯（Pierre Grimes）

在一个多数人寻求更深刻存在方式的时代，人们并没有转向哲学的学术进路；相反，他们转向了东方思想和心理学中新兴的意识学派。或许现在是时候再问一次：什么是哲学？

哲学咨询或哲学助产是否预设了与探索人类问题、探索自我的本质和范围相一致的哲学？或者，在哲学的幻象中能否包含自我的概念，以及能否包含一种辩证法，借此通过遵循纯粹理性的逻格斯便可以获得真理？如果这种哲学忽视了欧洲哲学的历史发展，那么它仍然可以被称为哲学吗？

让我们重新开始，先明确哲学的含义，看看它的名称，因为"哲学"的相应英语词汇是对智慧（"wisdom"、"sophy"或"sophia"）的热爱。如果我们继续用这些词来定义哲学，那么只有那些以智慧为目标的思想体系才需要被称为哲学。

当然，如果我们采用这种区别，那么"每个人都有自己的哲学"的这一流行口号就是空洞的主张，是完全没有意义的。然而，如果我们严格地运用这个名字，那么几乎所有当代哲学被称为哲学都是一种误称，因为在他们所谓的哲学中并没有"智慧"的身影。不过，我们还是需要问：当我们说可以存在着对智慧的热爱时，这到底意味着什么呢？有人说，人们在体验到纯粹存在（Being）的鲜明光亮之后所获得的并与该体验相一致的所有东西都是智慧，这种智慧的美丽唤醒了人们对其一种强烈的、永远不会被遗忘的热爱之情。这种对智慧的热爱具有变革性，因为那些体验到它的人意识到他们已经获得了对终极实在的幻象。尝试理解这种经验并解释它与我们的日常世界之间的关系是该哲学的目标之一。柏拉图主义哲学便是试图达到该目标的哲学。

现在，重要的是要注意到，柏拉图不是一名教师，而是一个对学习进行促进的人。他的写作风格促进了学习，因为理解他复杂的类比、深刻的寓言、神话和符号并不是一件简单的事。为了完整化柏拉图的思想结构，学生必须先在柏拉图的整个工作中寻找缺失了的术语以完整化他的类比和寓言。在解开了这些谜题之后，我们便看到了迎来新理解的一丝曙光，我们将这种新理解称为自我哲学。这种哲学始于色诺芬尼、巴门尼德和柏拉图。

色诺芬尼的哲学始于他的如下名言：在看、在听和在思考的东西是那个整全（the whole）。他的同时代人认为这里所说的整全就是心智（mind）。巴门尼德和柏拉图发展了该哲学的原则，并提供了一种通达自我之本质的方法。

意识到什么东西能看、能听和能思考是一回事,而要理解那个"自我"是如何与众不同并且它又是如何内在于所有事物的本质之中则完全是另一回事了;因为正是自我在呈现自身的过程中形成、塑造了所有的东西,它的这种呈现要借由神圣的光亮、借由它各种方式下的出现,甚至借由关于自我的虚假形象,这些虚假形象给所有那些能够进行自我反思的人带来了浩劫和痛苦。

然而,去发现对我们所有人来说显而易见的事情——我们确实有一个自我——却并不是一件容易的事情。事实上,我们每个人都有自我;然而,很少有人试图去认识自我的本质及其在我们生活中的作用,这难道不是一件奇怪的事情吗?错误在于我们从自己身上隐藏了关于自我的奥秘。当我们听到"认识你自己"的古老召唤时,我们会忽略它,因为我们不知道自我是否值得被认识,我们也不知道如何来实现这种认识。

自我曾经是整个文化所认识到并且可以对之进行讨论的东西,但是那个时代已经过去,我们现今对希腊文化的丰富程度之深是知之甚少的。

过去那些将传承他对自我的认识视为他们的神圣职责的哲学家们现在已经被翻译过来了,但是译者却没有提到这些哲学家对自我的那些最崇高的观念。这些译者所忽略了的东西已经将对我们每个人来说都具有独特性和深刻重要性的东西转化成了无意义的东西。结果就是,这些翻译将那些哲学家的哲学转变成了最为抽象的空洞智力任务。

为了向前发展,我们需要对过去的哲学进行恢复,并且说出那些需要被说出来的话,即便有许多人会反对这种对古典文化的复兴。这种新的幻象需要一个真正哲学的翻译来恢复自我在古典哲学中的作用。继续学术性地使用忽略翻译"自我"一词的翻译是对哲学的背叛。

在那个时代里发展最为全面、在精神上意义最为重大的哲学家是柏拉图;在他的对话录中,我们可以看到自我的观念被提升到了神圣的位置。

让我们转向柏拉图来了解自我是什么,以及如何获得关于自我的知识。正是在他的对话录《巴门尼德篇》中,柏拉图揭示了自我是什么,而他的《理想国》则揭示了人们如何能够认识自我。

柏拉图在《理想国》中说,在关于"存在"和"真理"最为辉煌和光亮的幻象中,哲学家获得了对自我的理解和识别。这种幻象是关于"心智"(mind)的,也是回过头来对自身所进行的一种实现。这个幻象也可以被描述为知识分子对可理解的东西进行理解,柏拉图将其称为对"善"(Good)或者对关于"善"的理念(idea)的注视。"理念"这个词取自希腊语,它并非意指一个概念,而是意指心智的一种能力,即它能够看到柏拉图所谓的实在。柏拉图称最好的学习是对"善"的理念进行研究。当然,"善"的理念与善本身之间的区别在于,将"存在"和"真理"之光视为"善"的理念是正确的,但将它们视为"善"本身则是不正确的。"善"比"善"的理念有着更高的荣誉和价值。

当然,我们似乎很难说"'一'自身"(the One Self)是终极的形而上学术语,但这正是柏拉图在他的《巴门尼德篇》中所宣称的。当巴门尼德被要求分享他自己的假设时,他说他的假设涉及"一"自身以及这个"一"(the One)的"是"(is)与"不是"(is not)。巴门尼德将他的推理基于其所谓的他的逻格斯之上，他随后在其第一个假设中证明了所有对"一"的否定都适用于"自我"（the Self）。经由所有那些否定，巴门尼德总结说，"自我"既不能被命名，也不能被人认识，不能被人感知，不能被人发表意见，真实存在物不能对"自我"进行感知，也不能将存在归之于"自我"。当巴门尼德的假设被认为不太可能为真时，他探讨了拒斥他的假设后所得出的八组推论。巴门尼德声称，他的推理方式——辩证法——是获得真理的方式。

巴门尼德对辩证法的实践为注视现实存在的本质或者"善"的理念做好了准备。对灵魂与身体的分离紧随着对"善"的理念的注视，这种分离使得灵魂习惯于聚集在一起，然后自行对"自我"进行收集以便以"自我"的形式来独自栖居。这个过程在柏拉图的《斐多篇》中被称为净化（purification），他将其定义为真正的哲学。在以"自我"的形式独自栖居的经历中，"一"仍然总是与现实相似；"一"难以忍受现实，却仍然总是变成为现实或者变成为"善"的理念。

虽然柏拉图主义哲学的追寻者看起来像是一个单打独斗的孤独之人，但是正如柏拉图在他的《申辩篇》中所说的那样，他通过梦、幻象和内心的声音从而不断获得了来自灵性洞见的帮助。对梦的研究在柏拉图主义哲学中的重要性在柏拉图的《理想国》中得到了体现，他说在休息入眠之前，人们最好通过美好的教诲、冥想来为自己的睡眠做准备，也最好在此时抓取自己的内心思想，以便人们在梦中有可能获得关于他自己的过去、现在和未来的真理。

《理想国》中关于洞穴和阳间（Upper World）的譬喻描绘了柏拉图主义哲学家的追求。在从束缚他的锁链中解脱出来之后，他开始发现他所信以为现实的东西只不过是远处火光照亮了一些隐藏着的人在头上所顶物体之后在洞穴墙壁上投下的阴影。这些被照亮的物体具有符号性，它们代表了四大功能失调种类。当搬运这些物体的人说话时，他的声音的回声被认为是洞穴墙上那些阴影的声音，这些声音表达了那些可以操纵这些符号以在社会世界中获得权力之人（即智者）的观点。显然，柏拉图主义哲学家的目标是摆脱那些以"自我"的虚假形象被聚集在一起的信念簇。我们所有的行为和思想都是通过我们自身的虚假形象来过滤的，而这些虚假形象又证明了我们所有行为和思想的正当性。

因此，我们的哲学就是为了发现真正的自我，就是为了通过我们的研究和冥想，通过我们对梦和白日梦的研究来认识自己，这样我们就可以抛弃我们自己的所有虚假形象，并作为自我来遵循自我。这条道路是回归到古典时代，是唤醒我们自己的时代以更深刻的方式而存在和行动。正是在这种努力中，我们思维学会（Noetic Society）的成员已经将我们的工作写成了书籍、文章，制作成了视频。

然而，选择这样一种哲学就是给其他人留下所谓关于欧洲思想的伟大对话，并且回到希腊哲学的黄金时代就等于拒绝基督教，因为致力于追求"认识你自己"时人们并不需要信仰。然而，为了避免与太多的人产生对抗，对于学术界来说一个更安全的方式可能是将关于自我的哲学著作降格至与吉本（Edward Gibbon）的《罗马帝国衰亡史》一起放到书架最低的那一层上。事实上，当读者发现罗马帝国的垮台可归因于基督教兴起所带来的冲突和混乱时，吉本所获得的名声很快就会黯然失色。

注：

本文中所有对柏拉图的《理想国》、《巴门尼德篇》和《斐多篇》的引用都来自胡安·巴尔博亚(Juan Balboa)和玛丽亚·巴尔博亚(Maria Balboa)对这些对话的翻译。

副本见 http://noeticsociety.org/members/juan-balboa-maria-balboa-translations/

编者注：

这篇简短的文章是另一更长篇大论的续篇：Pierre Grimes，"The Betrayal of Philosophy：Rediscovering the Self in Plato's *Parmenides*"，*Philosophical Practice*，July 2016，11.2：1752-58.

[作者简介]皮埃尔·格兰姆斯博士是哲学助产(philosophical midwifery)运动的创始人。该运动是对苏格拉底助产的改编，同时也是一种哲学咨询模式。"哲学助产"这个名字来自柏拉图对话录的《泰阿泰德篇》。思维学会(Noetic Society)于1967年在亨廷顿海滩成立，旨在研究苏格拉底对话以及探索辩证法。当思维学会于1978年注册成立为公司时，皮埃尔成为该公司哲学助产项目部的主任，他在该部门对哲学助产的艺术进行展示与教授。皮埃尔撰写了许多著作，举办了很多讲座，并且他也是美国哲学践行家协会(APPA)的主任。

[通讯方式] pierregrimes@ymail.com

原文出处：Pierre Grimes，"The Philosophy of the Self"，*Philosophical Practice*，November 2016，11.3：1844-1847.

（丁晓军　译）

哲学咨询与哲学

皮埃尔·格兰姆斯(Pierre Grimes)

虽然每种不同的哲学咨询路径在实践上都有自己的目标和方法,但对于这些路径而言,对其方法的哲学来源进行援引难道不重要吗? 显然,那些遵循哲学助产模型的人承认他们的方法预设了对"自我"的研究。哲学助产源于荷马思想和柏拉图思想,旨在揭示那些关于"自我"的、未被质疑的错误信念,这些错误信念在荷马思想和柏拉图思想中被称为"病原体"(pathologos)。

然而,在我们开始之前,我们需要以最普遍的术语而不是以特定的术语来对"病原体"进行表达。它定义了一种在面对想象中的威胁时家庭内部所会产生的一般行为。

试想一下当父母在他们的幼儿身上看到自发性和自由时所体验到的快乐。这种喜悦很快就会结束,并代之以担忧,因为家人意识到需要保护孩子的这种开放性和自由性免受家庭以外的那些人所利用从而对孩子造成伤害。这个家庭总是试图保护其成员之间的统一性免受带有敌意的入侵和挑战。

每个家庭都有一个关于成为该家庭之成员的未言明的愿景;对于家庭生活可以展开的界限在哪里,每个家庭也都有着自己的理解。这就如同每个家庭都有自己的宗教,而父母是大祭司,他们对家庭进行统治。父母直观地看到,如果允许这种行为继续不受控制,孩子早期的自由和自发性将威胁到家庭内所容忍的存在方式。当他们看到孩子处于自由和快乐的状态时,他们认为有必要结束这种心态;他们抓住这个机会来贬低孩子正在做的事情,如此一来他们就会把自身表现成是最崇高的、最真诚的、最善良的、最信任人的、最关心人的和最明白事理的。孩子们在经历这一罕见事件时已经受到了极大的影响,他们毫不怀疑地接受了他们所做的事情是错误的,他们很可能不会继续从事以前的活动,并且他们会相信那个活动就是问题之所在。他们自己得出了一个未被言明的结论。他们所得出的结论永远是对他们自身的错误信念;这是一个"病原体"。这些"病原体"传播的场景成为所有这些品质的个人原型,父母所使用的词语成为孩子个人信念和态度的基石。

与以往所有的理解相反,现在孩子已经被贬低,并以新的方式被视为一种新的实在。由于他们无法挽救他们一直在做的事情,于是他们放弃做那些事,并且待在家庭的范围之内。他们意识到,如果他们想要在家庭中被接受,他们就不能再进入以前的自由状态。这种放弃是一种牺牲,同时也是愿意对他们所珍惜的东西以及自由之源做了放弃。孩子遭受了不公正待遇,但他们的父母分享了他们自己在青年时期所学到的东西的秘密。在那次分享之后,他们形成了共同的信念。然后孩子得出一个不言而喻的结论,他们认为自己是低等的,并且他们必须遵循新的秩序。这个不言而喻的结论作为一种关于他们新角色的感觉和态度而存在,并且当把这个结论表达出来时,该结论其实是对"自我"的错误信念。简单来说,我们对自由的非理性恐惧里包含了在家庭和社会内的所有抑制性策略。

哲学助产中的"病原体"不是实在的,而是虚构的;它具有其存在模式,具有力量,具有非常精确的运作方式,并且有生有灭。"病原体"以自己的逻辑运行,并从自己的前提出发,而这些前提被认为是无条件为真的。只有通过发现"病原体"的根源是关于"自我"的毫无疑问的错误信念,该"病原体"才能被瓦解。我们称这样的"病原体"为精神寄生虫,因为它依靠寄主而生存。它具有一体性(oneness),并且是许多部分的统一体;它可以被识别和认识,并且在明显不受惩罚的情况下实现其自身的非理性。

哲学助产已经将自身描述为既是荷马式的又是柏拉图式的,虽然已经有人提出证据证明哲学助产与荷马思想的密切关系,但是还没有类似的论证证明它是柏拉图式的。同样地,在哲学助产中,"病原体"思想的核心作用,或者关于"自我"的毫无疑问的错误信念的作用,这两者都已被定义,但是却没有任何正当理由可以表明人们可以在柏拉图那里找到这种"病原体"思想或者该思想的类似物。然而,如果可以在柏拉图那里找到关于"自我"以及"病原体"的思想,那么这些思想应该在柏拉图的系统中发挥重要作用,而不应该是次要作用。如果并不能在柏拉图那里找到关于"自我"以及"病原体"的思想的话,那么那种关于这些思想是柏拉图式的主张就可以被驳回了。

在柏拉图的众多对话中,本文选取了《巴门尼德篇》来进行分析,因为"自我"在该作品里扮演了核心角色,它表达了苏格拉底自己的观点,即"自我"的理念也是他自己思维的核心。因为,苏格拉底确实在这次对话开始时承认他有一个困惑:他想知道是否有必要像我们对其他理念进行讨论一样对"自我"的理念进行讨论。他说这个困惑让他很烦恼,于是他在这个问题上逃离了,而不是认为所有的理念(比如头发、淤泥和泥土)都必须真正存在。苏格拉底后来又进一步推理说,如果我们能够有意义地说"自我"就如同我们在其中经验和分沾的其他理念一样,那么一定并非所有的东西都是理念,以及它们一定不能思考吗? 再次,在对话的后期,当巴门尼德将苏格拉底与某个对自己的哲学主张有着最大疑问的人进行对比时,苏格拉底会面对一个更为根本的难题。该怀疑者的怀疑永远不会失去其控制,并且他主张理念之间是相互独立、彼此不同的。当然,理念将包括美、正义和善,它们的影子在世间之物中被人们所经验。巴门尼德总结了这一观点,他说:"那么物体就不会像理念那样,理念也不会像物体那样。"此外,怀疑者还认为,不仅这些理念中的每一个都具有自己的自我同一性或自我本性,并且自我本身是无法被人认识的。

当巴门尼德被要求与对话中的人分享他自己的假设时,《巴门尼德篇》的形而上学范围就被明确表达出来了。作为回答,巴门尼德斯说他自己的假设是"'一'自身"(the One Self),无论这个"一"(the One)"是"(is,也被译为"存在",在本文中统一译为"是"——译者注)还是"不是"(is not,也被译为"不存在""非存在",在本文中统一译为"不是"——译者注)。在巴门尼德对他的假设进行探索并且表明了归之于"一"的否定性会被转移至"自我"之后,"'一'自身"这个混合物的重要性也就体现出来了。当巴门尼德与亚里士多德一起探索他的假设时,我们发现亚里士多德同意关于"一"的说法,但当巴门尼德将这一论点应用于"自我"时,亚里士多德说它"似乎并不是这样"。

《巴门尼德篇》的以下八个论点证明了自我的理念及其否定如何是可能的以及不可能的。每个论点并未被称为假设,但传统上译者一直将该术语插入其翻译中。然而,"病原体"的概念是否可以与任何其他"假设"相匹配仍然是需要回答的问题。

在这些假设中,第六个假设最有可能与"病原体"相匹配。第六个假设定义了非存在的领域,在该领域里,虚构被描述为具有其存在方式。第六个假设认为人类问题的存在有其必然性或形而上学理由,而第二个假设认为人类的心智状态是不存在这些问题的。如果"病原体"的性质是虚构的并且表现出与在第六个假设中所发现的相同区别,那么在"病原体"和第六个假设之间存在着相似性或同一性。如果确实是这种情况,那么哲学助产既是柏拉图思想的表达,又是其对应于第六个假设的、关于"病原体"的观点。

让我们通过对"病原体"的属性进行陈述并将其与第六个假设中的属性相匹配来比较这两者。

因此,我们将概述第六个假设的基本思想,并将其与"病原体"丰富的基本思想相匹配。以常规字体表示的语句表示"病原体"的观点,而斜体语句将从第六个假设的文本中进行提取。

对"病原体"的主要见解肯定是"病原体"属于自我。"病原体"不是一个与生命相分离的外来事物,而是吸取了作为"病原体"来源的、其所学习到的一切东西。

对于那个不是的"一",它属于"自我"是合理的。(160d3)

与"病原体"状态并存的是这样一种认识,即这种状态是不同的,并且它不同于那些哪怕仅可以在短时间内进行逃离的时候。因为,由一个人的"病原体"所带来的痛苦证明它是不同的东西,并且也不被人们想要作为其自身的一部分。

如果"一"不是,那么非存在就是异于他者的。(160c8)

由于"病原体"是一种习得的信念,因此它是自我的一种知识,该知识事关"病原体"以何种方式在其自身之中发挥作用。在"病原体"的一段发作期里,人们意识到正在发生的事情是如此熟悉,但很难扭转它。此即意识到自我正在表现出其关于自我的毫无疑问的错误信念。

> 如果"一"不是,那么事情肯定是如下所述:因此,一方面,合理地来讲,"一"肯定属于"自我";首先,必须有关于"自我"的知识,否则的话,当一个人说"如果'一'不是",那么其所说的任何东西都不会被识别或者知道。(160d2 - 3)

因此,显而易见的是,具有一体性(oneness)并且自主运作的"病原体"是不同于所有其他东西的,并且也是不同于"自我"的。

> 难道不也是这种情况吗,"他者"必须也是与"自我"所不同的。(160d5)

"病原体"不是任意组成它的术语的,但它们是非实在的,因为每个都是一个隐喻,其含义总是特殊的。更好的说法是,这些术语代表这个,或代表那个,或代表那些个,或代表它们,因此,"病原体"分沾这些非实在的术语。

> 当然,不是"一"的那个存在必须分沾"那个"、分沾"某个"特定的"一"、分沾"这个"和与"这个"相关的、分沾"这些个"以及诸如此类的东西。(160e2)

要使"病原体"与"自我"共同存在的话,就"自我"而言是否存在着必要性或者条件呢?由于"病原体"是不同于"一"也不同于"自我"的,因此这种不同性(unlikeness)的属性也将存在于"一"或者"自我"之中。现在,"他者性"(otherness)的理念在两个层面上发挥作用:它可以是除了"一"之外的东西,或者它也可以是与"他者"不同的东西,后者也可以被称为"不是的"那个"一",或者被称为"病原体"。在任何一种情况下,它们的非存在都是"一"的基础,所以自我分沾了非存在,我们也将这种非存在说成是"不是的"那个"一"。

> 当然,不同性也会出现在"一"那里,根据这一点,他者将与"自我"所不同。(161b3)

是什么在维持着"病原体",甚至还代代相传呢?"病原体"具有惊人的力量,可以历经无数的场景还能保持不变。我们很少会问必须在满足什么条件的情况下,"自我"或"病原体"才能维持它们的存在。为了使"自我"或"病原体"能够按照它们原本所是的样子继续存在,必须有一些东西能够随着时间推移使它们各自仍具有完整性。无论这个东西是什么,它必须完全不同于"自我"或"病原体"的元素。这个东西必须拥有一种维持自身的纽带才能如其所是地继续存在着。使每个东西保持原样的结合力必须是不同于它自身之所是的,因为它必须包含这种结合力。因此,"非存在"是保持"自我"如其所是的纽带,正如"存在"的纽带必须牢牢抓住"病原体",以便"存在"可以继续如其所是。

> 因此,如果"自我"将要不是的话,那么,为了使它成为非存在,"自我"就一定得有一个纽带把它与不是的东西联结在一起;这正如"存在者"必须与"不是非存在者"之间有一个纽带,如此一来"存在者"才能回过头来完美地如其所是。因为尤其是只有这样,"存在者"才会是,"非存在者"才会不是。(162a7)

奇怪的是,这种思维方式使得我们认为自我分沾了"病原体",并允许自我的虚假形象侵入自身。之所以会这样其原因在于,只有在一个人年轻时才会出现这样一个关于自我的虚假形象,因为使得该问题存在的条件是,在相关传播场景中,年轻人所面对的是这样一些所谓权威人士,他们看上去似乎是聪慧的、关怀人的、美丽的、无所不知的。也就是说,一个问题之所以会产生的条件在于:那些看起来如此具有美德的人竟是所有恶行的源头。

在处于"病原体"状态中时,显然存在着一种推理功能,但这是一种有限的递归推理。由于它包含在自身内部,它的思维使其戏剧化;它无法对其自身的起源及其作为非存在物的条件进行真正的推理。因此,"病原体"分沾了这种错误递归的反思思维,称之为"非实体"(non-ousia),而对自身进行反思的最合理属性是递归的,在希腊语中称之为"实体"(ousia)。因此,为了使"病原体"能够存在,它也必须从类似"实体"的活动中产生,以便能够在虚构信念的模型上形成自身。

> 此外,一方面,非存在分沾"非实体"(non-ousia),以便它可能是非存在;另一方面,非存在分沾"实体"(ousia),以便它可能是非存在;而另一方面,非存在分沾"实体"(ousia),以便它可能是非存在,如果反过来,它也完全可以不是非存在。(162b)

虽然"病原体"的坚定本质是显而易见的,但在体验"病原体"时,不可能在现实存在中掌握自我的本质或功能。应该承认,现实存在的"理念"包括了该范式的主要"理念"(逻格斯、美、正义、善)以及那些可以指明这些"理念"间如何相互关联的术语。它们有自己的存在方式;它们是永恒的,并且它们自身就是其在我们的范围领域内得以体现的源泉。

> 当然,它也不会在自我中回转逗留,因为它不会以任何方式对自我进行把握。(162d1)

再次,继续得出结论:

因此，非存在不可能存在于任何现实存在中。（162d2）

"病原体"是对许多部分的统一，其每个部分都与其他部分完全吻合，并且只要它没有从根本上受到挑战，它就会保持它的存在。然而，它自身是可以移动的，其部分之间是具有动态性的。只要相关变化保持了"病原体"的隐喻内容，它就可以改变其关键成员的角色，因为"病原体"中的每个角色都代表了传播场景中的关键角色。

因此，正如已经所表明的，那个"不是的一"既是静止的又是变动的。（162e5）

因此，"病原体"是由"不是的"那些部分构成的一个整体，并且它具有存在的模式，因为它确实作为一种虚构而存在。它可以被谈论其生成和消解，但那只是在一种比喻意义上而言，因为它没有父母，也不会遭受死亡。只有在某种意义上它才能被称为已经生成，并且同样地它就像死亡一样结束，因此它既会存在、会被消解，也不会存在、不会被消解。如果"病原体"没有被改变，它将保持原样，既不生成也不消解。在第六个假设的总结式结尾，他说：

因此，一方面，"不是的一"在被改变后将会被生成、被消解，但是另一方面，如果不进行改变，它将既不会被生成也不会被消解。因此，"不是的一"会被生成、被消解。（163b2）

在弄清楚这些论证之后，我们就可以清楚地认识到，"病原体"可以被看成是对应于第六个假设。如果确实是这样，那么第二个假设的意义之可能性问题则可以解决了。因为，这些否定性论证旨在表明肯定性方面之存在的必要性，而第二个假设说的正是这种肯定性方面。第二个假设围绕着善的"理念"，而第一个假设围绕着善或者"一自身"。第二个假设被认为是关于由现实存在所构成的范围的，这些现实存在包括美、善、正义等等。在柏拉图的《理想国》里，它被称为"存在之最闪亮的光"（the most brilliant light of Being），而在这种体验里，人们可以推断出这些"理念"的存在。第三个假设将"一"的可理解本性置于连续时刻之间的间隙中而进行运作，以实现我们存在的有序变化。如果第三个假设被否定，则可以得出第七个假设成立。

第四个假设揭示了一个类别，该类别具有群体同一性的特征却没有对实在进行直接分沾，而第八个假设强调了否认第四个假设的后果是毁灭性的。第五个假设将"一"或"自我"与其他一切分开，形成了一种鲜明的二元论，而第九个假设则追溯了拒斥第五个假设的后果。

很显然，"自我"的理念是柏拉图的核心，而巴门尼德的这些假设则概述了不可名状的、不可知的"自我",也概述了"自我"如何是可能的以及不可能的。因此,这就回应了亚里士多德的反对性意见。

对于哲学而言,哲学助产继承了柏拉图-荷马传统,并且哲学助产也将自身视为寻求回归古希腊经典思想之运动的一部分。哲学助产的方法是智性的、沉思性的,它运用梦、白日梦来进行洞察以消解个人性虚构。

可以表明,哲学助产是一种促进人类启蒙的主导性精神力量。在其范围内,哲学助产提供了对柏拉图在其《巴门尼德篇》中所描述的辩证法的延续,并且哲学助产试图通过多马福音而与基督教传统之间形成亲缘关系,也提供了一种方法以结束在人类内普遍存在的非理性。

[通讯方式] pierregrimes@ymail.com

原文出处:Pierre Grimes, "Philosophical Counseling and Philosophy", *Philosophical Practice*, March 2017, 12.1: 1858 - 1863.

（丁晓军　译）

对娄·马里诺夫的深度访谈

史蒂芬·J.科斯特洛(Stephen J. Costello)

1. 您是如何对哲学产生兴趣的,特别是对该学科可能的治疗用途等方面产生兴趣的?

众所周知,"第一原因(或本原)"很难确定,尤其是在一个连续统一体中。也许更好的办法是问问哲学,她是怎么第一次让我对其感兴趣的。探寻问题的自由一直是我的指南,有人会说是先天性的。早在20世纪60年代末和70年代初,我担任蒙特利尔人文主义奖学金青年小组的组长,负责促进与青少年之间的道德对话。我目前的从业经历可以追溯到上世纪90年代初我在英属哥伦比亚大学(University of British Columbia)应用伦理学中心(Centre for Applied Ethics)任职时。由于传媒报道了我们在一个注重道德操守的社会机构里所做的工作,温哥华的市民开始向中心求助,要求与道德家们进行交谈。由于我们的大学是公立的,我们有义务做这些工作。这也是我如何进行我的最先两个咨询案例的方式:一是用电话交流;二是来访者走进中心进行咨询。

2. 您所理解的哲学是什么?

从字面上看,哲学意味着对智慧的热爱,这听起来很清楚,但很难解释清楚。如果你把一群自称为"哲学家"的人放在同一个屋檐下,他们可能会在很多问题上产生分歧。这表明他们爱智慧的方式不同,或者他们爱智慧的方式相似,但理解智慧的方式不同。对我来说,哲学是一个多方面的活动,包括思考、写作、教导,激发思想,灌输美德,偶尔挑战神圣不可侵犯的东西等(比如:屠宰神圣不可侵犯的牛等)。

3. 您说的"哲学践行"是什么意思?

我所说的"哲学践行"是指与亚里士多德所说的类似的东西即实践论或"实践智慧"。它意味着人可以将自己的原则应用于个人的一生,就像从古代哲学诞生以来世世代代哲学家所做的那样。它还意味着哲学可以帮助他人解决他们的问题和境况,制定和阐明自己的原则,并将其应用到自己的生活中。哲学践行可以单独进行,也可以与个人、团体或组织一起进行。

4. 哲学咨询和心理治疗的本质区别是什么?

你的问题似乎预设了某种形式的柏拉图主义。我们可以把哲学的"本质"与心理学的"本质"区别开来。由于哲学咨询有许多流派(即模式),所有这些流派对其适当的方法和目标都提出了相互竞争的甚至是相互矛盾的主张,而与此同时,显然有数百个心理治疗流派也提出了相互竞争和相互矛盾的主张,因此,阐明压倒一切的本质并不是一件容易的事。

我认为，许多心理咨询师都是通过获得医疗或伪医疗模式的执照而进行工作的，其中许多人认为，他们是在用各自的治疗方法诊断和治疗各种形式的"精神疾病"。而大多数哲学咨询师的工作对象都是功能性的、理性的、没有精神疾病的客户；这些客户都在积极寻求从哲学对话的角度审视自己的生活，并通过应用经过时间检验的想法而产生的积极变化的基础上来构建自己的生活。心理疗法治疗新奇的"精神疾病"；而哲学咨询则是老式的"心灵良药"。一般来说，心理治疗似乎植根于情感，而哲学则植根于理性。总的来说，我们似乎有不同的入口，但也有一些重叠的地方。

5. 您能从您的工作中举出一个具体的临床案例来说明或强调哲学咨询的一个重要或独特的方面吗？

当然可以，但我们必须避免使用"临床"一词。虽然确实有一些医生自称为"临床哲学家"——理由很充分——但我自己还没有开过诊所。这种情况好像在 2000 年城市学院出现过，后来出现的更多。相反，我倾向于坐在办公室里。所以，这是一个"官方"的历史案例。

客户是一位高中校长，他最近在为一个有价值的慈善机构进行的学生募捐项目时出了严重问题。为了鼓励学生作为筹款者参与筹款活动，已经有人捐赠了奖品，并在闭幕式上进行了抽奖。[康德（Immanuel Kant）会认为这种行为在原则上是极其不道德的，而密尔（John Stuart Mill）会赞扬其功利主义的成功。]当"大奖"被一名没有参与筹款的学生赢得时，事情就出了问题。据了解，她的抽奖券是由参加本次活动的一位参与者给的，而这位参与者是她最好的朋友。他们的父母随后就拥有一辆山地车这一大奖本身发生了争吵，而这反过来又导致了社区的分裂。

案主报告说，由于纠结这个问题，他经常失眠，也导致食欲的下降。看到社区分裂，他感到有责任并感到不安。他们请了律师，这只会使冲突升级。校长寻求一种解决办法，用他自己的话说，就是让他"自己生活"。通过苏格拉底式的探究，我们发现了拥有某物的法律权利和道德权利之间的重要区别。我们还发现了一个隐含的规则，而组委会却忽略了这一点。也就是说，获得奖券的道义权利仅限于参与筹款的学生。换言之，奖券是不能转让的。因此，从道德上讲，奖品应归奖券的合法持有者所有。然而，请注意，一旦她把奖品带回家，她就可以完全自由地把它送给她的朋友，或者把它捐给慈善机构。还请注意这张奖券和完全可转让的公共彩票之间的明显区别。如果一个朋友送给你一张后来中奖的公共彩票，她对这笔奖金没有道义上的要求（尽管你可以选择与她分享）。

相信这样做会吸引大多数人，会解决冲突，也会让他"与自己生活在一起"。换句话说，这满足了他的道德直觉。

这个案例——实际上是我的第一个案例——的意义在于它通过道德哲学和职业道德来解决问题。校长本人寻求的是哲学上的解决办法（在法律解决办法失败后），而不是医学或心理上的解决方法。给他一片安眠药，或者诊断他患有"焦虑症"，给他服用帕罗西汀，或对他进行心理分析，找出他为什么喜欢赠送自行车，都是不合适的。因为这些治疗方法只会增加他的痛苦。只是症状性的，绝不会触及他和他的社区的道德问题的根源,这个问题持续存在于一个思想领域,需要得到相应的解决。

6. 有些人可能认为哲学咨询过于理性、复杂、深奥、学术甚至精英主义,无法帮助人们。这取决于医生吗? 它如何减轻痛苦?

第一,坦率地说,的确,一些本科生可能认为哲学本身太理性、太复杂、太深奥、太学术性甚至太精英化,是一门不值得追求的学科。这可能有助于解释为什么与英语或心理系相比,哲学系相对较小。然而,仅凭这些理由就断言哲学不能减轻痛苦是荒谬的。世界上还有很多人是理性的、复杂的、深奥的、学术的,甚至是精英主义的,他们和其他人一样容易受苦。其中许多人得到了哲学咨询的帮助。当然不是所有的人都能从哲学中得到帮助,并不是否认有些人可以得到帮助。我们帮助了很多人。

第二,这是否要视从业人员而定呢? 当然是这样,也许在我们的领域,依赖性更大。据我所知,没有一门专业艺术的从业者的技能不在其中发挥关键作用:无论是工程、法律、医学、心理学还是哲学;或在任何领域进行研究、写作或教学。在正确的时间找到正确的从业者或者找不到这样的从业者,都会对特定案例的结果产生很大的影响。

第三,哲学咨询如何减轻痛苦? 一般来说,它是通过对话的解释和启发的力量来实现的。疼痛或身体不适通常是身体出了问题的警告,需要医疗干预。同样,痛苦或精神上的不适往往是灵魂出了问题的警告,需要(根据错误的种类)心理或哲学上的干预。三种最有效地减轻痛苦的哲学体系是斯多葛派、道教和佛教。斯宾诺莎的哲学也有类似的功效。他们的共同点是,苦难是一种自我施加的不公正。通过采纳有助于公正地对待自己(和他人)的观点和做法来缓解这一问题。那些公正地对待自己和他人的人迟早会得到免疫接种,不是对疼痛或身体疾病免疫,而是对痛苦免疫。

因此,在医学和心理学(一方面)以及哲学(另一方面)之间出现了一个明显的区别。当人们被疾病折磨时,不管是身体上的还是"精神上的",大部分的痛苦都是自己造成的,因此最终可以通过自我缓解,或者通过自我消解。

7. 有没有人可能被禁止接受哲学咨询?

这是一个极好的问题,哲学咨询界对此意见不一。极少数激进的哲学顾问,不管是哪一种,都声称哲学是一种灵丹妙药,可以(而且应该)完全取代心理疗法和精神药理学。我认为,这种说法是不正常和危险的。我认为,有些人要么是长期情绪失常,不理智,不能正常工作,而另一些人则是受到多种多样的大脑机能障碍的困扰,使他们不能理性和正常工作。我认为这类人士不适宜接受哲学辅导。

尽管《心理疾病诊断统计手册》(the DSM)存在诸多缺陷和明显的荒谬之处,尽管"大型制药公司"和保险公司将药品殖民化,并催生了轻率诊断和无偿用药的行业,但毫无疑问,仍有一些人需要心理治疗和/或精神药物,其中一部分人可能从心理或精神干预中获益。

出于同样的原因,由于当代精神病学放弃了谈话疗法,转而采用分子科学——许多"老派"精神病学家对此表示反对——可以想象,一些在被麻醉的同时又被剥夺了对话的病人可能会从两个世界中受益:控制不想要的情绪和行为的药理学,以及自我探索的哲学咨询。这实际上是一位欧洲精神病学家向我提出的,他是他所在的研究项目部门的负责人,他想让哲学顾问与他的一些病人进行对话,作为他被迫从事的"分子精神病学"的辅助方式。因为我不说他的母语,所以我不能参加,但这个实验听起来很吸引人。

事实上,一名病人因身体上的任何疾病或损伤而接受医疗治疗,很可能得益于哲学咨询,例如探讨他的疾病或损伤对生活中其他方面的影响,这些影响受他的健康状况影响,但不在医疗范围之内。无论哪一个器官正在接受医学治疗,特别是可能包括大脑,都肯定有很好的理由伴随着接受检验的生活。这表明了古代医学与哲学结盟的真正潜力。

同样,我也不愿看到客户接受一种形式的心理咨询、心理治疗或精神分析。冲突或不和谐信息的可能性太大了,客户应该和尽可能多的顾问交谈,但是对于严肃的对话来说,一次一个似乎是最好的。一般而言,我为符合以下实践范围的客户提供咨询:哲学咨询针对的是理性、实用、非精神病患者,但在解决或管理与正常生活经验相关的问题时可以受益于哲学帮助的客户。最适合接受哲学咨询的是其问题集中在以下方面的客户:

(1) 个人道德或职业道德问题;或

(2) 意义、价值或目的的问题;或

(3) 个人或职业成就感问题;或

(4) 信仰体系不确定或不一致的问题;或

(5) 需要对不断变化的环境作出哲学解释的问题。

迄今为止,至少有五个机构审查委员会为哲学系的研究目的批准了这一实践范围:最初在纽约城市学院,后来在纽约州立大学科特兰分校、东密歇根大学、科罗拉多大学和北科罗拉多大学。

经初步咨商后,对其问题被认为不属于这一范围的客户进行替代性照料转介。在20多年的实践中,我发现大约5%的客户(二十分之一)在寻求我的服务时不适合这一范围。

8. G·阿肯巴哈(Gerd Achenbach)于1982年在科隆建立了第一个欧洲哲学咨询中心。然而,皮埃尔·格莱姆斯(Pierre Grimes)自20世纪60年代以来一直在南加州从事苏格拉底助产术(Socratic midwifery),而保罗·夏基(Paul Sharkey)和迈克尔·罗素(J. Michael Russell)则从20世纪70年代开始在美国从事哲学咨询工作。您的工作与其他实践者,尤其是G·阿肯巴哈有何不同或一致之处?

你提到的这些同事都是这个领域的巨人。然而他们没有一个是相同的。皮埃尔·格莱姆斯是苏格拉底助产术的主要倡导者,他的理论完全以柏拉图(Plato)为基础。在他的手中,这是一个有力而有效的方法。迈克尔·罗素专攻应用存在主义哲学——柏拉图形而上学对立面。迈克尔接受过精神分析方面的交叉培训,并在这两个领域培训从业人员。他喜欢利用情感来引出价值承诺。保罗·夏基(已退休)是一名具有公共行政专业知识的专业伦理学家,在理性情绪疗法和催眠疗法方面受过交叉培训。保罗是美国哲学、咨询和心理治疗学会(一个学术研究团体)与美国哲学践行者协会(一个非营利性教育公司)的创始成员。皮埃尔、迈克尔和保罗是美国哲学践行的伟大先驱。

阿肯巴哈同样伟大,他的开拓性努力在德国也取得了同样的成果。由于格尔德(指阿肯巴哈,译者注)的代表作只以德语出版,而我的作品中没有德语,我没有资格描述他独特的实践风格。他在与客户进行道德和情绪的协调方面享有良好的声誉。他也间接受到日耳曼神秘主义的影响,如雅各布·博梅。格尔德有一种权威的气质,但也平易近人。出于这个原因,我从荷兰火车站的一群旅客中挑选了他——当时我还不知道他是谁——去核实他的去向。我们都在参加一个会议。他看起来像个"知情人"。

实话告诉你:我受过数学物理、科学哲学、决策理论、应用伦理学和亚洲哲学的训练。需要强调的是我们都是不同的。差异万岁!

9. 哲学咨询的过程究竟涉及什么?您认为它的目标是什么?您个人是怎么践行的?

是什么让你认为关于过程的问题有一个"确切"的答案?正如我在《柏拉图的灵丹》一书中所指出的,某些案主提出的问题属于时间限定的问题,需要立即解决(如校长个案);另一些人则陷入了更开放的过程(如离婚、职业改变等),需要更渐进地培养观点。在我的哲学践行中,这两种情况都不是由预定义的元过程来处理的,只有一些情况是由预先设想的方法来处理的(只是在认为合适的时候)。在我看来,理想的目标或目的或核心目标是帮助和授权客户成为他或她自己的哲学家,以便能够完全免除我的服务。

10. 主要来说,哲学咨询是为了让人们更快乐,还是建议让他们的生活变得更有意义?

这主要取决于你问的是谁。就我而言,我发现这是一个奇怪的析取(选择)。想必你不是在暗示人们必须在幸福生活和有意义的生活之间做出选择。根据我的经验,虽然大多数案主确实在寻求变得更快乐,至少从长远来看是这样,但许多人对"处方"表示怀疑,因为它们都是在大众市场上销售的。这种"处方"是为了获得瞬间的快感。这就是为什么他们首先(或者偶尔是最后一个)来到哲学家面前,去探究幸福的本质,以及在他们的特定情况下如何最好地达到它。此外,一些客户确实试图为他们目前的不快乐辩解,或至少解释它并赋予它意义。

例如,有些人可能倾向于密尔的观点,即做一个不满意的苏格拉底,要好过做一个满意的傻瓜。其他人可能更喜欢尼采(Friedrich Wilhelm Nietzsche)的虚张声势:"任何杀不死我的,都会让我更强大。"在我的哲学践行中,主要的目标是帮助客户在哲学上自给自足,这样他们就能以一种可持续的方式快乐地、有意义地生活,这种方式是建立在他们自己深思熟虑的观点基础上的。

11. 您有"心理健康"的概念吗?

是的,就像你一样,我会把它限制在引号里。

12. 哲学咨询与精神践行在什么意义上不同?

这在很大程度上取决于你所说的"精神践行"是什么意思,这个术语有许多不同的含义。在西方,人们越来越多地把自己描述为"精神的而非宗教的"。这可能意味着很多事情。一般来说,"不信教"意味着没有对任何特定的有组织的教派的承诺。更具体地说,是指在西方拒绝接受犹太教基督教经文、礼拜仪式、教区主义、习俗等等。关于"精神性"的含义,人们的共识要少得多。"精神性"是一个合成词,包含了许多相互矛盾的外延。例如,爱因斯坦(Albert Einstein)所信奉的"古典"灵性论认为,宇宙是由某种形式的更高智慧所统治的理性和合法的宇宙,而不是人格化的神性。再者,"新时代"的灵性意味着拒绝科学、理性和客观现实,取而代之的是主观性、"魔法"思维和明显幼稚的迷信。此外,灵性可以是世俗的或者是新生命主义的,甚至是对生命、意识、地球生物圈和/或各种环保主义流派的泛神论的崇敬。它可以包含神道教信仰,普遍存在的灵魂居住甚至无生命的物质。灵性也包括不同哲学流派的实践,从斯多葛学派到内观学派,从世俗佛教到道教。

如果"哲学咨询"包括"自言自语",那么马库斯·奥勒留(Marcus Aurelius)的《沉思录》既是哲学咨询,也是精神实践(斯多葛学派称之为禁欲)。《易经》也是如此。

另一方面,如果我们把哲学咨询的意义限定在咨询师和来访者之间的分析或解释学对话上,那么这种对话可能不是事实上的精神对话,但仍可能指向精神实践。理性的精神实践话语可能成为精神实践的前奏。

13. 哲学践行包括团体咨询、组织咨询以及个人咨询。您能演示一下您是如何将哲学应用于公司部门的吗? 如果您这样做了,您能演示一下您是如何将哲学应用于诊所之外的吗?

在孤独中进行哲学思考,或与个人客户、团队或组织一起进行哲学思考,都构成了哲学践行的模式。这些模式在教育目的、教育范围、教育内容等方面都有各自的特点。它们在公共、民间和私营部门展开。我曾与教师、保健专业人员、公职人员、公务员、首席执行官、企业家和宗教领袖都有过合作。与团队或组织进行哲学上的合作需要不同于与个人进行工作的技能包,并且通常需要更明确地以成果为导向和有时间限制的方法。这些方法包括奈尔森式的苏格拉底式对话、困境培训和战略博弈。

我无法在采访中"演示"这些方法,但我在我的教科书《哲学践行》(*Philosophy Practice*)中对其中一些方法进行了详细描述。[1]

私人和民间部门咨询领域的伟大先驱者包括彼得·凯斯滕鲍姆(Peter Koestenbaum,美国),他的方法是注册商标,在他的教科书(《领导力:伟大的内在面》)中有解释;另外路克(Henk van Luijk,荷兰),他的困境培训方式被欧洲商业道德网络采用,并得到广泛传播。

14. 哲学咨询是根植于苏格拉底的传统,还是您认为它在语气和气质上更显斯多葛主义的?

在《柏拉图的灵丹》(*Plato Not Prozac*)一书的后面,有一个大约60位哲学家的词汇表,他们的中心思想对我的实践很有帮助。在续集《为理智的人治疗》(*Therapy for the Sane*)中,词汇表被扩展到100位哲学家。我认为哲学咨询的根源在于唤醒客户内心的哲学家,也许是潜伏的哲学家。一旦它醒过来,我们就可以确定它与哪个学派(如果有的话)关系最密切。这个学派可能是苏格拉底学派,或者是斯多葛学派,或者是其他100个学派中的任何一个,或者一个也不是。因此,哲学咨询取决于咨询师和来访者之间的对话,而不是咨询师强加给来访者的某些先入为主的理论。

15. 您在美国哲学从业者协会(APPA)为期三天的认证课程中教授什么?

关于APPA为期三天的咨询师项目,我们为那些自我选择的哲学家提供了一套工具,他们可以利用这些工具来建立一种新的实践。由于我们的最低先决条件是获得哲学硕士学位,参与者有足够的理论成为实践者。他们对 APPA 的要求基本上是一个专业发展研讨会,为他们总结突出的方法论、伦理、法律、经济、商业、运营、美学、经验和合作教授等。此外,对于那些有学术任期的人,我们提供了一个蓝图,以确保伦理审查委员会(IRB)批准他们在校园里进行哲学咨询,作为一项认可的研究活动。APPA 程序结构几乎不保密,它在 APPA 的网站上是公开可见的:https://www.appa.edu/cctraining.htm。

最近几年,我们也接纳了这些项目的附属会员。顾名思义,附属机构是帮助获得国家许可的专业人员——例如律师、护士、医生、精神病学家、心理学家、社会工作者等——他们希望在自己的实践中贯彻哲学。他们注重专业精神的技能,但通常缺乏哲学技巧。相比之下,我们的兼职成员在哲学技能方面经验丰富,但总体而言缺乏专业精神。我们了解到,将这两个群体混合在一起会产生互利的效果,因为每个群体都能从另一个群体那里学到很多东西。持有哲学学位的学员成为经 APPA 认证的从业人员;持有其他学位(如法学博士,医学博士,理学硕士,专业本科学位,职业学位等)的学生将成为 APPA 认证的会员。

16. 2000 年,您在纽约城市学院(City College of New York)的哲学践行被学院官员关闭,他们担心您没有经过适当的训练就提供心理健康建议。随后,您起诉了纽约城市大学,并成功地说您的言论自由被扼杀了。对于您在心理治疗领域的批评,您是如何回应的?

为了回答你的问题,我必须讲一些《纽约泰晤士报》选择隐瞒或歪曲的事实。1999年,由于预算原因,城市学院的健康中心在关闭数十年后重新开放。当时负责学生事务的副校长托马斯·莫拉莱斯(Thomas Morales)邀请 APPA 将哲学咨询纳入服务项目。我们一起筹集了 6 万美元的种子资金来资助这一试点项目。到 2000 年,我们已经与健康中心建立了一个招生程序,准备了一份 APPA 认证的从业人员名单,有了一份经批准的服务广告,以及一套由当时的人文学科系主任指派的咨询办公室。

突如其来的是,匿名的原告向匿名的高级管理人员提出指控,其大意是(后来我被告知)哲学顾问在没有许可证的情况下进行心理治疗,而且(根据当时的教务长后来宣誓的证词),与哲学顾问对话的人很可能从布鲁克林大桥上跳了下去。

因此,在 2000 年 11 月,我收到了同一位前人文学院院长发出的"停止"令,在纽约城市大学进行"法律审查"之前,禁止在校园内进行任何哲学咨询活动,保健倡议中心被关闭。我们被逐出了咨询办公室,我们退还了未用的种子基金。

此外,在没有任何正当程序或正当理由的情况下,我的经伦理审查委员会(IRB)批准的哲学咨询研究方案(该方案已经运行了一年,没有发生任何事件或投诉),也被同一命令关闭。机构审查委员会受联邦法律和国家精神健康指导研究所(National Institute for Mental Health Guidelines)管辖,城市学院(City College)的伦理审查委员会已经确定哲学咨询是一项"对客户不构成风险的教育活动"。

由于没有机会了解导致发出停止令的指控的确切实质内容,我也没有机会查明原告的身份。这是卡夫卡式的荒诞,所以我怎么可能对他们做出回应呢?

如果纽约城市大学没有放下它的"常青藤窗帘",一个直截了当的回答是:首先,即使是粗略地看一下我们的专业文献,也会发现哲学践行在所有形式上都是一种教育活动。我们不治疗"精神病";我们帮助客户过一种更有节制的生活。其次,数十年来,数百名哲学顾问与世界各地数千名客户合作,据我所知,从来没有一个客户自杀,也没有一个记录在案的客户受到哲学咨询伤害(或被引诱伤害自己或他人)的事例。这正是伦理审查委员会(IRB)将哲学咨询归入风险最低类别的原因。

当然,哲学家们有时会建议客户在面临绝症和医生协助下可能的死亡即安乐死或理性自杀做出决定,但这属于不同的范畴。

另一方面,纽约州的精神病学家和临床心理学家与自杀率比平均人口高 10 倍的人群一起工作,这并不奇怪。而哲学咨询所带来的自杀风险基本上为零,或者用城市学院伦理审查委员会的语言来说,"不超过正常日常生活所带来的风险"。

但纽约城市大学拒绝参与对话,而是把我埋在一堆繁文缛节中,让我做所谓的"法律审查"。到 2002 年,我除了寻求司法救济外,没有别的办法。教育中的个人权利基金会受理了我的案件,聘请了一名律师代表我,我们在联邦法院对几名城市大学管理人员提起诉讼,指控他们侵犯了我的第一修正案权利和学术自由。库德兄弟(Coudert Brothers)还代表 APPA 提交了一份出色的法庭之友简报,遭到了纽约城市大学的强烈反对。

负责此案的联邦法官是尊敬的西德尼·斯坦因(Sidney Stein)(这里我用的是泛泛的说法)。斯坦因法官主持了一个一流的袋鼠法庭,并立即驳回了所有指控。我们向联邦第二巡回法院上诉,并获胜。上诉法院将斯坦因活活地烤了一顿,并将重新审理的案件发回他那里进行调查。被告一个接一个地宣誓出卖了他的直接上级,直到教务长的手指指向了纽约城市大学负责法律事务的副校长办公室。随后,斯坦因法官以表面上的"委托律师"特权为由,否认我们有权传唤副校长或其工作人员。这是法官本人对司法公正的极大阻碍,因为事实上,被告是由纽约总检察长代表的,而不是由纽约城市大学的这些高级内部行政人员代表的,这些行政人员显然一开始就批准了禁令,因此他们自己几乎要成为被告——直到斯坦因法官禁止我们在宣誓下质问他们。到了 2005 年,我仍然不知道指控的实质内容或原告的身份。常青藤窗帘就像铁制或竹制窗帘一样难以穿透。

现在是一个有趣的旁白:代表被告的纽约总检察长当时是艾略特·斯皮策(Eliot Spitzer),他不久后当选纽约州州长,后来因涉嫌将妓女从纽约运送到华盛顿而蒙羞辞职,这是一项重罪。斯皮策从未被起诉,但在道德上受到了惩罚。他从高位被推到一个卑微的地方,一个与他以前的地位相比的炼狱的圈子,在那里为纽约的无产阶级做"社区服务"寻求救赎。换句话说,他们"判决"他在城市学院教授法律和公共政策,在那里他成了我的同事。现在那是诗意的正义!他在一年之后被假释到美国有线电视新闻网(CNN)。(如果我们知道自己所犯的罪行是什么,我们中那些正在服无期徒刑的人就有很好的理由思考我们自己的罪行。)

最后具有讽刺意味的是:在城市大学禁止我工作的那些年里(2000—2005 年),我是世界经济论坛(World Economic Forum)的教员,经常参加达沃斯论坛和世界经济论坛的其他活动。我以这一身份为《财富》500强公司的首席执行官、诺贝尔奖得主、政治和宗教领袖、政府部长、全球企业家、超高净值慈善家以及世界经济论坛本身提供了一系列哲学服务。所以，城市大学浪费了宝贵的机会，既阻止其自身利益相关者免费获得类似的服务，又未能利用奇妙的机会建立公私教育联盟。什么样的大学管理机构会禁止那些受到地球村管理者重视和鼓励的校园工作？

作为世界上最大的城市大学，该校成立于1960年，由20多所学院、数千名教职员工和大约45万名学生组成的教育帝国。被亲切地称为"克里姆林宫"的城市大学中心区，坐落在没有校园的地方，但却对所有人发号施令：城市大学是一所人民民主的大学。城市学院是其历史性的旗舰。城市大学由汤森·哈里斯（Townsend Harris）创建于1847年，被誉为"无产阶级的哈佛"，其杰出校友中有10位诺贝尔奖得主，比美国任何其他公共机构都多。

说到公私合作，你知道城市学院在1940年聘请伯特兰·罗素（Bertrand Russell）教授逻辑和科学哲学吗？但他从未在那里做过一次演讲。他的任命被纽约侨罗纪比例最高的袋鼠法庭推翻。罗素是他那个时代的苏格拉底，他被指控不虔诚和腐蚀青年。罗素在纽约遭到市长拉瓜迪亚（LaGuardia）、坦米尼市政厅的政客、圣公会主教和《纽约时报》（也被新保守主义者称为"真理报"）联合迫害。罗素在纽约受到的迫害即便没有给他带来精神创伤，也让他十分痛苦，以至于不久之后，在哈佛大学的一系列讲座中，他在许多学术赞誉中又加上一句："明智地宣布他不配成为纽约城市学院的哲学教授。"

1960年，城市学院失去了自主权，当时它和纽约其他一些独立的、历史悠久的文科院校，如亨特学院，一起被纽约城市大学吞并。

根据我的经验，纽约城市大学的管理模式与其他任何大学都不一样。在行政上，它是纽约州公务员部门的一个分支。从合同上讲，它是一家汽车工厂：城市大学中央校区是管理层；大学校长是工厂经理，教员是工人；学生们从装配线上滚落下来（或掉下来）。在政治上，它是一个集中营，无条件地屈服于文化和性别战争期间极端激进的左翼分子最尖锐的要求。财政方面，城市大学一直徘徊在资不抵债的边缘，内部被五级转移的官僚机构蹂躏，奥尔巴尼（Albany）的预算危机更是常年肆虐，奥尔巴尼的老政客们最近因为一系列的犯罪问题被关进了监狱。就在本周，《纽约邮报》痛斥奥尔巴尼为"腐败的下水道"。

就在我写这些话的时候，2016年，现任纽约州州长刚刚否决了一项两党共同提出的法案，该法案为纽约城市大学提供了急需的财政援助。教员们已经五年没有合同了，而城市大学拒绝谈判。与此同时，他们正在简化课程，提高学费。

所以，当《纽约时报》（又名《真理报》）在其2004年的周末杂志上大肆宣扬我正在起诉我的雇主（他们声称是纽约城市学院）时，他们大错特错了。虽然我很乐意在城市学院向纽约市民（以及来自150个国家的学生）教授哲学，但我的雇主才是支付我薪水的人。教师工资支票是由纽约州财政部签发，这使我成为一名公务员，因此受雇于纽约州人民，我愿意并高兴地努力为他们服务。城市大学的正确角色和教育职责是促进这种服务，而不是禁止它。再说一遍，城市大学的非正式座右铭是"善行必受惩罚"。

哲学咨询的"布匿战争"('Punic Wars')到此为止。我坚持不懈,与忠诚的同事合作,并在后来更开明的城市学院管理部门的配合下,开拓出一片天地。目前,即使是城市学院的顶尖临床心理学家也支持设立一个应用哲学研究生项目,包括集中精力从事哲学践行,这方面的需求很大。如果纽约城市大学的繁文缛节不是没完没了的话,那么我们在城市大学提出的研究生计划早就已经启动、运行,而且学生人数众多。我目前在世界各地指导研究生,除了我自己的大学。

那时和现在一样,我与世界各地的医生、精神病学家和心理学家合作。但既然好消息从来没有坏消息那么好卖,就别指望《真理报》会报道。

17. 一般而言,您如何看待心理治疗的实践?

这听起来是个很笼统的问题。因为我的一些好朋友是心理医生,所以我主要是通过他们的视角来观察。一般来说,我们似乎在非常不同的领域工作,并且有着显著不同的入口。

18. 我认为维克多·埃米尔·弗兰克尔(Viktor Frankl)是哲学践行的先驱和引领者,存在(主义)分析治疗是哲学践行的一种形式(尽管它也是一种心理治疗,弗兰克尔对精神障碍有一个精神病学的分类)。我很想知道您对存在(主义)分析治疗的看法以及弗兰克尔的工作是否让您感兴趣?

是的,我对弗兰克尔的工作很感兴趣,其中一些与我的实践经验产生了共鸣。多年来,我的许多客户都在寻找意义。因此,我同意弗兰克尔对基本的"意义意志"的认同和描述构成了治愈疾病的可靠方法的基础,并代表了维也纳心理治疗的"第三流派",它成功地与弗洛伊德(Sigmund Freud)的"快乐意志"和阿德勒(Alfred Adler)的"权力意志"相抗衡。与弗兰克尔同时代的另一位杰出的维也纳人,法兰克福学派的哲学家卡尔·波普尔(Karl Popper),曾设想分界问题:在各学科之间,并不总是能够划清清晰的界限,或划出明确的分界线。哲学和心理学尤其如此,这两个领域以容易出现重叠或共同的灰色地带而著称。弗兰克尔的理性疗法和存在主义分析既具有哲学维度,又有心理学维度,事实上,他可以被视为一种哲学践行者。APPA 的队伍中有几位哲学家,他们接受过理性治疗方面的交叉培训。在我看来,弗兰克尔的注意力似乎更多地集中在哲学心理学上,而不是心理学哲学上,但这也许是令人毛骨悚然的问题。

19. 谁对您的哲学影响最大?

佛陀、老子、亚里士多德(Aristotle)、塞涅卡(Lucius Annaeus Seneca)、爱比克泰德(Epictetus)、霍布斯(Thomas Hobbes)、密尔和梭罗(Henry David Thoreau)都是最有影响力的人物。

20. 在《柏拉图的灵丹》中,您概述了处理问题的五个步骤:PEACE(问题、情感、分析、沉思和平衡)。也许您可以带我经历这些阶段?这是您的"方法"吗?您不同意弗兰克尔的观点吗?我们所追求的并不是体内平衡,而是一个有意义的目标(不是动态)之后的奋斗和挣扎?

坦白地说,我并不主张采用任何独特的方法,但如果需要的话,我可以使用几种方法。"宁静进程"并没有出现在原书的提案中,也没有出现在《柏拉图的灵丹》的手稿中。

有一天出版商打电话给我,坚持让我拿出一个"按数字作画"的公式,来向美国世俗读者解释哲学咨询。这些读者大多没有受过哲学教育,每周习惯于阅读一本新的"自助"或"指南"的书。这是一个相当高的要求。在一个充满灵感的漫长周末,我想出了宁静进程,它不是一种方法论,而是一种哲学咨询过程的合理轮廓。

P 代表问题。如果你没有任何问题,你就不需要任何帮助。由于大多数人都会遇到周期性的问题,所以大多数人需要周期性的帮助。第一项任务是确定问题的性质,并寻求适当的帮助。这本身就是一个问题。在美国,诊断和治疗方法并不缺乏。需要者自慎。

E 代表情绪。大多数人都会对问题产生情感反应,而情感生活的根源在进化上比理性的根源更为古老和根深蒂固。因此,有必要建设性地表达情感,以使理性思考得以实现,而不是削弱理性思考。

A 代表分析(广义解释)。大多数人最终会带着理性去面对他们的问题,但他们的理性本身可能会被错误的论据和可以通过批判性思维纠正的同类错误所削弱。即便如此,光凭赤裸裸的理性并不总能产生解决方案。

C 代表沉思。大多数人都不是哲学家,对持续冥想的过程和价值缺乏经验。审视人生,即使不是沉思冥想,也是经过深思熟虑的生活。在这里,哲学家们可以通过打开一个反思的空间来帮助客户,在这个空间里,新的观点可以被创造出来,或者被采纳。在这个阶段,大多数《柏拉图的灵丹》的读者都不足为奇地陷入困境,从而寻求哲学咨询。

E 代表平衡,或平静。对一个问题的成功思考会带来某种解决方案,从而回到不稳定的动态平衡状态。这种状态可以通过从沉思阶段产生的哲学思想或原则得到加强和持续,因为它们是活跃的(而不是惰性的),如果再次出现类似的情况,可以重新适用。话虽如此,这种动态平衡总是会受到一些新问题或新情况的干扰,在这种情况下,整个宁静进程可能需要在未来的某个时候重新审视。

虽然(正如预期的那样)我确实受到了同事们的一些指责,因为我发明了一种"方法"来满足美国"自助"出版业的要求,但事实上,许多同事后来确认,宁静进程以一般的方式描述了他们许多案例的轮廓。

归根结底,如果你认为人类必然寻求斗争和冲突,我会不同意弗兰克尔[和达尔文(Charles Robert Darwin),大概还有你自己]。对于这个星球上的大多数动植物来说,生命实际上只是一场无情的达尔文(马尔萨斯)式的生存斗争。可悲的是,人类完全有能力通过他们的心理、社会和政治制度来复制和延续这场无情的生物斗争。维克多·弗兰克尔本人经历了——并超越了——迄今为止人类历史上最野蛮的时期。也就是说,人类即使沉浸在纷争的海洋中,也能毫无争议地生活。从这个意义上说,哲学践行的目的是帮助客户摆脱他们所接受的偏见、歪曲的判断和妄想的渴望,这些偏见和渴望维持着一种持久的斗争和斗争的状态。即使是存在的飓风也有一双平静的眼睛。

与奥古斯丁(Saint Aurelius Augustinus)和弗洛伊德不同,我不认为人是一种先天有罪或心理上有病的动物。与弗兰克尔不同的是,我也不认为斗争和冲突是必要的。我说这话是出于敬意,因为很少有人能以弗兰克尔的身份活下去。他是非凡的,不仅在他的能力,从他的破坏性经验来看,他以生存在他的可怕的时代中锻造了某种治愈别人的礼物。我在达沃斯认识了伊莱·维塞尔(Eli Wiesel),他身上也散发着类似的气质。伊莱说,除非奥斯威辛集中营在那里,否则任何人都无法想象奥斯威辛集中营的真实面貌。我们这一代人确实很幸运,出生在大屠杀之后,是和伍德斯托克(Woodstock,伍德斯托克是一个音乐节,也指的是举办伍德斯托克音乐节的地方,为一美国小镇。译者注)一起长大的。嬉皮士的反主流文化赞美人类最好的一面,而不是最坏的一面。做美梦从来不是一场斗争,也不总是需要奋斗才能实现的。

21. 您在咨询过程中采用了什么技巧或方法? 您会把您的工作描述成兼收并蓄、人文主义者吗?

我使用任何对特定客户最有帮助的技术或方法,包括不使用任何技术或方法。是的,我是一个兼容并蓄的人文主义者。

22. 哲学咨询是存在主义分析的一种形式吗?

我觉得正好相反。存在主义是一个相对较新的哲学流派。因此,存在主义分析是一种相对较新的哲学咨询形式。

23. 您和客户/咨询师/病人之间的治疗对话是如何进行的?

我不自称为"治疗师",也不自称提供"治疗性"对话。这一术语在很大程度上被有执照的专业人员所使用,如果美国哲学家使用这一术语,他们将面临法律风险。我总是惊讶于你在池塘的尽头是多么的自由,至少在语言的使用上是如此。与客户的对话只是随之而来的,对话本身的力量可以带来有用的洞察力。最终,最重要的词是由客户说出的,从那一刻起他将成为他自己的哲学家,不再需要我的服务。

24. 传统哲学咨询通常有多长时间? 您是用椅子还是沙发?

大多数哲学顾问,包括我自己在内,工作时间都是 50 分钟。我和我的客户坐在椅子上,或者是面对面或者是通过通讯技术软件。我和我的同事从来没有使用过沙发作为咨询的目的。

25. 对这种做法有什么规定吗? 应该有吗?

哲学咨询领域,就像它所属的更大的哲学践行领域一样,它完全不受美国各州和其他允许言论自由的国家的监管。(由于言论自由在大多数西方大学校园里都是一纸空文,所以一切都无从谈起。)哲学咨询几乎肯定会被神权国家或暴政国家禁止,这些国家已经禁止哲学教学,从广义解释是这样的。

在对监管这一紧迫问题进行多年辩论之后,美国从业者之间形成了一种大致的共识。它认为,任何想自称为"哲学家"、"哲学顾问"或"哲学践行者"的人都应该绝对自由地这样做。同时,它断言,符合合理的专业实践标准的人——即持有该领域的研究生学位的人——持有由合适的宪法规定的机构,以及遵守适当道德守则的人,应当有资格获得国家的认证。这个职位类似于会计工作:在美国,任何人都可以自称为公共会计师,而且确实有很多大的公共会计师以这种身份提供季节性就业的会计师事务所。同样地,遇到合适专业的人士按各州规定的标准,可以成为注册会计师。消费者可以自由雇用考绩人或注册会计师,或使用商业软件填写所得税申报表。希望或多或少得到"黄金标准"服务保证的消费者可雇用注册会计师。

同样,我们这个领域的一个共识是,任何人都可以自称为哲学顾问(PC),而一个愿意并能够达到适当的专业标准(最终由国家监管)的人,可以成为认证的哲学顾问(CPC)。目前,这只是一个愿景。

但让我重申,我坚定不移地支持捍卫受宪法保护的言论自由的哲学咨询。换言之,没有任何政府(更不用说任何大学)有权禁止哲学家与其他人之间的对话,尤其是当其他人自愿寻求这样的对话时。

在美国,很多事情都取决于这个短暂的术语"精神疾病"。我曾经得到一位富有同情心的美国法官的倾听,并向他提出了两个反问句。"首先,法官大人,在刑法问题上,我们不是坚持无罪推定原则吗?"法官大人肯定了这一主张。"其次,法官大人,在民法问题上,我们不也是同样坚持神志清醒推定原则的吗?"法官大人淡淡地笑了笑。他面带微笑。"神志清醒的假设?"他自言自语地沉思着,"这很大胆,但我喜欢。"

你很可能会嘲笑那件事。但事实上,那些被指煽动纽约城市大学禁止我进行研究的心理学家,也是由大型制药公司支持的庞大"精神健康"行业的重要组成部分。这些制药公司的假设越来越偏向于"精神疾病"。在他们看来,几十年来,"精神疾病"一直在上升,几乎所有人都曾经、现在或不久将成为"精神病患者"。例如,许多欧洲人没有意识到,除非患者得到《精神疾病诊断与统计手册》的诊断,否则美国的保险公司不会为心理咨询师提供的服务进行补偿。这也意味着,一个人诊断得越多,他能从第三方得到的补偿就越多。因此,"精神疾病"在美国已达到"流行病"的程度,或许并非巧合。可耻吗?是的。令人惊讶?不。

26. 您认为哲学咨询和精神分析之间有什么联系吗?您的工作会更接近萨特哲学精神分析(Sartrean philosophical psychoanalysis)、斯多葛学派的治疗、维特根斯坦疗法(Wittgensteinian therapy)还是其他?

我看不出哲学咨询和精神分析之间有什么联系。他们各自的假设、目的、方法和模式似乎大相径庭。我在这里也看不出你的两个问题之间有什么联系。我的工作最接近于任何一个哲学家在某个特定时间对某个特定客户最有帮助的观点。我再一次避开了"治疗"这个词,在美国,这个词基本主要是有执照的专业人员的"财产"。

27. 在接受哲学咨询时,人们平均需要多少疗程?您会和人交往很多年吗?

同样,这取决于咨询师的业务性质和客户的问题。我倾向于短期工作:只有一个或几个疗程。当然,有些病例需要几个月,有时需要一年左右的时间。如果一个客户似乎要求的不止这些,我通常会推荐他到其他地方。

28. 我可以问一下您的价格吗?

是的,你可以问。

29. 您会向读者推荐哪些关于哲学践行主题或哲学史上著名人物的书?您个人最喜欢的是什么?

再强调一下,请参见《柏拉图的灵丹》和《为理智的人治疗》后面的词汇表。在那里,你会发现许多权威书籍对读者和咨询师都很有用。这些词汇不是详尽的,而是说明性的。

30. 目前哲学咨询受欢迎程度如何?

"受欢迎程度"是一个相当有弹性的术语。虽然哲学咨询目前并没有在任何主要的新闻来源上"流行",但它已经在世界各地扎根,并已成为一个严肃的运动和可信的领域。客户和从业人员的数量以及他们所服务的国家的数量都在不断增长。如前所述,年轻哲学家对研究生课程的需求很大,哲学研究生在学院外实践的机会也在不断增加。

在我看来,受欢迎的重要迹象非常明显。APPA 正在蓬勃发展,我们的杂志已经出版 11 年了。在世界范围内,尤其是东亚,对采访、演讲和课程的需求不断上升。近年来,我在中国、日本和韩国进行了广泛的系列演讲。下周(2016 年 2 月 16 日—23 日),来自韩国京浦县国立大学的 21 名学生将访问城市学院,参加一个为期 20 小时的哲学咨询强化研讨会,诸如此类。

31. 它与反精神病学运动(如果有的话)有什么联系?

再重复一遍,我们运动中的一些激进分子认同反精神病学运动。我希望现在已经很清楚,我并不反对精神病学:不仅如此。我曾与几个国家的精神病学家合作,包括美国的欧文·亚洛姆(Irvin Yalom)和罗纳德·派斯(Ronald Pies),瑞典的汉斯·尼贝克(Hans Nybeck),德国的约翰内斯·托马(Johannes Thome),法国的阿尔伯特·沃克曼(Albert Werkmann)。然而,大多数哲学顾问所断言的是,20 世纪后半叶,伴随着医药和保险业对医学的殖民,人类状况出现了双曲线医学化。我坚决反对欺骗消费者的行为,其中包括对人类一般非医疗问题,特别是文化引起的不满,做出虚假的诊断和无端下药。

32. 您是否将冥想或正念融入您的修行或个人生活中?

是的,两方面都是。我向我的客户介绍亚洲哲学及其相关实践,只要他们可能适用或有帮助。作为一个亚洲智慧传统的终生信奉者,我每天都在我的个人生活中练习。

33. 您会对那些将"实践哲学"视为诡辩的微妙形式的学术哲学家说些什么? 您认为苏格拉底会怎么看哲学咨询? 它在传统中处于什么位置?

这场讨论正变得越来越"老掉牙"。学院的每一门学科都有理论和经验(或纯理论和应用)两个分支。包括哲学在内的所有科学和人文学科都是如此。任何声称哲学本身是或应该是纯理论的,而没有实际应用的哲学家,都是把部分误认为整体。这可以说是诡辩。理论和实践并重,两者相辅相成。哲学咨询在传统中处于什么位置? 从古代到现在,下列著名哲学家自己都证明了这一点:

伊壁鸠鲁(Epicurus):"哲学家的话语如果不能治愈人类的任何痛苦,那么它是徒劳的。"

塞内加:"要我告诉你哲学对人类的作用吗? 提供专业咨询……你是来帮助不幸的人的。"

托马斯·霍布斯:"……人的本性是对他们所看到的事件的起因多一些、少一些的好奇;但所有的人都好奇地寻找他们自己的好运气和坏运气的原因。"

约翰·杜威(John Dewey):"当哲学不再是一种处理哲学家问题的工具,而成为哲学家培养的处理人的方法时,哲学就会自我恢复。"

　　玛莎·努斯鲍姆(Martha Nussbaum):"医学研究的重点是治愈疾病。所以,哲学的全部意义也在于人类的健康幸福。"

　　我需要继续这样下去吗?我可以再给你 50 页同类证词。

　　最后,你问苏格拉底(Socrates)会怎么说。他已经说过了,如果我们相信柏拉图的话,例如在《泰阿泰德篇(Theaetetus)》中:

　　　　我的助产术大体上和他们的一样(真正的助产士);唯一的区别是我的病人是男性,而不是女性,我所关心的不是身体,而是分娩的痛苦中的灵魂。我的艺术的最高境界是通过每一种考验来证明一个年轻人的思想的产物是一个虚假的幻影,还是一种具有生命和真理的本能的力量。

　　例如,当代苏格拉底助产术,如皮埃尔·格莱姆斯的娴熟实践,精确地实现了这一目标,无论男女都是如此。主要的复合前提是,首先,美德的潜能是与生俱来的,但有时需要像助产士那样被唤醒(或"分娩");其次,对自己和个人与世界的关系的错误信念[格莱姆斯称之为"病原体(pathologos)"]也同样需要被识别和清除,因为它们抑制了人的行为美德的行使和幸福的获得。

　　因此,"心理治疗"的本义和意图是哲学的,是"关爱灵魂",而不是心理学的,即"治疗精神疾病"。多年来,许多美国记者讽刺性地将哲学咨询误认为是一种"新的、有争议的心理治疗形式"。有人可能同样认为,某些心理疗法是一种"新的、有争议的哲学咨询形式"。

　　34. 哲学咨询是否以证据为基础?

　　自 20 世纪 90 年代初以来,循证医学的成功促进了它在其他领域的传播,如护理、心理学和教育学等。根据维基百科,基于证据的实践主要有三个支柱:(1) 关于治疗是否有效以及为什么有效相关的最佳研究证据;(2) 临床专业知识(临床判断和经验),以快速识别每个患者独特的健康状态和诊断,以及潜在干预的风险和益处;(3) 客户的偏好和价值观。

　　基于这个观点,哲学咨询并不符合,也不可能符合这三个准则。至于第一点,由于样本相对较少,我们的证据更多的是轶事而不是统计数据。我们确实知道哲学咨询在许多情况下是有效的,但我不知道有什么普遍的理论能令人满意地解释这个问题:为什么对话过程(通常)非常有用。再强调一遍,我们不提供"治疗"。至于第二点,我们大多不是临床医生。我们不做任何诊断,我们的干预措施属于风险最低的类别(即与早晨起床或过马路的"风险"相同)。在成功地通过前两个标准之后,我们当然满足了第三个标准:我们的客户偏好和值得配置对话的背景。

　　35. 您会接受存在无意识的心理过程吗?在弗洛伊德看来,每一个哲学顾问都需要作为"病人"接受他自己的"分析"?

　　这是一个非常有趣的问题。对于第一部分，是的，我接受（有条件地）存在无意识的心理过程。然而，我对无意识的看法与弗洛伊德的观点并不一致。我更喜欢一个更现代的计算比喻：数字计算机有一个操作系统，它在后台运行许多程序，而用户在前台运行许多其他程序。这种背景/前景的区别与无意识/意识的区别类似（也许是同源的）。尽管我没有与客户进行正式的梦境研究，但我碰巧同意弗洛伊德的观点，即梦是通往潜意识的"庄严之路"。

　　为了扩展数字计算的比喻，大多数操作系统允许用户检查或询问中央处理器（CPU），以便显示确定哪些程序在后台运行，如果需要，还可以删除一些程序或添加其他程序。与客户的对话并没有那么大的不同。通过苏格拉底式的提问，来访者可以被引导到对隐含的假设或判断的明确识别，这些假设或判断要么被压抑到无意识中（弗洛伊德的观点），要么被不加批判地接受并融入他习惯性的背景心理活动中（苏格拉底观点和佛教的观点）。一旦明确了隐含的内容，哲学对话就可以进一步帮助客户修改错误或有害的假设和判断。这可以说是最简单的哲学咨询形式，本质上是一种批判性思维。

　　当客户端的操作系统本身妨碍或阻止对其后台进行此类修改时，情况就会变得更加复杂，即使客户端可能有意识地意识到这一点。那些在政治或神学上被洗脑（或受到邪教的精神控制）的人，或那些背负太多因其成长而强加在他们身上的使人衰弱的心理包袱的人，如果不清除他们的操作系统本身，可能需要大幅度地修改，以及用另一种不同的、更有益的系统代替它。这种治疗的心理学术语是"去编程"，这绝非巧合。

　　这里的问题不仅仅是思维习惯的问题；人们对他们的操作系统和维护它们的程序员形成强烈的情感依恋，即使他们因为这些相同的承诺而陷入不可行的情况。如果一个人的操作系统本身就是他痛苦的根源，那么它应该被改变。这说起来容易，但完成起来难。

　　"抗拒"的问题是心理治疗师和精神分析学家所熟知的，柏拉图早就认识到了。甚至在为自我伤害的神话辩护，或固守功能失调的信念时，也可能有一些具有讽刺意味的"生存价值"，但总是以不幸为代价。

　　在这两种情况下，无论客户的主要问题是源于后台的思维进程，还是整个操作系统，都需要将隐含的内容明确化，以便进行积极的转变。这意味着让无意识变得有意识。尽管弗洛伊德精神分析是实现这一目标的一种方法，但我知道至少还有另外两种方法可以达到这个目的。其中之一是迷幻药，我个人在 20 世纪 60 年代亲身体验过，但并不推荐给客户。与其他致幻剂（如美斯卡林、匹尤特、DMT 等）一样，迷幻药可以瞬间"融化"意识和潜意识之间的界限，但存在许多相关和不可预测的风险。更安全、更经得起时间考验的方式是古印度瑜伽和后来的佛教修行，这些练习通常都是为了化解无名（无明）：对现实的真实本质的根本无知，折磨着所有贪婪的心灵，并阻止他们从痛苦中解脱。无名的瓦解迟早会使人从无意识变得有意识，尽管这不是它的最终目标。

　　最后，你问（像弗洛伊德那样）每个哲学顾问是否都应该接受哲学咨询。我想说的是，我认识的大多数哲学顾问都愿意这样做，但也许不是你想象的那样。对未来的精神分析师进行强制性的心理分析——这必然会拖上很多年——如果不开始做牧师的话，那就什么都不记得了。对于哲学顾问来说,这一过程更类似于牙科学:大多数牙科医生希望并需要拥有健康的牙齿,他们不仅定期拜访其他牙科医生,而且通过维持自己的个人牙齿卫生保健方案来维持牙齿健康。也就是说,他们花在牙科手术椅上没有规定的小时数(或年数!)不能成为有声望的牙医。

同样,我所认识的每一位哲学践行者,包括我自己,都曾接受过同事的哲学咨询。此外,我们中的大多数人也维持着自己的"哲学卫生"疗法——无论是通过苦行修行,还是通过马库斯·奥勒留在他的著作《沉思录》中练习的那种自言自语的方式。

36. 柏拉图认为,如果不先改变自己(精神),我们就无法改变社会(政治)。哲学咨询和政治之间有什么联系吗?

事实上,两者是有联系的,而鉴于我们已经讨论过的情况,你可以清楚地看到这点。正如你所说,在柏拉图看来,一个公正的社会主要是由公正的公民组成的:通过平衡灵魂的理性、情感和本能因素,成功地协调了他们的灵魂(即他们的思想和性格)的公民。强调一下,这就是"心理治疗"的词源:关注灵魂。

苏格拉底在这一过程中扮演了双重角色:不仅是美德诞生的助产士(柏拉图说,我们都"怀着智慧"),而且是国家之马上的牛虻,在必要时刺痛公民的政治意识。

与此类似,哲学从业者也促使消费者意识到掠夺性资本主义的存在,这种资本主义推动了轻率的诊断和非医疗问题的无缘无故的吸毒行业,这些问题是文化诱发的,因此需要相应的文化补救措施。除此之外,我们并不想卷入医疗保健行业不可避免的围绕资金的"地盘之战"。相反,我们的动机是苏格拉底对真理的奉献,或是某种类似的愿望。不用说,"心理健康"行业背后有很多金钱、权力和政治影响力,我们必然会被视为寻求将客户从这个行业中解放出来的威胁。因此,尽管我们为客户的实际工作从本质上讲是哲学的,但我们的哲学顾问,顾名思义,有时也必然是政治活动家。这在不同的文化中以不同的方式表现出来,就像在一个主题上有许多不同的变化一样。

我们的政治激进主义的烙印自然而然地渗入了消费者的主张中。2003 年的一天,当我接到拉尔夫·纳德尔(Ralph Nader)打来的电话时,我意识到了这一点,他是美国消费者拥护者中最重要的一个。他想为市政基金会图书馆获取一些《柏拉图的灵丹》著作。我们在这方面进行了愉快和开阔眼界的交谈,我很高兴地捐出了这些书。

凑巧的是,我最近写了一本书的章节"哲学践行:政治行动主义",就是关于这个主题的。这本书即《苏格拉底的现在》(*Socrate à l'agora*)在 2016 年出版,由巴黎维林的米克·德·摩尔(Mieke de Moor)编辑。

37. 最后,哲学的学习和实践对您个人有什么帮助?

就我个人而言,它让我过上了比我想象中更有趣、更有意义的生活,希望对这个世界上的众生多做更多的好事而不是伤害。

38. 您最后还有什么评论吗?

谢谢你问了这么多体贴入微、引人入胜的问题。

注释

[1] 娄·马里诺夫:《哲学践行》,爱思唯尔出版公司 2002 年版。

参考文献

Marinoff, Lou. *Philosophical Practice*. Eslevier, New York, 2002.

[作者简介]娄·马里诺夫(Lou Marinoff)是纽约城市学院的哲学教授,美国哲学执业者协会(APPA)的创始人兼主席,也是 APPA 杂志《哲学践行》的编辑。到目前为止,他已经出版了 10 本书、22 本书的章节内容,以及 30 多篇学术论文。他最受欢迎的著作《柏拉图而非百忧解》以 27 种语言出版。《纽约时报周末》杂志称他为"世界上最成功的哲学咨询营销者"。他与全球多家组织合作,以有助于建立和平、繁荣与和谐的文化,包括 Biovision(里昂)、Ducere(堪培拉)、Festival of Thinkers(阿布扎比)、Horasis(苏黎世)、Soka Gakkai international(东京)、Strategic Foresight Group(孟买)和世界经济论坛(达沃斯)。他是个人自由的坚定捍卫者,也是世俗和神权政治的极权主义意识形态的无情批评家。马里诺夫教授早在一年前(2000 年)就预见到了"9·11"。他在 2007 年发表的论文中预测了 2008 年的经济崩溃、欧洲的伊斯兰化、民粹主义的兴起以及欧盟的最终解体。他在 2016 年公开预测了英国退欧和唐纳德·特朗普(Donald Trump)当选。

原文出处:Lou Marinoff, "In-Depth Interview with Lou Marinoff, by Stephen Costello" in *The Philosophy Clinic*: *Practical Wisdom at Work*, Newcastle upon Tyne: Cambridge Scholars Press (2017), 119 - 144.

(余多星　译)

第二部分

哲学践行及哲学史

哲学作为一种生活方式

皮埃尔·阿道(Pierre Hadot)

每一个"为智慧而训练"者——不管是希腊人还是未开化的人——都过着一种清白的、无可指责的生活,他们选择既不做不正义之事,也不对行不义之事的人以彼之道还施彼身。他们避免与爱搬弄是非的人结党,轻视这群好事之徒消磨时间的地方,比如法庭、议会、市场、集会这些简单来说就是愚蠢之人会面或聚集的各种地方。由于这些"为智慧而训练"者的人的目标是生活的平和安宁,他们对自然以及包含于其中的一切进行沉思:他们聚精会神地探索地球、大海、空气、天空以及所有在其中发现的自然物。他们一直思考着的是月亮、太阳和其他星体的旋转(不管这些旋转是有固定路线的还是没有固定路线的)。他们的躯体停留在地球上,但他们给自己的灵魂插上了翅膀,使灵魂上升到以太(ether)中去,因而他们可以像那些已经真正成为这个世界的公民的人那样观察存在于以太中的力量。这些人把整个世界看作他们的城市,这座"世界之城"的公民都与智慧相伴。美德被委以掌管全世界的共同体的责任,这些成员的公民权利来自美德。所以,拥有了这种美德,他们不再习惯性地去考虑躯体的不安或是外在的灾祸。并且他们训练自己对无关紧要的事情保持一种中立/不动心(indifference)的态度。他们抵抗乐趣与欲望,简言之就是,他们总是力图做到不受激情的影响。在命运的打击面前,他们从不放弃,因为他们已经预估到了这些打击的发生(因为"远见"使我们更容易承受与我们意志相悖的哪怕是最艰难的事情,从此,我们不会再认为有什么事情是新奇或是出乎预料的了,而是以一种温和的视角去看待这些事情,就好像它们与陈年往事相关而不是新发生的一样)。很明显,这些在美德中找到乐趣的人一生都过得很快乐。但是可以肯定的是,这类人只是少数,他们就像在我们的城市中冒着青烟的智慧的余烬,使美德不至于在人类种族中被彻底浇灭并消失。但是只要所有人都能像这少部分人一样思考,并且成为自然本来想要塑造的人类的形象——清白的、无可指责的、爱智慧的人,为美的事物感到欣喜仅仅因为其美丽本身,且认为除此以外没有其他的"善"……那么我们的城市将充满幸福。对他们而言,不会有导致悲痛或害怕的事,他们有那么多可以带来愉悦与幸福的缘由,以至于他们的生活中将时时刻刻充满欢乐的笑声,事实上,每一天对于他们来说都是在庆祝节日。[1]

亚历山大的斐洛(Philo of Alexandria)(受斯多葛派的启示)的这段文字里,清楚地揭示出了出现在古希腊和罗马时期的哲学的一个基本特征:哲学是一种生活方式。这不仅仅是说哲学是道德行为的特定方式（通过对自然的沉思，我们很容易看到斐洛的这段文字所起的作用），而且意味着哲学是"存在于世间"（existing-in-the-world）的一种模式。每一时刻，我们都必须练习哲学（这种生活方式），其最终目标是彻底改变一个人的生活。

对于古人来说，纯粹的单词 philo-sophia——爱智慧——足以表达哲学这一概念。在《会饮篇》（Symposium）中，柏拉图表明，作为哲学家典范的苏格拉底可以被视为丰饶神波罗斯（Poros）与贫乏神潘妮亚（Penia）之子厄洛斯（Eros）。厄洛斯没有与生俱来的智慧，但他知道如何获得智慧。[2]因此哲学采取的形式是思想的训练、意志的练习、人之存在总体（totality of one's being）的练习，其目标都是获得智慧，而智慧这种状态，人类实际上是很难达到的。哲学是精神提升的一种方法，这种方法需要人的存在方式发生巨大的变化。

所以，哲学是一种生活方式，这既是因为它通过训练努力去获得智慧，也因为它的目标就是智慧本身。因为真正的智慧不仅仅让我们获知，它更是让我们以一种不同的方式"存在"。古代哲学一方面意识到智慧事实上是难以达到的，另一方面也深信追求对灵魂的提升是必要的，这两点既是古代哲学的伟大之处，也是其悖谬之处。用昆特林（Quintillian）的话说："我们必须追求最高级的东西，就像很多古人所做的那样，即使他们相信从没有发现过圣人，但是他们依旧继续教授智慧的格言。"[3]古人知道，他们自身永远不可能实现一种稳定、明确状态的智慧，但是他们至少希望，能在某些幸运的时刻获得智慧，而智慧也是引导他们行动的至高准则。

智慧是这样一种生活方式，它能够带来思想的平静（peace of mind）、内在的自由（inner freedom）以及宇宙意识（cosmic consciousness）。首先也最重要的是，哲学以一种"治疗剂"的方式呈现它自己，目的是治疗人类的苦恼。这一概念在色诺克拉底（Xenocrates）[4]以及伊壁鸠鲁（Epicurus）[5]那里都被详细叙述过："除了思想的平静和确定的信心，我们不能指望还能从有关天文现象的知识中获得其他的东西。"这也是斯多葛派[6]和怀疑主义的突出特点。赛克斯都·恩坡里柯（Sextus Empiricus）用了下面生动的例子来描述它们：

> 著名画家阿佩利斯（Apelles）想要把马口中的水沫再现到画中，但是他却做不到，于是打算放弃。所以，他将用于擦拭画刷的海绵块扔向图画。当海绵块撞击到图画时，正好模拟出了马口中的水沫的图像。同样地，怀疑主义者刚开始时像其他的哲学家一样，坚定而又信心十足地在他们的判断中寻求思想的平静。当他们不能找到时，他们搁置他们的判断。当他们一开始这样做时，偶然发现思想的平静恰好就在搁置判断的过程当中，两者之间就好像影子和身体的关系。[7]

哲学将自身展示为获得独立与内在自由的一种途径，并且，在这种状态里，自我意识只依赖于它自身。在苏格拉底[8]、犬儒学派、亚里士多德（对于亚里士多德来说，经过反思的生活才是不受拘束的生活[9]）、伊壁鸠鲁[10]、斯多葛派[11]那里我们都发现过这一主题。尽管这几个哲学学派所采取的方法是不一样的,但是我们发现所有哲学学派都同样意识到了人类自身具有一种使自己摆脱所有异物的力量,哪怕是像怀疑主义学派那样通过完全拒绝做任何决定来摆脱所有异物。

在伊壁鸠鲁派和斯多葛派中,"宇宙意识"也被加到了这些基本的哲学素质之中。所谓的"宇宙意识"是指意识到自己是宇宙的一部分,并且通过宇宙的无限性的本质不断地扩充自己。伊壁鸠鲁的门徒美特若多若(Metrodorus)说:"记住,虽然你是一个凡人并且拥有有限的生命,但是通过对自然的沉思,你已经上升到了无限的时空,你已经看到了所有的过去和未来。"[12]马库斯·奥勒留说:"理性的灵魂⋯⋯在整个宇宙及其周围的虚空中穿梭⋯⋯它到达了无限的状态,它考察并且反思所有事物的阶段性再生。"[13]古代的圣人在每一时刻都能够意识到自己存在于宇宙之中,并且使自己处于与宇宙和谐相处的状态。

为了更好地理解古代哲学在何种方式上可以作为一种生活方式,也许我们有必要求助于斯多葛派提出的有关哲学的著述和哲学本身的区分。[14]对于斯多葛派来说,哲学的组成部分——物理、伦理和逻辑——事实上并不是哲学自身的组成部分,而是哲学著述的组成部分。斯多葛派这样说的意思是当教授哲学的时候,有必要阐述逻辑的理论、物理的理论和伦理的理论。由于逻辑上和教学上的迫切需要,这些著述才被做出了区分。但是哲学本身作为一种哲学化的生活方式不再是被分成各个部分的一个理论,而是一个统一的行为,它存在于活生生的逻辑、物理和伦理之中。在这种情况下,我们不再学习逻辑理论这种关于如何很好地讲话与思考的理论,我们仅仅是很好地思考与讲话。我们也不再努力学习物理世界的理论,而仅仅是对宇宙进行沉思。我们也不再将道德行为理论化,但是我们以正确而公正的方式行事。

有关哲学的著述与哲学本身并不相同,波利门(Polemon)——柏拉图早期学院的一位领袖——曾经说:

> 我们应当把我们的练习与现实相结合,而不是辩证地推测和思考,后者说的就像一些人热切地阅读和声学的课本,却从不把其知识用于实践。同样地,有些人凭借三段论推理的技巧使他们的观众为之惊叹,但是他们的现实生活却与其所教授的东西相悖,我们不能像这些人一样。[15]

五个世纪之后,伊壁鸠鲁重申了这一观点:

> 一个木匠不会来到你的面前对你说:"听一下我的有关木工手艺的论述。"他只是会与你订立建房子的合同并建造房子⋯⋯你也要做同样的事情。吃、喝都要像真正的人一样⋯⋯结婚、养育小孩,参加市民活动,学会忍受侮辱和容忍他人。[16]

这个区分是关于理论和实践之间的关系的,它由斯多葛派提出但却被大多数哲学家所承认；我们能立刻预见这种区分的结果是什么。伊壁鸠鲁派的一条格言明确地说道："如果一个哲学家没有治愈任何人类的苦恼，那么这个哲学家就是不成功的。"[17]哲学理论为哲学化的生活服务，这就是为什么在古希腊和罗马时期哲学被归约到理论性的、系统性的、高度浓缩的核心，并且能够产生强大的心理效果，而且容易掌握，如此一来哲学就可能被一直摆在手头备用。[18]哲学著述的系统性不是因为它想要提供给人们有关整个现实的全面的、系统性的解释，而是因为这样有可能给思想提供少数几个紧密关联在一起的原则，而这些原则正是从哲学著述的这种系统性中获得了更强的说服力和助记忆效果。重要的教义有时候以一种惊人的方式被简短的格言概括出来，因而学生就可以在他将在生活中表现出来的根本性情中轻易地重新定位自己。

那么哲学的生活仅仅在于时时刻刻应用这些已经研究好的信条来解决人生中的问题吗？事实上，当我们仔细考虑哲学的生活到底意味着什么的时候，我们意识到哲学理论和作为一种行动的哲学化之间有一道深渊。举一个相似的情况：尽管在艺术家创造作品的过程中，他们除应用规则之外，似乎没有做其他的事，然而在艺术创作和抽象的艺术理论之间有一段无法测量的距离。但是，哲学并不是与艺术品的纯粹创造物打交道，它的目标是改变我们自己。因此，真正的哲学的生活是与现实秩序相符合的，而完全不同于哲学著述的秩序。

就像伊壁鸠鲁派一样，在斯多葛派中，哲学化是一个持续的行为，是一个永久的并且与生活本身相一致的行为，这种行为在每时每刻都需要被更新。对于这两个学派来说，这种行为可以被定义为注意力的一个目标。

在斯多葛派中，注意力的目标是纯粹化一个人的意向，换句话说，注意力的目标是使个人的意志与理性相一致，或者说是与普遍自然的意志相一致。相反的是，在伊壁鸠鲁派中，注意力的目标是快乐，说到底，就是存在的快乐（而最新的研究认为这种快乐是关于存在的）。但是，为了实现注意力的这种状态，很多练习是必不可少的：对基本信条的高度沉思，对生命的有限性的认识要不断更新，审视良知，并且最重要的是对时间持特定的态度。

斯多葛派和伊壁鸠鲁派都建议我们活在当下，不要被过去的事所烦扰，也不要为未来不确定的事情而担心。对于这两个学派来说，当下是能够满足幸福的需求的，因为只有当下这个现实才属于我们、取决于我们。斯多葛派和伊壁鸠鲁派赞同的是要意识到每一瞬间的无限价值：对于这两个学派来说，智慧在某一时刻与在永恒的时间里同样是完美的和完整的。特别是对于斯多葛派的圣人来说，整个宇宙包含也蕴含于每一瞬间。更进一步说，在当下这一时刻，我们不仅仅能够而且必须是幸福的。情况是紧急的，因为未来是不确定的，而死亡是永恒的威胁："当我们等待生活的时候，生活与我们擦肩而过。"[19]只有当我们假设古代哲学对生存价值的无限性和无可比拟性具有敏锐意识，我们才能理解这种生活态度。生存在宇宙之中、生存在由宇宙里的事件所组成的独特现实里，这被认为是无比珍贵的。

因此，就像我们看到的，在古希腊和罗马时期，哲学是一种生活方式，是生活的艺术，是存在的一种方式。但是，这并不是一种全新的观点，古代哲学具有这一特征的历史至少可以追溯到苏格拉底。存在一种苏格拉底式的生活（这种方式被犬儒学派模仿），而苏格拉底对话这种练习，可以使与苏格拉底对话的人把自己置入问题之中、观照自己并且使自己的灵魂尽可能美丽与智慧。[20]相似的，柏拉图把哲学定义为"练习死亡"（a training for death），把哲学家看作不害怕死亡的人，因为他们对时间和存在的整体进行沉思。[21]

亚里士多德有时被宣称为纯粹的理论家，但是，同样地，对于亚里士多德来说，哲学不可能被归约到哲学著述或者是某种知识体系。对亚里士多德来说，哲学是思想的一种品质，是内在转变的结果。亚里士多德宣扬的生活是依据思想而活的生活。[22]

因此，不管是马其顿人控制希腊之后，还是帝国时期，我们不能像通常所以为的那样，认为哲学在希腊时期就已经被彻底改变了。一方面，根深蒂固、广为人接受的陈词滥调使我们相信希腊城邦在公元前 330 年就灭亡了，并且其政治生活也伴随着城邦灭亡了，而实际上并非如此。最重要的是，作为一种生活的艺术和形式的哲学概念并不与政治情势相联系，也与为了弥补政治自由的丧失而产生的逃避机制和内在自由这种需求不相关。对于苏格拉底和他的门徒来说，哲学早已是生活的模型，是内在生活的技艺。在古代的整个历史长河中，哲学并没有改变其本质。

一般来说，很少有哲学史家注意到这样一个事实：哲学，首先也是最重要的是作为一种生活方式。哲学史家把哲学首先当作哲学著述。如何解释这种偏见的起源呢？这与哲学自身在中世纪以及现代的发展有关系。

基督教在这个发展过程中起了相当大的作用。从其兴起（也就是从公元 2 世纪开始），基督教就以哲学的身份来呈现自己：（哲学就是）基督教的生活方式。[23]事实上，基督教能够把自身呈现为一种，这一事实印证了如下论断：哲学在古代被看成一种生活方式。如果做哲学就是做到在生活中符合理性法则，那么上面的论证就是成立的，基督徒就是哲学家，因为基督徒的生活与逻格斯的法则（神圣的理性）相一致。[24]为了以哲学的方式呈现自己，基督教不得不综合从古代哲学中借鉴的元素。据《约翰福音》所说，基督教不得不使福音的逻各斯与斯多葛派的宇宙理性相一致，继而也必须与亚里士多德或是柏拉图的理论相一致。同时，基督教也必须将哲学的精神修炼结合到基督教的生活中。这种综合现象显著地出现在亚历山大的克莱门特（Clement）时期，并且在僧侣运动中得到极大的发展，我们在这场运动中发现斯多葛派或者柏拉图主义的练习：关注自身、沉思、审视良知、练习死亡。我们也再一次看到思想的平静与不动心被赋予了极高的价值。

在中世纪，僧侣生活的观念以基督教哲学（也就是一种基督教的生活方式）被继承下来。勒克莱克（Dom Jean Leclerq）写道："和古代一样，中世纪经院哲学不是一种理论或者一种获取知识的方式，而是一种生活的智慧、一种依据理性的生活方式。"[25]然而与此同时，早在基督教创立之初就已经存在的建立在信仰上的神学与建立在理性准则上的传统哲学之间的混乱，在中世纪的大学那里得到了消除。哲学不再是至高无上的科学，而是成了"神学的婢女"；哲学为神学提供所需的概念、逻辑、物理以及形而上学上的材料。文学院沦为了神学院的预备班。

如果我们暂时不考虑修道士对 philosophia 一词的使用，那么可以说，哲学在中世纪已然成了一项纯理论的、抽象的活动，而不再是一种作为生活方式的哲学。古代的精神修炼也不再是哲学的一部分,而是融入了基督教精神当中。正是以这种形式我们在圣·伊格内修斯(Saint Ignatius)[26]的《精神修炼术》(*Spiritual Exercise*)里再次见到了古代的精神修炼。新柏拉图主义的神秘主义在基督教的神秘主义,尤其是在莱茵兰·多米尼加人(Rhineland Dominicans)如麦斯特·爱克哈特(Meister Eckhardt)那里得到了延续。

因此,中世纪哲学与古代哲学相比在内容上已经发生了巨大的变化。此外,从中世纪时期起,在由中世纪教会所创立的大学里既教授神学,也教授哲学。尽管我们尝试使用"大学"来指称古代的教育机构,但除了在东方古代社会末期可能有例外,古代既没有大学的概念,也没有出现过大学的实体。

大学的一个特征是,它由教授或者专家组成,而这些教授和专家也是培养教授和专家的。教育因而不再是引导那些原本应该从概念上被教育要全面发展的人,而是指向专家,而这些专家再去学会如何去培养其他人成为专家。这就是所谓的"经院哲学"的危险:这种哲学倾向在古代末期出现雏形,在中世纪得到发展,并且在现在的哲学中仍然可见。

由神学统治的经院大学一直存在到18世纪末,但是从16世纪到18世纪,真正具有创造力的哲学活动是在大学之外由笛卡儿、斯宾诺莎、马勒伯朗士(Malebranche)和莱布尼茨这些人开展起来的。哲学因此夺回了与神学相对等的自主权,但是这一运动虽然源自对中世纪经院哲学的反抗的哲学活动,其实与神学处于相同的领域。在反对一种理论化的哲学著述时,同时又产生了另一种理论著述。

从18世纪末期开始,在大学里由沃尔夫、康德、费希特、谢林和黑格尔开创的一种新哲学初露端倪。从那时起,除了少数几位哲学家如叔本华、尼采,哲学就没有脱离与大学的联系。这点从柏格森、胡塞尔和海德格尔身上便可以看到。这一事实不是无足轻重的。如我们所看见那样,哲学变成了哲学著述,从这点来看,它发展起来的环境和氛围与古时候已经大不相同了。在现在的大学里,哲学显然已经不是一种作为生活方式或生活形式的哲学了,除非哲学就是哲学教授的生活方式。现在哲学的元素和做哲学的重要环境都在国家教育机构里,这一直是,并且可能继续是哲学丧失其独立性的威胁。叔本华说道:

> 一般说来,大学里的哲学不过是对着镜子舞剑。归根到底,它的目标就是灌输学生各种观念,而这些观念是迎合政府大臣的喜好的,因为大学里的教职由这些大臣分发……结果就是,这种国家财政支持下的哲学简直就是在开哲学的玩笑。如果世上还有什么值得期待的事,那就是看见一线光明照进生活之中的黑暗之处,在我们的存在之谜上洒下一束阳光。[27]

虽然如此,现代哲学首要的是在教室里发展而成的论述,然后被用作书本。现代哲学是一个需要注解的文本。

这并不是说现代哲学没有以另外的方式重新发现古代哲学的某些存在性的方面。并且,必须加一句的是,这些存在性的方面从来没有消失过。比如说,笛卡儿把他的一部著作叫作《沉思录》并不是偶然的。从圣奥古斯丁的基督教哲学的精神来看，它们的确是沉思（练习意义上的沉思），笛卡儿也建议这种沉思应该在一定时间里进行练习。斯宾诺莎的《伦理学》在其系统化、几何化的形式之下，非常符合斯多葛派所谓的系统化哲学著述的要求。可以说，斯宾诺莎的著述是在古代哲学的滋养下成长起来的，它教导人们如何彻底地、具体地改造自己以及如何走进幸福。而且，在《伦理学》最后几行出现了圣人的形象："就其所被设想成的那样而言，圣人几乎不会在精神上受干扰，但是他在通过一种永恒的必然性意识到自我、上帝和万物时也从不会停止存在，而是总能获得精神的真正默许。"[28]尼采和叔本华的哲学同样要求我们去根本地改造我们的生活方式，而且他们两人都是沉浸在古代哲学传统里的思想者。

根据黑格尔式的模型，人类意识具有纯粹历史性的特征，而唯一持久的就是精神自身的行动，因为精神不断地产生新的形式。受黑格尔方法的影响，马克思和青年黑格尔主义者认为理论不能脱离实践并且人类唯有作用于世界才能彰显出他自己。在20世纪，出现了一种与其说是理论系统的哲学，不如说是一种变革我们知觉世界的方式的柏格森的哲学和胡塞尔的现象学。最后，由海德格尔揭幕、由存在主义者继续的思想运动在理论和原则上试图将人的自由与行动纳入哲学过程，尽管归根到底它主要也还只是成了一种哲学著述。

我们可以说，使古代哲学不同于现代哲学的是这样一种事实：在古代哲学中，并不是因为克吕西普斯或者伊壁鸠鲁有哲学著述而被认为是哲学家。每一个按照克吕西普斯或者伊壁鸠鲁的格言生活的人都可以说是与这两位哲学家完全一样的哲学家。像尤蒂卡的加图这样的政治家也被人认为是哲学家甚至圣人，即使他没有著述也没有教授什么，因为他的生活完全是斯多葛式的。罗马的政治家鲁提利乌斯·鲁弗斯（Rutilius Rufus）、教皇斯凯沃拉（Quintus Mucius Scaevola）也被认为是哲学家，因为他们在他们统治的城市中展示了典范的公正和人性来践行斯多葛主义。这些人不仅是道德的典范，同时也是完全按斯多葛主义生活的人：说话是斯多葛式（西塞罗[29]明确地告诉我们他们在法庭审判中作证时拒绝使用某种特定类型的雄辩术），看待世界也是斯多葛式，换句话说，就是努力与宇宙理性相一致地生活。他们想要实现斯多葛式智慧的理想，这种理想也就是人类作为人生活在宇宙之中，与其他人共处时依据理性而活的一种特定方式。组成他们努力的目标的不仅仅是伦理，而是整个人类。

古代哲学为人类提出了一种生活的艺术。相反，现代哲学似乎首先是为专家构造的专业术语。每个人都可以随心所欲地定义哲学，可以选择他想要的任何一种哲学，或者如果他有这个能力的话也可以去"发明"任何一种他认为有意义的哲学。笛卡儿和斯宾诺莎始终忠于对古代哲学的定义：对他们来说，哲学就是智慧的训练。[30]如果我们像他们一样相信人类需要努力达到智慧的状态，那么我们就会在各种流派的古老传统（如苏格拉底学派、柏拉图主义、亚里士多德主义、伊壁鸠鲁主义、斯多葛主义、犬儒主义、怀疑主义）那里找到生活的模型，找到将理性运用到人类生存之上的根本形式，找到对智慧之探索的典范。正是由于其多样性，古代哲学才是如此宝贵。这种多样性使得我们能够将理性所有可能的各种基本态度进行结果上的比较，也为进行实验提供了专门的地盘。当然,这预设了我们将这些哲学还原到了它们的精神实质,抛弃了它们过时的宇宙论的或者神秘主义的元素,并且拜托了他们自认为必不可少的那些基本命题。顺便说一下,这并不是在这些传统里选择一种传统来排斥另一种传统的问题。例如,伊壁鸠鲁派和斯多葛派所对应的就是在我们的内在生活中两种截然相反但又不可分割的极端:一个是我们的道德良知所需要的,另一个是我们在生存中对于快乐的大量获得。[31]

在古代,哲学是一项每时每刻都在进行的练习。一旦我们把哲学的视角放回到宇宙视角之中,哲学就要求我们专注于生命的每一瞬间,并且认识到每个当下的无限价值。智慧的训练蕴含了宇宙的维度。凡人早已失去了与这个世界的联系,他们只是把世界当作实现他们欲求的方式,而看不见世界的本来面目,然而哲人从未停止让他的心灵去观察这个世界整体。哲人以宇宙的视角进行思考和行动。他感觉自己超越了个体的局限,从属于整个宇宙。在古时,这一宇宙意识所处的视角与关于天文现象多能提供的有关的宇宙的科学知识的视角是不一样的。科学知识是客观的、数学化的,而宇宙意识是精神修炼的结果,这种练习主要在于从无垠的宇宙与整体的视角中去体会个体在这世界的地位,用塞涅卡(Seneca)的话说,"拥有整体的视野(totise inserens mundo)"[32]。这种精神修炼并非处于精确科学的绝对空间,而是处于具体的、有生命的、有知觉的主体的活生生的经历之中。

我们这里要处理的是与这个世界相关的两种截然不同的联系。我们可以通过回头看看胡塞尔[33]指出的关于地球动与不动的对立观点来理解这两种联系的区别:地球之动已为科学所确认和证明,地球之不动又为我们的日常经验及先验本质意识所假定。从后一方面看,地球是我们生活中不动的地面,是我们思想的参照物,或者如梅洛·庞蒂(Merleau Ponty)所说,是我们"时空意识产生的源头"[34]。同样地,对于我们的生活感知来说,自然和宇宙是生命的无限的范围,是我们存在的难解之谜,正如卢克莱修所说,它们以战栗与神性欢乐激励着我们。正如歌德用一首绝妙的诗描写道:

> 人之最妙在于恐惧。无论世界要他为这情绪付出多大代价,只要他感觉到了这神奇,他便为迷惑紧紧抓住。[35]

古代的哲学传统,能为我们处理与自身、宇宙和他人的关系提供指引。有一种观点认为古代哲学只不过是一种逃避的方法,是一种退回到自身的行为;在现代历史学家眼中没有什么陈词滥调会比这个观点更牢固,更难以消除。在柏拉图主义那里,哲学躲进了理念的世界;在伊壁鸠鲁主义那里,哲学逃离了政治;在斯多葛主义那里,哲学屈服于命运。事实上,这样看待事物的方式是错上加错的。首先,无论是毕达哥拉斯学派的共同体,柏拉图式的爱情,伊壁鸠鲁式的友谊,还是斯多葛的精神指引,古代哲学通常是在一个团体中进行的活动。古代哲学需要共同的努力、团体的研究、相互帮助以及精神支持。更重要的是,哲学家们,即使是伊壁鸠鲁主义者,也从不放弃对他们的城邦的影响。他们改造社会,服务市民。市民们经常赞颂这些哲学家,而这些颂扬通过碑文的形式得以为我们保存下来。尽管学派之间的政治观点可能不一样,但他们都希望影响到城邦和国王,这样的关切之心一直都是一样的。斯多葛主义尤其是这样,而且这在马库斯·奥勒留的许多文本中也很容易找到。在必须时时刻刻放在心里的三个任务以及对思考的警惕和对命中注定之事的顺从里,始终服务于人类共同体的义务也就是秉承正义来行动这个义务被赋予根本性的地位。此外,这最后一项要求与另外两种紧密地联系着。使自身顺应宇宙智慧的智慧与使自身顺应人类所参与其中的理性的智慧是完全一样的。这种对在生活中服务于人类共同体的关切以及对行事公正的关切是所有哲学生活的基本元素。换言之,哲学生活通常意味着要参与团体活动。这最后一项要求也可能是最难以实施的。技巧在于让自己保持理性,不让自己的视野被政治激情、愤怒、仇恨或者偏见所遮蔽。可以肯定的是,在由智慧所带来的内心的平静与看到人类的不义、苦难与悲惨之事时所不得不产生的强烈情绪之间存在着一个几乎难以获得的平衡点。然而,智慧就刚好位于这个平衡点上,并且内心的平静对于有效的行动来说是必不可少的。

这个便是古代哲学的教诲:邀请每个人都去改造自己。哲学是一种对一个人的存在方式和生活方式的转变与改造,是对智慧的追求。这不是一件轻而易举的事。正如斯宾诺莎在《伦理学》的结尾写道:

> 即便我所指出的得到这一结果的方法似乎是十分困难的,它仍然可能被发现。既然发现这个方法是如此的罕见,那么它肯定确实是困难的。如果解救办法不费多少努力就能轻而易举地找到,那么它怎么可能会被几乎所有人忽略掉呢?但所有美好的事物都像它们很少出现一样很难解。[36]

参考文献

[1] Philo Judaeus, On the Special Laws, 2, 44 - 8.

[2] Cf. above.

[3] Quintillian, *Oratorical Institutions*, bk I, Preface, 19 - 20.

[4] Xenocrates, fr. 4 Heinze.

[5] Epicurus, *Letter to Pythocles*, §85.

[6] Marcus Aurelius, *Meditations*, 9, 31.

[7] Sextus Empiricus, *Outlines of Pyrrhonism*, I, 28.

[8] Xenophon, *Memorabilia*, I, 2, 14.

[9] Aristotle, *Nicomachean Ethics*, 10, 7, 1178b3.

[10] Epicurus, *Gnomologicum Vaticanum*, §77.

[11] Epictetus, *Discourses*, 3, 13, 7.

[12] Cf. above.

[13] Marcus Aurelius, *Meditations*, 11, 1.

[14] E.g. Diogenes Laertius, *Lives of the Philosophers*, 7, 39.

[15] Ibid, 4, 18.

[16] Epictetus, *Discourses*, 3, 21, 4 - 6.

[17] Cf. below.

[18] On the concept of *procheiron*, see above.

[19] Seneca, *Letters to Lucilius*, I, 1.

[20] Plato, *Apology*, 29e1ff.

[21] Plato, *Republic*, 486a.

[22] Aristotle, *Nicomachean Ethics*, 10, 7, 1178aff.

[23] Cf. below.

[24] Justin, *Apology*, I, 46, 1 - 4.

[25] J. Leclerq, "*Pour l'histoire de l'expression 'philosophie chrétienne*'," *Mélanges de Science Religieuse* 9 (1952), p. 221.

[26] Cf. below.

[27] A. Schopenhauer, *The World as Will and Representation*, trans. E. F. J. Payne, 2 vols, Indian Hills CO 1958, London/Toronto 1909, ch. 17, vol. 2, pp. 163 - 4.

[28] Spinoza, Ethics, Part 5, Prop. 42, p. 270 Elwes.

[29] Cicero, *On Oratory*, I, 229ff.

[30] René Descartes, *Principii philosophiae*, Foreword to Picot.

[31] See the references from Kant, Goethe, and Jaspers cited above.

[32] "Plunging oneself into the totality of the world." Seneca, *Letters to Lucilius*, 66, 6.

[33] E. Husserl, "*Grundlegende Untersuchungen zum phänomenologiscen Urspung der Räumlichkeit der Natur*" (= *Umsturz der Kopernikanischen Lehre*), in Marvin Faber, ed., *Philosophical Essays in Memory of E. Husserl*, Cambridge MA 1940, p. 132.

[34] M. Merleau-Ponty, Éloge de la philosophie et autres essais, Paris 1953, p. 285.

[35] Johann Wolfgang von Goethe, *Faust*, 6272ff.

[36] Spinoza, *Ethics*, pp. 270 - 1.

[作者简介]皮埃尔·阿道(1922—2010),法国著名哲学家和哲学史家。

原文出处:Pierre Hadot, "Philosophy as a Way of Life" in Pierre Hadot, *Philosophy as a Way of Life: Spiritual Exercises from Socrates to Foucault*, Translated by Michael Chase, Edited with an Introduction by Arnold I. Davidson, Cambridge, MA: Blackwell, 1995: 264 - 276.

(张艳芹　译)

哲学的背叛:再现柏拉图《巴门尼德篇》中之自我

皮埃尔·格兰姆斯(Pierre Grimes)

　　如果柏拉图的一个理念(idea)没有被翻译,且这个理念对于理解柏拉图是核心的或基本的,还有它是如此重要,那么询问这个理念与柏拉图哲学的其他核心理念是如何关联起来的,则是非常重要的,例如善、善的理念、灵魂、逻各斯和理智领域。在我们讨论这些理念之前,我们不会解释为什么在整个欧洲哲学传统中,这个基本的错误被一再忽视,因为我们宁愿把它留给你们。[1]

　　我们将回顾柏拉图《理想国》(*republic*)的第六本书以及他的《巴门尼德篇》对话录来概述我们的问题。从柏拉图《理想国》第六本书开始是最合适的,因为此处柏拉图讨论哲学家的本质和目标,并且在此他引入了自我(auto)的理念(484B7)[2]。

　　让我们回到苏格拉底关于善的最大学问(greatest learning)和善的理念的讨论。在这一段中,苏格拉底指出他不愿意向格劳孔(Glaucon)解释善,而是提供另一种替代的讨论,即善的理念,它是由善产生的。格劳孔回应说,他希望听到关于生产者(father),即善。苏格拉底说:"让我们现在先不去问,在这个世界上什么是善之自我(Good Self)(es-tin)"(506D8),我们要好好研究善的理念,把它作为运用正义和其他美德的手段。他补充道:"我们并不十分清楚她之自我(her Self);但是如果我们不了解她之自我,那么就没有关于她之自我的知识,你知道,即使我们在最高程度上了解了其他一切,这对我们也没有益处,就像即使我们拥有所有一切却不拥有善时一样,它不会带给我们任何东西。"(505A4)此处我们对自我(Self)、她之自我和善(Good)进行比较,我们必须了解它们的意思是什么。苏格拉底继续说,"关于自我的争论是巨大的和多方面的"(505D3),并给出了他的观点——"在'正义'之自我(selves)和'漂亮'之自我(selves)的情况下,无论是在行动、获知(acquisitions)还是在意见(opinions)中,许多人会选择停留在表面(apparent),即使它们不是这样的;但是另一方面,在善之自我的情形下,没有人满足于获得那些表面上的东西,但对自我(Selves),他们寻求真正的'一'(the true Ones),因为在这种情况下,每个人都立刻鄙视表面的(apparent)东西。"(505D5)

　　是的,有很多自我,但它们是自我之更高类别的成员吗?这个自我和那个自我一样吗?我们能否以一个自我(One Self)的名义称呼自我?自我是否会分解(disperse)自己以实现许多自我(selves)?如果是这样的话,它就是作为一个初始者(primogenitor),因此称为"herself"。考虑,当他认为我们必须将这一点与逻各斯的优点区分开来时,他反思这一点说:"当然,我们谈到了漂亮之自我和善之自我,并以同样的方式谈论所有自我,此时我们将其看作多，现在，我们将根据一个理念来考虑它们。"(507B3)有趣的是，他提出了关于智力起源的理念，他说，当灵魂居住在"真理与真正存在者(real Being)闪耀的地方时，灵魂就会理解并认识到自我，并且理解了灵魂拥有理智，即奴斯(nous)"。(508D5)苏格拉底在比较漂亮之知识与真理的理由(cause)时说："当你正在认为自我是'他者'(another)而且仍然比这些更漂亮时，你正在正确地思考。"(508E4)

在与格劳孔讨论逻各斯(logos)时，苏格拉底对他说："你自己(yourself)就是迫使我说出那些似乎与自我相关之例子的理由。"(509c3)当格劳孔回到太阳的类比中，苏格拉底发展出著名的分割线影像，它构成了认知功能(想象思考、相信、理解，以及知道)及其适当对象。然后，他讨论了灵魂是如何从假设成为非假设的开端，"没有这些想象，通过理念的自我，使她有条不紊地贯穿(through)自我"(510B7)。因此，当苏格拉底将逻各斯、辩证法的力量、可理解和自我联系起来时，哲学家的追问就结束了。"进而，通过可理解的(Intelligible)另一部分来理解，我的意思是，这是自我逻各斯所触及的，是通过辩证法的力量，通过使用假设，是作为假设而不是作为开始，它们就像是踏脚石和攀岩绳，目的在于，直到那个非假设的、所有一切的本源(origin)，最后与自我联结，自我逻各斯可以一直持续到自我逻各斯所保持的这个理念，如此一来，自我逻各斯可以这种方式降至最后；不借助于任何可感知的东西，而是通过理念的(ideal)自我使它们自己到达自我，并最终在理念中结束它的过程。"(511B2)那些试图通过掌握事物和操纵其他东西来寻求目标的人，遵循着一种对自我的反常的(pathologos)或错误的信念，这就是反对真正的逻各斯(Grimes & Uliana, 1998, Chapter Two)。苏格拉底在《理想国》的第七本书中展示了反常在四种类型的家庭中成长的方式，这四种类型的家庭与四种政治宪法相对应。

当然，我省略了很多关于自我的引用，在第六本书中能找到50多条。然而，自我的理念，对多个自我的指称，自我的阴性形式"her Self"，以及将自我与逻各斯连接为自我逻各斯(Self Logos)的理念，都是柏拉图《巴门尼德篇》对话中探讨的理念。

《巴门尼德篇》的很多读者可能很难理解其中的对话，但如果我们加上"自我"或"自治"(auto)这个词，它将获得新的活力，并被视为一部虽然很难，但仍可以被理解的深刻著作。如果这些对话的一个新的翻译能够揭示自我之理念的力量和意义，那么它将在哲学著作中享有一席之地，并应被列为智慧著作的前列。如果我们能从新译本中引证在文本中起着重要和关键作用的自我理念，它将支持我们关于这个理念的重要论点。同样，如果我们引用每一个假设及其结论，它将允许我们检验自我的理念在柏拉图的《巴门尼德篇》中有多么重要和卓越。

让我们从困惑苏格拉底的问题开始。因为，在批评了芝诺(Zeno)的文章之后，他承认对这个自我有所怀疑，当芝诺说所有的事物都是通过分有(participating)理念而拥有它们的类的相似性时，芝诺以相应的(parallel)方式对自我做了探查。苏格拉底同意这个观点，即所有相似的事物都通过分有相似的理念而获得它们的相似性，但他对自我是否必须像其他理念一样，也是通过分有自我的普遍理念而获得相似性感到困惑。如果自我有共性，它们可能是"一"(One)，但如果每个都是不同的，那么它们必须是多个。同一事物怎么可能同时是一又是多呢？他知道自我的理念有很多种形式，例如理念的(ideal)自我、真实自我、自我的普遍理念、自我的阳性和阴性形式，他们的自我（themselves）与它们的自我（itself），他想知道它们是如何相互联系的，它们是否也都分有了这个理念从而获得了它们的相似性，或者即使它们有许多个但仍然是一个。他说，如果有人能解决这个关于自我"以多种方式交织在理念的自我之中"（129E6）并"详细证明这个由逻各斯的力量所界定的理念"的难题，他会很高兴的。（129E8）

巴门尼德将苏格拉底这些有关自我的问题看作是，"必须是否就像这些理念那样谈论它们，还是以另外的方式"（130C4）。巴门尼德然后给苏格拉底提出了一系列问题，试图让苏格拉底认识到自我必须是未知的，开始了著名的主导论证，使苏格拉底更加困惑。在接下来的对话中，苏格拉底的许多困惑是与自我之理念的使用有关的，苏格拉底也将其与分有和本质的理念联系起来。本质的理念（ousia）最好被理解为心灵自我转变力量，就像在反思和其他认知体验中一样。事实上，在《巴门尼德篇》中超过 400 种自治或自我的使用中，大约有 50 个用于巴门尼德检验苏格拉底的理念。巴门尼德在总结他对苏格拉底之谜的处理时说，除非他进入辩证法的研究，否则他将无法把握这些真理之谜。在这一点上很奇怪，当巴门尼德敦促苏格拉底学习辩证法时，他说，"（你）必须把你自己（yourself）聚集在一起"（135D3），他对你自己使用的术语是"thyself"，当然，就像在"认识你自己"（Know Thyself）中一样，它是这个代词的尊称用法。

在巴门尼德克服了他最初不愿辩证地提供自己的假设之后，他开始了另一个看似奇怪的谜题。巴门尼德介绍他的假设，他说："我应该从我自己和我自己的假设开始，关于一本身（One Self）的假设，无论一存在（One Is）（estin）或一不存在（One Is not），结果必须是什么？"（137B4）他对自我理念的强调表明，这是他将分享的个人假设。

因此，当巴门尼德在第一个假设中开始展现自我的理念时，他将"一"（One）的理念与自我的理念联系起来。他说："那么，如果一存在的话，那一就不能以其他方式是多吗？"（137C2）当他得到亚里士多德对此的同意时，他开始了他的第一个结论："因此，既没有任何部分属于自我，自我也不能成为整体。"亚里士多德问道："为什么不呢？"这就开始了第 24 个论点的讨论。关于自我的理念有 26 个结论，17 个是关于自身（Itself）的，但在他包含简短论证的结论中有 10 个结论，其中自我理念和自身理念是混合的。有趣的是，他将自我的理念与相同（same）的理念区分开来，也将其与"一"的理念区别开来，并说："因此，'一'永远不在自我之内。"（139A9）对于探索"一"的每一个论证，他只是将其应用于自我。在总结他的假设时，他说："因此，它既不能被命名，也不能被谈论，也不能对其发表意见，也不能被视为知识的对象，真正的存在也不能拥有自我的感知。"（142A5）亚里士多德只是简单地说："似乎不是这样。"巴门尼德转向亚里士多德，并且询问："那么，这是否是可能的，即关于'一'的这些结论必须以这种方式？"（142A6）亚里士多德回答说："至少对我来说，似乎并不是以此种方式。"（142A9）

很明显，亚里士多德遵循对话中的每一点，他同意关于"一"的所有论证，他仔细遵循每一个论证，但是当它们被应用到自我的理念中时，他说这是不可能的。

由于亚里士多德的拒绝，巴门尼德问他想不想看看是否还有其他的可能性，亚里士多德回答说："无论如何，我希望如此。"（142B3）巴门尼德然后给亚里士多德提出了八个假设,其中四个是肯定的,四个是否定的,以便他能够理解在何种现实的认知水平上,自我被描述,在何种现实的认知水平上,自我不被描述,它是通过哪个层次发挥作用的,在哪个层次中,自我的虚假想象出现了。

在巴门尼德开始探索第二个假设之前,他提出了一个关于自我理念使用的方法论观点。他说:"那么,是否不是这样的? 即如果我们说一存在,那么关于自我的这些结论我们也必须沿着同样的逻各斯,无论恰巧是这样或者不是这样。"(142B4)在这个观点得到赞同之后,他继续他的第一个论证说:"从开始接着看。因此,一方面,如果一存在(One Is),那么自我就可以是这样的吗? 但另一方面,它就不分有理念吗?"(142B8)再一次,巴门尼德通过许多关于"一"运作方式的论证来辩论,并将他的结论转移到自我的理念。他的结论是一个总结性的陈述,通过遵循他的辩证方法,他所证明的东西统一起来。他说:"当然,既然我们现在已经讨论关于自我的所有这些方面,那么就可以有关于自我的知识、观点和感知。"(155D9)亚里士多德同意,巴门尼德最后说:"当然,那么,自我有一个名字和一个逻各斯,因此它被命名和解释;对于'一'而言,涉及其他存在物的任何有关方面也是如此。"(155D12)

从这个结论,我们发现巴门尼德继续他的第三个假设。他说:"那么,第三点,让我们来说明,如果'一'如我们所描述的那样,那么自我不必是一、是存在、是多,并且也不是一,也不是存在,也不是多,也不分有时间,因为一方面,如果自我是'一',那么在那个时间,它分有了理念;但另一方面,因为它不是'一',那么它不在那个时间也不分有理念。"(155E3)。

第三个假设探讨了"一本身"在连续变化的时间间隙之上的运作。因为,从静止到运动或从运动到静止,存在着某些瞬间、间隙,通过它所有的变化得以发生。每一刻都被看作是静止的和独立的,因为在间隙中,从旧到新的变化将从可理解性(intelligibility)中获得下一个阶段。当它在间隙中时,它是一,当它变成许多时,它就进入时间。自我内在的可理解性允许睿智以这种方式在间隙中表明:每一个生物都从最自然和最有益的命运中获得适合它的东西。他总结了第三个假设,并简要说明了他的所有推理都是根据自我逻各斯。(157B)因为,一(One)通过理念(ousia)运作,它展示了逻各斯的功能。同样,自我的逻各斯也是作为每一刻背后之模式和秩序的基础而发挥作用。

因为第二和第三个假设表达了自我之现实性的本质,因此第四和第五个假设表达的是自我的表象和否定。第四和第五个假设都没有对自我做任何肯定的断言。第四个假设将一处理为表象,而第五个假设则是将一与他者完全区分开来,这样在第五个假设中就没有自我的作用了。在第四个假设中巴门尼德介绍了自我的理念,并表明它不必局限于自我的诸多方面,而是与"他者"的用法相同。在第五个假设中,他说:"如果一存在,当一与他者分离开来时,那么除了一之外,这些他者必须有哪些经验?"(159B7)他总结道:"因此,除了这些之外没有其他方式,一和他者都只能持存于自我的存在中。"(159C3)

四个否定的假设是基于这个假设,即一不存在(One Is not),而在任何情况下,关于自我的存在,我们都不会得出任何肯定的断言。在第六部分,他论证道:"如果一不存在,那结果必将会是什么?"(160B6)然而,他补充说,我们可以谈论事物的不存在,甚至知道它们,就像米老鼠一样。如果一不存在,那么"它必须属于自我"并且"必须有关于自我的知识"是合理的,因为它可以被谈论。如果我们说这是关于米老鼠的话,我们的推理是这样的。因为我们可以了解它,也可以说许多关于它的事情,即使它如一那样并非如此。因此我们可以谈论关于米奇的存在方式,虽然不是真正的存在,就像这个假设中的一被认为不存在一样。巴门尼德认为,自我也分有理念,尽管严格来说,它并不存在,我们可以补充说,我们可以赋予米老鼠反思自己的能力。巴门尼德将此结合起来,他说:"因此,我们必须从一开始就断定,如果一不存在,那么接下来必将会是什么样子的。如此一来,一方面,因为这是合理的,这必定属于自我;首先,必须有对自我的知识,否则,如果一不存在,当任何人谈论自我时他所说的一切都将不为人所知。"(160D2)

第七个假设是这样的:"如果一不存在,那么必将与自我相关的是什么?"(163C1)这个假设的主体不能有观念,也不能有理念,并且是真正的"不存在"。在先前的假设中,自我被比作不存在的事物,但在这里,它可以被比作方的圆的理念,因为它不在,也不存在(exists),也没有任何事物表征(present)它,就像自我变成一的缺失那样。他说:"无论是相似或不相似,无论是与自我的关系还是与他者的关系,最确定的都是关于自我。"(164A2)当他得到亚里士多德的同意时,他说:"那么接下是什么? 如果没有任何东西可以表现为自我,那么是否其他的存在能够以某种方式表现自我?"亚里士多德同意,他说:"他们不能。"在哲学助产学中,关于自我的错误信念被称为"病原体"(*pathologos*)(Grimes & Uliana,1998,第二章)。这个假设展现的是自我理念的纯粹形式,而这个自我理念并不真实。它是作为一个反常,它是逻各斯的对应物。

第八个假设以"如果一不存在的话,他者将必须发生什么"开始。(164B6)巴门尼德在这个假设中增加了评论:"但是如果逻各斯是关于他者的,那么他者确实是其他。或者,你难道不要求另一个和他者都适用于自我吗?"(163B8)这个假设的诸多方面可以在我们先前的想象中理解,即将米老鼠和米妮老鼠(Minnie Mouse)结合在一起来理解,因为这里可以把它们比作自我的理念。自我的数量是无限的,但是它们中的大多数缺乏一的理念。他们共有的一个特点是,他们可以以多种形式、形状和存在方式出现,但他们没有真正的存在方式,他们最终源自一。在这个假设中,就像下一个一样,都没有直接提到自我。

第九个假设问:"那么,如果一不存在的话,则一之外的他者必定是什么?"(165E3)显然,这里我们在一和他者之间有一个非常严格的区分,它们之间的明显划分使得彼此独立。同样,可以描述这个假设的想象是虚空(emptiness),因为没有一就什么都没有,甚至他者也没有。他说:"因为如果它们中没有一个是一,那么它们都是虚无的,所以它们都不可能存在。"(165E5)

巴门尼德假说的最后结论是一个宏大的总结,它包括自我。他说:"那么,现在,让你我都同意;我们也可以加上一点:如果一存在或不存在,那么很可能,无论是在与自我还是在与他者的关系中,也无论是在与他们自己和还是在与彼此他者的关系中,它都存在于各个方面也不存在于所有方面,似乎是也似乎不是。"(166C3)

以这种方式阅读《巴门尼德篇》,我们可以理解巴门尼德是如何借助于自我的理念来处理苏格拉底的困惑的。同样地,在第一个假设中,巴门尼德处理亚里士多德对自我理念的拒绝,是通过将亚里士多德引入辩证法的逻各斯上来实现的。重新思考这些对话时强调自我,将柏拉图的思想与德尔菲神谕的"认识你自己"的传统紧密联系在一起,这样一来,它再次表明对自我的普遍关注是最深刻的研究对象。

注释

[1] 2012 年,在认知协会(The Noetic Society,Inc.)成立了一个研究柏拉图《巴门尼德篇》的小组,皮埃尔·格里姆斯(Pierre Grimes)领导着这个小组,正是这些小组成员的互动使许多想法浮出水面。小组最初每周一起学习三次,包括芭芭拉·施泰克(Barbara Stecker)、大卫·科(David Coe)和蕾吉娜·乌利亚娜(Regina Uliana)。随着时间的推移,其他认知协会成员也参加了这个小组,有些定期参加,有些不经常参加。对朱安(Juan)和玛丽亚·巴尔博亚(Maria Balboa)翻译的《巴门尼德篇》和《理想国》第六本书的持续研究为该小组带来了更深层次的洞察,该小组与巴尔博亚之间的重新审视和交流对于他们的翻译给予了重要的帮助。皮埃尔的作品《柏拉图之巴门尼德篇中的挑战:以辩证法认识你自己》,定于 2016 年秋季出版,其中更深入地探讨了上述论文《背叛》。

[2] 在古希腊语中,自我一词有四种形式:自我(Self)、相同(same)、它自己(itself)和你自己(Thy Self)的尊称形式。所有这些形式都可以表示阳性和阴性,它自身(itself)和他们自身(themselves),以及同一个人(same)和你(thy)。当它表达自我的理念时,它不需要冠词,作为相同的理念时也不需要冠词;当它被 epsilon 合成时,它就变成了它 itself 或 themselves;当它与 se 合成时,它就变成了"你自己"(thyself)这个词。然而,"sautou"可以被使用,它指的是"seatou"。

参考文献

Balboa, Juan F. and Maria, A Greek-English Interlinear Translation of the sixth book of Plato's Republic, 2016. Available @ Lulu.com

Balboa, Juan F. and Maria, A Greek-English Interlinear Translation of Plato's Parmenides, 2016. Available @ Lulu.com

Grimes, Pierre, PhD, with Regina L. Uliana, PhD, Philosophical Midwifery: A New Paradigm for Understanding Human Problems With Its Validation. Hyparxis Press, Costa Mesa, CA, 1998.

原文出处:Pierre Grimes, "The Betrayal of Philosophy: Rediscovering the Self" in Plato's *Parmenides*, *Philosophical Practice*, July 2016, 11.2: 1752 - 58.

(王荣虎 译)

维特根斯坦与哲学咨询

萨拉·艾伦博根(Sara Ellenbogen)

在西方哲学家中,维特根斯坦是一位与哲学咨询密切相关的哲学家。这种印象的部分原因是,在柏拉图的传统中,维特根斯坦把他的哲学视为治疗。对于维特根斯坦来说,"哲学家处理问题就像治疗疾病一样"(*Philosophical Investigations*,下文简称 *P.I.* ♯255);哲学问题的形式是"我不知道我应该如何去做"(*P.I.* ♯123),而哲学家的角色则是指导者,引导我们认识到,哲学问题似乎只是对语言的困惑[1]。他告诉我们,他在哲学上的目标是"向我们展示飞离蝇瓶的路径(to show the fly the way out of the flybottle)"(*P.I.* ♯309),即"解开我们思想中的结"(*Philosophical Remarks*:1);他通过一小段对话向我们展示了如何应对想象的对话者所提出的问题和反对意见。

首先,作为一位语言哲学家,维特根斯坦关于意义的观点在其职业生涯中发生过转变,在其第一本著作《逻辑哲学论》中,他概述了意义的"图像理论",据此,语言是借助于它所表征的东西而获得意义。在他成熟的著作《哲学研究》中,维特根斯坦批评了他的早期观点,并认为语言的意义是基于一个共同体关于如何使用它而达成的共识。在一个宽泛的意义上,他的哲学思想本身并没有改变:在《逻辑哲学论》中他写道,"哲学不是一套理论,而是一项活动"(*T* ♯4.112)。在《哲学研究》的序言他中:"我不希望我的著作减少别人思考的麻烦,但如果可能,我希望它能够激发人们自己去思考"(*P.I.* vi)。如果我们把维特根斯坦的一生作为一个整体来看待,基于日记、信件和回忆录中的文献,我们可能会认为他已经赞成哲学咨询。因为虽然维特根斯坦经常劝阻学生不要从事哲学领域的学术事业[2],但他认为,在批判性、分析性思维的意义上,哲学是每个人在日常生活中都可以并且应该尝试去做的事情。他曾对诺曼·马尔科姆(Norman Malcolm)(此人曾即兴指出,暗杀希特勒的企图与英国的"民族性格"是不相容的)说过一句著名的话:"如果你只是以一些看似合理的方式来谈论一些诸如逻辑这样的深奥问题,并且如果你不能改善你对日常生活中的重要问题的思考,如果你使用'危险'这个词并不比任何一个记者为他们的目的而使用这个词更清晰时,这就是学习哲学的用途。"[3]在批判性思维意义上哲学对维特根斯坦如此重要的一个原因是,他认为哲学将我们从偏见中解放出来,从而使我们能够独立思考。正如他所说,"哲学家不是任何思想团体(community of ideas)的公民。这就是使他成为哲学家的原因"(*Zettel* ♯455)。维特根斯坦重视哲学的另一个原因是,哲学对他过一种道德的、真实的生活来说非常重要,并且将他此时的世界观上升到批判性的检验是他如此做的一种尝试方式。

　　一些哲学咨询顾问认为,由于维特根斯坦的治疗仍停留在纯粹的概念层面上,他关于意义的研究与哲学咨询没有直接关系[4]。在某种意义上,这是真的,因为个人问题和哲学问题之间存在着一种不可类比性(disanalogy)。前者不一定是概念混乱的结果,因此不可能总是通过语言分析来解决,即通过"展示蝇瓶的路径"来解决。所以维特根斯坦在哲学咨询中的目标不是解决问题,而是观察和发现问题的本质。尽管如此,《哲学研究》中的几个主题和方法,例如维特根斯坦的反理论立场,他关于我们如何实际使用的语言的警告(injunction),以及他把我们从误导性的图像中解放出来的目标,都适用于哲学咨询。因为我们可以运用同样的禁令——"勿想,只看!"(P.I. ♯66)——并且再次获得了更清晰的观点——在评估那些被标记为相同诊断的客户时,维特根斯坦要求我们运用那些被标记为相同的普遍术语(term)的事例。关于"我被什么图像所囚禁"的这个问题对客户来说是一个非常有用的启发,正如维特根斯坦认为它对哲学家是非常有用的启发一样。在本文的第一部分中,我探讨了《哲学研究》可以教会哲学咨询者和咨询顾问什么东西。然后,我讨论了维特根斯坦日常哲学和正式(formal)哲学之间的一些相似之处,并提出了这个问题:"维特根斯坦的咨询会是什么样子的?"

I

　　哲学咨询的方法与心理医生的方法有什么不同? 对这个问题可以给出许多答案,但石劳迈特·舒斯特(Schlomit Schuster)给出了一个值得注意的答案:与许多心理健康从业者不同,哲学咨询试图理解客户之问题的本质或根源,但不是基于对它的先验理解[5]。心理健康从业者倾向于用各种理论与新客户接触,进而理解客户的疾病(complaints)。阿亨巴赫(Achenbach)指责大多数医师仅仅根据特定的理论来解释疑问或问题,从而创造了虚幻的现实[6]。相反,哲学咨询师将客户视为一个个体,而不是一个普遍范式的例子。因此,在咨询师的提问中引导咨询师的不是理论,而是客户自己的评论,即客户告诉咨询师的独一故事。正如我将要说的,哲学咨询师的关注点使她对客户问题的看法比治疗师更准确,后者的关注点是匹配症状和理论。维特根斯坦的家族相似性论证为哲学咨询师的立场提供了依据。

　　为了看到这一点,让我们看看根据理论来理解问题和疾病的倾向是如何进行的。心理健康专家通常希望通过分类来诊断问题。这经常是通过将表现或描述为类似症状的人贴上标签来实现的。因此,当一个客户描述一个症状,例如焦虑时,他似乎更容易通过将他看作一个"焦虑的人"或患有焦虑症来理解他,并继续这个假设。

　　维特根斯坦会敦促我们警惕通过分类将条件具体化。他让我们看一看,同一个普遍术语的每一个实例是否真的有共同点,我们不应该假定,因为有一个词,就一定有一个事物。例如,当我们使用"游戏"这个词时,他称之为家族相似性概念而不是边界分明的概念,我们发现我们用这个通用术语所称的程序(procedures)没有一个共同点(P.I. ♯66)。

　　所有客户的焦虑经验有一个共同点吗? 当然,有焦虑的标准,但是让我们记住,标准是为了特定目的而构建起来的[7]。但是,如果焦虑的处境(context)是这个体验的一个重要部分,那么所有这些体验都没有一个共同点,那么基于这种症状以此种方式对一个客户进行分类并进行相应的提问是不会有收获的。如果我们将焦虑的含义放置于其处境之中,并在提问题时旨在对这个处境有更清晰看法的,那么我们就能更准确地理解客户的问题。要了解这一点,请考虑以下案例研究:

约翰是一位 40 岁的丈夫,一个小孩的父亲,是一家殷实的独立企业的共同所有者。在人生的早期,他曾攻读哲学研究生,并休假赚钱;后来他对金融非常感兴趣,决定获得哲学硕士学位,并使金融成为他人生的焦点。现在他想改变关注点,找到一种将他的哲学兴趣融入生活的方法。他来向我咨询:"我想我的问题是焦虑,我经常感到焦虑。"他接着说,他最近刚从商业伙伴居住的城市搬来,减少了他对商业的参与。他列举了由这个变化引起的许多担忧:他不知道如何度过新的空闲时间;他不知道这种变化将会对他与商业伙伴的关系产生怎样的影响;他担心"这些总是基于效用的友谊",并考虑雇用一个律师来保护他的利益。

心理健康从业者在急于诊断并制订治疗计划时,可能会根据约翰对这种症状的描述而认为基本问题是焦虑。因此,她会基于这个假设提出许多问题:她可能会问他感觉怎样,他这样的感觉有多久了,如果他过去有这样的感觉,那他以前是如何克服的,等等。相反,专注于维特根斯坦最喜欢的口号"我要向你展示差异",哲学咨询师将试图理解客户的问题,不是将他分类,而是将他更多地理解为一个个体,拥有一套特定的价值观、欲望等。因此,她会注意到,大多数人不喜欢转变,但当我们清楚自己想要实现什么时,这种焦虑就会减轻——她会问约翰是否对自己的生活有一个清晰的愿景或目标。当他回答"确实没有"时,咨询师会通过调查让他问自己一些问题,这些问题会让他清晰:例如,他希望自己在企业中的角色是什么? 假设他不需要工作,他是否想完全离开工作岗位,还是为了孩子而兼职? 他更看重什么:额外的钱还是额外的时间? 他可能想做什么? 如果他不知道,他怎么可能去发现他可能想要参与的活动呢? 试图回答这些问题,并与咨询师交换意见,有助于约翰开始自己解决问题;最终他会问自己同样类型的问题。因此,由于咨询师拒绝了通过定义或标签来解释的冲动,她能够认识到问题不是焦虑,而是制定规划的必要性。这使她能够比心理医生为客户提供更多的帮助:如果约翰没有提出和咨询师一起制定一个规划,他就有制定一个规划的计划。这个案例研究表明,维特根斯坦的警告"不要假定所有叫作 X 的东西都有一个共同点"是如何为哲学咨询师关注个体差异提供辩护的。

II

现在转向哲学咨询者,咨询者能从维特根斯坦的《哲学研究》那里学到什么? 我们已经看到,提问过程中的一个目标是让客户开始自我提问,直到自我发现。但是哪一类的问题对客户的自问最有帮助? 这里有一种可能性:通常客户认为自己面临着一个无法解决的问题或困境,这是因为她所做的无意识(因此,未经检查)的假设。事实上,这个问题只有在客户的这个假设之下才是不可解决的。但是,如果首先没有认识到她的初始假设,客户就不能以任何其他方式看待她的问题。

现在维特根斯坦可以将这种情况描述为客户受制于图像。他评论道,语言之所以有意义,是因为它表征了囚禁我们的图像,而这个图像似乎产生了仅仅是表象的但又无法解决的问题。我们无法摆脱它,因为它存在于我们的语言中,并且语言似乎不可避免地向我们重复(P.I. ♯115)。维特根斯坦通过揭示图像的本质所发现的问题当然是哲学问题。例如,倒频谱假设,即一部分人类可能有一种红色的感觉,而另一部分人可能有其他的红色感觉,这一假设被证明是基于一个错误的假设,即语词的含义是由于它们(私人)的指称,而不是基于在一种语言的使用者之间的约定(agreement)(P.I. ♯272)。但这一点同样适用于具有概念性质的个人问题:如果我们发现一个困境是在一个假设之下产生的,我们就可以朝着解决它的方向前进。因此,当一个客户似乎被一个概念性问题困住了,从而使她不能行动时,对她进行提问有助于发现隐藏的假设。兰·拉哈夫(Ran Lahav)记录的以下案例研究说明了这一点。

有一位30多岁的女性"永久的学生"(eternal student),她是一位业余艺术家,因为饱受无法选择职业道路的"折磨"而前来咨询。多年来,她一直关注三个行业,却无法决定选择哪一个。现在,由于她的年龄,她感到作出选择的压力。她说了几句,比如"我不知道我应该做什么",这表明在某种程度上,她认为这个问题有一个客观上正确的答案。在进一步询问她之后,咨询师了解到她确实陷入一个图像,根据这个图像,关于她应该做的事情已经存在真理。根据这个图像,这是一个认识性的问题:找到现成的真理而不是做出决定。换句话说,客户正在等待一个标准来告诉她该做什么,而不是创建或开发自己的个人标准来选择职业道路。她不能选择,因为不存在这样的外部标准展现给她。

咨询师向客户指出这个图像,并鼓励她批判性地检查存在正确选择的假设。什么样的选择会是客观上正确的?咨询师指出,这个问题没有真正的答案,因为在某些时候,以辩护(justifications)结束,即客户做出的任何选择最终都将是一种任意选择的偏好。因此,问题在于,客户是更愿意做出任意选择,还是仍处于未决定的状态。客户对做出一个不合理的选择的前景感到最初的恐惧。但是,当客户意识到关于她应该做的事情是没有客观的真理,因而也就不可能犯错误时,一些恐惧就减轻了。因此,通过认识到并消除这个图像,即存在这样一个客观的真理,客户能够通过反思她最想要那些东西、什么东西对她最有意义以及什么东西对她最有成就感而做出选择。拉哈夫的案例研究表明,维特根斯坦式的问题"我被什么图像囚禁了"在识别生活中的虚假困境方面如同在语言哲学中一样有用[8]。

Ⅲ

我认为,虽然维特根斯坦关注的是意义而不是人类问题,但他后期著作中的几个主题是可用于哲学咨询的。然而,在他的私人生活中,维特根斯坦关注的是人类问题,包括人类状况和发展伦理世界观,并照此生活。如反省的不满,维特根斯坦分析自己以及朋友的这些问题时如分析哲学问题一样严谨。在许多方面,他的日记条目和信件都是他为广大读者所写的:在前者中,他致力于发现不满的根源(他经常诊断为道德失败);在后者中,他寻找语言困惑的根本原因(他认为,这是由于不注意语言的使用)。在他的哲学著作和私人写作中,他都使用了类比来揭示某种观点的荒谬性,即读者是忠诚的(比较他对私人语言论证中的评论,"就好像当我说出这个词时,我撇开我的私人感觉,就好像,为了对自己说:'我知道我所说的一切。'"P.I.♯274)[9]因此,作为一名哲学咨询师,维特根斯坦对待客户的方式很可能会和他对待感到困惑的读者一样。也就是说,他可能会试图让客户以一种新的方式看待事物,即通过想象和类比来展示他现在是如何看待事物的。维特根斯坦主持的一次真正的"准咨询"会议的故事证明了这一点:一个情绪低落的学生,他认为维特根斯坦的哲学对此负有责任,他向维特根斯坦解释说:"在我看来,生活是毫无意义和徒劳的。多年后我就不复存在了。但人类的生活将会继续也并不是什么慰藉。这可能是数百万年后的事了,但随着时间的推移,太阳会冷却下来,生命会灭绝,一切都会变得好像生命从来没有过一样。"维特根斯坦回答说:"假设你坐在一个房间里,面对着一扇全黑的门。你坐在那里,呆呆地盯着它,在你的脑海里想象它是非常黑暗的,一遍又一遍地对自己沮丧地说:'那扇门是黑色的! 那扇门是黑色的!'过了一会儿,你很容易就开始为这件事感到难过,并且觉得是门的漆黑这个悲伤的事实造成了你的沮丧。"[10]维特根斯坦回答的部分观点是,我们所认为引起我们悲伤的事情事实上并不是悲伤的原因,相反,原因是我们赋予的意义。因此,这个类比的目的是将咨询者置入询问的情景中(space of asking),为什么别人并不视为悲伤的事物而我却赋予悲伤的意义? 为什么它唯独对我有这个意义? 在这个学生的例子中,答案可能是,生命在死亡方面似乎毫无意义,因为他不是有目的地生活:他没有选择或创造了一个目的。或者,换句话说,他缺乏可能实现的目标或实现它们的信念。因此,他面临的挑战是通过做出选择创造目标,勇敢地或"真诚地"生活,换句话说,通过表现得好像他的选择重要,从而生命变得有意义。这些是存在主义的思想,但在这里,它们是通过探究我们对现实的思考的意义可以为我们所用而得出的。这一研究是通过一个图像激发出来的,这个图像向他展示了咨询者的世界观,并为评估奠定了基础。这个故事表明维特根斯坦会像对待(approach)哲学著作一样对待哲学咨询:他让我们通过揭示我们的世界观或世界图像来改变我们的观察方式。在每种情况下,他都让我们摆脱偏见,以便我们有意识地选择我们的假设。

Ⅳ

维特根斯坦将哲学看作一种生活方式使得他看起来像是哲学咨询的先行者。但是,由于他的哲学关注的是语言问题,因此它几乎和处理个人问题没有关系。我认为,与第一印象相反,维特根斯坦的哲学确实对哲学咨询有很大贡献。首先,维特根斯坦的思想和方法适用于诊断和干预。其次,维特根斯坦"生活中"的哲学化(philosophizing)方法和目标与他学术中的哲学化方法和目标是相同的:他想向我们澄清我们的世界观,以便我们能够评价它们,从而理性地选择接受还是拒绝它们。当维特根斯坦对马尔科姆说哲学应该在日常生活中有用时,这无疑是他的心声。

注释

[1] 比较这个评论,"……当语言继续休假(holiday)时,哲学问题就出现了"(*P.I.* ♯ 38)。

[2] 据卓瑞(Drury)说,这部分是因为"维特根斯坦有一个恐惧,即叔本华所称的'哲学教授的专业哲学',那些知道自己没有什么有价值的东西要说的时候还必须继续讨论的人"。然而,"如果这意味着思考第一原则和终极问题,则维特根斯坦从未建议任何人放弃哲学"。参见 *Ludwig Wittgenstein:The Man and His Philosophy*, ed K.T. Fann (Humanities Press:New Jersey:1956),p.69.

[3] Monk, Ray. Wittgenstein:The Duty of Genius (London:Vintage:1990), p. 424.

[4] Schuster, Schlomit. "What Do I Mean When I Say Philosophical Counseling", download from webpage http://www.geocities.com, as accessed 5/11/2005.

[5] 引用,注4。

[6] 引用,注4。

[7] 例如,精神病群体可能为了具体目的而制定一个焦虑的标准;一个更大的群体可能会采用另一个标准。关于维特根斯坦标准概念的讨论,请参见 Canfield's *Wittgenstein:Language and World*(Amherst:University of Massachusetts Press,1981)以及我的 *Wittgenstein's Account of Truth*(New York:SUNY Press,2003).

[8] Lahav, Ran. "Using Analytic Philosophy in Philosophical Counseling", *Journal of Applied Philosophy*, vol. 10,no. 2,1993.

[9] 参见芒克(Monk)对维特根斯坦与恩格尔曼(Engleman)通信的讨论,其中维特根斯坦将他的痛苦归因于他自己的"卑鄙和腐败"(baseness and rottenness)(*Ludwig Wittgenstein:The Duty of Genius*, p. 185)。

[10] *Ludwig Wittgenstein:The Man and His Philosophy*, p. 53.

参考文献

Canfield, J. (1981). Wittgenstein:Language and World. Amherst:University of Massachusetts Press.

Ellenbogen, S.(2003). *Wittgenstein's Account of Truth*. Albany:SUNY Press.

Fann, K.T., ed.(1967). *Ludwig Wittgenstein:The Man and His Philosophy*. New York:Delta-Dell.

Lahav, R. (1993). Using Analytic Philosophy in Philosophical Counseling. *Journal of Applied Philosophy*, 10(3).

Monk, R.(1990). *Ludwig Wittgenstein:The Duty of Genius*. London:Vintage.

Schuster, S. What Do I Mean When I Say Philosophical Counseling. Download from http://www.geocities.com, 5/11/2005.

Wittgenstein, L (1958). *The Blue and Brown Books*. Oxford:Blackwell.

Wittgenstein，L. (1974). *Philosophical Grammar*. Oxford：Blackwell.

Wittgenstein，L. (1953). *Philosophical Investigations*. New Jersey：Prentiss Hall.

Wittgenstein，L. (1964). *Philosophical Remarks*. Oxford：Blackwell.

Wittgenstein，L. (1961). *Tractatus Logico-Philosophicus*. London：Routledge and Kegan Paul.

Wittgenstein，L. (1967). *Zettel*. Oxford：Blackwell.

原文出处：Sara Ellenbogen，"Wittgenstein and Philosophical Counseling"，*Philosophical Practice*，July 2006，2.2：79 - 86.

（王荣虎　译）

作为哲学咨询基础的伊壁鸠鲁主义

亚历山大·法蒂克(Aleksandar Fatic)

伊壁鸠鲁:哲学作为治疗以及快乐的作用

哲学的基本"治疗"功能也许最清楚地体现在伊壁鸠鲁主义伦理学中。在现代,心理学和心理学家为他们瓜分(carved up)了一个法律上独享的职业——他们自己是唯一有资格提供谈话治疗的"专家",许多咨询经验以及常识都表明,作为哲学的孩子,心理学仅仅是推断以及简化了的一种哲学治疗方法论,在许多情况下都达不到完全的效果。越来越多的心理干预是为了治疗症状以及尝试影响外部行为的变化,而不去探究看似不正常行为的原因,也不试图阐明人们问题的意义。尽管确实有明显需要医疗干预的精神疾病,但还有更多的"意义问题"导致焦虑、抑郁、人格和人际关系问题。如今这些都是通过药物治疗的,但许多可能会被哲学恰当地处理。法律禁止对哲学咨询使用"治疗"一词,这标志着咨询服务的去人性化(de-humanisation),以及狂热排他的心理学者所强加的一个任意的地盘边界。现在这个作为治疗的"异端"哲学概念,不仅仅是作为对治疗的补充,而且事实上对最初的西方伦理学来说是最基本的,在斯多葛主义和伊壁鸠鲁主义(在柏拉图和亚里士多德中也有)中是我们今天所说的"生活哲学(philosophy of life)":

> 虚空(empty)是哲学家的话语,它不为人类的激情提供治疗。就像如果医学上的专长没有驱除身体上的疾病,那么它就是无用的一样,如果哲学不驱除灵魂的激情,哲学也是没有用的。(Porphury, *Ad Marcellam*, in Pötscher, 1969, p. 31)

伦理学作为一种生活哲学的作用是通过为和谐的(balanced)、快乐的生活提供戒律来"驱逐灵魂的激情"。这种生活必须包含适度的快乐和智慧,帮助美德繁荣,从而让良心得到安逸。也许这种道德观念的最佳表述是伊壁鸠鲁的第五条主旨要义(Epicurus' 5th Principal Doctrine),其内容如下:

> 没有明智、体面(honorably)和公正的生活是不可能过上愉快的生活的,没有愉快的生活是不可能明智、体面和公正地生活的。如果缺少其中任何一个,

例如,当不能明智地生活时,尽管他生活得体面和公正,但他不可能过上愉快的生活。

第五条主旨要义一方面标志着伊壁鸠鲁主义伦理学与柏拉图之间的根本区别,另一方面标志着和亚里士多德之间的根本区别。柏拉图认为,快乐虽然是可期待的,但它本身并不是一个目的[不能是一个终极目的(telos)],它应该与理性成正比。理想情况下,这种生活追求会导致"混合人生"(mixed life),理性在价值体系中处于更高的地位[《理想国》(*The Republic*),581C - 588A]。柏拉图认为,在快乐中,有一些内在的他律性(heteronomous),一些不"包含在快乐自身之内"的东西。这种他律性反映在这样一个事实上:快乐"不能由自身来衡量,而是需要一个外部的尺度,比如纯粹"。在《尼各马可伦理学》(*Nicomachean Ethics*)第七卷中,亚里士多德将快乐解释为灵魂自然状态的无阻碍(unimpeded)的活动(energeia)。虽然亚里士多德反对纯粹的享乐主义(hedonistic),但他将理性主义与享乐的积极作用相调和,认为由智力活动产生的享乐是所有享乐中最高尚的(*Nicomachean Ethics*,1153a14 - 15)。伊壁鸠鲁的出发点与柏拉图和亚里士多德所持的关于快乐的高度微妙的观点有关,即对他来说,所有快乐本身就是一种善(every pleasure qua pleasure is a good in itself),所有痛苦本身就是一种恶。因此,获得快乐和预防痛苦是人生的终极目标,也是制定人生计划的最基本价值模型(value-matrix)。

生活规划可以基于理性主义、直觉主义或享乐主义的理由来设计。通过将一个完整的人的持续快乐作为一个好的生活计划的决定性标准,伊壁鸠鲁选择将理性和快乐统一起来:

> 我们宣布快乐是幸福生活的开始和结束,因为我们已经认识到快乐是首要的和自然的善,基于此,我们开始每一种选择和逃避,这就是我们的目标,将感觉作为我们判断每一种善的标准。(Epicurus. *Letter to Monoeceus*, in Bailey, 1926,p. 128)

然而,利用快乐作为治疗来获得生活中更大的满足感,使人们进一步深入到伊壁鸠鲁的哲学方法论中,并将伊壁鸠鲁的伦理学从一个非常相似的角度投射到斯多葛学派的苦行主义(asceticism)。伊壁鸠鲁主义者追求快乐的主要目标不是最大程度的快乐。更确切地说,伊壁鸠鲁主义坚持一种快乐,这种快乐的门槛是"避免一切痛苦",一种将影响人们幸福生活的可能性最小化的生活计划:

> 幸运的是,我已经提前准备好对付你,并且封锁了你试图进入的每一条秘密通道。我们不应把自己作为俘虏交给你们或其他任何情况。但必要的时候,我们要唾弃生命,唾弃在那些空虚的人,我们要高歌胜利之歌离开生命,在末了喊着:"我们过了美好的生活。"(Metrodorus of Lampsakus. *Sententinae Vaticanae*, printed in Bailey, 1926, sentence no. 47)

为了在一生中维持快乐,伊壁鸠鲁似乎至少提出了两个必须经过的阶段。首先必须摆脱恐惧,因为恐惧会阻碍你获得精神自由和思想(mind)的放松状态[心神安宁(ataraxia)]。要做到这一点,建议使用四种治疗方法,称为伊壁鸠鲁的四药(Tetrapharmakos),可以按照以下方式解释:

1. 不要怕神,因为他们不忙于无关紧要的事;
2. 不要害怕死亡,因为死亡本身不会带来任何威胁性的新体验;
3. 始终要意识到幸福[在最低限度上是无痛苦、无欲求(无痛)和不焦虑(心神安宁)]所必需的东西是容易获得的;
4. 始终要知道,快乐往往胜过不可避免的痛苦,不可避免的痛苦通常相对容易忍受,即使是在长期充满痛苦的疾病中,如果构思得当,快乐的时间也会大大超过强烈痛苦的时间。

最后一点在第4条主要原则中阐述:

持续的身体疼痛不会持续很长时间;相反,如果是极端的,疼痛是一个非常短的时间,即使是轻微超过身体快乐的疼痛一次也不会持续很多天。长期的疾病允许身体的快乐超过疼痛。

伊壁鸠鲁主义坚持需要"治疗"使自己从恐惧中解放出来,这与现代文明中的典型情况有着显著的相似之处:在许多城市中心,大多数人都在接受正规的焦虑治疗,而每天的医药处方只是为了让人们在日益复杂的生活所固有的威胁和恐惧中保持"功能性"。如果有人用良心、朋辈指责(reproach by peers)或社会耻辱(今天焦虑的主要来源)来取代"神"的威胁(古代被禁止行为的主要内部惩罚来源),那么关于如何安排几乎所有受辅者的现代咨询的初始阶段,就可以得到一套几乎是现成的建议。

伊壁鸠鲁加入了古希腊的晚期传统,将自然和必要的欲望与非自然或非必要的欲望区分开来。尽管大多数其他古代哲学家,包括柏拉图和亚里士多德,都把胃部的需要(对食物和水的渴望)以及对庇护所和性欲望的需要都包括在自然和必要的欲求(desire)中,但伊壁鸠鲁对性的重视较少,认为性欲望是自然的,不是必要的,因为它是"容易满足,但同样是容易克制"(Usener, 1887, p. 456)。因此,他的极简主义(minimalism)在结构上(在被认为是绝对必要的欲望类型上)比当时更多"理性主义"思想家对该主题的具体处理上更为明显。根据伊壁鸠鲁的说法,智者习惯性地寻求满足的唯一欲望是那些既自然又必要的欲望。同时,这些欲望的满足标志着(相当低的)幸福门槛:

肉体呼喊着不饿,不渴,不冷。如果有人在这种状态下,并希望继续这样,他会在幸福方面与宙斯(Zeus)相匹敌。(Sent. Vat. Sentence 33)

这就是伊壁鸠鲁伦理学中最具争议的一点,即"肉体快乐"的概念,作为指导我们行动的基本欲望,似乎扮演着双重角色。一方面,伊壁鸠鲁主义被批评家们所关注,并宣称伊壁鸠鲁主义与斯多葛主义是对立的,它是一种主张挥霍(profligate)生活方式的哲学学说。另一方面,一旦"肉体的欲望"被更仔细地考虑,就很明显,它们意味着欲望的最低限度:只有那些肉体上必要的欲望才是应该被常规地满足的,如果没有这些欲望生命将无法维持,而那些不渴、不饿、有庇护所的人(任何人),都有理由认为自己像希腊最高神一样快乐。然而,有一个附加条件:与肉体的需求不同,培养适应更具挑战性需求的能力很难满足,因此可能成为不快乐和焦虑的根源。与批评家所指出的相反,在伊壁鸠鲁主义那里,"肉体"是苦行生活方式的灯塔,而不是放纵:

> 自然所要求的资源(wealth)既有其界限又容易获得;但空观念(empty o-pinions)所要求的资源则是无限的(第15条主旨要义)。[1]

"空观念"的概念显示了伊壁鸠鲁伦理学的一个理性方面:过一种没有压力和贫困的生活的方式主要是基于对自身需求的不断变化的认知。一旦需求的一种极简主义被采用,只减少到自然和必要的欲望(肉体的需求),很明显,任何其他的观点都会逐渐导致潜在的无法满足的欲望,即"走向无限"的欲望。换言之:

> 正如许多人所说,贪得无厌的不是胃,而是胃需要被无限地填满的错误看法。(Sent. Vat. 39)

"空观念"(偏见、错误信仰)就是哲学的治疗和教育作用所要解决的问题,因为这些观念而不是真正的需要,会导致看似由于缺乏某一需要或愿望而产生的不快乐:

> 那些自然的欲望中存在着强烈的严肃性,即使它们没有得到满足也不会导致痛苦,痛苦的产生是因为空观念;并不是因为它们自身的本性他们才不放纵,而是因为人们的空观念。(第30条主旨要义)

很容易看出,伊壁鸠鲁主义的这些观点是如何与现代疯狂的制造需求以及由此产生的大规模神经症所产生的问题直接相关的。潜在无法满足的欲望这个概念甚至进入了现代"相对匮乏"的"左翼犯罪学"(left wing criminology)中。人们被认为,如果没有同龄人拥有的东西,那么他们更容易犯罪,无论财富门槛有多高,或者他们是否真正需要他们没有的东西。例如,对于生活在贫困地区的人们来说,这可能与充足的食物、电力和衣服有关,这使得对于犯罪来说,基于需求的倾向描述接近于直观的理由。然而,在大多数人拥有游泳池的富裕地区,对于那些没有游泳池的人,即使他们拥有他们所需要的一切,也属于"相对贫困"的范畴,显然犯罪成了一种符合"缺乏"动机的模式(参见 Webber 2007)。

上述类型的空观念既与社会偏见有关,也与个人偏见有关。正如社会改革的目的是"治愈"社会运作方式、机构以及必须满足的需求当中的空观念一样,个人咨询的目的是与客户(counselee)一起确定一条直接通向其真实需求的最理想的满足之路,同时摒弃关于意义、关系的各种作用、承诺以及期望的那些虚假的观点,它们会导致变幻无常、混乱和焦虑。咨询的认知作用经常被聚焦于"改变行为"的心理治疗所忽视甚至有意破坏的,它们是基于这样一种信念,即这种改变不能仅仅通过认知来实现,还必须包括一种意志控制的元素。

虽然行为本身的改变可能并非总是基于洞察才可能发生,但在许多情况下,人们的意义问题会导致他们的世界变得扭曲和失去焦点,由此产生的功能失调表现为心理问题。因此,在许多情况下,不可能以相反的顺序实现"恢复"(returning "home"),特别是如果干预是针对仅作用于行为改变的动机操纵。行为功能障碍往往是认知混乱的结果。客户需要建立和澄清关于他的生活状况的真相,而对于健康的人来说,这一点就应该导致行为的改变。在任何情况下,行为改变本身都可能不是咨询成功的主要标志,而是对生活的满意,内在价值观和外部行动之间和谐的实现——这通常被称为"生活质量"。这就是亚里士多德所说的"未经检验的生活是不值得过的"之含义,同时也是哲学作为咨询学科的主要呼唤。相反,"行为上的功用性"并不能保证幸福,也不能保证过一种"值得过"的生活,即拥有高质量的生活。今天成千上万"功用性"的人见证了这一点,他们每天服用百忧解,并将他们的日常生活视为监狱系统,他们试图通过酒精、毒品、体育来逃避,或更乐观的情况下,通过咨询、宗教、友谊或撰述的方式来逃避。对于不满足和身份问题(identity issues),许多现代治疗的方法都这样标志这个问题:生活质量普遍存在缺陷,而正是这种缺陷需要咨询。从意义和方向的角度来解决人们存在的这种潜在的空虚,从一开始就是哲学的召唤。伊壁鸠鲁主义的"自然主义"标准给出了从错误中判断正确,从多余中判断必要,以及从"空观念"中获得"幸福"(快乐的概念)的理智,与一般的批评相反,它是一个强有力的标准,使得其相对于如今哲学上的干预技术来说变得更容易。

伊壁鸠鲁主义为适当行动提供了一个直接和可证实的标准,也就是我们所说的"有根据满意"(informed satisfaction)。它要求拥有美德,这样,满足一个人最适宜的欲望所产生的快乐就不会是负担,进而内疚的痛苦、对未来的恐惧(例如,由过分的和不正当的收益产生的潜在的法律报复)会减少,并从更基本的教养通向更世故的偏爱。伊壁鸠鲁本人在痛苦中死去,但临终时,他声称自己过着幸福的生活,他与朋友们的"交谈的乐趣"大大超过了疾病带来的痛苦。这就指向了一种常识性的咨询方法,这种方法能够以相对无争议的价值为基础为大多数人提供咨询服务(伊壁鸠鲁主义将无害的快乐看作满意生活的较低门槛),同时为被提炼为诸如苦行主义和基督教的细小结构价值留下可观的空间。根据伊壁鸠鲁主义,所有这些系统都可能被视为基于什么类型的快乐被强调,以及这些快乐是如何被每个个体具体地裁决的。

在伊壁鸠鲁主义那里,满足的一般原则是:

> 顺从自然而不追求空观念的人,凡事都是自给自足的。因为相对于自然的富足而言,所有的占有(possession)都是财富,但相对于无限的欲望,即使最大的财富也不富足,而是贫穷。(Usener, 1887, p. 202)

一些主旨要义为伊壁鸠鲁伦理学的进一步的理智维度提供了证据,即强调满足的节制(economy)使其在整个生命中是可持续的,从而减少一个人赤贫的可能性。这些快乐被伊壁鸠鲁恰当地称为"平静"(peace),并且非常接近于斯多葛学派和基督教关于满足的思想[如基督教礼拜祈祷(Christian Liturgy Prayer):"愿平静降临到你身上"]。

主旨要义 8、16 和 20 写道:

8:快乐本身不是一件坏事,但产生某些快乐的东西很多时候所蕴含的困扰(disturbances)要远远大于快乐本身。

16:运气(Chance)很少干扰智者,他最伟大的和最高的利益在他一生中一直都是由理性指引的。

20:肉体无限地接受快乐的限度,提供它需要的无限时间。但是心灵,理智地把握肉体的终结和极限,驱除对未来的恐惧,获得一个完整和完美的生活,我们不再需要无限的时间。尽管如此,心灵并不回避快乐,即使在死亡迫近(imminent)的情况下,心灵也不缺乏对美好生活的享受。

这三条格言清楚地表明,一些当下的快乐应该避免,不管它们看上去多么无害,甚至是以暂时的痛苦或严重损失为代价,如果通盘考虑,它们在未来带来的困扰可能会大于当下所带来的满足。这是一个与某些满足类型相关的经典功利主义模型,即在将满足最大化的同时将困扰最小化。这可能要求行动者(agent)走一条更麻烦的道路,甚至在可享受快乐时却选择承受痛苦,以便将来能过上更安宁的生活,因为此刻的快乐在未来会付出巨大的代价。正如接下来的两条格言所暗示的那样,这就允许最持久快乐而安宁的生活,而不是在短时间内"爆发"的极端满足感,后者通常少则会导致各种各样的退缩综合征(withdrawal syndromes),多则是相应的痛苦、内疚或者惩罚的爆炸。最后一条格言表明,对于伊壁鸠鲁来说,快乐的最大化是由理性引导的生活计划。在这样的生活中,不能保证追求快乐的策略会成功,但无论它们成功或失败的程度如何,"了解肉体的欲望"并照此行动的理智型快乐在其一生中以最可持续的方式确保其安全,基于引导价值和所有免责声明(当涉及公共美德和"正义"时),这将确保人们过上"美好的生活",或合乎道德的生活。只有一种平衡的生活才可能被视为"美好的生活"、按照理性的生活计划进行的生活,这种生活源于极简主义的欲望要求,被美德发展的理智享受所放大,并相对于同龄人是"公平"的。事实上,伊壁鸠鲁主义中的"快乐"概念不是完全不加批判的放纵。只有这样一种平衡且理性规划的生活策略,才能产生一种持久的"肉体平衡状态"。这种理性的生活策略,就其最终形式而言,是"对自然欲求目标之实际实现的彻底淡泊,就像心神安宁(ataraxia)一样。(……)策略的完美性是幸福和美好生活所依赖的"。因此,"伊壁鸠鲁的欲望理论及其快乐的限制理论(……)与斯多葛派的适当行动理论非常相似"(Algra et al,2005,p. 666)。

现代哲学咨询中的伊壁鸠鲁主义伦理学

从广义上讲,伦理学是一种"生命哲学",在哲学咨询中起着关键作用。这类实践哲学工作者的候选人是理性的、组织良好的人,他们面临的问题要么是未解决的冲突,要么是认知和情感上的困惑。许多这样的咨询者都有一些可以概括为"与他们的世界观有关的问题"。任何异常紧张的情况都可能引发(如果是长期的)或会加重这些问题,来自工作上的困难、离婚、亲密的人的死亡或严重的疾病。在大多数情况下,无论经常引起这些问题的"症状"或"行为障碍"是否得到医学治疗,患者了解自己的困境都是非常重要的,阐明自己的价值观,并将价值评估与之前的选择相联结,以便找到走出表面僵局的方法。哲学咨询有助于人们根据自己的情况找到最佳的解决方案,同时尊重他们在各个决策层面的自由选择。在这样做的过程中,哲学顾问遵守自己的道德规范,这就禁止向咨询者明确建议他们在特定情况下具体要做什么,要做什么选择,或者什么价值体系比其他的更有利。

在咨询中,道德问题在较广意义上被理解,包括对一个人的道德义务。这种伦理问题的概念化方式允许哲学咨询在咨询者自己的价值观和主动性被模糊或被抑制的情况下取得进展,通过询问自己"根本性"目标和性质,进入到对自身的义务领域,或进入到就享受生活而言自己的权利领域。在适当的时候,这种情况往往会导致关于一个人正当地追求自己的偏好的限度的讨论,同样也会导致关于实现自己目标的最佳和最可持续方式的讨论。通常情况下,环境施加的外部限制使得咨询顾问的任务是帮助咨询者理解各种不可能、限制或道德界限。向咨询者解释这种界线的一个现代方法是斯多葛式咨询的IDEA法。

IDEA 方法是处理问题的四个阶段的缩写,即:

1. I(Identify)＝识别咨询者抱怨背后的真正问题;

2. D(Distinguish)＝将"内部"与"外部"区分开来,也就是说将处境(situation)的要素和行动的潜在方向与那些外在地"固定"和强加的东西区分开来,前者是咨询者自由选择的问题,后者对咨询者行使自由选择起到限制作用;

3. E(Exert)＝只有在行动能够改变境况的情况下才努力,以及

4. A(Accept)＝接受不能更改的东西。(Ferraiolo,2010)

为了"识别"、"区分"、"努力"和"接受不可改变的事物",斯多葛式咨询的四个阶段进展过程需要论证和慎思。虽然这四个阶段在形式上都是无争议的,几乎任何学校或任何类型的心理治疗都会很容易接受,但这些建议的实现需要深思熟虑,特别是哲学推理。在心理层面上,为了在认知和意志上接受建议从而有新的思考或行为改变,需要一定程度的情绪平静。与使用精神药物所取得的结果相反,持久的平静来自对选择的深思熟虑和对自己所处境况之极限的理性理解。就像处理情感损失和情感"终止"一样,既需要一个悲伤的过程,也需要对发生在其身上的事情的实际理解,为什么以及如何符合一个人感性和价值上的生活模式,当面对问题时,采取一种观点或行为上的改变需要对所发生的事情的一个理性的概念化,以及平静情绪的实现。

马里诺夫(Lou Marinoff)将这一过程称为"实现平静 PEACE 进程",其中对

"PEACE"一词的解释是：

> P（problem）：识别问题。
> E（expressing emotions）："建设性地"表达一个人对问题的情绪。
> A（analysis）：分析解决问题的可行方案。
> C（contemplation）：仔细考虑"允许进行最佳选择的倾向"。
> E（emotional equilibrium）：实现情绪的平静。（Marinoff，2002，p. 168）

马里诺夫将描述的过程看作是"哲学咨询的元方法论"，实际上，它似乎有能力达到这个目的。PEACE 法与斯多葛式咨询是相容的，因为它解释了斯多葛式咨询的认知过程，其中一些在斯多葛式咨询的四个阶段过程的实现中起作用。PEACE 法与伊壁鸠鲁学派关于斯多葛式咨询的观点尤为相关，因为它通过平静的概念强调满足的主观维度。也就是说，IDEA 法分阶段地展示了如何实现这个理解，即什么是可以改变以及什么是不可改变，以及为了改变那些可以改变的，如何最大限度地节约努力。这种理性的观点忽略了个人情感利益的因素：问题之所以成为问题，不仅是因为它给我们造成了"客观"的障碍（例如令人讨厌的老板迫使我们思考如何处理失去工作的可能性），而且可能主要是因为它给我们带来了痛苦。有些问题，特别是与关系有关的问题，并不会立即导致"客观的"、外部的变化，但它们会造成极大的痛苦和焦虑，而这需要通过背景解释、问题的含义和选择来克服。毕竟，到目前为止，大多数咨询服务的客户都面临着人际关系问题，在这种情况下，主观的痛苦因素超过任何外部后果。一个人可能会在一段糟糕的婚姻中生活很长一段时间，而没有发生任何外部后果。然而，并不因为失败的婚姻并没有在外部观察者面前显现出来就没有问题。斯多葛式的咨询提供了一个正式且合理的指导框架来解决显著的问题，但它忽略了主观的因素，根据伊壁鸠鲁主义，主观因素是根本性的，而且直观上对大多数普通人来说是如此的，也就是说，斯多葛式的咨询忽略了痛苦的要素以及在有或者没有客观"解决方案"的情况下解决问题所需要的要素。

斯多葛式咨询和伊壁鸠鲁伦理学作为补充性的哲学观点同时也体现在大多数"内部"问题上。一方面，在大多数情况下，这些问题无法通过行为或认知干预得到有效解决，也不能通过药物得到有效解决：如果这样治疗使得伊壁鸠鲁主义所说的"焦虑"可能会暂时退缩，但问题本身没有被解决，而且一旦药物或者心理干预结束后，所有伴随的情绪问题都会再次出现。（当然，除非人们持续不断地接受药物治疗和/或心理治疗，否则，正如通常情况下那样，又会产生另外一些担心这个治疗方案心理学的意图和方案的理由。）为了实现解决方案，需要一个将人们带出困境和无助之迷宫的"路线图"，对这些问题的理性阐述是必需的，斯多葛式咨询恰当地实现了这一点，这为极简主义基于需求和资源之假设的行动清理了实践基础。

斯多葛主义的自律性特点与 IDEA 方法中所体现的实践常识相结合，为绝大多数的痛苦案例提供了一个简单有效的哲学咨询模式。然而，这个模式仅仅解决了问题的认知方面，本身不能作为一个足够完整的咨询方法。人们可以采用这种 IDEA 方法，逐步通过它成功地得出必要的结论；他们甚至可以采取相应的行动，客观地将自己置于他们最初的问题之外，或有条理地处理最初的问题，但同时情绪上的困扰、障碍以及伤心仍然存在。伊壁鸠鲁伦理学的目的是通过阐明需求的最低限度的充分性（这是与斯多葛主义共同的思路）、强调在解决问题的过程中需要寻求的快乐和满足感，进而解决不快乐和痛苦。伊壁鸠鲁式的咨询鼓励有困惑的人通过消除痛苦来获得快乐，这些痛苦来自在认知意义上阐述这个问题之过程中的每一步；它偏爱伊壁鸠鲁之最高形式的快乐，即哲学对话中固有的由"对话产生的快乐"，并指导咨询者不仅要理解就他们最初的问题而言，他们的处境以及行动之可能方向的界限，而且以与哲学上深思熟虑的结论相适应的新方式寻求快乐。

伊壁鸠鲁主义强调咨询中的一个关键性的实践要素是，人们需要被提醒去享受一些小事情，并寻找机会去抓住那些足够有益的并且在未来不太可能引起连锁痛苦效应的快乐的机会。例如，一个婚姻咨询者（或一对夫妇）会被斯多葛式顾问教导，他们应该靠自己，尽自己最大的努力做好一个丈夫或妻子，在为了维持婚姻的这个情景下，同时接受这样做的界限：如果另一个人不希望婚姻继续存在，无论这个希望维持婚姻的人能否做好，这个婚姻都不会继续存在。因此，斯多葛式的顾问在很明显另一个人希望离婚的情况下，向客户指明了努力的适当付出，同时将其建设性的努力引导到另一个更可控的领域，如工作、育儿或照顾他人，如父母。然而，在情感层面上，这可能对消除创伤的作用不大：这个人可能足够强壮和有纪律性，能够按照斯多葛式的建议理性地行动；但是，他们可能对失去伴侣和家庭失败感到非常难过。

伊壁鸠鲁式的咨询在这一关键层面上对斯多葛式咨询进行了补充：伊壁鸠鲁式的咨询顾问可能会建议咨询者认识构成婚姻关系的哪些方面对他们最重要，以及在哪一方面最满意，然后以一种可能的方式检查，虽然离婚了，但婚姻关系的这一方面可能仍然存在。此外，伊壁鸠鲁式的咨询会要求咨询者确定满足感的来源，或者与这个有问题的人际关系有关或者无关。咨询顾问将系统地帮助咨询者识别这些信息，找到它们的剩余来源，并在给定的情况下尽可能地享受这些信息。这种类型的满足可能包括与配偶或另一个人的友谊、爱好、性快感、可能的另一种关系，或者是许多其他事情中的一个，对于这些事情，人们关注它们的问题，但可能不是以适当的顺序。虽然有许多不同的道路通往山顶，但可以说有些道路比其他道路更令人愉快，风景如画。伊壁鸠鲁主义以更好的视野和更好的结果选择了通往同一个山顶的道路。

斯多葛式的咨询在许多客户那里可以作为伊壁鸠鲁式咨询适当性的一个测试，尤其对于那些陷入与人际关系有关的情感问题的客户来说。我记得一个 29 岁的幼儿园女教师 J 的病例，最近被诊断为多发性硬化症，这是她寻求咨询的直接原因。第一次咨询后不久，很明显，她完全有能力应付自己的健康状况，这并没有在重大的身体不适中表现出来，但她有严重的情感问题，与一个来自波斯尼亚（Bosnia）小镇的已婚男子有着艰难的关系，这名男子与她具有完全不同的宗教、文化和社会背景。她说她爱上了这个男人，并准备放弃她现在生活的几乎所有方面以满足他的期望：改变信仰，离开她的工作，从一个大城市搬到波斯尼亚的一个小农村社区，在一个非法的宗教仪式上嫁给他，而不让他与现任妻子离婚。当他们第一次见面时,他对她隐瞒了他的家庭情况,这让她很伤心,他提议成为他的"第二任妻子",但她基本上愿意接受他的所有要求。

在探究道义伦理原则时,她说,她知道她将要做的不是她希望其他人在类似情况下所做的事情,她承认她的选择可能会对男人的孩子、妻子和自己的家庭产生不利影响。她支持自己选择的论点是,与这个男人的关系给了她如此的快乐,以至于她认为为了显著地提高一个人的情感生活质量,"违背道德的一般规则"是正当的。这清楚地表明了一种功利主义的推理方式主导着她的伦理"世界观",并且自此以后的咨询过程适应了这一点。

下一个尝试是探索一种斯多葛式的思维方式是否能够使她的判断与其功利主义价值观一致。我建议她要非常仔细地考虑什么能最有效地提高她的生活质量,特别注意避免极端事件的可能性,以免受到伤害。她似乎对这个提议很感兴趣,但在下一次咨询时她给出了一个明确的回答:"不是真的。"

当我们讨论是什么让她在这段关系中如此兴奋时,很明显,除了被极端挑战性和非常规的情况所吸引之外,她还被男人的魅力所深深吸引。同时,她被此迷惑和困惑。在一个阶段,她说:"我知道一旦我能理解他的动机,这种情况就会立刻得到解决。尽管我这样认为,但我还被他迷住了。"在第 8 次咨询之后,我在讨论中介绍了美学和享乐主义的特征:我们通过讨论她对伴侣着迷的原因开始解决这个问题。结果发现她对那个男人所在的小镇一无所知,当她面对有关那里的生活方式的信息时,她觉得,相比那个男人对她来说,她对那个男人可能更具"异国情调"。她意识到这个男人不愿意离婚,这与他对他们的关系的看法是一致的,这只是一次冒险而已,突然间,她发现作为"第二任妻子"的前景是极其黑暗的。不过,她似乎无法做出决定。

对于对冲突负责的道德问题以及另一个家庭的问题,即这名男子的子女将受到影响,并面临波斯尼亚当局可能发现重复的宗教婚姻的法律后果,这是一种犯罪,她说,她愿意承担所有的风险。然而,当我们讨论她打算搬去的小镇的日常生活时,事实上这是一个只有一个理发师、一个加油站和一个酒吧且没有家政服务的地方,而且还是一个拥有强大邮件控制文化的地方,在那里她大部分时间都在做家务,几乎没有时间或机会参加体育活动,也没有机会享受美容或水疗,她强烈地回应:"我绝不能那样生活!他想利用我来提高生活质量,但很快他就会对我失去兴趣,因为我会和当地所有的女人一样。"她在那次咨询中做了决定,再也没有回去咨询。一个月后她告诉我,她已经彻底解决了这个问题。

尽管这一案例看似微不足道,但由于它属于"人际关系案例"中数量最多的一类,而且涉及的动机似乎极其平凡,从咨询的方法学和结果来看,这是一件有趣的事情。J 愿意承担对于伴侣子女的道德责任,改变宗教信仰,失去父母和兄弟的支持,但她完全不愿意没有大城市某些"福利"的生活。在一个非判断性的咨询环境中,她放松下来,她做出的决定在本质上与大多数伦理学家向她建议的相同。这一决定对所有相关的人,包括对男人和他的家人来说,可能是"客观上"最好的:她断绝了这段关系。然而,在咨询室之外没有人知道她决定这样做的原因。原因是完全的享乐主义。这些都是基于纯粹的伊壁鸠鲁主义的理由:她计算了对她幸福最重要的事情,并决定继续维持这段关系所带来的不幸福远远超过了幸福。

有人可能会说,J 的决定并不具有内在的道义性,因为它并非出自考虑他人的利益和权利的动机,尽管就最终的结果来看,这是对所有相关人员来说最满意的、最符合道德的决定。这说明了伊壁鸠鲁主义伦理虽然可能无法在足够直观可接受的意义上作为对与错的伦理标准,但仍然可能作为一种有用的咨询策略来解决内在的冲突,正如任何道义推理可产生的结果一样,这个策略可能导致所有利益相关者满意,也可能不满意。在 J 的案例中,尝试了道义主义,但失败了,所以对于咨询的方法学来说还剩一点选择。在其他情况下,这个选择可能存在,但追求快乐作为咨询顾问的主导价值可能是有价值的,甚至比传统的道德方法更能帮助客户达到最理想的结果,例如 J。

"外部道德"和伊壁鸠鲁式的咨询

支配现代伦理学的这种"自我牺牲的道德"完全基于外部期望的内化,并且基于这种压力,即担心自己的自发欲望和需求可能扰乱外部期望或显得不适当时而限制自己的欲望和需求的压力。坚持义务伦理、责任、尊重他人权利以及限制可能挑战社会现状或公共和平的追求的后果之一,是个人层面一个深深的内疚感的逐渐巩固。内疚与社会报复的恐惧有关,如果内疚足够根深蒂固,就会导致对内部制裁和自责的恐惧,以及丧失自尊和自信的担忧。通过这种机制,道德上残酷的现代西方社会导致了抑郁症和情绪障碍的流行,让数百万人坐在精神病学家的诊疗椅上。社会习得的价值观是社会期望内在化的一个强大过程,它使得现代社会的许多成员陷入了恐惧的阴影:内疚和恐惧作为我们这个时代的主要情感问题显得尤为突出。

强加的外部道德要求的控制,也被称为"道德绝对主义"(Fishkin, 1984),使许多人感到被剥夺。为追求"个人快乐"没留下有多少规范的空间。在主观层面上,履行外部道德义务会导致一种"受人尊敬和钦佩的生活方式,或者至少是受人尊敬的生活方式的最低特征……"(Hampshire, 1978, p. 1)这样一种受尊重的生活方式是不受责备的,因此是内化和习得的内疚。在这里我们应该记住,伊壁鸠鲁也将因违反社会强加的价值观而产生责备的恐惧(当时是对"神的恐惧")看作不快乐的主要原因之一,并且伊壁鸠鲁主义花费了他们的大部分精力来讨论驱散对神的恐惧和对死亡的恐惧。四药(Tetrapharmacos)的四条格言中有两条论述了这两种类型的恐惧。

有人可能会注意到,早在希腊主义(Hellenism)那里,"外部"的道德伦理(源于社会道德期望的实现)或美德(arête)优先于伊壁鸠鲁主义伦理中的"美好生活"[幸福(eudaimonia)]。事实上,伊壁鸠鲁主张追求一个充满适度快乐的美好生活,而不是已经占主导地位的外部伦理,后者给个人带来了道德期望的压力。从那以后,车轮似乎又转了一圈,占主导地位的现代伦理学再次成为对个人提出要求的"外部"伦理学。这种独有的由"外部的"以及责任驱使的道德的最大弱点似乎是它很容易与一个完美道德生活的可能性相结合,但完美的道德生活是完全不快乐的。从伊壁鸠鲁的观点来看,这一观点存在着根本性的错误。

一方面,现代复杂的生活环境中高度暗示着内疚和责任(外在的道德压力),社会的期望在日常生活中根深蒂固,因此,在肉体的无痛苦[无痛苦(aponia)]的情况下,实现行为的道德正当性是实现心灵安宁(心神安宁)的先决条件,而这对于伊壁鸠鲁式的幸福来说是足够的。在现代,在个人外在道德要求的支配下,实现安宁的先决条件是满足外部需求的最佳化(Alexander,2011)。另一方面,要使生活在伊壁鸠鲁主义的视角下变得有价值,我们需要发展这样一种方式,即心灵的安宁是通过外在的道德要求能够转化为积极的快乐、享受安宁和宁静的方式实现的。这是伊壁鸠鲁主义伦理的一个重要实践方面。

伊壁鸠鲁主义在静态(katastematic)快乐和动态(kinetic)快乐之间作出区分,其中,最关键的是,无痛苦和心神安宁(在生理和心理层面上没有干扰和需求)是静态的(katastematic)快乐,但它们的充分欣赏(appreciation)来自意识的发展,意识到这些状态已经得到实现和享受(Cicero, *On Moral Ends*,11.3-2;11.9-10;16,75)。伊壁鸠鲁主义认为这两种静态(katastematic states)的享受是一种动态(kinetic)快乐。这意味着这种可能,即在没有意识到自己的快乐的情况下实现了快乐,也就是说不是有意识地享受这种获得的快乐——这是现代文学中的一个共同主题,也是现代心理治疗中的一个常规问题。这是伊壁鸠鲁式哲学咨询的另一个关键方面。

当道德为心神安宁的实现提供了条件时,正是有意识的哲学践行,包括咨询和单独的实践,允许一个人发展"智慧"享受自己的幸福生活。伊壁鸠鲁主义非常重视践行:《梵蒂冈的话语》(*Vatican Sentences*),尤其是《主旨要义》(*Principal Doctrines*),作为言说的集合,显然是为了在人们的头脑中记住并践行它们,直到"驱出根深蒂固的空洞观点",并将享受心灵和身体宁静的技巧融入一个人对世界的感知和反应的习惯模式中:

> 然后,日夜练习这些以及所有属于你自己或属于像你这样的人的东西。那么你将永远不会被从清醒或睡眠中打扰,你将像上帝一样生活在人间。(*Letter to Monoeceus*,in Bailey,1926,135)

伊壁鸠鲁主义对如何帮助咨询者(或"学生")达到所描述的快乐主义的精神状态提出了许多建议。菲洛德谟(Philodemus)在关于友谊的文章《论坦诚交谈》(*On Frank Speaking*)中清楚地表明了,那些引导他人实现享乐主义技能的人,首先必须摆脱那些他们声称要驱逐的空观点(empty opinions),并且必须批判性地判断他们介入的时机和状况;对于那些脆弱的人,重点应该放在友谊、支持和"温和的讽刺",而对于那些"更坚强"的人,则有时是直接建议使用"野蛮"的方式。

> 当老师自己同样有过错时,不恰当的批评方式有可能激怒被批评的学生,使他们不爱学生或者不知道如何纠正他们(学生),或者确实没有机会说服那些比自己优秀得多的人,而那些被净化、爱护学生并且更为优秀的人知道如何运

用治疗。(Philodemus, *On Frank Speaking*, Fragment 44)

　　事实上,这些都是对咨询顾问的实践指导,将咨询方法与咨询者的情感联系起来,所有这些都已被心理治疗所取代。因此,伊壁鸠鲁式的咨询是一个装备完全的模型,为那些需要改变生活的人提供有效的指导,以使他们更快乐和更充实。这在本质上是对所有哲学咨询顾问的指导。在一个合适的治疗社区,像设想的伊壁鸠鲁主义学园(Garden)那样,教师圈内部可以密切了解每个特定学生(咨询者)的性格,并利用他们在一起度过的大部分时间中所呈现出的众多可能性,将最佳方法在最好的情况下应用于特定的人。菲洛德穆(Philodemus)甚至认为教师和学生(或咨询顾问和咨询者,因为这是明确理解的"治疗"关系)之间的关系意味着这个理解,即学生有义务定期承认自己的所有错误。自那以后,忏悔的治疗效果不仅在各种宗教中不断得到认可,而且在心理治疗(特别是心理分析)实践中也不断得到认可。忏悔在学园里非常受欢迎:

　　　　赫拉克利德(Heraclides)之所以受到赞扬,是因为他提出,对于他所受到的批评来说,从批评中得来的益处比那些正确指导中得来的结果更重要,因此,他告诉伊壁鸠鲁他的错误。(Philodemus, *On Frank Speaking*, Fragment 49)

　　正如我们所见,伊壁鸠鲁式的哲学咨询能够融合现代的外在道德。然而,伊壁鸠鲁式的咨询超越了一种纯粹外在的、由责任驱动的道德,因为它提供了一个更进一步的目标,即伊壁鸠鲁主义以实现心灵的宁静和对身体需求的最佳满足(人们可以称之为"平衡")作为生命意义的基础,即在安宁的环境中获得快乐。感受到这种快乐就是以它的终极形式获得幸福,而实现这一终极目标的先决条件是学习和锻炼对幸福的特定感知能力。

　　在物理和宇宙学层面上,伊壁鸠鲁主义与伦理学有着密切的联系:认为灵魂是由死后消散的原子聚集而成的观点为死亡不包括任何感觉的观点提供了基础,因为停止存在的灵魂不再能够感觉到任何东西。大多数现代哲学顾问都不接受伊壁鸠鲁主义物理学,他们的物理和形而上学的思想是由历史上不同的哲学和宗教观点塑成的。在这种背景下,伊壁鸠鲁主义作为一种综合性哲学,对于当代可行的世界观,它并不满足作为合理的必然标准。然而,不考虑其不太合理的物理学基础,伊壁鸠鲁的伦理学与各种形而上学的世界观完全一致,包括大多数较大的全球宗教:寻求适度满足的生活、减少所有不必要的需要、学习、生活在朋友圈子里以及感知无痛苦和不受干扰的幸福的能力,这在大多数主流宗教中几乎是普遍统一的实践戒律。因此,皮埃尔·加森迪(Pierre Gassendi)试图调和伊壁鸠鲁主义伦理与基督教信仰是有原因的(Gassendi, 1972),尽管不可否认的是,伊壁鸠鲁主义的某些方面与任何实质性的道德相抵触,但这些实质性的道德与基督教兼容。例如,这个观点:

　　　　不公正本身并不是一种罪恶,而只是恐惧的结果,这种恐惧与被指定惩罚

这种行为的人所发现有关。(*Principal Doctrine* 34)

像上面那样的一段话似乎使伊壁鸠鲁主义沦落为一种对与错的伦理学。毕竟,伊壁鸠鲁主义根本没有从这个意义上理解伦理。然而,从治疗的意义上来说,作为伊壁鸠鲁讲授的主要目标,以生命哲学的形式出现的伊壁鸠鲁伦理学对于哲学咨询仍然具有很高的价值。它特别适合解决由现代社会外在压力引起的内疚、恐惧和焦虑问题。正如前面讨论过的 J 的例子所显示的那样,在达到几乎普遍有益的外部结果的同时,伊壁鸠鲁主义作为咨询哲学是可能的(或者如 J 的例子所示,是唯一合适的方法),并且具有很强的“治疗”效果。因此,作为一种实践咨询或“治疗”方法,在道德上对与错的道德规范同幸福主义(eudaimonistic)的道德规范之间存在着很大的差异。伊壁鸠鲁主义不是前者的一个很好的候选者,而是后者的一个很好的例子。

伊壁鸠鲁主义伦理学不仅对当今社会普遍存在的情感缺失和成就感缺乏的问题进行了充分测试,而且还提供了以非医学的方法形成的一些技巧,这些技巧对于使生命有意义和有成就非常必要,同时保留德谟克利特的观点,即实践智慧要求我们尽可能避免“灵魂的大运动”。因此,在现代哲学顾问的各种背景下,伊壁鸠鲁式的教学显得非常有用且灵活。

注释

[1]《主旨要义》(*Principal Doctrines*)完整地存留于:Diogenes Laertius, *Lives and opinions of eminent philosophers*, vol. 2, books 6 - 10.

参考文献

Alexander, J.K.(2011). An Outline of a Pragmatic Method for Deciding What to Do. *Philosophical Practice*, vol. 6, no. 2, pp. 777 - 784.

Aristotle, *Nicomachean Ethics* (ed. by Lesley Brown), Oxford University Press, Oxford (2009).

Bailey, C. (1926). *Epicurus: The Extant Remains*, Clarendon Press, Oxford.

Cicero. *On Moral Ends*, ed. By Julia Annas, Cambridge University Press, Cambridge (2001).

Diogenes Laertius, *Lives and opinions of eminent philosophers*, vol. 2, books 6 - 10, transl. by R.D. Hicks, Harvard University Press, Harvard(1925).

Ferraiolo, W.(2010). The IDEA Method: Stoic Counsel. *Philosophical Practice*, vol. 5, no. 2, pp. 627 - 633.

Fishkin, J. S. (1984). *Beyond Subjective Morality: Ethical Reasoning and Political Philosophy*. Yale University Press, New Haven.

Hampshire, S.(ed.) (1978). *Public and Private Morality*. Cambridge University Press, Cambridge.

Keimpe Algra et al.(eds.) (2005). *The Cambridge History of Hellenistic Philosophy*, Cambridge University Press, Cambridge.

Marinoff, L.(2002). *Philosophical Practice*. Academic Press, New York.

Philodemus.*On Frank Criticism*, transl. by David Konstan et al., Scholars Press, Atlanta, Georgia (1988).

Pierre Gassendi. Three Essays on Epicurus. In Craig B. Brush(ed.). *The Selected Works of Pierre Gassendi*. Johnson Reprint Corporation, New York (1972).

Plato, *The Republic*, (transl. with introduction and notes by Robin Waterfield), Oxford University Press, Oxford (2008).

Porphury, *Ad Marcellam*, (Walter Pötscher, Porphyrios Pros Markellan — Letter to his wife Marcella), E.J. Brill, Leiden, (1969).

Usener, H.K.(1887). *Epicurea*, Teubner, Leipzig.

Webber, C.(2007). Reevaluating Relative Deprivation Theory, *Theoretical Criminology*, vol. 11, no.1, pp. 95 – 118.

原文出处：Aleksandar Fatic, "Epicureanism as a Foundation for Philosophical Counseling", *Philosophical Practice*, March 2013, 8.1: 1127 – 1141.

（王荣虎　译）

威廉·詹姆斯论"不朽"[1]

——群体哲学咨询的一个例子

迈克尔·格罗索(Michael Grosso)

导　言

　　1898 年,威廉·詹姆斯(William James)在哈佛大学进行了一场题为"人类不朽:对该教条的两个假设性反对"的公开演讲。[2]詹姆斯在他的职业生涯中有许多公开讲座和谈话,并对当今许多重大的争议进行了探讨。哈佛英格索尔(Ingersoll)讲座的目的是帮助他的听众处理他们对未来威胁信念的不安(malaise)。我在此没有兴趣捍卫这种信念。我的兴趣在于詹姆斯是哲学咨询的典范。我考察了詹姆斯处理异议的方式,并强调了他作为哲学咨询师的技巧;或者使用尼采的话,他作为"文化医生"的技巧。我的重点是他是如何做的,而不是他是否应该这样做。[3]

　　在讨论反对意见之前,似乎需要对我的副标题进行一些澄清。引用尼采关于哲学家作为"文化医师"的观点,是为了引起人们注意这样一个事实,即需要哲学"治疗"的某些问题遍及整个文化或历史时代;它们并不反映必须要克服的主要特殊困难。尼采用他的哲学手术刀攻击的问题是某些基督教价值观,他认为这些价值观正在破坏欧洲的生命力。如果没有被达尔文主义的崛起而明显地颠覆,詹姆斯选择用于分析自我概念的这种集体不安将被瓦解。在詹姆斯和尼采哪里,咨询是以书面文本的形式呈现,不是针对特定的个人,而是针对那些寻求对手头问题进行启发性讨论的所有读者或听众。这里的咨询模式在不知不觉中与教育模式混合在一起,在这种模式中,同价值或自我问题而争斗的读者可以获得洞见、指导或者启发。根据一个人的态度、意图和历史背景,许多哲学文献可能被认为是在群体哲学咨询中可用的资料。作为一所大学的教师和独立的小组辅导员,这一直是我进行哲学咨询的方法之一。

　　当前文本中的两个反对意见反映了一些困难,这些困难来自当下较新的达尔文主义和其他的科学进步,它们引起了传统信徒的道德和知识危机。对"不朽"的第一个反对意见从日益增长的科学证据表明思想依赖大脑入手。毕竟,难道没有无可争议的证据表明心灵是大脑的"功能"吗?陷入僵局。第一步是尝试帮助他的听众在逻辑上重新构建思维和大脑之间的关系,这个重构允许他们相信意识的残存至少在经验上是可能的。然后,他对听众说:"我的话应该已经对你的希望发挥释放作用了。"这些话所暗示的态度显然是关注于他的听众和读者的重要需求。对于当今评论家所说的"后现代的苦涩",这种语气可能并不合适,但詹姆斯的希望释放,毫无疑问的治疗意图贯穿于他的讲座中。

他的第二个反对意见更多是与想象的失败相关,而不是逻辑的失败。在这里,詹姆斯假设了试图扩大听众想象力灵活性的任务。此外,第二点对超越来世问题的哲学咨询有影响。

旧教条的敌对处境

詹姆斯写道:"不朽是人类最伟大的精神需求之一。"[4]他以这样的假设开始,即此时对于他的听众来说,有一种精神上的需求应该被提出来,这是人类人格生存的需求,持续性的需求,继续生活的需求:无论我们是否认为这种需求是为了永生——固有的无死亡——或者是为了某种更为含蓄的东西,比如身体死亡后的意识持存(甚至是部分意识),它是一个需求,在没有科学的帮助下,宗教除了一再地耗尽以及持续增加等令人难以置信的古董起源的教条之外,不再能够满足或者能够维持。

一种新的科学文化正在出现,对传统信徒产生了令人痛苦的后果。在这个讲座中,詹姆斯为自己布置了缓解这种痛苦的任务。他的目标始终是帮助他的听众克服内心的障碍,他清楚地了解达尔文主义的胜利所带来的新的存在意义上的不安。詹姆斯并未提供意识持存的经验证据,这是他整个职业生涯中的一个重要的先见。他所呈现的是走出僵局的第一步。他表示,有一种看待心脑(mind-brain)关系的方式被大多数心理学家和生理学家忽略了,这与大脑科学和死后持存的可能性是一致的。听众(信任詹姆斯的客户)可以基于自己的目的自由地拒绝或者使用这观点。虽然唯物主义的观点关闭了满足这种需求的可能性,但詹姆斯可选择的观点能够使人们中止判断,甚至可以在没有被逻辑干扰的情况下接受持存的可能性。詹姆斯希望他的话对他的听众产生"释放"效应,这与他们的个人发达和幸福更加一致。"释放"来自詹姆斯引导听众修正概念的作用。

第一个障碍

第一个障碍涉及所谓精神生活对大脑的完全依赖。詹姆斯教授生理学,他同意,有证据显示思考是大脑的一个功能。詹姆斯时代盛行的科学观点认为,这种功能意味着生产,并且大脑产生的意识有点像沸腾的茶壶产生蒸汽,或者像肝脏生产胆汁。詹姆斯引用卡巴尼斯(Cabanis)的话来说明生产论的观点:"然后,我们达成共识,如其所是,大脑消化了印象:它有机地表现了思考的分产物。"在对大脑和意识之间的功能关系的这种(显然粗糙的)解释中,持存的观点不攻自破。没有沸腾的茶壶就没有蒸汽,没有活的肝脏就没有胆汁。但这个生产的功能解释是唯一的可能吗?

詹姆斯提醒我们,我们所能确定的只是大脑事件和意识事件之间相互关联的事实。当我们思考时,脑中会发生一些事情,但詹姆斯说,关于一个思考,我所能正确肯定的就是"它朝我来了"。还要注意思想和大脑关系中术语的异类性质(heterogeneous nature)。

肝脏分泌胆汁或沸水产生蒸汽从根本上不同于思想与大脑关系中的深层关系。所以詹姆斯提出了一个不同的比喻。大脑可以被描述为透明的或宽容的意识。

透射隐喻像生产的隐喻一样,都是从物质世界借来的。通过彩色玻璃或棱镜的光会发生什么? 功能被理解为透射,穿过棱镜或彩色玻璃窗的光线显示棱镜的特性或彩色玻璃的形状和颜色,但光的来源和性质来自其他地方并享有独立存在。如今,电话、广播或电视都抓住了詹姆斯的想法。这些机器传递生物的视觉和声音,但不生产它们。如果你的手机失去信号,那么与你正在通话的朋友在另一端消失。同样,当大脑死亡时,意识并不需要死掉。

我们哲学家提供的服务是什么? 当你认为某些事情是不可能的时候,你可能现在已经将其设想为可能的了。要知道某件事是可能的,就可以有詹姆斯所说的"释放效应",它可以打破那些通常是消极的想法,它们被错误地想象为不可能。

然而,詹姆斯的治疗工具还有很多,除了概念上的修改,他还希望听众感受到新的可能性,感觉到它是某种具体的和潜在实现的东西。要做到这一点是基于修辞学。因此,他开始使用各种各样的修辞手段,如类比、隐喻、思想实验、大量引用(通常是引用诗人的)、冗长的脚注和来自对立阵营的自由引用。詹姆斯为他的观众或读者制作了一种综艺节目(variety show),主要主题是从许多不同的角度来探讨的。例如,为了澄清他修正后的思想与大脑关系,他毫不犹豫地引用谢莉(Shelley)的话:"生活,就像一个由许多有色玻璃组成的穹顶,渲染了永恒的白色光辉。"谢莉帮助我们想象新的可能性,这在实践当中相当重要。

詹姆斯让听众沉浸在巨大而开放的想象中,以明确他的意思:他的工作的实践咨询方面要求这种强调,以使听众尽可能生动地感受到他论点的力量。他是靠想象力这样做。他写道:"举例来说,假设整个物质世界——地球和宇宙——仅仅是一个表层面纱(surface-veil),在其背后隐藏和保留着真实的世界。"他要求听众把他们的大脑想象成面纱中薄而可断裂的部分,大脑的透明或不透明依心理物理学的(psychophysical)条件而定。[5]根据这些条件,意识世界可能会突然打开,隐藏在日常意识之外的事物可能会以一种高度的、有时是新颖的方式被感觉到、看到和体验到。当然,关于可能的经验,詹姆斯经常引用这句话:"我们所谓的清醒意识,不过是一种特殊的意识类型,尽管如此,屏障背后,存在着完全不同的潜在意识形式。"[6]

詹姆斯说,所有这些潜在的意识形式似乎具有它们的用途和应用,这取决于意想不到的新情况。事实上,我们可能会预先适应处理危机和困难,在正常的非挑战的情况下,我们几乎想不到这些危机和困难。詹姆斯会同意,这种未使用的潜在意识(必定涉及未使用的神经连接)的想法给了我们能够应对前方未知挑战的希望。

詹姆斯一旦让读者不仅能想象出以一种不同的方式思考大脑和思想关系,而且一旦他把新的透射理论放在一个更广泛的背景下,他就会注意到他的理论的优点。他说,大脑的传导理论与生产理论一样,在本质上是可信的。詹姆斯认为大脑不断地从神经化学过程中产生意识的想法堪称奇迹,也如今是公认的"难题"。"就像我们所说的那样,这是一个伟大的奇迹,思想是'自发产生的',或者'从无到有创造出来的'。"[7]透射理论不必假设意识的连续"奇迹"是产生自大脑。

詹姆斯通过将意识看作是自然的给予、自然的特性来避免这种情况,他倾向于将自然视为就其自身而言是基本的和不可归约的。在某种意义上,意识的存在早于大脑的形成,并且在适当的条件下通过大脑或多或少地显现出来,实现有意识。人们可能会谈到意识,因为伯特兰·罗素曾经谈过物理的实在性这一纯粹的事实;仅此而已——充足理由律的尽头。科林·麦·金纳斯(Colin Mc Ginnhas)将这种意识在本质上的不可规约性问题视为一个教条——神秘主义。[8]关于意识特征的不可规约性和显然的透射性,参见 *Irreducible Mind*。[9]

有些人会说,不可规约意识的想法是智力上的失败主义,而消遣坟墓之外持存的思想只是逃避存在的迫切性。詹姆斯,就像伊壁鸠鲁(Epicurus)和当今的罗蒂一样,致力于将哲学作为促进人类生活的实用工具。透射理论在逻辑上是可能的,并且詹姆斯用它支持积极的人类价值观、更多生命的观念、意识的连续性、超越等等,但这并不是全部。

詹姆斯认为,在治疗上,优越的透射理论还有其他优点。它"使我们接触到"一系列的经验,这些经验报道到了整个世界,如果有这些经验的话,不容易由生产理论来解释。詹姆斯提供了一份可以延长的清单,包括"宗教皈依、祈祷时的天意引导、瞬间愈合、先兆、死亡时的幻影、超感(clairvoyant)想象或印象,以及全部巫术能力……"[10]根据生产理论家的说法,所有的经验要么来自自己的大脑状态,要么来自一些外部的物理作用。我们意识到的所有东西必须在终端由我们的中枢神经系统来调节;离开一些中间的神经生理过程,任何想法、能量、洞察力、视觉或灵感都不能潜入我们的意识。生产理论家被一个先验所驱使,使詹姆斯列举的经验无效;他倾向于对人类经验高度有趣的范围假设一个破坏性的或者至少是漠不关心的态度。对詹姆斯来说,这与他所拥护的激进经验主义背道而驰,激进的经验主义具有固执的包容性和激进的多元化。作为长期学习自动化、幻影、催眠现象、媒介等等的学生,他深信他所研究的许多东西都是以坚实的事实内核为基础的。

詹姆斯是一致的:透射理论保留了反映人类更多经验的现象,这是他在实用主义和民主平等原则中所珍惜的。它为人类的精神需求开辟了一门新的心理学,也许是一门新的科学。它是与新唯物主义斗争的一种工具,进而在西方意识中产生了压倒性的影响。

论外星生命的意义

詹姆斯觉得存在第二个实现"永生"的希望的方式。在第一个反对意见中,詹姆斯解开了一个概念上的结;在第二个反对意见中,他处理的是情感的缺陷、人际沟通的问题以及"另一个"的问题。

詹姆斯告诉我们,以往死后世界被描绘成居住者稀少;也许只有几个国王、显贵、部落领袖和他们的特权随从。你可以想象它没有太多内在的运作。但是,自从新的达尔文世界观兴起之后,"一种全新的定量想象已经席卷了我们的西方世界"。[11]鉴于现代性,我们被迫建立一种更民主的永生观念,以便各种人类和可能的类人(subhuman)现在可以构成一个巨大的死后连续性;这显然打动了詹姆斯的听众,打动了他们可能的、貌似正确甚至合理的感觉。

然而,詹姆斯准备在任何地方都坚持这个论证。"如果有一些生物能够永生,为什么不是所有的生物呢?"他说,"为什么对于病人来说不是残忍的呢? 因此,如果我们要沉溺于不朽的信仰,那么它现在要求的表征规模如此惊人,以至于我们的想象力在它面前显得很微弱,我们的个人情感(feelings)拒绝面对这项任务"(Murphy,p. 304)。詹姆斯注意到,基督教不仅没能想象出一种不朽的民主,而且还积极地排斥它,将天堂移民的范围限制在少数排外的信徒。在这里,我们发现詹姆斯致力于简约的道德想象,用他的哲学技巧来扩展他的客户的人性(humanity)生活的意义。

无法想象其他类人的生存是基于一个谬论,"除了我们遭受的不可战胜的盲目性,对外星生命的内在意义的不可感知性,以及一种将我们自己的无能投射到广阔宇宙中的自负,什么结果都不是……"(p. 305)詹姆斯在一篇独立的文章(关于人类的某种盲目性)的叙述中提出了这一点,这篇文章主要是从诗人那里展开的,阐述了我们对生活的看法是如何变得肤浅的,以及其他人类的内在意义是如何被简单地客观化(objectify)并且或多或少地被清除。他详细讲述了一个关于在南卡罗来纳州的山间旅行的故事,他对沿途的家庭可怜的、摇摇欲坠的清贫的场景感到震惊和厌恶。[12]但随后他反省并决定,他错过了关于这些山民生活的内在意义的一些重要事情,即隐藏着的个人意义,它们被肮脏环境所包围,它们使他们的精神更加活跃,他总结道:"简而言之,对我来说,这种清贫在我的视网膜上是一张丑陋的照片,对他们来说,它是一个象征,散发着道德记忆的气息,唱着一首关于奋斗、责任和成功的赞歌。如果他们能窥探我在剑桥大学室内奇怪的学术生活方式的话,那么我对他们所处环境的特有理想视而不见,就像他们对我的理想视而不见一样。"[13]

詹姆斯做了很多尝试,被罗伯特·路易斯·史蒂文森(Robert Louis Stevenson)称为"提灯人"(The Lantern-bearers),其中的重点是当人们发现事物中的意义甚至乐时,要表现出人类想象力之惊人的独创性,而对于外部观察者来说,这些事物乍一看似乎是乏味的,平凡的,或者完全令人沮丧的。其他引文从多个角度发展了这一观点。关键是要抵制在对外部事物进行表面检查的基础上,将人们视为缺乏人类意义的或者值得尊敬的这种冲动。

例如,引用沃尔特·惠特曼(Walt Whitman)的书信和诗歌,詹姆斯警告他的读者,那些表面上懒惰、没有成就,正如我们所说的"窘困"(out of it)的人,可能在内心里过着富有意义的生活。哲学咨询师应该更像一个小说家,而不是一个医生。对这种"盲目性"的批判对于咨询师很重要,如生活之于艺术。

如果没有"看到"隐藏的、常常是古怪的而又赋予意义的思维方式的能力,那么对于在我们看来是外星的、其他的、奇怪的或最糟糕的情况——敌人——来说,就只能是更难理解了。未能发现外星人生命的意义的失败存在于游戏、日常生活以及每一个伟大的历史推动者中。

詹姆斯，宽厚和哲学咨询

宽厚（Generosity），印欧语系的词根 gena，是 genial、genius、genital、gentle、engender 以及其他的与 gena 相关的乐观（sanguine）单词的词根。宽厚预示着富足（abundance），大方（largesse）。在英格索尔（Ingersoll）的演讲中，为了坚持（persist）持续（continuance）、知觉（consciousness）、生活以及意义，詹姆斯首先提出了一个基本的精神需求。他不认为它是有效的、无效的（invalid）；真实的、不真实的；建立在自然、虚幻、霸权（artifact of hegemony）、一夫一妻制（monogamy）或其他什么基础上的。

在他宽厚世界观的开放性中，他将其作为人类经验的中心事实。批评者可能会谴责人们承认永生的需求是迷信、道德懦弱、自欺欺人、背叛这个世界、逃避责任等等。但是詹姆斯把它作为人类信仰、态度和价值观的一个重要因素，这是我们人性的一部分，而不是随便地抛弃它。古代思想家也从人类利益的角度来思考智慧。伊壁鸠鲁认为不减轻痛苦的论证是"空虚的"，佛陀（Buddha）淡化了抽象的形而上学，并专注于教化的实际目标——释放痛苦。詹姆斯同样觉得有必要向人们表达基本的需求。

作为一个哲学践行者，詹姆斯是宽厚的一个典范，一个在伦理学领域没有被广泛讨论的美德。[14]詹姆斯思想中的宽厚不是关于金钱、事物或物质。与亚里士多德关于雅量或伟大灵魂的人的讨论[15]相比，这是有指导意义的。因为亚里士多德的雅量是一种与财富有关的美德，所以穷人不可能是"伟大灵魂的人"。"一个有雅量的人就像一个艺术家，因为他可以看到什么是合适的，并且精致地花了笔钱。"伟大的灵魂是与荣誉和公共精神的工作有关，如宗教仪式和奉献。亚里士多德的美德不同于詹姆斯的宽厚——开明，这是关于注意和承认其他人类的内在价值（因此是难以捉摸的），是一个即使在外部财富上贫穷的人也可以实践的美德。物质财富不是詹姆斯式宽厚的必要条件。

在我看来，詹姆斯善于宽厚地进行好的咨询服务。在《牛津英语词典》（ODE）中，"宽厚"一词的一些早期含义体现了我对詹姆斯思想的看法。例如，倾向于偏袒弱者，从不吝惜赞美不同的、独特的、反思性的包容性，甚至是对于显然反常的事物也是如此。

宽厚与多元主义息息相关。它渴望拥抱人类体验的多样性，个人意义的无限主观变化，这构成了人类生活片刻之间的现实。詹姆斯在认识论上是多元主义的，他抵制片面的医学唯物主义的兴起，或任何一套用来扫除自我隐藏的所有细微层次的抽象假设。

詹姆斯在对待改变意识状态谨慎的方法上是多元化的；对他来说，普通的清醒状态只是我们精神生活的表面，而且只是一种证明在我们的生活当中什么是"真实的"和有意义的手段。作为一个不亚于哲学家的心理学家，詹姆斯研究了宗教经验、创造性的转变、转化、精神危机、神秘主义和巫师的沉思和狂喜状态等等。他是研究通灵术（mediumship）和恍惚状态的先驱，他对"白乌鸦"和埃莉诺·派珀（Eleanora Piper）深信不疑，对超自然认知的真实性深信不疑。詹姆斯研究了分离现象、意识流和"多重人格"的创造潜能。他相信有意识的人格有能力重新配置自己，培养其潜在能力，拒绝其习惯性错误，从而改变自我。他对"自我隐藏"的实证研究——人类人格的可塑性和多样性——为哲学咨询提供了一个比当今主流模式更全面的人类人格模型。

报告人类生活的这种世界观在实践当中非常重要,因此詹姆斯谈的是关于哲学思维的类型。[16]一个人最重要的是他所坚持的人生观。他区分了理性主义与经验主义、一元论与二元论的思维类型,并喜欢在诸如坚定的思想(tough-mindedness)与脆弱的思想(tender-mindedness)或者陌生的(foreignness)与亲密的(intimacy)这样的分类之下讨论人类的要素。反差从来都不是互相排斥的,而是要提醒我们,世界对不同类型的框架化、解析化和概念化是如何塑造生活体验的质量和趣味的。例如,关于亲密,詹姆斯写道:"从实用主义的角度来看,生活在陌生背景下与生活在亲密背景下的差异意味着一般习惯上谨慎与信任的差异。"[17](这个观点可能并不受那些培养"诠释学怀疑"的人的喜爱,对于那些认为信任和自我屈服是可憎的人来说也是如此。)

詹姆斯认为,一些哲学观点会让人感到疏远,而另一些倾向于创造一种在宇宙中就像待在家里一样的感觉。詹姆斯认为唯物主义是有助于陌生知觉和疏远知觉,并认为他所称之为灵性主义的学说广泛地提供了一种信任和亲密感。不过,有些人肯定会明确地指责这种信任的说法是糟糕的信仰,倒退至神奇的思维模式,是一种傻瓜哲学。但是,这是詹姆斯作为实践者的实用主义宽厚,他更喜欢唯心论而不是唯物主义。"不要要求宇宙保持亲密关系……应该被认为是出了什么问题的迹象。"[18]这里的错误是什么?有没有詹姆斯在《时代精神》(Zeitgeist)的开头所发现的一种精神上的吝啬?也许是抵制。詹姆斯确实喜欢提到他所说的"收缩"智力,可能最好是借助于弗洛伊德(Freud)的"类比"概念来理解。

詹姆斯在评价他的同行时是宽厚的。他一般似乎倾向于肯定、考虑和阐明其他思想家的价值,并努力澄清他们必须说的话,重建他们内在的、活的观点。他上一本书《多元宇宙》的许多章节都说明了他对费奇纳(Fechner)、柏格森(Bergson)、黑格尔、弗雷德里克·迈尔斯(Frederic Myers)等作家的慷慨大度。他在逻辑上运用了所谓的"宽容原则"(principle of charity),他更喜欢公平和同情的阅读,而不是反驳或贬低的阅读。这并不是说詹姆斯的宽厚是盲目的,也不是说他不加批判;他在所有彰显人类价值的文本中,本着民主开放的精神,这似乎对良好的哲学咨询是必不可少的。

最后,詹姆斯必须被认为是思想宽厚的(generous-minded),因为他调查了在社会和本体意义上被怀疑的那类经验报告。站在詹姆斯一边的是违法者,失败者,屈辱的受害者。作为一名医生,詹姆斯乐于接受例外的(exceptional)、超凡的和有争议的:"病态的灵魂"和"分裂的思想",圣特蕾莎(Saint Teresa)的神秘和埃莉诺娜·派珀(Eleanora Piper)的媒介(medium),以及其他偏离主流的东西。詹姆斯开辟了一个被行为主义和神经生物学所淹没的新的研究领域。

詹姆斯写道:"有意识的人是一直打开着的自我,通过打开自我来拯救经验。"[19]对于变革经验的价值和自我的打开概念来说,接受性(receptivity)是一个反复出现的主题。一个被截取的人类经验分类几乎不利于有效的咨询。济慈(Keats)在他的一篇伟大的作品中称赞莎士比亚的"消极能力"——超越自己并接受陌生角色的能力。好的哲学咨询师,就像剧作家一样,需要"消极的能力",这样他们才能理解客户不同的困惑世界。威廉·詹姆斯宽厚地分享了这份珍贵的礼物。

注释

[1] "不朽"并不是让经验主义者詹姆斯感兴趣的东西,而是像死后一段不确定的时间内人类意识的持存。这是我认为他所主张的更中肯的观点。

[2] See G. Murphy, R. Ballou,*William James on Psychical Research* (1960). Viking: New York. pp. 279 - 308.

[3] D. Simpson(2009). "Ernst Cassirer by Edward Skidelsky." *London Review of Books*. pp. 14 - 16.

[4] Murphy & Ballou, p. 281.

[5] 当然,有无数故意和自发的方式来揭穿"面纱",如禁食、冥想、长时间的孤独、心理化学、精神病、濒临死亡等等。

[6] *Varieties of Religious Experience*. (1913) Longmans: London, p. 388.

[7] Murphy, p. 294.

[8] Colin McGinn, *The Mysterious Flame: Conscious Minds in a Material World*, 1999.

[9] Eds. Edward Kelly, Emily Kelly, 2007, New York: Rowman & Littlefield.

[10] Murphy, p. 298.

[11] Murphy, p. 303.

[12] McDermott, J.(1968) *The Writings of William James*. New York: Modern Library, pp. 629 - 644.

[13] McDermott, p. 631.

[14] 见 James Wallace, "Generosity", *Vice and Virtue in Everyday Life*, ed. C. H. Sommers, Harcourt, 1985, pp. 216 - 223.

[15] *Nichomachean Ethics*, Book 4, 1122.

[16] 参见 A Pluralistic Universe, the chapter "The Types of Philosophic Thinking", pp. 3 - 40.

[17] McDermott, p. 493.

[18] McDermott, p. 494.

[19] *The Varieties of Religious Experience*, 1913, Longman's, p. 515.

[通讯方式] grosso.michael@gmail.com

原文出处:Michael Grosso, "William James on 'Immortality': An Example of Group Philosophical Counseling", *Philosophical Practice*, July 2009, 4.2: 459 - 66.

(王荣虎 译)

马库斯·奥勒留《沉思录》中的自言自语

——哲学践行的一个启示

兰·拉哈夫(Ran Lahav)

导　言

对于任何一个想让哲学与我们的日常生活相关的人来说,罗马皇帝马库斯·奥勒留(Marcus Aurelius)的《沉思录》是一篇令人着迷的文本。它之所以富有吸引力,是因为它不仅呈现出了一个深刻的生活概念,而且还提到了将这个概念应用到日常生活中的实际方法。[1]

《沉思录》是一种斯多葛学派(Stoic)的文本,它包含了斯多葛早期一些著作中已经发现的核心思想,并以一种着迷的方式发展它们。几位著名的哲学史家,如著名的皮埃尔·阿道(Pierre Hadot)[2]和朗格(A. A. Long)将其解释为斯多葛学派练习的个人笔记本[3],或者阿道(Hadot)所说的"精神练习"[4]。其观点是,这个皇帝撰写这篇文章的主要目的不是描述或推测,而是践行(practice)。他的目的不是记录他的思想和行为,而是影响他们,从而引导自己走向美好生活。

《沉思录》是一本斯多葛学派的练习书这一观点使得这个文本尤其与哲学践行相关。哲学践行是一种现代的方法,它试图用哲学思想来处理我们的个人困境,丰富我们的自我理解,从而更深刻、更充分、更具智慧地生活。[5]哲学践行有不同的形态:作为哲学家和咨询者(counselee)之间的哲学咨询;作为由哲学家所引导的自我检查的研讨;作为哲学探索者的同道之谊;但对于寻求哲学生活的人来说也可以作为实践,就像马库斯·奥勒留一样。因此,《沉思录》可以被看作是现代哲学践行的古老先行者之一。

人们可能会反对文本的这种解释。事实上,学者们对它的类型和目的、它的目标受众以及它的中心思想的确切含义存在争议。关于这场争论不在本次讨论的范围之内。我在这里的目的不是历史的精确性,而是实践的哲学性:探索文本某些解释的含义,并认为它提供了有关哲学践行的有趣见解,这些都可以由哲学践行者所实施。因此,我将毫无争议地采纳阿道特和朗格的解释,探索他们的内在逻辑,但它们的历史正确性将留给历史学家来决定。应当指出的是,这两个问题绝不相同,但它们在本次讨论的相关点上交汇。

因此,正如阿道和朗格所理解的那样,在下面的内容中我将考察哲学践行从马库斯·奥勒留的练习中可以得到的启示(lesson)。

自言自语(talking to himself)的哲学家

在他的《沉思录》第二册中,马库斯说[6]:

> 从早上开始就对自己说,我会遇到多事、忘恩负义、傲慢、欺骗、嫉妒和不合群之人……我不能被他们中的任何一个伤害,因为没有人能使我集于这些丑陋,我不能对我的亲人生气,也不能恨他……

> 记住你将事情拖延了多久,你多少次从神那里得到机会却没有利用它。你现在必须将你所处的宇宙及其主宰者最终视为一个流变者(efflux),并且你的有限时间是固定的,如果你不使用它来清除你头脑中的疑云,它将消失,你将逝去,不再回来。

> 每一刻都要坚定地思考,就像一个罗马男人那样完美、简单并高贵地做手头上的事情一样……

注意每一段的前几句话:"从早上开始,对自己说……""记住……""每一刻都要坚定地思考……"此类话贯穿于整本书,它表明马库斯在对某人讲话。他在指示某人以某种方式表现和思考。但他在和谁说话?

假设《沉思录》是一本个人练习笔记本,这些话显然是针对自己的。他告诫自己每天早上都要为一天的烦恼做好准备,记住时间的流逝,像罗马人一样思考等等。从这种理解的角度来看,马库斯把这些段落写给自己,以指导自己的思想、态度和行为。[7]通过写这些段落,马库斯试图在自己的思想中创建一个内在的对话,这将促使他遵循斯多葛学派的美德:拒绝主观的价值判断,平静地接受命运,行为端正、道德高尚等等。

关于《沉思录》中使用的练习可以说得更多。这些练习中的一些侧重于发展自我控制,另一些侧重于理性判断或自我意识,或侧重于当下、道德行为和履行职责等。阿道将这些练习分为三类:赞同、欲望和行动的纪律。[8]然而,我们这里不应该关注细节。就目前的目的而言,重要的一点是,文本可以被视为扮演了个人的斯多葛练习的角色。

然而,这引发了一个有趣的问题:对自己说一些你已经知道的事情有什么意义? 马库斯大概试图影响他的内在态度和行为。但你如何通过和自己交谈(或写作)来影响自己呢? 如果你已经对如何行为深信不疑,那么用书面形式说服自己又有什么意义呢?

自我中的不同元素?

解决这个问题的一种方法是推测自我可分为两部分:内在的说话者和内在的倾听者;一个人已经被说服的部分和尚未被说服的部分。一方面,有一个自我在写这个文本:这是一个理性的自我,他有斯多葛学派的世界观并付诸它。另一方面,自我的那一部分还没有被那些哲学理想所打动。换言之，似乎被哲学理想所激励的自我部分与那些被"较低"的心理力量所驱动的自我部分之间存在着分歧，需要进一步的训练(training)。

事实上，马库斯似乎区分了灵魂中的两种元素，尽管不同学者对这一区别的理解有些不同。根据阿道的解释，这是心理机制和理性自我之间的区别：首先，心理力量控制着我们的身体和精神状态，并受各种心理和生物机制的支配。例如，我们的身体感觉、我们对外部世界的感知(视觉图像、听觉体验等)，以及它们自动激发的情感和欲望。因为他们是由机制而不是由我们的自由意志来管理的，所以马库斯并不认为他们是我们的全部。

其次，灵魂中有一个元素是完全自由的：指导我们理性决策的元素。这就是我们的理性原则，可以检查我们内部事件和外部的事件，评估它们并决定如何行动。例如，理性自我可以反省我的不幸与判断，它毕竟不是一件坏事。它能反映我对悲伤的本能反应，拒绝接受它，抑制它。它能让我平静地行动，而不是哭喊和诅咒。

对于马库斯来说，只有第二个元素是自由的。因此，它是真正之我的唯一元素，我之真正自我。如果它理性地引导我的生活，也就是说，如果我用它来接受发生的一切，压制错误的价值判断，按理性行事等等，那么我就过上了美好的生活。

人们可能会对这张二分法之图景的细节感到疑惑。具体地说，马库斯的理性自我应该被视为真正的自我吗？此外，理性引导的生活真的是美好的生活吗？诸如类似的问题都把我们带到了形而上学和伦理学的领域，但与这里的观点无关。这里重要的一点是，在自我内部，理性和机制的两种不同的元素之间的区别。更具体地说，正在检验的想法是，自言自语是由自我的理性方面与机制方面的交流构成的，从而促进美好生活，而不是它们中是否有一个应该被视为真正的自我等诸如此类。[9]

那么，我们的问题是，正如阿道所建议的，理性引导的自我和我们的心理机制之间的区别是否能够帮助我们理解马库斯对自己说话的意义。说国王理性指导的自我对他的心理机制说话，这是否有意义？

答案似乎是否定的。根据国王的斯多葛方法，这些心理机制不受人的控制，也不受理性的支配。因此，当马库斯规劝自己理性行事时，他不可能说自己的机制在本质上是非理性的。事实上，他的劝告要求他将自己与心理机制分离开来。[10] 马库斯所说的自我必须是自由地按照理性行事的元素，他认为这是他的真实自我。

这意味着《沉思录》中的说话者(理性引导的自我)在对自己说话。但是如果是这样的话，那么我们又回到了最初的问题上：对自己说一些你已经知道的事情有什么意义？试图确信你已经确信的事情有什么意义？

为了回答这个问题，我建议我们应该认识到它的表述是误导的。这是一种误导，因为它假定马库斯的自言自语是为了传达信息、教导，或简而言之，是与他人交谈。一旦我们接受了这个假设，就很难看到这个自言自语的意义。然而，我认为他自言自语(self-talk)的目的不是跟自己说话(talk to himself)，而是自说(talk from himself)。这些劝勉是有效的，不是因为马库斯听了这些劝勉，而是因为他制定了这些劝勉并表达了它们。他们向自己的某一部分发声，也就是他的理性指导的自我，以这种方式唤醒并加强它。

当然,国王的语法形式是与某人交谈,即与他的理性自我交谈;但是理性自我被唤醒不是因为它听到了信息,而是因为它形成并表达了它。

我应该简单地说,如果我们选择朗格对《沉思录》的一些不同的解释,我们可以得出类似的结论。据马库斯的观点,马库斯的自言自语(self-talk)如爱比克泰德(Epictetus)和塞涅卡的自言自语一样,应该被理解为朗格所称的"偶发的自我(occurrent self)"和"规范的自我(normative self)"之间的对话。[11]偶发的自我是人的现实(actual)自我,有时会陷入软弱,而"规范的自我"则是人内心深处最伟大的(斯多葛学派)观念的声音,被认为是真实(real)的自我。因此,《沉思录》中的说话者通常是规范的自我,即斯多葛学派良知的声音。它跟易受诱惑、意志薄弱、健忘的自我交谈。这种偶发的自我并非完全没有理性,因此可以被说服。然而,在坚持斯多葛学派的生活当中,它缺乏必要的坚定和稳定,因此需要不断提醒和劝诫。

朗格的解读使得《沉思录》中说话者不同于其听众,因而不会出现跟自己说话的问题。然而,它提出了一个相关的问题:如果《沉思录》中的说话者是马库斯的规范性自我,换句话说,是他灵魂的一个元素,那么写下(或说)它有什么意义呢? 写下那个在你之内的自我所说的话有什么意义?

答案必定是这样的,即规范的(真实的)自我的声音并不总是被偶发的自我听到。因此,马库斯自言自语的练习作用是使它的声音被听到。换句话说,它们的作用是通过形成并表达出它们的想法来唤醒规范的自我。因此,无论我们是否接受阿道或朗格的解释,结论都是一样的:马库斯写下这些劝告不是为了听,而是为了表达,这样才能使理性的自我引导他的生活。

《沉思录》寻求唤醒引导的自我(the guiding self)的这个想法假定了这个自我需要被唤醒。换言之,它假定这个自我的效力不是恒常的。有时它"有力地说话",而有时它是软弱的;有时我们清楚地听到它的声音并被它引导着,而有时它的声音淹没在我们心理倾向的声音中。这就是它需要被唤醒和加强的原因。

我们都熟悉这一现象:在日常生活中,有时我们会发现我们遵循信念的力量和灵感,例如我们的道德理想、宗教信仰、社会信仰等。但在其他时候,我们会发现自己屈服于犹豫、诱惑和分心。正如马库斯·奥勒留所见,我们的引导自我需要被重新唤醒。他的练习是一个很重要的方法。

哲学践行者的一个启示

这对哲学践行有着深刻的启示。在哲学践行中,我们以一种哲学的方式来检查我们的生活:我们揭示了构成人的困境和态度的概念(思想),我们注意到这些僵化的概念是如何像监狱围墙一样约束人们,我们探索这些概念,并通过提出基本的哲学问题来质疑它们,从而帮助人们发展关于如何超越这些监狱围墙的新的自我认识。

问题在于,这种新的自我理解倾向于停留在理论思维层面。尽管他们可能有实际的结论,即我们应该如何感觉或行动,我们应该采取什么态度等,这些结论可能仍然只存在于我们的思想中。问题是如何弥合思想和行动之间的鸿沟，如何将我们新的理解转化为实际的态度，如何在日常生活中实施我们的哲学见解。

马库斯·奥勒留在《沉思录》中帮助我们将这个问题重新表述为一个关于引导自我的问题。这是一个如何将我们新的哲学理解从单纯的思想转变为对生活行动指导的问题，以及如何唤醒这种内在的引导，并赋予它激励我们行为、情感和态度的力量。

这意味着，在哲学践行中，思想层面的哲学化是不够的，也有必要进行练习，以唤醒我们内在的观念并把它们变成我们鼓舞的引导。正如在《沉思录》中所看到的，这种练习的一种类型可能包括用有力的语言表达我们的想法，并以自言自语的方式表达它们，以使它们活在（alive）我们自身之内。

当然，在哲学践行中，我们不一定接受斯多葛学派的人生观。我们不一定接受斯多葛学派关于自由、美好生活、真实自我、理性及其作用等等观点，哲学践行者对许多不同的人生观是开放的，并不致力于任何特定的哲学。

然而，尽管哲学践行并不承诺马库斯·奥勒留的愿景，但可以从他的哲学练习中获益。因为这些练习可以发挥一个相当必要的功能：将哲学理解转化为现实生活。这是我们哲学践行者面临的一个挑战：学习斯多葛学派的练习，从斯多葛主义的具体文本中提取它们，并找到在哲学践行中使用它们的方法。

注释

[1] 此文的一个较早版本以西班牙语发表在：*Sophia*：*Revista de Filosofía*（Ecuador）5，2009.

[2] Hadot，Pierre（1998），*The Inner Citadel*. *The Meditations of Marcus Aurelius*. Cambridge：Harvard University Press. 尤其参见第 28—53 页.

[3] Long，A. A.（2006），*From Epicurus to Epictetus*. *Studies in Hellenistic and Roman Philosophy*. Oxford：Clarendon Press.

[4] *The Inner Citadel*，Chapter 3，pp. 35 - 53.

[5] 更多细节详见发表在 www.Trans-Sophia.net 上的 "What is philosophical practice?" 更多不同版本的哲学践行请参见：Elliot Cohen，Ran Lahav，Peter Raabe，and Gerald Rochelle，"Reflections," *Practical Philosophy*，9.1. 这些文本也可以在如下网站上找到：http://www.practical-philosophy.org.uk/Volumes/Volume9.1.htm.

[6] *Meditations*，Book 2，passages 1，4，5. Translated by George Long at http://classics.mit.edu/Antoninus/ meditations.html.

[7] See for example *The Inner Citadel*，pages 35 - 53.

[8] *Ibid.*，pages 43 - 47. For more details see Chapters 6，7，and 8.

[9] *Ibid.*，page 120.

[10] See for example *Meditations*，book Ⅴ，section 26；Book Ⅻ，section 3.

[11] 例如参见上文第 369 页："马库斯的《沉思录》是他自己写给他自己的随笔集，同时也正是他的'偶发的自我'（occurrent self）与他的'规范的第二自我'（normative alter

ego)之间的对话。"

[通讯方式]lahavr@construct.haifa.ac.il

原文出处：Ran Lahav，"Self-Talk in Marcus Aurelius' *Meditations*：A Lesson for Philosophical Practice"，*Philosophical Practice*，November 2009，4.3：486 – 91.

（王荣虎　译）

恢复西方哲学的本质性实践

珊蒂·琼斯(Shanti Jones)

引　言

在西方文明的初期,哲学是一种围绕着自我和灵魂的关怀而展开的群体实践的生活方式。它的最终的目标是帮助个人通过活在至善或美好的生活中来获得幸福。为了完成这项任务,人们知道必须练习某些精神实践,而不仅仅是谈论或思考。其中最重要和最基本的练习就与人们的注意力和感知的发展有关。

注意力被定义为某人或某物的注意。感知是一个人所具有的身体知觉的意识,它是基于经验而理解的。它们一起给予了这个人理解他周围发生的事情和生活在现实中的能力。在今天的西方,感知主要是对科学地研究它们的心理学家、来自其他传统的佛教徒以及以其概念而流行的正念修行者(mindfulness practitioners)有吸引力。然而,在西方哲学史中,注意力和感知被认为是了解真理的工具。这在古希腊是最真实的,在那里精神锻炼使一个人能够集中和扩展他的注意力,并使他能够更清晰、更客观地感知他所处的情况。这是一种仅凭习惯和毅力获得的注意力,使个人能够达到自我掌控(self-mastery)和自我控制,并了解自己和真理。

在基督教时代,认为哲学是一种生活方式的大多数哲学群体都被基督教化了。他们的基本实践尽管对于普通的个体来说过于严格,但仍受制于正统修道院。最初旨在培养一个人注意力和感知能力的练习,变成一种将注意力转移到上帝身上的方法。为他们的目的而发展开放和注意的立场的这种重要性实际上已经丧失了。

直到19世纪末,现象学家出现在哲学界,注意力和感知的重要性才被重新严肃地对待。问题是,这些概念的再现在实践中没有任何具体的方法来发展它们。如果没有具体的实践,几乎不可能实践地使用这些概念。这是不幸的,因为大多数人需要比他们更好的注意和感知,不仅是为了更好的哲学思考,而且为了更好地发挥作用和获得幸福。

在本文中,我想重新确立注意和感知的重要性,不仅作为一种观念,而且作为一种实践。为此,我将讲述一些古希腊人、现象学家和苦行哲学家西蒙·威尔(Simone Weil)留给我们的东西。为了说明注意力和知觉不仅在西方很重要,在东方也很重要,我还将讲到包括来自中国和印度哲学的注意力和知觉的想法。最后,我将介绍乔治·葛吉夫(George I. Gurdjieff)的相关学说,他是一位曾在正统修道院住过一段时间的美国人。他在那里学习那些最初是为了培养注意力和感知力的基督教化的古希腊练习。后来他把它们恢复到原来的用途,并教给他的学生。在最后一部分,我将描述感官练习,因为它们是由葛吉夫教授的,今天仍然在被练习。

伊壁鸠鲁曾经说过:"哲学家是徒劳的,他们不能减轻人们的痛苦。"没有基本的实践来支持有意识地发展注意力和感知,在西方哲学认识真理的两种基本方式中,其中大部分似乎就是这样的话——可以减轻人们的痛苦,但又不能。我的希望是,随着感知练习的恢复,哲学将有助于恢复其最初的目的之一,即帮助人们解决他们生活中的问题,不仅在理论上,而且在实践上。

古希腊人所考虑的注意力和感知

对古希腊人来说,哲学是一种生活方式。从斯多葛学派到基督死后的半个世纪,哲学践行是在团体(communities)及成员之间互相支持以保持朝向实现幸福以及照顾自己及其灵魂的一种基本的精神态度。这种态度需要思想和充分的意识。它是连续和警惕的,使人能够沉浸在一种哲学的和实现最高的善的生活方式中。

对于今天的许多人来说,哲学主要是在大学里学习和实践的东西,因此"哲学是一种生活方式"的含义几乎是不可想象的。也许最接近于哲学作为一种生活方式的就是基督徒、佛教徒或穆斯林团体,它们都是为了增强他们的信仰,增进他们的理解和智慧。类似的,古希腊人也有自己的团体,在那里基本的实践是为了支持这个目的,即认识自己和有意识地生活在世界上。

这种实践被称为精神练习,并将在一个人的一生中培养。它们被认为是练习,因为它们是实践的,需要努力和训练,而且是生动的(lived)。它们之所以被认为是精神的,是因为它不仅涉及一个人的智力,还涉及他的整个生命。对发展一个人的注意力和感知,它们被认为是最基本和最重要的(Hadot,2008)。

古希腊人明白,注意力和感知一旦发展起来,就给了一个人生活在现实中和了解真相的能力。当他学会在此刻全神贯注的时候,他发现现实中除此之外什么都不存在,这使得他的生活更容易管理。此外,因为激情是由过去和未来的思想所推动的,人们知道,当下的人是自由的。对个人的其他好处包括,能够立即作出明确的反应,并能接触到宇宙意识及其普遍规律。最重要的是,注意力和感知的发展使哲学成为一种真正的精神锻炼,它涉及看待并存在于这个世界的一种独特方式,从而通向真正的幸福和美好的生活。

到公元5世纪,哲学作为一种生活方式被基督教的苦行僧团体篡夺,他们凭借拥有"上帝的话语"的优势而"胜出"。就像古代的哲学团体一样,自己的知识是他们关注的核心,但他们使许多最初的实践都皈依基督教,使其直指向上帝而不是个人和世界之间的均匀徘徊。中世纪,基督教化的古希腊哲学践行仍然受制于一些正统的修道院,而哲学在没有成为生活方式的实践的情况下受制于大学(Hadot,1995)。

布伦塔诺谈"注意"的重要性

注意力和感知的重要性通过德国著名哲学家、心理学家弗兰兹·布伦塔诺（Franz Brentano）(1838—1917) 的著作回到了西方哲学界。他利用亚里士多德的存在论和知识论，为他的"描述心理学"和人类经验学说确立了出发点。他专注于通过自然手段直接获取的知识（Brentano, 1995）。

描述性心理学家的任务是研究人类意识的要素，并试图尽可能详尽地确定它们的组合模式。他必须学会注意到留住什么，把注意力集中在他注意到的事情上，然后尽可能准确地描述他注意到的事情。布伦塔诺称这种需要发展注意力和感知能力的过程为"注意"（noticing）。

注意到或有意识地感知到的经验与没有被注意到或没有有意识地感知到的体验之间存在一个区别。例如，感觉经验由多个部分组成，其中一些部分可能被"注意到"，而另一些则没有被注意到。此外，它不仅包括外部现象的感官印象，还包括人自身的意识，即作为思维、判断、期望、推理、计划、记忆和努力的人类意识。这样，不管注意到什么，每一个观察都可以说是对这个人自己的观察。

好的注意能使一个人清楚地看到全部情况，使他能够接触到由智慧理性构成的真理。他的判断是对他所知道的事情的放大，而不是对他所认为的事情的解释。由于他从他自己的直接意识经验中汲取知识，他的现实知识就增加了。

注意到每件应该注意的事情并不容易。首先，他必须观察和克服自己个性的各个方面，比如他的激情、焦虑和愤怒。这些可能会使人分心和扭曲。此外，他对正在调查的主题的任何偏见，都不应被允许产生影响。这些偏见也会阻止他注意他所要注意的事情，其结果是"注意"被暂停。

布伦塔诺要求我们练习注意。我们不能让自己养成不注意的习惯。不注意会使我们错过一些东西。人们甚至不能说"注意得很好"，因为对他来说，注意仅仅是一个显然的事情，没有程度。因此，注意是一项实现（achievement）(McAllister, L., 1976)。

大多数人为什么没有向他求助学习如何更好地注意和感知，这是有原因的。像亚里士多德和康德一样，布伦塔诺的写作风格也是晦涩的。此外，如果有人试图按照他的指示去做，即实际上如何去注意，他永远不会成功！他会发现自己处在一个类似于这样的情况，即一个人仅通过一本生理教科书来帮助自己学习怎样才能拥有好的性生活。无论是对于想知道一些关于性的事情的人，还是对于想知道如何练习注意的人，都必定会在他们开始之前就放弃！布伦塔诺错过了一件能够让人们理解并继续他的教导的最重要的事情，那就是实践。

胡塞尔论现象学还原

德国哲学家埃德蒙·胡塞尔（Edmund Husserl）(1859—1938) 认为现象学是一门普

遍的哲学科学。它的基本方法论原则就是他所说的"现象学还原",它将一个人的注意力集中在其感知之基本的、未解释的经验上。胡塞尔说,因此,立即给予他的东西将不受前见(pre-conceptions)的约束,并将为他提供一个将意识与现实相结合的机会(Husserl,2012)。

现象学还原是明确的、直接的。即时的感官意识、外部现实和相应的直觉都平等地结合在一个使所有事物都获得意义的反思当中。没有像神话、宗教或科学这样的东西加在直接经验之上。然后,人们就可以使用从他的意识和准确的感知当中获得的可靠知识,以一种合理可靠的方式来做饭、建桥,或构建他的世界。(Smith,B. & Smith,D. Eds.,1995)。

胡塞尔关于注意和感知的教诲很精彩。问题再一次是,对于那些想实践哲学的人来说,它们并没有什么帮助。尽管胡塞尔自己知道该怎么做,但他对于该如何实施几乎没有给出明确的指示。如果一个人读了胡塞尔的书之后想要在感知的实践上做的更好,他实际上不知道根据他读过的东西如何去做。他很难理解自己该怎么做。也许胡塞尔所需要的,除了他数千页的论述之外,只是一个简单的练习,它将确保未来几代哲学家能够了解到他们自己能得到的真理,而不是仅仅阅读它。

梅洛-庞蒂——感知:定义为我们对真理的接近

法国哲学家梅洛-庞蒂(Maurice Merleau-Ponty)(1908—1961)也非常详尽地展示了视觉、听觉和感觉——感知——是如何作为人类获取真理的途径。他希望人们能够理解他的知觉生活,身体生活是如何与他的知识交织在一起的,它们在他的内外世界经验中是如何交织在一起的。他假定,当人们以这种方式体验自己和他的世界时,他就会用他熟悉的东西重新调整他的理解。这个重新调整使他径直接近真理,这使他能够哲学化,而不仅仅是理论化(Merleau-Ponty,M.,1968)。

哲学的生活方式首先要求实践它的人培养他注意和感知的能力。拥有了发达的注意力,他可以协调事物并为它们提供可理解的结构。发达的感知能够使他的意识触及自己以外的事物。它本质上是对他所处的世界的一种具体理解。

梅洛-庞蒂的感知概念不仅包括人与他周围世界的关系,还包括他具有大量假设的内心生活的内容、记忆、联想和感官体验。一个人的感知使他能够应对他的环境并在其中找到自己的方式,涉及他的世界不是被复制而是被构成的一个过程。这就是他所说的我们的感知使得我们接近真理的意思(Merleau-Ponty,2012)。

当想要实际使用这些想法的普通人询问如何按照梅洛-庞蒂的要求去做时,就会陷入尴尬。此时,梅洛-庞蒂的话似乎是概念工程,甚至可以被认为是西方哲学被指责为"藏匿证据"(hiding the ball)的原因之一。我坚持认为,如果没有实践本身来支持这些话,几乎是不可能应用它们的。

西蒙·威尔谈注意力的重要性

西蒙·威尔(Simone Weil)(1909—1943),法国哲学家和神秘主义者,她从古希腊人那里借用关于注意力的重要性的观点。她坚持认为,注意力之官能的形成应该是一个人所从事的所有学习的真正目标和独特兴趣。它引导人们更好地了解自己,更贴近现实地生活,并达到顶峰。

根据威尔的说法,注意力使人暂停他的思想活动,让他的大脑处于可用的空状态下,并且同时使其保持高度警觉。当他的内部世界清空所有内容时,就可以像它们所做的那样接受他所有的感知。威尔指出,人们接下来保留他的感知,以便能够利用从其中获得相关的知识。

注意力是一种努力(effort),也许是所有努力中最伟大的。威尔说,注意很容易被错失。因为注意本身不涉及疲劳。相反,当一个人疲劳时,注意力是不可能维持的。此外,在表面上,保持一个人的注意力是困难的,尤其是当一个人把部分注意力集中在内部,他很可能会发现他宁愿避免的事情。虽然看起来很容易,但是注意力的发展需要人们真正的愿望。

一个人可以在学校培养注意力,但也有局限性。首先,培养学生注意力很少是课程的一部分。有多少老师超越了告诫,"注意"?此外,如果学生不喜欢这一课程,他就不太可能认真地对待它。西方教育主要集中在智力认知上,这不包括人们个人注意和感知世界的其他方式,比如他们的身体和情感。(Weil,S.,2012)

这让我回到为什么西方哲学再次将注意力和感知的发展放在其实践教育的最前沿是重要的。尽管今天有很多自助书籍是基于这样一个前提而写的——培养了注意力的人可能比没有培养注意力的人更成功,但是与威尔相比,这种推理让人不满意,因为威尔的注意力通向终极现实性的知识。通过实践,西方哲学中关于注意和感知的最优秀和最成熟的观点对于想知道真理的人来说变得相关和有用。

中国和印度关于注意与感知的经典观点

对于中国和印度的古典思想家来说,注意和感知也是非常重要的。在中国古典哲学中,感知的中心被称为"心"(xin)。它被翻译成"心/智"(heart/mind),包括情感、理解、直觉和理性思维。基于这种心对世界的理解,每个人的意识被构造成人类与自然之间的互动关系。任何一种理解都产生了这个意识,即一个人的存在是有机地嵌入在理性的宇宙结构中,并与其交织在一起的。对于这个理性宇宙结构的理解是通过人的心来了解。

心被认为是一个主要的感觉器官,负责选择和解释由其他感觉器官传递给它的感觉。它被视为连续不断地将外部世界的现象结合为一个连贯的、结构有序的、自身与事物和事件完整互动的产物。它使得外部现实性得以理解。

在这个世界观中,人类的心智(mind)是按照这个包罗万象的有机系统来构建的。因此,一个人的认知和思想不是偶然或任意的,而是遵循这种动态结构。他们所要做的就是注意和感知他们。(Phillips,Stephen,2017)

在印度古典哲学中,巴利(pali)是用来表示感知的术语。它可以理解为对事物的不同特征或特点的把握,包括诸如识别、同化和概念化等过程。通过五官而获得的感知、思想、自我意识和瑜伽练习使人能够了解特定的事物。它也总是纯粹非概念性和非语言性的。(Gunaratana,B.,2014)

印度佛教哲学家和逻辑学家法称(Dharmakīrti,公元前 7 年)对感知及其重要性非常感兴趣。在他看来,知觉使人能够意识到物体的性质。作为知觉的一个属性,普遍包含刺激人们注意到他所感知的东西,以便识别和记住它们。一旦认识到这些性质,人们就通过他所感知到的特征来解释对象,并从他的解释中作出推论。

在西方哲学中,感知是人与世界的基本接触。他的概念认知是建立在感知之上的。没有感知,认知就可以随心所欲地思考它所选择的一切。这就是为什么准确而卓越的感知被理解为通往真理的明确道路。(Rošker,J.,2017)

儒教、道教、印度教和佛教构成了中国和印度古典哲学的基础。每个系统都教导人们超越普通的和表面的感知以及无意识的先验概念的重要性。正念(Mindfulness)和专注冥想的技术是为了帮助人们变得冷静和集中,而洞察冥想使他能够更清楚地看到他是如何感知他的身体和心灵内容的。这种技术旨在帮助人们培养一种更加纯粹的感知,从而产生一种更加开明的看法。(Goleman,D.,1977)

任何人都不能否认东方冥想技术的价值,任何理性的人也不能质疑其背后哲学的价值。然而,不是出生在支持这些技术和哲学的文化中的人,将很难理解它们,并将其用于真理的绝对基础。众所周知,固定的注意冥想技术是有风险的。把一些东西放在显眼(foreground)的位置,把所有特别的"我"放在隐藏(background)的位置,一个人可能会失去与自己的自我意识的接触,从而变得毫无根据。(Speeth,1982)与基督教一样,部分佛教也转移到佛教徒所说的他想要的东西上,扭曲了它们。

葛吉夫:没有上帝,只有现实

乔治·葛吉夫(George I. Gurdjieff)(1870—1949)出生于亚美尼亚。在他成年的早期,他花时间在正统修道院除了学习其他东西之外,他还学习培养注意力和感知的实践。他还生活在苏非(Sufi)社区,在亚洲和非洲旅行,寻找他怀疑隐藏在宗教传统和神话中的真理。由于他的研究,他能够传授他之所学,并使之适合现代西方人使用。他从事的既不是哲学,也不是宗教,而是能使人变得有意识、生活在现实中、找到自己作为人的真实位置的实践性教诲。

葛吉夫观察了那些缺乏集中注意之能力的人。此外,他们还表现出过于无意识的行为。他教导人们尽可能地不专心,进入一种睡梦状态,陷入幻想之中但却认为自己在感知现实。结果,他们需要觉醒以发现真实的自我、发现世界的现实性。这将使他们更加有效率,也使他们变得安静。(Speeth,K.,1976)

根据葛吉夫的说法,被人们通常体验为自己之思想的意识是一个极其复杂的感知、思考和感觉的系统。它的主要功能是作为环境的模拟。换句话说,它是了解现实的工具。因此,准确的模拟是非常重要的。未能充分表征现实的模拟并不使人受启发(enlightened),错误地将经验现实的模拟与现实本身等同起来也并不使人们受启发。(Tart,1984)

为了被启发,人们必须能够根据期望和需要集中注意力,同时保持对现实不失真的感知。没有任何一种意识状态能够提供对世界的完全无限制或不失真的感知,也没有任何一种思维或感觉模式是最适合所有情况的。重要的是,一个人要认识到他所处的状态,知道它的优势和劣势,并以最佳方式加以利用。

根据葛吉夫的说法,人们的大多数痛苦都是徒劳的——是在不知情的情况下,未启发地、不明智地使用他的能力创造出来的。仅仅是对外部世界和自身深层本质的误解,使他采取的行动与现实情况不符,然后他就得到了不愉快的后果。相反,当他采取一种专注意识的态度时,他会对自己和世界产生一种更现实的感知。因此,他采取了有效的行动,消除了无用的痛苦。

为了获得了解真理的启示意识(enlightened consciousness),个体应该遵循的路径是,培养他的注意和感知能力。这是一个终止(dropping)一切先验信念的问题,是一个在身体、情感和智力上将注意力集中到每一事物之上的问题,是注意所有发生在自己之内和之外的事情的问题,也是保持敞开的好奇的问题。这是需要意志和耐心的艰苦工作。但这个工作是最纯粹的乐趣,因为它滋养了一个人最深处的欲望——去了解自己,去了解真理。(Tracol,H.,1976)

葛吉夫在法国和美国建立了团体,致力于人的和谐发展。他教授的主要工具是知觉练习,我将在下一节中介绍。那是他在正统修道院所学的练习,然后去基督教化。我相信这是一个非常接近于古代用来培养注意力和感知力的练习的仿本。这是我认为可以为西方哲学增加的一个基本的实践练习,使它像在那个时代一样对人们实用和可贵。

感官练习——培养注意力和感知能力的实践

感官练习(sensing exercise)是一种自我观察的练习。在这种练习中,人们持续注意自己内部和周围的事物,同时对自己注意到的所有事物保持敞开的好奇。"一切"是外部事件的感知与内部对外部事件感知的回应的混合体。人们终止了所有关于他应该感兴趣的东西的先验信念,也终止了有关什么重要和不重要的先验信念。在他的世界中,此刻就是进行观察的一个适当时刻。

这种敞开的注意不仅仅是智力的注意,它还包括情感和身体感知。发生的事情会激发自己什么样的感觉? 如果有的话,这个世界对他身体中的感官有什么影响? 也许他会发现只有一两件事需要注意。但不管有多少,他都应该努力做到任何时候对任何事物都保持敞开。

正如通过感官练习所学的,自我观察的实践是一种在尽最大努力观察和学习的同时保持好奇的实践,不顾他的喜好或恐惧。他学习完全客观地观察自己和他的世界。他发现并控制失真的机制,学得更加客观。这是一个持续的过程,不能保证一个人永远是完全客观的。然而,他肯定会经历从深层的主观到更客观的转变,这是我们所能得到的最好的结果。这当然是值得的。(Tart,2001)

这是具体的实践,它能使你培养自己注意和感知的能力。

感官练习

从坐在舒适的椅子上开始。确保双腿不交叉,然后双手放在膝盖上。释放身体任何明显的紧张。做几次深呼吸,让腹部扩张。

现在,当你准备好了,把注意力集中在右脚上。当你完全感觉到你的右脚时,将注意力放在右脚上大约半分钟。然后将你的注意转向你右腿的下半部分。现在,注意你右小腿的感觉流大约 30 秒。

接下来,将你意识的焦点放在你的右腿上并感觉它,再次在那里保持你的意识大约半分钟。以同样的方式继续,右手、右上臂和右下臂,还有你的右肩。然后到你的左肩,感觉你的左肩。花时间尽可能完整地感觉身体的各个部位,包括来自神经系统和血管的感觉。直到你至少和前面每一部分有接触之前,不要继续你身体的另一部分。以同样的方式,沿着你的左臂到左手,然后到你的左腿,最后直到你的左脚。

当你感觉你的脚有半分钟左右,扩大你的注意力。同时把你的注意力完全放在双腿上,尽可能深刻地感受它们。然后加入你的手臂,这样你就可以同时感觉到你的手臂和腿。接下来,当你准备好了,在没有失去对手脚感觉的情况下,加入听觉,这样你就可以感觉你的身体,同时倾听你的身体。最后,睁开你眼睛的同时保持感知你身体的意识,倾听你周围的声音,同时加上观察所有能看到的东西。

当你意识到你的情绪、身体和智力发挥作用时,不要忽视其他的感官知觉,比如嗅觉或触觉。这种自我观察的系统实践是用你所有的官能来完成的。

当你离开你的椅子时,继续记住感觉、视觉和听觉。目标是变得熟练,以至于你可以不停地保持这种自我意识的练习。更加生动的感觉以及当下呈现的现实性,这种清晰是要记住你自己。

作者在感官练习方面的个人经验

40 年前,当我从我的老师葛吉夫那里学的时候,我就开始感官练习。因为它有许多积极的实践效果,从那以后我一直保持着它的日常实践。当我年轻时,我认为学习注意和感知是一个人一生中最有价值的能力。现在我长大了,我知道它们确实如此。虽然我的生活的每一个方面都从实践感知练习中直接获益,但我想在这里谈谈它是如何直接影响我作为一名咨询师的工作质量的。

最好质量的注意是我工作的基本手段。鉴于它的基本重要性,我很失望地发现,许多培训项目提供了一个概念框架,它假设学生已经熟练地利用他们的注意力。例如,作为咨询师,我们需要进行注意力调整,例如保持无条件的积极关注、监控反移情、维持互补关系、保持真实性或避免为客户解决问题。然而,如果没有进一步的训练,这些要求很容易就像要求"爱你的邻居如同爱你自己"一样。

幸运的是,我的老师葛吉夫和凯瑟琳·斯佩思(Kathleen Speeth)博士都明白,咨询师需要努力地钻研精确的注意艺术,凯瑟琳·斯佩思是一位临床心理学家,她花了很多年的时间从各种神圣传统中学习注意的技术,包括从葛吉夫的工作中学习。感官练习是她用来帮助学生驯服、引导和控制他们注意力的主要工具。

从她身上我了解到,对于咨询师来说,关于注意和感知有两个主要的事情正在发生。第一个事情就是咨询师能够看到、听到或以其他方式感觉到的外部事物,例如客户的言语、姿态、手势、呼吸模式等。第二个事情是咨询师内部发生的事情,例如他自己的本体感觉、思想、联想、预感、直觉等。

在日常生活中,人们的注意力被分成两半,要么集中在内部,要么集中在外部。斯佩思博士告诉我,我必须学会在两个方向上保持注意力。我的内部世界和外部世界对于咨询来说都必须被敏锐地了解,这样才能成为真正的咨询,而不仅仅是交谈。从她那里,我学会了培养一个不偏不倚的观察自我,如上所述,它时时刻刻都能见证我的注意是如何被集中的。我可以注意到,在任何特定的时刻,无论是内在的还是外在的,对任何特定的元素有多少投入、专注或着迷。我也能注意到,我的注意力没有被任何特殊的东西吸引,而是广泛地聚集在体验的整个全景上。

这种注意的自主控制使我能够中断任何非自愿的识别状态,同时保持对客户的同理心。因此,我的部分意识可以公正地观察整个过程。因为我对思想理性状态之下的领域充满信心,如果客户需要的话,我可以允许我的客户回归到思考和感觉的古老形式。全神贯注可以让我相对不受自己的理论告诫,故而所有的信息或多或少都可以被平等地考虑。

无条件地控制我的注意也使我有了更大的自我接受(self-acceptance)。留心自己的内在过程而不沉溺于任何一个方面,使我能够承认出现在我思想中的任何事情,而没有进行编辑、判断或过度惊慌。无条件地控制自我,同时以绝对积极的注意控制自我,这样无论从我内心深处产生什么,都不会损害我的价值感和善良感。偶然的结果是,作为一名咨询师,我在培训中学习注意和感知的所有方面,也被证明是我个人生活中有益和必要的组成部分。

结 论

康德将人们的这种转变定义为启蒙,即在没有其他引导的情况下从无能(inability)转向使用自己的理解(emergence)。它是需要一种精神和哲学生活的个体的和私人的行为,在这种哲学生活中发现我们是谁的批判。启蒙的道路很多,但没有哲学理解的启蒙往往缺乏深度。尽管许多人被西方哲学所吓倒,但它为我们提供了帮助人们变得开明的工具。

其中一个工具是感官练习。它产生于古希腊人对注意和感知在使人们了解自己和现实中所扮演的角色的理解。在基督教时代,认识自己的注意变成了认识基督的注意。在启蒙运动中,自我的概念被重新诠释,变得更加哲学化和心理学化,并且假设现实性在没有上帝介入的情况下是可以被了解的。

很快,注意和感知作为了解现实的工具又走到了最前面。现象学家在 19 世纪首次将它们视为科学工具,但随着 20 世纪中期存在主义的诞生,它们也成为认识自己的工具。然而,如果没有支持这些概念对于日常生活有相关性和实践性的那些练习,他们的著作以及那些存在主义者的著作就是空洞、抽象和不可理解的,因此对于那些想要通过西方哲学的练习使得自己知道如何更好地了解自己和现实的人来说,几乎毫无用处。

今天,许多人更愿意接受亚洲的正念哲学,它也教人们如何培养注意力和感知力,如何保持非判断意识以及如何处于当下。虽然从这些实践中可以获得许多益处,但它过度流行的表现在某种程度上只不过是另一种消磨时间的方式。除此之外,只省略了哲学重要组成部分的正念,属于一种非西方的传统。虽然我同意,东西方可以而且应该相得益彰,但属于西方哲学传统的实践可以以某种方式扩大和深化来自那些传统的人们的意识,而单独的外来传统是不可能的。

当前吸收道德心理学的努力提供了做决策的各种双重过程假设,在这些假设中,判断一个情况和基于一系列行为作出决定,不是简单的成本效益分析,而是依赖于理性和情感过程混合的处境。如果人们要有道德,那么他们必须有注意两者的一种方法(Damasio,A.,1999)。源自西方哲学传统的感官练习就是这样做的。虽然这是一项持续不断的工作,并且人们必须总是反复进行,但这种实践是累积的和协同的,它使人们能够从细节中获得普遍和道德的真理,并有同情心。

感官练习,一种来自西方哲学失而复得的实践,有助于它的未来发展。它为下一步西方哲学的实践提供了良好的基础,也与人们日常生活的改善息息相关。感官练习恢复了哲学对于实践生活的可能性,在规模上比以往任何时候都更大。它将使人们能够洞察内心,描述他们自己的经验,并运用哲学来实现他们生活中的善。

参考文献

Brentano, F., Muller, B., trans.(1995). *Descriptive Psychology*, New York, NY: Routledge.

Damasio, A.(1999). *The Feeling of What Happens: Body and Emotion in the Making of Consciousness*. New York, NY: Harcourt Brace.

Goleman, D.(1977). *The Varieties of the Meditative Experience*. New York, NY:

Irvington. Gunaratana, B. （2014）. *Meditation on Perception*. Somerville, MA: Wisdom Publications.

Hadot, P.(1995). *Philosophy as a Way of Life*. Malden, MA: Blackwell Publishing Ltd.

Hadot, P.(2008). *What is Ancient Philosophy?* Cambridge, MA: Harvard University Press.

Husserl, E., trans. Gibson, W.(2012). *Ideas*, New York, NY: Routledge.

McAlister, L., ed.(1976). *The Philosophy of Brentano*, Atlantic Highlands, NJ: Humanities Press Inc.

Merleau-Ponty, M., trans. Landes, D.（2012）. *Phenomenology of Perception*. New York, NY: Routledge.

Merleau-Ponty, M., trans. Lingis, A.(1968). *The Visible and the Invisible*. USA: Northwestern Univ. Press.

Phillips, Stephen, "Epistemology in Classical Indian Philosophy", *The Stanford Encyclopedia of Philosophy* （Spring 2017 Edition）, Edward N. Zalta （ed.）, forthcoming URL ＝ ＜https://plato. stanford. edu/archives/spr2017/entries/epistemology-india/＞.

Rošker, Jana, "Epistemology in Chinese Philosophy", *The Stanford Encyclopedia of Philosophy* (Spring 2017 Edition), Edward N. Zalta (ed.), forthcoming URL ＝ ＜https://plato. stanford. edu/archives/spr2017/entries/chinese-epistemology/＞.

Smith, B. and Smith D., eds. (1995). *The Cambridge Companion to Husserl*. Cambridge, UK: Cambridge Univ. Press.

Speeth, K.(1976). *The Gurdjieff Work*. Berkeley, CA: And/Or Press.

Speeth, K.(1982). "On Psychotherapeutic Attention." *Journal of Transpersonal Psychology* 14, No. 2.

Tart, C. (2001). *Waking Up: Overcoming the Obstacles to Human Potential*. Bloomington, IN: iUniverse.com, Inc.

Tracol, H.(1968). *George Ivanovitch Gurdjieff: Man's Awakening and the Practice of Remembering Oneself*. Bray, Indiana. Guild Press.

Weil, S., trans Jersak, B.(2012). *Awaiting God*. BC, Canada: Fresh Wind Press.

[作者简介] 珊蒂（Shanti），拥有超个人心理学（Transpersonal Psychology）博士学位。目前,她是一名自我实现教练,在公立学校教授性格发展,并为《道新闻》（*Taos News*）撰写育儿技能文章。她撰写并表演了四个关于美德的卡巴莱歌舞（cabaret）,其中最近的一个是关于幽默哲学的——《严肃地幽默》（Humor: Seriously）。她还在美国哲学

践行者协会的杂志《哲学践行》(*Philosophical Practice*)上发表了三篇文章:《卡巴莱歌舞艺术为哲学践行》(The Art of Cabaret as Philosophical Practice)、《哲学群体的一个模式》(A Model for Philosophical Groups)和《哲学咨询中书面反思的变革力量》(The Transformational Power of Written Reflections in Philosophical Counseling)。

原文出处:Shanti Jones,"Reclaiming an Essential Practice For Western Philosophy",*Philosophical Practice*,March 2017,12.1:1864—76.

(王荣虎 译)

第三部分
哲学践行的理论

作为概念艺术的哲学咨询

迈克尔·格罗索

导　言

　　亨利·詹姆斯曾经说过,像讲故事的人很多那样,讲故事的方式也有很多。同样,在我看来,由于哲学践行者的原因,哲学践行的方式也很多。鉴于我毕生对图形艺术,尤其是绘画的兴趣,我想谈谈我的方法——特别是哲学咨询:作为一种概念艺术。我不讨论在 20 世纪被称为"概念艺术"的东西。启发我思考的是实践艺术家的理论和直觉。

　　我们发现了一段不断变化的艺术理论的历史,每一种理论都描述了感知、体验和建构图像的方式,并通过隐含的方式描述了这个世界。艺术的主要运动源于对应该是什么的规定定义。对于列奥纳多来说,艺术家的表现或绘画确实参与了神圣的创作过程。因此,艺术在列奥纳多的作品中进行了神性的创作过程,空中透视和解剖都是完善和协调第二创作的工具。这与其它艺术规范或理论的实施,导致了感知和艺术本身的转变。

　　19 世纪中叶,艺术出现了自我反思和自我理论化的新高度,这一进程似乎一直持续到 20 世纪。在每一种情况下,都提出了关于艺术是什么、艺术是做什么的问题。在理论和实践中,所有这些关于什么是艺术的新规定,对如何使世界变得更有意义,都提出了新的规定。例如,印象主义和分裂主义在菲涅耳(Fresnel)关于色彩感知的科学著作的启发下,产生了新的绘画方式、新的绘画技术、新的题材等等。1890 年,保罗·高更(Paul Gauguin)的合伙人莫里斯·丹尼斯(Maurice Denis)的一份宣言以这个革命性的定义开始了:"必须记住,一幅画,在它是一幅战马、裸体女人或一些轶事之前,它本质上是一个平面表面,其表面由按一定顺序排列的颜色所覆盖。"[1]

　　康定斯基(Kandinsky)和蒙德里安(Mondrian)在神学思想的影响下,形成了一种新的非客观绘画形式。立体派被同时化的观念所感动,将物体表现在平面的图像空间中,因此,画家们用二维空间来代替文艺复兴时期的空中透视。未来主义拒绝了过去,并寻求一个新的城市生活愿景——速度、运动和机器。超现实主义和表现主义将艺术对象分解为一种梦幻的、主观的东西。杜尚(Duchamp)的现实物品暗示,任何物体都可以通过意志的行为被视为"艺术"。约翰·凯奇(John Cage)把"音乐"重新概念化为一般的声音,强调听者的创造性作用。阿波利奈尔(Apollinaire)建议人们,可以用物品来制作绘画:管道,钥匙,碎玻璃,旧报纸,把艺术作为拼贴画的理念,等等。对艺术的规定和重新认识,导致了新的观念和新的艺术创作。从这个意义上说,整个艺术史就是"感性"艺术史。

在我讨论哲学咨询的治疗规定之前,对我的方法做几点评论似乎是必要的。我是以大学哲学教师的身份来到这门学科中的,把哲学咨询当作自我教育的一种冒险活动。我的大多数学生没有回应讨论——除非我展示了问题的人性和实际的一面;我用讲故事来补充逻辑分析。我发现,我可以通过阐明死亡的意义和自由意志及其否定概念,给身心问题带来生命的讨论。学会思考应该成为生活艺术的一种工具。

渐渐地,我围绕六部分的人类技能模式安排我的课程:思考,当然也有感觉、意识、直觉、意志和修辞学(或人际交流的艺术)。我把这些作为我们所有人都需要的基本人类技能,以便人类有效地发挥作用。我发现,在哲学文学的许多领域,都可以找到关于所有六种技能的观点、见解和指导。作为终身学习任务的基础,我所提供的基本人类技能培训的一般概念,是以获得智慧或生活艺术为中心的。

我还开发了一种更短、更实用、更具体的哲学咨询形式。在讨论这个问题之前,我想提出另一点。哲学顾问首先有义务帮助他的客户解决他们提出的问题。但在我看来,咨询还有第二层,这涉及更广泛的、终身的追求,一次实际的对话,会导致更广泛的关于发展范围的问题,甚至更好。哲学咨询,与历史的大画布相反,在我看来,是一个固有的无止境的过程,它可以随时在新的方向上改变和创新。因为有一种感觉,整个世界和其中的每一个物体,都是正在进行的对话的一部分。

不过,主要是在课堂环境中,我的工作范围很短,是零敲碎打的,即兴的,非常具体的。在这里,学生被邀请去面对一些在日常生活中的某一方面阻碍她的实际问题。在这种情况下,目的是确定问题,并决定哪些基本的人类技能或技能组是必要的,以便解决它。在这种方法的课堂阶段,学生们被要求写论文,总结他们试图解决一些让他们感到悲伤的特殊问题的尝试。

他们将把注意力集中在一个具体的障碍或困难上;确定了一个目标,以克服、绕过或打破僵局。如果练习成功,学生将修改他对这个问题的理解,这将提供一个新的洞察力,指明解决问题的方法。就像艺术家修改原始观念一样,学生们用新的眼光、新的概念,以新的方式看待问题的情境。其中一个工具涉及规定或创造性的重新定义。

考虑一个来自犬儒派的哲学家克拉兹(Crates)的例子。据报道,克拉兹曾说:"我们应该仅仅是在驴子般的驾车者的意义上来研究哲学。"(Diogenes Laertius, p. 95)在这种情况下,犬儒派者解构了他对权威人物的感知方式。在位高权重者面前,我们不需要生活在恐惧和颤抖中,也不需要让我们的判断,被他们权威的光环所扭曲。据说克拉兹很胖,在锻炼时被同学嘲笑,他似乎想出了一个办法来控制自己的羞辱感。在犬儒派的治疗中,反思世界,也需要对世界进行相应的重新感知和重新感受。这与伊壁鸠鲁的说法是一致的,他提醒我们,困扰我们的不是生活的环境,而是我们对它们的解释。

规定的或创造性的重新定义

根据亚里士多德的说法,定义的问题和苏格拉底一样古老,苏格拉底是第一个从哲学角度处理这个问题的人。最近,米勒(J. S. Miller)写道:"定义的最简单和最正确的概念是,一个词的意义的陈述性命题:即它在共同的接受中所具有的意义,或者是说话者或作者打算附在其中的意思。"前者又称"报告性"(reportive),后者称为"规定性"(stipulative)。在这篇文章中,与我们有关的是后者。从培根和霍布斯到尼采和维特根斯坦的哲学家们认为,对定义的批判是恢复健康的一种方法。例如,霍布斯引用几何学,作为我们所有"计算"开始时"确定意义"的模型,强调了定义所起的澄清作用。规定性的定义也有危险的一面,涉及所谓的重新定义的谬误,换句话说,就是回避这个问题。与报告性定义不同的是,规定的定义不能被任何观察所篡改。如果我把一个朋友(就像亚里士多德那样)定义为"另一个自我",任何事实的观察都不能使我的定义失效。

在我现在要讨论的例子中,规定的定义是假设的实体,我们在与现实的谈判中达成的合同,它们邀请我们以某种方式看待世界,它们是旨在修改和重构我们的世界经验的修辞手段。他们自己不是真的,就是假的,但我们可以对他们诚实,也可以对他们虚伪;我们可以违背对自己的承诺,解除我们自由订立的合同,或者努力履行诺言,履行合同。为了了解这是如何运作的,让我们来看看两位古代哲学家的一些例子。

财　富

让我们从一个定义财富的例子开始,根据这个定义,可以想象,在经济不景气的时候,可以对人们所说的话。在给毕多克勒斯(Pythocles)的信中,伊壁鸠鲁邀请我们修改我们的"财富"概念。他认为真正的财富包括知道什么是足够和什么是必要的智慧。如果你想让毕多克勒斯富有,他说:"不要给他更多的钱,而是减少他的欲望。"伊壁鸠鲁不会推翻货币兑换者的桌子,也不会对冥王星的统治者进行批评;他敦促我们以一种新的方式将财富概念化。在整个人的存在主义的程度上重新定义,它可能有助于改变甚至是经济态度,以及行为。在伊壁鸠鲁的作品中,重新描绘一个概念的形式和边界打开了一条行动的道路。它代表了一粒种子——一种可能——对于一些真正有用的人类自我改造。鉴于对财富概念的这种自相矛盾的修正,现在有可能富人有购买的权力,但仍然感到贫困、贫瘠和不满意。但对于相对贫穷的人来说,这也是可能的,通过这种重新定义,伊壁鸠鲁将使我们的注意力从经济学的欲望转向欲望经济学。

损　失

在生活中,我们必须面对的一件事是,失去的经历。我们都面临着不断遭受损失的风险;我们都遭受着我们生命的不断消耗。海德格尔称他为"此在"(Dasein);我们的存在是面向死亡的,是最终的损失。斯多葛派哲学家爱比克泰德(Epictetus)为我们准备了一些电影,表现为我们应该如何理解损失的概念。"不要说任何事,"他对我们说,"'我失去了它,但只有我把它归还了。'"伊壁鸠鲁会剥夺我们的专有的幻想。他会让我们看到,我们并不真正拥有或占有任何东西。首先,甚至不是我们的"自我"。所有的存在都是借来的。因此,当我们"失去"一些东西时,我们应该把它看作是偿还贷款。无论你丢了一副太阳镜,还是你的生命处于危险之中,原则都是一样的。从根本上说,我们一无所有,因为没有什么是永恒的。这是一个决定我们整个生命的真理。面对/遭遇损失,是人类生活状况的一个基本组成部分。这里,哲学家正邀请我们重新定义我们的损失概念,因此我们要以不同的方式来看待和体验损失。这一点与佛陀在"芥末种子"的寓言中提出的观点是一样的,在这个故事中,一个女人突然直觉到了儿子死亡的普遍特征,从而学会了如何处理自己的个人损失和痛苦。因此,新的定义再一次为我们提供了一种工具,通过思考损失的普遍意义,来处理我们对世界的看法。当然,单纯的概念转换只是哲学治疗的第一步,其理念是,改变一个人对事物的实际感知方式。如果洞察力不能触及我们的存在,那么它作为一个概念就不会有多大用处。

老 年

再举一个治疗性或强制性的重新定义的例子,来看看伊壁鸠鲁和他对另一个普遍关注的问题的治疗:老年。伊壁鸠鲁想让我们用新的方式来看待老年。正如伊壁鸠鲁经常发现的那样,我们为悖论所震惊,就像我们被告知的那样:"他在忘记过去的、祝福的那一天,已经成了一个老人。"然后,衰老被重新概念化为复杂心理事件的一部分,并被重新定义为遗忘的一种形式。通过记住你的祝福,你让自己接触到你存在的所有要点;从表面上看,一切都摆在你面前,就像一种紫藤,没有什么东西是隐藏的。它的作用是改变一个人的衰老意识;它现在感觉更像是在我的力量之下,而不是一个怪物或威胁——吞食我的威胁。现在,我可以把老年看作是加深我的时间意识和自我意识的一种刺激。

事实上,伊壁鸠鲁的话可能被认为仅仅是:注意你的生活经历的质量,而不是剩下的时间;你可以深入前者,但你一毫也不能改变后者。顺便说一句,荣格在人们身上看到了一种自然的内在倾向,随着年龄的增长,这对伊壁鸠鲁来说是有意义的,他显然相信反思性生活方式的治疗价值。

因此,伊壁鸠鲁认为,对过去物品的感恩态度,对于一个人内在性格的年轻活力是必不可少的。对老年的重新定义表明,一种新的对时间的态度是可能的。通过尽可能地生活在我们的整个精神生活中,我们改变了我们对时间的看法;这意味着生活和意识到现在,但也有一个更广阔的概念,一个扩展的似是而非的现在。如果没有这种反思意识的能力,感恩的好处就会消失,这听起来就像一个哲学骗局。他的观点是,回忆愉快的、对生活充满肯定的经历,使我们保持年轻。因此我们应该培养这些记忆,因为它们积累得很晚;相比之下,粗心大意和忘恩负义使我们衰老,即使不是外在的,也是内在的。伊壁鸠鲁没有给出阻止衰老的神奇药丸;但是,如果我们接受他关于感恩过去的祝福的建议,他可以给我们一个更好的方法来体验衰老。这个例子的主要成就是重新定义老年,使我们能够控制经验的内在方面。毕竟,这才是最重要的。

我作为咨询师的三个例子

生活问题的环境和性质各不相同,但在每一种情况下,作为咨询师,我都面临着挑战,我如何才能帮助这个人以一种新的方式看待他或她的问题。这通常是第一步——我试着进入折磨灵魂的心理画面。然后,我讨论了修改的方法,用这种方法来看待这幅画。如果我的建议是有用的,它应该开辟新的思维、感觉和实际处理问题的方式。每件事都指向修订,站在后面,拥抱或搁置自己的态度;把障碍在脑海中翻转、反思,试图在上面找到一个新的角度。

痴迷于死亡

作为我的第一个例子,我将描述 R 的情况。R 是一个刚毕业的哲学系学生,一个身体健康的年轻人,他痛苦地意识到了死亡。他谈到了失去对他有感情价值的人的恐惧,对死亡的彻底毁灭,对一切意义的最终消除,以及他因此而对生活感到的无所事事和绝望。关于他对死亡的恐惧,R 是雄辩而合乎逻辑的。

在我看来,他的问题就在于,他对死亡的绝对确定性,以及他对这种非理性假定的确定性的执着。所以我得出结论,折磨他的死亡观念必须修改。我的目标不是使他转变成一种新的信仰,而是削弱他的旧信仰,这会毒害他日常生活的意识。

由于他有批判性的头脑,受过哲学训练,我从几个方面呼吁他的理性。我首先指出,他的死亡概念在历史上是有条件的,关于心脑问题的某些假设在主流文化中已经达到教条主义的地位,尽管许多哲学家对这些教条提出了质疑。我不确定这个论点是否有任何效果,因此我接着提出,意识死亡的假设,首先是科学上可以理解的;其次,有可靠的证据支持这个假说,并指出了一些文献。R 抵制住了这种攻击,似乎不愿做必要的家庭作业,这可能会使他对死亡的荒谬性的心理毒瘾退却。

在我看来,R 的痛苦似乎不是因为他的信仰,而是因为他坚持自己的信念的"高血压"方式。也许他会从古代怀疑论者身上学到一些东西。他们不是不信仰者,而是擅长于搁置所有信仰的艺术,作为内在的怀疑,不确定,可改变。古老的怀疑论者,像斯多葛学派和伊壁鸠鲁学派一样,寻求一种他们称之为共济失调的精神状态——平静、麻醉化的漠不关心。怀疑论者会说,没有人能完全确定死后会发生什么,所以不要再对这个问题持有任何信念,而要以生命为重。如果 R 停止了他的自我伤害的信念,他至少能够向情感平静和哲学冷漠迈出一小步。当然,斯多葛学派会补充说,对大自然对所有生物的旨意感到不安是愚蠢的。斯宾诺莎受到了斯多葛主义的影响,他只是简单地规定,从一开始考虑死亡是不健康的。这些西方的方法逐渐融入佛教,在佛教中,可能幸存的自我的想法被宣布为幻觉[即佛教教义:阿纳塔(anatta)或者"无我"]。所有这些对世界和自我的重新定义,都是让 R 以不同的方式看待死亡的努力的一部分,希望以此来放松他对自己的自伤焦虑的控制。

人们感激地接受了这些尝试,但几乎没有减少他所遭受的感情的迹象。当我试图帮助 R 把死亡的一般概念重新定义为对启蒙的刺激时,我确实取得了一些进展,并恰当地引用了约翰逊博士的话,他说:"死亡的思想集中在思想上。"我举了一些人的例子,他们声称,冥想死亡会激发他们进入新的自我理解的深度。在一些令人难忘的例子中,大胆(如果是强迫性的)面对自己死亡的人[如拉马纳(Ramana)]突然陷入新的觉知模式,自然地照亮了状态,之后死亡的想法完全停止了困扰他们。

对于作为概念艺术家的哲学家来说,这将是一个伟大的胜利:将最可怕的思想转化为最有用和最鼓舞人心的思想。也许柏拉图做到了这一点,他在《斐多篇》中说,哲学本身就是"死亡的练习"。我真的不知道 R 是从我们的诡辩交流中得到了什么,还是只是发现自己更专注于重要的经验流。我们在大西洋彼岸交换信件,对死亡的恐惧不再出现。现在来看另一个简短的故事,它说明了概念修订在起作用。在这种情况下,规定的想象力被唤起,以应付客户的麻烦的自我观念。

与我们的多重自我一起生活

一位 35 岁的妇女 W 被诊断出患有某种形式的精神分裂障碍,但对她从治疗师那里得到的治疗感到失望。在某种程度上,她觉得被贴上了一个奇怪的标签,使她变得更加自卑。W 在一份负责任的工作中工作,照顾她的女儿;培养了对一位已婚教师的情感依恋;她有着令人遗憾地归咎于她多重性格的性滥交习惯。她把自己的部分倾向,归因于早年的一些含糊不清的性虐待。W 的痛苦是因为她觉得自己被不公平地诊断出来了,并且相信她有可能以一种更令人满意的方式生活。所以她决定咨询一位哲学家。毕竟,她的问题是概念性的:被贴上病态标签困扰着她,她反抗了她觉得被强加在她身上的形象。

W 承认她经常被冲突甚至矛盾、需求和冲动所撕裂。问题是,要帮助她面对这些冲突,而不像认为自己是无可救药的功能失调那样产生多余的影响。然后,她需要重新定义她的"自我",这样,她才能承认她内心矛盾和分裂的现实,而不感到被病理的污名所压迫。简而言之,她需要把自己定义为:多重的,但不是疾病的;挑战的,但不是病理的。我试图证明,这种重新定义自己的努力,很可能会结出硕果,也就是说,新的观念抓住了她内心深处的自我。很明显,她的问题至少有一部分是医源性的。我试图在三个步骤中消除她身上的恶作剧。

首先,我回顾了多重人格和分离障碍概念的历史,并展示了其不稳定的基础。我还引用了弗雷德里克·迈尔斯(Frederic Myers)的一句话,他是一位相对被遗忘但却是伟大的维多利亚时代的心理学家(他把弗洛伊德介绍给了英语国家):"如果我们是多重生命,让我们从多样性中获得优势。"爱默生同意迈尔斯的观点,认为"一致性"是"小头脑的妖精"。我敦促她回想沃尔特·惠特曼(Walt Whitman)的一首诗中的一句话:"我辽阔博大,我包罗万象。"我认为她的"多重性"可能不是她的问题,问题可能在于,我们如何被教导如何构思自己。我们可以用另一种方式来看待它——庆祝我们的多重性和怪诞难道不符合民主精神吗?然后我指出,伟大的精神病学手册的分类是历史的产物,而且经常是经济利己主义的产物。人类拥有多种权力、功能和原型的想法,和神话一样古老;显而易见的事实是,我们是醒着、睡觉和做梦的生物;已经有三种不连续的存在模式,构成了整个人。我向 W 提过这件事,是为了提醒她多重性是完全正常的。

分离并不总是病态的。有很常见的分离形式,例如涂鸦和做梦。此外,也有分离的形式,既非正常的,也非不正常的,最好描述为超常。因此,存在威廉·布莱克(William Blake)和文森特·梵·高(Vincent van Gogh)或伟大的印度数学家拉马努扬(Ramanujan)式的有灵感的分离(Kanigel,1991)。

你也有艺术的运动,本质上鼓励拥有的想法,亚瑟王的门徒致力于摆脱日常角色。萨满教是建立在一个人的普通、似乎统一的人格分裂和多元化的基础上的。"你的多样性可能源于创造性的冲动",我对她说,同时铭记着她的艺术倾向。所有这些想法和形象都是作为对自己的默认病理的替代;据我所见,她很快就认为,其中的一些想法适合她自己的情况。

最重要的一步是最后一步。我试着向 W 暗示,有一种方法可以把她自己不守规矩的部分,当作最大挑战的原材料——那就是她自己的创造性的综合。她——W——是艺术家;她的生活,她的感情,她的需要,她的冲动,是她必须塑造的原材料——济慈在他临终时的一封著名的信中称之为"灵魂塑造"(soul making)。

在我与 W 的相遇中,我从未看到过任何明显的离群索居行为的证据,尽管有一次我确实发现了一种戏剧化的挥舞,旨在为我说明她所谓的多重性。(她神秘莫测地皱起眉毛,露出一副呆滞的内在表情。)一次讨论,导致了这样一种观点,即有时多多少少地被分离出来,这可能是她个性创造性发展的一个机会,就像在精神病学家的办公室里一样。这一切都取决于我们如何使用一种状态、一种特质或一种环境。W 发现了这些讨论,在这些讨论中,我试图表明有不同的方式来看待她的处境,这是有用的。

我相信,我成功地让 W 设想(作为一种建设性的练习),她是一位艺术家,并实践着最重要的艺术——一种创作艺术,把她自己的各种材料塑造成一件个人的、功能很强的活的艺术作品。这就像画一幅自己的画像,我说,敦促她再画一次。为了总结一种复杂的互动,我们规定了她的"自我"以下形象进行试验和实验。说和想象:"我是一个艺术家,清醒地意识到,所有的可能性和我的自然多重人格的潜伏期。我正在努力创造一个更完整、更有活力、更有效的整体,从我自己和其他人有时可能看到的可怕的混乱中解脱出来。"我提供了一个额外的咒语,来稳定她颤抖的自己,这是威廉·巴特勒·叶芝(William Butler Yeats)的诗句:"要明白凡事若要完美,都必须先撕破。"在她的最后一次通信中,W 对她以前对多重性的关注已不再有什么可说的了。她确实骄傲地报告说她减了 60 磅。

适应意识的变化

我的第三个例子是一个中年妇女 B。她是一位作家,也是我偶尔遇到的一个哲学小组的成员。B 患有动脉瘤,手术后存活了下来。她所有的精神和生理能力,最终都得到了恢复。然而,她经历了一个微妙的变化,而且它似乎是永久性的。B 意识的整体素质发生了变化。她所能做的最好的事情,就是把自己的身体状况比作长期吸食大麻。

这种新的状态使她感到不快,起初,这种状态使她感到困惑,并使她的运动速度减慢,尽管这似乎提高了她的心理知觉。她越是抗拒这种出乎意料的意识质量的转变,就越感到陌生和压抑。她与她的神经科医生和精神病学家讨论了她的问题,但是他们对她意识的转变没有什么可说的,这是有帮助的或者特别有启发性的。

他们似乎不那么感兴趣,也无法理解她的问题。我能为 B 做的第一件简单的事情就是指出,她的经历并不是未知的,甚至是非常罕见的。其他人则报告了类似的经历。一般的模式是,某些损伤或其他诱发脑缺陷的场合,会有不同的意识形式,这可能类似于神秘的、迷幻的和开明的状态。有时,在事故发生后,意识的变化会无限期地持续下去。也许,这方面最明显的例子可能出现在近于死亡经历的现代记述中。

一位澳大利亚熟人在一次印度之旅中几乎被毒死,当他康复后,他的总体基线意识明显改变。与许多濒临死亡的人不同,他没有看到神秘之光,而是陷入了一种神秘的黑暗之中,从那里,他以一种新的、更高的意识形式回到了正常的生活中。神经学家吉尔·博尔特·泰勒(Jill Bolte Taylor)描述了一次大脑事故如何暂时中止了她的"左脑"心理功能——语言、感官输入、空间和时间取向——让她体验到类似印度教非二元论的纯粹的单一意识或阿托威塔(Advaita,不二)(Taylor,2006)。

我们有可能看到,B 的大脑意外改变了她的大脑结构,从而增加了一些更高的意识元素的流入。她承认她的新意识似乎对她的写作有所帮助,尽管这减慢了她的写作速度。这有时会带来不便,但也迫使她注意到,新的更细粒度的感知范围。她觉得自己在心理上和别人不一样,觉得很尴尬。事实上,我看不出她的行为有什么奇怪或缓慢的地方。她还说,她感到比平时更累,可能是因为抗拒新的状态而加剧的。

这次交流的结果,成为我们小组讨论的焦点,对 B 来说,是把她的新状态看作是一个机会,而不是一个不足。她经历的新特质(除了她对它的反应外)本质上是愉快的,对她的写作实践是有用的。她试图专注于这两个积极的补充,而不是对抗那些令人不快的特征。如果有挑战,也有好处。将她的问题概念化的新方法,为行为改变提供了新的机会。B 声称小组讨论她的问题,比她以前与神经科医生和精神病学家的协商更有利于她的健康。

结　语

与现代主义艺术一样,当代哲学践行可以改变我们看待世界的方式。和艺术一样,我们需要的不仅仅是新的想法,还有执行的问题。艺术家必须使用他的材料,掌握它们,并学会使用它们,来表达他的塑造意图。哲学的转变是一种在生活中偶然发生的事情的一种方式:重塑、提炼和一些时候对自己的实际愿景进行彻底的改造。在这篇论文中,我强调了一种感觉,即哲学咨询就像艺术——但艺术是以一种广义的、杜威式的方式来理解的,就像他的著作《作为经验的艺术》(*Art as Experience*)(Dewey,1958)的书名一样。

我提到了明确的定义,作为哲学咨询师的一种可能的工具。拉丁文中的"托叶"(stipule)是一根稻草,而"规定"一词来源于打破一根稻草,以确认一项承诺的习俗。因此,规定是语言表现的一种形式,也是一种承诺。在罗马法中,它涉及订立合同、交易或契约,通常是与另一人订立;它规定了协议、合同或要约的重要部分;托管人是作出正式承诺或保证的人。

在治疗环境中,一个规定的意义是,一个人对自己作出的合同、质押或承诺的一部分：一个人对自己说，实际上，我将以这样的方式看待世界，并按照修订或规定的理解生活。如果我的努力带来了什么好处，最终取决于我：我对新的愿景投入了多少，取决于我如何将一个想法转化为活动，使我能够在艰难的生活艺术中向前迈进。

注释

[1] 这并不意味着排除这种批评的重要性或必要性，这并不是本文所要讨论的问题。

参考文献

Dewey，J.*Art as Experience*. New York：Capricorn Books，1958.

Diogenes Laertius，*Lives of the Philosophers*，V. 2，p. 95 Loeb Classics.

Gauss，S. W. *The Aesthetic Theories of French Artists*，New York：Scribners，1956.

Kanigel R. *The Man Who Knew Infinity*，Washington Square Press：New York，1991.

Taylor，J.B.*My Stroke of Insight*. New York：Viking，2006.

[通讯方式] grosso.michael@gmail.com

原文出处：Michael Grosso，"Philosophical Counseling as Conceptual Art"，*Philosophical Practice*，July 2012，7.2：952 – 960.

（王志远　译）

人文治疗:在文化致病的时代恢复幸福

——第十一届国际哲学践行会议暨第四届
人文治疗国际会议主旨演讲

娄·马里诺夫(纽约城市学院哲学系)

导　言

尊敬的国际组委会委员、各位从业者,尊敬的各位朋友、各位同事,女士们、先生们:

非常感谢你们邀请我发表这一演说。召开这一重要会议,是一个显著的荣幸,我很高兴有机会与大家在一些重要的使命和中心主题上分享想法。

这个演说的结构是双重性的。首先,我想在更大的历史背景下阐述人文疗法的概念,简要地追溯其产生和发展的历史。人文科学本身的发展,以及与之相关的人文主义观念,最初是从西方的角度出发的。在这一过程中,我也将不可避免地将西方和亚洲的传统并驾齐驱。亚洲人文主义先于西方,但其教义直到最近才为西方主流所知。自20世纪60年代以来,亚洲整体疗法在西方变得越来越普及和流行,因为它们为目前困扰西方国家的各种文化引发的疾病,提供了强有力的治疗方法。从思想史的角度来看,人文治疗被这次会议所涵盖,代表了一种著名的、被尊崇的理念的演变,其重新更新的时间即将到来。

第二,我想详述一下这次会议征文的核心主张(或者说是一系列主张),在正统的西方精神病学和心理学界被视为异端的征文通告,以下来自本次征文启事:

> 在富裕社会中,许多人越来越容易受到动机问题和精神疾病的伤害。这就是物质福利的悖论。对物质财富的不懈追求忽视了基本的人。诸如对幸福、道德和精神健康等的关切,反过来又会造成情绪和动机方面的困难,并可能造成严重的心理、社会和经济后果。根本的问题是哲学性质的,它不能通过科学、技术或医疗干预来解决。它们需要哲学和人文学科的解决方案。

在我全心全意支持这些通告的过程中,放大和突出它们所涉及的整体论点将是有益的。直截了当地说,这相当于:当前困扰发达国家居民的许多(如果不是大多数的话)广泛的健康问题——包括肥胖、抑郁症、注意力缺陷障碍、社交焦虑症、性功能障碍,以及大量由累积性副作用——处方药鸡尾酒的副作用——引发的疾病，主要是由文化因素引起的，而不是由生物因素引起的。这些问题触及了作为人的意义的核心，要过上充实的生活，实际上，它们必须在相应的人类领域，即人文领域得到解决。

现代科学和技术有着不可否认和显著的成功，如果被大企业利益集团为纯粹的利润动机所利用，并以政府作为制药和保险工业将医药殖民化的自愿同谋，则在不健康和不可行的程度上加剧了上述悖论。一方面，发达世界的寿命（即预期寿命）在过去一个世纪里几乎翻了一番，主要是由于医学科学和技术的进步；另一方面，生活质量（不与物质享受相混淆）在过去半个世纪里明显下降，原因是人们日益忽视广泛理解的人文学科。

在这种背景下，制度化的数字诊断和膝跳疗法——其问题恰恰是他们的非人性化和过度医学化——是错误的，淫秽，欺诈性的，注定只会恶化它所造成的问题，同时声称提供"治疗"。那些不挑剔的人都一致地赞同这种虐待，这是他们真正需要的最好的证据，他们真正需要的是对他们的基本和根本的人性进行再教育和重新定位；而那些共同支持这一骗局、传播其神话并贩卖其"蛇油"的大国的巨大傲慢，则是一种盲目的傲慢，它足以瓦解产生他们的文化本身。确实是一种令人遗憾的状况。

西方人文科学的兴起

在西方人文科学的兴起及其同类观念中，我们可以认识到三个伟大的历史阶段：文艺复兴时期、启蒙运动阶段和世俗阶段。人文治疗本身就有可能成为第四个历史阶段。让我们简要回顾前三个问题。

文艺复兴人文主义

文艺复兴时期的人文主义在 15 和 16 世纪出现于意大利。"人文主义者"这一术语在 1808 年被德国教育家尼特哈默尔（F. J. Niethammer）创造得很晚，但拉丁文术语却被发明出来了，*umanista*，当时在文艺复兴时期的意大利，它意味着一个研究人类事务和人性的学生或学者。它的重点是人类之城中人的尊严和人的潜力，并超越了人类在宇宙中的地位和目标。这样的问题不是为了否定罗马天主教神学，而是为了发展它。文艺复兴时期，意大利大学的人文主义，后来在牛津和巴黎，其目的是对抗中世纪经院主义的僵化影响，后者已经扼杀了研究。古希腊和罗马哲学家的重新发现，他们的作品在北非和伊比利亚哈里发的"黄金时代"期间以阿拉伯文保存，促使文艺复兴时期的人文主义者在重新认识人类事业时运用理性和感官的证据。他们认为希腊罗马经典是完整和权威的指南，在人的城市以过一个道德上好的生活，作为永远生活在上帝的城市的一个值得的准备。

因此，文艺复兴时期的人文主义，标志着实践神学的一个决定性的演变。黑暗时代曾称赞谦逊、虔诚和奉献的美德，而文艺复兴则鼓励反思、自我反省、阐明人在自然界中的地位，并将柏拉图的理想（如美）进行模拟物化。因此，古典艺术——音乐、诗歌、哲学、修辞学、文学、绘画、雕塑、建筑——被提升到了前所未有的高度。艺术非但没有被视为虚荣心或违反第一戒律的行为，反而被尊崇和称颂为人类的模范成就，艺术的欣赏日益成为良好公民概念的同义词，与被设想为通向上帝的道路所设想的生活完全相容，如果不是必不可少的话。因此，

> 佛罗伦萨和威尼斯的共和党精英以及米兰、费拉拉和乌尔比诺的统治家族都聘请了人文主义者来教导他们的孩子古典道德，并写出优雅的、古典的信件、历史和宣传。[1]

在几十年内，也许也是不可避免地以这样一种精神，在一位人道主义教宗的选举中达到高潮：

> 皮乌斯二世是第一位坐在彼得的椅子上的真正的人道主义者。他出生于锡耶纳，名叫埃内亚·西尔维奥·皮科洛米尼，以外交家、文学家和女人的身份而闻名，1442 年被腓特烈皇帝加冕为诗人桂冠。在为皇帝和巴塞尔反罗马委员会服务之后，皮科洛米尼于 1446 年加入了罗马阵营。他于 1456 年成为红衣主教，1458 年当选为教皇。作为教皇，他唯一能继续从事的学术工作就是他的"评论"，这是一本非常坦率的自传，他把自己的激情和偏见放在了视野中。[2]

文艺复兴时期的人文主义产生了重要而有影响的一代学者、诗人和文学家，其中包括荷兰的伊拉斯谟（Erasmus）、英国的托马斯·莫尔（Thomas More）、法国的弗朗索瓦·拉伯莱（Francois Rabelais）、意大利的弗朗切斯科·彼得拉奇（Francesco Petrarch）和乔瓦尼·皮科·德拉·米兰多拉（Giovanni Pico della Mirandola）。它最重要的范式成就是哲学与神学、理性和信仰的协调，无论多么不稳定。这一阶段的象征是拉斐尔的著名绘画《雅典学院》。它调和了柏拉图和亚里士多德之间的差异，主张我们确实必须唤醒我们的头脑去理解纯粹的形式，同时我们必须利用感官的证据来衡量宇宙及其所包含的一切，包括我们自己。

因此，拉斐尔对神学和哲学的调和也需要神学和科学的协调，这是一种富有成果的共存，在整个启蒙运动阶段持续存在，直到世俗的人文主义与科学联合起来，成为神学本身的流行替代品。

然而，罗马天主教对文艺复兴时期人文主义的迷恋很快就陷入了棘手的境地，这主要是新教改革的结果。新教徒认为，每个人都可以维持自己与上帝的关系，而不需要中间人（即牧师），新教徒手中的人文主义就成了探索人的城市和人在自然中的地位的工具，这是为了他们自己的利益，而不是为了任何首要的宗教目的。这种观念很快就会在罗马教会和启蒙运动的人文主义之间划出一道鸿沟。

但让我们重申，文艺复兴时期的人文主义与罗马天主教的宗教信仰完全兼容，这在很大程度上要归功于柏拉图。意大利文艺复兴，在性质上是决定性的新柏拉图主义者，

图1　拉斐尔的《雅典学院》

因为柏拉图的本体论与基督教三位一体的完美契合。尼采也许在社会学上是正确的，将古罗马基督教早期的成功，归因于希望它能提供给不幸的奴隶，但对三位一体的本体论解读表明，它与柏拉图的形式、复制和本质有着不可思议的对应：圣父、圣子和圣灵的形而上学先驱。

启蒙人文主义

　　第二阶段，启蒙人文主义，既可以看作是对文艺复兴时期人文主义的延续，也可以看作是对文艺复兴时期人文主义的一种排斥，神学和自然哲学之间的政治张力在不断增长。一方面，以感官证据为依据的理性的运用，迅速超越了其神学范畴，后来被称为"自然哲学"，后来又被称为"实验哲学"（科学的术语先驱），并获得了对自然过程的解释力，这些过程可以与神学相媲美，并开始取代神学的解释。从这个角度看，启蒙人文主义可以被描述为一场反神学运动，它寻求从路德教和加尔文主义的教条主义和威权限制中解放出来，从新学者耶稣会反改革和从国王的神圣权利中解放出来。

　　因此，伽利略、胡克和牛顿将物理学从神学的一个分支，转移到了一门科学中，波义耳、普里斯特利和拉瓦西的化学，以及（后来的）拉马克、华莱士和达尔文的生物学。霍布斯、斯宾诺莎和卢梭在政治学方面也是如此，《美国独立宣言》的签字人也是如此。科学从宗教教条中解放出来，教会与国家分离，宪政民主和公民自由的出现，是同一枚启蒙运动硬币的认识论和政治方面。

　　即使如此，大多数启蒙运动的人文主义者仍然热衷于信仰上帝。虽然他们需要个人和职业上的自由，不受教条和其他制度化宗教腐败的影响，但为了实践我们今天所说的"好科学"，他们在很大程度上仍然是一种或另一种类型的有神论者。文艺复兴时期的人文主义者对自然和人在其中的地位进行了自主、客观的思考,这一自由被文艺复兴时期的人文主义者所揭示,并被启蒙运动的人文主义者所扩展。霍布斯和斯宾诺莎相信"物质上帝",而牛顿是造物主;托马斯·杰斐逊,有神论者;查尔斯·达尔文,活力主义者。伽利略(就像许多即将到来的物理学家,包括爱因斯坦)一样,认为自然界的基本语言是数学,因此,除其他外,上帝是一位神圣的数学家。

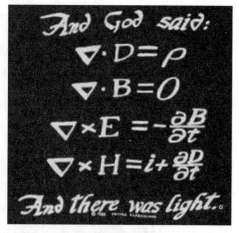

图2 麦克斯韦方程

尽管如此,正如启蒙运动的种子是在文艺复兴时期播下的,同样(后来的)世俗人文主义的种子也是在启蒙运动中播下的。当启蒙运动的数学和科学显示出更大的解释力时,就可以始终采取不可知论甚至无神论的立场。英国经验主义者大卫·休谟是一个不悔改的无神论者,因此被称为"异教徒"。当伟大的法国数学家西蒙·德·拉普拉斯被拿破仑皇帝问及为什么他的五卷书的杰作《天国力学》(Celestial Mechanics)对上帝只字不提,他回答道:"我不需要这个假设。"

牛顿和拉普拉斯等许多人开创了一个机械论和决定论的时代,产生了所谓的"启蒙运动的悖论":对人在自然界中的位置进行自由而理性的探究,产生了一个钟表般的宇宙,在这个宇宙中,一切都是从初始条件中预先确定的,包括所谓的自由和理性的探究本身。在社会科学领域的尽头,19世纪末最具影响力的两位知识分子,赫伯特·斯宾塞(Herbert Spencer)和卡尔·马克思(Karl Marx),都将这一牛顿式的"范式转变"推断为

图3 时钟宇宙

社会科学。众所周知,斯宾塞在他对达尔文主义的社会学重新解释中创造了有争议的短语"适者生存",并以伪决定性的方式为英国帝国主义辩护。更著名的是,马克思提出了"辩证唯物主义",试图重新制定历史和经济规律。斯宾塞是不可知论者,马克思是无神论者。当时另一位著名知识分子托马斯·卡莱尔(Thomas Carlyle)认为:"灵魂是一种气体,而另一个世界则是一口棺材。"这些相似的观点为即将到来的世俗人文主义时代铺平了道路。

世俗人文主义

这第三个阶段,世俗的人文主义,不能再从意味深长的文艺复兴时期的人文主义中移除,因为它间接地产生了它。一旦启蒙运动的人文主义剥夺了宇宙中的上帝、生命的力量和灵魂,哲学家和心理学家就会重新定义人类所剩的珍贵的东西。他们没有花很长时间就这样做了,因为残余物确实是微不足道的。世俗人文主义迅速地代表了文艺复兴时期的人文主义的结局,启蒙人文主义的终结,人类的哲学贫乏,人类状况的心理衰弱,从而播下了第四阶段的种子,即今天聚集在这里的人文治疗。

"世俗"一词由乔治·雅各布·霍尔约克(George Jacob Holyoake)于 1851 年提出,世俗主义迅速在博学的西方圈子中积聚力量,通过各种世俗的人道主义工具,包括 19 世纪的实证主义和马克思主义,以及 20 世纪的存在主义和行为主义,向大众文化传播。虽然对人的机械化的浪漫反叛塑造了德国人道主义者狄尔泰(Dilthey)和伽达默尔(Gadamer)等开明的世俗主义者,但歌德超凡的人文主义天才的继承者们,却被马克思主义和存在主义唤醒了大众的想象力。

在一个被上帝、精神和灵魂的科学所剥夺的宇宙中,存在主义者仍然把柏拉图的形式、本质和复制品剥夺了人。在柏拉图的本体论中,本质先于存在。在存在主义的本体论中,存在先于本质。在后一种观点中,人类是一个无目的的物质的最终产物——一个漫长而客观的宇宙事件链的产物,这些事件在一个冰冷、残酷、无情和道德上毫无意义的宇宙中展开。因此,我们的挑战既不是按照上帝的命令过好的生活,也不是像柏拉图所指示的那样,以理解纯粹的善的形式,过一种充满善的本质的经过检验的生活。因为尼采在 19 世纪末宣称上帝"一到达就死了",而海德格尔和他的学生萨特则对柏拉图的本质主义提出了有力的反驳,直到 20 世纪。

从存在主义的观点来看,人被从虚空中弹起,进入一个无神无目的的世界,一个由量子虚无的偶然波动而产生的宇宙。人是一种生物,在生物学上能够拼命地紧贴在虚无深渊的边缘,而他将在一个可耻的短暂时间内回到这个深渊。他别无选择,只能直面这种赤裸裸的存在,并意识到他必须选择自己的人性本质,无论是好是坏。正如异教徒休谟所表明的那样,这些残酷的存在事实,不能为规范性的主张提供任何有效的推论;同样,正如大多数经验主义者所主张的那样,它们也没有提供规范本质或其形式的可靠证据。萨特没有灵魂,没有佛陀的本性,也没有任何其他的人类本质,因此,萨特谴责人是自由的,只能在工具性的善恶价值观之间做出选择,知道许多人会选择邪恶。"他人是地狱",

萨特写道。

存在主义的英雄因而具有西西弗斯式的品格。他的事业注定要失败,因为他的自由是被谴责的。通常,选择邪恶要简单得多,这种选择如同生物学意义上羊随羊群一起移动,或者在物理意义上随波逐流或者推石下山。面对这种虚无主义的存在,通常会导致绝望的宣泄,然而此时,人们能够做出足够真实的选择,这正是存在主义者所主张的。存在主义是一种英雄哲学,但它在被接受的每一个阶段都使许多人沮丧。尽管如此,萨特还是明确地捍卫了存在主义是一种人本主义的论题。

存在主义对 20 世纪大众的压抑作用是伍迪·艾伦在他的电影中的缩影,《呆头鹅》(*Play it Again*, *Sam*)。艾伦扮演着一个可悲的、神经质的、悲剧性的、饥渴的主角,在他熟悉的角色中,他试图去接一个他在曼哈顿博物馆看到的一幅抽象的印象派绘画的女人:

图4　杰克逊·波洛克(Jackson Pollock)的一幅画

艾伦:"这幅杰克逊·波洛克的画真好。"

女人:"是的,是的。"

艾伦:"它对你说了什么?"

女人:"它重述了宇宙的消极。存在的可怕、孤独的空虚,虚无。人类的困境被迫生活在贫瘠、无神的永恒中,就像一束微小的火焰在巨大的虚空中闪烁。在黑色荒诞的宇宙中,除了浪费、恐怖和堕落之外,什么也没有。"

艾伦:"你星期六干什么?"

女人:"自杀。"

艾伦:"那星期五晚上呢?"

这种世俗的人文主义把人的生命简化为一个徒劳的热力学循环:负熵和熵,在生物学上表现为性和死亡,心理上表现为厄洛斯(Eros,爱本能)和桑纳托斯(Thanatos,死亡本能),这是弗洛伊德的两种假定的基本本能。

因为弗洛伊德也是一位唯物主义者和无神论者，尽管在各种不同的方面，他还是一位世俗的人文主义者。他挖掘了人类的心灵，揭示了善恶的心理生物学基础，而这并不是本质所必须造成的。弗洛伊德的原因并不是我们以萨特人的方式选择的价值观，而是无意识的——我们已经内化的、被外部权威人物当作诱饵的内在价值。如果我们上钩，他们承诺接受，满足，甚至（上帝帮助我们）爱我们。

弗洛伊德的人性论是一个比萨特更深刻的地狱循环。对萨特来说，地狱不过是一个外在的社会学圈：其他人的地狱，试图把他们相互冲突和冲突的价值观强加给我们。而弗洛伊德的地狱是一个心理圈，我们在其中内化了家庭、社会、宗教和政治权威。所有这些声音都在争夺每个人无意识的控制权，而大多数人，除了许多嬉皮士和几个哲学家之外，似乎天生就倾向于让这种无意识的合唱把他们的人格之船停靠在弗洛伊德的礁石上，或者现在，天堂帮助他们，在更加丰富的《精神疾病诊断与统计手册》（*The Diagnostic and Statistical Manual of Mental Disorders*，DSM）上帮助他们。

弗洛伊德1929年的基本论断《文明及其不满》（*Civilization and Its Discontents*）可以在霍布斯1651年的《利维坦》发现，因此霍布斯可以被认为是弗洛伊德的先驱。霍布斯勇敢而又直截了当地违背了奥古斯丁关于原罪的核心学说，他写道："人的欲望和激情本身是没有罪过的。"在无意中排练霍布斯的开创性论点时，弗洛伊德将"原罪"转化为"原始神经症"。

然而，世俗人文主义最极端、最令人憎恶的形式既不是哲学，也不是精神分析，而是行为心理学。行为心理学家将人类的认识论机械化。在行为主义理论中，自主性和因果性心理功能的存在被忽视、先发制人或否定。人类恢复到学习机器，可编程的操作条件，潜意识信息，无情的宣传，和——奥尔德斯·赫胥黎（Aldous Huxley）的先见之明——药物，如索马。

奥尔德斯·赫胥黎是英国著名生物学家的后裔，包括托马斯·亨利·赫克斯利（Thomas Henry Huxley），也被称为"达尔文的斗牛犬"，因为他勇敢地公开捍卫达尔文主义，反对圣战者威廉福斯主教（Bishop Wilberforce）的攻击。奥尔德斯也是20世纪生物学家朱利安·赫胥黎（Julian Huxley）的亲戚，他造出了"进化枝"（clade）和"分枝进化"（cladogenesis）这两个新的词、新的遗传学概念。值得注意的是，朱利安·赫胥黎也是一位领先的世俗人道主义者，他于1952年召集了国际人文主义和伦理联合会。有组织的人文主义的美国根源可以追溯到20世纪20年代的芝加哥大学。《人文主义宣言》（*Humanist Manifesto*）1933年的签名人之一是约翰·杜威（John Dewey）。这些世俗的人文主义者本身不是存在主义者，但他们都认同存在主义者的观点，即否定超自然的宗教信仰，并断言人类的命运取决于人类的选择。然而，这些人文主义者，还是把他们的人类愿望的马车搭上了新兴的科学之星：灵媒、生物学和心理学。

虽然奥尔德斯·赫胥黎的科学素养足以理解遗传学等新兴生物科学领域的可靠知识对人类的潜在益处，但他在政治上也足够精明，警告说生物科学可能成为社会和政治控制的极权主义机制。在他的先见之明和令人心寒的小说《美丽新世界》（*Brave New World*）中，奥尔德斯预言了克隆现象，并将其与克隆群体的行为调节和大规模用药捆绑在一起，并通过视频娱乐对其进行大规模的研究。他的反乌托邦展示了僵尸的"文化"，完全丧失了人类的本质。在许多方面，《美丽新世界》是当代后现代、后基督教、后人文主义、后文学美国的预演。

1949 年 10 月 21 日，奥尔德斯·赫胥黎写信给乔治·奥威尔（George Orwell），对奥威尔的政治反乌托邦作品《1984》表示赞扬和恐惧：

> 在下一代中，我相信世界各国领导人会发现，作为政府的工具，婴儿调理和麻醉催眠比俱乐部和监狱更有效率，对权力的渴望可以完全满足于建议人们热爱自己的奴役，就像鞭打和踢他们服从一样。

事实上，消费型的美国大众变成了心理治疗的奴隶，最近又变成了药理学的奴隶，就像失败的灵丹妙药一样，因为人类的物化、机械化和非人化而产生的不满的泛滥成灾。

两种文化

然而，也许奇怪的是，20 世纪的前半期见证了大学的人文艺术：经典、浪漫语言、宗教研究、哲学、文学、诗歌、音乐、舞蹈、戏剧、绘画、摄影、电影，在学术界都经历了成长和扩张，尽管科学技术开始界定进步的前沿。

因此，在 1959 年的分水岭雷德讲座中，英国科学家斯诺（C. P. Snow）发明了"两种文化"一词，以描述人类心理和认知对人文和科学的分歧。这是当今整个高等教育系统对人类取向的明显影响。但是，当斯诺发表他划时代的演讲时，世俗的公共知识分子（他们的首要作用是大规模塑造和加强人类的自我观念）大多来自人文科学部门，而公众的科学意识则远远落后。哲学家、诗人、剧作家和画家吸引了公众的想象力，而科学则被视为一种难以理解和有点陌生的追求，吸引了怪人和社会不合群。因此，1959 年，在《两种文化》中，斯诺发出了尖锐抱怨的声音：

> 我记得哈迪（G. H. Hardy）曾在 20 世纪 30 年代的某个时候对我说过，"你注意到如今'知识分子'这个词是如何使用的吗？"似乎有一个新的定义，它肯定不包括卢瑟福（Rutherford）或爱丁顿或者狄拉克（Dirac）或艾德里安（Adrian）还是我？这看起来确实很奇怪，你不知道。[3]

如果斯诺今天还活着的话，他肯定会改变主意。在雷德演讲后的几十年里，最有影响力的公共知识分子是科学家：从理查德·道金斯（Richard Dawkins）到史蒂文·J.古尔德（Steven J. Gould），从威尔逊（E. O. Wilson）到斯蒂芬·霍金（Steven Hawking）。

最有影响力的人文知识分子，如福柯、利奥塔和德里达，都是后现代主义者，因此也是反人文主义者。他们和他们的追随者实际上已经解构了人文科学的准则，允许他们的仆从沉溺于对世界文明基础中的伟大书籍等的无知中。我回想起斯坦利·费什（Stanley

Fish)的一次令人恐怖但又十分典型的主旨演讲(该演讲是美国解构主义的主要罪恶之一),他在演讲中吹嘘要从他的人文学科研究生课程的阅读清单中删除柏拉图的作品《理想国》,于是也就与此同时剥夺了他的学生和将来有可能旁听该课程的学生对柏拉图的《洞穴譬喻》进行沉思的机会。具有讽刺意味的是,如此一来也就保证了这些学生将继续被锁在洞壁,无视表象与实在之间的区别。事实上,后现代主义的美国高级先知,如理查德·罗蒂(Richard Rorty),不仅竭力否认上帝的存在,而且还否认了精神外现实的存在:否认神学和科学的存在! 这标志着文艺复兴时期人文主义的彻底逆转,文艺复兴时期的人文主义调和了两者的关系。后现代主义是后人本主义,如果不是与人文价值观对立的话,也是对立的。这不是前进的道路,而是对人类的意识形态贫困和教条奴役。

图5 柏拉图的洞穴

这在很大程度上,要归功于后现代主义充斥着行话和政治上正确的表现,以及那些在文化上野蛮、政治化和功能失调的毕业生,美国、英国和欧盟的人文学科的领导们,他们现在正受到那些无知的技术官僚们的攻击,他们在高等教育管理部门内部殖民统治。由于受过良好教育的人的原始"市场价值",在今天的后现代技术政治体制中基本上为零,因此为人文学科项目本身提供资金的理由越来越少。这些计划,包括哲学,在其可衡量的结果方面被认为越来越"无用"。与赫胥黎的反乌托邦相比,我们的后现代技术统治没有像赫胥黎的《美丽新世界》和奥威尔的《1984》[4]中的反乌托邦那样有人文主义的地位。

事实上,不可否认的科技成就助长了一个流行的神话,即人文学科正在逐渐过时。人工智能研究员马文·明斯基(Marvin Minsky)就是这一立场的缩影:一位唯物主义者、无神论者、行为主义者和"强人工智能"理论的主要支持者,一种还原论者的立场,认为人脑只是大脑的一种表象,而大脑本身只是一台神经化学计算机。明斯基在麻省理工学院机器人实验室的研究,除其他外,需要建造能够模拟两岁或三岁儿童的基本游戏行为的机器人,比如根据指令将不同形状和颜色的块堆在一起。

在能够建造一台能堆叠玩具积木的机器的基础上——比如橙色圆柱体上的绿色金字塔,蓝色立方体——明斯基谴责了整个人文科学和艺术的大厦。"把我们所有都花在人文和艺术的钱给我,我就把你培养成一个更好的学生。"[5]如此狂妄自大是令人遗憾的。

这里也有一个巨大的讽刺,或者更确切地说,两个讽刺。在雷德讲座上,斯诺的《两种文化》说,许多博学的人文学者并不羞于批评科学家在人文方面的不足。斯诺把桌子翻了个底朝天:

> 我曾多次出席人们的聚会,按照传统文化的标准,这些人被认为是受过高等教育的,他们对科学家的文盲表现出相当大的兴趣。有一两次我被激怒了,问公司他们中有多少人能描述第二热力学定律。反应冷淡:也是否定的。但我问的是科学上等同于:你读过莎士比亚的作品吗?[6]

现在快进几十年了,我们看到科学的公共知识分子谴责人文科学的无用或无益。

但更深层次的讽刺之处在于:美国人在人文科学两方面都存在严重缺陷。文字传统被视觉和数字媒体严重侵蚀,后现代主义者将其解构,对人文科学的欣赏,以及整体的文化素养,正以惊人的速度下降。

但是,科学和数学在美国的表现并不比现在好,美国目前在世界上平均科学素养排名第17位,在世界上平均数学素养排名第25位。因此,我们现在已经到了这个具有讽刺意味的关口:一方面,人们对莎士比亚不太熟悉,另一方面,我们对热力学缺乏了解。

美国人正陷入普遍无知的深渊,这与西方罗马帝国崩溃后吞没欧洲的黑暗时代毫无相似之处。目前的崩溃是缺乏对作为人的本质意义的理解的症状。

作为一个例子,考虑数字化和社交媒体对友谊关系的影响。古代两位最伟大的美德伦理学家,亚里士多德和孔子,都称赞这种基本的人际关系的奇妙有益的方面。亚里士多德用他的《尼各马可伦理学》的一整部分来讨论友谊,尤其是为了实现朋友之间的完全平等(与家庭内部和社会经济阶层之间明显的不平等形成对比)。此外,友谊的财富总是随着时间的推移而增加,特别是如果一个人有幸在几十年里维持了友谊。

孔子还再次认识到友谊的深刻价值,即平等关系,在儒家社会矩阵的其他模式(即夫妇、父子、长幼、君臣)中,这种平等并不明显,也是不可能实现的主题。与孔子的友谊是如此值得注意,因此他开始了他的友谊。《论语》说:"有朋自远方来,不亦乐乎?"

现在,将这些古老的友谊概念与马文·明斯基这样的人进行对比,后者想必宁愿让两个机器人"成为朋友",然后宣布友谊已被简化为一种算法。

使这种情况更坏的是,Facebook把友谊从名词变成动词。交友曾经需要培养人际关系的人;现在,成为"朋友"有人只意味着点击鼠标。Facebook嘲弄了"朋友"的含义,但它却对人类的认知施加了巨大而持续的变革力量。一个人的潜在"朋友"的范围已经扩大到几乎包括整个地球村,然而这种友谊的质量再短暂也不可能更肤浅了。它们是友谊的虚拟模拟，仅此而已。

Facebook 意义上的虚拟朋友和亚里士多德或儒家意义上的真正朋友之间的区别，如果不是柏拉图的"洞穴之寓"中所描绘的基本区别的话，也说明不了什么，即现实和外表之间的区别。真正的朋友和虚拟的朋友就是这样的不同。把虚拟的友谊误认为真正的友谊，就是忽视了根本上和普遍意义上的人类。

双大脑：两种文化，两个问题

在斯诺的里德演讲之后的几十年里，流行的神经科学只起到了加强和巩固《两种文化》的作用。众所周知，大脑的左半球承载着理性的功能——语言、理性、逻辑、数学、科学；而大脑的右半球则被认为承载着神话的互补功能——情感、意象、音乐、色彩、创造力。在大多数当代大学中，这两个半球的运作，通过它们所产生的两种文化，需要在它们之间建立行政和实际的障碍，以致几乎没有任何科学和人文之间的互动——使它们相互贫困。

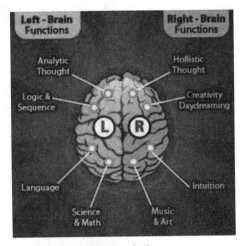

图 6　双大脑

左脑与右脑的区别代表了一种错误的二分法。可以肯定的是，人类形态中的许多双边对称都表现为"惯用"，首先是左撇子还是右手。除了一只占主导地位的手，我们还有一只占主导地位的脚，一只占主导地位的眼睛，一只占主导地位的耳朵，为什么不是一个占主导地位的大脑半球呢？

同时，透支这种区别是很有诱惑力的，但也是误导人的。无论是左撇子还是右手，我们每天都以各种各样的方式使用双手。无论是左脚还是右脚，我们同样地，也必须利用两条腿，无论是走路、跑步还是跳舞。同样，双目视觉优于单眼视觉，就像立体声优于单声道声音一样，即使一只耳朵或一只眼睛比另一只耳朵或眼睛弱。其次，不仅通过类比，而且更强烈地通过同源性，二元结构及其相关的执行功能，具有其一元等价物所缺乏的完整性。

这种优势并不是数字的竞争——两条腿并不比一条腿更好，仅仅因为两条腿是一个更大的数字。虽然它们很有趣，但八条腿的生物并不能主宰我们的生物圈。双重性的优越性只能存在于一个崇高的统一原则中，它支撑或超越了所表现的二元性。

其中最崇高的是道的象征。它必然表现为两个而不是一个。如果它是一个整体，我们就什么也看不见。即使如此，虚无也可以两种不同的方式表现出来：一种是白色的，另一种是黑色的。事实仍然是，二元性在我们可以想象或体验的所有存在领域中普遍表现出来。在人类努力的每一个领域，我们不断面临的挑战是，如何努力维持双重性之间的平衡与和谐，使它们相互补充，而不是相互对立。

图7 道

道与大脑双摄像机的统一原理一样有效。它不仅满足了以逻辑为中心的左脑,也满足了神话中心的权利。它可以解释很多物理学问题,也可以解释政治问题。统一原则使两个大脑半球充满活力,但没有发挥任何作用——尽管在许多情况下,老子屈从于阴而不是阳。老子还断言道是无限的,遍及所有存在的领域。由于存在的领域有着很大的不同尺度,任何在它们中弥漫的事物在每一个尺度上都保持着它的自相似性,从定义上来说,它具有分形的性质。

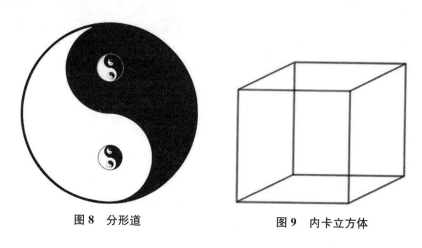

图8 分形道　　　　　　　图9 内卡立方体

我现在顺便提到分形几何学,但很快就会回到分形几何学上来,有一个更深层次的目的。

同时,对于一个更普通的例子来说,对双大脑的补充,请考虑内卡(Neckar)立方体,这是每个心理学学生都熟悉的对象。我们对立方体方向的感知中的振荡是完全可以解释的。左脑立即感觉到这幅画是一个三维物体的二维投影,因此它寻求定位投影坐标系的原点。只有到那时,它才会发现,从三维到二维的投影产生了模糊性,因此有两个可能的起源,两者都与几何学相一致。

这不是人们常说的"不可能的对象"。相反,它是一个同时包含两种一致可能性的对象。唯一的"不可能"是我们同时感知它们的能力。我们只能看到一个或另一个,连续,而我们可以不断构想统一的原则。

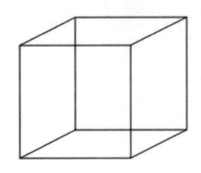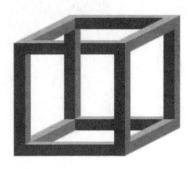

图10　模糊性与不可能性

右边的物体,埃舍尔(Escher)画的,确实是不可能的,因为一个人不能建立一个三维的物体,这样这个物体就是它的二维投影。而内卡立方体只是模棱两可,因为我们确实可以构建一个三维对象,这样内卡立方体就是它的二维投影。

两个大脑,两个文化,两个方向:左与右,科学与人文,量与质。但过分强调这些差异,是在追求虚假的二分法,无视意识和感性的统一原则。从亚里士多德到爱因斯坦,所有从事科学的伟大哲学家和从事哲学的伟大科学家都一再呼吁统一原则。

亚里士多德宣称"没有想象力,思考是不可能的",从而认识到,我们的逻辑引擎不能完全发挥作用,除非利用一个模块来产生图像。亚里士多德在宣称这一点的同时,也驳斥了人工智能未来的还原论者和创立者艾伦·图灵(Alan Turing),他相信机器确实可以用来思考。唉,由于还没有一台计算机被赋予想象力,没有一台计算机能够像亚里士多德所理解的那样思考,这需要同时使用两个半球。爱因斯坦使用了一种与亚里士多德所建议的手法相似的方法:首先,爱因斯坦通过思想实验,用他的想象力来描绘物理现实。只有当他的直觉满足于用正确的图片操作时,他才寻找数学对象,这些物体最好地描述物理,就像他想象的那样。

同样,我们也可以将这种模式应用于艺术和科学,以及经常将它们分开的右脑和左脑的区别。在我们今天的背景下,我们把源自左脑的治疗科学与源自右脑的疗愈艺术并列起来,这些科学是以偏概全的西医学的缩影,也是以整体人文实践为缩影的治疗艺术。再一次,这两个是道家的补充。每一种都包含着另一种东西。诊断和嗅觉保留了艺术形式的特点,而创造性和表演艺术则体现了技术和方法。大脑离黑白相去甚远。

然而,与此同时,两个半球产生了两个非常不同的基本问题。科学诊断问:"有什么问题?""你怎么了?"这样才能提供合适的药物治疗。相比之下,人文对话问:"你有什么正常方面?""你有什么权利?"这样才能进行适当的人文治疗。

有时我们需要问一些医学问题,比如"你怎么了?"而在其他时候,我们需要问一些人文主义的问题,比如"你是怎么回事?"和内卡立方体一样,这不是对人类的不可能的描述,而是包含两种一致可能性的描述。在任何一个特定的日子里,大多数人都有他们的

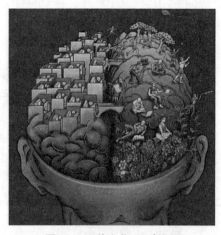

图 11　两种文化、两个问题

错误和正确的东西。这两个互补条件同时显现，但通常不能同时寻址。研究一个人的问题与处理她的问题是不一样的。我们自己需要把时间分配给这两种努力，就像我们的客户所做的那样。

举个简单的例子，我最难忘的客户之一，吉姆：一个正在康复的酒鬼，在他 40 多岁的时候，他接受了一个博士课程，并成功地获得了博士学位。他的毛病导致了他的酗酒，但对他正确的事情却导致了他的康复。其次，通过哲学咨询，他发现了更多与他相关的东西，这使得他获得了博士学位，计划和最终的博士学位。然而，即使在调动自己最好的智力能力的同时，吉姆仍不得不每天投入精力来驯服他最糟糕的上瘾冲动。所以他分配了两个必要的时间来解决左脑的问题"我怎么了"（吉姆的回答是："我是一个正在恢复中的酒鬼。"）和右脑的问题"我是对的吗"（吉姆的回答是："因为我正在戒酒，我也可以成为一名成功的博士生。"）。

现在有一个重要的洞察力：这两个互补的状态——我们有什么问题，什么是对的——不能也不存在于相互孤立的状态中。作为补充，它们是相互关联和互通有无的。如果它们是这样的，那么它们也是可转换的，一个变成另一个。事实上，它们在经验上是可以改变的，以至于在很多情况下，"简出了什么问题？"答复如下：

"简的问题是，她没有花足够的时间去研究什么是对的。"

只要社会被贪得无厌的经济利益所支配，那么消费者就会不断受到轰炸的问题是："你怎么了？"人们发现的问题越多，就会有更多的补救办法卖给他们。

但如果我们回到《雅典学院》的主题，以及它最初的标题——《原因的知识》（*Causarum Cognitio*），我们可以强调这次会议的组织者们在尖锐的征文中所暴露出来的东西：今天困扰发达国家的最严重的疾病不是来自生物的疾病，而是文化本身的疾病。

肥胖、厌食症、贪食症、抑郁症、多动症、孤独症、勃起功能障碍、其他性功能障碍、睡眠障碍、应激障碍、慢性疲劳综合征、社交焦虑和其他社会功能障碍，在各国或其重要部门都达到或正在达到流行病的比例。

　　然而，每当我们遇到流行病，我们需要解释流行病学。以生物学为基础的流行病，通常表现为病毒或细菌，对人类造成了破坏。鼠疫、流感、斑疹伤寒、黄热病、疟疾、脊髓灰质炎和艾滋病毒等流行病已经夺去了数千万人的生命。由于这类疾病是以生物学为基础的，因此它们的容器或治疗方法（在可能的情况下）取决于对各自流行病学的准确理解。这不可避免地归结为发现风险因素和其他相关因素，并最终确定确切的原因：[医]葛根素。只有了解真正的原因，我们才能可靠地进行干预，减轻或防止不良影响。

　　那么文化引起的流行病呢，比如肥胖呢？它的流行病学是什么？这种对不健康食品中极不健康的部分的广泛和贪得无厌的渴望，似乎是徒劳的尝试，以填补一个存在的深渊，或一种精神空虚。这些所谓的"舒适食品"是有毒物质，富含多不饱和脂肪、高果糖等。但肥胖本身并不是核心疾病，相反，它是一个隐秘问题的明显迹象。医学治疗正在治疗一种症状——肥胖——一种他们无法诊断的疾病，因为它不是生物学上的根源。

　　过度食用"舒适食品"的人一定是极度不舒服，佛教徒称之为"苦"的急性病例——生活固有的不满。一些佛教徒称之为"存在的痛苦"。吃垃圾食品和暴饮暴食给患者带来了一种明显的，即使是短暂的，舒适的感觉。然而，这种不满仍然存在，而且还在加剧，因为首先它不是身体的不适，而是现在变成了一个整体。过度食用舒适食品，只会加剧整体的不满，增加对更多舒适食物的渴望，从而使病情恶化。

　　每个人在生活中都会感到不舒服，就像每个人迟早都会感受到生存的痛苦一样。决定性的问题是，我们如何处理我们的不适和痛苦。所以。麦当劳汉堡包大学校园里的"教育者"愿意并能够向消费者灌输有害的恶习，而哲学践行者则愿意并能够向他们灌输美德。然而，我们的任务也是一项必要的任务。麦当劳已经卖出了数十亿个汉堡，苏格拉底助产士并没有为智慧的诞生提供任何便利。

　　因此，肥胖是美国——也是越来越多的西方——主导的健康问题。最令人苦恼的是它在儿童中的流行，以及青少年肥胖引起的诸如青少年糖尿病等生命周期缩短的疾病。在一个健康的社会里，以这种方式毒害和缩短子女预期寿命的父母和学校系统将被追究刑事责任。这是美国社会疾病的一种衡量标准，这种危害对儿童造成的伤害是被广泛接受的规范。除此之外，由于大型农业企业的经济和政治影响力，现在已经出台了反食品诽谤法，任何行使第一修正案（First Amendment）权利、公开批评不健康食品的人，无论是在一本书、电台、电视上，还是在网络上，都面临着一场旨在压制批评者、恐吓他人的重大诉讼的风险——批评者就是批评者。

　　虽然美国肥胖流行的逆转可能会受到人文疗法的影响——例如，通过电影《超级汉堡王》（Super Size Me），以及更深入的干预措施——让美国人生病的金钱利益也有能力让他们康复，以防这样做更有利可图。美国的健康保险公司现在认为，肥胖及其相应的疾病是不合理的管理成本。因此，他们开始在健康食品方面"权衡"，但这仅仅是因为利润动机。在美国，为了错误的理由做正确的事情，会给消费者带来卡夫卡式的后果。我的一个朋友，临床上肥胖，为了减肥需要做减肥手术。但是他的健康保险不会支付这个手术的费用，因为他没有足够的肥胖通过他们的测量。因此，为了获得减肥手术的经济保障，他不得不再增 10 磅。

图 12　麦当劳汉堡包大学

除非美国人愿意照照流行病学的镜子,否则他们将无法控制或治愈文化引发的疾病目录,这些疾病继续折磨着他们自己,以及许多发达国家。人文治疗面临的一个重大挑战是,揭露每一种文化疾病的流行病学,并通过共同创造空间来证明它们的遏制或治愈,在这种空间中,患者可以愉快地体验到长期的生存和习惯,而不是不断地强化自己的问题。

事实上,美国人正沉醉于深渊之中。美国军方最近的一项研究得出结论,超过 70% 的美国年轻人由于身体或心理残疾,或两者兼而有之,不适合服兵役。到底是什么让整整一代的年轻人在生理和心理上出了问题? 这只能是,他们作为人类的封闭强化了几乎一切可能出错的东西,而对他们来说,却是微不足道的事情。首先,从摇篮到坟墓,他们中的大部分人会看数万小时的电视,吃成千上万的汉堡包,但他们不会花一个小时在哲学上,也不会从哲学的丰富菜单中消化哪怕是一件作品。

如果尼采能见证这一切,他可能会说:"市场的上帝杀手现在正在杀害自己的孩子。"然而,如果不吸引一个外在的或拟人化的神人,就有可能体验宁静,而亚洲的人文主义已经向我们展示了如何做到这一点。

亚洲人文主义

我曾有机会提及亚洲古老的人文传统,尽管这些传统是不折不扣的。儒家、道教和佛教都被认为是人文主义,它们都早于在希腊诞生的西方古典人文主义,但毕达哥拉斯可能是老子和悉达多·乔达摩的同时代人。这三个人开创了轴心时代。

我不可能在这里公正地对待道教和佛教的发展,但必须顺便指出,它们和斯多葛主义一样,都是世俗的人文主义,它们声称在哲学咨询方面取得了很强的经验性成功——在我看来,在其他文化引发的疾病中,有三种最有力的补救办法,即精神破产。我们将在一个研讨会上更仔细地观察它们。它们为"苦"提供了强有力的解药,而且还规定了有助于平静产生的做法,主要是通过消解明显但不真实的"自我",而后者的渴望正是痛苦的根源。

正如我先前所断言的那样,道教和佛教的统一原则贯穿于我们大脑所能认知的每一个生存领域。这是一幅精彩的插图,2005 年夏天,我顿悟过来。考虑一个典型的佛教艺术表现,在印度风格,在佛陀被菩萨、动植物所包围。显然,这幅画,连同它所代表的佛法,是整体右脑的创造性产物。

图 13 右脑佛　　　　　　　　　　　　　图 14 曼德尔布洛特集:左脑佛

现在再考虑另一幅图片,完全植根于左脑。这是一幅由法国数学家和分形几何学家曼德尔布洛特(Benoit Mandelbrot)在 20 世纪 70 年代才发现的一个重要数学物体的计算机图像。为了纪念他,它被称为"曼德尔布洛特集",它是混沌理论基本(且可无限扩展)的对象。

从整体右脑的角度来看,修持世俗的人文主义佛教是一种很好的方法,可以在混乱中找到存在的飓风的平静和宁静之眼,这是一个秩序的区域。在还原论左脑术语中,一个简单的迭代数学方程产生了一个无限深的混沌井,其中包含了无限多个自身的复制,以及自己的复制品。我们可以用电脑工具,剥去数以百万亿计和数万亿层的这无限的混乱洋葱,而不取得任何进展的核心。然而,我们知道那里存在着什么:在被称为"混沌"的飓风的眼睛里,我们只遇到了混乱本身的根本目标。那它是什么形状的? 在我看来,它就像一个分形佛像。

我再说一遍:曼德尔布洛特集只不过是一尊分形佛像。或者,如果你愿意的话,佛陀只不过是分形几何学的化身,它代表着混沌的中心,贯穿着无限的存在领域。总之,佛教提供了一个强大的统一原则,能够整合因果分离的左脑和右脑的描述,甚至对自己的描述。

图 15 佛陀与分形佛

佛教是一种强大的亚洲人文主义,它对人类的苦难和社会的混乱,具有普遍的宣泄作用,并对其加以缓解。难怪佛教在西方吸引了这么多的业外修行者,在那里,佛教给予他们庇护,让他们从每天围困他们的文化引发的疾病中获得持久的解脱。平易近佛无疑是一种人文主义,它的实践是一种以人文为基础的治疗,甚至它的副作用也是有益的。

意大利文艺复兴与亚洲佛教相遇

我们从意大利文艺复兴时期出现的人文主义开始,我们以两千年前从亚洲佛教中出现的人文主义结束。现在请允许我也用佛教来关闭这个循环。意大利文艺复兴与亚洲佛教在哪里相遇?我们发现一个优雅的相遇在一个巨大的丝绸屏幕上,它装饰着东京创价大学(Soka University,Tokyo)主礼堂的舞台。

值得注意的是,它是拉斐尔的《雅典学院》的丝网复制品。它是由创价大学的创始人和国际创价学会主席,即池田大作(Daisaku Ikeda)委托安排的。由于与池田主席的对话已以日文出版,并将以英文出版[7],我可以问他为什么选择那幅画。毫无疑问,他所能借鉴的亚洲古典艺术并不短缺。

池田主席的回答分为两部分,两部分都与人文疗法有关。首先,他想知道,把苏格拉

图16　东京创价大学的丝网《雅典学院》

底描绘成柏拉图在《泰阿泰德篇》中所做的，是否是正确的？助产士在他人中孕育智慧，我们都以智慧为本怀孕了，但她的出生可能需要哲学助产。我肯定这是一个标准的陈述。因此池田主席观察到苏格拉底助产士的作用在大乘佛教中有一个精确的相似之处：即一种菩萨。他对苏格拉底人的佛教观点，从莲花宗对《莲花经》的解读中得知。承认他们（和我们）作为帮手，因此菩萨，尽管他们（和我们）可能出现不同的文化伪装。

但是拉斐尔的画对池田也有特殊的意义，就像它对我们一样。他对21世纪的愿景是，全球村将出现新的人文主义复兴，提升人类的愿望，减轻文化引发的疾病，恢复福祉。和我们一样，池田主席也在努力重塑这种新的人文主义精神，问"你有什么权利"，并帮助动员正义的能量。这也是人文疗法。

他放置的丝网可能也是一个预言，因为它描绘了站在亚洲舞台上的西方哲学家和其他人文主义者。今天我们来到这里，就在那个丝屏挂了几十年之后：西方哲学家和其他站在亚洲舞台上的人文主义者，帮助重新再现了新的人文科学复兴。

最后，我们站在人文主义第四阶段的门槛上，我们可以合理地称之为"人文疗法"。我们已经看到，在意大利文艺复兴时期，古典人文学科的重新发现和研究（至少是暂时的）是如何调和神学和哲学之间的裂痕的。我们已经看到，这导致了启蒙运动的人文主义，它同样地和暂时地调和了神学和科学之间的裂痕，同时也加剧了以机械论和虚无主义破坏人文主义的悖论。我们已经看到世俗的人文主义（如存在主义）试图在一个偶然的无神宇宙中恢复意义、价值和目的，却被行为主义所掩盖或被后现代主义所解构。我们也看到了后现代和后基督教的解构如何剥夺了人类人性的最后残余，留下空壳被诊断、下药、肥胖和非人化的技术官僚统治吓呆了。

我们的集体反应是将人文精神重新表述为人文疗法,将西方文明和亚洲文明的最佳传统和实践结合在一起。我们的使命,像过去一样,不是别人的菩萨方式,无论是苏格拉底、老子,还是佛陀。我们必须冒险进入柏拉图的洞穴,解开那些被锁在它阴冷的墙壁上的人,每天诊断和下药,教导他们沉溺于文化制造的功能障碍中,生活在对他们的人性及其神奇潜力的无知中。

我们在这里不是为了否认科学能肯定什么,而是为了肯定科学不能否认的东西:作为一个完全的人,我们必须体验人类本身。人文治疗师面临的挑战既是紧迫的,也是全球性的。在你工作的任何领域,你的努力对于帮助恢复对与生俱来的天赋的理解,是至关重要的。人的生命既不是疾病,不是诅咒,也不是意外。这是一个宝贵的机会,繁荣的感觉,创造价值。因此,让我们加倍努力,帮助人类繁荣昌盛,在一个被妄想蒙蔽、被幻灭毒害的世界中恢复福祉。我们站在新的人文复兴的先锋:一个吉祥的时间和地点采取重大的步骤。

注释

[1] https://www.ibiblio.org/expo/vatican.exhibit/exhibit/c-humanism/Humanism.html.

[2] https://www.ibiblio.org/expo/vatican.exhibit/exhibit/c-humanism/Humanism.html.

[3] https://en.wikipedia.org/wiki/The_Two_Cultures#cite_note-Nature-9.

[4] 如参见 A. Tucker. Bully U: Central Planning and Higher Education. *The Independent Review*,2002(17),No.1: 99-119.

[5] https://en.wikipedia.org/wiki/Humanities#cite_note-33.

[6] https://en.wikipedia.org/wiki/The_Two_Cultures#cite_note-Nature-9.

[7] Daisaku kdeda, Lou Marinoff. *The Inner Philosopher*: *Conversations on Philosophy's Transformative Power*. Cambridge,MA: Dialogue Path Press,2012.

[作者简介]娄·马里诺夫(Lou Marinoff)是纽约城市学院的哲学教授,美国哲学践行者协会(APPA)的创始人兼主席,也是 APPA 杂志《哲学践行》的编辑。到目前为止,他已经出版了 10 本书、22 本书的章节内容以及 30 多篇学术论文。他最受欢迎的著作《柏拉图灵丹》以 27 种语言出版。《纽约时报周末版》杂志称他为"世界上最成功的哲学咨询营销者"。他与全球多家组织合作,以有助于建立和平、繁荣与和谐的文化,包括 Biovision(里昂)、Ducere(堪培拉)、Festival of Thinkers(阿布扎比)、Horasis(苏黎世)、Soka Gakkai International(东京)、Strategic Foresight Group(孟买)和世界经济论坛(达沃斯)。他是个人自由的坚定捍卫者,也是世俗和神权政治的极权主义意识形态的无情批评家。马里诺夫教授早在一年前(2000 年)就预见到了 911 事件。他在 2007 年发表的论文中预测了 2008 年的经济崩溃、欧洲的伊斯兰化、民粹主义的兴起以及欧盟的最终解体。他在 2016 年公开预测了英国脱欧和唐纳德·特朗普(Donald Trump)当选。

原文出处:Lou Marinoff, "Humanities Therapy: Restoring Well-Being in an Age of Culturally-Induced Illness", Keynote address, in *Proceedings of the 11th International Conference on Philosophical Practice*, Humanities Institute, Kangwon National University (2012), 27 – 48.

(王志远　译)

作为政治激进主义的哲学践行

娄·马里诺夫[1]

导　言

亚里士多德正确地把人归类为一种"政治动物"(*Politics*, 1253a1)。就哲学践行者而言,他们的日常事务部分或全部是在给定的城邦(polis)内进行的。他们在政治、神学和意识形态的约束下工作。这些反过来预先配置和部分预先决定了任何专业实践的性质,也预先定义了从业人员在其客户中可能遇到的一些问题。但是,根据哲学固有的指导之光来实践哲学——理性的探索、对美德的热爱等等——很可能会在某一特定城邦的政治、神学或意识形态约束下擦肩而过。当他们这样做的时候,哲学践行者必然会成为政治活动家。

理论哲学与哲学践行

实际上,学院的每一门学科都有理论分支、经验分支或应用分支。一个人可以学习纯数学或应用数学,以及各种理论或实验科学。人文与艺术也是如此。一个人可以学习批评理论或创造性写作,音乐学或表演。但是哲学呢? 目前占主导地位的哲学学派——美国的分析学派和欧盟的大陆学派——在显著的实质性方面存在分歧,但至少有一个共同点,即它们缺乏实际应用。

至少在美国和加拿大,也许在欧盟和亚洲,应用伦理学已经成为这一不适用的领导规则最成功的例外。应用伦理学家不仅接受哲学思考的训练,而且还接受实践哲学本身的训练。脱离纯粹沉思(除了自己的先决条件和预设之外,一切都脱离了一切),伦理学家、应用伦理学家,对现实世界中涉及对潜在或实际大规模选民产生明显后果的交易,进行规范分析。仅用了几十年的时间,应用伦理学就成了学院内一个自我维持的甚至是一个创收的增长行业,并证明了哲学能够在象牙塔之外实现多样化的应用。

人们可能会倾向于断言,女权主义在这方面甚至更成功:一方面,它包括对女权主义哲学的研究,另一方面,它的应用——社会各阶层的女权主义者——是哲学践行和政治行动主义的结合。然而,有一个显著的区别:应用伦理学是由哲学家们为改善人类社会而实行的;而女权主义则主要是由女性哲学家来实践,主要是为了推进女权主义的政治议程。

应用伦理学的主要目的是解决在职业实践中出现的道德问题,这些问题以某种方式,几乎影响到政治主体中的每一个人。应用伦理学本身并不包含政治激进主义,但可能会被纳入其中。女权主义从一开始就意味着政治激进主义。应用伦理学追求公正的理性话语;许多女权主义者向往新马克思主义辩证法的纠正(例如参见 Hoff Sommers,1995)。一个人可以是一个忠诚的应用伦理学者,而不参与政治行动主义;而一个人如果没有不断地参与政治行动主义,就不可能是一个忠诚的女权主义者。其中有一个难能可贵的区别。

哲学践行介于这两种情况之间:大多数哲学践行者都是为了造福人类遗产,广义上说,是为了向他们的客户——个人、团体和组织——提供各种不同的服务。大多数哲学践行者没有意识形态议程,而是规范的、阐释学的或解释学的。

哲学践行不应与法律、医学或心理实践混为一谈。它的首要目标是教育。然而,当政府或大学行政当局本身要求对哲学践行的性质进行教育时,从业者必须做好参与政治活动的准备。为什么?因为政府和大学管理部门有时是学习最慢的学生,可能需要进行补救,以便消化必要的教育课程。

一般而言,应用伦理学往往是一门反应性学科:每当预期或实施新的科学、技术或人类干预措施时,或在灾难性事故(如博帕尔、埃克森瓦尔德斯、切尔诺贝利、福岛)要求对标准作业程序,进行多学科评估和纠正之后,规范性问题就会出现。应用伦理学家帮助为公众辩论提供信息,并最终影响与特定科学或技术的道德适用以及防灾或减灾有关的政策制定、监管或立法。因此,规范性调查最终会产生政治影响,因此应用伦理学家确实可以成为政治活动家。

举个例子,我记得在加拿大温哥华教过一门关于环境伦理的课程,当时围绕着英属哥伦比亚老森林的采伐进行了激烈的辩论。一些抗议者在"尖刺"树木[2];另一些则破坏伐木设备本身。伐木者和抗议者之间发生了暴力冲突,逮捕、媒体报道和公众讨论。我的学生一致反对这些伐木行动,但同时他们也试图找出合乎道德的正当方式来表达他们的反对意见。我们的环境伦理学课程成为探索这一问题的理想工具,这导致了对梭罗1849 年的《论公民的不服》(*Civil Disobedience*)的仔细阅读。最后,学生们决定刺树或破坏设备。在道德上是没有道理的,而把自己拴在树上是有道理的。他们就这么做了。这个例子说明了环境伦理学如何才能融入环境行动主义,这是一种政治激进主义。

环境伦理的真理在应用伦理学的各个领域都是正确的。当一个有争议的社会或政治问题——例如堕胎、安乐死或医用大麻——在课堂上被研究和讨论时,它是在应用伦理学(在这种情况下,是在生物医学)的支持下进行的。但是当一个人试图做出改变生活的决定时,不管是堕胎,理性自杀,还是转移到合法获得大麻的状态,那么这个问题就不再是抽象的,因此这个人可能会从哲学咨询中受益。应用伦理学侧重于问题;哲学咨询侧重于处理这些问题的人。除此之外,处理这些问题的人可能决定争取社会或立法上的变革,在这种情况下,应用伦理学和哲学咨询本身就可能成为政治行动主义的一部分。

危机中的人文

哲学践行是在危机中的人文背景下出现的。在美国和英国，如果不是在更广泛的欧盟，人文学科的货币——因此也是资金——明显贬值。这一趋势是由许多因素驱动的，包括学院的外部和内部因素。

外部因素包括：视觉和数字传统对文字传统的破坏和取代；普遍但错误地认为科学和技术是人道主义问题的灵丹妙药；人类状况本身的必然病理化和医学化；随后对症状（症状学）的诊断被具体化为"疾病"，以及对日常人类投诉的反射；日益极权主义的西方政府的官僚和技术官僚机构以及控制他们的商业利益集团正在对公民进行非人化的"精神控制"。

除其他外，这些外部因素导致了一系列文化引起的流行病，包括注意力缺陷多动症、欺凌、抑郁、社交焦虑症、肥胖和饮食失调、睡眠障碍、慢性疲劳综合征、性功能障碍和重复性应激障碍。所有这些问题都被诊断并服用了药物，就好像它们的根本原因是生物学的——事实上它们不是。在许多情况下，这种不当行为的净影响是使流行病本身恶化。在德国，这些流行病被称为"文明疾病"；在日本被称为"生活方式疾病"；在瑞典被称为"富裕疾病"；在美国被称为"富裕疾病"（例如参见 Marinoff, 2012）。

内部因素包括：人文科学课程本身的政治化，由激进的新马克思主义者和新托洛茨基主义的理论家主要涉及传播旨在削弱和破坏西方文明的有毒理论；对这些理论的支持——而不包括所有其他——由极权主义的大学管理当局将政治正确的制度强加给教职员工和学生，并要求遵从一系列的反人类神话和功能失调的教条，目的是用人文、社会科学和其他领域的政治灌输取代高等教育（例如参见 Kors & Silverglate, 1999; Kimball, 2008）。

这些因素导致法医会计师和被误导的行政人员削减或取消对人文课程的资助，这当然对哲学课程也有直接影响。纯粹的分析哲学家和纯粹的大陆哲学家，虽然被不可逾越的形而上学的鸿沟隔开了，但同样也没有能力躲过猛烈的财政风暴。他们完全专注于自己的理论问题，无论是在他们的部门之外，还是在他们期望得到长期支持的更大的社会经济矩阵中，他们都无法吸引无法就业的内向者或其他（在新马克思主义者及其女权主义者的例子中）被灌输思想的社会政治活动家的领袖。

哲学践行为推动文化流行的外部因素和内在因素提供了补救，即使不是古典人文学科的消亡，也是导致贬值的内在因素。

哲学践行：形式与实质

关于哲学践行的理论、模式、方法、技术、目标、客户等方面，有大量和日益增多的文献。但在此，我希望集中讨论哲学践行的形式，以期阐述哲学践行者可能被迫发挥政治活动分子的额外作用的背景。

一般而言,从业人员与个人(作为咨询师或顾问)、团体(作为对话促进者)或组织(作为顾问)一起工作。普遍的政治条件和统治精神总是决定着最初接受或拒绝不同形式的哲学践行。

为了商业或职业目的而在全球旅行的人都很清楚,虽然人性本身是普遍的,但公民之间和公民之中的互动,以及公民的个人和集体愿望,如果不是从摇篮到坟墓,都受制于每一种城邦内部的地方和国家规范。

这些不同规范对全球旅行者的净影响是传达一种印象,即每一次跨越政治边界,人们都会踏进一种封闭的文化泡沫,这种泡沫不仅会使其居民以一种特定的方式看待世界,而且还会以与他们的特定世界观相一致的方式行事,虽然很可能与世界上流行的观点不一致——其他的,甚至邻近的文化泡沫。

当涉及哲学践行时,这种差异的含义是清晰的,既有实践者及其客户的概念,也有实践者及其组织的运作。

哲学咨询与政治激进主义

哲学咨询在世界各地越来越多的不同政治中吸引了公众的想象力,但受到统治当局的不同接受,这再次取决于流行的文化规范。

一般来说,在欧盟,植根于文化底蕴中的长期哲学传统使知识分子认识到,某些类别的人类问题要么是内在的哲学问题,要么是哲学(以及其他可能的)方法。由于欧盟国家的诉讼远不如美国,而且由于欧盟社会民主国家的医疗保健基本上是一项权利,而不是一项特权,哲学咨询基本上没有义务对共同专业人士进行"地盘战",也没有成为政治禁令的目标。

不过,有一两个例外当然值得注意。在德国,上世纪 90 年代末,联邦议院起草了一些相当笨拙和过于宽泛的立法,以遏制与"精神控制"(尤其是科学论派,可能还有穆尼派)相关的组织或"邪教"的做法。但这一立法的措辞过于夸张,以至于它无意中,将格尔德·阿亨巴赫(Gerd Achenbach)和他的同事们所做的哲学咨询行为定为刑事犯罪。1998 年,格尔德征求了我的意见,我建议他采取政治行动,通知当地的联邦议院代表,并游说对立法草案进行适当的修订。由于阿亨巴赫和他的同事们至今仍在实践,而且没有为此受到法律起诉,我认为德国的反邪教立法经过了适当的修改,以避免将哲学践行定为非法。

最近,在英国,心理学家试图公开"攫取权力",他们暂时诱骗立法者起草一项法案,将"咨询"定义为一种纯粹的心理实践,而排除了所有其他行为。与上述过于宽泛的联邦议院法案相比,英国的立法会将"咨询"的含义缩小得如此之大,以至于有执照的心理学家会在法律上占有了并垄断这个词。

这就要求英国哲学顾问采取直接的政治行动,他们很幸运有萨姆·布朗(Sam Brown)担任他们的领导人。萨姆写了一篇关于"顾问"含义的精彩论文,在这一过程中确定了不少于 16 种在英国历史上和专业上得到承认的咨询类型,其中没有一种是心理咨询本身（Brown，2010）。萨姆的论文单枪匹马地说服英国立法者不要让心理学家垄断"心理咨询"这个词。

如果哲学咨询即使在德国和英国这样的国家也能遇到潜在的立法禁令，那么想象一下，在当代美国，哲学咨询可以遇到哪些障碍，从市场竞争、与心理学的混淆，到极权主义大学管理者对人们为自己思考的前景感到恐惧。这些国家强大的哲学传统为启蒙运动提供了如此强烈的信息。在美国，开拓性的哲学顾问遇到了一片雷区，他们被迫从一开始就参与政治活动。

哲学践行与美国风格的政治激进主义

讽刺的是，美国城邦的一个最初的定义是它著名的缺乏一个古老的政权。没有需要连根拔起的土著政治机构（与此不同于法国的例子），13 个殖民地是由革命的政治活动家联合起来的，他们也可以被称为哲学践行者。托马斯·杰斐逊在其 1776 年的《独立宣言》中有效地体现了洛克政治哲学的核心原则——一种最终富有成效的哲学践行的混合体政治激进主义。不应该忘记，杰斐逊也是美国哲学协会的成员，后来也是美国哲学协会的主席。更具民粹主义色彩的是汤姆·潘恩的小册子，特别是他 1776 年的专著《常识》（Common Sense），引发了美国革命的普遍原则和价值观的象征。

然而，当代美国呈现出一幅不同的画面：不再让人想起早期的罗马共和国，而是正在崩溃的西方罗马帝国。今天的美国提供了一种不间断的景象：由文化引起的流行病、功能失调和破产的政府机构、腐败和贪婪的金融机构、经济两极分化、没完没了的文化和性别战争、自由落体的公共教育、新罗马人的公共教育。面包与马戏——例如垃圾食品和垃圾电视——让群众目瞪口呆。如果这还不够的话，美国人仍然保持着对流氓国家的不信任，因此"星条旗"已经成为全世界恐怖分子的主要目标。

所有这些云彩背后的一线希望是 1997 年在纽约举行的第三次国际会议之后对全球哲学践行运动的推动。在此之后，纽约媒体掌握了哲学咨询的理念，于是世界上许多国家的媒体都在复制和重新传播他们的报告文学。[3]

这种"药膏中的苍蝇"是美国媒体不断需要引起争议的原因。虽然坏消息本身总是卖得很好，但好消息（显然）需要加油和盐腌，才能使味觉愉悦。因此，美国媒体抓住了一个达到商业目的的口号，但却对我们的教育事业造成了深远的损害。他们一再鼓吹哲学咨询是"一种有争议的新形式的心理治疗"（例如参见 Marinoff 2005）。

个人电脑本身是否有争议？我们的许多客户都没有从中受益。它是新的吗？几乎没有。我们的许多理论和技术可以追溯到 2500 年前，古希腊、印度和中国的哲学传统。是心理治疗吗？不，这是教育。从这个角度来看，媒体完全相反：现代心理治疗是一种有争议的新形式的哲学咨询。

除了少数值得注意的例外，教育美国媒体的尝试基本上失败了。虽然政府和大学管理人员有时只是学习迟缓的学生，但媒体靠给轻信的人喂食每天扭曲的声音字节来维持生计。身体政治。苏联有两家主要的日报：《真理报》（Pravda，意为"真理"）及《消息报》

(*Izvestiya*,意思是"新闻")。俄国人常说:"*V Pravde net izvestiy,v Izvestiyakh net pravdy.*"即在真理中没有任何消息,在消息中没有任何真理。美国新保守主义者于是合理地给《纽约时报》取了"真理"(Pravda)这个绰号。

美国媒体持续十年的口号——哲学咨询是"一种有争议的新形式的心理治疗"——被美国人不加批判地吸收了,因为大多数美国人自己从婴儿期到衰老都是精神病学家,在他们的一生中从来没有遇到过哲学。由于成功的政治激进主义,心理咨询专业在 20 世纪以研究生课程和许可的形式,得到了大学和政府的不懈赞助,以至于(直到最近)美国人还认为,每个非医学的人类问题都是默认的心理问题。

鉴于这种贫穷的状况,许多心理咨询心理学家自己就倾向于将哲学顾问视为人类心理领域内的无证"偷猎者",其中一些人开始警告无知的大学管理人员,声称没有证据(因为没有证据),见过哲学顾问的人很可能会出现心理问题,甚至可能自杀。

因此,在 2000 年,正当新闻媒体引起对哲学顾问的需求时,我自己的大学——纽约城市大学(CUNY)突然关闭了我在纽约城市学院(CCNY)的哲学咨询研究,一夜之间由法令终止。没有讨论,也没有提出任何理由。纽约大学高级政府单方面和不当地否决了一个联邦批准的研究项目,据称是因为一些心理学家的抱怨。我从来不被允许知道那些提出指控的人的身份,也不知道指控本身的实质内容。

我曾在校园里为研究对象提供咨询,没有发生事故或投诉,并得到了学院伦理审查委员会(IRB)的明确许可,该委员会是由联邦监管法律组成并授权的机构。在美国的诉讼环境中,机构审查委员会旨在保护人类的研究对象和进行这项研究的机构。纽约城市学院的机构审查委员会已经确定,哲学咨询对学科不构成任何风险,事实上,我的开创性研究方案后来被几所美国大学的从业人员成功地采纳了。[4]

与此同时,关于赞助纽约州哲学顾问许可的迪亚兹法案(*Diaz Bill*),是由当时的议员和现任布朗克斯区主席小鲁本·迪亚兹在纽约州立法机构提出的。

由于纽约城市大学不愿亲自与我交谈,也不愿恢复我联邦批准的研究,所以我最终起诉了纽约市立学院的签字人联邦法院的非法禁令。根据宣誓,每名被告都出卖了他的上司,直到纽约城市大学院长正式宣誓的证词指向纽约城市大学的法律事务副院长办公室。法官对此犹豫不决,驳回了此案。不管怎么说,他都是被收买并付钱的,他不允许仅仅是一位副教授,即使不是议长本人,也不会将一位崇高的副校长拉下马。但是我赢了一场上诉,所以我的律师发现了更多的确凿证据,这使法官惊慌失措,又一次把案子扔了出去。

与此同时,艾略特·斯皮策(Eliot Spitzer)的办公室为各种恶棍辩护。斯皮策当时是纽约州的总检察长,后来当选为州长,不久就因将妓女从纽约州运送到华盛顿特区而不光彩地辞职。尽管一些纽约人钦佩斯皮策对该州的忠诚,但他们不能忽视斯皮策经常表示忠诚而犯下的多项重罪。斯皮策被"判"社区服务:他被迫在城市学院任教一年,而不是被判入狱!(法律和公共政策,而不是道德。)让他当同事至少是一种诗意的公正。

但事实上,我仍然是纽约大学的政治犯,因不爱"老大哥"而被判无期徒刑。我不是一个人。任何一位反对政治正确性的愚蠢暴政的教授都是美国古拉格人的政治犯。

旋　潮

　　几年后,在撰写这篇文章时,已经取得了进展。在美国,哲学顾问现在活跃在几十个州。许多大学的哲学家都在教授、研究和实践哲学咨询。有一种新兴的专业文学。最重要的是,一大批年轻的哲学系学生渴望自己成为实践者,对研究生课程的需求也在激增。这类项目已经并正在建立,主要是在欧盟和亚洲。

　　在美国,就连一些最初强烈反对我们的心理学家现在也承认,我们已经在一个可信的专业领域中开辟了道路,我们没有"侵入"他们的"地盘"。

　　因此,现在的趋势可能正在扭转。2013 年是"分水岭"年,在此期间,几个突出的活动为西方哲学咨询的发展提供了有利条件。例如,2013 年 3 月《纽约时报》认定医药行业宣传是多动症的"主要原因"[5]。2013 年 4 月,强大的国家心理健康研究所(NIMH)拒绝了 DSM 病毒,要求明确病因,而不是诊断"一系列症状"[6]。2013 年 6 月,世界多动症大会辩论:"多动症是一个有效的诊断吗?"[7]同样在 2013 年 6 月,艺术和科学促进协会(AAAS)向美国国会提交了一份报告,称人文学科的边缘化是文化衰落和社会弊病的主要原因[8]。总之,15 年前哲学践行者们所遇到的麻烦,现在每个人都在述说着。

　　因此,在外部事件的鼓舞下,我开始了堂吉诃德式的探索(或傻瓜的差事),在纽约城市大学建立一个应用哲学硕士课程。即使没有我在美国最大、最腐败、最官僚、最不负责任、最政治化、最极权主义的城市大学里,在纽约城市大学攻读硕士学位通常需要 5 年("五年计划",同志们)。这段时间大部分时间都花在推送数百页文件上。这些文件是按照极其苛刻的指导方针精心制作的,是针对那些需要大量文书工作却不费事地阅读文件,或毫无理解力地阅读文件,或每一次都怀有恶意和反对态度的官僚们。尽管美国哲学执业者学会和我被来自美国各地和国际社会的热切而充满希望的哲学专业学生的书面申请淹没了,但纽约大学对每一项提议的一致反应都是一卡车繁文缛节。

　　纽约城市大学是纽约州公务员制度的一个分支——一个糟糕的高等教育治理模式——如果有这种模式的话。纽约州的政治和行政机构本身功能失调、腐败和破产。纽约城市大学控制着 20 个校园(城市学院、亨特学院、巴鲁克学院和研究生中心等),超过 45 万名学生全部收费。纽约城市学院是该校的旗舰校园,从 1847 年到 1960 年,一直是一所独立的名校,后来被纽约城市大学吞并。执掌纽约城市大学的独裁者们对教职员工和学生都极其鄙视。他们经常破坏和任意摧毁任何不喜欢"老大哥"的教授的内部事业。

　　我只是纽约城市大学对自己教员进行报复战争的无数受害者之一,而纽约大学不过是美国最大的城市例子,体现了残酷愚蠢的极权主义行政文化,这些文化从东海岸到西海岸管理着高等教育。日复一日,我们看到的例子变得越来越超现实,随着时间的推移,甚至斯威夫特、赫胥黎或奥威尔也很难讽刺他们。我最近的最爱包括:2013 年 9 月 17 日——美国宪法日——加州莫德斯托学院(Modesto College,California)的学生被禁止在校园里分发美国宪法。[9]

　　美国毛派大学的管理人员对第一修正案感到恐惧和厌恶。他们不希望学生读到它,并把它当作持有未经大学事先批准的政治观点的许可证,或者——天堂前兆——与哲学践行者就这些问题进行对话。

由于这种对美国高等教育自由思想和言论自由的系统性和长达几十年的破坏,再加上课程的不断政治化,美国文化本身正在不可逆转地变成"脑死亡"。

亚洲的哲学践行与政治激进主义

现在,让我们简要地将美国令人遗憾的事态与大韩民国和中国的事态发展进行对比。

韩国人一般都受过高水平的教育。韩国拥有许多优秀的大学,韩国哲学家在分析大陆哲学传统以及亚洲本土哲学传统方面都表现出学术上的精通。

在 21 世纪初,在哲学咨询中流行的开创性著作的韩语翻译的推动下,一群富有创业精神的韩国核心哲学家将注意力转向了这个新兴领域,并对其在本国的潜力感到兴奋。

他们开始与成熟的西方从业者参加国际会议和培训方案,然后成立了自己的全国协会,并于 2009 年在春川江原国立大学(KNU)举行了首届哲学践行和人文治疗国际会议,由杨教授组织。这次会议得到了克伦大学及其富有远见的人文学院院长李大丰的大力支持。它吸引了许多与会者,包括来自亚洲和西方的主要从业人员。[10]

韩国人受到这一成功的大会的鼓舞,并得到了学校和政府的积极支持,同时迅速加深了基础,开阔了视野。在深化方面,他们在江原国立大学开设了哲学践行和人文治疗的研究生课程。在扩大范围方面,它们由两个不同的政府部委——教育部和国防部——资助,以开展哲学咨询方面的研究项目。国防部正在赞助对非军事区前线部队进行哲学咨询的研究:那些被征召来面对朝鲜长期军事威胁的年轻人。毫无疑问,他们中的许多人对这一长期困境的性质、他们正在捍卫的价值观以及跨界系统的价值提出了哲学问题。教育部正在赞助一项为朝鲜政治难民提供哲学咨询的研究,这些难民成功逃脱,并在韩国获得了政治庇护。他们需要完全重新定位他们的世界观,以便理解和利用民主的南方的基本自由和联合机会。这两个客户群都不是"精神疾病",尽管两者无疑都会吸引DSM 的诊断。

不用说,这些都是哲学工作者的开创性项目,如果没有三股至关重要的力量联合起来,就不可能开展这些项目:第一,哲学家本身的社会企业家精神;第二,支持他们的开明的大学管理当局;第三,推动他们研究的精明的政府机构。

韩国哲学践行的这种快速发展也受到了哲学家们自己的政治立场的推动,这一立场必然意味着实践是一种能动主义。韩国从业人员注意到,目前削弱西方化文明的"文化引起的流行病"是由不健康的生活方式、不健康的价值观和培养人的潜力的全面失败造成的。他们认为,对这些疾病的诊断和下药显然是无用和荒谬的,他们极力反对西方心理学,认为这是一种亚洲人不需要的文化或意识形态帝国主义。为什么? 因为在预防和扭转文化引起的流行病方面,亚洲人有着丰富的本土哲学传统——例如道教、儒教、佛教,这些传统比西方心理学更为深刻和有效。

中国香港、中国台湾和中国大陆也出现了类似的兴趣，大学和政府也同样希望在本土哲学传统的基础上进一步发展哲学咨询。

即使在亚洲文化中最具灵性的印度，我们也开始看到西方化带来的积极和消极的负面影响。随着日益全球化的印度国内生产总值的上升和中产阶级的世俗化，印度正受到类似的文化引发的流行病以及西方心理学和心理药理学的常见伪装的困扰。因此，哲学咨询运动正在印度慢慢兴起，尽管被大学和政府接受的速度可能不如东亚地区那么快。[11]

团体促进与政治激进主义

哲学践行的第二个层面是群体促进。对于成年人来说，这往往是苏格拉底式对话的形式。还有一场全球范围的儿童哲学运动。不太正式的是，咖啡厅（或哲学咖啡馆）在许多国家和文化中仍然很受欢迎。团体调解在多大程度上牵涉着或意味着政治激进主义？

咖啡馆

考虑一下哲学咖啡馆，其当代模式的创始人是马克·索泰（Marc Sautet）。显然，他离开索邦咖啡馆，是因为对当代学院官僚主义的瘫痪、被割除的政府以及如此多的哲学系的垂死状态感到失望和厌恶，建立了巴黎哲学咖啡厅——这是许多人通过他的咖啡厅分享的哲学观点——索泰能够恢复一种感觉：做哲学，通过这样做激励他人更多地思考哲学。当这在城邦内的公共空间中展开，类似于集会（agora），它在精神上是苏格拉底式的，因此也是一种政治激进主义。更重要的是，索泰的例子显然产生了大量的副本，以至于在巴黎最流行的时候，一个人很难踏进咖啡馆而不被一个哲学家绊倒。经营哲学咖啡馆的哲学家相对较少人具有马克·索泰的品质，而且很多人——我听说——仅仅是煽动者：政治理论家，而不是苏格拉底式的小玩意。

尽管如此，索泰还是将咖啡馆提升为一种艺术形式，并在全球范围内迅速发展。从荷兰的德里斯·博尔（Dries Boele）到阿根廷的罗珊娜·克莱默（Roxanna Kreimer），许多技术娴熟的促进者都能够通过这种媒介赚取日常的面包。

我在曼哈顿的一家书店经营了七年的"哲学家论坛"，作为一项公共服务，我可以告诉你，政治辩论是我们以参与者为主导的议程的首要议题。与美国政治化大学的校园相比，在书店的公共空间里，曾经可以享受到更坦率、更诚实的讨论。

儿童哲学

多亏了新泽西州蒙特克莱尔州立大学的马特·利普曼（Matt Lipmann）的开拓性努力，儿童哲学也在全球范围内迅速发展起来。马特对这一努力的最初设想肯定会引起政治反响，而且它似乎成功得如此之好，注定要失败。马特的项目是一个小型的苏格拉底式探究者,孩子们——鼓励他们在课堂上保持哲学——无情地质疑他们的其他老师和他们的父母,这使他们比整个系统所能应付的"麻烦"更多。

然而,文化语境在哲学践行中做了一些有趣的事情。儿童哲学正在日本兴起。这一成功在一定程度上是由于2011年3月的地震和海啸造成的灾难,这次地震和海啸摧毁了东北地区,并损害了福岛的核反应堆。尽管日本工人、管理人员和志愿者在核危机和民用危机中做出了英勇的努力,但日本政府显然缺乏准备,试图掩盖事实,以及灾难的严重程度,但仍有许多问题没有得到解答。

归功于日本哲学家和教育家河野哲也(Tetsuya Kono),他在立教大学(Rikkyo University)发起了苏格拉底式的学校对话,鼓励他们以哲学的方式讨论和理解这些问题。这是一个巨大的成功。

这与日本绝对缺乏哲学咨询相对照,日本根深蒂固的团体和谐精神排除发表个人意见,至少在个人了解该群体的立场之前,这样他或她就可以发表与之相一致的意见。一些日本哲学践行者形成了这一规则的例外,事实证明,日本儿童愿意质疑官方声明,并在哲学家的鼓励下表达自己的观点。在日本,对儿童的哲学即使不是政治激进主义,也等同于文化活动。

老年人哲学

事实证明,另一个日本选区愿意进行团体对话,也就是那些失去家园、被安置在政府临时住所里的灾难幸存者。2013年,我访问了陆前高田市(Rikuzentakata)原先的一个渔村,该渔村在2011年被洪水淹没,并被54英尺的海啸摧毁。在那里,我遇到了一群活跃的老年人在他们临时的社区会议室。他们已经在政府的避难所里住了两年了,在洪水平原上方的山丘上预制了房屋,等待着永久住房的建造。

这些老年人很高兴一个局外人对他们表现出了兴趣,他们愿意——在一个团体里——谈论他们的经历。他们说,在海啸发生后的第一年,他们中的大多数人都待在自己的房间里,很少交谈。现在他们的社区已经团结起来,他们互相帮助,过着生活。他们的精力和热情,他们以建设性的方式为失去的家园和亲人悲伤的能力,以及他们恢复更正常的生活模式的愿望,给我留下了深刻的印象。他们(尤其是日本人)也毫不掩饰地批评政府对这场灾难的处理方式。

这些人中没有一个会考虑与心理学家私下交谈,但他们更愿意与一位哲学家公开交谈。

组织咨询

这种潜在的丰富而多样的哲学践行形式,就像其他哲学践行一样,分布不均,高度依赖于所接受的文化规范。

在欧盟的许多地方,促进苏格拉底式的对话和私营部门的两难处境培训,对于哲学家们来说,都是例行公事,对政府各部门的公务员来说也是如此。在日本,许多公司都会举办战略博弈会议,有些则需要体现理性选择理论的模型,这可以由受过训练的哲学家来推动。

虽然这些类似的活动几乎不构成政治行动主义,但有时它们蕴藏着为政治行动提供信息的潜力。从我自己的实践中可以看出这一点。几年来,我在亚利桑那大学地方政府研究所的西南领导和治理项目中教授道德模块。这一年度计划的参与者是亚利桑那州的高级公务员和公务员——警察局长、治安官、县管理人员、民选议员和其他与公众负有类似责任的人。他们需要实用的伦理工具,而不是抽象的理论,所以我和他们一起进行了进退两难的训练。

一起案件涉及一个与墨西哥接壤的县,那里有大量非法移民越过墨西哥边界。其中许多人死于沙漠中的脱水,而县治安官和他的副手们不得不把他们腐烂的遗骸打包起来,并按照适当的程序处理。治安官说,这种职责不完全是他们作为执法人员所预期的,而且它对他们的累积影响是士气低落和病态的。因此,产生了这样的想法,即在沿途建立供水站,以人道主义的理由,使非法移民至少不会因口渴而死亡。然而,经过进一步思考后,人们开始担心这样的供水站的消息将迅速传播给潜在的移民和走私者,以至于一条水源充足的路线将吸引如此多的人,以至于主要问题——非法移民——将在难以控制的程度上恶化到不受欢迎的程度。因此,县领导通过将功利主义价值观置于人道主义价值之上,解决了其艰难的伦理困境:经过认真的辩论后,没有设立供水站。

当然,如果政治问题——维持国家安全边界的问题——得到适当解决,这种伦理困境就不会出现。但由于联邦政府和州政府在执法问题上发生了激烈的冲突,政治问题仍未得到解决[12]。因此,对政治问题所引起的伦理困境的哲学分析表明,政治激进主义可能需要改变产生困境的条件。

这种与公民和公务员一起进行的咨询工作,吸引了哲学践行者——和(或)他们的客户——走向政治激进主义。

结　语

即使从这个简短的和轶事的调查,它应该是显而易见的哲学践行在其许多形式——咨询、建导、顾问以及它们所有的子特长——导致或表现为政治行动主义。与其说这是哲学践行的一个特征,不如说它是人类状况本身的一个不可避免的方面。无论何时何地,哲学家们无论何时何地选择与人打交道,以及与思想打交道,他们都会发现自己陷入了政治行动之中。只要实践者仍然忠实于他们的教育使命,以及他们造福于他们的客户的首要目标,那么他们(和我们)不可避免地进入政治激进主义可能同样会给更大的社会政治组织带来教育利益。

但这个故事也是一种警示:如果哲学家们把实践当作一种手段来达到政治目的,如果这些目的是不人道的、迷惑的,或者被有毒的教义所毒害,那么——就像卢梭和他所召唤的雅各宾人,或者像马尔库塞和他所教唆的政治正确性——哲学家们将再次成为断头台的辩护者。西方文明的头绪又一次陷入了困境。例如,我不能忍受被指责袖手旁观的行为。

注释

[1] 感谢莫尔(Mieke de Moor)以及"苏格拉底在广场上,什么是哲学对话?"(Socrate à l'agora. Que peut la parole philosophique?)学术讨论会的其他组织者,该会议于 2013 年 12 月 7 日和 8 日在艾克斯-马赛大学举行,我在这个会上报告了本文的一个早期版本。

[2] "刺"一棵树意味着将一根钢钉深入树干深处,在这个区域,伐木工人很可能会用电锯切割。隐藏的尖头会在接触时猛烈地破坏锯片,这也会伤害甚至杀死伐木工人。

[3] 这篇具有重大意义的支持性文章是由亚历克斯·库钦斯基(Alex Kuczynski)撰写的:Plato or Prozac? *New York Observer*,August 4,1997,p.17.

[4] 纽约康特兰大学的凯西·罗素(Kathy Russell)和安德鲁·菲茨吉本(Andrew Fitzgibbon)、东密歇根大学的凯特·马胡伦(Kate Mehuron)、北科罗拉多大学的南希·马切特(Nancy Matchett)都在我的 CCNY 模板基础上成功地实施了他们得到伦理审查委员会允许的哲学咨询研究。

[5] https://www. nytimes. com/2013/04/01/health/more-diagnoses-of-hyperactivity-causingconcern.html? pagewanted＝all&_r＝0.

[6] https://www. psychologytoday. com/blog/side-effects/201305/the-nimh-with-draws-support-dsm-5.

[7] https://www.adhdfederation.org/fileadmin/user_upload/Congress_2015/Final_2013/V3.Final_Programme_ADHD2013.pdf.

[8] https://www.humanitiescommission.org/_pdf/hss_report.pdf.

[9] https://www. thefire. org/cases/modesto-junior-college-students-barred-from-distributing-constitutions-onconstitution-day/.

[10] https://www.ht21c.org/main.php.

[11] https://www.philosophicalcounsellingindia.org/.

[12] 奥巴马政府拒绝在美墨边境实施移民法,并鼓励非法移民。联邦政府最近起诉亚利桑那州政府试图执行联邦法律。

参考文献

Aristotle.(323 BCE.) *Politics*. NY:Oxford University Press,2009.

Brown,Sam(2010). The Meaning of "Counsellor".*Philosophical Practice*,5.1:549 - 66.

Hoff Sommers,Christina (1995).*Who Stole Feminism*? NY:Simon & Schuster.

Jefferson, Thomas (1776). *Declaration of Independence*. Carlisle, MA:Applewood Books,1997.

Kimball，Roger (2008). *Tenured Radicals*. Chicago：Ivan R. Dee (3rd edition).

Kors，Alan & Silverglate，Harvey(1999). *The Shadow University*. NY：Harper Perennial.

Marinoff，Lou(2005). "One Philosopher is Worth a Hundred 'C-Words'", Editorial，*Philosophical Practice*，1.1，1 - 10.

Marinoff，Lou(2012). "Humanities Therapy：Restoring Well-Being in an Age of Culturally Induced Illness". Keynote address，in *Proceedings of the 11th International Conference on Philosophical Practice*，Humanities Institute，Kangwon National University，27 - 48.

Paine，Tom(1776). *Common Sense*. Harmondsworth：Penguin Classics，1982.

Thoreau Henry David (1849). *Civil Disobedience and Other Essays*. NY：Dover 1993.

原文出处：Lou Marinoff，"Philosophical Practice as Political Activism"，in *Socrate à l'agora. Que peut la parole philosophique?* edited by Mieke de Moor，VRIN (2017)，Paris，107 - 125.

（王志远　译）

哲学咨询的理论与实践

娄·马里诺夫[1]

1. 哲学咨询的理论

人类是复杂的生物,主要是有学习能力的动物,在生命的各个阶段以及生存的多个维度上面临许多问题、挑战和难题。这些维度包括生物、情感、智力、精神、社会和政治等方面。在古代,特别是轴心时代[2],在亚洲和地中海出现了一些伟大的哲学家,他们对人类在这些领域的合适行为提出了深刻有力的见解,使个人和社会能够过上美好的、有意义的、有目的的生活。

一种理解和领会这个哲学团队的方法是通过艺术史。在西方,拉斐尔在《雅典学园》中通过富丽堂皇的艺术手法对他们进行了描绘。在这幅意大利文艺复兴时期的杰作中,包括从古至今(1510 年)罗马文化领域的知名的顶尖哲学家被聚集在一起。这幅画最初被称为"知识起因"(Knowledge of Causes, *Causarum Cognitio*)。它把大学理想化地描述为培养知识分子的地方;在此,各种思想成果突破了自身领域的边界被广泛共享。在这所"学院"里聚集了从毕达哥拉斯(Pythagoras)到琐罗亚斯德(Zoroaster)、从欧几里得(Euclid)到第欧根尼(Diogenes)这些当时为西方人所知的最伟大的哲学家。[3]

在这幅画中,两位最具影响力的西方哲学家柏拉图和亚里士多德占据了中心的位置。他们的教学方法在很多关键的方面有分歧,因此亚里士多德没有继承柏拉图作为雅典学园的领导人,而是去建立自己的学派——学园派。正如拉斐尔所描绘的,柏拉图(在图中手持他的宇宙论《蒂迈欧篇》)教导人们教育的终极目的是使人们头脑能够理解"理念"(Forms),这些是永恒不变的,存在于时空之外。因此,要过上美好的生活,我们必须理解善的理念(Form of Goodness)。[4]相反,亚里士多德教导我们要过上美好生活不是通过沉思,而是通过行动、通过行善。在世俗领域,他的伦理学是一种温和的行为(因而也是好的)方法论。[5]

请注意,雅典学园非常伟大,足以包容不同的甚至严重分歧的观点。柏拉图和亚里士多德的背后是敞开的拱门,拱门上方呈现出蓝色天空,它传达的信息是大学的活动并不是独立于更大的社会活动之外的;正相反,两者是一体的。

---

* 这篇文章最初是作为 2009 年 9 月在春川江原国立大学举行的第一届人文疗法国际会议上的主题演讲。

图1 《雅典学园》

这幅画的影响,不仅仅是对一般文化的影响,而且对后续的哲学践行者有不可低估的影响。在梵蒂冈的公共画廊,原作仍在展出。在《新世界》一书中,这幅作品的复制品至今仍挂在19世纪伟大的新英格兰理想主义者拉尔夫·沃尔多·爱默生(Ralph Waldo Emerson)位于马萨诸塞州康科德(Concord)的家中,爱默生把它悬挂于餐桌上方,以便每天都能欣赏这幅画。继爱默生之后一个多世纪,当美国哲学践行者协会(APPA)于1999年成立时,这幅画的中央部分被选为美国哲学践行者协会(APPA)的标志。

这幅画在亚洲也很有名:比如在东京,这幅画的巨幅丝网印刷的复制品被用来装饰创价大学的牧口大礼堂的舞台。这个新柏拉图主义的杰作是如何迁移到日莲佛教大学的中

图2 APPA 徽标

心的?这所大学的创始人、国际创价学会会长池田大作(Daisaku Ikeda)向我揭示了其中的道理。[6]拉斐尔所描绘的苏格拉底使命,即哲学家作为助产士,诱导他人天生智慧的诞生,完全符合大乘佛教的菩萨道。因此,当代的哲学践行者被视为菩萨(至少一些日莲佛教徒是这样认为的)。

在亚洲,轴心时代产生了无比睿智的圣人。这三位最有影响力的人物——佛陀、孔

图3　东京创价大学的丝网印刷

子、老子——在《尝醋翁》中都有描述。尽管像柏拉图和亚里士多德一样，他们在许多问题上也存在分歧，但他们对人类潜能的共同看法却十分一致，在中国唐朝创造了一个黄金时代。除此之外，儒、释、道从中国传到朝鲜，从朝鲜传到日本，从日本传到西方。在西方，佛教和道教得到了空前普及和发展。

图4　尝醋翁

儒、释、道这三个都是强大的哲学体系，旨在培养有利于过上美好、有意义和有贡献的生活的美德。

第三幅由耶罗尼米斯·博斯（Hieronymus Bosch）于1494年左右创作的油画，预测并描绘了西方的一项重大发展：科学取代了宗教和哲学。这幅名为《对愚蠢的治疗》的画作（现悬挂于马德里普拉多博物馆）表达了博斯辛辣的愤世嫉俗和怀疑。荷兰文写着："大师，移开石头。我叫鲁伯特·达斯。"在荷兰文学中，鲁伯特·达斯（Lubbert Das）象征着一个傻瓜，但他多少有点聪明，因为他知道自己是个傻瓜，并且在寻求治疗。给他做手术的那个人是个外科医生，想把愚笨之石切除。在那些日子里,石头被赋予了很大的力量。炼金术士和哲学家,包括像艾萨克·牛顿这样的人,都在寻找传说中的"哲人之石"——智慧之石,而它的对立面——愚蠢,同样被认为是有物质原因的。

在博斯的画作中,外科医生从鲁伯特·达斯的头上取下郁金香球茎,把它们放在桌子上,而桌子的腿也是一个巨大的郁金香球茎。荷兰语"郁金香头"与"傻瓜"同义。但请注意,这位外科医生自己也戴着一个倒置的漏斗,看起来就像一顶傻瓜帽,这表明他也远非明智之人。尽管如此,他已经取代牧师成为主要的关怀给予者。在外科医生动手术的时候,牧师只能在一臂远的距离内为病人祝福。还要注意的是,教堂尖塔——曾经是每个欧洲村庄、城镇或城市的显著特征——现在在金属漏斗的映衬下显得微不足道,象征着占支配地位的宗教范式被一种新兴的科学(和机械)范式所取代。博斯发出了不祥的警告:几个世纪后,发达世界将目睹人类正在进行的机械化和最近的数字化,与此同时,每一种可能的人类疾病都被医学化和心理化了。

图 5 《对愚蠢的治疗》

参与治疗鲁伯特·达斯的第三个人是谁呢?她注视着整个过程,显然有话要说,但没有人注意她。她头上平放着一本书。一些艺术史学家声称,这是博斯对算命师经常佩戴的经匣的讽刺,也许这就是他的目的。[7]这个角色可能是算命师、占星家或巫师,在现代语境中也可能是心理学家——或者永远是哲学家。无论她对博斯意味着什么,至少在纠正某些愚蠢行为方面,她仍然是科学和宗教之外的第三个选择。

对我来说,她代表着一位哲学咨询师,在她的脑海中承载着几个世纪以来的沉思的庄严,实践着一种经过审视的生活的艺术,获得某种程度的平静。这本书代表了一个经过多年的净化而成的真正的智慧图书馆。因此,她也能够治疗某些种类的愚蠢,在某些情况下,她比医生或牧师做得更好,造成的伤害更小。因此,博斯的"对愚蠢的治疗"实际上是哲学咨询的元理论。

当我们思考人类时,我们发现至少有四个有助于职业和专业的领域得到了发展:神学、哲学、医学、心理学。它们分别与灵魂、思想、身体和情感有关。每一个都在人类福祉中扮演着重要的角色,而且它们之间存在着明显的交叉。

和大学里的大多数学科一样,哲学既有理论方面的,也有实践方面的。在过去的30年中,应用伦理学在学术界已经成为一个新兴的"增长型产业"。值得注意的是,应用伦理学家也与学术界以外的个人、团体和组织合作。哲学践行建立在应用伦理学的基础

图6 对愚蠢的治疗(特写)

上,处理更广泛的问题,接触更多的客户,与应用伦理学包含相同的指导思想:哲学可以为管理人类问题和改善人类财产提供实用的见解和方法。

2. 哲学咨询的方法

由于哲学家们在科学方法论的问题上还没有达成共识,例如假设-演绎的"科学方法"是否存在,我们不应该期望在哲学本身的实践中就方法论问题达成任何共识。我相信哲学咨询确实有许多独特而有效的方法——就像瑜伽、佛教、武术以及类似的实践中有许多独特而有效的方法一样,它们也可以被解释为应用哲学的分支。关于哲学咨询,我将在本节简要介绍六种方法。

首先是无法之法,有点类似于道,无道之道。无法之法的著名支持者是格尔德·阿亨巴赫(Gerd Achenbach)。他断言,如果你与哲学家交谈,无论话题是什么,你谈话的本质必然是哲学的。因此,哲学咨询之所以成为哲学,是因为它是由一位哲学家完成的。不需要其他方法。这本质上是一种解释学方法。

其次是阅读疗法,由法国咖啡爱好者运动的创始人马克·索特(Marc Saute)等人发明。索特发现,他的咖啡馆的许多顾客都在寻求一些特定哲学流派或主题的指引。所以,就像任何一位教授都会做的那样,索特给每位问询者分配了一份特定的、合适的文本,然后分别与他们见面讨论阅读材料。在正确的时间接受正确的思想确实是有治疗作用的,这就是阅读疗法。

第三种是苏格拉底助产术,由柏拉图在他的《泰阿泰德篇》中提出。柏拉图认为我们每个人都"怀揣着智慧",他把哲学家塑造成"助产士"的角色。因此,我们不向我们的客户传授或推销美德(一些臭名昭著的诡辩家,如普罗塔哥拉);相反,我们帮助我们的客户表现出他们自己作为一个善良的人与生俱来的能力。这种方法的基础是帮助病人识别和拒绝关于自己的错误信念——被称为"病态者"——他错误地认为这些信念是真实的,但它们阻碍了他的快乐,阻碍了他实现潜能。苏格拉底助产术已经发展成为一种临床医学有效的方法,例如当代实践者皮埃尔·格里姆斯(Pierre Grimes,1998)已掌握了这种方法。

第四种是存在主义方法,整个家族都是在 20 世纪发展起来的。存在主义在 19 世纪末的出现是自亚里士多德以来对柏拉图本质主义的最可信的(也是目前最受欢迎的)挑战。存在主义理论在欧洲乃至全世界的传播和影响,在西方哲学中引发了历史上最大的分裂,介于英美分析传统(根源于柏拉图)和欧洲大陆传统(根源于海德格尔)之间。在这个过程中,我们看到了存在主义精神病学(如 Yalom,1980)、现象学心理学(如 Spinelli,1989)和存在主义哲学咨询(如 J. Michael Russell 在美国和 Anders Lindseth 在挪威的实践)的出现。

第五种是斯多葛派和佛教的方法,特别适合哲学上成熟的客户,他们准备承担自己的精神状态和生活的责任。我相信最深刻、最普遍的与知觉有关的哲学和心理学,包括人类的意识及其痛苦,见于吠陀和佛教教义中。虽然斯多葛学派已经独立地把人类痛苦的根源确定为欲望和依恋,并提出了有助于减轻痛苦的关键见解(例如参见塞涅卡、爱比克泰德和马可·奥勒留),但印度哲学通过瑜伽实践发展出了最强大的方法。[8]佛教作为一个吠陀哲学的异端学派,已经在全球传播了许多这样的实践;在亚洲主要是作为一种宗教,但在西方被佛教居士作为一种应用哲学。

第六是《易经》的东亚本土方法论。这本关于变化哲学的开创性著作不仅影响了老子和孔子,而且在他们之外还影响了亚洲和西方众多思想家。《易经》在西方已经出现了几十种译本——有的高深莫测,有的晦涩难懂。我只使用威廉-贝恩斯(Wilhelm-Baynes)翻译的版本(普林斯顿大学出版社,1967 年),多年来已成功地与许多客户使用易经解决问题(如 Marinoff,1999,2003,2011)。对我来说,这相当于哲学上的罗夏墨迹测验。正如一个人在一个给定的墨迹中"看到"的只是一个在他自己的心灵中突出的形象,一个人在一个给定的易经卦中"读到"的只是一个在他自己的思想和心灵中突出的圣人的忠告。因此,有点类似于柏拉图,易经的功能是作为一种哲学助产士,引导客户生产自己的智慧。

这些是哲学咨询师可以使用的一些重要方法。当然,每一种方法都有相当多的文献,可以进行更深入的探索。

3. 哲学咨询实践

哲学是一种职业,还是一种专业? 显然,两者都有可能。在 20 世纪,成千上万的哲学家已经长期"制度化"了,因为他们的哲学活动——主要是教学、研究和出版——是在一所大学的庇护和管理下进行的。由于这种生活方式在许多方面都是修道院式的,因此哲学的学术经验也相应地具有职业性质。

与此同时,大学主要负责培养各行各业的人,这些人建立了声誉良好的做法,并主要为学院以外的利益相关者提供宝贵的服务。来自不同领域的专业人士,如医学、法律、工程、建筑、社会工作、心理咨询等,在学院内部接受训练,以便在外面从业。值得注意的是,这份职业清单中没有哲学本身,它太过强调它的职业性质的方面(即纯粹沉思的生活)而忽视了其专业方面(即指导生活艺术)。

所有以学术为基础的职业都有六个共同的特征:国家认证机构、道德规范、执业范围、专业文献、研究生课程,以及立法认可(即国家颁发的许可证或证书)。[9]美国哲学践行者协会(APPA)是我和我的美国同行在1999年共同创立的,它的使命是满足这六项要求中的前四项,从而激励另外两项。[10]我们在过去十年中取得了重大进展,但仍有许多工作要做。尽管如此,我仍然坚定地致力于哲学专业化,美国哲学践行者协会的使命和愿景现在被世界各地的数百名哲学家所分享。我们希望看到越来越多的哲学家在学院内部接受培训,为学院之外的个人、团体和组织提供有用的服务。

因此,APPA同大多数其他国家协会一样,是对理论哲学制度化追求的补充而不是抵触,正如它是对需要信誉良好的专业援助的公民所能得到的广泛服务的补充而不是抵触一样。

4. 研究案例

阅读哲学咨询流行书籍的读者会遇到几十个案例研究,说明哲学思想如何应用于日常生活。有越来越多的文学作品,包括通俗的和专业的,提出了很多对外行人和哲学践行从业者都有启发的案例研究。最近,我发表了一篇30页的案例研究,结合了哲学、精神病学和心理学方面的一个相当复杂的案例,其中客户自己是临床心理学家(Marinoff,2009)。即便如此,我的很多案例是在一次会话或者仅仅几次会话中解决的,特别是当这个问题涉及一个明确的(但不一定是唯一的)哲学解释时。这里有三个简短的例子,分别使用柏拉图、亚里士多德和易经的方法。

(1)玛丽娜的案例(摘自Marinoff,2003,152-154)

玛丽娜想成为一名作家,所以她做任何事都采用作家的生活方式。她毕业于哥伦比亚大学,在曼哈顿的"作家区"租了一套公寓,经常光顾著名的咖啡馆,等等。但玛丽娜在她的生活方式中找不到灵感,根本无法写作。我们一起探讨了柏拉图在《理想国》中对表象和现实的区分。虽然玛丽娜养成了作家的所有外在表象,但她并不理解写作的内在现实。最终,她离开了纽约,搬到了美国更偏远的地方,在那里她找到了内心之中真正的灵感,并开始了真正的很优美的写作。几年后,她回到纽约出版了她的第一本书。值得赞扬的是柏拉图提供了一个变通性的见解,引导玛丽娜朝着她的目标前进。

(2)加里的案例(摘自Marinoff,2003,51-53)

加里是一名医生,他想带儿子去迪士尼乐园,他的儿子也很想去。在美国,迪士尼乐园是孩子们的"麦加",至少要有一次朝圣之旅被认为是"正常"教养的一部分。但加里也意识到世界上许多贫困儿童的痛苦,他发现很难为迪士尼乐园度假的花费找到理由。我们一起探讨了亚里士多德的德性伦理学以及他关于在过度和缺乏这两个极端之间找到一种美德的观点。溺爱孩子的父母是没有道德的;但是父母不为孩子做任何事也不是美德。因此,加里在带儿子去迪士尼乐园的过程中发现了一种道德上的中庸之道,他还通过同样慷慨的捐赠来帮助贫困儿童,进一步强化了这种中庸之道。亚里士多德在实践伦理学中久经考验的洞见帮助加里解决了道德困境。

(3)戴安娜的案例(Marinoff,2011,204-206)

戴安娜 30 多岁,单身,是一名成功的金融分析师,但她的事业目标还没有实现。她一直想成为一名医生,所以她在晚上和周末学习,牺牲了她的社交生活来准备医学院入学考试。然后她花了很多额外的时间申请医学院。遭到几次拒绝后,戴安娜终于被一个医学院接受了。但现在她面临着一个艰难的决定:她是否应该放弃一份稳定、高薪的工作,并在未来 6 年成为一名债台高筑的学生和实习生? 她的生殖时钟也在滴答作响。如果她上了医学院,她至少要推迟几年结婚生子。但如果她不上医学院,她会继续感到没有成就感。戴安娜只有两周的时间做决定。

在我的建议下,戴安娜求助于易经。她得到的卦(第 38 卦)充满了有意义的信息。其中一段特别对她说:

> 由于误解,天生属于彼此的人不能以正确的方式相见。在这种情况下,如果他们之间有内在的亲和力,在非正式场合的一次偶然的会面也许能达到目的。

(易经,第 149 页)

戴安娜感觉她与金融业的同事们之间没有"内在的亲和力",这也是她一直单身的部分原因。与此同时,她相信自己天生就属于医疗行业这个圈子。但是,一个简单的误解阻止了她遵从自己的本性,即错误地认为经济保障是她实现梦想的关键。戴安娜决定接受经济上的不安全感,去上医学院,并相信这样做会让她在职业上和个人上都得到满足。多亏中国古代哲学帮助戴安娜解决了她目前的困境。

我希望这三个简单的例子也能说明一个更普遍的原则:过去 2500 年积累的哲学文献,无论东方的还是西方的,都能被挖掘出来,用于日常生活中。正确的想法在正确的时间可以帮助人们解决他们的问题。在用思想与人建立联系的过程中,哲学家是理想的(也许不是唯一的)人选。哲学咨询在当代全球文明中具有有效的再现作用。

注释

[1] Department of Philosophy, The City College of New York, 160 Convent Avenue, New York, NY 10031. USA. E-mail: lou.marinoff@appa.edu.

[2]"轴心时代"一词是由卡尔·雅斯贝尔斯(Karl Jaspers)创造的。它指的是公元前

800 年至公元 200 年的时期,这一时期以人类深刻的精神进化为特征,出现了许多圣人,如毕达哥拉斯、佛陀和老子。见 http://en.wikipedia.org/wiki/Axial_Age.

[3] 例如参见 http://en.wikipedia.org/wiki/The_School_of_Athens.

[4] 参见柏拉图的《理想国》第 23 章。

[5] 参见亚里士多德的《尼各马可伦理学》。

[6] 我与池田大作在 2007 年的私人交流。

[7] 参见 http://en.wikipedia.org/wiki/Cutting_the_Stone.

[8] 吠陀著作包括帕坦伽利的《瑜伽经》、《奥义书》和《薄伽梵歌》。佛教著作包括《巴利经》、《心经》和《妙法莲花经》。

[9] 有关这些问题的详细论述,请参阅 Marinoff 2001。

[10] 有关 APPA 认证标准、道德规范和学术期刊的更多信息,请参见 www.appa.edu。

参考文献

Anonymous(1967). *I Ching or Book of Changes*, translated by Richard Wilhelm and Carey Baynes, 3rd edition, Princeton, NJ: Princeton University Press.

Aristotle(1995). *Nicomachean Ethics*, in *The Complete Works of Aristotle*, the Revised Oxford Translation, edited by Jonathan Barnes, Princeton, NJ: Princeton University Press.

Aurelius, Marcus(1964). *Meditations*, translated by Maxwell Staniforth. London: Penguin Classics.

Epictetus(2008). *Discourses and Selected Writings*, translated by Robert Dobbin. London: Penguin Classics.

Grimes, Pierre and Uliana, Regina(1998). *Philosophical Midwifery*. Costa Mesa, CA: Hyparxis Press.

Marinoff, Lou(1999).S.*Plato Not Prozac*. New York: HarperCollins.

Marinoff, Lou(2001). *Philosophical Practice*. New York: Academic Press.

Marinoff, Lou(2003). *Therapy for the Sane*. New York: Bloomsbury.

Marinoff, Lou(2009). "Synchonicities, Serpents, and Something-Elseness", *Philosophical Practice*, 4.3, 519-34.

Marinoff, Lou(2011).*El Poder del Tao (The Power of Tao)*. Barcelona & Buenos Aires: Ediciones B.

Plato(1987).*Thaetetus*, translated by Robin Waterfield. London: Penguin Books

Plato(2006).*Protagoras*, translated by Adam Beresford. London: Penguin Classics

Plato(1945).*The Republic*, translated by Francis Cornford. London: Oxford University Press.

Seneca, Lucius Annaeus (1969). *Letters from a Stoic*, translated by Robin

Campbell. London：Penguin Books.

Spinelli，Ernesto(1989).*The Interpreted World：An Introduction to Phenomeno-logical Psychology*. London：Sage Publications.

Yalom，Irvin(1980).*Existential Psychotherapy*. New York：Basic Books.

原文出处：Lou Marinoff，"Theory and Practice of Philosophical Counseling"，*Journal of Humanities Therapy*，Vol. 2 (2011)：1-17.

（周章买　译）

哲学的安慰

奥斯卡·博列尼菲尔(Oscar Brenifier)

人类正在受苦。这没什么特别的,也没什么新鲜的。人类比其他物种更痛苦,不仅因为人类会像其他物种一样经历身体上的痛苦,还因为人要经历道德上的痛苦。道德上的痛苦是自由、理性以及人性的副产品,是那些人类难以逃避的因果。现在,如果肉体上的痛苦不是永久性的,那么道德上的痛苦就很难消失,或很难转瞬即逝。无论是由于沮丧、不耐烦、无法满足的欲望、幻灭的期望,还是任何其他的担忧,痛苦就在那里,或多或少有些意义,或多或少地存在,或多或少地可以忍受。它表达或表现自己的手段范围很广,显示出痛苦的多样性和持久性。出于同样的原因,有许多方法可以减轻痛苦,我们可以称之为安慰,一种我们无休止追求的安慰。

语言本身就能清楚地表达问题,并提供一些解决方案、一些灵丹妙药、一些止痛药,因为语言根植于人的内心:它们构成了人的存在。它们捕捉他的痛苦,产生痛苦,治疗痛苦,治愈痛苦。在任何语言中,通过许多形式,你都能找到令人痛苦的词汇,伤人的词汇,甚至是致命的词汇! 诚然,在文字出现之前,通过他的有机本性,人类一直在经历着痛苦。这痛苦来自身体撕裂,来自野蛮的冲突,来自疾病。由于贫乏、饥饿、干渴或疲劳,痛苦产生于被剥夺了饱足的身体、产生于被剥夺了满足感的需要、产生于被扰乱的和谐或仅仅是产生于焦虑。显然,动物也知道驱使它们寻求保护、逃跑和战斗的恐惧,有时它们甚至准备牺牲自己来保护自己所拥有的。死亡的幽灵,一种无论是对个体或集体都存在的物种毁灭或消失的模糊感觉,似乎影响到了物种的一定数量。这也许是一种人类学的观点,但我们能不能说一种活下去的意愿,显然深深扎根于动物机体的功能之中,而不说一种死亡的意愿呢? 尤其是那些捕猎的动物,或者那些为了躲避捕食者而逃跑的动物,至少是那些能分辨出两者区别的动物。更不用说害怕失去至亲至爱,无论是通过简单的生物识别,如某些昆虫社会,还是通过某种情感依恋,如哺乳动物之间的家庭关系。

欲望是存在的核心,以多种形式存在。一种无限的欲望,一种不可能的欲望,它超越了我们的推理和理解能力,因为它更多地依赖于想象力,一种无穷无尽的表达能力。所以欲望是悲剧性的,正是因为它是无穷无尽的,没有边界,没法测定,在某种程度上,一些人过分的贪婪变得不像样。不满是慢性的,期待和挫折变得无法忍受。然而,我们骨子里的这些期望推动着我们:它们驱动、激励和构建我们的生活。但这一过程太虚幻,不足以满足我们的需要。快乐而完整地对生活说"yes"对某些哲学家来说很重要,但却是一种过于理智、过于无形的建构,让我们无法满足。我们需要对某些事情说"是",对另一些事情说"不是",要更加坚定,因为我们不能不做出选择,我们不能没有倾向和主观性。生活本身不能满足我们,我们需要存在,而不仅仅是活着。我们不能放弃希望、渴望和欲望。因此,我们不能不经历贫乏和痛苦。

因此,正如我们所提到的,对于人来说,痛苦是言语的对象,因此,就可以为他人或者自己将言语转变成为痛苦的容器。言语是"药(pharmakon)",既可能成为一剂良方,也可能变成一味毒药。就像言语包含疾病一样,通过其内在的力量,它必然包含治愈,反之亦然。这就能得到一个有趣的结论:言语可以治愈,言语也可以慰藉。首先,既然我们不是医生,也不是心理学家,我们就不会努力去检验语言是否会产生某种无意识的肉体效应,因为哲学家认为我们主要关心的是人的心理、意识或理性方面。此外,出于同样的原因,我们一贯的哲学态度是,人类主体在这里不是被设想为一个无法自己满足心理需求的有缺陷的实体,而是作为一个自治的生命体,能够为自己的生存承担责任并且能够确定自己的判断标准。然而,我们试图勾勒出的边界并不像我们假设的那样清晰,尽管看起来勾勒出这条边界对我们非常有益,我们似乎有必要尽可能以印象主义的方式把它画出来。那些当下流行的"心理学"式的语言,往往把一个健康的成年人变成病人而不自知,这类语言的滥用,导致一个各类巫医激增的时代产生。这是一个宣扬幼稚意识形态的时代,这种意识形态煽动人们娇惯、溺爱、袒露自己最轻微的缺点,仅仅是因为他们对廉价的幸福的虚幻追求。诚然,我们的身体和思想的健康可能被忽视得太多,但这一观点并不是要走向一些不健康的自恋的相反极端。于是,也许言语在面对存在以及语言构成方面,将扮演一个意想不到的角色,比我们想象或希望的更重要。我们可以把这与斯宾诺莎关于幸福的训诫联系起来:幸福可遇不可求。

我们的假设是,人类正在遭受苦难,他的苦难促使他寻求救助。一方面,这种救助处理他的生活的客观方面,在这方面对每一个人几乎都是一样的,因此这是一个科学的或者极好的、本质的方法。另一方面,这样的救助还是一个主观性的问题。具有心理方面的特点,离开了主体自身对问题的性质和内容的定义或者至少是广泛参与的定义就不能阐述清楚。治疗也是如此。我们在广义上将第一类称为医学:让我们记住,精神分析学的创始人弗洛伊德曾试图赋予他的新实践以科学价值,因此我们将心理学归入这一类。我们将第二类称为哲学。它取决于人们如何理解他们的实践适用于哪种框架。但在这里,如此直白而明显的区别又一次让我们感到些许困扰。然而,我们必须尝试这样做,以摆脱这种毫无意义的墨守成规,避免无差别方案的陷阱,正如黑格尔所谴责的那样,这是"所有奶牛都是黑色的夜晚"。"新世纪"精神,作为对过度科学主义的回应,颂扬一种"神奇"的存在观,对我们来说,就像刚跳出煎锅又跳进火坑一样。

为了我们论文的需要,我们将把这种哲学方法称为"慰藉"。因为,尽管存在着某些还原论的风险,尽管有少数人会谴责这种还原论,我们还是认为,哲学,或者更确切地说,哲学化,只不过是人类试图治愈自己的疾病以及道德痛苦。这让我们想起柏拉图,他声称哲学纯粹是人类的,因为上帝不需要哲学,动物不能从事哲学,或者同样地几乎不需要哲学。只有人,一个夹在有限与无限之间的人质,才会感知并设想出这样一种实践的冲动。尤其是这种有限与无限的双重性给他带来了额外的痛苦,因为人总是被当下意识和指向未来的希望或幻想所支配，也在经验存在与先验存在之间左右为难。现在，这种表里不一的核心是人，人有使用哲学化表达自身的需要，通过一些思想，通过一些语词，这些构成思维的语词，同时也是被思维所约束的语词，既是引起心灵痛苦的原因又是缓解心灵痛苦的药方。然而，身体作为一个单个身体来讲的时候，可以被认为是一般性的，心灵作为一个单个的心灵来讲时，即使它可以被认为是一般性的，但也应该被认为是特殊性的，这是我们无法避免的。主体是单一的，由其特定的原因决定。扩展的，或物理的物质更常见。我们将被指责为高度笛卡尔主义或理性主义者，我们将认罪，尽管如此，正如我们著名的前辈所做的那样，在一些缓和的情况下，我们将承认某种连续性，承认某种人类这两个方面之间的重要纽带。

最后，为了尝试确定我们的行动范围，关于病理学和诊断的问题似乎有必要多讲几句。这里又出现了两个陷阱，在现实世界的这种通常的对称性中，这种重复出现的频率使二元体系相当诱人。一方面，病理学的缺失，另一方面，病理学定义的形式主义或僵化。第一个问题涉及的是激进的相对主义，这种相对主义认为任何人都有充分的、完全的存在和思考的合理性，具有一种存在即合理的强大的主观性。这个"幼稚的"计划声称所有的想法都是平等的，人们可以想他们想要的。如果人们能够接受这种世界观的后果，比如，逻辑、理性、道德、意识这些都可以不要，那么，这很可能是一个站得住脚的论点。如果这一立场没有受到任何阻碍而可持续被接受，这本身就不是一个哲学问题。但不幸的是，不知不觉中，这样一种论点的倡导者在这里所宣称的，是一种强调眼前的话语，证明当下的真诚，抹杀了批判性观点的可能性。一种话语，只要受到现实或他者的最轻微的打击，就会引起各种矛盾，引起许多弊病。作为一个哲学家，我们的工作不是提出一个新的计划，而是提供一个洞察的机会，让主体朝着这样的计划更深入地工作，意识到它，或者放手，依照他的偏好做出选择。尽管如此，我们的经验使我们认识到在这种话语中，通过简单的问题，没有那么多的病理学方案，也绝对不存在什么病理学方案，但异常的痛苦无法承担他自己的存在，就像青春期的那种危险、焦虑和不确定性。

如果出现相反的情况，也就是科学形式主义的情况，那么重点将是建立一份思维和存在方式的清单，先验地定义为健康或病态的，病态的就需要应对或治愈。如果许多哲学家都这样写过，但没有宣布过，那么对于哲学践行者来说就不可能是一样的。哲学践行者的角色不是传达一种特定的哲学，而是在教授哲学的同时，考虑到其他形式的思维是无关紧要的，或者是一种"疾病"。这就恰如教授智慧或宗教。哲学家、学说、学派和思潮之间的冲突，标志着思想史的发展，也构成了思想史的结构。这些冲突向我们表明，一些思想家倾向于以某种方式强加一种他们认为更可靠、更真实、更广阔、更有条理的世界观。话虽如此，如果他们没有这种偏见，也许他们就不会意识到他们的具体贡献的利益所在，也就不会被驱使继续写作。不同于文学作家在他们的工作和他们所关心的一些表达中追求一些虚幻的创意，哲学家被渴望真理、美德、真实所驱使，在任何情况下都追求某种形式的普遍性，这一说法听起来似乎有点虚荣和自负。这种主张有时是被承认的，有时却不被承认，哲学家被视为与普通人别无二致。于是，哲学技术专家们具备的特殊才能可以回避这个问题，并获得一种虚伪的谦逊。

在此,以我们的否定、批判或解构等工作为基础,我们仍然断言,我们提出了一种价值论,提出一定数量的病理学的定义,我们将自信地把这些病理定义为非教条性的,并提出了诊断的可能性。关键不是建立一个世界观——这样的观点很难通过我们的言语表达出来——但是可以确定什么在刺激思考,什么在阻碍思考,更具体地说是强调后者,因为问题的关键是思考清楚,那真正纠缠于内心的哲理到底是什么。让我们在此表明一个"个人"论点,一个对我们其余文本似乎至关重要的东西的看法,尽管它并不具有任何独创性。思维确实在思考,非常自然,除非受到阻碍。因此,哲学家的工作,他的技术性,在很大程度上与这些障碍的抑制有关,这使我们可以说,我们不教哲学,但我们正在处理非哲学的原因。这有点像工程师们与阻碍河流的自然障碍作斗争,而不是挖一条人工运河。

我们回到哲学安慰这个话题,让我们先从提出工作假说开始,所谓的哲学践行包括大量的被"痛苦"削弱了的思考的标准过程的重建,这里是广义地使用"痛苦"这个概念。这种痛苦的主要作用是将这种涌流(flow)以一种强迫性的、非自反的方式固定在一个或几个特定的点上。这种痛苦成为思考主体的锚点,就像一个天文黑洞,一个密度不成比例的地方,吸引着所有的东西,甚至光,这就是为什么人从痛苦里无法自拔的原因。事实上,有些痛苦能够调动一个人心理生活经历的全部,以至于它能使主体从根本上变得无能为力,除非他/她设法引导或升华这种痛苦,将其转化为一种能够移动和驱动他/她的力量。对我们而言,这种升华或引导构成了哲学安慰动力的核心,我们将尽力加以解释。

哲学慰藉史

"安慰"或"慰藉"一词在哲学史上占有重要地位,但却被哲学词典所遗忘。虽然这个思想似乎是地中海和西方的特征,我们在其他传统意义上来运用它:例如,在《薄伽梵歌》里,克里希那对阿周那王子面临的糟糕的道德困境给出的安慰和建议,或者佛教所宣扬的旨在打破带来痛苦的因果关系链的同情和警醒。在西方国家,随着伊壁鸠鲁派(伊壁鸠鲁、卢克莱修)和斯多葛派(塞涅卡、爱比克泰德、马库斯·奥勒留)的出现,哲学的明确作用从古代就表现出来了,尤其是在死亡方面。这种对人和人的不幸的关注出现在古希腊时代,通过一种高贵和超脱主题的颓废形式:形而上学、灵知学、宇宙学。人类的主观性已经在柏拉图(《会饮篇》)或亚里士多德(《尼各马可伦理学》)那里得到了轻微的治疗,但一直没有放弃追求理想状态的视角,超验或神秘仍然构成现实的本质:人们追求的是美好,而不是幸福,如今幸福更时髦。在波伊提乌的《哲学的慰藉》一书中,我们可以看到自满的思想和哲学的崇高之间的对立。被不公正地判处死刑后,他开始在监狱里写诗,抱怨自己的不幸。很快,"理性女士"来到他的牢房,斥责他,并鼓励他思考"伟大的真理",以便忘记与他脆弱而悲惨的生存有关的痛苦。

在人类痛苦的安慰与理想的存在之间的关系上,与圣奥古斯丁一起,基督教哲学经历了一个重要的转折点。因为从他自己的认识来看,他皈依的起因是个人的绝望,与怀疑主义和缺乏真理有关。此外,通常作为安慰原则的圣经信息之间的关系使这位杰出的拉丁神父成为存在主义哲学的重要创始人。基督教的双重贡献奠定了这一哲学转折的基础：上帝在人类中的化身和人类的历史维度。这是末世论拯救主义的两个基本要素。奥古斯丁的洞见将允许我们设想这样一种假设：任何形而上的、宇宙学的、社会学的或其他的体系，都不过是试图赋予人类存在以意义，并抚慰与良知和有限感相关的道德痛苦。事实上，超验性只能通过人性并且为了人性才能找到它的意义，而不能否定任何先验的启示或真理。神秘主义传统声称上帝首先受到人际关系影响（圣女大德兰、埃克哈特大师、圣希尔德加德·冯·宾根等等），就像基督教存在主义（克尔凯郭尔、尼古拉·博达耶夫、西蒙娜·薇依、伊曼纽尔·穆尼埃等等）正在以自己的方式成为这一传统的继承者，对于他们而言，思想和信仰凌驾于一切之上，居于个人和社会经验的中心。这就是神性在其安慰和救赎的使命中，如何清楚地表达自身。与基督教传统相似，让我们提一下清洁派（Cathar），根据这个派别，为来自阿尔比的濒临死亡的摩尼教信徒提供的安慰是一个简单的仪式，没有任何惩罚的约束，据称将抹去一生的罪，为忠实者提供一个死前达到救赎的机会，某种程度上这是一种改变生命的救赎。

另一条研究安慰的路径是：心理学的发展——一直到笛卡尔都被形而上学所主导——将慢慢繁荣起来，并解放自己，通过弗洛伊德将自己从哲学中分离出来，试图把自己建成一门科学。然而，尽管具有这种科学性及其医学意义，我们仍然可以认为，现代心理学在其自身深处保留了哲学工作的痕迹，哲学工作注定要弥补人类灵魂的缺陷和痛苦。重点不再是了解世界，而是帮助人类生活，尽管主流的传统哲学倾向于放弃这种关注。此外，心理学的出现是众多案例之一，这些案例的实践原则旨在为普通人服务，这对哲学而言是有问题的。因为，即使古典哲学系统发现自己在19世纪末或多或少地有点过时，但它仍然是作为一个学术的和精英的活动，抽象和概念仍占主导地位。蒙田的作品，他的随笔，他宣称在他的写作过程中除了他自己没有其他的关注点，或者卢梭的个人冥想，实际上被排除在哲学出版物之外。一个人从事关于自己的工作，这似乎与哲学领域的普遍性相矛盾，而且更容易被文学所吸收。此外，当哲学处理个体性时，它所处理的不过是一种具体的普遍性，当然不是处理一种个体性的存在。这也许就是为什么对于存在主义哲学家来说，存在和它的痛苦是根本问题，他们确实从事小说和短篇故事创作，比如：萨特（Sartre）、加缪（Camus）、乌纳穆诺（Unamuno）等等。

因此，哲学的活动，当它里面有一个与适当存在相联系的个人问题被阐明的时候，一般地，当对这个问题有一个具体的解决办法的时候，就可以算是一种安慰了。这一问题是否需要以明确的、个人的和坦白的方式加以说明，以便使这一进程得到所谓的安慰，仍有待观察。或者，正如乌纳穆诺在谈到斯宾诺莎时所说，斯宾诺莎建立自己的哲学体系，"是他因为缺乏信仰而建立起来的一种安慰的尝试。对某些人来说，是手、脚、心或头在作痛，对斯宾诺莎来说，是上帝在作痛"。这可以让我们认为，任何哲学著作，或任何其他著作，都只是一种安慰的尝试。

因此，安慰的各种途径可以分为以下几类：痛苦的表达、悲伤或赞同的言语、高要求或道德亮点、追溯原因、揭示现实或事实、观照神学、赋予一些意义、消解到琐碎的事务中、虚无或荒谬、在工作中升华、通过活动或娱乐来放松、与他人交往、社会义务……通常有那么多路径可以减少或抑制焦虑和痛苦，或寻找幸福。

一个善于质疑他人的苏格拉底形象已经成为个人追求真理或幸福的象征。在这一点上，哲学得到了它个人的和令人安慰的维度，据此我们可以反对纯粹的科学，或反对无用的知识。

疼痛和安慰

因为灵魂的痛苦，以及失衡的感觉，是与欲望和恐惧联系在一起的，在更广的或道德的范围内，这是一种人类特有的现象。动物体验到的主要是生物需求。人的灵魂永远在运动，渴望完成它自己，以便找回它所缺少的东西，感觉脱离了一种原始的统一，被剥夺了无限或全体。柏拉图式的人类学建立在对更美好生活的追求之上，建立在对无休止的欲望的释放之上。通过对欲望本身的研究，通过对欲望的本质和功能的研究，通过理性，它意味着灵魂的逐步净化。栖身于我们身上的慢性疼痛与欲望的无限本性有关，特别是与对尘世事物的渴望有关，比如快乐、占有或认可。这种欲望是无限的，不可抑制的。真正的需求——例如物质需求——很容易得到满足，但是人类的欲望远远超出了这个范围，它是不成比例的，因此它会产生不良后果。关键是要同时治疗病因和症状。

欲望不会消失，它总是想要更多，它无休止地从一个对象移动到另一个对象，每一个欲望得到满足又会产生一个新的欲望。就像一个孩子，欲望依赖于那些闪闪发光的东西，以及那些被想象为闪闪发光的东西。它有缺乏统一性、他律性和长期不满的证据。它意识到自己的渴望，却忽略了所追求的对象的本质无法满足它。为了证明这一点，柏拉图使用了达内德斯漏桶的神话，这个容器需要无休止的灌装。因此，每个人心中都有一个暴君，那就是欲望，当它为自己的表达找到有利的条件时，它就会显现出来。与此同时，就像尼采的"最后一个人"，柏拉图让我们思考一个人可怕的视角，他的欲望将得到满足，他把他比作浸透了的海绵，隐喻着灵魂死亡的象征。关键不在于满足欲望，而在于教育它，净化它，通过升华精神使之觉醒，达到人对自己本性的沉思，与自己和解。但是如果没有斗争（agôn），没有自我和外部世界的对抗，这一切都不会发生，就像《洞穴的寓言》告诉我们的那样。事实上，不像各种各样的智慧要求我们清楚地思考绝对事物，如果一个人想要摆脱感官的幻觉，他就必须面对他人，从而面对自己，这必然会通过象征性的暴力死亡来实现。这就是为什么一篇精彩的演讲或灵魂向伟大思想的简单转化是不够的。

现在我们正在慢慢地了解是什么区分了不同类型的"安慰"，尤其是一个重要的区分。为了概括它，让我们回忆一下波伊提乌的著作《哲学的慰藉》的开头。作者波伊提乌本人被不公正地判处死刑和监禁，被等待着他的命运所征服。为了安慰自己，他写诗，在那里他可以表达他的痛苦，以便缓解痛苦。有个寓言式的"理由"，狠狠地骂了他一顿："你一直在培养我，而现在，就因为你要死了，你就自我消沉，还自以为是。"它和波伊提乌一起进行了一个长期的思想朝圣，真正的安慰，需要他锻炼他的心智。诗是温柔的，理性是严酷的。这可以与尼采的伦理学相比较，尼采拒绝基督教的温和的安慰、爱、同理心和同情，以此来捍卫希腊的运动观念、对抗原则——"没有斗争就没有哲学"，尼采说，"没有锤子就没有哲学"。

因此,哲学安慰并没有把主体想象成一个病人,一个脆弱的人,一个处于困境的人,一个脆弱无助的人,一个需要保护、帮助或拯救的人,而是一个训练有素的运动员,一个准备战斗的摔跤手。这个主题是先天的"强壮",他只需要练习,而对其他"治疗师"来说,他很弱,必须施以援手,直到他"重新站起来"。主体必须通过自身来决定自己,而不是依赖于外在的权威。当有权威的时候,即使经验或知识有任何不同,也几乎不会有任何地位的不同。这里没有牧师和他的信徒,也没有心理学家和他的病人,只有两个哲学家在说话,其中一个比另一个有更多的经验或技能,但地位相同。可能由于技能的差异会有一些不对称,但在合法性方面没有差异。但牧师不会邀请信徒成为牧师,心理学家也不会邀请病人成为心理学家,而哲学家则会邀请对话者成为哲学家。首先,作为一个哲学家不是一种地位或一种职责,而是一种活动:进行哲学思考。其次,因为哲学化,从广义上说,在最低限度上,似乎需要接受必然性,因为作为会思考的人类,似乎没有与一个特定的实践相关的一些条件、文化或环境联系在一起。我们要捍卫哲学的普遍性、实践性和必然性。此外,任何哲学行为的起源只能在自己内部,在自己的理性中找到,而不能在允许或决定一种解释的学说或其他给定范例中找到。第三,牧师和心理学家都想"拯救"对话者,几乎是在与自己作对,而哲学家则想与对方练习自己的思维。哲学家的行为首先是为了他自己,出于需要或欲望,而牧师和心理学家则是为了另一个人:他们都超出了这种需要。第四,哲学家对人的人性感兴趣,而牧师和心理学家则主要而且几乎完全对特定的个人、他的灵魂或他的心理健康感兴趣:人几乎不是它自己的终结,而是对主体的还原。诚然,这些标准中的每一个都或多或少地适用于其他两个功能,根据每一个标准所具有的概念,但让我们指出,从全局来看,这一组标准更多的是哲学践行的一种特殊性。

人类经历痛苦,它的形式、名称和症状是数不胜数的。人被痛苦所驱使,他可能抱怨痛苦而不接受痛苦,但他也可能沉浸于痛苦中而使自己变得无能为力。没有痛苦,人将什么都不是,他不会成为现在的他。没有缺乏,他就不会意识到自己的人性。正是他自己的有限性与这种有限性的超越之间的鸿沟,形成了他的同一性。生活已经是一种不平衡,或者说一种不稳定的平衡,在那里创造了一种动力、一种紧张和一种永久的冲动。存在是对生活原则的一种扩大,把生物学的原则带到道德和精神的层面,以及从物质到非物质所隐含的必要变形。然而,对稳定的渴望是难以避免的,一种诱人的内稳态幻觉正在观望,一种无尽的稳定,一种不可改变的永久平衡,一种永远幸福的保证。这意味着我们不能接受自己是人类,而是要保持一种既幼稚又理想的视角:对逝去的人间天堂的怀念,或者对天堂的希望。这里的重点在于对这种痛苦的意识,对治疗方法的认识,对这种治疗所代表的困难的认识,对疼痛及其治疗的意义的认识。这就是安慰的问题所在。

[作者简介]奥斯卡·博列尼菲尔(Oscar Brenifier),渥太华大学生物学学士,巴黎第四大学哲学博士。多年来,博列尼菲尔从理论和实践的角度在法国和其他许多国家致力于"哲学践行"概念的研究。他是城市哲学项目的主要推动者之一,为儿童和成人组织哲

学工作坊、哲学咖啡馆、哲学顾问等。他在这一领域出版了大约 30 本书,包括"儿童哲学智慧书"(Philozenfants)系列,已被翻译成 30 多种语言。他创立了哲学践行研究所,在学校、媒体中心、老人之家、监狱、社会中心、公司等不同的地方培训实践哲学家,并组织哲学工作室。他是联合国教科文组织报告《哲学是一所自由学校》的作者之一。

原文出处:Oscar Brenifier,"The Philosophical Consolation",*Philosophical Practice*,November 2018,13.3:2193 - 2200.

（周章买　译）

"咨询师"的含义

山姆·布朗(Sam Brown)

导　言

2007 年,在英国政府的指导下,卫生专业委员会(HPC)发起了英国管理"咨询师"和"精神治疗师"专业头衔的提议,表面上的目标是保护弱势公众免受培训不足的从业者的伤害。2008 年,为了确定熟练的标准,并与相关专业组织进行磋商,一个专业联络小组(PLG)成立了。根据当前的计划,"咨询师"和"精神治疗医师"(及其修改后的版本)将从 2010 年起受法律保护,使用它们的从业人员必须向 HPC 注册,否则将面临高达 5000 英镑的罚款。符合培训和熟练程度的新标准的现有从业人员可通过"隔代教养"途径取得资格,但须支付 420 英镑的审查费和 76 英镑的注册费。最终,进入该行业需要成功完成一门由 HPC 特别批准的相关课程。

这些提议已经引起了激烈的争论,随之而来的是许多专业咨询和心理治疗从业者的正式反对和原则性不服从[1]。尽管 HPC 继续坚持通过头衔保护来进行管理,但 PLG 委员会面临着一个令人恼火的、潜在的、棘手的问题。他们必须以某种方式平衡这些政治指示与一系列相互矛盾的观点、相互冲突的价值观和既得利益。PLG 成员可能会发现,寻求相关专家的忠告是有益的。假设他们有健全的头脑、和谐的气质和未受损的智力,使他们服从一种基于心理评估和治疗的咨询,似乎并没有什么意义。由于问题涉及意义、价值、推理、论证等哲学议题,解决的方法应该是哲学的而不是心理的[2]。因此,检查 PLG 困境的性质、其工作假设的真实性、其概念的结构以及其逻辑的有效性将更具建设性。为了达到这一目标,值得提请他们注意一项至今他们都忽视的,却可能在无意中取缔的专业服务:哲学咨询。

世界各地的从业者都在使用"哲学咨询师"这个头衔(请参见 Lahav & Tillmans, ed., 1995, *passim*),该专业由国家和国际协会所代理,尤其是在英国、美国、德国、荷兰和以色列。PLG、HPC 和健康国务大臣发布的文件显示,他们对哲学咨询[3]没有任何认识。至关重要的是,他们也忽视了一个重要的可能会使他们的建议无效的绝对推论:为个人问题提供咨询的实践并不是心理学家的专属领域。

"咨询师"的临床构想

2009 年,经过一个漫长的咨询过程,PLG 发布了一套熟练程度标准草案,作为注册者继续实践的一个条件。在该文件中,重点是评估和诊断客户,制定适当的治疗方案,并监测治疗进展。关于心理困难、心理理论和证据、诊断、治疗、治疗结果、健康、疾病、障碍、功能障碍、感染控制、科学调查、研究方法和多学科团队合作,有许多参考文献。精神治疗医师和咨询师都必须在每一个主题上展示出足够的训练和熟练。

熟练程度标准明显是以临床专业的模板为基础的。它们对哲学咨询师没有直接的适用性。尽管 PLG 坚持其措施不会将医疗模式强加给咨询师[4],但它仍然对心理培训和资格认证、客户观察和诊断以及临床治疗方案的交付和评估保持了一个坚定的承诺。这些建议与大多数私人咨询实践中主要采用的人文主义方法相反。

一般来说,HPC 的建议并没有得到专业咨询师或精神治疗医师的好评。经验丰富的实践者和有影响力的理论家的正式回应是质疑了认为他们的专业可以被视为保健服务的建议,并抗议医学、心理学和治疗的术语将扭曲他们方法的人文本质。尽管 HPC 的磋商言辞华丽,但它只允许修改实施细节,而不允许修改创立的假设。HPC 与专业机构的初步磋商引出了明确的建议,即需要一个更专业的监管机构,但这一建议并没有被采纳[5]。这种不考虑替代方案的做法现在成了司法审查的一个主题。在 2010 年 1 月在伦敦举行的一次由 HPC 和 PLG 的代表出席的会议上,选择一个单独的心理专业委员会成为大多数相关方都能接受的一个潜在解决方案。然而,将"咨询师"这一称谓纳入心理学的范畴,仅仅使分类错误得到了改善。

心理治疗与心理咨询的区别

HPC 或 PLG 发布的所有报告都没有明确定义关键术语或试图进行语义分析。各专业团体的意见分歧很大。例如,英国心理咨询和心理治疗协会认为,这些头衔本质上是等同的:

BACP 的立场一直是咨询和心理治疗之间没有区别。在角色、价值和效果方面,我们相信每个职业领域都具有同等的价值。

我们的许多成员根据他们工作的环境可以互换使用这些术语。事实上,由国际咨询和心理治疗学者组成的 BACP 研究委员会不能根据证据区分两者。(BACP,2008)

相比之下,BACP 的苏格兰同行 COSCA 支持 PLG 的决定,即根据专业知识和资格来区分这两个群体:"精神治疗医师"必须具备 7 级(硕士学位)的资格并且展现出诊断和治疗"严重精神障碍"的能力,而"咨询师"则需要最低 5 级资格(HND/DIPHE),得到正式认可的一个咨询课程,以及必须展现出促进"心理健康和福祉"的能力(HPC,2009B,

3A.1)。尽管 PLG 没有明确定义这些术语,但这些术语实际上构成了操作定义。

PLG 注意到,"咨询师"一词已经被其他专业"在有限的情况下"使用(§76,见第 25 页下半部分),并准备考虑对特殊情况例外处理,明确暗示精神健康概念在头衔上有优先权。然而,一个重要的事实被忽视了:"咨询师"这个词与治疗实践、心理学理论、精神障碍治疗或心理健康概念没有本质的联系。(在这方面,它与更具技术性的对应词"心理治疗学家"形成了对比,后者专门指通过心理干预治疗疾病。)这个词被滥用了。

"咨询师"的意义：词典分析

词典编纂几乎不支持 HPC 的操作型定义即将咨询师定义为心理治疗师。下面提供了一些示例定义[6]。

麦克米伦字典中的唯一定义是：

咨询师：名词(可数),其工作是给有问题的人提供建议和帮助的人。

这个简单的定义完全符合为寻求问题帮助的人提供的各种形式的专业咨询。它没有具体说明这些问题的性质,没有提及心理学理论或实践,也没有提到精神健康的概念。

在 Farlex 的在线免费词典中,列出了以下涵义：

coun·sel·or 亦为 coun·sel·lor(名词)

1. 给出咨询的人；一个建议者。

2. 一个律师,专门出庭辩护的律师。

3. 一个在夏令营监督年轻人的人。

这里唯一提到的专业是"律师"。再一次,没有提到心理学或心理健康。

需要更仔细的研究来识别心理学在这个术语的语义学中的痕迹。英语中最权威的参考指南当然是牛津英语词典,它提供了一个完整的、有文档记录的使用历史。

"咨询师"一词的词源

牛津英语词典列出了五种对咨询师的定义。这些定义都不是指治疗师或心理健康医生。唯一一个对心理学擦边的提及是深埋在一个引用语中,以支持与非心理学用法同样兼容的次内涵。主要内涵定义为：

1. a. 顾问,一个咨询或建议的人；一个建议者。

举出的引文包括乔叟、莎士比亚、亚历山大·波普、塞缪尔·约翰逊和詹姆斯国王版的《圣经》。在这些引文中,没有一个是专业心理学中使用的术语。

主要的定义是指从事某种活动而不是专业。然而,来自它的次内涵具有专业的隐含意义,由于它对"客户"的指称。

b. 专门为客户提供咨询服务的人员(参见 COUNSELLING, ELING *vbl. sb.*)。

1940 年卡尔·罗杰斯《咨询心理学》4.162/1 咨询者与接受劝告者之间必

须有一种温馨的关系。《不列颠百科全书年鉴》461/1 在建立和提高咨询专家的专业水平方面正在取得进展,这在很大程度上要归功于美国婚姻顾问协会。1954 年比宾斯基《咨询理论与实践》第 115 卷 咨询师必须要学会预测他客户的行为,也要学会预测自己的行为。1963 年赫伦《贵格会关于性别的观点》第 44 卷咨询师的情感反应,主要是由他或她不知道的起源引起的,是无所助益的。1965 年哈尔莫斯《咨询师的信仰》人对同伴需求的敏感性继续存在,并寻求在咨询师的专业关注和照料中表达出来。1970 年《时代周刊》10 月 12 日在学校里关于咨询的想法并不完全是新的……新的想法是建立专业的学校咨询师。1983 年《咨询》8 月 2 日一些研究练习表明客户自己重视咨询师的介入。

注意,在定义或支持性的引文中,无论是"心理学"还是"治疗"都没有被提及。因此,没有这样的规定即从业者必须专攻心理学或心理保健。唯一提到心理学的仅仅是偶然的:它出现在最初引用的期刊的标题上。这似乎是一个相当脆弱的基础,以执行一个法律定义的术语作为一个心理职业。

卡尔·罗杰斯在《咨询心理学杂志》(*Journal of Consulting Psychology*)对这个术语的使用,是第一次有文献记载地提到"咨询师"是一个专业顾问,不同于律师、外交官和皇家助理的内涵。他的明确目标是将他的人文主义、以客户为中心的方法与他同事中盛行的诊断和治疗干预方案进行对比。然而,在心理治疗的语境下使用这个术语时,他并没有因此创造出一个新的作为心理治疗专业的咨询师概念。由于他写作的语境,他指的是一位临床心理学家;但要将这种用法解释为隐含地界定了这个术语的新内涵,那就是混淆了内涵和指称,从而忽略了语言哲学中最基本的区别之一(弗雷格的内涵与指称)。罗杰斯提倡对主要的医学或精神分析干预采取另一种方法,并选择了一个已经描述了他头脑中的活动的词。他没有滥用或重新定义这个术语;他应用一般意义作为一个描述词去指称一个精神治疗医师,这个精神治疗医师通过咨询而不是诊断或治疗区别于其他精神治疗学家。

上下文参照,一般意义

罗杰斯的文章发表在一本专门为临床心理学家服务的期刊上:他没有向公众发表演讲。在临床心理学的语境中,"心理学"(或"心理治疗学家")这个限定词是多余的,因为其界限已经在语境中定义了;它只是不必要的措辞。

罗杰斯的用法并不构成对咨询师的隐性重新定义,这一点在他写作的其他段落中很明显。在这些段落中,他更广泛地使用了这个术语:

> 它包括几乎所有的咨询师-客户的关系,不管我们说的是教育咨询、职业咨询还是个人咨询。(Rogers,1961,p. 40)
>
> 学校咨询师或院长,谁负责纪律和咨询?[……]商业领域的人事或者产业

咨询是怎样的呢？（Rogers，1942，pp. 108 - 9）

罗杰斯显然是在利用语境来确定咨询师的专业领域。同样的语境分析也适用于1946年、1954年、1965年和1983年的《牛津英语词典》引文；这种涵义是通用的。的确，1963年和1970年的剩余引文不在心理治疗的语境内。

还有许多其他关于头衔的语境用法的例子，特别是在兵役中。例如，在英国军队的语境下，在皇家后勤部队中驾驶和维护车辆的士兵的正确名称是"驾驶员"[7]。然而，在这种兵役的语境之外，头衔显然是不完整的。正确的非语境名称是"军事驾驶员"，适用特殊的法律法规和豁免（包括较低的最低年龄）[8]。驾驶是一项活动，执行驾驶的任何人都被正确地定名为"驾驶员"。"军事驾驶员"是一种职业，但在军队中，用单称词指代这些专业人员是标准做法，因为在这种情况下，"军事"这一限定词是多余的。任何将"司机"一词的专业用法仅限士兵使用的规定都是荒谬的，然而，HPC正试图进行一个类似头衔-霸占的活动。

条目1.b是OED中最接近心理学解释下的咨询师概念的定义，即HPC在其法律法规提案中假定的那个定义。这里还列出了其他四种内涵，上面引用的部分不到定义该术语所用空间的四分之一[9]。

总之，没有词典学证据表明在心理服务中的语境使用构成了一个独立的内涵或者次内涵。含义的精准功能是隐含在语境中的，而不是在保持通用的概念中。因此，HPC将咨询师视为一个主要是心理学或心理治疗的职业，这一概念在正式词源学或词汇学上没有任何基础。在做出任何将它作为强制性法律定义介绍的决定之前，必须充分考虑这一点。

相关词

有人可能会期望心理意义会嵌入到形成性动词的定义中，从中可以衍生出专业的头衔：律师。然而，在该词的三列定义中，丝毫未提及心理学或心理健康。"建议"某人，或给他们"建议"，就是解决他们的个人问题，而不是心理或心理健康问题（除非这些问题被确定为问题的来源）。

然而，值得注意的是，在咨询者和咨询的词形变体的定义中提到了心理学。

counsellee, couns elee. [f. COUNSEL v. ＋ EE1.]接受专业咨询（特别是心理咨询）的人。见 COUNSELLING vbl. sb.

1934 在 WEBSTER. 1940 [见 COUNSELLOR, -ELOR 1 b]. 1972 Encycl. Psychol. 226/2 一种人际关系，其中一人（咨询师）试图帮助另一人（咨询者）理解和处理问题。1981 Family Rev. Summer 26/1 典型的咨询者评论，咨询师回应。

定义显然是通用的，但它在括号中加入了一个附加的限定词"（特别是在心理学中）"（esp. in *Psychol.*）。"特别"（Especially）表示在心理学中该术语的使用是常见的，但不是排他性的。"in"一词表示社会方言：即与特定群体相关的意思。1972年的引用语显示它已经进入了心理学百科全书,在那里它仍然是一般性的定义(在理解问题而不是评估客户方面)。其他职业继续以这种方式使用"心理咨询"一词,而不调用情感障碍的心理治疗的内涵(例如,在哲学咨询里请参见 Lahav & Tillmans, ed., 1995, *passim*)。这些用法完全符合上述词典定义,因此完全合法。然而,HPC 的规定将使之成为非法。

同样的语境分析也适用于咨询:

counselling, counseling, *vbl. sb.* 〔f. COUNSEL v. + -ING1.〕动词 "COUNSEL"的行动;给予或接受咨询;建议;特别的,作为职业对个人、社会、心理等问题提供建议;在心理学中,一种心理疗法,其中,咨询师在使客户能够解决他或她自己的问题时,扮演着一个宽容和支持的角色。Also attrib.

注意,该条目将心理问题列为与咨询相关的几种问题中的一种。此外,专门指心理治疗的条款包括社会方言的限定词"in",这意味着它仅在心理学领域内具有这一意义。其含义是领域-特定的。很明显,这并不是可以由之派生出其它含义的最初内涵。它不被列为一个单独的内涵(按数字索引),甚至是一个单独的次内涵(按字母顺序索引):它是职业方言中的一种专门用法,需要心理服务的语境来限制其意义功能。

总　结

《牛津英语词典》中的相应条目表明,在法律语境之外,咨询师的职业内涵是始于 1940 年一种相对最近的出现。它从来没有被专门定义为心理或治疗职业。

这个词仍然主要用于描述从事某项活动的人,而不是某个特定职业的头衔。此外,这一概念并不蕴含着对心理学或治疗的承诺。这些定义意味着帮助客户处理问题的实践,而不是提供治疗来改变他们的情感倾向。

语义分析

HPC 可能会反对说他们的论点是基于当代的用法,而不是形式上的定义,也许暗指维特根斯坦关于"意义即使用"的著名格言:

在使用"意思"一词的很多情况下,尽管不是全部,我们可以这样解释:一个词的意思是它在语言中的用法。(Wittgenstein, PI §43)

事实上,为了证明他们有权管理"咨询师"一词的使用,PLG 引用了以下观察:

• 头衔具有广泛的通用性,并被大量从业者使用。
• 头衔容易被公众识别和理解。

• 头衔并未在治疗的环境之外广泛使用。(PLG，2009，§70)

这些主张为 HPC 的提议提供了主要的修辞支持，并且是在没有证据或论据的情况下被断言。词典的目的是记载与历史参考文献一样多的当代用法，但可以论证的是，自 1989 年《牛津英语词典》最后一版出版以来，趋势可能发生了变化；然而，值得注意的是，自那时起，补充修订版中的定义并未更新。

鉴于围绕这一问题的争论，值得调查 PLG 主张的事实基础：公众对地方术语的理解，心理健康从业者的专业用法，以及缺乏可替代的咨询职业。

方言概念

PLG 指出，"法规必须反映公众对某一职业以及在该职业中使用的头衔的理解"（Guthrie，in UKCP 2009，p.4）。公众非正式使用的最明显证据是轶事：似乎有一个共同的假设，即人们拜访"咨询师"以寻求情感问题的帮助，并且，由于情感是心理状态，合适的评估形式是心理学的。尽管这一假设似乎很普遍，但并不能保证它是有效的，甚至不能保证它蕴含着一种独立的内涵。

方言用法并没有规定一个真的或适当的含义：一个方言概念的唯一基准是交际成功。方言用法经常偏离公认的技术的或科学的定义。例如，坚果的一般概念涵盖花生、腰果、巴西坚果、开心果和核桃，这些都不是真正的生物学意义上的坚果。科学的意义还没有适应一般的说法。相反，任何使口语用法与技术标准相一致的企图，都会面临可理解的嘲笑。

此外，PLG 从轶事证据中推断出咨询师的方言概念指称一个专业的心理学家，是相当草率的。相当一部分客户咨询顾问，是为了在获得信任的环境中讨论他们的个人问题，不去抱怨神经症或情感障碍；他们只想与专家讨论他们的问题，并找到解决问题的方法。正如罗杰斯所坚持的那样，这种活动及其所带来的人际关系可以在不应用任何心理指示或干预的情况下产生治疗效果。通常（至少在国家资助的卫生部门）提供的唯一相应服务是某种与心理和心理治疗相似的形式，因此，他们咨询一个具备某种形式的心理治疗培训的"咨询师"的事实纯粹是偶然的。私人实践中的咨询服务很少被特别宣传为心理咨询服务，即使它们是由合格的心理学家进行的，所以心理学对公众的咨询概念是真正的必不可少是值得怀疑的，这可能只是一个常见的默认假设。

咨询的方言概念可能只意味着"人际交谈和倾听服务"。提出的问题可能涉及与某些领域有关的实际的或概念上的困难，而不是心理学，比如职业选择、商业决策、沉重的债务或道德困境。在这种情况下，专门针对问题领域的某种形式的咨询更为合适，而且可能会有所帮助。然而，这些专门的服务很少能得到，所以大多数人只能求助于提供的服务：情感问题咨询。心理健康服务提供者使用"咨询师"这个头衔，而不使用限定术语，并将他们的服务宣传为与引起负面情绪的各种问题相关的服务，即使他们在潜在问题领域没有专门知识。这本身可以被视为滥用专业头衔。

许多志愿部门的咨询师没有心理学资格,但在被任命为值班咨询师之前,他们要接受数百小时的培训和监督。诚然,在这种形式的情感咨询中具备应用心理学的一个要素,因为参与者接受了识别情感痛苦、表现同情心和尊重个人价值观的培训。然而,对情感模式敏感的需求是所有援助职业的共同需求,包括护理和执法。它是精神关怀基本职责的内在要求,不需要心理学学位。

在向非专业观众介绍"哲学咨询"概念时,心理评估和心理治疗的默认假设尤为明显。这个词让一些人觉得奇怪的矛盾。他们把学术哲学和心理治疗咨询的共同刻板印象并列在一起,把它解释为试图通过思考抽象的逻辑难题来解决情感困境。然而,一旦这一概念得到了合适的解释,所有这些怀疑论者都承认他们最初的假设是错误的。他们会接受哲学咨询确实构成了一种恰当意义上的咨询服务形式,但它侧重于解决概念问题,而不依赖心理学理论或调用心理健康的概念[10]。

因此,HPC 不能依靠流行用法的轶事证据来支持它心理学分析的见解,即"咨询师"对大多数人意味着什么。这些建议将在法律上强制实施一种未反思的误解,即被曲解为隐含意义的默认假设。这个错误已经广泛传播的事实是不正当的。

心理保健概念

单称词"咨询师"这个词在心理健康保健的专家群体中也被广泛理解为具有心理治疗的含义。可以合理推断,PLG 在不反思其出处的情况下采用了这种专业解释。

在罗杰斯之后,"咨询师"一词在法定的心理健康保健的框架内,适用于在其治疗实践中采用以人为中心的方法论的精神治疗学家。在这个有限的语境中,没有必要区分一般内涵的成真条件和更特殊语境的成真条件,因为没有反例出现[11]。因此,只有在这种语境下,遇到这个术语的心理健康保健专家不需要学习超出其职业界限的正确应用规则。在这种语境下,他们可以用一个狭隘的概念成功地进行交流。这就是社会方言或职业方言的出现方式。

职业方言记录在专业词典中。例如,《牛津简明医学词典》(*Oxford Concise Medical Dictionary*)2007 年的第 7 版提供了以下定义:

> counselling n. 1. 帮助客户解决自身问题的一种接近心理困难的方法。咨询师同情地倾听,试图认同客户,试图澄清当前的问题,有时也给出建议。与心理治疗或精神分析治疗相比,它较少强调洞察和解释。也见以客户为中心的治疗。2. 参见遗传咨询。

这一段传达了一种心理化的概念,即 HPC 在咨询的初始阶段(优先于 PLG 的临床操作型定义)所假定的。很明显,它在卫生保健界流行。然而,它并不是普遍有效的。医学定义中的语词只被要求在医学及相关专业的职业方言中有特殊意义。

值得注意的是,这本词典并没有把咨询师定义为医学语境中的一个专业,咨询不是一个单一专业的领域,它是一种活动;一些精神治疗医师专门从事它,但他们并不垄断它。HPC将是第一个在法律上将其定义为特定职业的权威机构。但是,通过法律强制一个没有包括其它一般用法的社会学定义,就是霸占这个术语。

该领域的专家可能会相信,他们更明确的概念是正确的,因为使用与他们的语言直觉相一致。然而,这些直觉被一些认知偏差所扭曲。

对于一个在心理健康保健的职业方言内工作的从业者来说,在语言和文本中有数千个例子将能指"咨询师"与一个单一的概念模型联系在一起,即一个职业心理学家与客户谈论个人问题。模型(而不是定义)决定了术语的个人含义。这种认知现象可以通过它对类别判断的影响来发现。心理学家罗施(Eleanor Rosch)证明了基于代表的范畴成员判断具有典型效应:模糊术语的语义界限的适用程度[12]。与原型完全匹配的候选者被判断为标本(Lakoff,1987),在直觉上它们比其他种类的候选者更基本(Rosch *et al.*,1976)。这就解释了为什么医疗保健专业人员倾向于将非心理治疗专业的咨询从业人员视为咨询界的"边缘"成员。PLG报告(PLG,§76)中的评论表明,这是构建法规草案的词汇代理。

这种典型的偏见是如此诱人,以至于精神卫生保健专家甚至可能倾向于对原始词典的定义提出质疑,因为它与他们自己的"专家"直觉不符——忽视了这样一个重要事实即他们自己的专业概念是从这个定义中产生的,并且在一个职业方言中,它的内涵已经被选择性的参考资料所混淆。在那种情况下,他们已经屈服于专业曲解:由高度选择性的专业培训导致的判断扭曲[13]。

这条道路的下一步是让专家重新定义类别,以符合他们的专家直觉。在代表性原型性质的基础上,通过断言成员的必要和充分条件,制造出一个在意义上比原初的定义更具体的定义。它符合专家的直觉,但并不代表一般的意义。这不是概念上的进步。它实际上是泛化谬论的一种表现(Kahneman & Tversky,1973):根据代表成员的属性定义一整个类别。通过对一个通用的术语引入新的含义,专家们创造了关于"咨询师""真正"含义的具体冲突以及语义争议的结果。

其他的咨询职业,如管理咨询师或债务咨询师,不会犯这种概念错误,因为他们明确保留了一个修饰词。心理健康专家已经放弃了这个修饰词,因为它在他们的职业方言中是多余的。如果这个单称术语超出了职业语境,并通过法令应用于普通公众,则与原来的通用含义不协调。在这一点上,对于专业人士来说,要求专家优先考虑他们自己的解释是很诱人的。

因此,在心理学和心理健康保健领域的专家中,似乎有一个流行的假设,即咨询师的基本内涵指的是他们职业的一个子集。如前所述,并反映在PLG报告中的(§25),一些心理健康专业人士甚至认为心理治疗和咨询之间没有原则性的区别[14]。HPC正准备在立法中把他们自己的、高度临床化的这一版本的概念正式化,而忽视了他们提议背后的语义扭曲。

可替代的专业用法

PLG 的报告提到了一些替代使用的例子：

73. 很难评估在心理治疗和 PLG 所力图规范的咨询的"治疗领域"之外的人在多大程度上使用该标题。例子包括提供债务管理建议的"债务顾问"和向个人和家庭提供有关遗传条件的信息、建议和支持的"遗传咨询师"。

该报告并不试图提供替代咨询职业的分析或代表性列表。还有许多其他的：例如，商业咨询师，管理咨询师，职业咨询师，教育咨询师，体重管理咨询师，法律咨询师，投资咨询师。还有一个没有完全被意识到的进一步风险。如果 HPC 的概念被认为是真实的或主要的定义，那么这些其他的用法可能被认为是隐喻性的扩展，而不是对头衔有着同等断言的文字实例。非心理咨询职业可能会被指控故意利用心理治疗术语，将其作为一种策略，向处于情感困境的人推销其服务。检察官可以参考 HPC 官方文件所代表的"咨询师"的法律定义。然而，仔细的语言分析表明，这种指责是建立在一个错误的推论上的，这个推论来自一个轻率的概括，而这个概括又以对一个普通的一般词项的社会方言式应用的误解为基础的。这种假设和谬误的复合构成了逻辑和语言的严重扭曲，而且 HPC 正准备将其纳入立法。

值得重申的一点是：咨询师的心理健康保健概念在任何恰当的意义上都不是基本的，其他的专业用法也不是从中衍生出来的：正如《牛津英语词典》的定义所表明的那样，一般用法都具备由词源学和词典学保证的优先的文字主张。

值得赞扬的是，PLG 已经考虑到了管理"咨询师"这个单一头衔可能产生的复杂情况。该报告思考了其他咨询职业是否需要特定的豁免。

74. PLG 讨论了 HPC 执行委员会获得的法律建议，考虑到该术语的广泛使用，这一建议提出了一个可能的选择即对 2001 年健康职业令的第 39 条提出修正案，以更清楚地说明会发生的滥用"咨询师"头衔的情况。有人建议，这可以通过以某种方式定义其所寻求管理的活动领域来实现。

75. 这并不暗示这样的提议会以任何方式保护咨询的"功能"，但是它可能会确保以下这点是清楚的，即使用"债务咨询师"头衔的人，举例来说，将不会承诺保护头衔犯罪，同时确保某些未注册的人使用与"治疗性干预"有关的"咨询师"头衔的案子可以得到调查和适当处理。

76. PLG 的结论是，尽管在某些有限的情况下，这个头衔被"治疗干预"以外的其他群体使用了，但有必要保护该名称。PLG 建议，如果认为有必要，实现这一目标的一种方法可能是修订 2001 年健康职业令第 39 条，以更清楚地说明会发生的滥用"咨询师"头衔的情况。

77. 然而,PLG 并未就如何在立法方面实现这一目标提出任何具体的措辞。PLG 讨论了 HPC 执行委员会建议的可能措辞,但认为如果采用这种方法,则对任何措辞进一步考虑和讨论是必要的。

78. PLG 的大多数人同意前一页和上一页中第 76 和 77 段中概述的建议,但对这一条款的措辞被更广泛地解释,并因此对心理治疗实践和咨询实践产生有限影响的可能性表示关切。有人认为,重要的是,如果这种做法成为必要,任何立法的条款和措辞都应接受进一步公开和透明的磋商。

立法的措辞确实至关重要,需要仔细注意定义的语义及它们的法律的含意。其他咨询专业也致力于基本咨询技能的核心培训。假如这不仅仅是针对心理学理论在情绪问题上的应用,那么同步通用标准和职业道德会带来可能的好处。不幸的是,根据 HPC 在其草拟的熟练标准中的现行操作定义,这是不可能的。

咨询职业的管理

PLG 的报告考虑了通过使用复合术语区分其活动与其他咨询专业的选择:

68. 在征求意见的过程中,HPC 询问是否有可能保护"咨询师"这个头衔,或者这个头衔在治疗环境之外的使用是否如此广泛,以至于它只能作为一个描述性头衔的一部分来保护(例如"治疗咨询师")。

[……]

71. 保护"咨询师"作为描述性头衔的一部分而不是独自保护头衔"咨询师"的论证包括:头衔经常被误解,并且在治疗环境之外使用;并且头衔不能因为在治疗环境之外的使用而受到保护。PLG 建议和讨论的描述性头衔包括治疗咨询师、心理治疗咨询师和注册咨询师。

一些描述性的修饰语,表面上模仿了其他职业中使用的模式("治疗"、"心理治疗"和"注册"),已经被考虑和摒弃。然而,一个批评的观察被忽视了:大多数其他的咨询职业不使用形容词修饰语;他们使用一个名词——例如"债务"、"职业"、"商业"、"体重管理"——来确定他们专门知识的主题[15]。并不是咨询方法区分了这些职业,而是问题的范围。心理治疗领域的许多咨询专业使用一个类似的形式:"悲伤咨询师"、"婚姻咨询师"、"居丧咨询师"、"关系咨询师"。注意,这些不是形式的名称。因此,PLG 不应将模式形容词作为修饰词。

然而,在 HPC 的目标群体中指定一个详尽的问题范围列表是不可行的。即使它是详尽的,未注册的从业者也可以很容易地通过采用一个不在列表中的名词来绕过这种枚举定义。相反,HPC 需要某种形式的扩展修饰语来确定目标群体,即处理心理问题的心理健康保健专业人员。HPC 的职责不是区分不同类型的咨询师,甚至是不同类型的形态,而是区分那些心理健康专业的咨询师和其他咨询职业。

有一个明显的解决办法:用专业学科作为职业的头衔,用分词"咨询"作为这个活动的修饰语。因此,相关的复合名词可能是"咨询治疗师"、"咨询心理学家"、"咨询精神治疗师",甚至可能是"咨询精神病医生"或"咨询护士"。在每一个情况中,名词已经是一个被认可职业的名称。因此,这些规定可以直接适用于这些专业群体。

该系统具有明显的优点,即推荐的术语完全严格对应其组成部分的组合含义。它还将解决精神治疗师提出的"双重注册"异议,他们要求在"咨询师"这一头衔上具有平等的权利。提供咨询服务的精神治疗师将被特指为"咨询精神治疗师"。注意,这一系统也避免了列举单独咨询形态的不切实际(尽管仍然可以使用模式的区分来定制不同形态的标准)。

不幸的是,这个解决方案已经部分受阻。专业头衔"咨询心理学家"已由 HPC 保护,自 2009 年 7 月 1 日起生效。HPC 已经定义了这个术语,因此它不仅简单地指那些咨询的心理学家,而且指的是拥有咨询心理学专业博士学位(或同等学力)的心理学家。提供咨询服务的绝大多数心理学家都没有资格。根据复合语义学的标准,复合词应指称"咨询"与"心理学家"这两个集合的交集;相反,HPC 选择将复合词定义为一个语义:一个具有独立意义的新术语。这是一个逻辑上的错误,HPC 现在正面临这种哲学上的疏忽所带来的影响:它不能再使用组合术语来指称那些专门从事咨询的心理学家,他们与其他心理学家不同。因此,HPC 将自己描绘成一个语言的角落。然而,通过对共同语言中含义更广泛的词进行法律控制来解决困难,是一种极为专制的策略。

UKCP 推荐了另一个可选择的头衔"精神治疗咨询师"(UKCP,2009b),尽管"咨询精神治疗师"是一个更合适的置换。然而,由于在公开的讨论中强调治疗,大多数咨询师可能会拒绝这样的头衔。"心理治疗师"这个词在某些领域正在流行,但也可能出于同样的原因引起争议。

该解决方案将会适当地处理 HPC 的目标群体:"咨询师"即提供一般的非判断性的倾听服务,旨在解决情绪或心理问题。要求使用一个既定职业的头衔具备充分的资格证明,如"心理学家"或"治疗师",将孤立那些没有受过专业培训的人,他们简单地为情绪低落的人提供谈话和倾听服务。他们既不提供规范的治疗方案,也不在特定问题领域提供专家建议和指导。然而,大多数人都在建设性会话技术方面受过良好的训练,他们的实践要求高水平的技能和耐心,并承诺遵守明确的实践守则。这些实践者可以作为职业的"倾听者"或"会话者",主要提供道德帮助服务。这本身就是一个有价值的服务部门,不应与专业心理学、精神病治疗或其他临床保健服务相混淆。

目前,该部门只接受职业组织和机构的自我监管,没有法律限制或熟练程度标准。原则上,这一系统是开放给私人从业者使用的,当然,这是促使 HPC 推动监管的主要关注点。解决办法并不是将所有形式的人际咨询融入心理健康服务,而是确保所有咨询领域的培训和道德标准是共同的。

在通常情况下管理"咨询师"

毫无疑问,任何为帮助客户处理问题而提供建议和支持的从业者都应该对客户的需求和愿望敏感,精通倾听技巧,并且在他们的咨询模式不大可能具有建设性的时候能够发现。这是任何专业咨询服务的基本原则,而不仅仅是心理学。因此,政府会更好地确保所有从业人员都经过培训并具备基本咨询技能的资格[16]。

以下做法是更为可行的,并且会减少对通用语义学的扭曲。那就是规定任何在专业背景下使用"咨询师"这一头衔的人,具有或者不具有修饰词,无论其专业领域是什么,都必须持有认证的咨询技能证书,并签署共同的职业咨询道德准则。这一准则包含了对持续监管和继续教育的承诺。基础课程应包括罗杰斯辅导的基本原则,并使学生熟悉常见的认知模式或人格障碍,这些可能会妨碍以人为中心的方法。从业者应该有一个标准化的程序和集中的机制,将这些客户引向更合适的心理治疗方式——将正式诊断的负担传递给接受过临床心理学或精神病治疗培训的专业人员。

不专门从事心理评估的所有类型的"问题咨询师",只被允许处理其领域内的问题。尽管这些从业人员不能也不应被视为健康专业人员,但是 HPC 可能会有合理的授权来规定培训要求,即他们不会闯入专门的心理治疗领域。这些从业人员负有法定责任将可识别的精神健康问题的客户求助于健康服务里的适当形式;标准化的培训和监督将确保从业人员具有适当的技能并遵守共同的道德准则。确保这一服务行业的共同标准有一个原理,但它应该适用于一般咨询技能熟练程度的水平,而不是咨询心理学的职位要求。

适当的管理不需要维护中央登记处。一个更少的官僚主义的解决办法是进行抽查,以确保职业咨询师满足咨询实践的最低要求,并对违规行为进行处罚。与强制登记相比,这一系统的成本要低得多,侵入性和权威性也要低得多,而且绝不是一个低劣的解决方案:毕竟,绝大多数法律要求在英国都是这样执行的。

转喻的专业头衔

"医生"这一术语是另一个具有转喻意义的专业头衔,由于使用标准不同,转喻的意义引起了对职业误传的争议。它通常被理解为是指医师、执业医师,或者更具体地说是全科医生,并且经常在正式的健康保健文献中被相应地使用。与"咨询师"一样,"医生"这一头衔也通过概念转喻呈现出它的通常含义:对于公众来说,它是医师最显著的区别特征,充当一个词汇转喻。头衔"医生"("能指")通常与执业医生("所指")这一个概念联系在一起。因此,人们可以用"医生"这个名词来交流医生的情况。随着固有概念出现新的真值条件,它成了一个被认可的独立内涵,在《牛津英语词典》中表示为一个单独的定义(13 个中的第 6 个)。

然而,博士研究生也有权使用"博士"这个词作为一个前置的敬语,尽管可能会混淆。那些在健康保健的广阔语境下工作的人习惯于告知人们,这个前置的头衔并不意味着一个医疗资格。谁是"真正的"医生的问题是有偏见性的,因为优先权问题是上下文特定的。

如果语境误导公众错误地归咎于医疗资格,即使他们通过证书完全有权使用它,持有博士学位的替代医学(非传统医学)的从业人员可能已经因使用前置头衔而被起诉。

在物理医学语境下,对职业误传的公众造成危险的任何担忧,都必须超越那些与会话式帮助职业相关的担忧。然而,尽管有一些高调的欺诈性误传,"医生"仍然是一个不受保护的头衔。法律上仅限于医生使用的建议并没有得到很好的接受:例如,2009 年 6 月 10 日议会提出了一项早期动议,但近 6 个月后,国会议员仅获得了 12 个签名[17]。

HPC 关于"咨询师"的概念对作为独立内涵的身份具有一个相对较弱的断言,医疗不当的伦理风险是更少预兆的。如果 HPC 的论证不能追求比支持医生这一头衔的法定规则的论证更高标准的根据,那么应该放弃这一提议,用一种更为深思熟虑的方法来保护公众免受低劣从业者的伤害。

结　论

尽管 HPC 将咨询师作为一个类似于心理学的心理健康职业进行法律管理的建议对健康保健专业人员有着直观的吸引力,但它在哲学上毫无根据。哲学分析表明,PLG 委员会对该术语的解释依赖于内涵和指称的混淆,普遍的误解,承认职业方言局限性的失败,片面的启发法,以及对语言修饰语的无知。

SPP 对咨询程序的回应邀请了 PLG 委员会提供正式定义的证据,以支持他们对咨询师的操作概念,援引心理学的职业背景之外的权威来源,它不包括社会学的限定词,也不与一般的内涵同样地兼容。对一个一致定义的寻求应该充当一个本身就有指导意义的实践。

PLG 委员会应该认识到,在通用术语的使用上立法具有非常不祥的政治意味。限制对已广泛使用的专业头衔的权利,具有规制俘获而非公共保护的经济特征,并具有专业的争夺地盘的所有合法性。本文中建议的解决方案是让 HPC 规范"精神治疗医师"这一职业,并与其他机构合作,以确保所有咨询职业的培训、熟练程度和职业道德具有共同标准。

注释

[1] 成立咨询和心理治疗联盟是为了反对现行形式的监管建议:http://www.allianceforcandp.org/.

[2] 心理咨询师可能会试图减轻与公众争议有关的不满情绪,甚至可以减轻扰乱大部分专业从业者的内疚感。但一个快速的功利主义道德计算表明,最好寻求一个哲学解决方案使得最优约束最大化。心理学家并不是完成这项任务最合适的专业人员。

[3] 卫生部长提交给议会的白皮书启动了这一监管程序,两次使用了"精神治疗医师、咨询师和其他心理治疗师"这些短语(Dept. of Health, *Trust, Assurance and Safe-*

ty—The Regulation of Health Professionals in the 21ˢᵗ Century. White paper, Feb 2007)。

[4] 来自 HPC FAQ 的问题 8(HPC,2008,p. 3):"我们认识到许多精神治疗医师和咨询师不在国民医疗保健制度(NHS)或其他'医疗机构'工作,许多精神治疗医师和咨询师不依据'医疗模式'工作。我们认识到心理治疗和咨询不是'医疗形态'。"

[5] 除了药房监管的新安排以外,政府不会设立任何新的法定监管机构。心理学家、精神治疗医师和咨询师将由卫生专业委员会监管……(*Trust, Assurance and Safety— The Regulation of Health Professionals in the 21st Century.* Dept. of Health, White paper,Feb 2007)。

[6] 这些词典条目可以在线查阅。它们不是选择性的选择;读者被邀请咨询可替代的来源。

[7] 军队工作,驾驶员页面:http://www.armyjobs.mod.uk/jobs/Pages/JobDetail. aspx? armyjobid＝RLC500/508＋JE&category＝.

[8] DVLA,军用驾驶员页面:http://www.dft.gov.uk/dvla/drivers/militarydrivers. aspx.

[9] 与任何类型的心理学家相比,在《牛津英语词典》中法律顾问这一职业有着更多直接和大量的典故。因此,律师们会有更多的词源学和词汇学理由去起诉咨询心理学家滥用他们的专业头衔。

[10] "我可以告诉你哲学给人类提供什么吗? 咨询。"(Seneca, Moral Letters 48.7 - 8, trans. Campbell, p.98)可以说,哲学咨询更符合字典的定义,因为它直接分析客户的哲学问题,并使用概念澄清作为结果指标,而心理干预典型将客户的情绪困扰分析为咨询对象,不管其原因如何。严格地说,心理从业者应该把自己限制在那些认为情绪反应是异常因素的情况中,比如神经症和恐惧症。

[11] 正确使用的标准需要反例来建立真理条件和定义其含义。在奎因著名的例子中(1973),如果一个当地人指着一只兔子说"嘎瓦!"这个明示的定义将指称集中在一个物体上(积极的刺激意义),但是不可能分辨出这个术语是否表示兔子、兔子肉、兔子毛皮、可食用的四足动物等,直到有一些不正确的用法(否定的刺激意义)的指示,允许出现正确和不正确的应用标准。婴儿通常会在第一个 70 个单词左右犯相似的归因范围错误,直到他们通过强化和纠正来学习常规意义。

[12] 心理表征被称为概念原型。"原型"本身具有特殊的社会学意义。在共同语言中,它指的是一个初始实例,它例示了一种新类型,但在认知心理学的方言中,它指的是一个典型例子的心理表征。Prinz(2003)提出了人造的术语"proxytype",因为这些表征在推理中通常"代替"定义良好的概念,尽管它们具有"模糊"的成员边界。

[13] "déformation professionnelle"这一术语是由社会学的先驱爱米尔·涂尔干 (Emile Durkheim)创造的。

[14] 在自愿注册的执业医师中,他们或者独立地或者联合提供咨询和心理治疗服务,BACP 没有发现这两个群体之间的任何区别。然而,这种外延指称的一致并没有改

变术语的内涵语义。

[15] 这种模式也有一些例外："遗传的"和"哲学的"。这可能也需要修正。

[16] 参见 Richard Nelson-Jones. *Basic Counselling Skills*：*A Helper's Manual*，2nd edn. (Hampshire：Sage，2008)。

[17]《早期动议》(*Early Day Motion*，1635)里的"对医生头衔的保护"(Protection of the title Doctor，10/06/09)："本院注意到,医生的头衔不是一个受保护的头衔;进一步注意到,补充医学从业者在健康保健中具有重要作用,但认为医生的头衔蕴含着科学正统医学的背景;进一步认为补充医学从业者使用'医生'一词具有误导性和迷惑性;进一步认为一名经过培训的正统医生可能持有的其他资格证书也可能是令人困惑的;并呼吁政府保护在英国医学会已注册的和具有合适资格从业者的头衔,或者引入一个简单且广为认可的方案来区分医学背后不同的传统和不同级别的科学证据。"http://edmi.parliament.uk//.aspx? EDMID＝38820.

参考文献

AfCP(2009). *Response to the HPC Draft Standards of Proficiency for Psychotherapists and Counsellors*.

Alliance for Counselling and Psychotherapy. Available from http:// allianceforcandp.org/documents/DLStandardsFINAL.doc.

BACP(2008). *Consultation on the Recommendations of the Psychotherapists and Counsellors Professional Liaison Group*. British Association for Counselling and Psychotherapy. Available from http://www.bacp.co.uk/regulation/.

Department of Health(2007). *Trust，Assurance and Safety—The Regulation of Health Professionals in the 21st Century*. White paper，Feb 2007. (London：Stationery Office).

HPC(2009). *Appendix 2：Standards of proficiency for psychotherapists and counsellors (Draft for consultation)*. Health Professions Council，Professional Liaison Group. [Retrieved from the HPC website on 13/08/09(no longer available)]

HPC (2008). *FAQs on the statutory regulation of psychotherapists and counsellors*. Health Professions Council，Professional Liaison Group. Available from HPC website：http://www.hpc-uk.org/assets/documents/10002AADFAQs_statutory_regulation_of_psychotherapists_and_counsellors.pdf.

Kahneman，D.，& Tversky，A.(1973). On the Psychology of Prediction. *Psychological Review*，80：237 – 51.

Lakoff，G.(1987). *Women，Fire and Dangerous Things：What categories reveal about the mind*. Chicago，IL：Chicago University Press.

Quine，W.V.O.(1960). *Word and Object*. Cambridge：MA：MIT Press.

Rogers，C. R.(1942). *Counseling and Psychotherapy：Newer concepts in practice*.

Boston，MA：Houghton Mifflin.

Rogers，C. R.(1961). *On Becoming a Person：A therapist's view of psychotherapy*. Boston，MA：Houghton Mifflin Harcourt.

Rosch，E.H.，Mervis，C.B.，Gray，W.D.，Johnson，D.M. and Boyes-Braem，P. (1976). Basic objects in natural categories. Cognitive Psychology 8：382 - 439.

Schuster，S.(1999). *Philosophical Practice：An alternative to psychotherapy and counselling*. London：Praeger.

UKCP(2009a). *Discussion with the Health Professions Council*. Available from http：//www.psychotherapy.org.uk/michael_guthrie_meeting.html.

UKCP(2009b). *Submission Response No.2 to the HPC Call for Ideas*. Available from http：//www.psychotherapy.org.uk/c2/uploads/ukcp_submission_no2.pdf.

Wittgenstein，L.（1953/2001）. *Philosophical Investigations*，trans. G. E. Anscombe. Oxford：Blackwell.

［通讯方式］sambrown@philosophicalcounselling.org.uk

原文出处：Sam Brown，"The Meaning of 'Counsellor'"，*Philosophical Practice*，March 2010，5.1：549 - 66.

（胡中俊　译）

意图、叙事和哲学践行

李英仪(Young E. Rhee)

自 20 世纪 80 年代早期哲学践行出现之后,对于它是什么以及如何做已经出现了多种多样的观点。关于哲学践行身份的理论甚至已经发展成学派。然而,寻找哲学践行领域的范式还为时过早。根据托马斯·库恩的科学范式理论(Kuhn,1970),关于一门学科身份各种观点的存在可以被认为是其不成熟的标志。另一方面,考虑到哲学践行不是一门科学,但作为哲学的一个分支,多样性可以被视为有益于提高新生学科。我们需要的是发展能够以理论和方法的方式将多样性转化为学术成熟的基本概念。

本文的目的是介绍意图的概念,以强调其对哲学践行的重要性,并结合相关的概念,如目的和叙事来解释其运作。我认为,意图的概念在哲学践行中起着不可或缺的作用,特别是在大多数人处于没有时间考虑他们生活的目的或意义的科学和技术时代。这使得他们在完全混乱中匆忙生活,有时也会诉诸酒精或毒品,甚至自杀。

我们的时代需要哲学践行作为迷途羔羊的指南针,指示他们回家的路。出于这个原因,我推荐了目的论方法,它强调行动的意图或生活的目的作为一种重要类型的哲学践行。如下所述,目的论进路使得既确保哲学践行的身份又将叙事概念与意图和目的等概念结合起来得以可能。

论文的结构如下。在第 1 部分中,我解释了为什么我们必须在哲学践行中考虑意图的概念。我从安斯康姆(Gertrude E. Anscombe)的意图理论出发,该理论区分了三种用法:去行动的意图、行动中的意图和有意图的行动。在第 2 部分中,我研究了作为哲学践行基础的对行动的目的论解释,这个解释重点关注意图这一概念。我介绍了冯·赖特(Georg H. von Wright)的模型,该模型基于实际推理图式,突出了与明确表达意图和目的之间关系相关的问题,并提出了一个修正的模型。在第三部分,我通过讨论麦金太尔(Alasdair MacIntyre)的叙事理论,将意图、目的和咨询的概念结合起来。我也提出了一个基于这两种模型组合的哲学践行的目的论叙事模型。

意图和哲学践行

为了揭示意图与哲学践行的相关性,我们需要理解意图的含义。安斯康姆(Anscombe,2000)提出了一种富有洞察力但又深奥的意图理论,根据该理论,意图概念在我们的语言中有三种不同的表达。

a. 意图去行动:"A 意图做 y。"

b. 在行动中的意图:"A 在有做 y 的意图情况下正在 x。"

c. 有意图的行动:"A 正在有意图地 x。"

由于(a)和(b)与意图有关,安斯康姆主要集中分析(a)和(c)之间的区别。尽管安斯康姆的意图理论有很多见解,但我们的讨论局限于那些与这篇论文主题相关的讨论。第一个见解是意图和预测之间的区别。虽然意图和预测看起来非常相似,因为它们都指的是未来的事物,但在证明它们方面存在很大的差异。当我们为预测证明时,"我将要生病",所需要的是"真的证据"。然而,当我们为意图证明时,"我想要去散步",需要的是它的原因,或者"如果说明成真为什么它将是有用的或有吸引力的"(Anscombe,2000:6)。

第二个见解是,有意图的行动是行动,它回答了为什么的问题,其正面答案给出了行动的理由(ibid:9)。假设你把你的杯子从厨房的桌子上扫下来,当有人问你为什么这样做时,你可能会说,"我以为我在窗户里看到了一张脸,它吓了我一跳"。你的行动不是有意的,所以对这个问题应该给出的并不是一个解释,在这其中包含了你把玻璃杯从桌子上扫下来的一些原因,是对行动的一种因果解释,这种解释对产生影响的行动给出原因。你把玻璃杯从桌子上扫下来并不是有意的行动,而是因为你被惊吓而引起的因果行动。在这里,我们可以找到两种类型的行动解释:因果解释和非因果解释,比如理由解释和故意或目的论解释。这些见解通过理由的概念彼此相关。一方面,在为有意行动辩护的背景下需要理由,另一方面,它需要理由解释或意图来解释对意图行动提出的为什么-问题。

为什么有必要在哲学践行中讨论意图?根据我的经验,意图的概念在某些类型的哲学践行中起着重要作用,特别是那些与理解人们行动相关的哲学践行。自从 1998 年以来,我一直在与各种特殊群体一起实践哲学:韩国军队士兵,单身母亲,囚犯等。在这个过程中,我开始意识到他们的问题主要来自这样一个事实,即他们认为在安斯康姆的意义上他们的行动不是有目的的或者有意图的。我发现在大多数情况下,他们并没有注意到一些特定的行动,这些行动在很大程度上设定了他们生命的方向。

这里就是一个例子。有一位单身母亲,她在 15 岁离家出走。在我们的哲学践行活动期间,我们让她开始思考她离开家的原因,但令人惊讶的是,她说她并没有真正想过这件事。她记得的是一些生动的图像,反映了她离开家的时间:她的母亲与她的继父激烈争吵,她有强烈的感情来避免这种情况。这就是全部了。但这只是一个开始,也是一个结果。她没有回家。我们讨论了她的图像,然后我们转到下一个问题,她为什么不回家?她花了很长时间才能完全理解第一个动作可能是无意的,但第二个动作显然是有意图的。然后她开始考虑第一个行动本来也可以是故意做的。

正如安斯康姆强调的那样,意图与三个表达(a)、(b)和(c)中的行动有关,因此我们无法在不考虑其意图的情况下正确理解行动。意图是理解或解释行动的一个必要条件。在上面给出的例子中,单身母亲起初并不知道她的意图,因此,她不理解她的行动(三年前离家而不回去)。非常令人惊讶的是,有些人,尤其是我团队中的某些人,有时完全不了解他们行动的意图。这是非反思生活的典型例子。我发现这种现象并不局限于单身母亲群体,而是扩展至年轻士兵、囚犯和大学生群体。这是我们时代的写照,在这个时代速度支配了思想的深度。苏格拉底在柏拉图的《申辩篇》(*Apology*)中说,"未经审视的生活不值得生活"(Plato,2005:38a)。哲学的首要任务是指出如何过一种检视的生活,而哲学践行是过这样一种生活的方式。

意图的概念与另一个重要概念密切相关,目的,意思是类似于目标或结束的东西。根据亚里士多德的观点,一切事物都有目的,包括岩石,人造物体比如刀,植物以及动物和人类(Aristotle,1984:199b)。因此,如果我们想要了解某个事物是什么,就必须在目的方面理解或解释。目的扮演着与哲学践行中的意图类似的角色。如果我们询问主体他为什么要采取某种行动,他应该给出一个意图解释,其中包含了这样做的理由。或者,他应该给出另一种解释,即抓住它的目标,目的论解释。

意图和目标是理解人们在哲学践行背景中的行动不可或缺的工具。对行动有两种系统的解释:意图解释和目的论解释。前者给出打算采取行动的理由,而后者则给出采取行动的目的。因此,它们与寻找行动的物理原因的因果解释不同。[1]意图的概念预设了一个意图解释,目的的概念预设了一个目的论解释。这两种非因果解释可以具有相同的结构。例如,冯·赖特提出了一个行动的目的论模型,即实用推理,它解释了与目的有关的意图。

哲学践行理论家的首要任务是确立他们新领域的身份。历史的原因解释了一个间接策略,这个策略涉及哲学践行和心理治疗之间的比较,并将前者与后者区分开来,而不是去定义哲学践行。根据这种策略,什么是哲学践行? 传统上,当从业者讨论过这个主题时,被认为是心理治疗的是弗洛伊德精神分析学说,它强调无意识心理事件和它们之间的因果关系。粗略地说,就哲学践行与心理治疗之间的关系而言,存在两种相反的观点。第一种观点强调两个学科之间的互补性。它的原型可以在科亨(Elliot Cohen)的逻辑治疗中找到,逻辑治疗是理性-情绪行为治疗的哲学版本(REBT)。科亨认为:

> 一方面,哲学践行可以通过合并心理学从业者设计和测试的工具以及区分在心理学上有根据……另一方面,认真对待心理学从业者并接受了他们的互补性质的哲学践行者,可能有很多东西可以加入心理实践,使其比现在更具哲学性。(Cohen 2013:xii)

第二种观点强调它们之间的区别。它的典型例子是拉哈夫(Ran Lahav)的世界观解释,根据该解释,哲学践行的首要任务是通过对生活的解释和重新诠释帮助客户发展出一个世界观,从而处理客户的困境。在拉哈夫看来,哲学咨询和心理治疗的主题在如下方面不同:

1. 心理治疗处理心理(情感,认知,行动)过程或事件,即患者体内的过程是有问题的困境(或生命)的基础(Lahav,1995:11)。

2. 哲学咨询通过哲学上的考量来构建一个世界(逻辑的,概念的,存在主义的,伦理的,审美的等)(ibid:12)。

虽然拉哈夫强调了上述差异,但他并没有忘记承认弗洛伊德精神分析之外还有许多心理治疗学派。其中的一些,特别是存在主义疗法、认知疗法、理性情绪行为疗法和言语疗法在某种程度上与世界观解释有点重叠。因此,拉哈夫指出了通过在心理治疗和哲学践行之间划出一条简单的界限而做出过度简化的谬误的可能性。

试图通过区别于心理治疗来建立哲学践行身份的策略似乎吸引了大多数哲学践行者,因为它保证了他们实践的自主权。然而,还有另一个更棘手的问题:我们还需要为哲学践行制定更具体的理论框架和方法。这就是如何-问题,这与那些与哲学践行的身份和本质相关的什么-问题是不同的。显然,对于如何-问题有各种答案。使用意图和目的的概念可以为我们提供正确的前进方向。在下文中,我提出了一种在哲学践行模型化中使用这些概念的具体方法。

行动的目的论解释

确实,哲学践行的主要目标是我们的观点、意见和对世界的思想。然而,观点、看法和思想等心理实在并不仅仅存在于心灵中;相反,它们呈现在我们的世界中。有各种各样的心理哲学理论:笛卡尔心物二元论,属性二元论,物理主义,同一理论,功能主义。由于探究心灵的本质超出了本文的范围,我将我们的讨论局限于一种心灵理论,这种理论似乎是进行哲学践行的最佳候选者。

心物二元论明确区分了身心,留下了一个声名狼藉的难题,即身心问题。同一理论否定了心灵的本体论地位。因此,如果心灵不存在,那么对于哲学咨询师来说,讨论心灵的运作将是一件疲惫的事情。传统的心灵理论容易受到攻击的地方是他们在涉及心灵的时候忽视了身体的地位。我们从经验中学习,心灵不能与身体分离,但它呈现或嵌入在大脑、身体和背景中。最好将我们心灵的工作看作为具身的行动。瓦雷拉(Francisco Varela)等给出了具身行动(embodied action)的极好定义:

> 让我们解释这个具身行动的含义。通过使用具身的这个术语,我们想要强调两点:第一,认知取决于具有各种感觉运动能力的身体所产生的经验种类,其次,这些个体感觉运动能力本身嵌进一个更具包容性的生物体中,心理和文化背景。通过使用行动这个术语,我们想再次强调感觉和运动过程,感知和行动,在有生命的认知中是根本不可分割的。(Varela, Thompson, and Rosch, 1991,172-73.斜体强调为笔者添加)

具身认知理论正在成为认知科学的一个新研究项目,因此它可能看上去与众不同或者怪异。然而,在哲学中很少有新思想在过去的哲学家中找不到;在这种情况下,人们可以识别出斯宾诺莎、梅洛-庞蒂、胡塞尔的观点以及龙树的中观理论。[2]从具身心灵的观点来看,哲学对话的主要目标是咨询者(受辅者)的行动;或者,更确切地说,这是与意图行动或做某事的意图有关的理由或者目的。反思一个人行动的理由或者目的是哲学作为一种生活方式的一个很好的例子。在一系列哲学对话中,上一节提到的单身母亲在发现离家的原因时非常惊讶。这使她找到了一个新解释注入的一个新世界,并因此反思它以建立她人生的目标。

到目前为止,我已经表明必须根据理由和目的来解释或理解行动。然后,我们怎么做呢?要回答这个问题,最好先查阅行动理论。在行动的科学解释中有两个伟大的传统:因果解释[3]和目的论解释。因果解释寻求现象或要解释的事件之间的因果关系。为了解释一个现象,例如,我朋友在上次派对中意想不到的行动,我们需要知道它背后的因果关系,这被认为是以一般规律的形式被把握和表征,例如伽利略的落体定律、牛顿万有引力定律和孟德尔分离定律。在解释行动的情况下,所谓的规律应该是心理学或生物学的规律、原则和模型。

亨普尔(Carl G. Hempel,1948)提出了科学解释的标准模型。让我们来看一下他著名的演绎——律则-解释模型(DN 模型)。D-N 模型具有以下结构(Hempel,1965:249)。

(D-N 模型)

先行条件的陈述

普遍规律
_____

有待解释的经验现象的描述

在直到 1950 年的逻辑经验主义的全盛时期,D-N 模型一直是科学解释的标准模型,它经常被应用到自然科学以外的各种学科,如历史、心理学和社会行为。

即使在其黄金时代,DN 模型也不得不面临严峻的挑战。让我们考虑一下威廉·德雷的代表性批评,大意是 DN 模型无法用于解释历史和社会科学中的人类行动和事件。德雷认为,历史解释根本不依赖于一般规律,因为不可能有包含历史事件的普遍规律,以及为了解释人类的行动,我们需要表明行动是在考虑的场合下去做的理性的事物。德雷把通过激发理由的解释命名为理由解释。"这种解释的目的是要表明所做的是根据给出的理由而已经去做的事,而不仅仅是在这种情况下所做的事情,也许与某些规律一致"(德雷,1957:124)。德雷批评的要点是,理性的解释是通过诉诸不涉及覆盖律的行动原则来进行的。亨普尔对批评的回应是,对行动原则的诉求没有解释力,因为它无法解释为什么一个主体实际上实施了行动(Hempel,1965:472)。

解决这个问题超出了本文的范围。因此,我建议在不提出进一步论证的情况下,我们遵守以下内容作为对哲学践行的要求。[4]

1. 人类行动具有一些特殊的唯一性和不可重复性,因此它们抵制因果解释。

2. 人类行动的科学概括无法建立,因为主体在给定情境下的行动取决于情境以及主体过去的历史。

3. 为了解释任何有目的的行动,我们需要涉及意、动机、理由和目的。

现在,让我们转向对人类行动的目的论解释[5]。通过诉诸他们所指向的理由或目标以及目的来解释行动。典型的对行动的目的论解释包括提及主体、主体的行动和目的的论

连接词。考虑以下给出的陈述,它是约翰自杀行动的一个目的论解释:

约翰为了恢复受损的声誉而自杀。

上述陈述涉及目的论连词"为了"。我们可以通过使用其他目的论连接词来改变解释如下:

约翰自杀的目的是恢复他受损的名誉。

约翰带有恢复他受损的名誉的意图实施自杀。

冯·赖特提出了一个关于行动的目的论解释模式,称为实践推理(PI)(von Wright, 1971:96):

(PI)

A 意图带来 p。

A 考虑到他不能带来 p 除非他做 a。

因此,A 安排他自己做 a。

在我们的例子中,A、a 和 p 分别对应于"约翰"、"自杀的行动"以及"他受损名誉的恢复"。因此,对于约翰自杀的 PI 是:

(PI-1)

约翰意图恢复他受损的名誉。

约翰认为他不能恢复他受损的名誉除非他自杀。

因此,约翰他自杀。

如上所示,目的论解释的待解释词是一种像行动的行为项。根据冯·赖特的说法,行动有两个方面:内在和外在(ibid:83)。行动的内在方面是其外在表现背后的意向性,意图或意愿。行动的外在方面分为两部分。行动的直接外部方面是肌肉活动,而间接的外部方面是肌肉活动因果地负责的一些变化。

冯·赖特区分了因果关系和目的论解释(ibid:83)。首先,因果解释通常指向过去,它们的规范形式是'E 发生,因为 C 已经发生'。相反,目的论解释指向未来,它们的典型形式是"这发生为的是那个应该发生的"。其次,在最简单的情况下,因果解释中 C 和 E 之间的联系是充分条件的关系,但目的论解释的关系是必要条件的关系。对于冯·赖特来说,真正的目的论解释并不依赖于其所涉及的假定的普通关系的有效性。

如前所示,冯·赖特的目的论行动理论达到了目标。它抓住了哲学践行需要一个模型来正确解释人类行动的想法,这个模型不依赖于因果关系,而是依赖于理由或目标。冯·赖特的目的论行动理论虽然有很大的优势,但却存在重大的关键问题。其中之一是制定(PI)的第二个前提的问题:"A 认为除非他做 a,否则他不能带来 p"。问题的关键是连接词"除非"。在(PI-1)中,做 a 是带来 p 的必要条件。也就是说,约翰知道他的自杀不足以恢复他受损的声誉并实现他生命中的其他目标。在这种情况下,约翰自杀是清楚的吗?有可能如果有更重要的事情,他就不会自杀。因此,我们可以用如下反映充分条件的方式重新构建第二个前提,而不是使用陷入困境的连接词(Beckermann, 1979: 349):

A 认为 a 是一个他获得 p 的合适方法。

在上面的陈述中,做 a 是带来 p 的一个充分条件。然后,我们的原始示例可以描述如下:

(PI-2)

约翰意图恢复他受损的名誉。

约翰认为如果他自杀,那么他能够带来他名誉的恢复。

因此,约翰让自己自杀。

哪个是(PI)第二个前提的更好的表述? 我认为上述问题的答案取决于主体的情况。根据情况,(PI-1)和(PI-2)可以是合理的或者不合理的。约翰意图恢复他受损的声誉,但知道他的自杀对他的目的来说永远不够。可能的情况是,无论他做什么,他的目的都无法完全实现。例如,约翰认为他应该支付他公司最近破产所造成的所有债务,但他不能这样做。因此,他认为自杀虽然不够,但对于恢复他在这种情况下受损的声誉是必要的。在后一种情况下,约翰认为自杀足以恢复他受损的声誉,因此他确实毫不犹豫地自杀。因此,这是一个好的想法,即一开始我们不固定(PI)的第二个前提的形式,并在以后根据行动的情况确定它。

贝克尔曼为了提出一个更复杂的模型来明确这个充分的关系,他对(PI-1)举出了一个反例。让我们考虑他的例子:

史密斯穿过街道,因为他意图在雪茄店里买一些香烟。

这句话可以用(PI-1)的形式重新表述如下(ibid:350):

(PI-3)

史密斯意图买一些香烟。

史密斯认为他不能买到香烟除非他穿过那个街道。

因此,史密斯穿过街道。

正如贝克尔曼所指出的那样,不太可能在正常情况下史密斯会认为他不能买香烟除非穿过街道。虽然这个例子可以支持必要条件,它必须在具体的情况下解释。在正常情况下,在一个城市或城镇里有一些雪茄店。假设史密斯住在一个普通的城市里,在这个城市里,雪茄店分散在这里和那里。在这种情况下,史密斯是否过马路是一种权宜之计。很清楚的是,史密斯可以在不过马路的情况下购买香烟。现在,反例是(PI-2)的一个很好的例子。但是,它可以在另一种情况下被解释为支持(PI-1)的例子。例如,约翰想购买非常昂贵的雪茄,例如古尔卡黑龙,他们只在一家商店出售雪茄,这是一家位于街对面的商店。然而,过马路是危险的。

现在,可以通过反思第二个前提中的考虑因素来修改原始的(PI):

(PI-a*)

A 意图带来 p。

A 认为要带来 p 去做 a 是必要的。

因而,A 让自己做 a。

(PI-b*)

A 意图带来 p。

A 认为要带来 p 去做 a 是必要的,或者去做 a 足以带来 p。

因而,A 让他自己做 a。

请注意,除了(PI-a ＊)和(PI-b ＊)各自有不同的一个前提之外,在它们之间还存在着另一个重要的区别。那就是,它们的逻辑地位不同,前者是实际领域中的演绎有效形式,而后者是一种归纳的好形式,被称为最佳解释的外展或者推理。

上述讨论对哲学践行具有重要意义:不管是一个必要条件还是充分条件,找出(PI)中第二个前提的结构的一个好方法是引入叙事概念,叙事概念具有构建一个由自我、行动和目标组成的系统结构的能力。

自我与行动的叙事语境

叙事是指一种话语形式,我们在其中组织、理解、解释并赋予我们的生活和世界意义。叙事的一个重要特征是它具有反身的双向话语过程。那就是说,它是一种理解我们经验的手段,反过来,它构建了我们的经验。因为这种叙述可以将自我、行动、意图和目的的概念本着哲学践行的精神联系起来。

各种哲学家,如麦金太尔(Alasdair MacIntyre,1981)、泰勒(Charles Taylor,1992)和利科(Paul Ricoeur,1984),他们被叙事的联想作用所吸引,他们已经发展了原始的叙事理论。我提议在这里考察麦金太尔的叙事理论。主体出生在一个叙事网络中,必须通过叙事任务的手段来定义他自己的目的。作为自然出生的叙事自我,叙事人,我们无法在独立于叙事网络的情况下理解我们做某事的意图以及我们的意图行动。在上一节中,我们已经看到我们的行动不能与意图分开。同样,麦金太尔坚持认为,不可能独立于意图来表示行动,因此,他强调语境或背景的作用:"我们不能独立于背景来表示意图,这些背景使这些意图对主体本人和他人都能理解"(MacIntyre,1981:206)。麦金太尔的叙事理论强调背景,这个背景使得行动对于主体和其他人都是可理解的。

对于麦金太尔来说,行动由主体的意图、动机和目的可理解地形成,所以"向主体提问可理解的说明总是合适的"(ibid:209)。我们需要对行动进行叙述性解释,以解释行动的历史特征及其背景。叙事是使我们的行动、动机和思想可以理解的基础,因此,麦金太尔的叙事思想对于我们的目的具有重要意义。我们如何在这个叙事框架中处理意图或意图行动? 一方面,它是关于行动的叙述性解释的一般性问题,另一方面是一个方法论问题。我建议我们专注于后一个问题,我们可以在麦金太尔的书中找到两个答案。

第一个答案是对我们如何描述行动的问题的微观分析:

> 如果我们要以任一准确的方式将一些特定的行为部分与主体的意图联系起来,从而与主体所抑制的背景联系起来,我们就必须首先要确定哪些特征指引我们至意图,哪些特征没有指引我们至意图,以一种精确的方式理解主体行动的正确特征的多样性是如何与其他有关的,然后将这两个类别中的项目进一步分类。(MacIntyre,1981:207)

通过对意图、行动和背景的微观分析,我们可以设计出以下叙事的哲学践行的过程:
(叙事的哲学践行的微观程序)
步骤1.确定涉及意图和特征以及那些没有涉及意图的特征。
步骤2.在使得它能够理解的背景和主体的意图方面,对这些特征进行分类。
步骤3.理解这些特征彼此相关的方式。
步骤4.将一个特定的行动与意图和背景关联起来。
第二个答案是对两种意图和背景的语境之间关系的宏观分析:

> 我们仅通过涉及两种语境来确定一个特殊的行动,如果不明确的话那就隐含地。我已经建议过,我们按照它们在他或者她的历史中的作用把主体的意图置于因果和时间的顺序中;我们还根据它们的作用将它们放在它们所属的背景的历史中。这样做时,在确定主体的意图在一个或多个方向上具有什么因果效应,以及他的短期意图如何成功或未能构成长期意图时,我们自己写下了这些历史的更多部分。(MacIntyre,1981:208)

从长期意图的宏观分析中我们可以得出另一个叙事咨询程序如下:
(叙事哲学践行的宏观程序)
步骤1. 按照它们在历史上的角色,将主体的意图置于因果和时间的顺序中。
步骤2. 按照它们所属背景的历史中的作用来放置它们。
步骤3. 确定主体的意图在一个方向或者多个方向具有什么因果效力。
步骤4. 确定他的短期意图如何成功或未能构成长期意图的组成部分。
步骤5. 写下这些历史更多的部分。

当然,冯·赖特和麦金太尔没有为哲学践行设计他们的理论;(PI)的本质和两个程序是人类行动解释的模型。(PI)被建议用于解释社会学和经济学等历史和社会科学中的人类行动或事件。换句话说,它是我们意图行动的一个解释模型,而不是咨询或治疗的解释模型。在麦金太尔的案例中,情况也是大致相同。但是,我们可以将这些模型应用于哲学践行。虽然它们是作为行动解释的模型诞生的,但在大多数情况下,理解需要并遵循解释,但为了我们的目的充分利用他们的理论是可能的。以下是两种模型组合的哲学践行的目的论——叙事模型的基本结构。

微观程序→(PI∗)→宏观程序

上述结构很简单,但事实证明它在哲学践行中具有高度的灵活性。配置的顺序可以适应不同的语境。例如,当咨询者想要理解一个具体行动的理由时,微观程序首先出现。但是,当咨询者想要反思他的整个人生或谈论他的人生目的时,最好从宏观程序开始。在过去的15年里,我将目的论叙事模型应用于那些参加过我的哲学践行课程的人,我对他们对待人生态度的改变印象深刻。我们可以使用许多未列在此处的问题来澄清基本结构的三个程序中的意图、原因和目的。

结 论

在本文中,我提出了一个哲学践行的目的论——叙事模型,突出了与人类行动相关的意图、理由和目的。这里描述的哲学践行帮助陷入困境的人们,认为困境主要源于他们不反思自己的行动和人生的习惯。正如亚里士多德所认为的那样,如果目的引领我们的人生,如果不考虑行动的意图就无法正确理解行动,如果叙事为理解自我和行动的时间维度提供了一个综合的框架,那么应用这些概念为哲学践行设计模型并在实践中使用模型是自然的。

注释

[1] 一些哲学家认为,一切都随附于物理的事物,所以我们的行动可以通过因果解释。有关详细信息,请参阅戴维森(Davidson 1960)和金在权(Kim 1993)。

[2] 具身认知理论有多个名称:"生成认知"(Enactive cognition)、"延展认知"(Extended cognition)、"嵌入认知"(Embedded cognition)、"分布式认知"(Distributed cognition)以及"情境认知"(Situated cognition)。关于对这个理论的介绍可见:Varela, Thompson, and Rosch 1991, Clark and Chalmers 1998, Shapiro 2011。

[3] 这里,"因果解释"是在一个更广的含义下使用的,它是与在斯克里文(Scriven 1962)中发现的因果解释的狭义的含义相比较而言的。

[4] 这些论题来自:Hempel, 1965:253-54。虽然他回应了每一个论题,他的反驳不足以使批评的声音沉默。

[5] "目的论解释"(Teleological explanation)与"理由解释"(reason explanation)、"动机解释"(motivation explanation)、"意图解释"(intentional explanation)以及"理性解释"(rational explanation)可互换使用。

参考文献

Anscombe, Gertrude E. (1957/2000). *Intention*. Cambridge, MA: Harvard University Press.

Aristotle(1984). *Complete Works of Aristotle*, 2 vols. Princeton, NJ: Princeton University Press.

Beckermann, Ansgar(1979). "A Note on von Wright's Formulation of Intentional Explanations". *Erkenntnis* 14: 349-53.

Cohen, Elliot(2013). *Theory and Practice of Logic-Based Therapy: Integrating Critical Thinking and Philosophy into Psychotherapy*. Newcastle-upon-Tyre: Cambridge Scholars.

Davidson, Donald(1960). *Essays on Actions and Events*. Oxford: Clarendon Press.

Dray, William. (1957). *Laws and Explanation in History*. Oxford: Clarendon

Press.

Hempel, Carl G.(1965). "Studies in the Logic of Explanation". In *Aspects of Scientific Explanation and Other Essays in the Philosophy of Science*, 245 – 95. New York, NY: Collier-Macmillan, 1965. (Reprinted from *Philosophy of Science* 15: 135 – 75, 1948).

Kim, Jaekwon (1993). *Supervenience and Mind*. Cambridge: Cambridge University Press.

Kuhn, Thomas(1970). *The Structure of Scientific Revolutions*. 2nd edition. Chicago, IL: University of Chicago Press.

Lahav, Ran (1995). "A Conceptual Framework for Philosophical Counseling: Worldview Interpretation". In *Essays on Philosophical Counseling*, edited by Ran Lahav and Maria da Venza Tillmans, 3 – 24. Lanham, MD: University Press of America.

MacIntyre, Alasdair(1985). *After Virtue: A Study in Moral Theory*. 2nd edition. London: Duckworth.

Plato(2005). *The Collected Dialogues of Plato*. Princeton, NJ: Princeton University Press.

Ricoeur, Paul (1984). *Time and Narrative*, 3 vols. Translated by Kathleen McLaughlin and David Pellauer. Chicago, IL: University of Chicago Press.

Scriven, Michael (1962). "Explanations, Predictions, and Laws". In *Minnesota Studies in the Philosophy of Science* 3: *Scientific Explanation, Space, and Time*, edited by Herbert Feigl and Grover Maxwell, 170 – 230. Minneapolis, MN: University of Minnesota Press.

Shapiro, Lawrence(2011). *Embodied Cognition*. London: Routledge.

Taylor, Charles(1992). *Sources of the Self: The Making of the Modern Identity*. Cambridge, MA: Harvard University Press.

Varela, Francisco J., Evan Thompson, and Eleanor Rosch(1991). *The Embodied Mind*. Cambridge, MA: MIT Press.

Von Wright, Georg H. (1971). *Explanation and Understanding*. Ithaca, NY: Cornell University Press.

原文出处：Young E. Rhee(2015)，"Intention, Narrative, and Philosophical Practice"，Aleksandar Fatić and Lydia Amir eds. *Practicing Philosophy*，Cambridge Scholars Pub，pp. 203 – 219.

（胡中俊　译）

共时性、毒蛇和他物性：哲学与心理治疗的元对话[1]

娄·马里诺夫

共时性 I

2006 年夏天，我读了由著名的存在主义精神病学家和有洞察力的小说家亚隆（Irvin Yalom）[2]写的几本书。它们都是发人深省和极具娱乐性的。亚隆博士对精神病学的哲学方面以及哲学的精神病学方面保持着活跃的兴趣。在其它作品中，他写了两部深刻的哲学小说，即《叔本华的治疗》（*The Schopenhauer Cure*）和《当尼采哭泣》（*When Nietzsche Wept*），其中他通过文学和历史小说的折射媒介，通过折衷的存在主义精神病学，对这两位杰出思想家的精神进行了深入和创造性的研究。

亚隆的虚构的旅程并不局限于哲学界，远非如此。在一本题为《诊疗椅上的谎言》（*Lying on the Couch*）的令人愉快的讽刺小说里（他是一个讲双关语和俏皮话的成瘾者），亚隆接受了一些长期未完成的精神分析业务，即分析人士眼中"与反移情问题的永无休止的斗争"。所以亚隆巧妙地揭示出，即使是最老练的心理分析人士，也还没能使他们自我退缩。因此，他们很容易体验到患者的各种问题，而这并非总是患者"制造"的。当然，病人不会在时间上欺骗他们的分析者，无论是潜意识的、羞怯的还是恶意的。而分析人士本身也倾向于古代传道书[3]、利己主义和类似于自我中心主义编录的无价值的东西，这些都完全扎根于人类的心理之中，不可避免地自欺欺人。如果一名分析师的无价值的东西、自欺欺人和未解决的反移情被一个冒充病人的专业骗子巧妙地利用，个人和专业的混乱就会产生。这是由谎言、浮华和自欺欺人构成的丰富画面中的一个明显的线索，亚隆在《诊疗椅上的谎言》中进行了编排。

2006 年 8 月，当我读到它时，亚隆的小说中有一段特别的插曲让我很不爽，因为它与同时发生在我自己生活中的事情，有着惊人相似的重合。在《诊疗椅上的谎言》一书中，高级精神分析学家兼培训主管斯特里德（Marshal Streider）被一位名叫彼得·马孔多（Peter Macondo）的有经验的欺诈艺术家骗走了一大笔钱。作为一个充满感激和富有的病人，马孔多巧妙地利用了斯特里德的虚荣心和野心，通过精心设计的诡计，将斯特里德从来之不易的数万美元中分离出来。这条最佳路上的一个垫脚石是，马孔多在墨西哥一所著名大学以斯特里德的名义捐赠的一系列讲座，其中包括邀请斯特里德发表就职演说。这使斯特里德渴望在国际上享有盛名，并为他赢得了马孔多的喜爱——这是诱捕陷阱的一小块鱼饵。

当我在亚隆的小说中读到这一点时,我通过电子邮件发现,一位墨西哥企业家在2006年春天对我做出的类似承诺,同样完全是假的。在我的例子中,这位骗子——叫他佩德罗·门提罗索(Pedro Mentiroso)——承诺,利用他的财富和政治关系,在墨西哥一所著名的大学开设一门哲学践行的研究生课程——这将成为整个拉丁美洲分支机构的焦点和枢纽——并让我担任它的有名无实的负责人或名义上的主管。毫无疑问,门提罗索在我实现这一目标的野心上巧妙地发挥了自己的能力,但就我而言,这种雄心是建立在经验可行性的基础上的,与斯特里德自欺欺人的虚荣心形成了鲜明对比。

在与欺骗的拉丁世界相反的现实中,亚隆和我的书籍已经在国外得到了很好的接受,不仅在西班牙和南美洲[4],而且还在地中海周围。关于哲学咨询,这导致读者对本土哲学顾问举行的会议有相当大的需求,他们在这个时候相对微弱——在意大利,它们已经激增。

由于太多的拉丁大学(和太多的哲学家)对哲学践行视而不见,拉丁学院对大众对哲学服务的需求的意识滞后,因此(塞维利亚大学[5]除外)没有采取广泛的主动行动来培养一批哲学顾问。我痛惜于浪费了机会,而且(与APPA一起)制定了满足需求的蓝图。这就是佩德罗·门提罗索如此娴熟地表演的雄心,让我相信他将推动实现蓝图和建造相关建筑的决定性步骤。虽然佩德罗并没有骗我一分钱(这显然不是他的愿望),但他确实浪费了我一些时间,以及我对他的一些倡议的专业支持,这些都没有结果。

因此,我在墨西哥一所著名大学开设哲学践行研究生课程的雄心,终于落空了,就像斯特里德在墨西哥一所著名大学为存在主义精神病学系列开课的雄心落空一样。对我来说,这些事件碰巧发生在2006年8月同一周。沿着我的时间线,彼得·马孔多和佩德罗·门提罗索在那一周都消失得无影无踪,再也没有他们的任何音信。当马孔多离开斯特里德去为未解决的反移情的代价而后悔时,门提罗索让我去思考荣格共时性(Jungian synchronicity)的现象。因为这就是我对这两个事件之间的联系的直接解释。

共时性 II

大约两个月后,2006年10月的一天,我从里斯本飞回纽约,在飞机上重读荣格的《共时性》(*Synchronicity*)。这是一次漫长的飞行,到了季节性逆风的风口。经过几次的阅读、思考和打瞌睡,我决定看一部机上电影——这是我几乎从未做过的事。专题介绍是《X战警》(*X-Men*)。在开场时,一位美国总统顾问走进总统办公室,并提醒总统说,在日内瓦、蒙特利尔和里斯本刚刚发生了变种人事件。这确实引起了我的注意。我最近的三次旅行,按时间顺序,分别是日内瓦、蒙特利尔和里斯本。这让我感到更多的共时性。如果我需要提醒的话,荣格关于这一主题的专著,我仍有一半未读。

两个月后,2007年初,一位临床心理学家克莱尔(Claire)联系了我。克莱尔说,她想和我讨论一个案例,从两个不同的维度引出我的哲学观点。一个方面涉及案例的内容,她正在编写该案例,以便在一次会议上作主旨发言。克莱尔想让我验证她对——你猜怎么着？——除了她实践中荣格共时性的表面事件的解释外，别无其他。克莱尔说，讨论的另一个方面是她对案例本身的管理方式。我同意和克莱尔合作，没有向她透露我最近的共时性遭遇，这是六个月来的第三次。

毒蛇 I

克莱尔告诉我她有个客户——叫他杰森(Jason)——他的问题是蛇恐怖症(ophidio-phobia)或者害怕蛇。与蜘蛛恐惧症(害怕蜘蛛)一样，蛇恐惧症也很普遍。杰森之所以不寻常，是因为，根据克莱尔的说法，他不仅害怕蛇，而且还声称经常遇到它们——正如他所说的——"发现"了它们。由于杰森在曼哈顿生活和工作，而且既不常光顾异国情调的宠物商店，也不常去动物园，因此他似乎不太可能经常找到机会碰到蜿蜒的蛇(至少是无脚的蛇)。克莱尔告诉我，她认真对待杰森的恐惧症，但仍然对他定期"发现"蛇的能力保持怀疑。她没有在这一点上挑战他，而是试图治疗他的恐惧症。

一天下午，在他们第 14 届会议期间，杰森告诉克莱尔，他最近"发现"了另一条蛇，这条蛇吓坏了他。克莱尔告诉我，她要在"发现"这个问题上挑战他，突然她注意到——令她震惊和难以置信的是——一条六英尺长的巨蟒伸到书架上，在杰森身后，在他的视线之外。克莱尔在曼哈顿这个办公室为客户提供咨询已经 18 年了，从来没有见过一条蛇出现。她也很肯定杰森并没有把它带来。克莱尔告诉我，她很快就恢复了镇静，几乎同样迅速地决定，在杰森注意到巨蟒之前把他带出她的办公室。克莱尔解释说，她非常担心，如果杰森突然在这么近的地方遇到一条 6 英尺长的巨蟒，他可能会出现恐慌，甚至心脏病发作。

于是克莱尔编造了一个借口来提前结束他们的治疗，于是她把杰森护送出了她的办公室，确保把他引向门口，而不是让他看到她书架上伸出来的那条蛇。当他离开时，她松了一口气。

然后克莱尔拨打了 911。紧急服务调度员召集了纽约消防局(New York Fire Department，NYFD)——该部门负责处理曼哈顿的这类情况，让爬虫学家(以及各种蛇处理人员)随时待命。事实上，许多纽约人把宠物蛇(包括其他爬行动物)养在高楼里。一些爬行动物也是出色的逃生艺术家。在林中的蛇通常爬进通风管道和其它诱人的孔，并再次通过管道进入附近的公寓或办公室，令其他居民受到惊吓。虽然从 NYFD 的角度来看，这种情况并不罕见，但任何纽约人以这种方式遇到一条蛇的可能性确实很大。大多数纽约人从来没有见过这样的事，包括克莱尔——她在那个办公室工作了 18 年。

在下一次治疗中，克莱尔首先告诉杰森关于蟒蛇的真相。她因为担心他的幸福，而结束了他们的前一次治疗——她不想让他面对这条蛇，不管他有没有表现出来。杰森的回应是，在那时，在那里，终止了克莱尔作为他的治疗师的治疗。

这就是克莱尔对我的叙述的全部内空，这无疑为我提供了思考的养料。考虑到杰森的情况，她的两个问题似乎相当合适。回想一下，克莱尔首先想让我知道这是否是(如她所认为的)共时性的一个例子；其次，她想征求我对她处理杰森案件本身的专业意见。

共时性 Ⅲ

关于第一个问题：我本人最近与共时性的接触，以及由此产生的思考，都使我受益，我相信荣格的概念是有分量的，而且克莱尔办公室里的巨蟒的出现，确实与杰森经常表现出他的恐惧症目标的说法是同步的。

为了得出科学哲学家（如 Lipton 1991）所称的"最佳解释的推论"（inference to the best explanation），让我们简要回顾一下关于蟒蛇外观的替代解释的合理性。解释的两种标准方式是因果性和概率性。杰森是不是像他一再对克莱尔说的那样，让蛇显现出来？根据我们目前对物理、化学、生物学以及心理学（在这方面是合法的）规律的理解，我知道在这种情况下，没有任何因果机制经得起理性的审视。杰森让蛇出现——不管是通过他的恐惧还是其他方式——但对因果关系本身的机制保持沉默的任何说法，属于准心理学的范畴，与其说是科学的，不如说是推测的。例如，人们可能会猜测，杰森的恐惧症会辐射到生物圈，或者渗透到他周围的精神空间，巨蟒被他的"恐惧感"所吸引——但这种假定的因果吸引力，比如"恐惧场理论"，缺乏所有标准的经验支持：这种过去的场不能被任何已知的科学手段观察、生成、复制、模拟或测量。我们所理解的因果关系在这种情况下是不可信的，或者至少与数据是不可测度的[6]。

概率呢？我将避免一切试图捏造严格的计算，无论是基于经典或频率论的解释。相反，考虑一下这个启发式估计。在给定的一天里，在曼哈顿的办公室里遇到一条逃跑的蛇的几率有多大？数百万人每天在曼哈顿的数百万办公室工作。也许每年有几十条蛇逃走，而且都是会遇到的。平均每年有 36 条这样的蛇意味着每十天就有一条。每天有 1000 万人在曼哈顿的 1000 万间办公室工作，每十天有一次遇到一条逃跑的蛇，而且一条逃跑的蛇同样有可能出现在任何一间办公室里，那么克莱尔在任何一间办公室里遇到一条逃跑的蛇的几率都是一亿分之一。

她在那间办公室工作了 18 年——大约 4500 个工作日，在此之前她从未见过一条逃脱的蛇。这并不令人惊讶，因为她在此期间遇到的几率只有 4500/100000000，即 1/22000。要正确地看待这一点，她得花 39.6 万年的时间才能获得遇到蛇的概率确定性。

接下来，一个人在曼哈顿办公室的某一天告诉另一个人，他让蛇显现的几率有多大？如果每年有超过一个人提出这样的声明——即使是在纽约——我会感到惊讶，我们可以进行一项调查来找出答案。假设这一声明平均每年在曼哈顿的一间办公室里进行一次，并给出 1000 万间办公室，那么在她的办公室里，一个人在某一天听到这一说法的几率约为 36.5 亿分之一。

如果没有一种偶然的联系，而这正是我们已经争论过的，那么，一个人在曼哈顿办公室遇到一条逃跑的蛇的几率，就像另一个人告诉她他让蛇显现出来的那一天，只是这两件事的几率的乘积：1/100000000 x 1/3650000000，或 365 千万亿分之一。这是一个不太可能的小机会，使得概率假设站不住脚。

那么，对最佳解释的推论是什么呢？如果杰森没有让蛇出现，如果在杰森对克莱尔说他让蛇显现的时候，这条蛇没有偶然出现，那么我们怎么解释发生了什么呢？荣格的非因果（也是概率的）共时性假说——相关事件可以在时空中产生共鸣——是我们最合理的解释[7]。在克莱尔看来是这样的，我也是这样想的。因此，我得以肯定地回答了克莱尔的第一个问题，证实了她对这些事件的荣格解释。这根本不能证明什么。但是，由于不合格的因果关系和偶然性都是无法解释的，那么谨慎的推论就是寻求非因果和非概率的解释。我知道没有比共时性更好的人选了。

不管关系如何，我仍然没有向克莱尔透露我（当时）最近和以前所遇到的共时性，这很可能使我倾向于把她对它的祈祷看作是一种有利的偏颇的光。而且，我也没有向克莱尔透露一个类似的假设，这个假设早在我的脑海中就已经形成了，而她现在却提供了一种不知情但又明确的佐证。我还没有这个特殊现象的名称，一种顾问-客户的共鸣，但它可能与共时性有关。其特征如下。

共时性 IV

你有没有注意到狗和它们的主人之间有时有些不可思议的相似之处？这种相似性可以是性情的或行为的，也可以是面部或身体上的，但最重要的是，人们经常观察到一致的外表的显著特征。我不认为有任何"合法的"关系，要求任何类似的，远非如此。相反，显然还有更多的情况，狗和它们的主人一点也不像。然而，数量相对较少的显著相似是不可否认的。

类似的，我注意到客户和他们的哲学顾问之间，有时有些不可思议的相似之处——不是物理上的相似之处，而是一种精神共鸣。经常地，我一直在努力解决我自己的生活中的一些问题，突然，我遇到了一个与实质上同样的问题挣扎的客户，他们在解决这个问题时寻求我的建议。与狗及其主人一样，我不相信任何合法的关系。我的同事和我处理过大量的病例，在这些病例中根本没有精神共鸣。同时，人们也不能否认这种共鸣获得的情况，它们产生了生动的印象，并在记忆中呈现出鲜明的表现。

每当这种情况在我的实践中发生时，我听到一个走出忧郁的客户在陈述——似乎就是——同时与我自己共鸣的一组情景，我情不自禁地感到，有些无法解释但又意义重大的现象正在展现。在这样的时刻，我甚至还接近制定了杰森的假设的一个变体：我不知怎的展现出了这些客户，更好地帮助他们和我自己，以解决我们各自的共鸣情况。同时，力图避免陷入唯我论，我可以想象——我向我的客户公开这些共鸣——他们也可以想象，同样唯我论地，他们正在向我显现。无论如何，对于克莱尔的显现来说，这对我来说是更大的意义，她给我提出的问题是关于共时性的。她确切地扮演了我在这里所暗示的角色：一位前来顾问这里讨论他自己正在处理的问题的客户。

除了在克莱尔例子中，这种现象是递归的：我们特定的客户-顾问共鸣集中在荣格共时性上，而与此同时，我对所有这样的客户-顾问共鸣提出的更一般的解释，都不是荣格共时性。除了在杰森例子中确认和验证克莱尔对共时性的解释之外，我还没有向她透露这些其他考虑因素。相反，我们搬到了克莱尔的第二个问题，这与她处理杰森的案例有关。

毒蛇 Ⅱ

回想一下，在出现毒蛇的例子中，杰森终止了与克莱尔的会话。她一告诉他她见过一条巨蟒，担心他的幸福，他就立即终止了与她的谈话，并以一个借口把他领出了她的办公室。

解决这个棘手的问题[8]，有大量关于讲真话和欺骗的一般伦理学的哲学文献，以及一系列更专门的生物医学伦理学研究。当欺骗使病人受益时，欺骗通常是合理的，就像安慰剂效应一样。谎言往往不那么合理，从本质上讲，这是基于康德的理由，也是必然的，因为它们往往没有那么明显的益处。尽管如此，关于克莱尔对杰森案件的处理，在我看来，问题的症结并不在于她的职业道德，而是集中在她对杰森本人的处理上。

恐惧症本质上是不合理的。一个恐惧症者在他理性的头脑中非常清楚这一点，但他却无力仅通过运用独立的理性来消除恐惧症。某些形式的非理性仍然不受理性的影响，恐惧症就是主要的例子。因此，哲学顾问不要也不应该试图治疗恐惧症。消除恐惧症的两种推荐方法是催眠疗法和行为改变疗法（即脱敏）。两者在治疗范围广泛的恐惧症方面都是有效的。催眠疗法绕过理性思维，进入潜意识，催眠暗示在重新规划联想情感过程产生效果，从而引发非理性恐惧。如果不是愉快地遇到以前害怕的东西，脱敏逐渐以中性或功能性的恐惧取代非理性的恐惧。

在我挥之不去的年轻时期，我无意中获得了相当多的业余"脱敏者"的经验，巧合的（或并非巧合）是，帮助许多人克服了对蛇的非理性恐惧。我养宠物蛇好几年了，草蛇和吊带蛇像是个孩子，波亚和蟒蛇是年轻的蛇。特别是一只叫拉里的波亚，是一只可爱的宠物，它在我的公寓里跑来跑去（可以说是这样）。我把它关在它的笼子里，主要是在招待恐惧症的客人时，但时间并不总是很长。我很快发现，大多数恐惧症患者对蛇有着理性的好奇心，以及对它们的非理性恐惧，而且大多数人都愿意——尽管经过一点哄骗——看看拉里，只要它仍然处于最大的安全戒备状态。他们（从安全的远处）在笼子里观察拉里，问关于它的问题。过了一段时间，他们主动靠近笼子，离它一两英尺远。这是由简单的阶段导致的，大多数恐惧症患者愿意站在离我不远的地方，而我处理拉里，愿意抚摸它，然后——对于那些完全麻木的人来说——自己来处理它，并且享受这段经历。

除此之外，一旦拉里成长到相当长的体重——8英尺和35磅——它就成了一个令人印象深刻的样本，可以在学校和类似的场地上游行。看呀，《应用爬虫学入门》说：我给出了标准的蛇话，鼓励观众处理标准的蛇（拉里是一个常见的蟒蛇），并且总对潜伏在后面的一些不可避免的蛇麻木不仁。

普通蟒蛇使这个过程变得容易。它们本质上是温和的（当然，在喂食时除外），而更喜欢被抚摸。拉里本能地反映了那些抚摸它的人的性情：和紧张类型的人在一起时，它很紧张，和积极、活跃的人在一起时，它积极、活跃，和温顺的人在一起时，它温顺[9]。因为我是一个私人音乐老师，我的妻子是一个私人辅导老师，各种各样的游客和他们的孩子都带着进来，最后抚摸拉里。

最值得纪念的人是一个大约9岁的自闭症男孩,被拉里——不像他的石化母亲——所着迷,并且无所畏惧。拉里自己在这个孩子的抚摸中变得非常放松,它允许男孩拖着它的尾巴,并以完整的长度在大圈里摆动它。我从来没有见过这样的事情,无论是在之前还是以后。

考虑到这一切,我问自己一个假设的问题:如果杰森是我的客户,我会做什么?答:我会把他转到催眠治疗师或行为改变治疗师那里。我不会把他介绍给临床心理学家,或者找一个存在主义的精神病学家——即使是像亚隆这样伟大的人。此外,我会向杰森透露,我亲自帮助许多人克服了对蛇的恐惧,通过脱敏的过程,所以我可以有力地保证行为改变的效果。

然后我问自己一个更深思的问题:如果我和杰森在曼哈顿的办公室里,出现了一条六英尺长的巨蟒,我会怎么做呢?答:我会抓住这个绝佳的机会,开始对杰森的脱敏行动。如果有的话,我们的会话,可能会比平时开展得更长一些。所以我对杰森案例的假设处理,与克莱尔的实际处理完全相反。

即便如此,克莱尔向我提出的第二个问题,与我的假设处理无关,而与我对她的实际处理的评价相关,因此我用以下方式重新描述了她的叙述。

毒蛇 Ⅲ

杰森来找克莱尔,是因为他想要治愈他的恐惧症。这本身就是一个非常积极的迹象,因为许多恐惧症患者屈从于他们的恐惧,从未超越他们。寻求治愈恐惧症需要勇气、努力、意志力和自我保护的渴望,而这些正是促进治疗师自身治疗的美德、能力和本能。同时,杰森声称他一再"呈现"蛇,这是非常重要的。对我来说,这意味着,他热切地坚持他的勇气和意愿,去召唤和面对他的恐惧的目标,更好地克服它们。这是另一个非常积极的迹象。杰森实际上是在诱导他自己的脱敏。

所以他到了一个临床心理学家克莱尔那里,寻求帮助。她并不指教他(如我所要的),而是让他参加13次心理治疗。结果是什么?有13个心理治疗会对杰森没有结果,除了可能增强他召唤和对抗他恐惧的对象的欲望之外。他的蛇恐惧症没有减轻,可能甚至没有减少。

相比之下,克莱尔在这13次会话治疗中受到了明显的影响。在没有治愈杰森的恐惧的过程中,她成功地收缩了自己的恐惧——不是蛇,而是她的病人的蛇恐惧症。当她看到她的书架里的蛇时,她就会害怕杰森可能的反应,他也会看到它。她担心最坏的事,他可能会有恐慌性的袭击,他可能心脏病发作。所以,在与克莱尔举行了13次对话之后,表面上专门讨论了杰森对蛇的恐惧,她现在担心如果他在办公室遇到一个人,他就会死掉。总之,她现在患有恐惧症——害怕她的病人对蛇的恐惧。这在我看来是有效治疗的对偶现象。

当然,克莱尔的叙述不同,她声称是出于对她顾客的福祉的深切关注。但这是她一开始的主要动机,那她就应该给他提供适当的帮助。在第15次会话开始时,她向他通报了他们在第 14 次会话时所发生的情况。随后发生了相反的反应:杰森变得如此不安,以至于他甚至更激进地缩短了第 15 次会话,在那里终止了克莱尔的咨询。

所以,我的诚实如果没有慈悲的评价,克莱尔根本就不该把这件事交给她,因为她的错误很快就会显示出来,至少对她的病人来说是如此。缓解情况是,克莱尔愿意将她的杰森的案例进行哲学审查,并(希望作为结果)重新考虑她治疗未来患有恐惧症的患者的立场。

我认为克莱尔对杰森的案例的处理——或者错误处理——表明了美国利润丰厚的心理治疗行业中的更大的模式。由于医疗和心理职业已经被保险和制药公司有效地进行了殖民,因此越来越多的是基于区域诊疗的 DSM 诊断和情绪增强的处方药。谈话疗法被保险公司和制药公司视为时间和金钱的浪费。"学究式"精神病学家,如亚隆,他受过严格的教育和细致的监督,同时被训练为精神分析师和存在主义的心理治疗师,正确地表达了新一代的"分子精神病学家",这些"分子精神病学家"在"灵丹妙药"中长大,因此没有对对话的治疗价值的概念。然而与此同时,许多国家的心理学家,在被国家许可提供咨询的人当中,有一个被解构的教育、哲学基础的反思,以及布莱德利认为,永恒的心理治疗是所有可能的病人的灵丹妙药。结果是,有些人需要心理治疗,但不接受心理治疗;而其他人(如杰森)接受心理治疗,但不需要心理治疗。为什么系统不培训网关守护程序来解开这个低效的网络,并将病人或客户引向最适合的服务提供商? 在某些情况下——不是杰森,但显然是克莱尔——合适的服务提供商,可能是哲学家。

"他物性"

到 2007 年 8 月底,这 12 个月的共时性周期,在一个重要的方面,成了一个完整的循环。还记得我读过亚隆的《诊疗椅上的谎言》,还有他的马孔多和我的门蒂洛索的共时性片断。一年后,我发现自己和亚隆本人分享了这个故事,在北海滩的一家咖啡屋里喝了两杯浓咖啡。我在旧金山待了几天,亚隆欣然同意和我一起喝咖啡。虽然我们每个人挑出对方至少一个问题,但我们也在各种问题上意见一致,除此之外,我们每个人都有理由征求对方的意见。至少,亚隆的意见对我很重要,我可以找出一个来,在我们对话结束时,我相信我的一些意见对他也很重要。

在《叔本华的治疗》和《当尼采哭泣》中,亚隆首先证明了他是一位天才的创造性作家,他利用历史文学小说的媒介,来发挥他丰富的想象力,并推断他的心理治疗观点。其次,他做了他的哲学作业,展示了他对叔本华和尼采各自世界观和精神的熟悉程度。第三,他继续了埃里克·埃里克森(Erik Erikson)的实践(据我所知),即对历史人物的死后心理分析,其使命是将心理学的所谓"规律"延伸到过去,更好地实例化或"逆转"它们的普遍性。

埃里克森(1958,1969)有胆量和智慧,让马丁·路德和圣雄甘地接受死后的精神分析。他决心要证明弗洛伊德的分析不仅仅是弗洛伊德独特而特殊的精神的产物——维多利亚时代晚期的维也纳,而是一种能够准确测量任何历史时期的任何心理的工具。对一些科学哲学家来说,这一使命的动机似乎是对实证主义的深刻但不合理的承诺,它不懈地寻求建立社会科学的"普世法则"(universal laws),以便灌输出众所周知的有价值的社会科学——心理学、社会学、经济学等——具有更多价值中立的自然科学的认知地位,心理学、化学、生物学心理学一直以来都在寻求认识论,认为它是基础社会科学,就像物理学被认为是最基本的自然科学一样。

像牛顿、麦克斯韦、玻尔和爱因斯坦这样的物理学家,通过从在给定领域普遍运作的第一原理合式定律,来获得物理学的目标,而且,从我们所知的时空开始以来,这些定律被理解为已经起作用了。在弗洛伊德、荣格、埃里克森、亚隆和类似有名的心理学家的显著贡献下,心理治疗的"第一原则"不是一个解决的问题,他们的心理模型似乎并不具有物理的普遍性。在许多显著的方面,印度和东亚哲学思想模式(以及连接它们的佛教线索)使更可信的候选方法获得普遍性。因此,像埃里克森这样的实证主义者,如果厚颜无耻地试图说明弗洛伊德在心理时空中的普遍性,那么他对路德和甘地的心理分析是透明的,也吸引了那些跨越自然科学和社会科学之间不可弥合的鸿沟的哲学家们,对"物理嫉妒"(physics envy)的讽刺性"诊断"[10]。

亚隆部分地属于埃里克森的阵营。在《叔本华的治疗》中,他的病人菲利浦隐藏了未解决的情感问题,背后是叔本华式的明确性、辛酸、愤世嫉俗和厌女症的面具,只有通过存在主义群体治疗才能"治愈"(其中亚隆是先驱)。菲利普变得如此强烈地"被转换"为这个心理治疗模型,他在小组组长去世后结束了该群体,这是一个存在主义的心理治疗师和一个名叫朱利叶斯(Julius)——亚隆的化身——在小说中的良心治疗者。(亚隆的大多数作品在被死亡前明显地预占据,这就像静脉一样,通过一片叶子向它们辐射。)在撰写《叔本华的治疗》的过程中,亚隆阅读(并引用)许多关于哲学咨询的通俗文学,所以也许这部小说可以被解释为,他对我们新生的领域的回答甚至反驳。实际上,亚隆声称叔本华是"精神病患者",但可能已经被存在主义心理治疗"拯救"了。我的预感是,我们永远不知道。虽然叔本华的化身菲利普最终对叔本华式人格障碍(SPD, Schopenhauerian personality disorder)进行了治疗,但并不意味着叔本华本人曾同意参与存在主义群体治疗。然而,他是被亚隆诊断的,他的化身菲利普通过亚隆的垂死的化身朱利叶斯而治愈/转换/治愈/保存/重新编程(选择一个或多个)。

《当尼采哭泣》是对这个主题的另一个阐述,一个奇妙的创造性对布雷尔(Breuer)和弗洛伊德(Freud)之间的假设辅导关系以及他们的病人尼采的虚化。为了提交心理治疗,尼采必须被欺骗,认为他实际上给布雷尔提供了哲学咨询,后来又给弗洛伊德本人提供了哲学咨询。为了犯下如此巨大的欺骗,通过对尼采的可怕的自我的虚假呼吁,亚隆神圣地征募了一个女人,把尼采的萨洛米(Salome)虚化了出来,只是为了这个目的。当然,亚隆在历史上和心理上都是正确的,把尼采描绘成一个不可救药的疯狂天才。布雷尔博士(亚隆的这一工作中的化身)再次是一个出于良心而受伤的治疗者,在他的婚姻和他的生活中遭受着存在主义的意义危机,并且是(为了改变)全神贯注于死亡。他与尼采的相遇也是——如果具有讽刺意味的——治疗,因为尼采的不可渗透的孤立和不可治愈的疯狂,给布雷尔带来了良好的原因,最终,为了庆祝他自己的平庸的、无聊的、可预测的,而且也是舒适的中产阶级资产阶级的存在。

在喝咖啡期间,亚隆对我说的第一句话,涉及我对心理学和精神病学对人类和人类状况的过度医学化的批评。亚隆告诉我,心理治疗工会的某些成员反对我的一些批评。作为回应,我口口声声说,要打破鸡蛋做煎蛋卷。(当我们周围的人都在吃早午餐的时候,它在咖啡馆里获得了经验性的力量。)

所以我们转移到了共同点。正如我所提到的,亚隆本人对新一代的心理治疗师和分子精神病学家毫无歉意地批评,这是一种技术统治,它免除了数字诊断和增强情绪的配方,并且免除了心理治疗对话作为治疗的主要手段。亚隆和我都痛惜后现代主义对人性的解构和技术统治对它的侮辱,我们对 DSM 也有着健康的怀疑。

与此同时,我和亚隆开玩笑说——根据他自己公布的信息,他的一些病人不是通过他对他们梦想的深刻解释而治愈的,而是通过解决他自己与他们之间的反移情问题来治愈的[11]。当他不再厌恶他们时,他们会感觉好一些,如果他不爱他们,他们会开始接受他们。我想他笑着承认了这一点。

当我探究《叔本华的治疗》,并暗示菲利普只是放弃了一种世界观(叔本华的),而转向了另一种(朱利叶斯的),亚隆变得更加热心地捍卫存在主义心理治疗作为一种治疗方式。我不认为亚隆相信我的进一步建议,即一些心理治疗模式和科学一样类似于宗教,因此,在这种情况下的"疗愈"与宗教皈依有着惊人的相似之处[12]。亚隆的抵抗,可能是埃里克森综合征的证据,而且在任何情况下,人们都可以很容易地想象到以下假设对话的片段:

埃里克森(对马丁路德说):"你愿意接受精神分析吗?"

路德:"到底是为了什么? 你不是另一种牧师,想要强行教条,劫持人与上帝之间的对话吗?"

或者想象一下弗洛伊德心理分析叔本华:

弗洛伊德(对叔本华):"跟我说说你的母亲。"

叔本华:"读我关于女人的文章。"

当亚隆向我提出上诉时,作为一个"治疗者",在我的评估中,要更善解人意,他敲响了《当尼采哭泣》的钟声。我想知道,亚隆现在是否正在迎合我,正如弗洛伊德在亚隆的富饶的想象中所说的尼采一样。(我甚至看了周围的咖啡馆,看我是否能找到必要的荡妇。)在我给他的《哲学和精神病学》(Schramme & Thome, 2004)的礼物中,亚隆的真正乐趣得到了加强。它包含了我的文章《塞特布里尼如是说》(*Thus Spake Settembrini*),此文的灵感来自尼采和托马斯·曼恩(Thomas Mann)。有没有人敢对曼恩进行精神分析? 弗洛伊德主义者有一个众所周知的与厄洛斯和萨纳托斯相关的田野实习日,共同由《魂断威尼斯》(Mann 1912, *Death in Venice*)所渗出。我想再读一本关于团体治疗的亚隆的小说——这个团体是尼采、曼恩、瓦格纳和斯宾格勒。这些"天启四骑士"都预言,或者说"诊断"了西方文明的灭亡。在他们身后,亚隆和我等人成为尼采的"文化医生"。也许我们都在相互幽默,在"道成肉身"的雏菊花环,而我们的文明梦游到曼恩(Mann, 1924)所谓的"坟墓里的肮脏液体"(the foul humors of the grave)。

亚隆和我都是俄罗斯犹太人的后裔，都是启蒙运动的产物，都对后现代西方的急剧衰落感到震惊，这种衰落是由美国新罗马版本的"面包和马戏团"（bread and circuses）——即垃圾食品和垃圾文化——驱动的。因此，我们发现了著作者的共同点：他的书跟我的书一样，比起在美国，有更多的外国版本的读者。我们一致认为，这是因为许多国家在文化衰落方面落后于美国。在我们各自的作品中，亚隆和我都预先假定并借鉴了丰富的知识史、科学素养和哲学传统，但它从美国的心灵景观中消失了，它已经变成了一个更多的月球景观：没有空气、没有生命、对沉思的人不友好。

受伤的治疗者——其原型是好色之徒喀戎（Satyr Chiron）——在亚隆的作品中一次又一次地出现，并将其起源追溯到荣格（Jung, 1989），这是心理治疗取向的典型受伤治疗者。荣格还把他的病人看作是生命伤害了精神的生物（多亏了他的宗教教养），他认为治疗是一种精神活动。这种自负使他能够超越（或想象他已经超越了）物质和道德的界限，以至于与他的一些女性病人发生性关系。治疗师-客户的性关系——就像普通的医生-病人或神职人员-男孩的关系——在从业、职业、法律和道德领域都是禁忌，但正是因为它们是禁忌，它们也以惊人的频率发生。对我来说，这篇文章的另一部分内容是亚隆《诊疗椅上的谎言》，讲述了关于精神科医生与病人间性关系的警示故事，各种哲学家都应该牢记这一点。荣格在他的治疗实践中加入了性；而众多著名的心理治疗师却严格地排除了它[13]。主要是因为它总是会伤害病人，而且永远不会帮助病人。正如弗洛伊德用从俄狄浦斯借来的术语提醒我们的那样，没有想象中的背景下，治疗师-病人的性行为对病人是有益的。

亚隆是一个令人耳目一新的折中主义者，因此他从弗洛伊德、荣格和存在主义中吸取了他所列举的东西，不管它们如何有助于提高他的治疗艺术（不管这些艺术如何包装成科学）。他为我签名了一本关于存在主义精神病学的教科书，并对我对此书的哲学观点表示出了兴趣，这将是一个富有挑战性和有价值的表达。任何将这些形而上学预设的完全相互冲突的假设交织在一起的治疗立场，都必须是非常不连贯的，无论多么明显的有效。我之所以这么说，是因为我自己的哲学立场也是非常不连贯的，即使以自己的方式证明是有效的。我的"工具箱"包含了许多相互矛盾的形而上学预设，其中任何一个都可能对某一特定的客户有帮助。这是格罗乔·马克思（Groucho Marx）的形而上学学派。格罗乔的座右铭是："如果你不喜欢我的原则，我还有其它的。"无论我遇到什么，我都会支持折中主义。它有时可能不一致，甚至根本不连贯，但它是解决思想、教条和神经质倾向的万无一失的良药，无论是在政治、宗教、心理治疗或哲学层面上，这些倾向都困扰着人类的心理状况。

所有的亚隆的"虚构的"精神病学家——显然不是小说，而是对自己和同事的描述，都是受伤的治疗者。这正是为什么他们继续他们自己的互动分析，并分析了分析，在监管方面，他们自己正在与更多的高级分析师进行监督，并在弗洛伊德式食物链的基础上，直到我们到达顶点并遇到"首席执行自我"（Chief Executive Egos），比如斯特里德（Marshal Streider）。他们年资很深，他们没有人分析他们对所有其他分析的分析，换句话说，他们没有人能够治愈他们——或者假装治愈他们的神经/精神/存在的创伤和有洞察力的解释或溶解的反转记录。他们是如此的高深,他们未经处理的利己主义的炎症使他们在虚荣心和野心上成为食肉动物的牺牲品。即对这个世界的马孔多(Peter Macondos)来说,"医生,医治你自己!"(Physician, heal thyself!)

除了这些受伤的治疗者,他们无疑帮助了许多人,但他们仍然对自己的药物产生免疫——如果他们没有中毒的话,他们是受迫害的、被排斥的和孤立的治疗者。弗洛伊德和荣格经历了各种各样的迫害,如路德和甘地遭受的那样。在其他的历史人物之中,他们吸引了以埃里克森综合征为表现的后精神分析。叔本华的痛苦,无疑是他敏锐的才智的副产品,也是他与世隔绝和被排斥的副产品。尼采甚至是更有洞察力和更深的孤立,但利用他不令人羡慕的环境作为脚手架,以建设他的超人(Übermensch)。受迫害的治疗者也是一个原型。我们在每一个世纪、文化和宗教中都会遇到他。我将普雷奇特尔(Martin Prechtel)告诉了亚隆,普雷奇特尔是危地马拉头上标价的玛雅萨满人,他在美国避难,并成为一个新时代的治疗作家(Prechtel, 2002)。在我断言的字里行间,我相信亚隆承认,受伤的治疗师——无论是心理治疗师、哲学家、医生还是牧师,在最后都是分析的萨满(analysis shamans)。

亚隆和我有时间就过去的案例和待决的研究交换了意见。他正在写另一部历史哲学小说,这一次是关于斯宾诺莎的,如果不是治疗者的话,他是一位有价值的候选人,伟大的哲学家和受迫害的思想家。通过他,亚隆可以把他的埃里克森综合征投射到更远的过去。

当然,我对克莱尔和杰森的情况进行了总结,并征求了他的专业意见。亚隆的折衷主义阻止了他拒绝共时性,而他的专业精神促使他同意脱敏治疗——不是心理治疗——是治疗蛇恐惧症的首选方法。后来我顺便提醒他,虽然克莱尔表面上与我接触了两个问题——杰森的共时性毒蛇和她有问题的案例管理,我有一个转瞬即逝的想法,即还有其他问题,第三个问题,可能是更多的个人问题,克莱尔真的想讨论,但她从来没有绕过我。

"不错的知觉,娄,"亚隆赞许地回答,"总有别的东西。"

关于这一谬论,心理治疗和哲学咨询之间有着明确的区别。如果真的"总是有其它的东西",那么病人永远不会真正治愈,而受伤的治疗者也不会。如果说"总是有别的东西"的话,那么总会有一个借口来进行另一次对话、另一次监督、另一次元分析、另一次自我膨胀、另一次贪得无厌的野心、另一位装作病人的骗子、另一次未解决的反移情、又一次违反禁忌的行为。从根本上讲,这是一种霍布斯式的观点(弗洛伊德在不知不觉中是一位狂热的霍布斯主义者):"因此,我把它说成是人类的一种普遍倾向,追求权力,只有在死亡中才停止的权力。"(Hobbes 1651)

在克莱尔的例子中,很可能有"其它的东西",至少对我来说,这并不是一种哲学上的普遍存在的机会。相反,我赢得了短期工作的声誉,因为我的使命是,帮助我的客户在尽可能短的时间内,在哲学上变得更加的自给自足。当有哲学上的自给自足,或者更好的平静时,也就没有其它的东西了。

"他物性"的前提假设,虽然可以想象是折中的,但很难是存在主义的。在其更臭名昭著的形式里,它表现为奥古斯丁原罪(需要每周忏悔),弗洛伊德原始神经症(需要尽可能多的每周对话，如果病人负担得起的话），或马克思主义原始压迫（需要普遍的鼓动和革命）。只要有一种信念，"总会有别的东西"，就会有"其它的东西"来保证精神痛苦的持续存在。只要"健康自我"这一自相矛盾的概念支配心理学，再加上心理治疗是其维持的王道这一自私的前提，就永远会有"其它东西"。只要有对分析的分析，总会有"其它的东西"。只要有受伤的治疗师，总会有"其它的东西"。只要有受迫害的治疗者，以及艾里克森综合征的表达，对他们进行精神分析，就会有"其它的东西"。

我声明的不同之处在于：并非总是有别的东西。有时候，没有别的东西了。当自我消散时，一个人就不会面对其他任何事情。当"健康自我"这一矛盾的前提被拒绝时，再加上心理治疗是自我健康的权宜之计，一个人就不会面对其它任何事情。当充分的监督使受伤的治疗者也同样被拒绝，一个人完全没有其他的面对。当一个人经历了弗洛伊德（Freud，1930）无法在自己身上发现的那种"广阔无垠的感觉"时，他完全没有遇到任何其他问题[14]。

古印度哲学将神圣"自我"[15]（阿特曼，atman）设想为神性（婆罗门，Brahman）的一部分。别无其他了。古希腊哲学将世俗的"自我"（灵魂、心灵）解释为与神分离，因此需要"其它东西"。亚伯拉罕的信仰同样认为灵魂与上帝是分离的，需要救赎或拯救才能重新加入上帝。因此，我们需要不断地去寻找"其它的东西"。随着西方文明开始拒绝上帝，用科学取代宗教，它的世俗化和日益孤立的"自我"变成了意识、身份和目的之孤独和虚幻的中心——一个注定要拉着存在和死亡的双列的嵌合体。被剥夺了与神秘的、神圣的、孤立的、在存在的风中燃烧的虚幻的自我的联系。这位死去的牧师（有时还被免去圣职）被精神病学家、心理学家、心理分析师所取代，他试图通过将虚幻的自我转化为"健康的自我"（healthy ego），从而治愈虚幻的自我，而代价是将它谴责为西西弗斯者"其它的东西"。在我们这个时代，可怜的西西弗斯现在把他巨大的不健康的自我卷上山，经久不息的谈话治疗和/或补充百忧解的处方。但是，一周又一周，精神分析的"第一定律"阻止了他达到健康的顶峰："总是有别的东西。"

然而，在古代东亚的本体论中——道家、儒家和（后来的）佛教，既没有灵魂，也没有上帝。因此，没有任何虚幻的自我，会以被治愈为借口，而接受某种"无意义"的东西。代替"自我"、"灵魂"和"神性"的是"空"（sunyata）[16]、"定"（samadhi）[17]和"宁静"（serenity）。没有别的东西了。一旦抛弃了"他物性"，瞧，就没有其它东西了。当没有其它东西的时候，那时且只有那时，就会产生一种肯定：除了其它的事情之外，其它的一切都是绝对存在的。你想要一个没有其它情况的例子吗？很好，就在这里。

注释

[1] 我要感谢编辑们，特别是霍斯特·格伦克（Horst Gronke），他们邀请我写了这篇文章，并对区分哲学对话和治疗对话感兴趣。我还要感谢斯派纳利斯基金会（the Spinalis Foundation）和霍尔廷（Claes Hultling）博士在兰德索尔特（Landsort）主办了一次哲学度假会，会上首次介绍了本文。

[2] 我要感谢我的朋友和同事罗素（J. Michael Russell）博士提请我注意亚隆的作品

(1989、1993、1997、2003、2006)，并感谢亚隆教授与我对话。

[3] 例如，"我见过在日光之下所行的一切事，看哪，一切都是虚空，都是追赶风。弯曲的不能成直的，缺乏的不可胜数"(*Ecclesiastes* I:14 - 15.)。

[4] 如，*Mas Platon y menos Prozac*［西班牙语版《柏拉图灵丹》(*Plato Not Prozac*)］和 *Preguntale a Platon*［西班牙语版《精神正常者的治疗》(*Therapy for the Sane*)］受到了极大的欢迎，并刺激了对哲学服务的持续需求。

[5] 洛斯特洛(Jose Barrientos Rostrojo)教授成功地在塞维利亚大学开设了哲学顾问硕士课程。

[6] 列维(Yvonne Freund Levi)教授是一位精神病学家，他认为"镜像神经元"可能导致克莱尔想象了她办公室里的蟒蛇。镜像神经元会导致一些动物无意识地模仿他人的面部表情和/或肢体语言和/或语言功能(尤其是语言功能)，从而对社会进化具有解释力。(例如，见 https://en.wikipara.org/wiki/Mirror_Neonents♯Notes)尽管如此，镜像神经元也可能在一方引起幻觉，作为对另一方反复描述的现象的一种社会反应，这似乎不太可信。

[7] 共时性是两个或两个以上事件的经验，这些事件是以一种据称是有意义的方式在一起发生的，这些事件是因果无关的。为了计算为共时性，这些事件不可能偶然地一起发生。http://en.wikipedia.org/wiki/Synchronicity.

[8] 在这个问题的大量治疗中，参见 Mappes & DeGrazia 2006，Chapter 2。

[9] 也许这可以用镜像神经元来解释(见上文注6)。

[10] 参见 https://tenser.typepad.com/tenser_said_the_tensor/2006/02/physics_envy.html.

[11] 参见 Yalom 1989。

[12] 事实上，不相容的心理治疗学校的狂热追随者之间的相互指责——如果说是隐秘的争吵——与不容忍的宗教狂热者和相互竞争的教派之间的冲突有很大的相似之处。

[13] 参见 Peck 1980。

[14] Freud 1930："我无法在自己身上发现这种海洋的感觉。"(I cannot discover this oceanic feeling in myself.)

[15] 参见《薄伽梵歌》(*Bhagavad-Gita*)以及《奥义书》(*Upanishads*)。

[16] Sunyata 经常被翻译成"空"，这不能公正地做到这一点。这一术语是佛教依赖起源学说的必然结果。所有的现象都会产生和消散，我们用语言感知、想象和捕捉的时空表现在"本质"期间没有变化。也就是说，它们是本质或独立存在的"空"。这也适用于自我、本质和身份。例如参见 Mitchell 2008。

[17] 它在冥想练习中的意思是"正确的集中"(Right Concentration)，这有助于体验它，并产生平静。例如参见 Mitchell 2008。

参考文献

Bhagavad-Gita, translated by Shri Purohit Swami. London, Faber &

Faber, 1965.

Ecclesiastes, in *The Holy Scriptures According to the Masoretic Text*. Philadelphia: The Jewish Publication Society of America, 1960.

Erikson, Erik (1958). *Young Man Luther: A Study in Psychoanalysis and History*. New York: WW Norton & Co.

Erikson, Erik(1969). *Gandhi's Truth: On the Origins of Militant Non-Violence*. New York: WW Norton & Co.

Freud, Sigmund (1930). *Civilization and Its Discontents*. Translated by James Strachey. New York: WW Norton & Co, 1961.

Hobbes, Thomas (1651). *Leviathan*. Cambridge: Cambdridge University Press 1991.

Jung, Carl(1972). *Synchronicity: An Acausal Connecting Principle*. Translated by R.F.C. Hull. London: Routledge & Kegan Paul.

Jung, Carl (1989). *Memories, Dreams, Reflections*. Edited by Aniela Jaffe, Translated by Richard and Claire Winston. New York: Vintage Books.

Lipton, Peter(1991). *Inference to the Best Explanation*. London: Routledge.

Mann, Thomas(1912). *Death in Venice*. Translated by Michael Heim. New York: HarperCollins, 2004.

Mann, Thomas (1924). *The Magic Mountain*. Translated by John Woods. New York: Vintage Books, 1996.

Mappes, Thomas & DeGrazia, David(2006). *Biomedical Ethics*, 6th edition. New York: McGraw-Hill.

Marinoff, Lou(2000). *Mas Platon y menos Prozac*. Barcelona: Ediciones B.

Marinoff, Lou(2003). *Preguntale a Platon*. Barcelona: Ediciones B.

Marinoff, Lou(2004). "Thus Spake Settembrini: A Meta-Dialogue on Philosophy and Psychiatry", in Schramme & Thomes, 27 – 49.

Mitchell, Donald(2008). *Buddhism*. New York: Oxford University Press.

Peck, M. Scott(1980). *The Road Less Travelled*. New York: Simon & Schuster.

Prechtel, Martin(2002). *The Toe Bone and the Tooth*. London: Thorsons.

Schramme, Thomas & Thome, Johannes(eds. 2004). *Philosophy and Psychiatry*. Berlin: Walter de Gruyter.

The Upanishads. Translated by Eknath Easwaran. New Delhi: Penguin Books India, 1996.

Yalom, Irvin(1980). *Existential Psychotherapy*. New York: Basic Books.

Yalom, Irvin(1989). *Love's Executioner*. New York: HarperCollins.

Yalom, Irvin(1993). *When Nietzsche Wept*. New York: HarperCollins.

Yalom, Irvin(1997). *Lying on the Couch*. New York: HarperCollins.

Yalom, Irvin(2003). *The Gift of Therapy*. New York: HarperCollins.
Yalom, Irvin(2006). *The Schopenhauer Cure*. New York: HarperCollins.

原文出处:Lou Marinoff, "Synchronicities, Serpents, and 'Something-Elseness'" in *The Challenge of Dialogue*, eds. Jens Peter Brune, Horst Gronke, Dieter Krohn, Münster/London: LIT (2010), Volume 12, Series on Socratic Philosophizing, 133 – 156.—reprinted in *Interdisciplinaire Vereniging voor Analytische Psychologie*, 30, 38 – 63, 2015—reprinted in *Philosophical Practice: Journal of the APPA*, Volume 4.3, 519 – 534, 2009.

（王志远　译）

哲学践行新范式

兰·拉哈夫（Ran Lahav）[*]

1. 引　言

自 1982 年以来，哲学践行领域已经存在了 30 多年。目前世界范围内有数百名从业者，几个专业协会以及培训项目和大学课程。然而，要解释这个领域到底是什么，它的哲学内涵是什么，它与其他领域有何不同，以及它的基本原则是什么，这些都并非易事。

造成这种情况的一个原因是，哲学践行由几种非常不同的活动形式组成：一对一的咨询（或所谓的哲学咨询）、讨论小组（哲学咖啡馆、苏格拉底对话等）、自我反省小组和哲学沉思关系，仅举几个主要的例子。要看出如此多样化的活动有什么共同之处并不容易。此外，该领域最流行的形式，即哲学咨询，很难和心理咨询或心理治疗区分开。就像心理咨询师一样，哲学咨询师每周或每两周与个人咨询者会面一次，讨论咨询者的个人问题。人们可能会想知道哲学咨询和心理咨询之间到底有什么区别，这种区别是否足够大，可以把它们放在哲学和心理学这两个不同的领域。

对我来说，这些考虑表明哲学践行仍在建构其身份的过程中。尽管哲学践行者多年来提出了许多富有洞察力的观点，但这个领域还没有找到一个明确界定的基础或基本原则。这并不一定是坏事；在某种程度上，它甚至是好的，因为它表明这个领域仍然是动态的，并且对创造性的探索是开放的。另一方面，人们可能想知道这个领域是否已经足够成熟，可以对公众作出有意义的贡献。

不管人们对这个领域的现状有多满意，探索它的基本愿景和基础肯定是一个好主意。这就是我在本文中将要尝试做的。我认为，目前哲学践行的几种形式都存在严重的局限性，并将提出对这一领域的新思考方式。正如我将解释的那样，在过去几年里，我与来自几个不同国家的同事一起，参与制定了我认为有希望的新的活动形式。下面我将讨论这些新发展的背景和意义。

---

[*]　美国约翰逊州立学院（Johnson State College），电子邮件：ranlahav@gmail.com.

2. 基本愿景及其挑战

哲学践行的基本观点是,哲学不仅可以与哲学教授的日常生活有关,而且可以与店主、律师、公共汽车司机、舞蹈家、保险代理人和其他人的生活有关。重要的不仅仅是哲学可以在智力上有趣,而是它可以帮助一个人使其生活发生重要改变。它可以使店主乔和工程师米利亚姆的生活更有意义、更丰富、更深刻。

这是20世纪80年代和90年代初哲学践行运动(或领域)先驱们的愿景,当时这个新兴运动仅限于世界各地的两个小团体和少数个人。这段时间是哲学咨询领域的诞生和我与加拿大的娄·马里诺夫(Lou Marinoff)共同组织的第一次哲学咨询国际会议之间的时期,这一领域向更多的实践者敞开了大门。当时,对于我们这些几十个早期的先驱来说,一个主要的挑战是:哲学,通常是如此抽象和普遍,如何使其与个人相关?毕竟,人们日常关注的问题似乎与主流哲学家传统上所关注的问题大不相同。主流哲学家通常处理一般的和抽象的问题,例如:时间的本质是什么?我怎么知道世界是存在的?爱的普遍本质是什么?心灵的基本范畴是什么?相比之下,店主乔和工程师米里亚姆有着截然不同的个人关注点,它们既不是普遍的,也不是抽象的或理论的。这些人关心的是他们昨晚和配偶发生的不愉快的争吵,而不是对爱情的一般定义;关心寻找到一份令人满意的工作,而不是为全人类定义生活的意义;要了解反复无常的老板的期望,而不是一般的心灵理论。

在我看来,哲学与日常生活之间的这种明显差距,似乎是哲学践行的核心挑战。如果我们想让哲学与普通人的关切相关,我们必须找到弥合这一明显差距的方法。这正是所有哲学践行者一直在努力做的事情。事实上,我认为不同的哲学践行方法都可以被看作是解决这一挑战的不同尝试——克服这一差距,并把哲学与生活联系起来。

3. 平凡化(Trivialization)问题

从表面上看,这个挑战似乎不难克服。哲学史上充满了对诸如爱情、幸福、真实性等熟悉话题的哲学讨论,以及对这些话题的分析方法。人们可能会猜测,将这些理论和思维方法应用于个人的情况和问题并不需要太多的聪明才智。在这里,我们可以区分几种不同的策略。

其中一种策略,现在很常见,就是专注于哲学思维工具,并将它们应用到日常生活中。[1]我所说的思维工具指的是概念分析、逻辑谬误的发现、揭示隐藏的假设、检验有效性的论证,或者简而言之,就是通常所说的"批判性思维"。这种策略的目的是检查个人的关注点,并以批判的方式分析它们。例如,在哲学咨询中,如果被咨询者抱怨不快乐的感觉,那么咨询师可能会帮助咨询者分析快乐的概念,揭示隐藏在他的不满背后的假设,检查这些假设的合理性,探索它们的含义,等等。实施这一战略的方法各不相同,但基本理念是相同的:运用哲学思维工具,而不是哲学理论,从哲学传统出发。换句话说,这种策略关注的是哲学化的"方式",而不是"内容"。

第二种策略是关注"什么",而不是"如何",换句话说,关注内容而不是方法。[2]这一思想是要从丰富的哲学历史中选择似乎适用于生活的哲学理论:柏拉图的爱的理论、塞涅卡(Seneca)的挫折观、布伯(Buber)的关系观、萨特(Sartre)的自欺观、卢梭(Rousseau)的自我异化观,等等。例如,在哲学咨询中,咨询师可以向咨询者解释塞涅卡的理论,并将其作为指导方针来遵循,以改善他的日常情绪。"如果你遵循塞涅卡关于挫折的想法,"咨询师可能会对咨询者说,"你就能避免挫折,在生活中获得更大的满足感。"同样,在哲学小组中,哲学主持者可以向小组介绍塞涅卡的理论,并设计练习,帮助小组成员将其应用于自己,可能是为了提高他们的生活质量。简而言之,这种策略的哲学为生活提供了指导。它引导个人以可能增强幸福感和生活意义的方式思考、感受和行为。

在西方古代哲学中,哲学理论可以作为遵循的指导思想。斯多葛学派、伊壁鸠鲁学派和其他哲学流派[3]使用一种特定的哲学观点来引导他们的追随者走向他们所认为的美好生活。然而,由于这种策略对于当代思想来说似乎过于教条和专断,现今的哲学践行者可能会选择第三种与哲学相关的策略:向来访者提供哲学思想,而不是作为权威的指导方针来遵循,但作为可供选择的选择,并根据需要进行修改,从而构建自己的个人指导方针。[4]咨询者或小组成员可能会反思不同的哲学观点,选择他们认为最有吸引力的观点,修改它们,将它们结合起来,使它们适应他们自己,然后将结果作为个人指导方针。例如,在哲学咨询中,当一个咨询者抱怨她的空虚感或无意义感时,哲学咨询师可能会帮助她反思威廉·詹姆斯(William James)、阿尔伯特·加缪(Albert Camus)和摩里兹·石里克(Moritz Schlick)关于意义的简短文本,检查它们与自己生活的关系,选择她喜欢的想法,必要时修改它们,然后检查它们如何适用于她自己的痛苦。如果成功的话,由此产生的想法将为她提供缓解个人困境的途径。同样的策略也可以用在自我反省小组中,尽管这里的出发点通常是一个给定的哲学问题,而不是个人的困境。参与者可以一起阅读一个简短的文本,然后一起反思,分享他们个人生活的相关方面,并发展个人的哲学以供遵循。

这三种使哲学与人生哲学相关的策略作为思维工具的来源,哲学作为提供遵循的指导方针,哲学为构建个人指导方针提供材料——涵盖了迄今为止哲学践行世界中大多数实践方法。第一种策略和第三种策略自哲学践行诞生以来一直是哲学践行的中心,特别是在旨在解决问题的哲学咨询版本的背景下。第二种方法——哲学思想作为生活的指南,由于其教条主义而在哲学践行者中并不那么普遍。然而,偶尔也能在哲学践行者的著作中发现,他们只信奉一位哲学家,他们认为这位哲学家提供了正确的生活方式。

值得注意的是,尽管这三种使哲学与生活相关的方法存在差异,但它们都有一个重要的共同点。它们都将抽象的哲学材料——哲学思想或哲学方法应用于具体的生活情境。他们都试图在抽象的哲学材料和生活之间架起一座桥梁,把抽象运用到具体的实践中去。有人可能会说,它们是一种共同方法的三种类型:哲学践行即应用哲学。

因此,根据第一种策略,哲学家和来访者审视一个具体的情境——来访者的行为、情绪、思想——并对其应用各种思维方法。同样的,在第二种方法中,哲学家将已有的哲学理论引入会话中,并帮助参与者将它们应用到生活中,将它们用作实践指南。第三种策略与第二种策略相似,唯一不同的是哲学指导方针不是从哲学传统中现成的,而是在咨询过程中形成的。

在所有这些情况下,抽象的哲学材料都是观察生活的镜头。具体的生活情境是哲学要研究、分析、提供指导或解决方案的对象。这意味着抽象的哲学思维与具体的生活情境是截然不同的。哲学与生活并没有融合在一起,而是接受了观察者与被观察者的二元身份:哲学是观察者,生活是被观察者。抽象与具体之间的鸿沟通过将前者应用于后者而得以弥补。

这种应用哲学范式具有重要的意义。这意味着哲学可以通过谈论具体的生活情境而与之联系起来。例如,哲学意义理论与具体的生活情境有关,因为它审视、分析或简单地谈论生活情境。哲学思维工具与特定的生活情境相关,因为它使我们能够谈论这种情境。所以这个范式意味着,哲学本质上是一种谈论生活的方式,它可以通过谈论生活来影响生活。

我想说的是,这并不是使哲学与生活相关的唯一方法。抽象与具体之间的鸿沟可以通过其他方式来弥合,这些方式可以使两者更紧密地融合在一起。例如,哲学思想可以用来不谈论生活,而是启发生活,不讨论生活,而是唤醒生活。这就是我在本文后面将要展示的内容。

应用哲学范式自 30 多年前诞生以来,一直是哲学践行的中心范式(尽管不是唯一的范式),尤其是在哲学咨询领域,咨询师和咨询者共同探讨咨询者的具体问题。但是这种范式提出了一个严重的问题:抽象的思考如何帮助我在实践中改变自己? 对我行为的思考,如逻辑或哲学的思考,如何帮助我改变这些行为?

这是一个很难回答的问题。显然,在知识理解和实际变化之间存在着相当大的差距。例如,对于一个吸烟者来说,在对自己说"我必须戒烟"和实际戒烟之间有很大的差距。同样,在想要快乐和快乐之间,在想要变得自信和实际上变得自信之间,在想要变得自然和实际上表现得自然之间,也存在着巨大的差距。

认知心理学家也使用批判性思维工具来研究个人问题,他们非常了解这种差距。[5]他们知道强大的心理机制,保持我们习惯性的行为、情感和思维模式,并对改变建立强大的抵抗力。这些心理学家开发了一些练习来克服这些机制。他们知道仅仅理论上的理解不足以带来真正的自我改变。

与这些心理学家相比,一些哲学践行者可能显得幼稚。在他们的案例研究中,无论是书面的还是口头的,他们经常描述他们的顾客是如何获得对问题根源的新理解的,但不清楚这种新理解是如何对这个人产生具体影响的。人们可能希望教授这些实践者认知心理学的技巧,但这将使他们的实践比现在更接近标准心理治疗。简而言之,应用哲学范式遇到了冲击问题:鉴于抽象理解与实际行为变化之间的差距,哲学践行能产生什么样的影响?

但是,我想提出的是,这个应用范式面临着一个更普遍的问题。任何希望用哲学来影响生活的哲学家都必须小心,不要平凡化哲学。哲学是对现实的丰富而复杂的研究。

如果你从一个丰富的哲学中提取一些基本的或零碎的思想,其结果就是哲学的平凡化。例如,如果你从伊曼纽尔·康德的伦理学中得到的只是一句话——"一个人应该把另一个人当作自己的终点,而不仅仅是一个工具"——换句话说,如果你只采用康德的这个公式,而忽略了康德其余的伦理学——那么结果就是一个简单的口号。任何人都可以吟诵这句口号,如果把它从嵌入其中的康德文本中分离出来,它本身就缺乏深度和丰富性。严肃的哲学不是一堆零碎的口号,也不是批判性思维方法的清单,而是一个丰富的观念网络。

由此得出的结论是,哲学践行的核心挑战可以表述为:如何使哲学与我们的日常生活息息相关——而不是平凡化哲学?

4. 哲学与平凡化

为了更好地理解平凡化哲学意味着什么,有必要反思一下什么是哲学。可以肯定的是,我们不能指望找到一个简单的公式来囊括各个时代不同类型和风格的哲学,即使我们局限于西方文化。与任何其他学科一样,有许多方法和方法论,尤其是在这样一个古老的领域。哲学不是一回事。然而,我们可以注意到几个主要特征,这些特征通常被称为哲学。我们可以要求任何希望被视为从事哲学的研究者尊重这些特征。

让我们先来看看哲学传统,看看其中可以找到的话语类型。更具体地说,让我们看一看哲学史书中通常被称为"哲学"的文本。这显然包括柏拉图、亚里士多德、马可·奥勒留(Marcus Aurelius)、笛卡尔(Descartes)、斯宾诺莎(Spinoza)、卢梭、洛克(Locke)、休谟(Hume)、康德、黑格尔(Hegel)、克尔凯郭尔(Kierkegaard)、尼采(Nietzsche)、爱默生(Emerson)、胡塞尔(Husserl)、柏格森(Bergson)、加缪(Camus)等人的著作。他们的共同特征是什么?

也许最明显的答案是:它们都是关于现实或存在的基本问题。他们试图澄清最一般意义上的基本概念、基本原则和基本思想。他们不去探究米里亚姆的意义感,而是探究生命的意义。他们调查的不是乔昨天感受到的幸福,而是幸福的本质。他们不会问吉尔知道什么或不知道什么,而是询问最一般意义上的知道意味着什么。

这意味着,任何不试图解决这种基本存在问题的话语都不能包括在所谓哲学的话语中。例如,如果一个咨询会谈只检查吉姆的焦虑,而不探讨焦虑的普遍概念,那么就很难看出它的哲学意义。任何自称哲学的实践,如果只注重生活的特定方面,就等于歪曲和贬低哲学的意义。

解决普遍的、基本的存在问题是必要的,这样才能算作哲学问题,但这还不够。不仅哲学处理这些问题,而且文学和诗歌也处理这些问题。小说和诗歌常常思考生命的意义、爱情的价值、真实的自我等等。然而,与文学和诗歌相反,哲学试图通过发展理论——或更普遍的系统和连贯的观念网络来解决这些问题。实际上,西方传统的每一种哲学都试图通过构建理论或观念网络来解决存在的基本问题,而这些理论或观念网络的设计就是为了理解这些问题。柏拉图发展了他的理念论,笛卡尔发展了他的心身理论,尼采发展了他的善恶观念,柏格森发展了他的意识流理论,等等。

这意味着,任何不构建理论或观念网络的实践,都不同于几乎所有哲学家几百年来一直在做的事情。一个突出的例子是一个哲学咨询分支,它只分析具体的个人问题及其要素,而从不试图构建理论。另一个突出的例子是一种哲学咨询,它包括关于咨询者生活的公开、无方法、无议程的对话。这类实践,如果它们自称是哲学的话,就等于是对哲学的另一种歪曲。

还需要补充一下哲学的第三个特征。要了解这一点,请注意哲学并不是唯一一种通过理论或观念网络来解决普遍的、基本的生存问题的话语。宗教和神学也是如此。然而,相对于宗教或神学,哲学不是以教条的方式构建其理论,不是以信仰或个人信念为基础,而是以批判的方式构建其理论。它试图提供支持其主张的考虑因素,保护它们免受怀疑,并表明它们是有意义的。这并不意味着哲学家的任务是证明他们的理论。可以肯定地说,哲学史上从来没有任何理论被确凿地证明过,也没有任何批判性的论点能够完全推翻一种理论而支持另一种理论。尽管如此,为了算作哲学,哲学理论必须表明它的观念网络是有意义的,它是连贯的,它的基本假设不是任意的或不合理的。

在这方面,哲学就像科学。然而,与科学家不同的是,哲学家们的理论并不是建立在实验室实验和观察的基础上,也不是建立在经验数据的基础上。相反,他们使用的是基于思维能力的考虑,或最广义上的"理性"一词:逻辑思维(如斯宾诺莎)、反省(如胡塞尔)、直觉(如柏格森)、常识[如托马斯·里德(Thomas Reid)]、诗性灵感(如爱默生),等等。我们可以说,哲学通过批判性地构建观念网络,运用思维的力量,来解决存在的基本问题。

为了区分"哲学"一词的两种意义——"做哲学"意义上的哲学和已经完成的哲学理论意义上的哲学——可以在这里提到另外两个特征。这就是哲学作为一种话语与哲学作为这种话语的产物之间的区别。第一个是一项活动——当我们一起思考,例如,爱的意义时,我们就是做哲学。第二种是成品,例如柏拉图的爱的理论。第一个最好用"哲学化"这个词来描述,第二个最好用"哲学理论"来描述。

利用这一区别,我们可以说所有的哲学家都参与了哲学化的创造性过程。相反,如果你采用别人已经给出的哲学理论,你可能是一个追随者,但你不是一个真正的哲学家。哲学在哲学化的意义上是创造性的,它是一个构成新的观念网络的过程。

最后,几乎所有的哲学家——换句话说,所有哲学化的思想家,都通过与现在和过去的哲学家的对话,创造了他们的观念网络。柏拉图在苏格拉底思想的基础上发展了他的思想观念。亚里士多德发展他的理论与他的老师柏拉图的理论相对立。大卫·休谟的思想是洛克理论的进一步发展,康德的哲学是对休谟的一种回应。你不能断章取义地进行哲学思考。哲学化是传统的一部分,它是对话式的,即使你一个人住在偏远的森林里。

也许可以在所有哲学的中心特征中增加额外的元素,但就我们的目的而言,上述五个因素就足够了。我们可以得出这样的结论:作为一个粗略的近似,为了在这个词的全部意义上算作哲学,一个话语至少必须是对一般的、普遍的、基本的存在问题的研究,我们在其中以一种批判性的、创造性的和对话的方式组成理论或观念网络。任何表现为哲学的实践,如果没有达到这些标准,就不是完全的哲学。对于不同的目的来说,这可能是一个很好的实践,但它并不是哲学传统的一部分。换句话说,它平凡化了哲学的本质。

5. 没有平凡化(trivialization)的哲学践行

在概括了哲学的主要特征之后,我们现在可以回到哲学践行的核心挑战,即如何弥合哲学与生活、抽象与具体之间的鸿沟。正如我们前面所看到的,该领域有三种主要的策略来应对这一挑战:将思维工具应用于个人的具体情况或关注事项;以现成的哲学思想为指导;创造性地构建个性化的哲学指南。我们现在可以看到,他们都有一种将哲学平凡化的倾向。

考虑第一种策略,即使用思维工具或批判性思维的方法。在这些咨询和实践的形式中,咨询师使用逻辑或批判性思维工具来分析咨询者的个人问题或情况。这里的难点是使用批判性思维工具不等于解决存在的基本问题或构成理论,因此也不等于哲学化。正如我们所看到的,批判性思维只是哲学的一个有限的组成部分,它本身并不构成哲学的对话。事实上,哲学家并不是唯一批判性思考的人。批判性思维并不只属于哲学家,同样也属于科学家、律师、经济学家、警察侦探和许多其他人。因此,那些仅仅因为使用批判性思维工具就声称自己在做哲学咨询的咨询师,是在贬低哲学的本质。要使其哲学化,还需要在他们的实践中添加更多的内容。

第二种策略是将哲学思想作为人生指南,但并没有取得更好的效果。把现成的指导方针应用到一个人的生活中,缺乏另一个必要的因素,即构建观念网络的创造性工作。这样的实践可以算作应用哲学,但它并不是一个真正的哲学化过程。它缺乏创造性研究和思想建构的元素,也缺乏与其他哲学家对话的要素。一个人轻易接受尼采或萨特的理论,并试图活在理论的光芒中,他并不是在与那些哲学家进行哲学对话,他只是一个盲目的跟随者。

前面提到的第三种策略也是针对生活的指导方针,但这些指导方针是通过哲学践行过程创建的,以适应特定的顾客。这个过程是创造性的,它可能使用来自哲学史的原材料,因此它在本质上更接近哲学化。但这取决于具体如何实施。如果哲学践行者和顾客只是简单地挑选那些看起来有用的零碎的想法,那么这些零碎的想法加起来并不能构成一个解决一般哲学问题的坚实理论,而且很难看出它有什么哲学意义。为了将其视为哲学,哲学践行者和顾客必须参与到一个批判性的、创造性的过程中,组成一个连贯的观念网络来处理一般的、基本的问题。但如果这就是他们所做的,那么很难看出这与个人的特殊关注有什么关系。我们再次面临我们开始时所面临的同样挑战:如何弥合抽象问题与具体问题之间的鸿沟。

在这一点上,有人可能会反对我过于强调哲学的历史性质。"谁会在乎一个咨询过程是否应该被冠以'哲学'这个名字呢? 如果它显示出良好的结果,那么无论其标签如何,它都是一个良好的过程。"

对这一异议的回答是,"哲学"这个词不仅仅是一个任意的标签,因为它表明了一些重要的东西。哲学传统是一种古老的智慧传统,充满了深刻的洞察力和丰富的思想。哲学践行领域的目标是利用这个智慧宝库来改善个人生活。因此,哲学践行领域是否成功取决于这一传统的智慧资源能否用于解决个人生活问题。没有人怀疑,如果没有与哲学传统的直接联系,咨询是可以完成的,但这将意味着切断我们与这些智慧源泉的联系。因此,平凡化问题非常重要。如果你贬低哲学,把它变成逻辑的把戏或者简单的口号,你就不再被哲学的智慧所滋养,也不再忠实于哲学践行的愿景。

第二,"哲学"这个标签表达了一定的目标和理想。哲学是做哲学——它的目标是智慧和深刻的理解。植根于哲学的实践是一种以智慧和深度为目标的实践,而不是一种来自心理学的实践,后者没有这样的智慧来源,通常以实用主义目标为目标,如主观幸福感、减轻痛苦、适应或正常功能。

第三,坚持哲学的问题也是一个训练的问题。如果实践与我们通常所说的哲学没有任何联系,那么我们就没有理由希望它的实践者接受哲学课程的训练。目前,对哲学践行者的一个典型要求是他们必须拥有哲学硕士学位。但是,如果哲学践行与柏拉图、康德和尼采的著作没有多大关系,为什么在大学里学习五到六年柏拉图、康德和尼采的著作应该是你训练的核心部分还不清楚。

因此,我的结论是,坚持哲学的方法对该领域的完整性是非常重要的。这恰恰提出了一个中心挑战,即如何弥合哲学传统的抽象性与个人所关心的具体问题之间的鸿沟。显然,如果你试图通过扭曲哲学来弥合鸿沟,那么你可能会让你的实践与你的顾客相关,但代价是让你自己脱离以你的名义而来的智慧传统。

正如我所指出的,这种平凡化是由该领域使用的一些核心策略造成的。我们面临的问题是:是否有更好的方法来弥合抽象与具体之间的鸿沟,从而使哲学践行成为可能?

6. 日常生活中的哲学范式

25 年前,当我进入哲学践行领域时,我关注的是平凡化的问题。哲学践行领域还处于起步阶段,还在努力理解其愿景。在当时的我看来,如果哲学不能在不放弃其哲学本质的前提下,找到一种与个体关注相关的方法,那么哲学践行就没有存在的权利。在咨询者(最初是志愿者)身上进行了数月的实验之后,我获得了一种洞见,成为我今后多年工作的指路明灯:哲学与日常生活之间没有鸿沟可以弥合。哲学已经存在于我们的日常生活中。挑战不在于在生活与哲学之间架起桥梁,而在于揭示已经根植于生活中的哲学思想。

更具体地说,在整个哲学史上已经讨论了好几个世纪的哲学问题,并不是没有出现在生活中——几乎每个人几乎每天都会遇到这些问题。我们都有这样的时刻,我们怀疑我们所做的事情是否有意义,我们是否真实地对待自己,我们是否自由地行动,我们的行为是否道德正确,我们是否给予和接受真爱。从这个意义上说,我们都遇到过这样的哲学问题:生命的意义是什么? 什么是真爱? 真实是什么意思? 什么使行为在道德上是正确的? 可以肯定的是,大多数人很少从哲学的角度思考这些问题——他们甚至可能无法用语言表达这些问题。然而,他们被迫含蓄地回应这些问题——在他们做出的选择中,在他们的情感反应、决定、行为、幻想和希望中。例如,当丈夫以一种控制的方式,或者以一种有趣的家长式的方式,或者以一种平等主义的方式对待他的妻子时——这些都是对以下问题的不同回答:什么是爱? 什么是婚姻? 同样,当一个人决定把业余时间花在家庭上,或者花在攻读学位上,或者花在志愿参加慈善组织上时,她也就决定了一个问题的答案:生活中什么是有意义的?

从这个意义上说,我们经常会遇到一些基本的生活问题,通常是在没有意识到它们的情况下,我们通过我们的行为、情感、思想来回应它们——而没有意识到我们正在回应它们。可以说,普通人是隐性的哲学家,他们隐性地回应了基本的生活问题。此外,通过以一种方式而不是另一种方式来回应这些生活问题,人们可以说对这些问题有着隐含的哲学"理论"。这些内隐理论是通过行动、情感反应、选择等来表达的,但不一定要用语言来表达。这些理论可能是有限的、非理性的、肤浅的,但它们都是对基本生活问题的回应。因此,人们不一定是优秀的哲学家,他们不知道自己是哲学家,但他们仍然是哲学家。

20 多年前在我脑海中形成的这种认识,为我打开了哲学践行的新方向。这意味着哲学践行者的任务是让个体意识到他们所面临的生活问题,探索他们如何回应这些问题,并评估这些回应的内在逻辑、它们的含义和智慧。这确实是我从事多年的哲学咨询工作的核心思想。

详细描述这种咨询不在本文的范围之内——我已经在其他地方详细地写过了。[6] 然而,我应该指出,揭示个人对基本生活问题的态度的过程,通常要在一般的哲学观点和对具体生活事件的具体观察之间来回进行。它需要抽象的思维,以及对日常事件和个人情况的敏感思考。它通常包括深入研究特定的个人经历,以及阅读一篇有助于阐明和提高哲学洞察力的哲学文本。它通常借用传统哲学中的概念,使之适应人们的生活。

通过这个过程,哲学践行者帮助揭示和描述个人对生活的正常态度。这个过程澄清了他们关于基本生活问题的内隐"理论"——不是他们用语言表述的理论,而是他们在生活中实践的理论。这些理论几乎总是被证明是有限的和僵化的,它们对生活的基本问题给出了肤浅的甚至是扭曲的回答,并且成了一个限制生活的监牢。这就好比柏拉图著名寓言中的洞穴,在这个洞穴里,囚犯们把墙上那些表面的影子当作现实。我称这个监狱为"周界",是为了表示一个作为边界的舒适区。

在我看来,这种咨询方法绝对是哲学的。它关注基本的生活问题,研究对这些问题的不同反应——无论是咨询者的反应还是传统哲学家的反应,它创造性地、批判性地与传统思想家对话。但这种方法也有其局限性:它可以帮助咨询师对他们有限的生活态度有更深层次的哲学理解,但它不能直接帮助他们超越这些有限的态度,走向真正的个人改变。它主要提供了对可能的自我改变的自我理解,但它没有向个人展示如何在实践中做出这种个人改变。我们已经看到,仅仅从理论上理解是不够的。谈论改变生活的方式与能力非常有限。此外,将哲学家办公室的解决方案强加于生活中不太可能成功。在我的工作中,抽象概念与具体生活之间的最初鸿沟再次出现。

自我了解一个人对生活的基本态度本身就是一个重要的目标,即使它不会导致自我改变。因此,多年来,我一直在这个范式的框架下工作,并不断完善。我与个别咨询者和自我反省小组一起工作,对这个过程发展出了一个理论概念,以及一些实践技巧。然而,我仍然不满足。我们需要迈出第二步——超越单纯的自我理解,走向自我改变。

进而,几年前,一个新的洞见开始激励我:只要哲学过程主要包括对生活的反思,对人对生活问题的态度,对所期望的改变的反思——其诱导自我改变的能力是有限的。但是为什么要假设哲学一定是关于生活的呢? 更具体地说,为什么要假定哲学必须从外部观察生活,并指导它做什么呢?

这些考虑使我产生了一个新的范式,这是我近年来一直在探索的:哲学园丁范式。我将在论文的最后一部分对此进行讨论。

7. 哲学园丁范式

这听起来可能令人震惊,但从这个范式的角度来看,哲学并不是关于真理,也不是关于事物的真实方式。哲学的作用不是产生"真实"或"正确"的理论。相反,哲学本身就表达了我们永远无法确定的思想。

如果你怀疑这一点,你可以问自己:苏格拉底说未经审视的生活不值得过,这是正确的还是错误的? 柏拉图说物质世界是理念世界的投影,这是正确的还是错误的? 康德认为关于人类理解有 12 种范畴,这是正确的还是错误的? 我们能证明斯宾诺莎说上帝是自然的说法是正确的吗?

我认为,每一个诚实和理性的人都必须承认,这种哲学思想不能被证明是正确的或不正确的。如果将来其中一个问题能被科学证据解决,那么它就不再被认为是哲学问题。哲学问题是不断探索新的方法,不断反思、不断发展思想,但不是解决问题。如果说柏拉图的理念论或康德的先验演绎是正确的或错误的,那就太荒谬了。我们最多只能说它是连贯的或不连贯的,深刻的或肤浅的,有启发性的或无价值的,但不是真的或假的。

那么,研究哲学有什么意义呢? 当然,历史上很多哲学家都认为他们在寻找真理,但追溯历史,这并不是描述他们所做事情的最好方式。柏拉图、康德或尼采之所以是伟大的哲学家,并不是因为他们的理论是正确的,而是因为他们编织了关于基本问题的观念网络,这些观念网络丰富、深刻、有意义。这些理论之所以有价值,不是因为它们告诉我们真相,而是因为它们丰富和深化了我们的世界。

一般来说,我们可以对传统哲学说些什么,也可以对哲学践行说些什么。如果哲学能丰富和深化人们的世界,而不是向他们提供真理,那么它就能与普通人息息相关。但是哲学践行是如何做到这一点的呢? 哲学显然可以丰富和加深人们的智力——这是几百年来哲学一直在做的事情。但它如何丰富和深化我们对生活的日常态度,我们的日常时刻,甚至我们的生活? 换句话说,哲学如何才能成为哲学践行?

关于这个问题的一条线索可以在古代斯多葛学派的著作中找到。[7] 根据斯多葛学派的观点,我们通常在情感上依赖于我们的非理性欲望和期望。因此,我们经常以非理性的方式行事和感受,我们是挫折、愤怒、嫉妒、贪婪、担忧等的受害者。我们真实的自我是合理的——就像马可·奥勒留这样是斯多葛学派称它为我们的"守护者",或者我们内心的"指导原则"[8]——但我们通常不会接触它。相反,我们让自己被虚假需求的心理机制所奴役。因此,斯多葛学派的目标是将自己从这些心理机制中解放出来,并重新唤醒真正的自我,即守护者,以便它能引导他们以理性和内心的平静,这也是宇宙的方式。

斯多葛学派意识到,这绝非易事。我们的心理机制是强大的,它们通常凌驾于指导原则之上。因此,斯多葛学派开发了旨在唤醒指导原则并赋予其力量的活动。这些大多是哲学练习,练习者反思斯多葛学派的思想,反复地阐述它们,想象它们如何应用于各种情况,审视它们的含义,并通过它们的透镜反思自己。有规律地做这一切,会让沉睡的理性自我发出声音,并以这种方式唤醒和激励它。

我们不需要详细讨论斯多葛学派的理论和实践,但其基本思想是有指导意义的:哲学反思可以激活和唤醒我们存在的不同方面,包括那些通常处于休眠和被忽视的方面。作为当代哲学践行者,我们可以借鉴这一思想并将其运用到实践中。我们不需要坚持斯多葛学派的学说,这些学说对于今天的世界来说太教条了;我们所需要的只是技术。同样适用于斯多葛学派的实践也可以用来处理各种不同的哲学,以开放的态度对待生活的各种观点。

以这种方式使用哲学将与应用哲学范式截然不同,甚至与任何将哲学践行的主要作用视为思考生活并为其提供真实答案的哲学践行也截然不同。哲学观念将不再强加于生活,也不再被用来支配生活应该如何表现、如何感受或如何思考。相反,它们将唤醒我们生命中沉睡的一面,并赋予它们以自己的方式成长的能力。哲学的作用就像园丁一样(这里我用的是让-雅克·卢梭的比喻[9]):好的园丁不会试图命令植物如何生长。他们不会告诉植物应该长什么样的叶子,应该开出什么样的花。他们大多给植物提供土壤、阳光和水的条件——在这些条件下,植物的生长能力可以充分表现出来。

同样,一个哲学园丁也不会试图把思想强加于生活,也不会期望哲学告诉咨询者,他们应该采取什么样的决定、情感或行为。哲学只会赋予生命力量,让它在智慧中成长。

这里的挑战是如何做到这一点。毕竟,抽象的哲学思想通常不会深深地触动我们,也不会引导我们成长和自我改变。只有在特殊的时刻,大概是我们的思维特别专注和开放的时候,哲学思想才会触动我们,唤醒我们。

这表明,如果我们想让哲学思想对我们产生真正的影响,重要的不仅是它们的内容,还有我们如何对待它们。如果我们在智力上遇到一个哲学概念,比如在一节课上,那么它很可能会停留在智力理解的层面上。为了感动和唤醒我们,它需要以一种方式呈现给我们,这种方式不仅要触及我们超然的智力思考,还要触及我们存在的更深层次。

一种方法是通过沉思。对文本(或思想)的沉思可以被看作是一种实践,它使我们能够从我们存在的更深层次或我们的内在深度对文本作出反应。很难定义什么是内在的深度,但我相信我们大多数人都在特殊的时刻亲身经历过。例如,你可能听说过你在道义上有义务帮助穷人,但却没有动力去做任何事情。同样,你可能会在理智上明白你迟早会死,但却活得像永远不会死一样。但有时你会更深刻地理解这些事情,然后你就不再是原来的你了。新的动机、想法和情绪在你体内被唤醒，并激励你彻底改变你的态度。这就是我所说的内在深度。

8. 沉思与哲学陪伴

沉思式阅读的实践在宗教语境中很常见。一个突出的例子是《圣经诵祷》(*Lectio Divina*)，这是中世纪天主教僧侣发展起来的一种精神阅读技巧，如今在许多基督教团体中得到了应用。[10]根据这种实践的一个常见版本，修行者默读一小段经文，并试图在内心聆听。他记下一个"说"给自己的短语，专注于这个短语，并在内心倾听它在他脑海中唤起的联想和意义。如果他成功了，他会觉得好像有什么东西在他内心说话，也许是深处自我的声音，甚至是上帝的声音。当一系列的意义被展现出来之后，修行者将它们小心地结合在一起，形成一种他深刻体验的统一的洞察力。如果他设法超越这个阶段，他可能会体验到一种无法形容的与终极现实的亲密感。

我自己多年来一直在修行好几种版本的《圣经诵祷》，部分是在沉思的天主教修道院中修行，我一次在那里住几个星期和几个月（尽管我不是天主教徒，也不信奉任何宗教传统）。这种经历通常是深刻而鼓舞人心的。它一次又一次地教会我，从我们生命存在的深度去思考，远比简单地思考一个文本更强大，意义也更丰富。

经过几年沉思默想的阅读，我开始思考：如果我们能用宗教文本唤醒内心深处，为什么不也用哲学文本呢？毕竟，哲学处理的是生活的基本问题，这些问题也需要深刻地加以处理。

我在思考哲学文本方面的经验是强大而丰富的。当我思考一篇文章的时候，我发现自己超越了作者所表达的观点，也超越了我自己的观点。这个技巧确实打开了你的思想——你的整个生命存在——到广阔的意义范围。在这个过程中，意见、同意或分歧都无关紧要。它是人类现实景观中的一段旅程，其中包含了各种不同的、往往是相互矛盾的想法。你会了解构成人类存在的复杂和多方面意义的交响乐。

很快，我想和其他哲学践行者分享我的经验。但这提出了一个严肃的问题：沉思本身就是一种个人的内在实践。我怎么能和其他哲学家一起实践呢？事实上，有很多版本的团体《圣经诵祷》，但通常他们过于依赖祈祷，跪着、呼唤耶稣，以及其他崇拜的行为。我不得不自己尝试这个新方向。

在十多年的时间里，我在小组里做了几次哲学沉思的实验。我最初的一些实验以失败告终——主要是因为参与者发现很难保持沉思的态度，或者是因为他们觉得这些实践太过陌生和做作。但从每一次失败中我都吸取了重要的教训。我的主要经验是，人们的思维倾向于自动地回归到熟悉的思维模式，而清晰的指导方针是必要的，以便将思维转向不熟悉的沉思方向。

2014年，我和几个哲学践行者决定在网上见面，以探索一种潜在的哲学沉思形式。之后，我继续自己的探索，为几个哲学践行者小组提供便利，他们几个月来每周都在网上见面。这种形式的活动逐渐变得结构化和集中。由此产生的活动，我称之为"哲学沉思的陪伴"（The philosophical-contemplative companionship），或简称"哲学陪伴"（The philosophical companionship）。

哲学陪伴是一群人，通常在5—12人之间，他们定期见面，一起思考简短的哲学文本。会见由其中一位与会者主持，他是一位哲学家，也由他选择用来沉思的文本，通常有1—2页长。会见可以通过网络电话（Skype）等视频聊天软件在线进行，也可以面对面进行。每次会谈通常需要90分钟，由大约一个小时的沉思活动本身和大约30分钟的沉思会话组成。

陪伴活动有三个原则：第一，同伴试图从他们的内心深处彼此交谈和倾听。第二，同伴之间不发表意见，不同意或不同意彼此。更普遍地说，他们不谈论别人说了什么，而是彼此产生共鸣，就像爵士音乐家彼此产生共鸣一样。这创造了一种思想的交响乐，这些思想彼此不同，但却构成了一个丰富的结构。第三，共鸣的过程同样适用于参与者与文本的关系。他们不是同意或不同意文本，而是与它产生共鸣。结果，参与者提出的想法远远超出了原文。文本是一个起点，是丰富互动的思想源泉，是共享的轴心，但不是遵循的权威。

由于很难遵循这三个原则，所以使用了各种活动和步骤。因此，参与者常常觉得这种互动是人为的、不自然的。这是可以理解的，因为"自然"对话正是我们试图避免的。我们的大脑喜欢遵循通常的说话和思考模式，当这些模式被打破时，它往往会发出抗议。然而，经过几次会谈之后，这种新的思维和互动方式变得毫不费力，几乎是"自然"的。

我们已经尝试过的可能的步骤和活动的清单很长，这里不是详细解释它们的地方。[11]让我在这里只提几个例子。

我们经常使用的一个步骤是所谓的"珍贵的发言"。根据这一步骤，小组中任何希望发言的人都必须遵守几条规则——或"意图"，我们这么称呼它们以表明它们不是严格的法律。其主要目的是把你所说的每一个字都当作珍贵的宝石，当作送给团队的礼物。这意味着你要仔细选择你的单词，如果可能的话把它们限制在一个集中的句子里，避免重复和不必要的单词（比如："嗯，我认为……"）。其他的意图包括避免同意或不同意，不表达你的观点，而只表达此刻触动你或击中你的东西，倾听别人而不做评论或评判，不谈论别人说了什么。这一过程的结果是一场庄严的演讲，由简短、集中、往往富有诗意的声明组成，这些看法超越了意见和理性分析，伴随着紧张的倾听和长时间的沉默。想法不会像通常那样遭遇判断、接受或拒绝，而是允许它们朝着令人惊讶的方向发展，并以复杂的方式相互作用。因为这些想法不是来自意见和分析，也因为它们不受我们通常想法的谴责和控制，所以它们表达了我们自己通常不表达的、我们常常意识不到的深层方面。

另一种活动侧重于诗歌写作。这里的意思是，当我们试图写一首诗的时候，我们使用了一种不同的内心倾听和思考。我们全神贯注地倾听单词本身，听它们的节奏和声音，以及它们的意义流动和共鸣的方式。在其中的一些活动中，同伴们一起写一首诗，例如，每个参与者在一组诗中写一首诗。这样的过程要求我们不仅要倾听自己内心的声音，而且还要倾听同伴的声音，并且要对群体中表达的不同声音产生共鸣。

这只是我们的小组在过去两三年中所发展的一系列活动和步骤中的两个简短例子。

但即使是这样一个简短的总结也表明,引入新的对话规则可以帮助我们以不同的方式思考,从不同的角度理解自己,利用被遗忘的对词汇和思想、对自己和他人的敏感性。这让我们可以表达我们内心不同的声音,而不是遵循死板的思维模式、固执己见的自我。

这种在一起沉思的对话本身就是一种有意义的活动,但它也可以被看作是更广泛的活动中的一个元素。沉思是一种强有力的方式来表达丰富而深奥的思想,但通常希望将它与一种散漫的讨论或理智的思考结合起来,以一种普通的对话的形式,以便提高思想表达、组织他们,阐述它们的意义,并将它们结合在一起,形成一幅连贯的图画。这就是为什么在我们的伙伴关系中,通常会在沉思之后进行 30 分钟的讨论。

9. 为什么哲学陪伴是哲学的?

有时候,当我展示这种陪伴是如何运作的时候,有人问我为什么把这种活动看作是哲学的。通常,提问者对什么是哲学有一个狭隘的概念:对思想进行批判性的、固执己见的分析。

在我看来,这是对哲学究竟是什么的有限理解,实际上是扭曲的。正如我们已经看到的,哲学史向我们表明,批判性分析并不是哲学思维的核心组成部分。当然,哲学话语不是教条主义的,但从某种意义上说,它比严格的逻辑分析要广泛得多,这是至关重要的。毕竟,哲学文本也可以像柏格森或尼采那样富有诗意,它们可以像托马斯·里德和G.E.摩尔(G.E. Moore)那样诉诸我们的常识,它们可以像胡塞尔和梅洛-庞蒂(Merleau-Ponty)那样利用我们的直觉或内省。这些传统的文本采用了批判性思维,在非常广泛的意义上,试图使他们的想法连贯,与数据一致,并基于某种推理,而不是狭义上的用逻辑建构的论证。在这个广义的"批判"意义上,哲学陪伴中的沉思必然采用批判性思维。此外,在会见的第二部分,在会见的沉思部分结束后,参与者自由地发言,他们可以随心所欲地进行逻辑和分析。

我之前说过,哲学对话可以被描述为旨在建立观念网络以回应存在的基本问题,并创造性地、批判性地与其他思想家对话。哲学陪伴显然涉及存在的基本问题,即那些在选定的文本中讨论的问题。它还参与建立各种观念的网络,因为在整个会谈过程中,与会者提出各种想法,有时是个别的,有时是集体的,有时来自文本,有时来自他们自己。根据活动的不同,小组将这些想法以不同的方式组合在一起。这个过程显然是非常有创造性的,它是在与哲学传统中选定的文本对话。

因此,很明显,哲学陪伴包含了哲学对话的所有组成部分,因此它是坚实的哲学。这是一个哲学对话,旨在让我们敞开心扉,接受哲学思想在我们内心深处的影响,有点类似于古代斯多葛学派的实践。正因如此,它可以激励我们唤醒自己沉睡的各个方面,以新的方式理解自己,超越自己的极限,改变我们对自己、他人和世界的态度。这一哲学过程不会给我们提供指导或真理,也不局限于对生活的陈述。按照园丁的范式,它唤醒和滋养我们在智慧和理解中成长的力量。

10. 结论

我希望我在这篇论文中已经表明，哲学践行的主要愿景所面临的挑战并不简单。这一挑战——如何使哲学与日常生活相关联——已经通过几种范式加以解决，正如我试图表明的那样，这些范式到目前为止还不令人满意。如果我是对的，那么为了使哲学践行起作用，我们需要以新的方式思考哲学，同时保持我们与哲学传统的联系。我的经验告诉我，以哲学陪伴的形式实现沉思的方向是富有成果和希望的。但这里也可能有其他的方向去探索。

事实上，目前我正与几位同事一起探索另一种并非沉思的方向。我们使用一种我们称为"哲学三重奏"（the philosophical trio）的形式，它由一个哲学主持者和两个参与者组成。事实证明，三个参与者的数量足够小，可以进行亲密的互动，但它避免了一对一的互动而不由自主地陷入咨询师与咨询者之间的关系。哲学三人组的目标是帮助个人在一天中，甚至在忙碌的时候，都能参与到哲学思考和实践的时刻。现在就对这种形式作任何明确的说明或评估其价值还为时过早。在这方面需要做更多的工作，以便更好地了解其动态和影响。

注释

[1] 这种方法的例子可以在 Agora 网站（www.philopractice.org）的视频采访集合中找到。例如哲学践行者明克特罗佩（Minke Trompe）的视频采访，https://www.philopractice.org/web/minketromp-the-first-session，或克里斯托夫·范·罗瑟姆（Kristof van Rossem）的视频采访，https://www.philopractice.org/web/kristof-van-rossem-interview-and comments.

[2] 详见案例在 Agora 网站：www.philopractice.org. 哲学践行者海伦·道格拉斯（Helen Douglass），她坚持莱维纳斯（Levinas）的哲学，www.philopractice.org/web/helen-douglas，或者坚持斯多葛主义的米利安·范·瑞杰（Miriam van Reijen），www.philopractice.org/web/miram-van-reije.

[3] P. Hadot (1995).

[4] 例如，可以在 www.philopractice.org/web/lydia-amir 上观看 Agora 网站对哲学践行者丽迪雅·阿米尔（Lydia Amir）的视频采访。

[5] G. Corey (2016).

[6] R. Lahav (2016).

[7] M. Aurelius (1991)；P. Hadot (1998).

[8] M. Aurelius, Ibid., Book 7, sections 16，28；Book 8, section 48；Book 9, sections 15，22，27.

[9] J. J. Rousseau (1966).

[10] G. Reininger (Ed.) (1988).

［11］R. Lahav（2016）.

参考文献

Corey, G.(2016).*Theory and Practice of Counseling and Psychotherapy*. Boston: Cengage Learning, Chapter 10.

Hadot, P.(1995).*Philosophy as a Way of Life: Spiritual Exercises from Socrates to Foucault*. Malden, MA: Blackwell Publishing.

——.(1998).*The Inner Citadel-The Meditations of Marcus Aurelius*, Cambridge, MA: Harvard UP.

Lahav, R. (2016). *Stepping out of Plato's Cave*. Hardwick, Vermont: Loyev Books.

——. (2016).*Handbook of Philosophical Companionships*, Hardwick, Vermont: Loyev Books.

Marcus Aurelius, M.(1991).*Meditations*. New York: Prometheus Books.

Reininger, G.(Ed.)(1988). *Centering Prayer in Daily Life and Ministry*, NY: Continuum Publishing Company.

Rousseau, J. J.(1966).*Emile or On Education*, London: Dutto Publishing.

原文出处:Ran Lahav, "New Paradigms for Philosophical Practice", *Journal of Humanities Therapy*, 2017, 8.1: 91–121.

（陈红　译）

第四部分

哲学践行的方法种种

苏格拉底方法

伦纳德·尼尔森(Leonard Nelson)

编者注:伦纳德·尼尔森的演讲"苏格拉底方法"于 1922 年 12 月 11 日在哥廷根教育学会发表。此演讲最初发表在《弗里斯学术著作集》上(*Abhandungen der Fries'schenSchule*,V, Göttingen, 1929, No. 1)。其德语版本现在可以在《批判哲学学派及其方法》(Leonard Nelson, Felix Meiner Verlag. 1970. *Gesammelte Schriften in Neuen Bänden*, Volume I, Hamburg, pp. 269 - 316)中找到。由托马斯·K.布朗 III(Thomas K. Brown III)翻译的这个英文译本最初发表在《苏格拉底方法与批判哲学》上(*Socratic Method and Critical Philosophy*, Yale University Press, 1949),版权为伦纳德·尼尔森基金会所有。这本书由多佛出版社(Dover)于 1965 年再版。伦纳德·尼尔森基金会在 20 世纪 70 年代就不复存在了,这本书从此就绝版了。我询问多佛出版社是否有兴趣重新发行这本书以及他们现在是否认为这本书属于公共领域(public domain)从而成为公共版权,但我没有得到任何答复。

当然,虽然尼尔森没有活着看到,但他希望通过苏格拉底方法来改革和复兴哲学的希望却遭到了惨痛的打击。当人们常说 20 世纪最伟大的哲学家是海德格尔和维特根斯坦——那些认为哲学不能完成任何实质性的东西的哲学家——时,感性的观察者必须得出这样的结论:20 世纪哲学的结果几乎是一场灾难。

所以尼尔森的改革失败了。虽然他的学生继续践行他的苏格拉底式的教学技术,而后来的一代人继续在《哲学-政治学学院》(Philosophisch-Politische Akademie)上践行它,但它对当代哲学的影响,甚至是对它的注意,都几乎不存在。所以,也许尼尔森没有完全弄清楚。

他的确没有。这里没有所谓的"回归抽象"(regressive abstraction),就好像示范性原则是从苏格拉底对话中拔出来的。这不会发生。尼尔森认为抽象的成果实际上是想象力的产物。确实,尼尔森在归纳法上犯了同样的错误。正如我最近在其他地方讨论的那样,归纳法既不发现也不验证科学知识。想象力也是关键。尼尔森认为在苏格拉底方法中提出什么问题才是关键。但他并没有很好地理解,正如现在更广泛的理解那样,答案的形式通常已经隐含在所提出的问题中。

尼尔森与苏格拉底和柏拉图如此密切地认同自己的技术是很矛盾的。苏格拉底是问问题的人,但尼尔森的方法是什么都不问。历史上的苏格拉底,就像柏拉图早期的对话一样,永远得不到一个有效的答案。

对于尼尔森而言,把他的技术与苏格拉底和柏拉图如此紧密地、同等地认同是自相矛盾的。苏格拉底是问问题的人,但是尼尔森用他的方法没有问任何问题。就像柏拉图早期的对话一样,历史上的苏格拉底从来没有得到一个持久的答案。苏格拉底方法能够产生答案的想法完全属于柏拉图——这在对话中得到了证明,尼尔森说,这种引导性问题不应该被使用。为了在哲学上取得真正的进步和独到的见解,尼尔森需要等待很长时间,让学生们提出适当的问题。实际上,他需要等待下一个柏拉图、康德、弗里斯或者……尼尔森。

然而,一旦正确的问题发挥作用,如某种伟大的想象力的成果或其他,如果我们理解它就像苏格拉底所践行的那样,这是一种通过检查其含义之间的矛盾的评估信仰的方法,那么尼尔森关于苏格拉底方法就是相当正确的。正如卡尔·波普尔(Karl Popper)为科学所描述的那样,这是一种证伪形式,它兼顾了"回归抽象"和归纳。尼尔森是在这里处于正确的位置,即使他正确地欣赏并探索了康德和弗里斯开拓的足迹。所以现在我让他为自己说话。

作为苏格拉底和他的伟大继任者柏拉图的一个忠实信徒,我发现很难说服我去接受邀请跟你们谈论苏格拉底方法。你们知道苏格拉底方法是一种哲学的教学方法。但哲学不同于其他学科的教学;用柏拉图自己的话来说:"它根本不能承认像其它的研究方面的语言表达,而是作为继续应用到学科本身并与之交流的一个,它能在一瞬间引发灵魂迸发,就像一个点燃了的闪烁的火花,它随之又滋养着自身。"(Plato, *Epistles*, R. G. Bury, tr., in Loeb Classical Library, London, New York, 1929,Ⅶ, 531)

因此,我发现自己陷入了窘境,这与一位小提琴家的窘境并无不同,他在被问及如何演奏小提琴时,当然可以展示自己的艺术,但却无法用抽象的术语解释自己的技巧。

因此,苏格拉底方法作为一门艺术不是教给学生哲学知识,而是教学生如何做哲学;它也不是教给学生以往哲学家的哲学思想,而是一门使学生成为哲学家的艺术。因此,为了给苏格拉底方法一个真正的理念,此时此刻我应该停止我的谈论,而是专注于和你们讨论一个哲学问题以替代正在向你们演讲,并根据苏格拉底式的方法去处理这样的问题。但柏拉图说了什么呢?那就只有"继续应用到主题本身并随后与之恳谈"来点亮哲学认知。

尽管时间很短,但我还是要大胆地描述苏格拉底方法,并试图通过文字向你们说明它的价值和意义。我通过限制我的任务来证明这一妥协方案的合理性,我解释的唯一目的是让你们注意到这种教学方法,从而促进对它的欣赏。

一个对陀思妥耶夫斯基小说《卡拉马佐夫兄弟》(*The Brothers Karamazov*)中大检察官的演讲所知不多的人,只知道这是对一个基本伦理问题的最精彩的讨论,但对它知之甚少;然而,这一点会使他更愿意仔细地阅读演讲稿。同样,任何人在看到前物理研究所(哥廷根)的纪念碑上所讲述的高斯(Gauss)和威廉·韦伯(Wilhelm Weber)发明的第一部电报机,以及它是如何将该研究所与天文台连接起来的事迹,至少都会怀着更虔诚的尊敬去追随着这项发明的历史。因此,我希望在介绍我的主题时,我也能引起你们对这一重要的、虽然简单但深刻的方法的兴趣，这一方法以雅典圣人的名字命名，我们的发明要归功于他。

苏格拉底方法是哲学的继女，被轻视和排斥，仅以其更受欢迎的姐姐——那种更易被感染和更容易操纵的教条式方法——名义幸存下来。

你们也许会怀疑我个人喜欢这两姐妹中的小妹妹。事实上，我坦率地承认，我对她的陪伴时间越长，我就越被她的魅力所吸引；因此，在我看来这是一种侠义之事，即把她带回到被遗忘和宣告过时的生活中，并在这里为她赢得迄今为止只留给她那恣意妄为的尽管内心已死、但却一再打扮光鲜出现的姐姐的荣誉。

不过，让我补充一点——这是我今天希望证明给你们的——并不是盲目的偏袒驱使着我；她的外表如此朴素，吸引着我的正是她内在的价值。但是，你们认为她悲惨的命运——被绝大多数哲学家不屑——不可能是冤枉的，因此试图通过人为手段给她注入新的生命是徒劳的。

作为回答，我将不诉诸这样一般性命题，即历史所显示的没有预先设定的优点和成功之间的一致，因为事实上，作为达到目的的途径，成功或失败的方法是一种关于其价值的非常真实的测试。

然而，公正的判断需要考虑一个预备性的问题，即某一特定科学是否已经发展到以规定的方式寻求其问题的解决；换句话说，在其内部是否承认普遍有效的方法。

在数学和以数学为基础的自然科学中，这个方法问题很久以前就被确定了。没有一个数学家是不熟悉且不采用渐进式方法的。自然科学领域中所有严肃的研究都采用了归纳法。事实上，方法在这些科学中享有一种不受挑战的认识，这是理所当然的，以至于遵循其指导的学生往往很难意识到他们的研究过程是有保证的。这里所有关于方法的争论都完全取决于它们的可靠性和有效性。如果在这一领域中，一种方法被放弃或仅仅保留了一种历史性兴趣，那么这种假设是合理的，即它不能提供更多的研究。

然而，在一门人人仍然声称有权制定自己的法令和规则的科学中，这是完全不同的，在这门科学中，方法论指令从一开始就被评价为具有暂时性或个别条件性，只受历史评价的制约。幸运的是，一种方法可能会得到青睐，并在一段时间内决定未来工作的方向。但在这种科学中，伴随着每一项科学成就的错误并不能激励人们朝着已经确立的方向努力去纠正这些缺陷；这些错误被视为结构的错误，必须让位给全新的结构，而这些结构又很快就会遭遇同样的命运。

对于哲学科学来说，它仍然处于年轻的发展阶段。在这一判断中，我得到了著名哲学史学家文德尔班（Wilhelm Windelband）的支持。他告诉我们，"即使是那些声称他们的科学有一种特殊方法的哲学家们"——也绝不是所有的哲学家都这样宣称——"这里压根就没有关于这种'哲学方法'的一致意见。"（Wilhelm Windelband, *Präludien*, Freiburg and Tübingen，1884，p. 9.）

这一结论似乎更令人沮丧，因为他以前承认，即使对于哲学的主题（subject）也不可能建立一个恒定的标准。

有鉴于此，人们不禁要问，这些哲学家到底是怎么看待他们的科学的？无论如何，在这种混乱状态下,哲学理论自身陷进这种困境是否证明了该理论在科学上毫无价值,这个问题仍是悬而未决。当以往判断力的一般有效标准不存在的时候,我们怎样才能判断一个哲学成就的科学价值或缺乏价值?

现在,并不是因为"结果"的多样性导致哲学家们很难建立一个系统性的科学指南。相反,伟大的哲学真理从一开始就是所有伟大思想家的共同财产。由此,在这里提供了一个共同的起点。但是,根据明确的规则——这些规则排除了任意性,甚至仅仅是有关方法论工作的具有定义性和精确性的构造——对这些结果进行验证,到目前为止,这两项符合哲学普遍利益的工作很少受到重视,对此我们不必感到惊讶,少数人为满足这一利益所做的努力已被证明是徒劳的。诚然,苏格拉底和康德毕生为完成这一方法论任务所做的工作,赢得了不可估量的历史荣耀。但是,就哲学作为一门科学的创立所具有的革命性意义而言,它仍然是徒劳无功的。

在历史上,有过两次有希望使哲学走出探索阶段,走上一定的科学道路。古代世界用死刑惩罚了第一次勇敢的尝试:苏格拉底被谴责为青年的腐化者。现代世界不屑处决异教徒。它已经通过"超越"康德来宣判——让文德尔班再说一次(Windelband,*Präludien*, p.vi)。

但没有必要费尽心思去理解这两个人的意义。他们自己也明确而不断地强调自己努力的意义。众所周知,苏格拉底没有建立任何体系。他再三地承认自己一无所知(not-knowing)。他对每一个论断都提出了一个要求,要求寻找其真理的根据。正如《申辩篇》所显示的,他"质疑、审视和盘问"(Plato, *Apology*, H. N. Fowler, tr., in Loeb Classical Library, London, New York, 1913, I, 109)他的同胞们,不是以导师的方式向他们传达新的真理,而是指出可能找到真理的道路。

他的伦理学说——只要这个名称适合他的研究——是基于这样一个命题:美德是可以教的,或者说,更确切地说,伦理学是一门科学。他没有发展这门科学,因为最初的问题——我如何获得关于美德的知识——继续吸引了他。他紧紧抓住这个最初的问题。他沉着地接受了没有取得丰硕成果的这个不足,对自己的方法是否可靠没有一丝怀疑,不管怎样,他坚信自己的问题是走在唯一正确的道路上。

除了柏拉图之外,所有后来的哲学都无助于这个令人难忘的事实。柏拉图接手并坚持苏格拉底的方法,甚至在他自己的研究中使他远远超出了他的老师所能达到的结果。他接受了它的所有缺陷,但却没有消除它的弱点和不灵活,这肯定不是因为他对老师由衷的崇敬(reverence for the memory),而是因为他也无法克服这些缺陷。和苏格拉底一样,他也是以对真理的感觉为指导的。他如此大胆地处理苏格拉底哲学的内容,以至于哲学文献学家仍然在为柏拉图学说中的苏格拉底和柏拉图主义的苏格拉底争论不休。他通过把自己所有的发现都放进了他伟大老师的口中,将这种大胆变成了敬意。但他通过将这些发现以无规律、经常拖拉、经常离题的形式穿插在苏格拉底式的对话中,以及通过借用老师的错误来承载他自己的教诲,以此来显示更尊敬苏格拉底。当然,他以这种方式保护了尚未被开采的宝藏,从而给了后人重新获得宝藏以及发展其财富的机会。

但徒劳无功。在 2000 年后的今天,对苏格拉底的看法比以往任何时候都更加不确定,分歧更多。乔尔(Karl Joel)认为苏格拉底是"第一个,也许也是最后一个非常真实、非常纯粹的哲学家"(Karl Joel, *Geschichte der antiken Philosophie*, Tübingen, 1921, p. 770);与此观点相反,海因里希·迈尔(Heinrich Maier)认为:"苏格拉底被贴上了一个他明显并不符合的哲学家标签"(Heinrich Maier, *Sokrates*, Tübingen, 1913, p.157)。

这种意见分歧的根源在于批判——它一直在苏格拉底哲学的结论上发挥着独创性——的不充分性。但是,由于这些结论只是间接推出的,甚至苏格拉底可能从未给出明确的形式,因而它们仍然暴露在最矛盾的解释中。当批判触及方法时,它要么赞扬琐事,要么将苏格拉底方法的价值完全赋予苏格拉底的人格,正如维拉莫维茨(Ulrich von Wilamowitz-Moellendorff)在其《柏拉图》中所表达的观点:"没有苏格拉底的苏格拉底方法只不过是一种教育学,模仿一些受启发的精神领袖如何清嗓子和吐痰,用瓶子装上他所谓的方法,然后想象它是在分配生命之水。"(Ulrich von Wilamowitz-Moellendorff, *Platon*, Berlin, 1919, I, 108)

如果苏格拉底的哲学尽管生动活泼并根植于具体的问题之中,却没有找到仿效者,那就难怪康德更为抽象的方法论研究的真理内容没有被理解和采纳——只有少数人理解并进一步发展了他的学说,但他们却被不可抗拒的"时代精神"完全推到了幕后,并被历史所遗忘。认识到康德批判方法是苏格拉底-柏拉图哲学的重新开始、并接受《纯粹理性批判》是作为"方法的论文"——根据作者自己的话这本书的作者原本打算如此,其前提条件是缺乏的(Immanuel Kant, *Critique of Pure Reason*, Norman Kemp Smith, tr., London, New York, 1933, p.25)。

除了这篇关于方法的论文,康德还创建了一个体系。他以丰硕的成果丰富了哲学的广阔领域。正是这些结果成了争论的主题;但是,如果不努力追溯康德得出结论的创造性道路,那么达成令人满意的解决办法的希望就一定化为泡影。教条主义仍然占主导地位,那种在怪异中相互竞争、与来自康德时代的清醒和批判性哲学活动的公众兴趣完全脱节的独断体系,其建立比以往任何时候都更加成功。由于对哲学历史的幻想取代了哲学本身,那些被移植到陌生的土地上的康德的成果碎片,并不能在那里繁衍生息,而只保留了虚假的存在。

康德问道,为什么干什么都无法阻止"丑闻"的发生,这种丑闻"作为形而上学家们争论的结果,迟早会在大众中变得明显,……没有批判就不可避免地卷入其中"(Kant, *Critique of Pure Reason*, pp.31 - 32, translation revised by T.K.B.)。

显然,每一门科学的目的都是通过把它们简化为更一般的命题来验证其判断,而这些命题本身必须是确定的。我们可以从这些原则出发,通过逻辑推理建立科学体系。无论这在细节上有多困难,本质上在所有的科学中它都是用同一种方法完成的,即渐进推理。在每一门科学中都会遇到方法论问题,在这门科学中,必须完成从特殊到一般的回归,其任务是保卫最基本的命题、最一般的原则。

数学科学的辉煌发展和它的普遍进步被解释为它的原理——忽视目前的公理问题——很容易被意识所掌握。它们在直觉上是清楚的,因而是完全明晰的。正如希尔伯特最近在同一个平台上所说,如此明晰以至于数学理解可以强加于每个人。数学家甚至不必费力地回归这些原理。他可以自由地从任意形成的概念开始,自信地继续构成命题。简而言之,他可以立即系统地展开,并且在这个意义上是教条主义的。他之所以能够这样做,是因为他的概念适合于建构这一事实是其现实的标准,这无疑表明他的理论并不仅仅涉及虚构。

就自然科学而言,它们并不享受这种优势。自然现象背后的规律只有通过归纳才能揭示。但是,由于归纳是从观察事实、从通过实验消除偶然因素开始的,而且由于空间和时间上的所有事件都易受数学计算的影响,最后由于作为经验命题所获得的理论概括需要通过验证性或矛盾性的经验加以检验,因此自然科学与数学紧密相关,同样已经达到了科学水平。就像在生物学中,在这一主张仍有争议的地方涉及归纳科学中的形而上学前提。可以肯定的是,我们一旦进入哲学领域,就会立刻发现遇到的困惑。

哲学不依赖于不言而喻的真理。相反,它的原则是模糊、不确定和争议的焦点。只有在具体适用这些原则方面才有一致意见。但是,当我们试图忽略应用的特定实例,将原则与经验分离的那一刻,也就是说,如果我们试图用纯粹的抽象来表述原则,那么我们的探索就会迷失在形而上学的黑暗中,除非我们用一种人造光的方法照亮我们的道路。

在这种情况下,人们会发现哲学家们无疑是对方法问题最感兴趣的那群人。然而,应当指出,刚刚提出的考虑本身取决于方法论的观点。在任何适当的哲学思辨(speculation)之前,它提出了哲学认知的本质问题;只有通过这个初始性的问题,才能使困扰哲学问题的真正内容得以阐明。

让我们在这里停一下,仔细看看我们所关心的方法的概念。确切地说,一种使哲学家的思维服从其规则的方法到底意味着什么?显然,这不仅仅是逻辑思维的规则。服从逻辑规律是任何科学不可或缺的先决条件。因此,不能从它本身具有的逻辑性这个事实来寻找区别哲学方法的根本因素,否则就太狭隘地限制了它的功能。另一方面,对方法的要求既不能太过分,也不能认为方法的期待即哲学知识的创造性增长是不可能的。

哲学方法要发挥其作用,无非是要确保原则的预期回归,因为没有方法的指导,这种回归只不过是黑暗中的一次跳跃,将会把我们留在原来的地方——成为独断的牺牲品。

但是,既然没有明确的内容,而仅根据个别情况做出判断,那么如何找到发现这样一个指南所必需的明确性呢?就像在科学和日常生活中的每一个经验判断的应用一样,对于这些判断,我们智力的具体运用是足够的。一旦我们超越了这些判断,我们怎么能根本地确定自己的方向呢?这里存在的困难似乎是通过对这些经验判断的批判性审查而解决的。它们中的每一个,除了观察提供的特定数据外,还包括一种隐藏在判断形式中的认知。然而,这种认知并不是单独感知的,而是通过它,我们已经实际地假设并应用我们们所寻求的原则。

举一个常见的例子:如果我们在这里讨论哲学上的物质概念的意义,我们很可能会卷入一场毫无希望的争论,怀疑论者很可能很快就会从中得到最好的收益。但是,如果在我们的辩论结束时,其中一个怀疑论者没能在他挂大衣的门口找到他的大衣,他就很难对大衣的不幸丢失表示满意,因为它只是证实了他对物质永恒性的哲学怀疑。就像其他任何人在找寻丢失的物体一样,怀疑者在促使他寻找的判断中假定了普遍的真理:任何事物都不能成为虚无(no thing can become nothing)，因此，在没有意识到自己的学说不一致的情况下，他采用了物质永恒的形而上学原则。

或者，假设我们讨论了正义观念的普遍有效性，我们的讨论会有同样的结果，并且再次似乎有利于那些否认道德真理普遍有效性的怀疑论者。然而，当这位持怀疑态度的人在晚报上读到，农民仍在推迟粮食的运送，以开拓有利的市场，因此面包将不得不再次配给时，他并不愿意以没有适用于生产者和消费者的共同权利原则为由压制自己的愤怒。与其他人一样，他谴责牟取暴利，并由此证明，事实上，他承认享有满足利益的平等权利的形而上学假设，而不管对于任何的个人情况是否有利。[1]

所有的经验判断都是一样的。如果我们探究其可能性的条件，我们就会得出更一般的命题，这些命题构成以往特定判决的基础。通过分析承认的判断，我们回到他们的预设。从结果到原因，我们都在逐步回归。在这种回归中，我们消除了与特定判断相关的偶然事实，并且通过这种分离，使原本模糊的假设——它们位于对具体事例的判断的底部——浮出水面。用来揭示哲学原理的抽象回归方法既不产生关于事实的新知识，也不产生关于规律的新知识。它只是利用反思以转化成清晰的概念，这些概念以原始占有的形式位于我们的理性中，并在每个独立的判断中都被模糊地听到。

这场讨论似乎使我们远离了真正的主题，即哲学教学的方法。让我们找到联系。我们发现哲学是那些只有通过反思才能变得清晰的普遍理性真理的总和。因此，做哲学就是用我们的理智悬搁这些理性真理，并用一般的判断来表达它们。

这对哲学教学有什么启示？当用语词表达时，这些普遍真理会被听到，但并不一定意味着它们会必然被理解。只有从它们在我们的判断中的应用开始，然后我们亲自回归(regress)到这些经验性判断的前提并在其中认识到我们自己的前提时，我们才能理解它们。

相应地，通过像我们传达历史事实甚至几何定理那样的指令来传达哲学——这些哲学原则的总和——是不可能的。历史事实本身并不是洞察的对象；它们只能被记录下来。

诚然，数学原理是可以理解的，但是我们无需践行自己迂回的创造性思维道路就可以了解它们。一旦人们注意到它们的内容，它们就会立即显现出来。通过在课堂上提出这些原则来预期他的学生的独立研究的数学教师并不会因此损害他们的清晰度。在这种情况下，即使他本人没有走探索之路，他们仍然能够跟随。当然，这种指导在多大程度上确保学生真正理解则是另一个问题。

但是，以这种方式呈现哲学，就是把它当作一门应当如此去接受的事实科学。其结果充其量只是一部哲学史。因为教导者传达的不是哲学真理本身，而仅仅是他或其他人认为这或那就是哲学真理的事实。在宣称说谎是教学哲学时，他欺骗了自己和他的学生。

真正想传授哲学见解的老师只能将目标放在教授做哲学的艺术上。他所能做的不过是向他的学生们展示，如何让他们每个人都为自己承担起独立进行洞察基本原则的艰难回归。如果在哲学中真的有指导这样的东西，那只能是指导自己进行思考；更准确地说,是抽象艺术的独立实践。我一开始的那句话,即作为哲学中的一种指导方法,苏格拉底方法不是教哲学的艺术而是做哲学教学的艺术,其意义现在将变得清晰了。但我们要比这走得更远。我们现在也知道,为了成功,这门艺术必须遵循回归方法的规则。

我们还有一个次要的问题要探讨,即唯一适合哲学的教学方法是否被正确地称为苏格拉底方法。因为我之前提到苏格拉底的意义只是跟他的程序与适用的方法有关。

首先,毋庸置疑,他的教学方式充满了错误。每一个读过柏拉图对话的聪明的大学新生都会提出这样的反对意见:苏格拉底在最关键的时刻是独白,他的学生几乎都是唯唯诺诺的人(只会说"yes"的人)——有时,正如弗里斯所说,人们甚至不太明白他们是如何得出"是"的结论的(J. F. Fries, *Die Geschichte der Philosophie*, Halle, 1837, I, 253)。除了这些说教缺陷之外,还有严重的哲学错误,因此我们经常发现自己赞同一些参与者的不同意见。

为了得出关于真理和错误、有价值和无价值的结论,让我们再看一眼柏拉图的叙述。没有人以更客观或更深刻的人性知识来评价苏格拉底的教学方式及其对学生的影响。每当读者意图抗议谈话中的长篇大论或吹毛求疵(hair splitting),抗议演绎的单调,抗议文字之争的徒劳,对话中的某个参与者就会立刻产生类似的抗议。柏拉图如何公开地允许学生表达他们的不满、怀疑和厌烦——想想《高尔吉亚》中的卡利克勒斯(Callicles)的怒斥(Plato, *Gorgias*, W. R. M. Lamb, tr., in Loeb Classical Library, London, New York, 1926, V, 381 - 395)。他甚至中断了谈话,因为参与者的耐心已经耗尽;读者的判断绝不总是支持苏格拉底。但是除了柏拉图对他老师的方法的所有缺点所持的主权保证之外,这种批评是否揭示了什么?对于一项事业固有价值的信心,是否存在比描述它的一切不完美之处更好的证明,并确信它仍将占上风?柏拉图对老师作品的态度就像在《会饮篇》这一著名演讲中的阿尔西比亚德斯(Alcibiades)对苏格拉底的态度一样。在那里,通过对比苏格拉底粗野的外表和他的内在本性,他使他的高贵人格闪烁着更大光芒,并将他比作在他体内带有神的印记的西勒诺斯(Silenus)。

那么,苏格拉底作品中的积极因素是什么?哲学教学艺术的起点又在哪里?当然不仅仅是从智者的修辞过渡到与学生的对话,尽管我们忽略了这样一个事实,正如我已经指出的,苏格拉底提出的问题在很大程度上是引导问题的,而不只是"毫无疑问,苏格拉底!""对的,确实如此,以神之名! 它怎么可能不是这样呢?"

但是假设苏格拉底的哲学热情和他的笨拙让学生们有了更多的自我表达,我们还必须首先探讨对话在哲学教学(philosophical instruction,哲学教导、哲学教学)中的深层意义,以及从柏拉图运用对话中汲取的教训。

我们发现对话在小说和戏剧中被用作一种艺术形式,在教学(instruction)中被用作一种教育(pedagogic)形式。从理论上讲,这些形式是可以分离的,但实际上,我们要求每一次谈话都是生动、清晰、优美的表达方式,以及对真理的挚爱、决断力和坚定的信念。尽管侧重点各不相同,我们还是喜欢把教师认作艺术家,把艺术家认作教师。

我们还必须进一步区分简化为书写的对话——即使它是真实言语的再现——和人与人之间进行的真实对话。写下来的对话失去了原来的活力,"就像植物学家案例中的花朵"。尽管如此,如果我们要使他们满意,气氛必须精神化和净化,标准必须提高;然后可能会出现一些罕见和令人钦佩的成果,如"大法官"(the Grand Inquisitor)的谈话,这种谈话是与一个沉默的对手进行的,他用沉默战胜了他。

然而,对话作为一种教学形式,必须听起来像是真实的对话,否则它就不能完成其作为榜样和引导者的任务。在书面复制品的镜像里,捕捉到这种谈话的转瞬即逝的形式及其不规则之处,触碰在忠实于感觉和忠实于文字之间的意图——这也许是一个可以通过教学来解决的问题;但作为一个确定目的的解决方案却几乎无法满足自由艺术的要求,因此作为一个整体几乎总是会产生一种混合的印象。在文学作品中,我只知道一些说教式的对话,这种不和谐甚至被部分消除了。比如,我能想到的有索拉维耶夫(Solovyeff)的三个著名对话中的一些段落;还有在美国社会主义者作家贝拉米(Bellamy)的说教式小说《回顾》(Looking Backward)的开篇中的苏格拉底式对话;最后,但绝不是最不成功的,奥古斯特·尼曼(August Niemann)的小说《酒神的女祭司与酒神的持杖者》(Bakchen und Thyrsosträger)中的对话充满了真正的苏格拉底精神。

对于刚才所描述的困难,人们必须加上另一个更基本的反对意见,那就是要把不断演变的说教谈话降低到荒谬的写作边界。对于读者来说,通过提供问题的解决方案,抄写违背了个人努力和诚实的原则,因此,正如《斐德罗篇》(Phaedrus)中苏格拉底所说的,抄本向初学者传授了"智慧的外表,而不是真正的智慧"(Plato, Phaedrus, H. N. Fowler, tr., in Loeb Classical Library, London, New York, 1913, I, 563)。这种写作只有对那些回忆起自己智力的努力的人才有意义。在所有其他人身上,它都是洞察的障碍——它诱使他们产生一种天真的观念,即苏格拉底进一步说,"任何书面的东西都是清楚和确定的"(Ibid., p. 565)。因此柏拉图在写下自己的思想时说出了自己的"困惑和不确定性"(Plato, Epistles, p. 537)。

它根本不承认口头表达。……但是,如果我承担这项任务,就不会像我所想的那样证明对人类是件好事,除了少数人能够在接受很少指导下自己能够发现真理;至于其他人,有些人会不合时宜地充满错误的蔑视,而另一些人则抱着自负的空虚愿望,好像他们学到了一些伟大的奥秘。(Ibid., pp. 531 – 533)

……每当人们看到一个人的书面作品——无论是立法者的法律还是其他任何形式的东西——这些作品都不是他最严肃的作品,即使作者本人是严肃的:这些作品遵守他所拥有的最公平的领域。然而,如果这些真的是他认真努力并写下来的,那不是"众神",而是凡人——"那么真理本身已经彻底摧毁了他的感觉。"(Plato, Epistles, p. 541)

当我们仔细观察柏拉图的对话,以发现苏格拉底是如何完成他的教学任务时,我们必须牢记这种不和谐。

他的一个成就是举世公认的:通过他的提问,他引导他的学生承认他们的无知,从而切断他们教条主义的根源。这一结果,即确实不能以任何其他方式来"强迫",揭示了对话作为一种教学手段的重要性。演讲也能激发学生的自发思考,特别是在更成熟的学生身上;但无论这种刺激有什么吸引力,它都不是"无法抗拒的"。只有持续不断的压力来表达自己的想法,去面对每一个反问(counterquestion)以及陈述每一个断言的理由,才能将这种诱惑的力量转化为不可抗拒的冲动。这种"强迫"思想"自由"的艺术构成了苏格拉底方法的第一个秘密。

但这只是第一步。因为这并不能使学生超越对自己偏见的抛弃、对自己不知道的认识、对所有真正的和确定的知识的消极决定。

在达到这种更高层次的无知之后,苏格拉底不但没有把讨论引向形而上学的问题,反而阻止了他的学生们的每一次尝试,直接要求他们最好先了解织工、铁匠和车夫的生活。在这种讨论模式中,我们认识到唯一正确方法的哲学本能:首先从日常生活中观察到的事实来抽象一般前提,然后从我们确定的判断出发至不太确定的判断。

令人惊讶的是,即使在今天,我们对这种简单的方法指导思想的了解却如此之少。举个例子,人们把劳动世界的事务作为出发点,这一论断仅仅显示了苏格拉底对同胞们的道德教育的实践兴趣。不,如果苏格拉底关心的是自然哲学而不是伦理学,他仍然会以同样的方式介绍他的思想。

当我们把苏格拉底方法从细节回归到普遍的方式看作是一种回归推理的方法,从而用归纳法来识别它时,我们没有达到对苏格拉底方法更好的理解。尽管亚里士多德为此夸奖了他,但苏格拉底不是归纳法的发明者。相反,他走的是抽象的途径,即通过反思将我们已经拥有的知识提升为意识。如果亚里士多德的解释是正确的,我们就不会对苏格拉底的努力的失败感到惊讶,因为伦理原则不能从观察到的事实中得出。

事实上,苏格拉底在执行他的设计时的确失败了。他的真理感是通过引入抽象概念来引导他的,但更多的是许多错误的方法论思想的侵入,以至于谈话的成功几乎总是受挫的。

在这个脱离经验细节和寻求更普遍真理的过程中,苏格拉底把注意力完全集中在我们理解概念的一般特征上,并致力于通过定义使这些概念明确化。当然,没有概念,就没有对一般理性真理的明确理解;但是,对概念的阐释和对它们之间相互关系的讨论,不足以获取作为他追求的真正目标的综合真理的内容。

苏格拉底之所以走上这条徒劳的道路,是因为他犯了一个错误,这个错误只在柏拉图身上显露出来,并使他的思想学说具有矛盾性、半神秘性、半逻辑性的特点。这一学说假定概念是构成最终现实的思想图像。这就是为什么苏格拉底-柏拉图式的对话在概念的阐明中看到了科学知识的顶峰。

回顾过去,我们不难发现,正是这个错误导致这里的哲学偏离了正确的道路,从而阻碍了科学形而上学所必需的抽象方法的阐述。但是,将重点放在一种哲学的缺点上是没有意义的,因为哲学促使了第一次进行批判性自我分析的尝试。我们现在关心的不是它的错误或它的体系的不完整,而是它的大胆和确定的开端为哲学真理开辟了道路。

苏格拉底是第一个将人类心灵认识哲学真理的能力与信心结合起来的人,并有一种信念,即这个真理不是通过偶然的聪明想法或机械教学而获得的,而是只有有计划的、坚持不懈的、始终如一的思考,才能引导我们从黑暗走向光明。苏格拉底作为哲学家的伟大就在于此。他作为一名教育者的伟大是建立在另一项创新之上的:他让学生们做他们自己的思考,并引入思想交流,以此来防止自欺欺人。

鉴于这种评价,苏格拉底方法尽管有其不足之处,但仍然是哲学教学的唯一方法。相反,所有的哲学教学如果与苏格拉底的基本方法要求相冲突,就毫无结果。

当然,哲学知识的发展必须摆脱其与柏拉图式神秘主义回忆说的纠缠,它的真理性构成了苏格拉底方法可能性和必要性的真正且最深刻的原因。这种解放在 2000 年后借助康德和弗里斯的批判哲学得以实现。他们把抽象的回归方法进行到底。除此之外,他们还通过演绎法[关于"演绎"一词的使用,见"价值基础,第二部分"]牢牢地保证了抽象的结果——作为基本原则,抽象是不允许证明的,但作为命题,抽象必须得到验证。

在这种演绎的理念中——只有弗里斯才真正成功了——回忆说得以复活。因此,毋庸赘言,苏格拉底-柏拉图式的概念已从被两位希腊圣贤所限定的前设-符号形式转变成一种牢固的、不可动摇的科学形式。

演绎是哲学的主要成就,这不容易解释。如果我试图传达它的一些想法,我就不能更简洁地指出它的性质,而是说通过强迫无知者意识到他们实际上知道他们不知道他们知道,来执行苏格拉底式设计的相当确切的工具以指导他们。

除了对一般性质的一些附带的教育学观察,康德和弗里斯并没有继续追问哲学教学的问题。但是,由于批判哲学的存在,哲学科学在克服其固有的方法论困难方面取得了长足的进步,而现在批判哲学最紧迫的任务就是复兴和发展苏格拉底方法,特别是对教学的影响。难道还要再过 2000 年,才能有一位志同道合的天才出现并重新发现古老的真理吗?我们的科学需要一批训练有素的哲学家,一批又一批独立又受过良好教育的哲学家,以避免这样的危险:批判哲学要么成为不理解的牺牲品,要么尽管名义上继续下去但可能会僵化而变成教条主义。

鉴于这项任务的重要性,我们最好再停顿一下,仔细研究一下我们必须面对的全部困难。对我们问题的阐述揭示了批判哲学与苏格拉底方法之间的深刻关系,在此基础上,我们确定苏格拉底方法的本质在于将教学从教条主义中解放出来,换句话说,将所有的说教判断排除在教学之外。现在我们面临着我们要解决的教育学问题的严重性。想想这个问题:当每一个有指导性的判断都被禁止的时候,任何的教导、任何的教学是怎么可能的呢?让我们不要通过假定这个要求,即不可能意味着达到禁止一个从教师到学生的偶尔的、谨慎的、有益的暗示这个极端来试图逃避。不,必须有一个诚实的选择:要么教条主义,要么跟随苏格拉底。问题变得更加坚定:苏格拉底式的教学是怎么可能的?

在这里,我们实际上遇到了教育的基本问题,它的一般形式指出了这样一个问题:教育是怎么可能的?如果教育的终点是理性的自我决定,比如这样一种状态,即个人不允许外部行为决定其行动而是根据自己的洞察力做出判断并采取行动,那么就会出现一个问题:我们如何才能通过外部影响影响一个人,使他不受外部影响。我们必须解决这个矛盾,否则就得放弃教育的任务。

需要注意的第一件事情就是本质上人类心灵总是受外界影响的,而且事实上没有外界刺激的话,人类心灵是不能发展的。于是我们就面临一个还要更加广泛的问题:自我决定与本质上思想易受外界影响的这个事实是相容的吗?

如果我们区分使用"外部影响"一词的两种意义,这将有助于我们理清思路。它可能意味着一般性外部影响或一个外部决定因素。同样地,在教学中,它可能意味着对心灵的外部刺激或塑造心灵以接受外界的判断(judgments)。

现在,显然不矛盾的是,既坚持人的心灵在其自身内部找到了哲学真理的认知根源,又坚持对这个真理的洞察是由外部刺激在心灵中唤醒的。事实上,如果哲学真理最初的模糊要发展成清晰的知识,心灵需要这样的外部刺激。在这些条件所规定的范围内,如果学生的发展要独立于单纯的机会,哲学教学是可能的甚至是必要的。

哲学教学是在系统地削弱那种阻碍哲学理解发展的影响以及强化促进哲学理解发展的影响的情况下完成其任务的。在不讨论其他相关影响问题的情况下,让我们牢牢记住必须无条件排除的影响:教师断言可能产生的影响。如果不消除这种影响,所有的努力都是徒劳的。教师将尽一切可能通过提供给学生一个现成的判断来阻止学生自己的判断。

我们现在已经到了这样一种地步,我们对苏格拉底方法的任务和实现它的可能性都有了清晰的认识。剩下的必须留给实验和它可能带来的信念程度。

但是,如果我们要从实验的结果来决定我们的目标是否能够实现,那么就低估了由于不考虑实验必须要求什么这种人们所憎恨的困难。虽然这一段时间我一直在消耗你们的耐心,但如果我不让你们再多注意一下这个实验的正常程序(procedure),那么我对我们的目标、也对你们的目标就不会有什么帮助了。

一项严谨的事业本质上存在着一种内在的危险,其成功几乎得不到承认,那就是:在其中的参与者他们一旦陷入困难重重和意想不到的干扰中,就会后悔自己的良好意图,或者至少会开始想办法把这种方法修改为让它更容易。这一源于纯粹的主观不适的倾向,很可能扭曲或完全挫败承诺的目标。因此,为了不使期望落空,最好预先尽可能清楚地设想肯定会出现的各种困难,并在适当了解这些困难的情况下,制定对教师和学生的要求。

我们必须牢记,哲学教学既不关注在解决方案上堆积解决方案,也不在乎建立结果,而只在乎学习达到解决问题的方法。如果这样做,我们将立即注意到,教师的适当角色不能是一个向导,以使他的同伴远离错误道路和事故。他也不是一个领路人,而他的同伴只是期望这将为他们做好准备,以后自己找到同样的道路。相反,最重要的是教师在一开始就让学生自己承担责任,教他们自己去做的技巧——尽管他们不会因此而独自去——并且通过发展这种独立性,有一天他们可以独自去冒险,自我指导取代了教师的监督。

至于我即将提出的意见,我必须请求允许我从自己作为哲学教师的长期经验中挑选一些偶然的例子,因为不幸的是,其他人的经验不在我的掌握之中。

让我先谈谈对老师的要求,然后再谈对学生的要求。有一次,我的一个学生努力复制一个苏格拉底式的引导性练习,提出了一个版本,他先是把答案现在放进老师的口中,现在又放进学生的口中。只有我那令人惊讶的问题——"你听过我说'是'或'不是'吗?"——阻止了他。色拉西马库斯(Thrasymachus)更清楚地看到了这一点;在柏拉图的《理想国》中,他向苏格拉底喊道:"众神啊! ……我就知道……你会拒绝做任何事而不是回答。"（Plato, *The Republic*, Paul Shorey, tr., in Loeb Classical Library, London, New York, p.41）遵循苏格拉底模式的老师是不会回答的。他也不质疑。更确切地说，他不提出哲学问题，当这些问题加在他身上时，他在任何情况下都不会给出所寻求的答案。然后他保持沉默吗？我们将看到。在这样的一段时间里，我们可能经常听到向老师绝望的恳求："我不知道你想要什么！"于是老师回答："我？我什么都不要。"这当然不能传达所需的信息。那么，老师到底在做什么呢？也许他是通过开场白"有人有问题吗"在学生之间设置了问答的相互作用。

现在，每个人都会意识到，正如康德所说，"知道什么问题可以合理地提出，已经是睿智和洞察力的一种伟大而必要的证明"（Kant, *Critique of Pure Reason*, p. 97）。那些愚蠢的问题怎么办，或者根本没有问题怎么办？假设没人回答怎么办？你看，刚开始的时候，要把学生引导到自发活动的点上的难度就显现出来了，随之而来的是对老师的诱惑，要给出像阿里阿德涅的线（Ariadne's thread）一样的线索。但是老师必须从一开始就很坚定，尤其是在开始的时候。如果一个学生在接触哲学时没有提出任何问题，那么我们还能指望他有什么能力坚持探索复杂而深刻的问题呢？

如果没有问题，老师该怎么办？他应该等——直到问题出现。为了节省时间，他最多应该要求今后问题要提前考虑。但他不应该只是为了节省时间而省去学生们提出问题的努力。如果他这样做了，他可以暂时缓和他们的不耐烦情绪，但代价只是把我们试图唤醒的哲学上的不耐烦扼杀在萌芽状态。

一旦问题开始出现——一个接一个，犹豫的，好的和愚蠢的——老师如何接受它们，他如何处理它们？他现在似乎很容易相处，因为苏格拉底方法的规则禁止他回答这些问题。他把问题提交讨论。

所有这些问题？合适的和不合适的？

绝不是。他忽略了用太低的声音提出的所有问题。同样，那些语无伦次的、当困难的想法用残缺不全的语言表达时，怎样才能抓住它们呢？

由于我们学校用母语进行了特别的教学，半数以上的问题因此被排除（当然，尼尔森指的是德国学校。[2]读者可以判断这种批评在多大程度上也适用于美国和英国的学校）。至于其他的，许多是困惑或模糊的。有时候，澄清的同时也会有一个反问："你这么说是什么意思？"但通常这是行不通的，因为说话者自己都不知道自己在说什么。因此，讨论小组的工作倾向于要么是不假思索地处理清楚、简单的问题，要么先处理不清楚、模糊的问题。

我们在哲学问题上不如在数学问题上幸运，正如希尔伯特所说，数学问题对我们来说是一个公平的呼唤："我在这里，找到解决办法！"这种哲学问题含混不清。要想通过清晰的框架、搜索问题来解决哲学问题，需要大量的尝试和努力。因此，当你得知一个学期在伦理学研讨会上所做的工作，除了就最初的问题不一致这一事实达成一致之外，什么都没有产生，这一点也不会让你感到惊讶。问题是："道德行为不愚蠢吗？"

当然，老师不会把每一个不协调的问题都交给这种旷日持久的测试。他将设法通过自己对问题的评价来推进讨论。但他只会允许某个问题凸显出来，因为它本身是有教育意义的,或者因为将它琢磨出来(threshing it out)会暴露出典型的错误。他会采取这样一种权宜之计,即在问题之后提出这样一个问题:"谁知道刚才说的是什么?"这并没有表明问题的相关性或不相关性;它只是一个考虑问题的邀请,通过深入的盘问来提取其含义。

关于答案,他的原则是什么? 他们是怎么处理的? 他们被当作问题来对待。为了使学生达到科学演讲的要求,人们忽视了难以理解的答案。答案也可以通过以下问题进行探讨:

"这个答案和我们的问题有什么关系?"

"你想强调哪个词?"

"谁一直在关注?"

"你还知道你刚才说了什么吗?"

"我们在说什么问题?"

这些问题越简单,学生就变得越慌张。然后,如果有同学同情他的同伴的痛苦,并出来帮助他解释,"他肯定想说……"这种有益的姿态,就被要求保持心灵阅读的艺术独立和培养一种更谦虚的一个人真正想说的表达艺术,所无情地打断了。

到这个时候,你们就会明白,研究的过程远非一帆风顺。问题和答案相互交错。有些学生了解这种进展,有些则不了解。后者通过探索性问题介入进来,试图重新建立联系,但其他人不会停止前进。他们无视这些干扰。新问题层出不穷,涉及面更广。一个辩论者时不时地沉默不语;然后是整个团体。与此同时,这种骚动还在继续,问题也变得越来越没有意义。即使是那些原本确信自己立场的人也会感到困惑。他们也失去了线索,不知道如何再找到它。最后,没有人知道讨论的方向。

在苏格拉底的圈子里,这种困惑是出了名的。每个人都是智穷才尽。一开始确定的事情现在变得不确定了。学生们没有澄清自己的概念,现在反而觉得自己好像被剥夺了通过思考把事情说清楚的能力。

老师也能容忍吗?

美诺——在以他的名字命名的对话中——对他的老师苏格拉底说:"我认为,无论是从外观上还是从其他方面来看,您都非常像扁平的电鳐;因为它会使任何接近和接触它的人感到麻木……因为事实上,我觉得我的灵魂和舌头都很僵硬,我不知道该给你什么答案。"(Plato, *Meno*, W. R. M. Lamb, tr., in Loeb Classical Library, London, New York,1924,IV,297)

当苏格拉底回答说"是因为我比其他人更怀疑,我才给别人造成怀疑",美诺反驳道:"为什么? 苏格拉底你要用什么样的字眼去看一件你根本不知道的事情呢?"苏格拉底的回答更为著名:"因为灵魂应该能够回忆起她以前所知道的一切。"(Ibid., pp. 299 ff.)我们都知道,这些话是柏拉图思想中理念论的回声,而历史上的苏格拉底并没有这样教过。然而,它们身上却有苏格拉底的精神,理性自信的坚定精神,对自身自给自足力量的崇敬。这种力量给苏格拉底一种镇定,使他能够让追求真理的人迷失、受挫。更重要的是,这给了他勇气,即给予他们迷失以检验他们的信念,将知识从真理中分离出来,真理通过我们自己的反思慢慢地在我们心中变得清晰。他不惧坦诚无知,相反,他甚至诱导了这种坦诚。在这一点上,他被一种远离怀疑的思维态度所指引,以至于他把承认这一点看作迈向更深层知识的第一步。"他认为他不知道……在他所不知道的这个事情上,他难道不是更优秀吗?"他说到了他教他数学的奴隶。"现在,因为缺乏知识他将高兴地继续寻找。"(Plato,*Meno*,p. 313)

对苏格拉底来说,检验一个人是否热爱智慧的标准是,他是否欢迎自己的无知,以便获得更好的知识。在《美诺篇》中的奴隶就是这样做,并继续这个任务。然而,当许多人发现自己的知识被轻视时,当他们发现自己最初的几个独立的步骤并没有使他们走得更远时,他们就会懈怠和厌倦这种努力。哲学教师如果没有勇气让他的学生经受困惑和挫败的考验,不仅剥夺了他们发展研究所需的耐力的机会,而且还在他们的能力上欺骗他们,使他们对自己不诚实。

现在我们可以辨别出一个错误的来源,它引起了对苏格拉底方法的常见的不公正的批评。这种方法有一个缺陷,它仅仅揭示了这个缺陷,而且必须揭示这个缺陷,以便为继续进行严肃的工作打下基础。它只是揭示了教条式教学对人的心灵造成的伤害。

苏格拉底方法必须花时间来处理诸如确定正在讨论什么或确定说话者打算对它说什么之类的基本问题,这是不是一个缺点? 对于教条式教学而言,上升到更高的层次是很容易。它对自我理解漠不关心,以越来越根深蒂固的不诚实为代价来换取虚幻的成功。因此,苏格拉底方法在转向更大的任务之前,不得不为思想和语言的完整性而进行殊死搏斗,这也就不足为奇了。它还必须忍受额外的指责,因为它不够哲学,无法通过实例和事实来确定自己的方向。

要学会认识和避免反思的陷阱,唯一的方法就是在"应用"中熟悉它们,即使冒着只有悲伤的经历才能获得智慧的风险。用一门逻辑学的导论课程来为正确的做哲学(philosophizing)作开端,以期避免新手走上错误的道路,这是毫无用处的。逻辑原理和三段论法则的知识,甚至那种用例子来说明每一个谬误的能力,归根到底还是一种抽象(abstracto)的艺术。一个人即使已经学会根据所有的三段论规则得出结论说"凯乌斯是凡人",他也远没有学会逻辑思考。对自己的结论及其服从逻辑规则的检验是判断能力的范围,而不是逻辑的全部范围。康德认为判断能力是正确运用既定规则的能力:"必须属于学习者自己;在没有这种天赋的情况下,为此目的制定的任何规则都不能保证不被滥用。"(Kant,*Critique of Pure Reason*,p.178)因此,如果这种天赋很弱,就必须加强。但只有通过训练才能增强这种能力。

因此,当我们的老师打破麻木的魔咒,要求回到原来的问题之时,学生们就能循迹他们开始的地方,每个人就必须通过批判性地检查自己的每一步,研究错误的根源,为自己建立自己的逻辑风格(school of logic)。从个人经验中衍生出来的逻辑规则与它们要支配的判断保持着一种活生生的关系。此外,辩证法虽然是不可或缺的,但却是作为一种辅助手段来介绍的,这种事实只能防止以经院哲学的方式把夸大的价值附加给它,对此,最琐碎的形而上学问题则起到了训练逻辑的独创性的作用。以期通过分割处理来减少教学困难而将哲学训练分离,这比浪费时间还糟糕。必须找到其他方法来满足教育学的格言：我们对学生的要求应该逐步变得更加严格。

如果仔细研究这个问题，我们就不会再有什么困难了。如果有哲学研究方法的话，那么它的基本要素必须包括对问题逐步解决的实践指导。因此，这只是一个让学生自己循迹回归方法的问题。显然，第一步是让他在经验上站稳脚跟——这比局外人想象的要难。

对于那些熟稔哲学的人来说，他们会极其嘲笑把自身智慧具体地运用到对实在事实的判断上，因为要形成这类判断需要人们使用五官那些低级认知工具。在哲学研讨会上随便问一个人："你在黑板上看到什么？"请放心，他会看着地板的。当你重复"你在黑板上看到了什么"时，他最终会找出一个以"如果"开头的句子，并证明对他来说事实的世界并不存在。

当被要求举例时，他也表现出同样的对现实的蔑视。他立刻进入了一个充满幻想的世界，或者，如果他被迫留在这个星球上，他至少会去海边或沙漠，这样人们就会好奇，被狮子袭击和从溺水中获救是否是哲学家诸多了解中的典型经历。那种"如果"的句子、牵强的例子以及对定义的过早渴望，这些并不是天才初学者的特征，而是哲学上灌输式的业余爱好者的特征。并且就是他一直在用他的假智慧扰乱了一个安静而简单的研究进程。

我记得在一次逻辑学研讨会上，从一般定义出发的愿望——在印象中，如果不这样做，所讨论的概念就不能被采用——就造成了许多徒劳的麻烦。不顾我的警告，这个小组还是坚持第一个问题："什么是概念？"

具有所有"特定灯"（particular lamps）的所有基本特征的"一般灯"（lamp in general）的表象，不久之后就会出现关于"灯"这个概念的随意指称以作为一个例子。学生们对这种灯是否具备所有特定灯的一切基本特征的证明产生了强烈的争议。我不同的问题，即一般的灯是用煤气、电还是煤油供给的，是毫无价值的哲学辩论，直到几个小时后，重新开始讨论能源来源问题迫使人们否定一般灯的存在。也就是说，无论它是多么普遍，争论者发现，同一盏灯的不同光源都是相互排斥的。因此，他们从实际应用出发，用回归方法意外地发现了矛盾规律。但是，定义一个概念的做法被证明是徒劳的努力；就像在苏格拉底的圈子里，定义几乎总是流产。

然而，我们是否有理由认为，这种失败的原因总是与苏格拉底方法本身无关的条件？这种方法难道不存在固有的局限性，使解决深层次问题变得不可能吗？

在对此做出最终决定之前，我们必须考虑另一个因素，即在使用苏格拉底方法方面所造成的困难。虽然它与后者密切相关，但它不在它的范围内，然而在我们确定方法本身的限制之前还是需要考虑。

苏格拉底对话的意义一直是在这样一种假设中寻求的：与他人商议，使我们更容易认识真理，而不是无声的反思。显然，这一观点很有说服力。然而，当一个人在一次哲学辩论中聆听了各种各样的问题和答案，并注意到尽管有着外在的纪律但缺乏反思所带来的安宁，他可能会对这种赞美产生怀疑。不可避免的是，一个参与者所说的话可能会对另一个参与者造成干扰，无论他是通过聪明的话语感到自己处于一个依赖的位置，还是被可怜的人分散注意力。由于对个人机智和宽容需求的增加,协作应该逐渐成为神经的考验就不可避免地变得更加困难。

这些干扰在很大程度上可以由教师消除,例如,他会忽略无数无意义的答案,用苏格拉底反诘法来怀疑正确的答案,或者用一些理解性的词语缓解神经不安。但是,除非其他人愿意坚定地执行共同的任务,否则他在思想游戏中恢复和谐的力量是有限的。

应该承认,由于学生的不完全理解,许多干扰是不可避免的;但我心中的障碍并不存在于知识领域,因此,即使是最熟练的老师也会发现它们是不可逾越的障碍。只有当学生有纪律的意志时,他才能加强智力训练。这听起来可能有点奇怪,但事实上,一个人成为哲学家,不是凭借智力天赋,而是通过意志的训练。

诚然,做哲学需要相当大的理智能力。但是谁来训练呢?当然不是一个仅仅依靠自己理智能力的人。随着他对学习的深入钻研和困难的增多,他一定会精疲力竭。因为他的聪明才智,他会认识到这些困难,甚至看得很清楚。但是,弹性需要一次又一次地面对一个问题,坚持到问题解决,不屈服于瓦解的怀疑——这种弹性只有通过钢铁意志的力量、一种纯粹诡辩家娱乐性才智一无所知的力量才能实现。最后,他的智力火花对科学来说就像在第一个障碍处退缩的智力迟钝一样毫无用处。哲学史上记载的在辩证法方面最具决定性进展的研究者,同时也是这个词最初意义上的哲学家,这并非偶然。只有因为他们热爱智慧,他们才能够承担起"它所包含的许多初步课题和(如此)大量的劳动",正如柏拉图在一封信中所说:

> 听到这里,如果由于学生有神的天赋并处于真正的哲学状态之中,对这个主题有同情心且值得去做,那么他相信他已经被展示了一条奇妙的道路,他必须立刻振作起来,去追随它,如果他不这样做,那么生活将不值得过……
>
> 另一方面,那些在现实中不是哲学的,但表面上带有观点的人——就像那些身体表面被晒黑的人——当他们看到需要多少研究、需要多少伟大的劳动以及日常生活中有纪律的方式是如何使主体受益时,他们认为这对他们自己是困难的或不可能的。(Plato, *Epistles*, p. 527 ff.)

这是"那些奢侈而不能忍受劳动的人"的清晰和最明确的特征,"因为(测试)阻止他们中的任何人把责任归咎于他的老师,而不是归咎于他自己和他自己无力从事他所学科目所必需的所有学习"(Plato, *Epistles*, p. 527 ff.)。

"总而言之,无论是接受性还是记忆,都不会在与对象没有亲和力的人身上产生知识,因为它不会在陌生的心灵状态中开始萌芽。"(Plato, *Epistles*, p. 539)

我们同柏拉图一样,要求哲学家强化他的意志力,但这是哲学教学过程中不可能实现的副产品。学生的意志力一定是他先前教育的成果。教师有责任毫不让步地保持对意志的严格和必不可少的要求;事实上,他必须这样做是出于对学生本身的尊重。如果由于缺乏必要的坚定性,他允许自己被说服放松自己的立场,或者如果他这样做是出于自己的意愿,以保持他的追随者,他将背叛他的哲学目标。他别无选择:要么坚持要求,要么放弃任务。其他一切都是卑鄙的妥协。

当然,学生应该知道那些根据自己意志提出要求的细节。它们构成了审查一组思想的最低要求。这意味着首先是思想的交流,而不是知识片段的获得,甚至不是别人思想的知识。进一步说,它还意味着使用清晰、明确的语言。只有交流的冲动才能提供一种方法来检验自己概念的明确性和清晰性。在这里,申辩一个人有正确的感觉但不能表达它将是无济于事。感觉的确是通往真理之路的第一个也是最好的向导,但它也常常是偏见的保护者。因此,在科学问题上,感觉必须予以解释以便根据概念和有序的逻辑对其进行评估。此外,我们的研究要求以清晰可听和一般可理解的语言交流思想,避免含糊不清。一个技术性术语不仅对做哲学没有必要,而且实际上也不利于它的稳步发展。在任何情况下,它赋予形而上学的东西以抽象的和困难的以及一个深奥科学的出现,只有优越的头脑才有资格参透它。它使我们无法考虑公正判断的结论——我们认为公正判断的结论是有意义的哲学思考的起点。在其运作中,公正的判断依赖于我们所拥有的概念而不是人为的反思,它通过严格遵守当前的语言用法来理解其结论。

当然,为了清楚地理解这些概念,有必要将它们分离开来。通过抽象的过程,就有可能把它们从别的思想中分离出来,逐渐地将它们还原为基本元素,并通过这样的分析推进到基本概念。通过牢牢抓住现有的概念,哲学家就可以防止未来的体系充斥着纯粹的推测以及避免成为异想天开的孩子。因为如果他不征求无偏见的判断,他将允许自己被特定特征的任意组合所引诱而形成哲学概念,而不能保证与他的结构相对应的对象实际存在。只有使用同样的词汇,他才与批判哲学家有联系。他借助批判哲学家用来表示他的真实概念的同一个词来表示他的人为概念,尽管可以肯定的是,他用这个词的意义不同。他说"我",意思是"宇宙理性"(cosmic reason)。他说"上帝",意思是"心灵的平静"(peace of mind)。他说"国家",意思是"不受任何法律约束的权力"(power subject to no law)。他说"婚姻",意思是"爱的稳定持久的交融"(indissoluble communion of love)。他说"空间",意思是"汽车的迷宫"(the labyrinth of the car)。他的语言充满了人为的意义。虽然这并不明显,但他的语言实际上是一种技术性语言;而且正因为如此,情形远比哲学家通过创造特定的新术语来表明其语言的特殊意义时危险得多。因为这些词的同一性会诱使粗心的人把自己熟悉的概念和它们联系起来,从而产生误解。更有害的是,这种人为的语言诱使自己的创造者在不同的意义上暗中使用同样的词语,通过这种概念的转变,他产生了虚假的证据。在这种纯粹的口头定义的滥用中,我们遇到了最普遍和最深刻之一的辩证错误,这种错误由于不能简单地凭直觉来发现概念的转变而变得更加难以追踪。然而,它通过其结果来暴露自己,通过一种奇怪的现象,即借助于相同的语言定义,提出的伪证明可以与具有相同效力的相反证明相对立。

康德发现并解决的矛盾是这种对立最著名和最难忘的例子。康德在谈到这些矛盾的经典例子时说,它们是理性史上最有益的反常现象,因为它们提供了研究幻相起因和调和理性自身的动力。这句话适用于这种辩证冲突的每一个实例。

也许,在这些最后的考虑中,我们似乎有些偏离了我们的主题:要求学生使用清晰可听和普遍可理解的语言。但是,事实上,我们已经对这一要求的重要性有了更深刻的理解。

综上所述,对学生的这种要求对我们有什么好处呢? 只有那些通过使用可理解的语言、坚持我们所拥有的概念并在讨论这些概念时付诸实践的人,才能在每一个武断的定义和每一个巧妙地从这些语言定义中抽象出的虚假证明中,强化他们的批判意识。如果遵循了简单明了的语言要求,那么在苏格拉底式的教学中,只要把两种相互矛盾的学说的要点写在黑板上,就有可能把注意力集中在它们背后的语言定义上,揭露它们的滥用,从而推翻这两种学说的观点。这种辩证表现的成功——这是它的显著特征——不是灵感的闪现,而是有条不紊地进行,即通过一步一步地寻找矛盾判断底部隐含的前提。如果学生对这种诡辩产生怀疑,密切注意语词的意义,那么这种方法就会成功,因为当这些语词以一种非人工的(原文如此)意义使用时,会使他走上错误的道路。

不要误会我。我不主张所谓的常识及其语言能够满足科学地做哲学的要求。我的目的也不在于停留在看似容易实现的简单基本条件,也不是为了掩盖这样一个事实,即做哲学的追求需要严格的抽象艺术训练,而抽象艺术是难以掌握的。我的观点是:我们不能不受惩罚地跳过发展这门艺术的第一步。抽象必须有抽象的东西。哲学的直接而具体的材料是通过语词来表达概念的语言。理性隐藏在它的财富中,它有许多来源。反思将理性知识从直观概念中分离出来,从而揭示了理性知识。

正如苏格拉底不厌其烦地质问锁匠和铁匠,并把他们的活动作为与学生讨论的第一个主题一样,每个哲学家都应该从大白话开始,从纯粹的元素发展出抽象科学的语言。

现在,我已经完成了适用于学生的要求。他们的困难不在于细节的实现,而在于整体的遵守。我之前说过,与学生的工作协议只要求他们交流思想就可以了。如果我现在用另一种形式表达同样的要求,你们就会明白了:这要求学生服从做哲学的方法,因为苏格拉底式教学的唯一目的是使学生能够自己判断他们对协议的遵守情况。

我们关于苏格拉底方法的考察接近尾声。既然我们已经讨论了它的应用的困难,现在只剩下一个疑问:至少在某种程度上,这种方法不受欢迎的原因是否是由它自身造成的? 它是否有一些限制它的有用性的固有局限性?

有一个特别的事实,比任何其他的事实更能使我们认真地考虑这个疑问。弗里斯实际上完成了批判哲学,恢复了苏格拉底-柏拉图式的回忆说和理智的自我确定;弗里斯是所有苏格拉底主义者(Socrateans)中最真诚的一位,他认为苏格拉底的方法不足以对智力进行全面的自我审视,因此只给予苏格拉底式的方法有限的认可。他承认在早期指导新手的能力;他甚至强调哲学的所有教学都要遵循苏格拉底方法的精神,他认为苏格拉底方法的本质是,不在于它对对话的运用,而在于它的"从日常生活的普通事物开始,然后再从这些事物发展到科学观点"(J. F. Fries, *System der Logik*, 3d ed., reissued, Leipzig, 1914, p. 449)。"但是一旦涉及哪些更高的远离直觉和日常经验的真理"(Fries, *Die Geschichte der Philosophie*, I, 253),弗里斯不赞成让学生自己发现这些真理,"在这里,教师必须使用一种建立在微妙抽象基础上的语言,学生还没有完全掌握这种语言,他必须接受教育"(Fries, *System der Logik*, p. 436)。

用弗里斯自己的话来说,这种教学讲演方法"是逐步地激发协作思维"(Ibid.)。他的说教小说《尤利乌斯和埃瓦哥拉斯》(*Julius und Evagoras*)对此作了说明。事实上,这并不是苏格拉底式教学的一种形式。

我不应该考虑选择柏拉图的一个真正成功的对话——如果有的话——作为哲学研讨会的主题,因为它会阻止学生的创造性思维,但在《尤利乌斯与埃瓦哥拉斯》中没有任何东西可以阻止它用于这样的目的。它所呈现给读者的抽象思想的发展确实"邀请"了学生的批判性验证,正如弗里斯所期望的那样。然而,尽管在其他方面堪称典范,但它并不能保证学生会接受邀请,或者,如果让他们自己站起来,他们将掌握他们在路上可能遇到的困难。让你们的学生学习关于"确定性的来源"的精辟而富有启发性的章节,我准备在苏格拉底式的讨论中证明,那些学生仍然缺乏能够使他们捍卫所学知识的一切方面。这个谜题的答案可以用歌德的话来解释:"一个人只能明白自己所已然知道的东西。"(One sees only what one already knows.)

在学生面前提出一个健全、清晰、有根据的理论是徒劳的;尽管他们对追随他们思想的邀请做出了回应,但这也是徒劳的。向他们指出为了独立地得出这样的结果而必须克服的困难甚至是无用的。他们要成为哲学理论的独立主人,就必须超越对问题和困难的单纯学习;他们必须在不断的实际应用中与这些困境作斗争,以便通过日复一日地与它们打交道,他们可以学会克服这些困境的所有陷阱、隐患和形式的多样性。然而,弗里斯教授的演讲"以被塑造为精微抽象的语言"进行,仅仅因为它的明确性和清晰性,将掩盖阻碍这种思维清晰和语言精确性发展的困难。其结果将是,最终只有那些已经精通苏格拉底思想的人,才会透彻理解哲学的实质,并欣赏到论述的厚重和独创性。

弗里斯低估了苏格拉底方法,一方面,因为他没有也无法在苏格拉底的方法中找到苏格拉底方法,他认为这一事实证实了他对苏格拉底方法不足的观点。另一个原因——而且我认为更深刻——在于弗里斯天才的特殊性格。他结合了哲学史上无与伦比的真理感,这是一种语言天赋,它在梦游者的保证下产生了最适合哲学思想的词语。一个头脑如此优越、富有和自由的人总是很难与那些不太独立的思想家保持密切的联系。他容易忽视教条主义的危险,它威胁着更独立的心灵,即使教师的演讲达到了最清晰和最准确的表达。具有这种优越地位的人可以成为几代人的领袖。但这取决于教师的出现,他们将通过诉诸苏格拉底方法的"助产术"服务[3]找到他的语言的关键,制定艰苦和漫长的练习,这些决不能吓跑那些打算献身于哲学的人。

我坚持认为这种艺术没有局限性。我见过一个苏格拉底式的研讨会,不仅成功地讨论了像法哲学这样一个抽象的课题,甚至还着手于法哲学体系的构建。

你们会说,这是一笔不错的交易。好吧,我有足够的苏格拉底式讽刺来承认我的立场的尴尬,顺便说一句,我在我的演讲的开头就承认了这一点。因为当一切都说了又做了,除了实验的证据,也就是通过他自己的经验,没有人会被我在这里恳求的理由所说服。

但是让我们看看自己:我们能不能找到一些足够简单和著名的控制实验,让我们对这个问题有一个有效的结论?那可能是什么样的实验呢?如果非苏格拉底式的指导能够达到哲学的指定目的,那么在一门不必与哲学知识的特殊困难作斗争的科学中,这样的过程应该更容易成功——在这门科学中,恰恰相反,即使是在教条式的演讲中,从开始到最后的每件事都变得绝对和完全清楚。

如果我们询问是否有这样一门科学,如果是这样的话,它是否在我们学校和大学的教学科目中占有一席之地,我们发现这样的科学确实存在。数学满足这两个条件。一位法国古典数学家说:"我们掌握了一切。"因此,相关的实验是可行的,我们只需要以一种不带偏见的心态来考虑其结果。

它教什么? 就在我们中间,不要掩饰任何事情,也不要责怪任何人,我们教师不妨承认什么是公开的秘密:总的来说,结果是消极的。我们都从个人的经验中知道,如果严肃地去测试,那么我们的中学和大学里勤奋的甚至是有天赋的学生,连数学的基础知识都不确定,也会发现自己的无知。

因此,我们的实验指向了我所说的结论;事实上,这是不可避免的。假设有人说,不管是什么样的教学,都没有所谓的理解。这是有争议的,但对我们作为教育工作者来说却不是。我们从有意义的教学是可能的这个假设开始。然后我们必须得出结论,如果有任何保证,一个主题可以理解,苏格拉底教学提供这样的保证。因此,我们发现了比我们所寻求的更多的东西,因为这个结论不仅适用于哲学,而且适用于涉及理解的每一个主题。

一项由历史本身进行的大规模实验证实了这样一个事实:数学领域的教学不足不仅仅是因为教师不称职,而且必须有一个更为根本的原因;或者说,换言之,如果遵循教条的方法,那么即使是最好的乃至一切都很清楚的数学教学也不能导致彻底的理解。这个实验值得所有对数学教学感兴趣的人注意。

微积分的基本原理(现在被列入我们一些高中的课程)直到 19 世纪中叶才成为可靠的公认的科学,那时它们最初是以清晰和准确的方式建立起来的。自牛顿和莱布尼茨以来尽管最重要的结果一直是一个常识问题,但他们的基础仍然存在争议。无休止地反复尝试的解释只会导致新的模糊和悖论。考虑到当时这一数学分支的状况,贝克莱并不是没有道理的,他着手去证明,在其理论的不可解性方面,它与神学的教条和神秘没有丝毫的关系(George Berkeley,*The Analyst*;*or a Discourse Addressed to an Infidel Mathematician*,*Wherein It Is Examined Whether the Object*,*Principles*,*and Inferences of the Modern Analysis Are More Distinctly Conceived*,*or More Evidently Deduced*,*Than Religious Mysteries and Points of Faith*. Selected Pamphlets,Vol. XVI,London,1734)。我们今天知道,这些谜题是可以解开的,多亏了柯西(Augustin Louis Cauchy)和魏尔斯特拉斯(Karl Theodor Wilhelm Weierstrass)的工作,这些谜题已经被解开了,而且这个数学分支可以像初等几何那样,在结构上具有同样的清晰度和清晰性。在这里,一旦注意力集中在决定性的这一点上,一切都变得显而易见。但这恰恰是很难做到的,这是每个学生必须通过自己的努力才能掌握的一门艺术。

为了证明这是多么真实,我将提到两个特别值得注意的事实。第一个是:牛顿的论文,自从它出现以来就广为人知并广受赞誉,它不仅阐述了柯西和魏尔斯特拉斯确立的决定性观点,而且以清晰、精确和简洁的方式阐述了它,以满足当时科学能够提出的最严格的要求。此外,它还包含了一个明确的警告,以防止这种误解,正如我们现在所知道的,这种误解使后世的数学家们完全被束缚,以至于他们的思想仍然紧闭于大家都很熟悉的牛顿著作中经典段落所强调的"洞穴!"(Isaac Newton, *Philosophiae naturalis principia mathematica*, 1687)

第二,作为第一个的补充,即使在魏尔斯特拉斯和争论终于解决之后,也有可能不仅在艺术爱好者——他们将永远与文明相伴而行——之中恢复它,甚至在一个研究人员的领导下恢复它,因为他在功能论方面的工作与保罗·杜·博伊斯-雷蒙(Paul du Bois-Reymond)一样杰出。用他自己的话来说,他的"解决办法是,它仍然是一个谜,并且将继续是一个谜"(Paul du Bois-Reymond, *Die allgemeine Funktionentheorie*, Tübingen, 1882, Pt. I, p. 2)。

在这种情况下,有一个令人印象深刻的警告:在科学理论的客观清晰性和系统完整性与任何被理解的教育学保证之间的差异。正是有着哲学思想转变的人,他在数学和其他方面一样都不愿意仅仅接受一个结果;他对这个结果进行哲学思考,比如他努力理解它的基本原理,并使它与他的其他知识相协调。但这样的他注定会失败,除非他是少数几个通过自己的努力找到清晰道路的人之一。我们由此发现,即使是数学,也不存在保持可能有助于哲学的无懈可击的标准和模型,而是被它卷入了混乱的漩涡。

在此,我相信,我也回答了我所知道的关于苏格拉底方法在数学教学中的价值的最重要评论。它除了来自魏尔斯特拉斯之外不会是其他人。他专门写了一篇关于苏格拉底方法的论文(Karl Weierstrass, *Mathematische Werke*, Berlin, 1903, Ⅲ, Appendix, 315 - 329),这表明这位深邃的数学家和教育学家对我们这门学科的尊重和理解。他的详细论证就是证明。与经验科学相反,他证明了苏格拉底方法在哲学和纯数学中的基本实用性。然而,他仍将其评定为在学校中使用价值不大,这是由于以下事实:一方面,他认为无法克服的外部困难是不容否认的,对此我已经广泛地讨论过,另一方面,他显然偏重于连贯的演讲,因为讲课视角开阔,结构优美,这种偏袒在他那种天才的科学家中很容易理解。不过,他承认,这样的讲座"要想使其有效就必须假定学生具备相当成熟的智力"。然而,由于他也认为"在真正精神的践行层次上,苏格拉底方法……是不太适合孩子而适合更成熟的年轻人",一个人不得不问(但徒劳)心智的成熟如何能发展以确保非苏格拉底式教学模式的成功。

如果我们的学生要在理解的深度上超越魏尔斯特拉斯的学生保罗·杜·博伊斯-雷蒙和牛顿的学生欧拉,他们必须具备什么样的成熟度啊!我们的发现可能会导致我们悲观。但是,如果我们正确地看待这个问题,那么我们还没有完成。我们所发现的事实实际上是表明消除这种可悲状态根源的方法,这种状态本身很难被悲观地看待。

方法在于数学。数学家有能力结束这一丑闻,因为这一丑闻不仅彻底损害了哲学的权威,而且威胁到数学本身,使其丧失威望,而由于它在教育中的强大地位,数学至今仍在人类的智力生活中保持着威望。鉴于苏格拉底式方法的来源所处的可悲境地,要想对其提供帮助,唯有通过一门把我已经讨论过的几个优点都结合起来的科学才行,这些优点是只有数学才具有的,并且这些优点为数学确保了一个有利的开局,而这种有利的开局是哲学永远无法通过自身努力所能达到的。

数学作为一门科学的性质和声誉仍然很稳固。从长远来看，无论多么悲惨，其结果的证据不能被任何教诲所掩盖，尽管其他一切都陷入黑暗和混乱，但它却将永远提供一种定位的意义。因此，我呼吁数学家，愿他们认识到自己所拥有的精神力量，以及由此而来的在科学和教育领域的领导使命。哲学，现在不能承担起是她的这个原初角色，即作为与苏格拉底的方法命运相连的知识价值观的守护者。与继女断绝关系，从而使自己丧失了其活力和复兴的影响，哲学变得如此虚弱，以至于她现在必须乞求她的姐姐即科学的庇护，并为她被遗弃的女儿寻求帮助。

虽然我一开始就说过骑士精神让我成为被鄙视者的捍卫者，但我绝不是对自己的无能为力视而不见。我若想要完成这项充满骑士精神的任务，就必须将我的保护对象（protégée）托付给数学——相信被遗弃的人会受到数学的滋养，并且会茁壮成长，直到她的力量恢复，她回到自己的家，在那里建立法律和秩序，从而以善回应对她所做的坏事。

注释

[1] 这是一个有趣的例子。尼尔森当然是个社会主义者。然而，即使不是真正的社会主义者，也会通常反对"牟取暴利"或"哄抬价格"，这可能被认为是有关农民一直在做的。另一方面，当政府对农产品价格承担责任时（这是社会主义者、尼尔森和其他人可能想到的），在与市场价格挂钩时，他们要么把价格定得太高，要么定得太低。当然，如果我们想要的是市场价格，那么政府干预是不必要的，只是要确保自由进入市场、交易方不使用欺诈和胁迫手段就行。

当政府通过定价、价格支持、关税和其它策略来设定农产品价格过高时——这在美国、欧盟和日本都是非常重要的政策——这显然使消费者的食品成本比原本的要高，而且许多策略需要税款，也必须从消费者身上提取。这保护了作为一个政治利益集团的农民，尽管许多补贴最终进入了那些主要业务不是农业，而是看到这些补贴并明了其中好处的人的口袋。尽管这至少是部分社会化经济的一种表现，但它只会以牺牲其他人的利益为代价，向特定的政治利益集团提供垄断租金（rents）。这是一个负和博弈（negative sum game），总体上是不经济的。这违反了亚当·斯密的格言，即生产的目的是消费，而不是生产者的利益。

当政府设定的农产品价格太低时，通常是通过简单的限价，这可能是尼尔森所想的，而且是苏联和非洲各种后殖民政府的做法，这就消除了农民从事商业或生产食品的任何理由。

当俄罗斯农民意识到他们的庄稼只会被没收时，他们常常把它们烧掉——这是美国政府在 20 世纪 30 年代为推高（drive up）价格所做的事情。……尼尔森……可能会说，农民毕竟有权获得他们劳动的成果，但那时他永远不明白市场价格如何在生产者对最高价格的渴望和消费者对最低价格的渴望之间取得平衡。（基于情境的平衡只能来自双方某种情境下的平衡，是动态的。）在尼尔森的一生中，正如路德维希·冯·米塞斯（Ludwig von Mises）和 F.A.哈耶克（F.A. Hayek）的争论那样，究竟什么样的价格实际上能平衡供求关系,是不能由官僚或政治家——这些官僚或政治家谁也不知道其中的所有变量,他们有着通过定价来实现的其他动机和目标——来预测或计算的。

因此,尼尔森的例子虽然现在表面上和 1922 年一样吸引人,但忽略了应用他所铭记的原则的后果。由于农民寻租或农业生产力低下,经济可能会一瘸一拐地走上好几年,但这一切都在螺旋式下降——在前一种情况下,是因为每个企业或利益集团都想要自己的补贴,在后一种情况下,是因为粮食短缺变得严重,就像 20 世纪 70 年代苏联开始从美国进口粮食一样。尼尔森忽略了他例子中真实世界的一面,即农民只能长期保留他们的粮食,因为他们在这段时间里根本不赚钱。而即使价格小幅上涨,如果实行自由贸易,也意味着外国供应商将急于进入市场。(还是平衡的动态性、暂时性,任何平衡都会因为其他因素的加入而被打破。)在尼尔森发表演讲的同时,美国已经在提供粮食——免费粮食——以克服欧洲与战争有关的短缺。

尼尔森的"利益满足的权利平等的形而上学假设"反映了他自己关于道德基本原则的理论,但这一理论本身是有缺陷的。每个人都有平等的权利来满足他们所拥有的利益,就像他们的财产一样。在经济方面,中世纪的人们认为每个交易行为人都有权获得"公平的价格",但是"公平的价格"实际上意味着市场价格。尼尔森和此后的每一位社会主义者一样,对这一切是如何运作的并不感兴趣。

[2] 耶鲁/多佛文本的原始注释如下:当然,尼尔森指的是德国学校。读者可以判断这种批评在多大程度上也适用于美国和英国的学校。如果编者认为 1949 年的学校很糟糕,很容易想象 2004 年他会对美国和英国的公立学校状况感到多么震惊。现在尼尔森的假设可以很容易地消除学生的所有问题。

[3] 耶鲁/多佛文本的原始注释如下。助产术:"这个词的意思是履行助产士的服务(对思想或想法);苏格拉底把自己想象成一个助产士(maia,迈亚),用他的问题把别人的思想带到出生的地方。……"(H.D. Fowler, *A Dictionary of Modern English Usage* [New York, 1944], p. 339)。见本文结尾处柏拉图《泰阿泰德篇》的引文。我没有提供《泰阿泰德篇》的引言。当然,这已经是一个柏拉图式的中间对话了,而助产理论早就脱离了苏格拉底本人的实践。

原文出处:Leonard Nelson, "The Socratic Method", Translated by Thomas K. Brown III. Retrieved from https://www.friesian.com/method.htm.

(罗龙祥 译)

新苏格拉底对话作为哲学化的范式设定

伯恩特·奥斯特曼(Bernt Osterman)

引 言

哲学化(philosophize)的倾向是我们自己和其他人在青少年时期就已经认识到的东西。很明显,这种能力并不是通过阅读哲学而产生的。相反,正是哲学化的需要激发了我们对哲学家作品的兴趣。然而,哲学化与哲学之间的关系是模糊的,并且有点麻烦。事实上,哲学作为一门传统的大学学科,几乎没有任何哲学化的空间。相反,职业哲学家和哲学教师往往对他们所经历的哲学题外话相当反感,这反映出一种对哲学化更为普遍的文化反感,这种反感已经进入了词典的词条,例如,"哲学:推测或理论化,通常是以一种肤浅而不精确的方式"(*The Free Dictionary*)。因此,许多哲学专业的学生很难认识到哲学系的教学和研究精神是"真正的哲学"。

我相信,自己通往哲学的道路可能会被看作是我试图指出的问题的一个很好的例证。我还记得我早期与朋友进行哲学讨论的经历,尽管很多内容已经被遗忘。我似乎还记得,哲学思考可以带来一种与另一个人特别亲近的感觉,但也有人对"浪费时间"的危险发表了一些不那么友好的评论。后来,当我怀着成为一名化学家的大胆目标开始学习自然科学时,由于缺少进行哲学讨论的机会,我总是有一种失落感。因此,我开始参加一些哲学书籍的考试,只是为了让自己保持理智,这最终导致了专业的改变。但我还是觉得少了点什么。特别是当我后来在大学里做一些自己的教学和研究时,我从来都不确定做对了什么。我当然鼓励在赫尔辛基大学的本科哲学研讨会上进行讨论,在一个典型的大学环境中,我可能比哲学教师做更多的讨论。但我不太确定它是否一直都是正确的。具有讽刺意味的是,我也遇到过一些学生,他们认为在我的研讨会上花了太多时间进行哲学思考。因此,我对哲学化概念感兴趣的背景在很多方面都与我个人有关。

但什么是哲学化呢?从哲学化与哲学的关系开始,这个问题似乎很简单。难道我们不能简单地说哲学化是做哲学,即活动,或方法,有关一个特定的主题或分支的知识?实际上,我认为这根本行不通,或者至少没有资格这样做。已经有足够的证据表明,哲学作为一门学科与我们日常的哲学概念之间存在着明显的张力。因此,如果哲学化要与专业哲学家所做的相对应,这似乎就涉及相当激进的概念塑造,更不用说构建一个足以涵盖当代哲学可能碰巧使用的所有方法的概念的难度了。然而,在我的论文中,我想做的却是相反的方向。我所要描述的哲学化的活动,准确地说,是我们所熟悉的那种,有其内在的乐趣,也有偏离到无用的思索的危险。因此,我在这里所说的哲学也将从哲学化的角度出发。

这样的描述或分析应该如何进行呢?首先,哲学家们对哲学作为一种活动的兴趣,要远远低于对哲学作为一门学科或一个系统的兴趣。除此之外,许多关于哲学化的著作,以这样或那样的方式,似乎都附属于一种特定的哲学方法,如苏格拉底的方法、康德主义或维特根斯坦主义的方法(Nelson,1949,Ch. IV;Birnbacher,2002,144,154)。现在,既然我要把哲学化理解为一种我认为相当普通的活动,那么根深蒂固的哲学体系或教义恰恰是我想要避免的出发点。特别是,我想澄清一下,当我们进行哲学化的时候,我们通常会做些什么,以及为什么我们体验到它是有价值的,这与任何预先定义的治疗性的或者目标导向的哲学概念是不同的。

我该怎么办?似乎我唯一的选择就是试着陈述一些我认为任何真正的哲学思考都应该满足的条件,并希望我所说的足够熟悉,让我的读者明白我的意思。哲学化的一个明显特征,我相信每个人都很可能同意,就是我们可能为了哲学本身而从事哲学活动。因此,用一个稍微专业的术语来说,哲学化是有内在价值的(比如足球或音乐表演)。但为什么会这样呢?我们是否还可以通过哲学化来达到其他目的呢?在处理这些问题时,我将在下面尝试做一些稍微复杂一点的事情,而不是仅仅依靠我自己的偶然经验。也就是说,我将转向一种著名的哲学践行方法,即新苏格拉底对话,并提议将其用作哲学研究的范例。

现在,我选择这种特殊的哲学对话方法作为我的出发点当然需要一个解释。难道把我的分析与一种既定的哲学方法联系起来不正是我想避免的吗?然而,我的方法并非基于理论考虑。它仅仅依赖于作为参与者或引导者的新苏格拉底对话的多年经验,主要是在芬兰一个小型哲学团体英特巴亚斯(Interbaas)的圈子里。因此,我的出发点仅仅是基于我认识到这些会议是真正的哲学思考的实例。现在,假设新苏格拉底对话和我们日常的哲学概念之间有一种直观的联系,那么我们很容易看到专注于这种实践的一些额外优势。最重要的是,新苏格拉底对话是一种严格由规则控制的活动。因此,有可能将这些规则视为哲学化设置的理想条件,我将在下面这样做。此外,新苏格拉底对话所提供的有组织的哲学讨论形式,使研究比日常自发的哲学化实例容易得多。

由于新苏格拉底对话有许多版本,所以了解我们在谈论什么将是相当重要的。因此,我将在论文的下一节简要描述新苏格拉底对话的相关背景。接着是明确了一套哲学化的特征,这些特征牢固地植根于方法的规则之中,从这里我要指出的是哲学化的内在价值如何能够精确地追溯到这些特征。在下一节中,我将讨论哲学成果或结果在哲学化活动中的地位问题(使用所谓的"现象学方法")。

我在分析中使用的新苏格拉底式对话的版本在目标导向方面是最小的,而这一特征在我的分析中起着重要的作用。不过,很多读者可能熟悉这种方法更多的工具性类型,这可能是补充说,这个问题的哲学化是如何受到目标导向的影响让我们更接近于一些更相关的原因,这些原因导致了哲学化和一般哲学之间的混乱关系。基于这些原因,我还讨论了新苏格拉底对话的工具用法。本文最后对哲学与哲学化之间的矛盾关系进行了反思。我也将提出一个观点,说明哲学化对美好生活的意义。

新苏格拉底对话:设定

新苏格拉底对话的概念对许多与哲学践行有联系的人来说可能是熟悉的。它的根源在于第一次世界大战后伦纳德·尼尔森(Leonard Nelson)所采用的苏格拉底方法的复兴(Nelson,1949,Ch. I and IV),以及他的学生古斯塔夫·黑克曼(Gustaf Heckmann)后来发展成德语中的"苏格拉底式对话"(Das Sokratische Gesprach)的方法(Heckmann,1981)。例如,正如挪威哲学家赫尔格·斯瓦雷(Helge Svare)所指出的,新苏格拉底对话今天在许多不同的语境中被使用,有着不同的目的(Svare,2006,159)。因此,可能会有稍微不同版本的对话。由于我对哲学化的分析,如前所述,是建立在某一设定所促进的讨论的基础上的,任何细节上的变化也可能是很重要的。例如,为了达到哲学上的效果,对设定进行了多大程度的调整,这是有一定影响的。因此,有必要从一开始就强调,我的分析是基于这样一种设定,即结果所起的作用是最小的。这一程序的选择不仅促进了哲学化概念的厘清,而且作为一种结果导向的努力,也引发了哲学化与哲学之间的张力。

一个理想的新苏格拉底对话环境包括 8 到 10 个参与者和 1 个人作为引导者。参与者和主持者通常会围成一圈坐着。在这一版本的新苏格拉底对话中,审视不是从一个问题开始,而是从一个主题开始,这个主题可能是一个概念或一个现象。我参与或主持过的对话,都是关于诸如家、美、善、真、恶等问题。审视总是从对一个故事的反思开始。这个故事以个人为基础,说明了一个参与者讲述的概念或现象,并由小组选择。

一次普通的设定会粗略地按以下方式进行:

1. 方法介绍。
2. 概念选择/现象审视。
3. 重新叙述说明概念/现象的经验。
4. 选择一个故事以供审视。
5. 讨论。
6. 重述结果。
7. 重新考虑实例。

主持者的作用是尽量维护讨论的结构,并确保讨论规则得到遵循。此外,主持者可能会做一些努力使讨论系统化,例如,要求澄清,提出一些似乎存在于讨论中的分歧,或者甚至是温和地安排讨论。然而,重要的是,主持者并没有通过强加他或她自己对这个问题的看法而对这个问题作出实质性的贡献。正是在这个意义上,主持者保留了一些苏格拉底的无知格言。

那么讨论的规则是什么呢? 就我个人而言,我喜欢将这些规则作为与讨论的理想相联系的一般指令和更具体的规则的混合体,来保护理想的实现。这就给我们留下了以下内容:

1. 为自己着想。

R1：禁止提及权威。

2. 此刻就想一想。

R2：避免将你已经确立的观点带到讨论中来。

R3：准备好放弃你以前对某一问题的看法。

3. 三思而后行。

R4：把握主题。

R5：倾听别人的意见。

R6：鼓励他人思考。

R7：避免主导讨论。

R8：试着把每一个陈述都看作是对讨论的贡献。

4. 贴近生活！

哲学化特征

我现在谈谈哲学化的特点及其与新苏格拉底对话及其规则的关系。我的主张是，新苏格拉底对话的设定所寻求产生的那种讨论具有以下四个特点：自由、创造性、自我表达、人际互动。

从一开始就应清楚地看到，这些特征应被看作是一个整体的不同特征，它们以微妙的方式相互作用。然而，似乎可以这样说，对话的特征和规则之间的联系形成了一个清晰的可区分的模式，我将给出一个粗略的轮廓。作为保护自由维度最相关的规则，我看到 R1、R2、R5、R7 和 R8。从最后两个开始，R5、R7 和 R8 保障了参与方参与讨论的平等机会，参与者之间的讨论不应受到参与者的任何胁迫或疏忽。R1 和 R2 同样可以被看作是思想的独立性和无界性的保证。前者的目的是鼓励参与者独立于权威（包括其他哲学家）思考，而后者的目的是将参与者从任何既定的观点中解放出来，无论是社会的还是其他的。其中可能包括参与者自己的信念和早期思维过程的结果的限制性影响，例如在出版物中表达的观点，或仅仅在其他讨论中表达的观点，从而产生了对一个问题保持坚定态度的需要。

第二个特征"创造性"主要是为了涵盖重新思考问题的维度，尤其是新见解的产生，我认为这属于哲学化。因此，它是任何成功哲学会谈的一个标志，它至少产生了一些参与者以前"从未想过"的想法。与新苏格拉底对话规则相关的是，创造性与自由之间显然存在着密切的联系，从某种意义上说，自由可以被视为创造的先决条件。因此，R1 和 R2 可以被看作是保护创造性思维实现的规则。

显然，这套规则的整个第三部分也促进了同样的目的。与他人互动可能会为一个人的哲学创造力创造奇迹。我认为，这与他人的言论和干预有助于将自己从根深蒂固的思想圈子中解放出来有关。

我主张的第三个特点是"自我表达"，我认为这足够广泛地涵盖了新苏格拉底对话所说明的一系列个人哲学方面的问题,这一切也许都可以归为自己的思想。它包括一些特征,比如只有在步骤中移动,人们才可以认为是自然而有效的,而且在将你真正认为有意义的东西引入自己的意义上,它也是真实的。在新苏格拉底式的对话中,自我表达可以被看作是既与参与者自己或自己参与讨论的故事有关,也可以被看作是对他人讲述的故事的反思的真实性有关。在一套规则中,自我表达存在于 R1 中,但也许最为明显的是在"贴近生活"中。

哲学化的第四个特征是人与人之间的互动。当然,我们必须假设,我们谈论的不是任何形式的人与人之间的互动,而是由第三类规则创造的那种积极的人与人之间的互动,所有这些规则都可以被视为富有成效的"共同思考"的先决条件。

应该指出的是,我把真正哲学化的特征称为新苏格拉底对话的固有特征,而不是本质特征。这是一个经过深思熟虑的选择,它与一种恐惧有关,即对真正必要的东西进行学究式的纠缠可能会导致其他典型特征从视线中消失。具体地说,这与列表中的最后一个特性有关,即人与人之间的互动,这显然引出了这样一个问题:哲学思考是否总是发生在人与人之间,或者是否也可以在孤独中进行。我的回答是,一个人可以进行独立思考,并被视为哲学家,这似乎是有道理的。事实上,任何名副其实的哲学著作似乎都至少包含了一些真正的哲学思考。然而,我倾向于说,人与人之间真正的讨论的环境形成了一种理想的哲学化的条件,这只是部分可以复制,例如,通过一种方式与他人的哲学著作互动。同样明显的是,自由和创造力等特征尤其不太容易讲条件。

如前所述,我们正在讨论的新苏格拉底对话版本的主题可能是一个概念或现象,也许常常是这些概念或现象的混合体。但一定要这样吗?显然,这个问题的答案不能从任何根深蒂固的哲学观点中得出(记住:哲学化不是"做哲学")。当我们选择关注哲学化活动而不是各种哲学体系时,在区分富有成效和不那么富有成效的哲学会谈主题时,似乎唯一相关的是,主题在多大程度上适合于我所概述的那种对话。在这个主题下,它是否有可能创造一种独特的自由和创造性的讨论,允许自我表达和有益的人际互动?哲学化的可能主题问题似乎相当复杂,不能在这方面详细讨论。不过,我可能会建议,对这个问题进行彻底的处理,需要更清楚地理解洞察力的概念,并就此打住。

哲学化的内在价值

遵循惯常的哲学区别,人类活动或实践可能有两种不同的价值。首先,它可能是有价值的工具,因为它有助于其他有价值的东西。但它的价值也可能是内在的,在这种情况下,价值就在于所讨论的活动或实践的具体表现。作为第一类的一个例子,我们可以去看牙医,在那里的价值通常是在对健康牙齿的鉴赏中找到的,而不是在实践中找到的。作为一项有内在价值的活动,我们通常是为了自己的利益而从事的,我们可能会去听一场音乐会,或者观看或参加一场足球比赛。然而,很明显,这些分类并不是排他性的。因此,例如,参加一项体育运动,由于其对健康的积极影响,既具有内在价值,也具有工具价值。

如前所述,我对哲学化最强烈的直觉之一是,哲学化属于具有内在价值的人类活动。另一种说法是,一次有组织的或自发的哲学会谈并不取决于其价值的结果。为了弄清楚这是怎么回事,让我们把上面列出的四个特征看作是新苏格拉底对话的价值构成特征,以及更普遍的真正的哲学化形式。如果所列出的特征本身并不是不言自明的,我认为,任何进一步的讨论都必须指向其他类似的活动,在这些活动中,相同的特征充当了价值的组成部分。因此,例如,我们当然非常熟悉许多自由感对其价值起着关键作用的活动,例如第一条城际铁路或任何其他公开组织的旅行方式。同样,创造性的工作,即使不总是,也常常被认为是有价值的。我认为,在写日记或给心爱的人写信等活动中,自我表达的具体价值变得显而易见。第四个特征,人与人之间的互动,代表了任何非孤立的哲学化设定所体现的团结。当然,共同做事是有价值的,这一点得到了经验的充分支持(例如,玩游戏或为共同的兴趣而工作,不管是什么)。一起思考哲学似乎是一起做事情的一个非常特殊的例子,对我个人来说,这让我想到了良好友谊的品质(增加他人想法的能力)。

哲学化与哲学成果

到目前为止,我试图在分析独特的新苏格拉底对话的基础上,通过确定一组特征,来勾勒出哲学化是一种什么样的活动。尤其是,我试图提供一些内容,让人觉得哲学化是一种内在的有价值的活动,人们至少部分地为了自己的利益而参与其中。目前仍未解决的问题是,是否也可以通过哲学化来实现一些有价值的东西,作为一些有价值的结果可以从活动本身的价值中分离出来吗? 这就引出了哲学化与哲学成果之间的关系问题。

首先,很明显,哲学化的活动可能会产生各种有价值的结果。我认为,从事哲学化通常有助于提高一个人从不同角度看待事物的能力。一个有组织的哲学讨论,如新苏格拉底对话,也可用于提高参与者的语言表达技能。人们经常提到各种形式的苏格拉底对话与民主教育之间的密切联系(Svare,2008,126)。然而,尽管这些结果很重要,但它们却很难被视为哲学成果。

在我提出的哲学观中,当然也有一个地方可以容纳各种各样的哲学成果。确切地说,这些都是对作为一种创造性活动的哲学化产物出现的事物的洞察和反思。更具体地说,这些结果可能包括对不同概念之间关系的洞察("X总是包含Y")、各种类型的问题和现象之间的区别("我们应该区分X和Y")、类比的突然出现("X类似于Y"),等等。当然,在这一过程中出现这类成果对哲学化的创造性维度无疑是绝对重要的,因而有助于哲学化的内在价值。但是,这些区别和类比,或者无论它们是什么,通过对我们以后的生活做出积极的贡献,是否对我们也有一定的价值吗?

是的,显然是这样。不过,我们必须谨慎地描述它们的影响。例如,我不认为从简单的解决问题的角度来理解哲学化过程的哲学结果是完全准确的。根据我的理解,哲学并不属于任何明确的问答模式。换句话说,在哲学化中,我们不是在寻找任何预先定义的具体问题的答案,这些问题可以解决我们生活中的问题或类似的问题。我认为,哲学化成果的意义更应该与文学、电影和其他艺术作品的碰撞所产生的思考相比较。它们作为有助于我们理解世界和自我理解的视角而存在，尽管它们的影响往往难以准确找到。因此，把哲学化看作一种转化活动是没有错的。

在谈论哲学成果时，我有意避免谈论真理。我也许应该解释一下我这样做的理由。我的理由与任何形式的相对主义都没有关系：我并不意味着每一种哲学论证都同样有效，或者说是好的。相反，我赞同所谓的现象学考虑，也就是说，哲学化的结果在我们看来是开放的，可以进一步讨论、修正和解释。例如，这应该与我们基于的科学信仰，或根深蒂固的道德原则，在我们所说的、所想的和所做的事情中所体现的截然不同的方式进行比较。

新苏格拉底对话的工具形式

我的一些读者可能会反对本文描述和使用新苏格拉底对话的方式。尤其是，他们可能会觉得，新苏格拉底式的对话比我所坚持的，更像是一种方法，它是为一些明确界定的目的而设计的，而不是为哲学化的活动创造纯粹的条件。由于这显然有些道理，因此有必要作出进一步的澄清。

我使用了一个新苏格拉底对话的概念，其中工具维度被最小化。例如，这可以从以下事实看出：讨论的主题仅仅是作为一个主题，而不是一个形式良好的问题提出的。然而，很明显，哲学对话的类似设定可以更多地以目标为导向的方式使用。这里我只想区分两种将工具引入新苏格拉底对话的基本方式：解决问题的运用和教学的运用。

使用新苏格拉底对话作为解决问题的方法的一个先决条件是，它以特定的问题为出发点，朝着某种形式的解决问题的方向前进，最常见的是答案的形式。然而，很明显，如果我们不对问题增加真实性的要求，证明我们正在处理一个必须解决的真实问题，而不仅仅是模拟问题，那么这种方法就失去了它的一些意义。例如，在新苏格拉底对话中解决问题的设定可能有用的方面，我们可能会选择一个发生有争议的性骚扰案件的办公室。除了关于发生了什么以及谁在说谎或说真话等明显的经验问题外，可能还涉及一个真正的概念问题。在这种情况下，在社区内展开新苏格拉底式的对话，以便就什么应该被视为骚扰达成协议，实际上可能是非常有用的。

新苏格拉底式对话在教学上的运用，让我们回到了伦纳德·尼尔森的著作中所描述的这种方法的根源。对于本质上是新康德主义者的尼尔森来说，"苏格拉底方法"一直被认为是一种哲学教学方法。在这种观点下，这种方法的目的被理解为使学生能够根据自己的假设或判断认识哲学的普遍真理（Nelson，1949：10－11）。然而，很明显，新苏格拉底式对话在教学上的运用并不需要任何版本的哲学绝对主义。例如，在相对主义框架内使用这种方法，以揭示根深蒂固的文化预设，是完全有意义的。事实上，为了帮助学生理解思维系统，简单使用这种方法的某些版本似乎也是可能的。然而，在这方面，我将不再详细讨论新苏格拉底对话的工具性使用，但或许有兴趣问一下，哲学讨论的工具性如何影响哲学化的活动。

现在，对于熟悉伦纳德·尼尔森作品的读者来说，整个问题似乎都是徒劳的。对他来说，哲学化仅仅是我们"追溯哲学判断的最终来源"的活动（Nelson，1949，87）。然而，基于我所提出的哲学观点，目标导向和哲学化之间似乎存在着一种直接的张力。解决问题的使用将对话转化为寻求解决方案，要求参与者对某个定义或问题作出决定，而教学的使用，大致上是为了让人们看到某些原则、定义或真理。显然，在这两种情况下，都丧失了自由和创造力。在前一种情况下，自我表达的潜力可能也会被削弱，因为群体作为一个整体预期会得出结论。在朝向某种预先确定的目标的小组讨论中，与在公开结束的对话中，人际互动的质量似乎也会有所不同。

最重要的是，在哲学讨论中引入工具性将不可避免地改变我之前所描述的结果的现象学。现在，我们将拥有明确的答案或原则，而不是我试图描述的"挥之不去的观点"（perspectives lingering on），这些答案或原则声称代表了真理，或者至少具有文化有效性。这种差异也可以表达为工具性产生的结果在我们看来是封闭的问题，我认为，从来没有在最纯粹的意义上进行哲学化。

所以，我想说的是，一种使用工具的新苏格拉底式对话从来没有涉及哲学化吗？不完全是。似乎更有理由认为，把新苏格拉底对话的目标导向版本看作是受限制的哲学化，或者是被用于达到某种目的。也就是说，考虑到这些限制，讨论仍然保留了一些真正哲学化的特征。

结　论

我的讨论是从学术哲学与哲学化的自然冲动之间的矛盾关系开始的。我们现在应该能够给许多哲学经验的学生和教师的不安提供一些内容。显然，大学哲学研究中所固有的这些紧张关系的主要部分与哲学著作所占的专权地位有关，这些著作以属于正典的经典著作的形式出现，或以定义"当前正在发生的事情"的最新著作的形式出现。这些书籍、文章和他人的思想作为不断的参考和预设的方向出现，学生的思想在其中被期待着移动，影响着自由、创造力和自我表达的实现。尤其是，大学研究经常鼓励的角色扮演倾向，或采用观点也削弱了真实自我表达的潜力，如我认为海德格尔（Heidegger）、维特根斯坦（Wittgenstein）、康德（Kant）会说……当然，关于大学里使用的教学方法，以及在多大程度上融入了对话的使用，也有许多值得商榷的地方。

特别的是，我想让大家注意一种可能不那么明显的方式，在这种方式下，学术要求可能不利于哲学化，我认为，这可能只是哲学成果出现的另一个方面。在大学里，我们被要求以论文的形式发表成果，对一些问题提出有说服力的观点。作为学术生活的一个基本特征，这种特殊类型的目标导向也将成为学生早期培训的一部分。显然，说一篇哲学论文的结果在我上面所使用的意义上是封闭的，并不是完全准确的——相反，它构成了游戏的一部分，它们总是应该随时接受修改。尽管如此，这也是我的观点，这通常只会发生在一个复杂的攻防、争论和反驳的游戏中。用一个诗意的比喻来说，学术出版的结果就像前哨一样，一旦达到了，我们就不能放弃这样的结果。因此，如果不失去哲学化的一个特征,即重新开始的自由,学术游戏就不可能真正进入。

将大学研究或哲学研究与哲学化结合起来的前景可能确实很渺茫。也许我们应该学着把哲学化和哲学的专业方法看作是或多或少独立的活动?事实上,我不认为这是可行的。学院哲学,就其价值而言,总是需要哲学化的元素,无论是为了教学目的,还是为了完成富有成果和创新的研究,即使它很可能仍然是一种被利用的哲学。

我将用一个简短的注释来结束我的论文,说明哲学对美好生活的可能意义,苏格拉底在他的著名信条"未经检验的生活是不值得过的"中的审判已经建立起来的联系(A-pology,38a)。我的讨论对这个问题有什么启发?我的第一个结论是,我们应该区分哲学成果的意义和哲学化活动的意义。哲学成果可能对美好生活做出贡献的最明显方式,是将其作为对生活真正问题的答案,形成决定如何继续下去的基础。当谈到纯粹的、未被利用的、哲学化的意义时,必须在结果所起的作用和活动本身的实际参与所起的作用之间作出第二个区别。前者——作为结果的"洞察"(insights)——可能被广泛地视为对我们面对世界的方式的一种贡献、我们如何理解自己、我们后续的理解任务是如何进行的,等等。毫无疑问,哲学化的结果也为我们的生活增加了一个明确的意义维度,尽管仍然有人可能会说,还有其他更直观的方式可以让生活变得更好。

然而,正是通过对这种区别的后一方面,即哲学化活动本身的说明,本文才对哲学可能具有的美好生活的意义问题作出了主要贡献。通过论证哲学化属于具有内在价值的人类活动的类别,我还指出,哲学思考本身只要是一项有价值的活动,就可以提高生活质量。

参考文献

Birnbacher, D. (2002). Philosophie als sokratische Praxis. Sokrates, Nelson, Wittgenstein. In D. Birnbacher, D. Krohn (Eds.), *Das Sokratische Gespräch*, Stuttgart: Philipp Reclam jun.

Heckmann, G. (1981). *Das sokratische Gespräch. Erfahrungen in philosophischen Hochschulseminarien*. Hannover: Hermann Schroedel Verlag.

Nelson, L. (1949). *Socratic Method and Critical Philosophy. Selected Essays*. New Haven: Yale University Press.

Plato(1984). Apology. In *Euthyphro*, *Apology*, *Crito*, *Memo*, *Gorgias*, *Menexenus*; *The Dialogues of Plato*, Volume I. Translated by R. E. Allen. New Haven and London: Yale University Press.

Svare, H. (2008). *Den gode samtalen. Kunsten å skape dialog*. Oslo: Pax Forlag.

原文出处:Bernt Österman, "Neo-Socratic Dialogue as a Paradigmatic Setting for Philosophizing", *Philosophical Practice*, November 2014, 9.3: 1426 – 35.

(赵豆 译)

哲学传记及其与哲学践行的关系

奥拉·格伦加德(Ora Gruengard)

哲学咨询师的传记与他的实践是有关联的吗？有些哲学家坚持认为,这是一个心理问题,如果不只是八卦的话。因此,他们主张,哲学传记与他过去或现在的理论立场的有效性无关,也与他咨询实践方法的充分性无关。他们或许会承认,如果一个人过去有问题,例如精神病发作史或犯罪记录,就会暗示有滥用行为和虐待同事、学生或受咨询者的风险,此时就应该考虑到是否允许他从事教书或咨询工作的问题。其中一些人承认这可能是一个政治问题,并且鉴于哲学家的活动对其而言似乎也不是一个充分的原因,他们会进一步建议防止其获得有影响力的职位。然而,正如海德格尔遗产的许多捍卫者所做的那样,他们坚持将个人缺陷或政治罪恶与哲学美德分离开来。为了防止诉诸偏好(ad hominem)谬误的任何承诺,他们可以增加对立面的因素,即哲学家的人格或政治美德应该与其理论的概念缺陷及其咨询的实际缺点区别开来。我不确定这种分离是否如此简单,但让我先来看看哲学传记是否与此相关。

从柏拉图的角度来看,这当然是相关的。在其传统中,当一个人的一生都在不懈地寻求哲学智慧,不断地努力实现据称由这种智慧支配的哲学理想(尽管偶尔会失败)时,他的传记就配得上"哲学"的称号。"真正的哲学家"的一生就是他走向这种智慧的历程。在这方面,这种智慧是否被认为是知识、理解或存在主义的义务,或者它是否应该通过概念分析得到,或者是否还需要进一步的、述后(post-discursive)的"直觉",都无关紧要。这一传统不仅通过"精神的训练"和无神论的说法激发了宗教观念(伊斯兰教、犹太教以及基督教)的"提升",就像通过治疗对话使得精神分析得以"成长"一样,而且,一些存在主义者的观点也反映了这一点,他们似乎确实更喜欢个人的"真实性",而不是"普遍真理",但却假装(像一些东亚大师一样)引导个人以"那种方式"走向应具有普遍性的真理。尽管他们之间存在差异,但他们都莫名地相信,初学者应该是从那些已经完成了的智慧着手的探索者群体,并由某个已经达到目标的人进一步指导,或者至少要比引导他们向理想的智慧和行为攀登的人更进一步。在那个传统中,一个人与其哲学传记是相关的,因为只有通过哲学上的生活才能获得哲学智慧,这种智慧能使人有权创造自己哲学真理的理论观点并接纳和引导其他人。正如这一传统预设的那样,"真正"知道理论上更好的东西意味着更喜欢它并且相应地行事,依据这种理念,它也预先假定了不合适的行为意味着不正确的理论理解。逻辑实证主义打比方解释说,作为一个几何学家并不意味着他是一个"三角形"或像一个三角形那样行动,并且不能以这种方式行事的失败来证明他关于三角形的定理是错误的；但是，似乎对于所有柏拉图式的传统追随者而言，他们的观点就是基于这样虚假类比的误解。

从非柏拉图传统的角度看，一个人的哲学传记是否也是如此相关？我相信是相关的，但根据我的哲学教育和咨询态度，我提出另一种哲学的传记概念。

让我从亚里士多德的遗产开始。

在很多方面，亚里士多德保持着对柏拉图传统的忠诚，但他坚持按照自己的方式来发展，他解释说（Aristotle，1954，1096a11－15），他"友爱"他的老师柏拉图，但"更友爱"真理。事实上，他至少有四个信念是非柏拉图的：

其中两个涉及知识问题：(1) 对知识或智慧的追求始于一种"惊奇"，而不是纯粹的对完美的热爱，这种完美是出于对自身认知，道德或存在的不完美的认识。我们可以从亚里士多德分析的语境中理解到，这种"惊奇"并不是一个让人感到惊奇的思想，而是一个相当有趣的问题，进退两难，没有明确的解决办法。(2) 至少在"平凡的"（mundane）人类事务领域中，我们必须以"谨慎"的态度在多种可能的方法中寻找最合理的方法，以此来取代对真理（在所有选择都是错误的情况下）的"认识论"追求。

另外两种非柏拉图的信念是关于人类行为的：(3) "世俗的（Earthly）"情感和欲望与人类事务相关联并且是有意义的，应该合理地加以管理而不是贬低，以至于最终被有见地的智者的"天爱"（"celestial" love）所压制。(4) 然而，良好的推理并不能保证合理的意见和行为：人们可能会对自己的最佳判断进行思考、行动和反应。

从这样的角度来看，一个人的整个传记肯定不是"哲学的"；但我们可以说一个人的传记的某些章节（chapters）或方面可能配得上这个称号。

一个亚里士多德主义者会将"哲学"章节定义为一个人在思考、行动和合理反应方面取得成功的时期（因此，他会鼓励人们养成逻辑推理和适度行为的"好习惯"）。

然而，我建议，如果一个人的传记中有一章是通过亲身体验"惊奇（wondering）"（因此重新审视他以前认为好的习惯）来激发他进行哲学探索的，那么他应该把这一章看作是哲学的。根据这一概念，受到探索创新思维的哲学家的启发，如怀特海（Whitehead，1925）、柏格森（Bergson，1932）、波普尔（Popper，1959）或库恩（Kuhn，1962 [1996]），作为教育和咨询的哲学践行就在于鼓励和促使学生或受咨询者在他们的传记中拥有一些这样的探索性章节。

那么，谁应该做哲学咨询或培训哲学咨询师呢？我相信这应该是一个在他的传记中有哲学章节的人。但谁有这样的章节呢？

一个人不需要被宣称是一个哲学家，以使得在他的生命中拥有这样的阶段。科学家、法学家、翻译家、评论家、艺术家、治疗师、精神领袖或教育家，如果他发现自己感兴趣的专业问题无法妥善处理，用库恩（Kuhn，1996）的术语来说，除非他处理此类问题的方法中占主导地位的"范式"被另一种"范式"所取代，"转向"新"范式"的可能性会促使他重新思考一些默认的哲学假设，这些假设至少是那种看似显而易见的旧范式的基础，并批判性地审视了其他假设，那么他就正在经历着一个哲学的阶段。即使他没有完全意识到他是从事（doing）哲学而不是专业的工作，他仍处于这样一个阶段。他可能是以思想为导向的,例如,马克斯·韦伯,一个新学科的创始人,正在努力将自己与现有学科区分开来并定义其特定的类别,并用方法论话语和逻辑论证的抽象术语来表达自己。

相反,他可能是一个以实际为导向的人——有人说亚历山大大帝是一个突破性的政治家,他"解决了戈耳迪之结(the Gordian knot)",即改变处理一个古老而持久的政治冲突的方法,并使用了政客们的辞令,以蛊惑人心的方式迎合民众情绪。与这两者不同的是,他可能以"精神"为导向,像佛陀(Buddha)或拉伯·阿基瓦(Rabbi Akiva)和他同时代的圣保罗(Saint Paul)、马霍米德(Mahomed)或路德(Luther)一样,挑战宗教当局解决困扰他的"精神"问题的传统方式,并提出一种新的方法,声称他的新智慧是建立在启示、神秘的启发或对神圣文本的一种启迪性重新解释的基础上。他可能是一个诗人、小说家、记者,有时甚至是一个单口相声演员,他有天赋去洞察我们内心的不满和无言的冲突,并在寓言故事、隐喻描述和转喻的情境中表达自己的讽刺和幽默。他可能是一个艺术家,打破了传统的形式,不遵循当前的品味,从而打开了新的视角,但却没有用连贯的语言表达自己(而他的解释者则认为是他的"洞察力"或"直觉")。然而,只要他对显而易见的假设提出质疑,并在充分意识到或不完全意识到这些假设的哲学性质的情况下考察它们,他就会有这样的哲学经历。此外,他的经验并不亚于那些意识到坚持现有的哲学概念无法令人满意地解决困扰他的哲学问题的"专业"哲学家的哲理性。最后,哲学章节可能是不太世故(less sophisticated)的人的传记的一部分,他们可能无法用普遍和抽象的术语、修辞技巧、虔诚的说教、虚构的小说、讽刺性的笑话或艺术作品来表达自己,但他们意识到,他们将无法解决困扰他们的问题,除非改变他们的一些原则、信仰、价值观或态度。

相反,他也可能只是一个没有真正哲学传记的"专业哲学家"(professional philosopher)。这样的哲学家可能在学术上非常活跃和富有成果(例如,通过出版物或参加会议的数量来衡量),用库恩(Kuhn, 1996)的话说,他从事着"常规科学"活动,这是其特定哲学学科的典型特征。他可能会在这个或那个哲学化的"范式"的基础上出色地完成技术工作,使用流利的修辞工具,提出好的但却是传统的问题,从充足的列表中提取作者的参考文献,提供有趣的见解或解释等等。但是没有真正的个人的、哲学的"惊奇"的背景,在处理个人有意义的问题的努力中没有哲学探索的历史,没有对理论或方法的个人承诺,也不关心个人处理问题能力的哲学化的相关性。例如,如果他是一个分析哲学家,比如蒯因(Quine, 1951)所做的那样,他可以很容易地运用逻辑经验主义的传统工具,并对分析命题和综合命题之间的逻辑或语言差异的论述作出新的改进,而没有意识到这种区别会造成有可能无法解决的问题,也不想知道是否有继续解决它的理由。如果他是一名逻辑学家,他可能会在专业人士或非专业人士的推理中发现新的谬误,然而,正如吉利根(Gilligan, 1982)那样,他们却不会这样问自己,关于(基本上)康德的道德推理理想是否真的是非理性的;或者像其他许多人(e.g. Hertwig et al., 1999)那样,他们也不会问自己,在争论的背景下,由卡尼曼等人(Kahnemann et al., 1982)所证明的不确定条件下所谓的推理偏差是否也是非理性的。或者换句话说,科学逻辑或数理统计的模型(根据这些模型,生活环境中的推论被判断为谬误或有偏见),是否都是日常理性的适当模型或标准。如果他是一位现象学家,他可能会研究人类生活经验的一些未被探索的方面,并根据其主观的原始概念,检查在常识性或科学性讨论中普遍存在的关于这方面的概念是否充分的,而不像海德格尔(Heidegger,1927)所做的那样提出疑问,认为生活经验层次的前提是原始的概念,或像维特根斯坦(Wittgenstein,1953)质疑的假设,认为是在社会的"语言游戏"语境中,先于语言用法的经验层次是可获取的还是有意义的。他可能对思想史感兴趣,并讨论某人对犹太教的概念是否受到斯宾诺莎(Spinoza)或马克思(Marx)的启发(cf. Harvey,2018),而没有问自己,例如利奥塔(Lyotard,1988),他面临着本质主义和反犹太主义的困难,是否有任何这样的概念是充分的;或者就像思想史上每个思想的一些反对者那样,想知道灵感来源的问题是否有意义。不幸的是,他可能属于这样一个学科:图式的教条式运用是合法的,不管他所欣赏的大师是柏拉图(Plato)、亚里士多德(Aristotle)、迈蒙尼德斯(Maimonides)、斯宾诺莎(Spinoza)、卢梭(Rousseau)、康德(Kant)、黑格尔(Hegel)、马克思、尼采(Nietzsche)、海德格尔(Heidegger)还是其他任何一位大师,他都可以将概念网络系统应用于当前的问题,或者更糟糕的是,将这些网络系统应用于政治或宗教原因的意识形态的合理解释,而不考虑这种努力的哲学和道德问题性质。他可能会不明智地坚持一个更近代晚近的流行哲学家,这个哲学家在哲学之外的圈子里很受欢迎——阿多诺(Adorno)、本杰明(Benjamin)、福柯(Foucault)、德里达(Derrida)、拉康(Lacan)或另一位流行的大师——却没有真正理解这位思想家实际上试图应付的事情,也没有任何能力去评判他的成功,而是接受了一些当代政治导向学科的"哲学"训练,在大师各自的特定术语中,将大师在"正确"与"错误"、"对"与"错"、"正义"与"邪恶"之间的二元区别机械地应用到那个学科所处理的对象上。(它可能是社会学、传播学、文学、戏剧、艺术评论家、心理疗法、性别、黑人或后殖民主义研究的任何一个分支学科,其中此类实践就是"常规科学"。)他可能是一个热衷于逻辑推理的学生,他的老师不仅仅通过明显非直接性的对话指出他们宣称的信仰、价值观、情感、愿望、目标中明显的矛盾、含糊不清或矛盾心理、标准或原则来假装改善思维方式,而且改善其他人的生活。这种爱好者应用"常规科学"的活动可能包括使用导师的"中立"提问技巧,而不想知道他是否会把对话条件下的日常语言行为误认为是从容条件下写的文章,把活生生的人错当成了理论;他的问题,或者实际上是否有任何问题都没有预设,或者为什么他的导师拒绝讨论他的方法的哲学预设。最后,他可能是一位专家的追随者,他受到某些"精神"思想或不屑于分析和辩论传统实践的启发,他相信通过引用哲学文本作为套话,从而"学院式"哲学的"肤浅"得以克服,并且他引用了一些精选的文本而不要求他自己知道文本是如何被选择的,以及所谓的"深层"程序与心理学家归类为洗脑的一些技术之间是否有一些相似之处。在这些"常规科学"的哲学家中,我们可以简单地找到原始的思想家和熟练的技术人员(如果学科允许,也可以是简单的学舌者)、深沉的探索者以及浅薄的抄写者、为自身的命运寻求哲学真理的人以及将哲学作为给犹豫不决行为做辩护和教条的工具的使用者、诚实的研究人员以及愤世嫉俗的伪君子、有趣的挑衅者以及简单的无聊者。他们所分享的是他们生活中缺乏的哲学章节,在这些章节中,他们应对一个对他们个人来说至关重要的"惊奇",促使他们重新思考他们被训练成理所当然的东西,审视他们的哲学教义和提问或推理的习惯工具,并探索替代性工具。

　　我认为哲学咨询应该包括帮助那些不知道如何处理引起他们兴趣或困扰他们的某些问题的人，激发他们的"惊奇"，并探索他们的可能会阻碍更好应对问题的观点、价值观和态度，比如他们潜在的个性哲学。因此，我怀疑那些总是在做"常规科学"活动的哲学家们是否是做咨询或指导咨询师的合适人选。然而，我并不认为哲学咨询师必须经历一种激进的转变，就像康德（Kant，1787）"从教条式的睡梦中醒来"制造他的"哥白尼式革命"，像维特根斯坦（Wittgenstein，1953）那样自我批判，或者像海德格尔（Heidegger，1927）以及他的反对者逻辑实证主义阵营那样，质疑整个西方哲学遗产。（我倾向于相信，上述任何一个，或任何其他伟大的哲学家和非哲学家的创新者将已准备好或能做哲学咨询，他选择献身于粉碎和重建整个系统或方法，集中于他自己的想法而不是追随他人的观点……）我并不要求咨询师或他的导师成为新理论的创作者：在一个人的生命中有一个哲学篇章并不是革命巨人的特权；这只是让人们亲身感受到了哲学（哲学化）是重要的。

　　当然，哲学并不是唯一重要的事情。如果应对看似无法解决的困难的方式涉及"心灵的改变"，那么任何可能导致这种改变的事情都可能很重要：心理治疗和宗教劝说（这明确地将信仰和态度置于问题中）；神秘的体验（在其中含蓄地发生）；意想不到的外部变化（以及力量的重新定位）可能导致的精神错乱；运动或园艺之类的活动（能愉快地转移人们对困难的注意力）、为他人承担责任并帮助他们应对困难（这样做不那么以自我为中心）；出现了更重要的问题，如健康恶化或战争爆发（这令人不快，但有时非常有效）；从幽默或艺术的角度与问题保持一定的距离（这可能有助于减轻它的刺痛，也许不总是像毒品和酒精那样有效，但肯定不会那么有害）；最后，退回到荒漠，少一些主题式的冥想，少一些思考式凝视（这可能有助于把这个有趣的问题变成一个完全没有意义的问题）。正如退却的效果在某些方面可以被视为哲学式消解的平行，类似于通过将一个看似无法解决的问题分析成一个假问题（从斯多葛到逻辑实证主义的各种哲学家所使用的一种策略），人们可以在"改变思想"的其他非哲学方法和哲学方法之间进行类比：从个人的到主观的距离，视角的改变和价值尺度的重新排序，当然还有对信仰和原则的质疑。然而，有些方式，或者更确切地说，触发"改变想法"的因素，比如健康问题和战争，并不是任何一个心智健全的人所要求的；由于显而易见的原因，毒品和酒精是不被推荐的，而"退回到荒漠"一直是少数人的选择。运动或园艺通常被选为一种体育锻炼或爱好，而不是一种精神上的改变，尽管伏尔泰（Voltaire，1759）建议把它作为一种解决办法，来解决我们"所有可能的世界中最好的"道德败坏的限度这一无法解决的"奇迹"。寻求哲学咨询师而不是心理学家或宗教传教士的人都意识到，为了更好地应对他们的问题，他们需要改变的东西在他们的心中的想法，但在我看来，他们不希望以被告知他们的想法是"有罪的"或"不安的"、他们的愿望是"幼稚的"或"不真实的"的、他们的"无意识"推理是有缺陷的和他们的情绪是被误导的方式来改变。此外，他们不希望通过控制自己的情绪，或通过职业专家或上帝的代表所分享的权力被说服以改变自己，以便能够阅读和解释他们的"无意识"思维。最后，他们不希望通过行为主义的再调节、催眠治疗或精神药物治疗来改变（尽管他们中的一些人可能知道某些心理问题对于精神分析"洞察力"的理性论证是"可抵抗的"，例如恐惧症、强迫行为、物质成瘾或创伤后的强迫性噩梦有时通过不涉及主体理性理解和信念的方法得到缓解）。他们希望在理性地寻求解决方案或减轻痛苦方面得到帮助。他们相信哲学是很重要的。

这是我最初提出的哲学传记的关联性问题，这是哲学理论和哲学践行方法的有效性之间的桥梁，也是我对"哲学传记"的诠释和我的哲学咨询理念之间的桥梁。

被咨询者，无论他是否受到"世俗"困难或"精神"困惑、实际问题或形而上学好奇心、存在的焦虑或绝望的无意义感、情感冲突或道德困境和遗憾的困扰，寻求内心的平静或挑战的冲动、现有的秩序或事物的紊乱，都期望哲学咨询师作为哲学家来帮助他。他可能认为咨询师熟悉与他的问题相关的哲学思想，有足够的智慧看到他自己看不到的解决方案，并且知道如何帮助他。他可能认为，这些知识是通过对哲学文本的深入和批判性阅读而积累的，而不是通过参加一些咨询方法的研讨会或在互联网上快速搜索引文而肤浅地获得的。然而，他对咨询师的信任并非源于那种并不总是合理的信念。这是基于他的假设，即咨询师认为他的哲学知识与咨询师的关注有关，而且这一信念得到了他个人经验的证实。换句话说，他希望咨询师相信哲学很重要，因为他已经亲身经历过，他的哲学探索帮助他至少更好地应对一些困扰着他的问题，而且尽管个人存在差异，但他有一个合理的信念，即这种探索也可以帮助他们。简而言之，他们希望他的传记中有一些个人的哲学章节。

拥有这样的经验，即使规模不大，也不仅与咨询师哲学立场的主观意义有关，而且与他的咨询方法和对受咨询者的个人承诺的有效性有关。我相信那些创造了自己的咨询方式的哲学家们也有这样的经历。我不确定向他人学习哲学咨询的准入者是否具备这种能力。因此，哲学咨询师的培训必须从吸引他们生活或重温个人经历开始，在这些生活和经历中，哲学对他们来说真的很重要。应继续检查参加培训的学员以及他们与可能的咨询师之间的个人和文化差异以及情感敏感性、气质、幽默开放性和自尊方面的差异。应该调动参与者容忍多种意见和理解各种推理和感觉方式的能力，他们管理自己影响的意愿，以及他们愿意将他人的个体关注转化为可分享的哲学"惊奇"。此外，应该鼓励他们不断地"怀疑"自己作为咨询师所做的事情是否与被咨询人的担忧有关，是否有助于被咨询者的担忧，而不是训练他们在技术上教条地应用某些咨询的公式或技巧。应该教诲他们，咨询对话是一个咨询师生活在一个新的哲学经验的机会。

我回到我最初的问题：哲学家的传记是否与他的理论主张和咨询实践方法的有效性有关？几何定理的有效性当然不应该受到质疑，因为数学家断言他不是"三角形"，但非"三角形"的数学家和不道德的伦理学哲学家之间的著名类比是否合理？一种关于正确行为（或思想、情感等）的理论的有效性是否从来不会被作者（或欣赏的读者）的不当行为所打破？当哲学家在元层面处理道德的本质或语言（理性，真实性等）时，一个命题的真理性与主张或否定它的人的美德或恶习之间的逻辑区别可能是恰当的，与"常规科学"哲学化的其他"技术人员"一样，并没有考虑到在判断和实际决策层面的立场。然而，当一个哲学家被一个道德问题私下困扰时，一个他没有看出如何解决的困境，或一个无法解释的内疚或后悔的感觉，并且因此被激励去探索和修改他的一些哲学预设时，他提出的道德理论结果不应该被认为是一个在逻辑上与他的个性脱节的命题。它应该被认为是带有言外之意成分的言语行为（参见 Austin，1962）。这种言语行为与数学家的行为并不相似，尽管两者，如果诚实的话，都会通过行为、自我承诺来证明他们的主张；对于从未承诺过成为"三角形"的数学家来说，他致力于为他的几何定理提供数学证明；而哲学家，无论他的理论论点是什么，都致力于在他自己的生活中证明他的哲学陈述的充分性。换句话说，提出一个哲学概念并不是做一个描述性的表达；它至少根据他的最佳判断默默地开出了这样一个药方：某种东西有望带来更多的幸福或正义、理性或意义、自由或真实、宁静或冒险、责任或自我实现、与困难斗争的工具或应对失败的方法。如果一个人不能按照自己的建议生活，原因可能是他个人所谓的意志薄弱；但是，如果开出的药方是不诚实的，或者一个人认为自己的行为（在其他人看来是不相容的、错误的）实际上是相容的——药方本身就应该修改。它可能是有缺陷的，像一些理论，比如启发性作者的理论（这些理论似乎规定了普世性原则，但是如果在"普世性"群体中包含所谓"他人"特殊性的整体方面并不是明确的，那么它是模糊的）或个人"本真性"的一些概念，例如海德格尔在其著作、演讲和对批评的回应中提出的概念（这些概念不连贯足以不加批判地接受泛德意志民族主义者的民族决定论惯例，其不一致足以让人脱离个人和集体责任，而且主要是太教条化，不允许在令人不安的现实面前出现新的"惊奇"，也不允许从更广阔的视野和其他经验和困境的角度进行修正）。

哲学咨询师的传记是否与他的理论概念和实践方法的有效性相关这个问题，是与哲学咨询有关的：通过提供咨询，人们有义务在自己和一个学员身上进行探索，并与不同信念的同事讨论他的哲学是否以及如何确实重要。

参考文献

Aristotle(1954). *The Nicomachean ethics of Aristotle*. Translated and introduced by Sir David Ross. London：Oxford University Press.

Austin，J. L(1962). *How to Do Things with Words：The William James Lectures delivered at Harvard University in* 1955. eds. J. O. Urmson and Marina Sbisà，Oxford：Clarendon Press.

Bergson，H.（1932［1948］）*Les deux sources de la morale et de la religion*. Paris：PUF.

Cavell，S.（2010）. *Little Did I Know：Excerpts from Memory*. Stanford University Press.

Gilligan，Carol(1982). *In a Different Voice：Psychological Theory and Women's Development*. Cambridge，Massachusetts：Harvard University Press.

Harvey，W. Z.(2018). "Notes on Spinoza's Presence un Moses Hess' Rome and Jerusalem." *Iyuun*，67，44 - 54.

Hertwig，Ralph，Gigerenzer，Gerd（1999）. "The 'Conjunction Fallacy' Revisited：How Intelligent Inferences Look Like Reasoning Errors." *Journal of Behavioral Deci-*

sion Making. 12 (4): 275 – 305.

Heidegger, M.(1927 [1967]). *Sein und Zeit*. 11. Auflage. Tübingen: Niemeyer.

Kahneman, D., Slovic, P., & Tversky, A.(1982) *Judgment Under Uncertainty: Heuristics and Biases*. New York: Cambridge University Press.

Kant I.(1787 [1999]). *Critique of Pure Reason*. Translated and edited by Paul Guyer and Allen W. Wood. Cambridge University Press.

Kuhn, T. S(1996). *The Structure of Scientific Revolutions: 3rd ed. Chicago, IL: University of Chicago Press.

Lang, B.(1996). *Heidegger's Silence*. Ithaca: Cornell.

Lyotard, J. F.(1988). *Heidegger et "les juifs"*. Paris: Galilée.

Popper, K. R.(1959). *The logic of scientific discovery*. Oxford, England: Basic Books.

Quine, W. V. O. (1951). "Two Dogmas of Empiricism." *The Philosophical Review*. 60 (1): 20 – 43.

Voltaire(1957 [1947]). *Candide: or Optimism*. Translated by John Butt. New York: Penguin books.

Whitehead, A. N.(1925 [1967]). *Science and the Modern World*. New York: Free Press.

Wittgenstein L. (1953) *Philosophical Investigations*. Translation by G. E. M. Anscombe. Oxford: Blackwell Publishing.

[作者简介]奥拉·格伦加德(Ora Gruengard)是耶路撒冷希伯来大学哲学博士,1992 年开始从事哲学咨询工作,同时还学习了经济学、认知心理学和家庭疗法。探讨了跨学科的问题,如理性、对自我和他人的知识和理解,或经济学家和精神分析学家的假设前提和虚设条件等。格伦加德现在写的大多是有关咨询方面的,曾在希伯来大学、特拉维夫大学以及以色列国内外的其他一些学院讲授哲学。

[通讯方式] Ora.gruengard@gmail.com

原文出处:Ora Gruengard, "Philosophical Biography:Its Relevance to Philosophical Practice", *Philosophical Practice*, November 2018, 13.3: 2213 – 21.

(罗龙祥　译)

自我、他者和无我：作为解构生活故事催化剂的非二元意识

乔恩·克劳尔(Jörn Kroll)

你为什么不开心？

因为

你想的每件事，

你做的每件事，

99.9%都是为了你自己，

而这是不可能的。

——Wei Wu Wei(Terrence G. Gray). 2002，p.7)

1. 导　言

　　本文提出要促使东西方的精神智慧传统成为哲学践行的重要组成部分。这种新颖的冒险可以被看作是一种人种学，描述了一种仍然罕见的人类类型，他们已经或似乎已经完成了真理的实现或持久的非二元意识(non-dual awareness)。这种罕见类型的代表并不把这种意识理解为个人成就，而仅仅把它理解为对他们错误的东西的抛弃。我们将探索一些第一人称叙述，涉及精神启蒙或真理实现的主题，并将这些叙述和相关材料作为扩展哲学践行视野的初始平台。本文在已有文献的基础上，提出了许多促使人们寻求可以通过直接体验非二元意识来解决心理或哲学咨询的个人和人与人之间问题的假设。

　　由于这个开创性的课题涉及面很广，难度也很大，一篇简短的论文只能勾勒出这一新颖尝试的大致轮廓。

　　两位当代教师将作为这种以人种学为基础的哲学模式的资料来源：中欧的让·克莱因(Jean Klein)和北美的杰德·麦肯纳(Jed McKenna)。他们为人和为师的精神气质彼此截然相反，这反映了对于本质上相同的基础性理解的个人表达的广阔幅度。两位老师都赞成消除虚假自我以及自我中心式身心的中心地位，并透过将那些零碎的、故事界的几乎不能聚集的假象(persona)黏合在一起的相关生活故事来审视那种中心地位。

　　在概述哲学践行所设想的新前沿(第 2 节)之后，我将提出将消除习惯性、故事性自我看作是非二元智慧传统的中心目标(第 3 节)。让·克莱因关于体验虚构自我解体的描述为非二元意识所提升的哲学践行提供了许多来源(第 4 节)。接下来第 5 节概述了

杰德·麦肯纳在一场残酷的精神战争行为中摧毁捏造自我的无情方法。基于所提供的材料和简要分析，第6节为创造一个更全面的哲学践行得出了初步结论，这是由已记载的非二元现象学的证据所滋养的。

2. 超越个人的哲学：哲学践行的"新"前沿

传统哲学一直在探索这样的问题：现实的本质是什么？人的本质是什么？人应该怎样管理其自身？大约从19世纪中叶开始，西方哲学逐渐从形而上学的问题转向了以认识论、科学哲学、语言哲学、逻辑学、伦理学和政治哲学等亚领域为主的争论问题。哲学践行在1980年左右开始在几个西方国家复兴，它试图以各种方式复兴西方哲学在其2500年历史的大部分时间里所具有的实践相关性。

哲学践行的这种重生是通过恢复其被遗忘或被遮蔽的本体维度而推进的。这种复兴自由地借鉴了东方和西方的智慧传统，尤其是其非二元来源。个体同一性或自我的假设必须被彻底质疑，因为它是西方文化公认的基础。这种重新评价在扩大的哲学视野中起着核心作用。幸运的是，尽管在学术界它几乎不存在，在今天的哲学践行中也不为人知或被低估，但这一"新"前沿已经在东西方古今贤哲的生活和教义中得以记载。这种扩展的哲学方法欣然接纳当前哲学践行对改善个人生活的妙处，但也提出了一种哲学观点，即从一个极大扩展的视角来看待人类的存在。它旨在将人类从主要的割裂状态转变为一个完整的存在状态。反过来，这种转变标志着人类从童年到真正成年的转变[例如，这一点由McKenna（2010c，27–31）进行了概述]。

在哲学践行探索中所提出的"新"前沿，是一种超越组织或个体性顾客咨询的合作努力，其目的在于澄清令人烦恼的问题，并为顾客的考虑提供可供选择的解决方案。然而，本文所提出的扩展方法谨慎用于（ventures）提出和处理超越个人的问题。由于种种原因，我的建议，是基于我的关于超个人话题观察，目前它没有在哲学践行中被分析。然而，我确信，哲学咨询中出现的许多明显的"实践"问题仅仅代表了更基本困境的表面，这需要一个比目前已知的或哲学践行中已使用的更为全面的视角和更为广泛的"工具包"（tool set）。[1]

我提出的扩大哲学践行范围的建议是基于对东西方智慧教义的调查，这些教义处理有关"现实"本质的基本问题。不仅在概念上而且更重要的是在经验上，这些智慧教义还表明人类如何能够最大限度地理解并居住在这个"现实"中。所选的文献只包含了东方和西方智慧传统中所能有效记载的巨大宝库的一小部分。为了便于理解第一人称叙述和这种超越个人视角的中心概念，所选书目偏向当代西方作家。

为了帮助那些不熟悉"从虚构的自我中解脱生活"描述的读者，我在第4节的开头提供了让·克莱因（Jean Klein）的一份简短而生动的报告。克莱因关于意识到虚构自我的缺失的描述，只是许多例子中的一个，这些例子本可以从其他目睹了本质上相同现象的作者那里收集到。（例如参见：Parsons，2005，19–22；Lucille，2009，150–152；McKenna，2010a，63–65）包括让·克莱因的报告在内，使得非二元意识的几个核心特征栩栩如生,否则这些特征可能仍然是完全抽象的或会被误解。

3. 习惯性自我:一个欺骗性的虚构

作为西方文化中或多或少有些个性的成员,我们倾向于认同自己的生活故事。我们心照不宣地相信:我就是发生在我身上的一切;我是我所经历的一切的总和。然而,我们通常没有意识到,我们表面上可靠的传记是经过精心构建和严格挑选的叙事。我们在告诉自己和他人一个我们相信是真实的故事。社会条件和习俗产生并强化了这种叙事自我(narrative self)。然而,让我们明确一点:告诉你自己和别人关于“你的自我”的故事并不是主要问题。但是相信它们描述了“你是谁”这样的本质——这是人类困惑的中心。

基于这一深层的叙事自我,我们进一步假设我们每个人都有一个独特而又相当复杂的身份(identity),因而与其他人的身份(identities)有着明显的区别。然而,正如“我的”叙事自我是一种偶然的虚构,每一个“他者”的自我也是如此。因此,“他者”常常被一个虚构的自我还原为一个设想。此外,这种设想常常被不知情的接受者所强化,他们的自我形象同样被他们自己虚构的叙事自我所禁锢。根据传统智慧,我们能做到的最好的事情是:让我们认识到并珍惜我们之间的分歧,争取和平共处。

传统的叙事自我虽然有其明显的缺点,但在处理我们的日常琐事时却是一种方便实用的工具。然而,当它被认为是一个实质性的主观实体即“我的自我”时,它会导致重大的生存性和主体间性的困境。错误的自我,在无穷无尽的叙事自我建构的滋养下,不仅感染了其自我拥有者的核心,也殖民了它所接触到的每一个人和每一件事。“当我把自己作为我的实体指称物时,我也把我的身体、我的财产、我的朋友和家人,以及我的整个世界当作我的”(Garfield,2015,117)。因此,社会、政治和国际冲突可以被看作是这一普遍的共同幻觉的宏观累积影响:我的错误身份。反过来,深入了解这种所谓实质性的“我”的根深蒂固的认同的机制,就能够找到解决各种社会层次上无数紧张和冲突的钥匙,它们是由不知道我们真正是谁或是什么造成的。

毫无疑问,传统的、习惯性的自我是务实有用的。但是通过考察这种虚构的自我实体就可以获得重大的生存性、社会性和政治性利益。把自我中心的自我看成是空虚,可以让我们从寻找“真正的自我”中解脱出来,而这从一开始就是一种“弄巧成拙”的努力。它将我们从影像管理中解放出来,也就是说,从建立和维护一个需要不断加强和大力保护的假象(persona)中解放出来。对自我的揭露导致勇敢的开放和一个充满活力、容易接受的宽敞空间,这是快乐的探索和自由的持续源泉。[2]

简而言之:在处理日常琐事时表现得像一个传统的自我是不可避免的,也是恰当的,但我们不应该认同它。这只是你的习惯。给疲倦者的建议:只把普通的、传统的自己当作一个角色,就像在戏剧中一样,把自己当作一个在场的演员。

4. 非二元意识与生活故事的消解

我们已经揭开了共同的、传统的自我的面纱,它是一种由社会条件强化的习惯性建构。自制面具方便实用,但本质上是一个谎言。那么,我们将何去何从? 还有什么替代的方案或解药吗? 许多求助者都像鱼一样绝望地问:"我在哪里可以找到水?"面对这样的困惑,内科医生让·克莱因(Jean Klein)描述了治愈他的伟大疗法,他给别人的不是处方,而是一种温柔的邀请。他的声音可能代表着他和许多其他治疗者分享的信息。

医学博士和音乐学家让·克莱因(1916—1998)对虚构自我的消失作了如下报道:

> 我看着飞翔的鸟儿,没有思考,也没有解释,我完全被它们吸引住了,感觉到自己身上发生的一切。在这一刻,我清醒地认识了自己。第二天早晨,面对纷繁复杂的日常生活,我明白了,当下的理解已经建立起来。自我影像(The self-image)已经完全消解,从自我影像(the I-image)的冲突和干扰中解脱出来,一切都属于意识,属于整体。生活在没有自我的交叉流(the cross-currents)的情况下继续着。心理记忆、喜欢和不喜欢、吸引和排斥都消失了。我们称之为自我的持续在场,没有重复、记忆、判断、比较和评价。我的生命中心被自发地从时间和空间中抛到永恒的静止中。在这种非存在状态下,"你"和"我"之间的隔阂完全消失了。外面什么也没有发生。一切都属于我,但我已不在其中。这里只剩下一(oneness)。
>
> 我在当下的事件中认识了自己,不是作为一个概念,而是作为一个没有时间和空间局限性的存在。在这种无状态中有自由、完满和无目的的快乐。有一种纯粹的感恩,无目的的感恩。这不是一种情感,而是一种摆脱一切情感的自由,一种接近温暖的寒冷。我的主人已经让我明白了这一切,但现在它已经成为一个敞亮的和完整的真理。(Klein,1986,xii – xiii)

让·克莱因关于经历虚构自我解体的报告,可以作为一个典型的例子,说明那些决定将自己的无我经历公之于众的人,在本质上给出了类似的描述。让·克莱因回忆道,"自我影像完全消失了","所有的事情都属于意识","理解被建立了"。注意到他见证的与"所有发生的事情"在当下存在之间的分离,以及他整个证言的叙述是消极被动的声音。"自我影像"的崩溃相当于个人意志的无条件屈服。伪造性自我的毁灭导致了舵柄(tiller)的自发释放,也就是说,放弃了那种一个人的生命历程掌握在自我中心的自我的笨拙手中的幻想。

从"我有意识地认识自己"的那一刻起,"让·克莱因"这个角色就从"重复、记忆、判断、比较和评价"中解放了出来。当一个人在意识中不可逆转地建立起来,并从所有的情感反应中解脱出来之时,迎接开放和接纳就变得非常容易。"生命在没有自我的交叉流的情况下流淌着。"他们构建的自我消失了,当他们倾听这主流的能量模式并服从宇宙的潮流之时,赤裸裸的、"精神匮乏"的手无寸铁的人(Matthew 5,3)开始享受不费吹灰之力的和完美的功能。

自觉地认识自己作为"一个没有时间和空间局限性的存在"是一种超越所有概念理解的认识。由于知道他的真实身份是非固定的,"'你'和'我'之间的隔阂完全消失了"。因此,非固定状态被体验为一种"无状态",在这种状态下,"有自由、完满而无目的的快乐……还有纯粹的感恩,无目的的感恩。"非固定的状态被视为"无状态",因为没有其他状态与之不同或对立。

在这种语境下,说到"经验"就意味着无意中扭曲了这一过程,因为"经验"这个术语仍然会引起体验主体和体验对象之间的区别。非二元意识没有这种区别,倾向于通过"它是……"或"有……"等短语更充分地表达自己,以此试图避免在语言上叠加一个感知主体和一个感知对象。正在发生的事件是单一的。

正如让·克莱因所说,非二元意识可以用其他方式表达。鲁伯特·斯皮拉[Rupert Spira(2014)及其更早的著作]提出区分屏幕和屏幕内容以理解非二元意识。当我们看电影时,我们的意识通常借助被投射到屏幕上的移动图像来捕捉。然而,吸引人的图像掩盖了使我们能看到它们的东西:空白的屏幕。同样的道理,你正在阅读的这些黑色字母也会因为书页或电脑屏幕的空白而变得可感知。在这个简单但有力的类比中,屏幕隐喻地代表了潜在的意识或意识的容器,它使生动的图像变得可见。我们的生活故事与意识有关,就像动画图像与屏幕有关一样。我们仍然可以享受骑马、追逐和浪漫,即使当我们——知道我们真正的自我是意识——已经看穿了它们。

5. 自溶:作为精神战争的真理的实现

与克莱因博士温和的邀请相对应的是杰德·麦肯纳对自我中心、虚幻自我的猛烈攻击。麦肯纳是一位毫不妥协的"药师",只开最极端的药方。他的尖锐信息让一个人的真实之钟敲响,它很少出现在和谐的和弦中,但肯定是最吸引人的。

杰德·麦肯纳(可能是个笔名)出版了几本书,以一种非常不敬和幽默的方式论述精神启蒙的主题。这些打破传统的书籍包括松散的叙述、简洁而扣人心弦的对话,以及对自满的哲学和宗教思想无情而尖锐的剖析。麦肯纳(McKenna,2010a)将这种罕见的持久的精神启蒙现象描述为"最糟糕的事情",因为它是一种自我造成的诅咒,终结了人们在普通舒适的旋转木马上的梦游生活。而且自相矛盾的是,他在精神上传播的不正确的启蒙也结束了寻求它的自我的个人生活。这位难以捉摸的作者强烈警告读者,不要踏上这段把所有安全港口都抛在身后的无止境旅程。麦肯纳与为数不多的几个面对面的学生进行了令人揪心的对话和极其坦率的电子邮件交流,生动地描述了自愿性自我毁灭的艰难过程,他称之为自溶(autolysis)。与此同时,他多变的作品散发出一种迷人而又令人迷惑的华丽组合,既有分析上的大胆、冷静的超然,也有放荡不羁的轻浮。这位自称反权威(anti-guru)的大师显示了与枯燥抽象的哲学和伪善的新时代观念截然相反的一面。我没有简单地接受他们激进的观点,而是欣赏麦肯纳粗放作品的精辟和粗犷之美。他的作品向每一位读者提出了一个极端的挑战：敢于认识自己——超越自我——走得更远。[3]

类似于爱尔兰人特伦斯·格雷(Terrence Gray，2002)(他以笔名 Wei Wu Wei 为我们的主题写了一些尽管笨拙但深奥的书)，麦肯纳赞成否定之路是通往启蒙的正确道路，他用幽默的反讽对其进行了如下定义：

> 精神启蒙是一种自我，它摆脱所有幻觉的状态，包括自我本身。真实—实现是描述这种状态的另一个有用的术语。非真理—非实现更准确，但不太容易操作。持久的非二元意识也有其优点。(McKenna，2010c，26)

如何达到这种状态呢？麦肯纳把他的苦药递给了你：

> 觉悟的过程是一种有意的自我毁灭行为；它是虚假的自我在杀戮和虚假的自我在死亡；是不同于生理意义上的自杀。因为没有真正的自我来填补虚假自我的流逝所造成的空缺，所以没有自我遗留下来。因此，正确地说，无我就是真我。(McKenna，2010c，26)

在这场精神战争中，主要的敌人是我们心中的幻想之网，它在神话中人格化为玛雅人。麦肯纳以毫不掩饰的嘲讽方式详细描述了玛雅人对我们的囚禁，并对玛雅人表达了最高的敬意：

> 玛雅人可能最好被理解为恐惧的智慧。她是被看守者的守护者，梦境之国的守护者。是玛雅人赋予了我们奇迹和生命给予的力量，让我们看到它不是什么而不是它是什么。是玛雅人使梦境成为可能，而且几乎不可能从中逃脱。她使梦境存在，如果你想从梦中唤醒，那么你必须一层一层地摧毁她。但不要活在隐喻中；她不是一个她，她对你来说也不是外在的。她就在你的内心，而那些层次正是你的自我的组成部分。玛雅人是自我的结构完整性。观察工作中的自我，研究它，剖析它，逆向设计它。(McKenna，2010c，27)

那些感到有动力认真地进行对抗玛雅人迷恋自我的战争的人，需要必要的专注和意图。麦肯纳注意到，大多数精神追寻者都无法胜任这场战斗，因为他们更喜欢一种能让他们保持在梦中状态的觉醒。最极端的焦点是需要谋杀玛雅人。

> 驱动觉醒过程的真正欲望更像是一种精神上的疯狂。这是一场极其深刻而持久的危机，而不像是那些小贩们把它拱手让给游客的一个阴郁的灵魂小黑夜。(McKenna，2010c，32)

好战的绝地武士杰德·麦肯纳援引伏尔泰（Voltaire）的话说，钢笔是对抗似乎无法穿透的玛雅人的最强大武器。但是战斗中的抄写员必须做他们以前从未做过的事情："真正的思考——外科手术式的、不带感情的、破坏性的思考"，这让"头脑尽可能地集中在最敏锐的焦点上"。麦肯纳把这种折磨人的写作过程称为"精神上的自溶"。

> 自溶就是自我消化，这就是该项技术的目的。与写日记或写精神日记不同的是，这一切都是为了找到并照亮我们前进的下一个障碍。它关注的不是寻找答案，而是问题。没有答案可以找到，只有明确我们局限性的问题。理解这个问题，你就消除了这个限制。只有通过勇敢的思想和明净的观察，幻觉才会被摧毁。（McKenna，2010c，34）[4]

麦肯纳召来了另一位大师梅斯特·艾克哈特（Meister Eckhart）——作为一个反传统的同路人，他可能会觉得与他有选择性的亲善关系——麦肯纳通过与让·克莱因一起分享对感激的深刻理解，软化了他奋力进取的精神战争风格：

> 一种非特定的、包含一切品质、带有并不会令人不快的悲伤的感激之情，可以说是实现真理的个人和成熟的成年人的主要情感。当恐惧消失时，这种感激之情油然而生。（McKenna，2010c，35）

6. 对扩展的哲学践行的启示（Implications）

前面的几部分让我们得以一窥人类存在的巨大扩展的可能性。至少 3000 年来，意识的扩展（我认为这是哲学践行的主要目标）一直是一个备受推崇的目标，也是无数口头和书面记录的主题。这些过去和正在继续的记载构成了东西方文明的智慧传统。共同来看，他们被称为长青哲学问题（philosophia perennis）。透过进化创造力的万花筒，这种对智慧的永恒热爱展现出其多样的地方色彩、韵味，以及独特的仪式和象征性表达。这些古老的智慧传统有许多流传至今，并在今天的传统环境、当代的调试或兼收并蓄的娱乐活动中得以实践。[5]

哲学践行可以通过强调共同的哲学根源或平行的发展来支持这些智慧传统，通过概念意义澄清来增进理解，最重要的是，为那些想要体现备受尊崇的智慧但在传统环境中感到不舒服或不受欢迎的人提供一个论坛。

本文将重点放在两个截然不同的代言人的工作上——他们的表达方式截然不同，但又相互补充——就文字所能做到的而言，本文勾勒出了非二元意识的大致轮廓。简而言之，非二元意识的本质可以概括为：我是意识（Awareness），我是感知（Consciousness），或简单地"我是、我存在（I AM）"。

我建议将非二元意识的视角作为一扇敞开的门，它允许人类存在着一个巨大的扩展全景。传统的西方哲学,尤其是其学术实践,倾向于否认这些深远的人类可能性的存在,相反,而是满足于分析和澄清一小部分散漫的思想。这种真空为哲学践行提供了一个机会,只要它保持开放的心态,并容许所有的来源(无论是书面的还是口头的),以及进行公正的思考和探索。任何教条主义都违背了非二元意识的精神和本质。

无论其如何被命名,非二元意识现象已经在各种各样的智慧传统中得到了认识和培育:吠陀(Advaita-Vedanta)、佛教禅悟(Buddhist Chan)、禅宗(Zen)、基督教冥想实践(Christian contemplative practice)、苏菲主义(Sufism)、萨满教(Shamanism)和本土智慧(indigenous wisdom),在当代新激进主义(Neo-Advaitic)的习语中,或在与任何传统无关的自发启示中。在大量非二元意识文献的基础上,本文着重探讨了非二元意识的主要洞见:直接洞见自我中心式身心的非存在。用更明确的术语来表达,非二元视角断言:个人的实体自我并不存在;意识是(is,存在)。在非二元意识中,所谓的“我的自我”和“你的自我”之间的边界清晰可见:一个仅仅基于表面差异的人工构建的边界。然而,在日常务实的生活作为一种方便的惯例的语境中,把“你”和“我”区分开来是可以接受的。

在这个无自我的范式中,“他者”突然以完全不同的方式出现:“他者”从陌生人、威胁和危险转变为镜子,甚至可能转变为对共同身份的认识。

这个格式塔式的转换有一个逻辑推论。如果“自我=空”并“他者=空”,那么“自我=他者”并且“他者=自我”。因此,只要假定两个有条件的前提,逻辑上就建立了“自我”与“他者”的本质同一性。正如本文所概述的,一种超越个人的哲学践行当然远远超出三段论练习。超越个人(Transpersonal)的哲学践行是一个不断邀请(invitation)和训练的场地,以体验其潜在的真理,而被证明的逻辑只是它的一个微弱的影子而已。一种超越个人的哲学践行可以成为一个温室,在这里,非二元意识的体验可以通过多种方式得以培育。

例如,想象一下,即使是一种刚刚萌芽的无自我意识的迹象,也会对一个人关于社会关系和日常事件的感知产生怎样的影响。随着这种意识的增强,大量的个人问题开始融化。释放出来的能量可以用于激发建设性的目的。然后,一个积极的反馈螺旋就会启动起来,而不需要分别解决每个剩下来的个人问题。这种由超越个人的哲学践行引发的福祉变成了自我维持和自我强化。

这里所概述的哲学践行的扩展概念,甚至在更广泛的意义上是超越个人的。随着非二元意识的牢固确立,我们变得超脱并从我们的生活故事中解脱出来。如果有相当多的人超越了他们个人自我中心的历史,那么这种从虚假身份中分离出来的过程就可以在世界历史的更大范围内自我复制。然后,社会团体、政治派别和民族就可以通过推进与共有历史的分离的方式来解开他们自身的谜团,这些共有历史往往以竞争、国家自我中心主义和战争为特征。

我相信,解构个人的、个体间(interpersonal)的和国际层面上的生活叙事所带来的无穷好处已经变得足够明显。为了协助促进这种利益,哲学践行必须进一步超越改善个人或组织的实践境况。哲学及其切合实际的(down-to-earth)实践必须重新获得并充分拥抱其本体维度。智慧传统及其当代表现形式为这一复兴提供了各种途径。非二元或激进主义(Advaitic)的传统暗示了一条经过验证的、有力的、引人入胜的道路：纯粹的意识或纯粹的感知是开放的秘密，是我们进行活动并拥有我们自身存在的"空间"。

让我们在哲学践行中为这个广阔且不断扩展的愿景腾出空间！

我用几行话来总结我关于超越个人的哲学践行的建议，这几句话是杰伊·加菲尔德(Jay Garfield，2015)最近出色的佛教哲学研究著作的指导性格言。它们同样适合作为我对超越个人的哲学践行的愿景的方向和指导：

> 所谓学佛道者，即学自己也。学自己，即忘自己。忘自己者，为万法所证也。为万法所证者，即令自己之身心及他人之身心脱落也。若有悟迹休歇，即令休歇之悟亦长长流出。
>
> ——道元禅师《现成公案》(Dogen, *Genjokoan*. trans. R. Aitken and K. Tanahashi; quoted in Garfield 2015，xxii)

注释

[1] 有一个值得注意的例外，请参见埃卡特·罗斯曼(Eckart Ruschmann，2011)在阐明超越概念时的结构认识论方法。

[2] 关于如何从空虚的体验中获得快乐自由的、清晰而有用的探索，请参见 Goode and Sander (2013)。

[3] 我不仅推荐阅读麦肯纳的煽动性著作，也推荐听他们出色的音频翻译(可以在他的出版商 www.WisefoolPress.com 上找到)。

[4] 在他的第二部作品中，麦肯纳(2010b)通过引用以前的一个记者朱莉(Julie)的几封凶猛而犀利的电子邮件，展示了自我分解的技巧。对于自己屈服于写作的艰苦过程，朱莉将它看作是精神自我毁灭的一种权宜之计。

[5] 有关精神智慧传统与前沿科学进行丰富对话的例子，请参见 www.ScienceAnd-Nonduality.com 上的年度科学与非二元性会议的计划。会议在欧洲(7月或8月)和加利福尼亚(10月)举行。

参考文献

Adyashanti(2010).*The End of Your World*. Boulder，Colorado：Sounds True.

Almaas，A. H.(1996).*The Point of Existence：Transformations of Narcissism in Self-Realization*. Berkeley，California：Diamond Books.

Balsekar，Ramesh S. (2002).*The Ultimate Understanding*. London：Watkins Publishing.

Chopra，Deepak (2015).*Quantum Healing：Exploring the Frontiers of Mind/Body Medicine*. Revised and Updated. New York：Bantum Books.

Fenner，Peter(2007).*Radiant Mind：Awakening Unconditioned Awareness*. Boulder，Colorado：Sounds True.

Foster, Jeff(2009).*An Extraordinary Absence: Liberation in the Midst of a Very Ordinary Life*. Salisbury, UK: Non-Duality Press.

Foster, Nelson and Jack Shoemaker, eds.(1996).*The Roaring Stream: A New Zen Reader*. Hopewell, New Jersey: The Ecco Press.

Garfield, Jay L.(2015).*Engaging Buddhism: Why It Matters to Philosophy*. Oxford and New York. Oxford University Press.

Goode, Greg and Tomas Sander(2013).*Emptiness and Joyful Freedom*. Salisbury, UK: Non-Duality Press.

Harding, Douglas E.(2005).*Open to the Source*. Selected Teachings of Douglas E. Harding. Edited by Richard Lang. Carlsbad, California: Inner Directions Foundation.

Hartong, Leo (2001). *Awakening to the Dream*. Salisbury, UK: Non-Duality Press.

Hillig, Chuck(2007).*Seeds for the Soul: Living as the Source of Who You Are*. Boulder, Colorado: Sentient Publications.

Kiloby, Scott(2008).*Love's Quiet Revolution. The End of the Spiritual Search*. Published by www.booksurge.com.

Klein, Jean (1986). *The Ease of Being*. Durham, North Carolina: The Acorn Press.

Lucille, Francis(2006).*The Perfume of Silence*. Compiled by Rupert Spira. Temecula, California: Truespeech Publications.

—(2009).*Eternity Now*. Temecula, California: Truespeech Publications.

Marinoff, Lou(2014).*The Power of Tao*. Argo Navis Author Services.

McKenna, Jed (2010a). *Spiritual Enlightenment: The Damnedest Thing*. Iowa City: Wisefool Press.

—2010b.*Spiritually Incorrect Enlightenment*. Iowa City: Wisefool Press.

—(2010c).*Spiritual Warfare*. Iowa City: Wisefool Press.

Meister Eckhart(1981).*The Essential Sermons, Commentaries, Treatises and Defense*. Translation and Introduction by Edmund Colledge and Bernard McGinn. Mahwah, New Jersey: Paulist Press.

Nisargadatta Maharaj(2004).*I Am That. Talks With Sri Nisargadatta Maharaj*. Translated from the Marathi tape recordings by Maurice Frydman. Revised and edited by Sudhakar S. Dikshit. Durham, North Carolina: The Acorn Press.

Parsons, Tony(1995)[2005]. *The Open Secret*. Shaftesbury, UK. Open Secret Publishing.

Prendergast, John J., Peter Fenner, and Sheila Krystal, eds.(2003).*The Sacred Mirror. Nondual Wisdom and Psychotherapy*. St. Paul, Minnesota: Paragon House.

Prendergast, John J. and G. Kenneth Bradford, eds.(2007).*Listening from the*

Heart of Silence. Nondual Wisdom and Psychotherapy，Volume 2. St. Paul，Minnesota：Paragon House.

Ramana Maharshi(2000).*Talks with Ramana Maharshi*. Carlsbad，California：Inner Directions Publishing.

Roberts，Bernadette(2005).*What is Self? A Study of the Spiritual Journey in Terms of Consciousness*. Boulder，Colorado：Sentient Publications.

Ruschmann，Eckart(2011)."Transcending towards Transcendence."*Implicit Religion*，14 (4)，421 – 432.

Spira，Rupert(2014).*The Light of Pure Knowing：Thirty Meditations on the Essence of Non-Duality*. Print and 6 audio CDs. Oxford：Sahaja Publications.

Tolle，Eckhart(1999).*The Power of Now：A Guide to Spiritual Enlightenment*. Novato，California：New World Library.

Wei Wu Wei [Terrence G. Gray](2002).*Ask the Awakened：The Negative Way*. Boulder，Colorado：Sentient Publications.

Wilber，Ken (1998). "Always Already：The Brilliant Clarity of Ever-Present Awareness." In *The Eye of Spirit：An Integral Vision for a World Gone Slightly Mad*. Boston and London：Shambhala，281 – 301.

[作者简介]乔恩·克劳尔(Jörn Kroll)于2001年在加州大学伯克利分校获得博士学位。其博士学位论文是关于将海德格尔的各种思维方式应用于改善街道设计。30年来，乔恩一直在旧金山湾区一家大型运输代理公司从事运输工程、规划和安全方面的工作。他经常就交通和哲学问题发表演讲。除了是APPA的成员，他还是美国哲学协会、英国和爱尔兰的弗里德里希·尼采学会以及思维科学研究所(Institute of Noetic Sciences)的成员。

[通讯方式] jornkroll@gmail.com

原文出处：Jörn Kroll. Self，Other，and No-Self，"Non-Dual Awareness as Catalyst for Deconstructing Life Stories"，*Philosophical Practice*，March 2017，12.1：1877 – 87.

（罗龙祥　译）

处理困境的辩证方法

奥拉·格伦加德(Ora Gruengard)

　　至少在波普尔(Popper)抨击黑格尔(Hegel)和马克思(Marx)之后(e. g. Popper, 1945，Vol 2)，"辩证法"是一个值得怀疑的术语。事实上，既然从对话性的过程，即对看似矛盾的立场进行逻辑检验的过程，转变成了克服物质、精神和社会"力量"(force)之间的无意识冲突的无意识过程，那么就有充分理由对此保持警惕。这所威胁的不是古老信仰的复兴，即不是威胁了有关存在于思想或陈述的实体之间的逻辑关系，而是威胁了那些声称了解他人之间(在作为个人或作为团体成员他们自己或与他人之中)没有意识到的冲突的观点，以及那种自以为了解他们所谓的在个人发展和历史进程中"逻辑的"动态的观点。然而，最令人不安的是，声称拒绝接受由他人制造的冲突是他们欺骗自己的无意识选择。这样一种标榜，显然让反对者没有机会反驳这一指控，通常相伴而生的是所有那些"自欺欺人"之人的"抵抗"，这是源自他们"仍然"没有意识到这个冲突的过程及其解决办法，并且不理解冲突是不可避免的；但是，通过"改变范式"(例如，通过重新定义包含"对立面"的方式)来克服它就是一种解脱。

　　波普尔对自命不凡的政党感到恼火，因为他认为这些政党对开放社会构成了威胁。作为哲学咨询师，我们应该关注我们与咨询师对话的开放性，并努力避免辩证法在黑格尔哲学……应用中的陷阱。我们也应该意识到，一些哲学家、心理学家、社会学家以及宗教大师，尽管他们不使用这个术语，也不赞同黑格尔……的特定观点，但从这个意义上说，他们都是辩证法家：他们假装能够读懂他人的"静态无意识"或"自我欺骗"之心灵，读懂他们的意外行为以及行为的意外影响，读懂他们的社会机构和文化神话，读懂他们个人的幻想和痛苦以及所谓的当下背叛，读懂在符号代码中知道如何破译的伪装者，读懂他们否定冲突和努力掩饰自己的企图。如果所有并只有心理学家都这样做(一些心理学家，有些人如精神分析师的确这样做)，那么将哲学咨询与心理治疗区分开来就很简单了。如果所有并且只有宗教引导者才这么做，那么将哲学咨询和说教区分开来也是简单的。一些哲学家这样做的事实〔我个人认为在这个名单之列的哲学家包括尼采(Nietzsche)、海德格尔(Heidegger)、萨特(Sartre)、巴尔特(Barthes)、福柯(Foucault)、德里达(Derrida)和齐泽克(Zizek)等〕就是仍然使它更为困难。为了区分辩证的哲学咨询和无意识心灵读者的解脱，我不得不回到柏拉图式的对话(忽略柏拉图式哲学之王的自命不凡去了解每个人的"恰当位置")。

　　但在此之前，让我说几句关于科学史上辩证克服的话：相当多的哲学家，其中包括波普尔本人,试图从最初接受概念革命的困难中学到一个一般性的教训,而概念革命与爱因斯坦理论的引入有关。面对越来越多的反驳证据,科学哲学家们的困境是他们是否应该在主导的、看似根深蒂固的概念中努力去纠正和改进理论,而不是倾向于解释和预测一种更迷人的案例的理论,但这要求转变为一种与概念和方法不一致的范式,并且其显而易见地被他们视为理所当然。虽然一些科学哲学家(e.g. Hempel,1966)继续寻找纯粹方法论规则以便选择不一致的理论,并要求从"哲学偏见"中抽象出来,但其他人,如怀特海(Whitehead,1925)和波普尔的一些追随者则坚持认为这些规则依赖于范式(库恩的术语),因此,当这个问题是一个范式转变时,这些规则是不足够的。一些人,例如库恩(Kuhn,1996),指出了关于主导范式的哲学预设的批判性重新评估对进行概念转变能力的贡献;其他人则像费耶阿本德(Feyerabend,1970)一样,即使主导框架仍未受到质疑,仍然坚持关于替代性概念框架认识的重要性,并且科学决策也可以根据相关领域的现行规则做出来。因此,科学史在黑格尔哲学的意义上是辩证的:理论的成功鼓舞了它们在实证研究中的应用,并给了更多积累不利于它们的证据的机会。负面证据的积累鼓舞了"对立"理论的形成,并对其进行解释;但这种不一致最终导致了一种向更全面理论的转变,从这个角度看,之前的理论并不是"对立"的而是部分的。

在科学和现实生活中,困境的克服并不总是由这种"综合"(synthesis)来实现,但科学史的教训仍然与哲学咨询有关:它表明一个人可能会陷入两难困境却找不到出路,尽管他并不是愚蠢的、无知的,也不是未察觉被拒绝的内心冲突或被惩罚的罪人。此外,一个帮助"被卡住的人"(stuck person)去探索那些妨碍他思考新的可能性的隐性哲学预设的咨询师,不一定非得是他的读心术师。再者,困境可以涉及任何讨论领域,并且哲学咨询师不必把自己局限于心理学家、科学家或神父遗留下来的主题,这是一个超出了日常生活问题的层次。有些困扰人们的难题能够而且有时应该用库恩称之为"常规科学"的程序来解决。然而,我们应该记住,在其标准化的程序中,心理治疗、宗教解释和引导可能比哲学咨询更"常规",而不是比相同人类情境的哲学解释更"科学"。对哲学的预设及其替代方法的研究开辟了新的视野,用库恩的话来说,可能会带来"范式转换"。

现在让我们转向柏拉图式的辩证法。作为探求柏拉图认为的"真知"的过程,辩证法不是通过更全面的"综合"来解决对立面的克服,而是从自相矛盾的、悖谬的、模糊的或混乱的观点中"净化灵魂"。它通过一个关于 p 或非 p 的问题的对话来进行,并且导致了一个有缺陷的含义的选择被抛弃。有时,只要判断哪个选项是正确的就足够了。当对话不能做出这样的决定时,或者当两个选择都有缺陷时,就会启动关于 q 或非 q 的新对话,依此类推。事实上,下面的每一段对话都审查了在前一段对话中被认为是理所当然的一些前提。例如,如《普罗塔哥拉篇(Protagoras)》(Plato,1871)所述,关于是否值得向一个假装教导美德的诡辩者付出代价的问题,接下来是美德是否可以被教导的问题,接着是在同类中美德的"部分"是相同的还是不同的问题,然后出现了这样一个问题:是否有勇气(这是"一个有道德的人"的传统理想的"一部分")却没有知识(这是同一理想的另一个"部分")从而导致关于善的知识和善的本质的是或否(有或无)的问题。在另一篇文章《美诺篇(Meno)》(Plato,1871b)中,提出了知识是否可以教、知识的本质是什么等问题。

从他的其它著作中我们知道,柏拉图不接受传统的美德理念,认为"真知"是与生俱来的,是"回忆起来的",而不是别人教的。我们知道,他(或者他的苏格拉底)确信将达到"真知"的人更喜爱"真善",因此不会导致不公正;勇敢的人并不是鲁莽的武士或难对付的猎人,而是苏格拉底——他准备为自己"灵魂"的提升而死去。因此,《普罗塔哥拉篇》所阐述的一系列问题是具有讽刺意味的,并不代表"苏格拉底"的个人信念。它们本意是揭示诡辩家的虚荣自负、传统理念和价值观念的混乱本质等。我认为哲学咨询师应该比柏拉图更喜欢怀疑,更不容易引导受咨询者朝向"真理"。但是他可以从柏拉图那里学习如何开始与被咨询者对其问题的陈述,将其重新表述为一个两难的局面,并逐渐地通过一系列中任何一个或多个问题将其哲学预设置于问题之中,以便在需要时能够实现一些或其它的"范式转换",这将帮助他更好地应对最初的问题,或者可能把它作为无关紧要、毫无意义、不可解决或不重要的东西放在一边。有很多方法可以做到这一点,问题是探索关于知识、现实、情感、理想(ideals)、价值观、目的、意义、上帝、死亡、运动或"美好生活"的预设,是否取决于对话中出现的问题以及参与者的倾向和兴趣。

然而,哲学咨询师应该尊重被咨询者所说的话,因为被咨询者既不是伪装的诡辩家,也不是天真的雅典男孩。他也许会使用苏格拉底式的反讽,试图削弱被咨询者对他"整个"世界观的信心,但只有在这种世界观的实际后果在有限开放和容忍限度内比对其他世界观在道德上更糟糕的情况下,他才应该这么做。然而,这仅仅是理论上的:例如那些犹豫是否加入恐怖组织的人,可能会向他们狂热的领导者寻求建议而不是去求助哲学咨询;一些哲学家(e.g., Primoratz, 2013)用抽象术语处理恐怖主义的正当性这一事实并没有给人留下深刻印象。

人们去求助于一位哲学咨询师,因为他们相信与她交谈会帮助他们解决一些困扰他们的问题。咨询的目的,特别是在充满着实际和情感问题的情况下,不是为他们解决其问题,而是让他们更好地处理问题。鉴于此,从理论和方法的观点来看,哲学家们解决困扰他们个人困境的尝试更具有启发性。

让我举一些方法论上的例子:认为判断 p 或非 p 的新方法的例子[比如帕斯卡(Pascal)提出的关于相信上帝存在的概率性论证],或者认为 p 和非 p 不会穷尽该领域的可能性的例子,在我看来这些例子并非那么生动有趣。有时 p 和有时非 p,这可能是合作者之间妥协的一种方式,对于那些没有被禁锢在柏拉图式的"全或无逻辑"(all-or-none logic)中的人来说也不是一个非常有趣的新奇事物,这种逻辑已经受到了亚里士多德的挑战。认为是否 p 或者非 p(柏拉图、佛陀、斯多葛学派、斯宾诺莎)这种观点并不真的那么重要,这或许是有帮助的;但前提是人们已经从哲学家所推荐的观点中看到了事物的重要性。黑格尔哲学方法已经讨论过这种范式的转变,即 p 和非 p、重新定义、变得兼容。然而,更加常见和更有成效是认为这种困境是基于混乱的说法,即洛克(Locke, 1959)和休谟(Hume, 1986)以及受其启发的心理学家主张的内在经验在外部世界上的任意投射;更普遍地说,除了洛克和休谟之外,亚里士多德(Aristotle, 1984)、康德(Kant, 1999)、柏格森(Bergson, 1910)、摩尔(Moore, 1903)、奥斯汀(Austin, 1962)、赖尔(Ryle, 1938)、维特根斯坦(Wittgenstein, 2009)以及其他人使用仅适用于某个领域的概念、规则、工具、语言、调查等用到了另一个领域中。另一种策略是辩称这种困境并非真正的困境，因为 p 和非 p 都是无意义的（Wittgenstein，2009；Moore，1939 以及逻辑实证主义者）。也有一些解决，如"非 p 但也 p"（Maimonides，1912；Camus，1991）。"从一个角度看 p，从另一个角度看非 p"（包括康德和罗素等人）；"我们必须接受这样一个事实：我们永远不知道 p 或非 p"（怀疑论者和实用主义者），甚至，"这是 p 和非 p，我们不得不生活在矛盾之中"（例如弗洛伊德的立场）。你不能决定是 p 值还是非 p 值，因为两者都是"语言笑话"，回到了"p"这个表达的普通用法，你会发现这个决定很简单（Wittgenstein，2009；Austin，1962）。我请你们提出更多的可能性。

这种方法适用于多种路径。一位被咨询者曾经告诉我，他一直想成为一个球，与他人身体的接触很少，他想搬到日本去，日本的世界观可以说是"球类的"（ballish）；但他的这个愿望却与家人、同事、客户和其他人的期望不相符，他不知道该怎么办。我本可以按照他的方式来理解他的隐喻，与抽象"球"（Ball）的几何"本质"有关，并与他讨论在日本哲学中人际交往或相关话题的重要性。然而，我更愿意本着上面提到的最后一种方法的精神去问他：他心目中的具体方法是：轻还是重，蓝还是红，硬还是软，大还是小等等。由于他是一名建筑师，我自己想到了纽约摩天大楼前一个巨大的大理石球。然而，他想到的是一个轻气球。他看见自己在特拉维夫（Tel Aviv）的海滩上玩那个气球。从抽象的"本质"转到具体的特殊性使他看到自己的困境不是接触或不接触、日本或非日本，而是玩耍或承担责任。当这变得清晰时，他不再需要咨询：他可以找到许多差强人意的解决方案。

另一位被咨询者全神贯注于她女儿为什么会患上精神疾病的问题。我有理由相信，她执著的追求不外乎她想要控制女儿的行为、她的责任感和罪恶感；同样，我本可以引导她转向与她假定的动机相关的哲学预设。但徒劳无功，因为心理学家已经试图盘问她的动机了，我宁愿质疑她对知识的预设：她是否能够或不能够获得答案的困境，要通过"不要混淆领域"和"我们必须接受我们将永远不知道"的策略来解决。因此，她的信念，即关于科学可以充分解释特定的案例以及认为经验主义事物的确定性是可以得到，就受到了挑战。"解决困境并不重要"的策略有助于挑战她关于对原因的了解总是重要的这个信念。我不知道那个女人是否仍然渴望控制或者感觉有罪，但自从我们的辩证对话之后，她并没有着魔地寻找对女儿状态的解释，而是将时间和精力投入到不那么令人沮丧的任务上。她现在正在写一本她敬爱的父亲的传记。在我处理脊髓损伤患者时，"p 但也非 p"的策略帮助了我，当时的问题是，是接受专家对不可逆转性损伤的裁定，还是继续希望康复。

一些咨询师自己发现了一种新的"范式"。但是，正如库恩（Kuhn，1996）所说，只要人们在自己的视野中看不到其他选择，他们就不会倾向于放弃令人失望的理论或范式。因此，像柏拉图一样，我"邀请"其他哲学家咨询师与我一起对话，比如，我将他们的观点表述为与所讨论的困境相关的各种替代方法。通过这种方式，我尽量避免强加自己的观点，而是用在此之前没有发生过的可能性来拓宽被咨询者的视野，并鼓励她在"头脑风暴"下表达自己的想法。通过这种方式，我也帮助她从她的情感负荷中解脱出来，并发现她自己与明智者为伍，而不认为只有愚蠢、困惑、不成熟和不安的人才会陷入这样的困境。

我试着用被咨询者的语言来做这件事,调整自己以适应她感觉舒服的程度。在适当的时候,我毫不犹豫地用一件趣闻轶事来说明一个立场,而不是引用枯燥和抽象的哲学文本。

我们没有关于哲学咨询结果的跟进和统计。我只能说,就像心理治疗一样,它有时真的很有帮助。此外,如果使用机智的方法,它比动态治疗师所鼓动的情绪激励危害更小。机智的意思是,例如,有时在一场毁灭性的灾难之后,当悲伤仍然非常巨大时,立即需要的不是一个解脱的哲学对话,而是静默在一个悲情状态中。

参考文献

Aristotle(1984). *Politics*, tr. by L, Carnes. Chicago: University of Chicago Press.

Austin, JL(1962). *Sense and Sensibilia*, ed. JG Warnock, Oxford: Oxford University Press.

Bergson, H(1910). *Time and Free Will: An Essay on the Immediate Data of Consciousness*, tr., F.L. Pogson, Montana: Kessinger Publishing Company.

Camus, A(1996). *The Rebel: an Essay on Man in Revolt*, tr. by H. Read, NY: Vintage.

Feyerabend, P(1970). "Against method: outline of an anarchistic theory of Knowledge", in M. Radner & S. Winokur, eds., *Analyses of Theories and Methods of Physics and Psychology*, Minneapolis: University of Minnesota Press.

Hegel, GWF (1807). *The Phenomenology of the of Spirit*, tr. A.V. Miller 1977, Oxford: Oxford University Press.

Hempel, CG(1966). *Philosophy of Natural Science*, Englewood Cliffs, N.J.: Prentice Hall.

Hume, D(1986). *A Treatise of Human Nature*, Oxford: Calendron Press.

Kant, I(1999). *Critique of Pure Reason*, tr. by Paul Guyer and Allen Wood, Cambridge: Cambridge University Press.

Kuhn, TS(1996). *The Structure of Scientific Revolutions* (3rd ed.), Chicago: University of Chicago Press.

Locke, J(1959). *An Essay Concerning Human Understanding*, New York: Dover Publications.

Maimonides(1912). *The Eight Chapters of Maimonides on Ethics*, tr. by JI Gorfinkle from the Hebrew tr.by S Ibn Tibon, New York, Columbia University Press.

Moore, GE(1903). *Principia Ethica*, Cambridge: Cambridge University Press.

——(1939). *Proof of an External World*, London: H. Miford.

Nietzsche, FW(1996). *On the Genealogy of Morals*, trans. Douglas Smith, Oxford: Oxford University Press.

Plato(1871a). *Meno*, translated by Benjamin Jowett, New York: C. Scribner's Sons.

Plato (1871b). *Protagoras*, translated by Benjamin Jowett, New York: C. Scribner's Sons.

Popper, KR(1945). *The Open Society and Its Enemies*, London: Routledge.

Primoratz, I.(2013). *Terrorism: A philosophical Investigation*, Cambridge, UK: Polity Press.

Ryle, Gilbert(1938/1971). "Categories", in *Collected Papers*, *Volume II: Collected Essays*, New York: Barnes and Noble.

Whitehead AN(1925). *Science and the Modern World*. NY: Simon & Schuster.

Wittgenstein L (2009). *Philosophical Investigations*, tr. by GEM Anscombe, Chichister UK: Wiley-Blackwell.

[通讯方式] ora.gruengard@gmail.com

原文出处：Ora Gruengard, "Dialectical Ways of Coping with Dilemmas", *Philosophical Practice*, November 2013, 8.3: 1253 - 58.

（罗龙祥　译）

作为哲学践行的意义治疗

斯蒂芬·J.科斯特洛(Stephen J. Costello)

弗兰克尔与柏拉图

维克多·弗兰克尔(Viktor Frankl)的"意义治疗"(logotherapy)被贴上了"通过意义来治愈"的标签。*Therapeia* 意为"治疗"或"治愈",弗兰克尔将 *logos* 翻译作"意义"以及"精神"。作为疾病和精神病治疗的补救和解决方法,治疗一直被视为"诊治"(医疗模式)或谈话疗法(精神分析-心理治疗模式),但在《查米德斯篇》(*Charmides*)和《蒂迈欧篇》(*Timaeus*)中柏拉图是将其作为针对灵魂失序的治疗方案而首次提出这个哲学概念的。事实上,在《理想国》(*Republic*)中,他明确提到了心灵处于健康就好比音符达到了和谐,同时也阐明了其终极目的就是使灵魂中的三个部分融为一体。(弗洛伊德,他自称是柏拉图的学生,在许多世纪之后同样主张心灵的三分结构:在他的第一个阶段是——意识、前意识、无意识;在他的第二个阶段是——本我、自我、超我。)对柏拉图来说,哲学是一种生活方式,是一种为自己提供疗救的手段,它始于对脱轨和紊乱的诊断(在灵魂中和社会中),同时还有释放和转移的独特方法(宣泄疗法)。

在我们这个时代,心理学[与心灵(psyche)的逻各斯(*logos*)大相径庭]优先考虑的是技术(*techne*)而不是(爱)智慧,因而也正好威胁到了存在的意义。哲学,或者说爱智慧,它通向了阿勒泰[*arête*(美德)],进而产生了艾德摩尼亚(*eudaimonia*)("健康幸福"或精神上的"欢愉",这也被翻译成"幸福")。在柏拉图看来,理智是思维与存在的一致性,疯狂是对现实的背离。灵魂从无意识洞穴中的阴影到善(*Agathon*,阿伽松)本身的阳光朝圣的过程中,没有什么比"转换"(*metanoia*,麦特诺亚)更重要的了,它是实现了更高的意识和精神清晰度的提升:转变为意义和不可理解的存在本身的神秘状态。

对神的渴望吸引我们,正如本能驱使我们一样。这是柏拉图式的张力场,弗兰克尔称之为"精神动力"(*noödynamics*)(精神上的奋斗和挣扎),它由元理论(metaxy)中的作用力和反作用力组成。只有神圣的善才能满足心灵对弗兰克尔所说的"终极意义"的亘古不灭的需要,而不是科学。因此,对柏拉图和弗兰克尔来说,我们动力的源泉不是权力、利益、声望或快乐,而是目标、意义和美德,换句话说,是真(*verum*)、善(*bonum*)和美(*pulchrum*)这三个先验概念。

对柏拉图和弗兰克尔来说,内心的和谐能带来幸福;秩序是综合的结果,它是整合和统一。而混乱却是冲突和斗争，是在神圣现实中漂泊无定的赫拉克利特式的流变。因此，柏拉图将和谐与健康及幸福联系在一起。目标是成为"一"而不是"多"，是要达到统一和整体。如果将它放在弗兰克尔的框架中，可以这么说：统一是人在灵与肉两方面的整合；而成为整体还要加上整合过的来自无意识深处的心灵或精神维度。只有这样，我们才能和谐一致地行动。相反，无序则是不协调、不一致和令人不安——崩溃。对柏拉图和弗兰克尔而言，苏格拉底是一个完美无瑕的人——他是一个完整的人［完整（*integritas*）是终极的统一］：一个公正的人，为爱洛斯（Eros，爱欲——译者注）所驱使，并作为一种超验的实在参与到神圣的努斯（*Nous*）深处（柏拉图的形而上学本质上是一种神形本体论）。苏格拉底的良知（*daimon*）是他的向导，指引着他通过苏格拉底式的对话助产术，从对话者那里诱导出关于自身存在的真相（*aletheia*）——他们最深层的渴望和最纯洁的愿望；这种助产术对于弗兰克尔的意义治疗来说是关键之所在，对于遭遇存在的人来说同样如此。因此，我们可以肯定地说，苏格拉底是西方第一位意义治疗师，柏拉图是其杰出的哲学践行者，正如弗兰克尔是当代哲学咨询的先驱和领路人一样。

作为哲学治疗的存在主义分析

历史上，存在主义分析一直与梅纳德·博斯（Menard Boss）、路德维希·宾斯万格（Ludwig Binswanger）、伊戈尔·卡鲁索（Igor Caruso）、罗洛·梅（Rollo May）和维克多·弗兰克尔等思想家联系在一起。它是一种治疗的哲学形式，它关切的是人类生存的遭遇，包括痛苦、内疚和死亡（三苦），空虚和无意义的感觉［弗兰克尔所说的"存在性虚空"（existential vacuum）］，愈合、意义和宽恕（三得），以及人类存在的四个维度：生理/生物、心理/情绪、个人/精神以及社会/历史。其目的是理解人类的存在及其经验。

聆听逻各斯：爱、理性和现实

赫拉克利特，这位前苏格拉底时代的哲学家告诉我们，去聆听逻各斯是明智的，而通过聆听话语中的逻各斯，我们将明白万事万物都是一体的［弗兰克尔的"单纯人类主义（monanthropism）"/埃里克·沃格林（Eric Voegelin）的"普遍人性"（universal humanity）］。这就是存在主义分析以及哲学的期望和终极目标：整体性。在柏拉图之前，赫拉克利特将"逻各斯"一词确立为自然秩序之源。正如他在自己的《宇宙论残篇》（*Cosmic Fragments*）里所写的那样："逻各斯永不褪去。"而在亚里士多德那里，则将这一术语应用于理性论述。后来，斯多葛学派把它当作是神的法则，正是它使得宇宙充满生机和活力。约翰福音则认为基督是逻各斯的化身，基督是起源，如果没有它，就没有被创造的万事万物；逻各斯就好比神，如同上帝的话语一般。许多个世纪后，荣格（C. G. Jung）将逻各斯描述为理性和意识的男性原则，其对应的女性原则是爱洛斯。沃格林（Voegelin，1901—1985）在哲学上回到了古希腊，并使这一原则在他的著作中占据了中心位置。而维克多·弗兰克尔在生存心理学中将他的哲学-精神治疗称为"意义治疗"。对于教皇本笃十六世(Benedict XVI)来说,基督教是逻各斯的宗教。在此同时,雅克·德里达(Jacques Derrida)和后现代主义者却振振有词地抨击这个概念,甚至解构了(他们所理解的)整个西方哲学基石的"逻各斯中心主义"(logocentrism)。

荣格把逻各斯和爱洛斯对立起来的尝试是错误的,因为逻各斯同时包含了理性和爱,并把它们作为现实的两大支柱。就德里达而言,他使我们失去了根基而无法触摸到真理。那么,真理究竟是什么呢? 从前有一个讥笑了耶稣的人叫皮拉特(Pilate),他也曾这样发问,但他没有等到耶稣来回答。其实在皮拉特面前的就是真理本身,是话语中的逻各斯作为肉身在历史上的出现:真理是作为一个人存在的,而不是一个命题。在古典思想中,真理是生存中心灵的充实;是心灵与逻各斯/现实的协调一致。此外,亚里士多德用幸福感(eudaimonia)这个术语来指称和描述健康幸福、精神上有所成就或(生命的)完满,这种状态是通过与逻各斯(作为人类在个人、社会与历史三个维度存在的秩序之源泉)相协调而实现的。这才是心灵健康的真正含义。

正像弗兰克尔在当前令人信服地论证的那样,如果以下所述是事实(我认为是事实),我们在三个维度中活动——人作为 soma(身体)、psyche(心灵)和 noös(灵魂)活动,那么这三个维度,或者说三个存在的模式都需要被考察。然而,我们最终是一个整体(人类学上的统一),一个多样性上的统一[像阿奎那(Aquinas)所说的,是多元的统一(unitas multiplex)],尽管从本体论来看,差异仍然存在。这就是弗兰克尔哲学人类学的核心。对于弗兰克尔来说,统一并不意味着完整,它还包括人在身体、心灵和精神各方面的整合,这一点我们已经提到过了。"没有精神作为它的实质性基石,完整就不可能存在。"(Frankl,2000,p. 34)精神自我从无意识深处浮现。在这里我们可以进一步注意到柏拉图和弗兰克尔的相似之处,柏拉图 anamnesis(回忆说)所描述的等效点和一致点可以被解释为现代"无意识"概念的先驱,这里的目的是回忆曾经被遗忘的东西(健忘症)——使无意识具有意识。

我在上面提到过幸福感(eudaimonia)。将其翻译成"快乐"(happiness)的缺陷在于,这个现代词汇往往只包含一种心理上的愉悦感或主观满足感(参见 Costello,2010)。但是希腊人所说的幸福感(eudaimonia)是指一种精神上的幸福(正如这个词的词源所示),我们可以把它理解为基督教所说的"愉悦"。我认为,通过聆听逻各斯以及"神圣存在的流动"(参见 Costello,2013),幸福感(eudaimonia)就会随之发生(如果我可以这样表达)。正如沃格林在治疗的意义上所表明的那样,在灵魂[心灵(psyche)]中和社会[城邦(polis)]中,作为神圣秩序之源的逻各斯或者说人类精神(及其对抗的力量)是不会患病的[来源于维克多·弗兰克尔的见解,他称之为"精神信条"(psychiatric credo),意思是每一种疾病背后都有完整性,一个人的完整性和整体性超越了每一种病理学]。

接受和理解神圣的根基(Divine Ground),柏拉图称之为善,此外,使自己与在场的流动以及逻各斯(它是爱与现实)协调一致,就会带来"伴随而来的快乐",即幸福感(eudaimonia)——如沃格林所说,如果我们拒绝它,我们就会陷入焦虑的状态。(Voegelin,1967,pp. 318-9)弗兰克尔也有类似的察觉:"就像磁场中的铁屑一样,人的生命是通过他对意义的确立而被有序安置。"(Frankl，1967，p. 35)混乱是毫无意义的，它远离了神圣的现实。

对于基督教而言，我们可以说逻各斯与爱是等同的。红衣主教拉辛格（Cardinal Ratzinger）简明扼要地总结了这一切，他说，基督教的内容归根结底是"爱和理性作为现实的两大支柱[而不是弗洛伊德的爱洛斯和塔纳托斯（Thanatos，死欲——译者注）]结合在一起：真正的理性是爱，而爱就是真正的理性；它们是统一的，是一切实在的真正基础和目标"(Ratzinger，2003，p. 183)。

让我们更详细地研究一下在意义治疗中这种对存在的精神秩序的强调，因为它指出了人的独特之处是什么，这也因此构成了弗兰克尔宗教哲学的核心。

从精神病理学到灵魂病理学（Pneumapathology）

病理学是对疾病的研究与诊断。从精神病学和精神分析学的角度来看，精神病理学通常是一门研究精神失序的学科。精神病学家对描述性精神病理学（也就是对精神疾病的症状和综合征进行描述）特别感兴趣。这在 DSM 和 ICD 的诊断系统中都有所证明。

我想在这里概述一个"灵魂病理学"的心灵疾病学科，它与弗兰克尔的哲学人类学相关；同时还要澄清和详细说明"灵魂"和"精神"之间的区别，这两者在讨论过程中经常混淆；此外也要力图保留经典的意义治疗，它抵制任何微妙的或诱人的——无论多么善意——成为一种圣徒疗法的企图[通过神圣的东西治愈；源自希腊语哈吉奥斯（hagios），意为"神圣的"]。

"灵魂病理学"是德国哲学家弗里德里希·谢林（Friedrich Schelling，1775—1854)创造的一个术语，他将其引入哲学词典，但不得不说，它既不广为人知，也没有被广泛使用。一个值得注意的例外是埃里克·沃格林，他借用并使用这个术语来指定诺替斯教（Gnosticism，灵知主义——译者注）中的精神疾病或混乱。谢林影响了柯勒律治（Coleridge），正是柯勒律治将谢林创造的无意识概念引入了英语。

Psyche 是"心灵"。Pneuma 是古希腊单词，本意为"呼吸"(希伯来语中的 ruach)，在宗教语境中，为"精神"，在犹太教和基督教的《旧约圣经》(Septuagint)和希腊的《新约》(New Testament)中通常是这样使用的。"精神"(或拉丁语中的 animus)通过身体来运作并实现自己。精神的本质是自由（这是弗兰克尔所宣称的）。因此，人每时每刻都是负责任的（这是意义治疗和存在主义的一个关键原则）。这就是为什么弗兰克尔能够正确而坚定地指出，自由和责任构成了人作为精神的存在。

因此，灵魂病理学指的是被沃格林描述为"精神疾病"的现象领域，尽管这不是弗兰克尔的理解——我将很快回到这一点。

在《已版论文集》(Published Essays)(1966—1985)中，沃格林在 1966 年发表的一篇题为《德国大学与德国社会秩序：对纳粹时代的再思考》("The German University and the Order of German Society：A Reconsideration of the Nazi Era")论文。在简洁地引用了谢林新词的背景下，沃格林借用了麦克白夫人（Lady Macbeth）的例子。在莎士比亚悲

剧的最后一幕中,一名男子叫医生来观察麦克白夫人夜间奇怪的行为(因为她试图抹去过去的污点和罪恶):

> 医生:她现在在做什么？看她是怎么搓手的。
>
> 绅士:对她来说,这样洗手是一种习惯。
>
> 医生的诊断:到处都是刺耳的低语;行为不自然会产生不自然的麻烦。被感染的大脑将会把他们的秘密泄露给耳聋的枕头。与其说她需要医生,不如说她需要神甫。上帝啊,饶恕我们吧!

在这种沃格林式哲学的柏拉图式视角中,精神指的是人对他存在的神圣根基的敞开,是与背离根基的封闭的精神的疏离。人的精神是神圣的一部分。因此,他作为意象(*imago Dei*)上升到神圣的命运。按照沃格林的说法,纳粹德国造就了一个精神病态的社会,这个社会充斥着邪恶——用沃格林的话来说,"邪恶是意识的一种病理状态"(Voegelin,1990,p. 35)。这是一个关于神圣现实基础封闭的灵魂病理学例子,这意味着更多的脱离常轨和疾病、精神紊乱和分离,而不仅仅是迷失方向。

它可能是一个时代或个体的紊乱。沃格林举了黑格尔和他伟大的后继者们——马克思和尼采——在巫术中的例子,他们拒绝感知现实;他们把自己的存在封闭在根基上,然后建立了假想的第二现实。(Voegelin,1990,p. 278)与马克思或尼采的理论截然相反,沃格林认为,人虽然与神圣的现实并不一致,但他们是同质的(换句话说,一个实体)。正是理智的意识察觉到这一点,并参与了神性在场的流动。灵魂病理学指的就是"第二个现实"的创造、还原主义的谬论以及对不朽的幻想;拒绝承认现实的本来面目,这正是存在异化的主要症状,也就是弗兰克尔所说的存在真空。斯多葛派的克里西普(Chrysippus)认为正是现代人的"无知的悲惨"(agnoia ptoiodes)("可怕的无知")使他们远离了光明(在柏拉图的洞穴譬喻中),西塞罗(Cicero)也把它描述为心灵疾病症状,即拒绝理性;而沃格林在他的柏拉图式哲学中将其概念化为心灵和城邦中的混乱。

我主张哲学治疗需要认识到这种情况。它对弗兰克尔的传统意义治疗师和存在主义分析学家以及哲学咨询师(这两者并不矛盾,事实上,我在这里主张将意义治疗从本质上理解为一种哲学践行。此外,许多哲学咨询师实际上正在诊所里应用意义治疗)都有临床影响。意义治疗是通过"理性"(在古典哲学意义上理解为接受现实的开放性,而不是理解为还原论、工具理性的启蒙意义)来治愈的。

那么,从弗兰克尔的三维本体论和哲学人类学的角度来看,这与他对存在主义的强调有什么关系呢？努斯在希腊语中是"思想"或"理解"的意思;这是人类与(其他)动物的区别,动物也有心理或"灵魂",其意思是"生命"。灵魂赋予身体生命(对亚里士多德来说,灵魂是身体的实体形式)。对弗兰克尔来说,它指的是人类特有的东西。因此,努斯是(非物质的)理智(同时也是理智的直觉);它是"思想"或"理性"。因此,它类似于逻各斯。在古典希腊和基督教的三分法中,可以从三个维度来理解人:身体的(somatic)、心灵的(psychic)和理智的(noetic),但是当所有的人都有努斯时,信徒声称我们也是"灵魂"

（*pneuma*）或"精神"。由于理智的在英语中也被翻译成"精神性的"，所以在语义上和概念上出现了一些混乱，至少对弗兰克尔的英语读者来说是这样。灵魂指的是宗教领域内的"灵魂"（*Geist*）或"精神灵魂"（*Seele*）。灵魂是生命的原则，正如精神是生命的源泉。人是身体、心灵和精神的合一。

灵魂病理学是对精神存在和精神现象的研究，特别是对人与上帝之间互动的研究。因此，我们可以说人是三位一体的：身体的、心灵的和理智的。这是按照神的三位一体的形象创造出来的。但这并不是一些"基督教意义治疗师"所宣称的第四维度，例如，唐纳德·特威迪（Donald Tweedie）在他的著作《基督徒与诊断台：基督教意义治疗导论》（*The Christian and The Couch : a Introduction to Christian Logotherapy*，1963，p. 55）中就断言了这一点。灵魂或灵魂的（pneumatic）这个维度是圣灵（*Heiliger Geist*）在每个人身上根据上帝自己的形象（即，灵魂中内在的三个位格之一）创造出来的，将这三个维度捆绑在一起，使之成为（神创造人的）基础。所以它不是另外的一个维度。

现在，经典的意义治疗在内涵上和语境上恰当地避免了与这种明显宗教的混淆，避免了在合并不同的术语时导致的概念错误。弗兰克尔竭力想把它们分开；事实上，他并没有提到这个灵魂的方面，那这正是人类存在于上帝中的基础。在这种情况下，弗兰克尔使用了"精神性"而没有涉及宗教。这就不再仅仅是"基督疗法"，它还将明确地处理作为人类真正的精神核心的特定重点领域，但一般来说，我们必须反对有神论这个术语——唐纳德·特威迪在书中仅仅引用这个术语。甚至这里也没有所谓的基督教意义治疗。这里只有意义治疗，其实践者将是基督徒或犹太人、穆斯林或无神论者，等等。所以，意义治疗必须避免进入圣徒治疗的陷阱，这个相对较新的学科是由克罗地亚的牧师托米斯拉夫·伊万尼（Tomislav Ivančič）所引领的，在他 2010 年的著作《灵魂诊断与圣徒治疗》（*Diagnosing the Soul and Hagiotherapy*）中大量使用了意义治疗。圣徒治疗不仅利用了一个人的精神力量（如在意义治疗中），而且还利用了上帝的精神，同时祈祷也被带进了咨询室。

弗兰克尔这样区分它们：（意义）治疗包括帮助灵魂，而宗教只是关于灵魂拯救而已。有一种无意识的宗教感觉——一种精神的或理性的无意识，但我们也需要在宗教和意义治疗之间保持界限。意义治疗始于精神，又源于精神，正如弗兰克尔在他的许多作品中所重复的那样，但他平衡了二者之间的动态张力；他没有重叠或者混淆这两个维度。在《人类对终极意义的追寻》（*Man's Search for Ultimate Meaning*）一书中，弗兰克尔写道：

> 宗教为人类提供的心理治疗比以往任何时候都要多。有一些作者认为，心理治疗放弃了作为一门科学的自主性，放弃了从宗教中独立出来的独立性，而更倾向于将心理治疗视为一种辅助神学家的功能。众所周知，几个世纪以来哲学一直被赋予这样一种神学家的角色。她是为神学服务的婢女。然而，正如人的尊严是建立在自由的基础上一样……因此，科学的尊严也是建立在无条件的自由的基础上的，这种自由保证了科学对真理的独立探索。谁想把心理治疗变成神学的附庸……它就不仅剥夺了一门自主科学的尊严，而且还带走了它对宗

教可能具有的潜在价值。心理治疗必须避免设定任何先入为主的宗教目标。
(Frankl, 2000, pp. 80 - 1)

人类的心灵本质上是宗教性的,但其证据只能来自一种疗法,这种疗法本质上并不以宗教为导向。意义治疗是一门世俗的科学;这就是它的力量。宗教,或精神领域,是人类在寻求终极意义时所应有的关注。差别就在其中。

需要对之前提到过的做一点补充:的确,理智的和灵魂的维度不会自己患病,但寻找意义或上帝则可能会变得沮丧或阻塞从而在其他方面引起疾病,毫无疑问这就是由沃格林借助"灵魂病理学"所指的层次,但也必须要说弗兰克尔在这方面是更加精确的。沃格林所说的"精神疾病"具有误导性,这可能会给人留下错误的印象。因为正如弗兰克尔一再正确地指出的那样,精神永远不会生病。意义的挫折可能会导致一种心理演化神经症(noögenic neurosis),正如对存在的精神层面的挫折可能导致我所说的灵魂性神经症(pneumatogenic neurosis)一样。但那种神经症是由通路被阻塞或忽略等原因造成的。灵魂的维度不能引起任何疾病或成为任何疾病的原因。然而,反过来,如果积极的影响发生在灵魂的层次上,它将反过来影响身体、精神以及理智的维度。明确的精神维度这个观点可能被有神论的意义治疗师从理论上或者现象学上证明,但它不能明确地进入临床实践。

弗兰克尔断言:"从定义上讲,更高的维度更具包容性。较低的维度包含在较高的维度中;它被包含在其中并被它所包围。这样,生物学被心理学所超越,心理学被本体论(noölogy)所超越,本体论被神学所超越。"(Frankl, 2000, p. 16)因此,神学是科学的女王,因为它的"对象"就是上帝本身——这是我们的最终目的。然而,正如弗兰克尔在他的《意义意志》(The Will to Meaning)(1988)和《人类对终极意义的追寻》(2000)中所指出的,人类和神的世界之间以及在精神和本能之间有一个维度障碍,这与意识和无意识之间的流动边界形成对比。(参见 Frankl, 2000, p. 32, p. 156)

意义治疗的含义

在进一步讨论之前,让我们澄清一些困惑,这些困惑直接进入了我们所说的意义治疗的核心。在有关这一主题的文献中,意义治疗被认为是继弗洛伊德精神分析学和阿德勒(Adlerian)个体心理学之后的第三个维也纳心理学治疗学派。然而,当意义治疗和存在主义分析的创始人维克多·弗兰克尔博士提到意义治疗是一种"心理的"治疗时,他通常使用后者来指代心理健康和治疗性愈合。意义疗法是一种由心理治疗师实施的心理治疗。然而,令人怀疑的是,弗兰克尔是否会同意"欧洲"(国家主义)对心理治疗行业的监管方式;事实上,在这一点上,列宁主义者("打碎国家")和自由主义者(有限政府)都会同意。直到最近,大多数欧洲国家也还没有关于咨询或心理治疗实践的法律规定,但这种情况正在迅速改变,现在各个国家要求咨询师和心理治疗师在国家注册。一个名为"欧洲心理治疗协会"(European Association of Psychotherapy)的伞形组织,为符合某些严格可量化标准的团体及个人颁发"欧洲心理治疗证书"。作为一名心理治疗师的培训需要:1)人文科学学位,2)面试,3)至少四年的硕士阶段的特定心理治疗模式的培训,包括:a)250小时(次)的个人心理治疗,b)500—800小时的理论学习,c)300—600小时(次)的与来访者或病人的临床实践观察,d)150小时(次)的观察,e)在心理健康或心理社会环境的临床操作。之后才将聘为专门的"心理治疗师"。那么,这又将意义治疗师和哲学咨询师(区别于心理咨询师)置于何处呢?

很难看出意义治疗是否符合了这些要求。毕竟,弗兰克尔告诉我们,人不仅仅是心灵,而且"人是精神"。此外,弗兰克尔认为,甚至阅读他的书可以是治疗(阅读疗法)。此外,一个具体的例子,著名的维也纳维克托·弗兰克尔研究所所长伊丽莎白·卢卡斯(Elisabeth Lukas)博士与意义治疗师亚历克斯·巴蒂亚尼(Alex Batthyany)——弗兰克尔博士所培训的最重要的仍健在的门徒之一,一起进行了培训,他被弗兰克尔本人所盛赞,在卢卡斯博士的研究所对正式的个体或个人治疗没有任何要求(因为弗兰克尔自己反对这种强加的义务);她最接近于提供这一体验的是一本自传,参与者将自己生活的细节与积极倾听和评论的群体联系起来。我在我自己的学院里进行这项研究,这是欧洲唯一讲英语(非在线)的意义治疗和存在主义分析培训,我可以说,这种方法是深刻和卓有成效的治疗,尽管它不会被"欧洲"认可。一名学生这样描述他在这个意义治疗小组的经历:

> 回想我过去的生活,把它写下来,并向你讲述,这是一项非常宝贵的练习。它使我能够组织我生活中混乱的部分,并赋予它们可见的形状。从中浮现出一幅未完成的镶嵌画,这是我所特有的。它将是我的手册,其具体性将是我今后所有活动的信心之源。我可能不知道我的生活将走向何方,但我现在知道,它正在更充分地展开。足够了!我被赋予了翅膀,并且心中有根针要去回应!

值得一提的是,在弗兰克尔自己对这个主题所说的话之后,我们会想起理性疗法本身的意义,再看看它与现在所说的心理疗法有多大的不同,无论是CBT还是心理分析、建构主义还是分析心理学。

维克多·弗兰克尔的第一本书《医生与心灵》(2004a, *The Doctor and The Soul*)的副标题是"从心理治疗到意义治疗",从一开始就暗示着这两门学科之间存在一些差异。当然,弗兰克尔本人在其他章节中也提到过意义治疗作为一种心理治疗,但他的意思大概是指在他那个时代的文化背景下对这个术语的理解是很宽泛的。

意义治疗是从人的精神出发的治疗方法;它承认和尊重人的心灵、物理、精神的统一。弗兰克尔称其为"心理上的精神治疗"(Frankl, 2004a, p. 29)。意义治疗最初的目的不是取代心理治疗,而是补充心理治疗。弗兰克尔告诉我们,精神分析是其不可或缺的基础(参见 Frankl, 1988, p. 10)。然而,多年来,意义治疗已经发展成它自己的独立系统,很少有意义治疗师像弗兰克尔一样植根于弗洛伊德以及存在主义哲学家马丁·海德格尔(Martin Heidegger)和马克斯·舍勒(Max Scheler)。的确,根据奥马尔·拉扎尔特(Omar Lazarte)的说法,在1984年首届阿根廷意义治疗大会上,在场的人记得弗兰克尔说过,他依靠两根支柱——弗洛伊德和海德格尔——支撑着自己(参见 Lazarte,2009,p. 181)。

弗兰克尔认为,意义治疗的另一个目的是清除心理疗法的心理主义。弗兰克尔这样描述了意义治疗和心理疗法之间的区别:"心理治疗努力将本能的事实带入意识。然而,意义治疗则试图让人们意识到精神的现实状况。"(Frankl,2004a,p. 43)在欧洲心理治疗协会的既定目标中没有这样的空间。意义治疗确实是专门设计来帮助并"处理那些与人类生活所面临的哲学问题有关的痛苦"(Frankl,2004a,p. 46)。意义治疗,几乎不同于所有的心理疗法,除了阿萨吉奥里(Assagioli)的心理分析,都明确地考虑了精神领域,弗兰克尔称之为理智的或心灵学的(noölogical),这是我们一直在探索的。

意义治疗是弗兰克尔存在主义分析方法的临床应用。早在 1926 年,意义治疗"就已经超越了心理治疗的范畴,超越了心理维度,包括了心灵维度或逻各斯"(Frankl,2000,p. 67)。因此,在临床实践中,弗兰克尔的心理学既是一种治疗也是一种分析;它是一种意义治疗,就像它是一种存在主义而不是心理分析。弗兰克尔的存在主义分析与迈达·伯斯(Medard Boss)、路德维希·宾斯万格、伊戈尔·卡鲁索(Igor Caruso)和罗洛·梅(Rollo May)的存在主义分析截然不同,它更多地汲取了马克斯·舍勒的现象学以及哲学人类学,比如意义治疗的三维本体论就尤其明显,而不是受到大陆存在主义的其他学派中海德格尔式分析的影响。

意义治疗超越心理治疗;它主要是一种精神治疗和灵魂(自我)的照顾。我认为,与其说这是一种心理学,不如说是一种心灵学,最好将其视为哲学践行的一种形式。我们之前提到的那个杰出的柏拉图式的学者,即伟大的埃里克·沃格林,他不就是告诉了我们弗兰克尔在现代通过他的"苏格拉底对话"正在恢复和更新柏拉图哲学的古老传统作为一种治疗方法的吗? (参见 Eric Voegelin,1990,pp. 278-9)它的目的是使一个人朝向真、善、美,朝向自然、文化和艺术,换句话说,就是意义。这是一种实用而深刻的人生哲学,每个人都能从中受益,其中蕴含着时代永恒的智慧。意义的主题是普遍的,每个人都可以从寻找意义和实现目标中受益,从而茁壮成长而不是拼命挣扎。意义治疗是一种阐明意义概念的方法。作为一种意义哲学,意义治疗的主要观点和理念可以被世界各地的每个人所融合。心理治疗是"通过治疗获得意义",而意义治疗是"通过意义实现治疗"。意义治疗是一种存在主义的、个人主义的治疗方法,由于其对超越性的明确参照,它也可以被理解为一种跨个人的理论和治疗方法。

彼得·萨尔卡尼(Peter Sarkany)的开创性论文《维克多·埃米尔·弗兰克尔的宗教哲学概论》("Outlines of Viktor Emil Frankl's Religious Philosophy")在这方面具有指导意义。我的分析大体上与他的一致。萨尔卡尼在书中认为,意义治疗或存在主义分析植根于哲学维度,其个人主义理论是超越个人的。在另一篇文章《灵魂哲学关爱大纲:现象学、存在主义分析、意义治疗与哲学咨询》("An Outline of the Philosophical Care of the Soul:Phenomenology,Existential-Analytic Logotherapy and Philosophical Counselling")中,萨尔卡尼概述了由皮埃尔·阿道(Pierre Hadot)在他的《作为一种生活方式的哲学》(Philosophy as a Way of Life)中所庄严陈述的例子:意义治疗被认为是一种哲学的方案，它对于灵魂的疗救和关切起到了根本性作用。

这种柏拉图式的自我或灵魂关怀的哲学传统在中世纪和现代断裂了，但在维特根斯坦（Wittgenstein）、简·帕托卡（Jan Patocka）、维尔纳·耶格尔（Werner Jaeger）、米歇尔·福柯（Michel Foucault）、阿道以及其他人的作品中，这种哲学传统在 20 世纪依然存在。意义治疗与这一古老的哲学传统有很多共同之处，这一哲学传统不仅把哲学看作是一种理智的疗法，而且把哲学看作是由斯多葛学派和其他学派发展起来的一种实用的精神练习体系，并将它看作一条通向意义治疗的道路，即消解反思、苏格拉底式对话以及态度修正。

相对较新的"哲学咨询"运动也继承了这一传统，目前它正由世界各地的著名从业者来实践。意义治疗让我们回到古希腊哲学的治疗传统。对灵魂的关怀主要是通过苏格拉底式的对话来进行的，虽然不是唯一的。意义治疗和存在主义分析是一种哲学服务和助产术。萨尔卡尼在上述文章中认为，意义治疗可以被理解为一种哲学咨询并付诸实践。弗兰克尔通过他的意义治疗实现了理性治疗的古老梦想，并实现了他们的治疗理想。然而，弗兰克尔也发展了神经症和精神病的精神病学，还将它们作了分类，并将其纳入他的实践中，正如他在《精神障碍的理论和治疗》(On the Theory and Therapy of Mental Disorders)(2004b)中所证明的那样。然而最重要的是，意义治疗是一种实践的哲学，一种有意义的、有灵性（mindfully）的生活方式。

还有另外一个思想家也这样认为，他就是莱因哈德·扎塞尔（Reinhard Zaiser）。我想对他的论文《人类理智维度研究：哲学践行、意义治疗和存在主义分析》("Working on the Noetic Dimension of Man: Philosophical Practice, Logotherapy and Existential Analysis")做一个简要描述：他断言我们可以在当代意义治疗中发现古代的精神练习，他认为大多数哲学从业者实际上是做意义治疗。

他首先指出，哲学践行和意义治疗有很多共同之处，因为它们都在用相似的方法研究人类的理智维度。扎塞尔称弗兰克尔是哲学践行的先驱。在扎塞尔看来，古代哲学家们的精神练习只不过是意义治疗的方法。那么，"精神性"（spiritual）一词在意义治疗中的确切含义是什么？它与弗兰克尔的哲学有何契合之处？

精神性维度

在弗兰克尔看来，本能和精神是不可通约的概念。重复一遍，精神是人的本性，它特别是人的维度。本能与精神之间构成一个本体论的空隙；它们代表了人类整体结构中两个截然不同的区域。在《无意识的上帝》(The Unconscious God)（弗兰克尔的哲学博士论文，经扩展后出版，题目为《人类对终极意义的追寻》）中，弗兰克尔断言存在"在本质上是精神的"(Frankl, 1985, p. 27)；而在另一方面区分的真实性（在海德格尔意义上）则意味着躯体和心理事实——生理和心理这样两个领域。存在一条清晰的线条将这两个"区域"分隔开来，这与躯体和精神之间模糊的界限不同。就身心疾病的多维病因学而言，每个临床医生都知道：区分精神因素和身体因素是多么困难。

弗兰克尔从自由和责任的角度来看待精神存在。我们讨论了人的维度,核心就是人作为一种精神存在,是精神活动的中心。换句话说:精神的内核被外围的物理层所包围。因而也就是有精神性的人及其精神上的外衣。这个核心得以个体化并得到整合。精神作为核心,构成了行动着的人的同一性和整体性,正是"三位一体"让人成为人。精神是人的实质性根基,当然,精神现象可能是有意识的,也可能是无意识的,但人的精神基础则是无意识的。人的精神在它的起源(深度)层次上就是无意识的精神。

意义治疗和存在主义分析试图通过阐释人的存在意义,就像铺地毯一样揭开生命的面纱,引出人们对生命意义的追求。弗兰克尔始终认为意义取向与心理健康之间存在着正相关关系。当人们对意义的追寻受挫或失败时,就会导致精神上的痛苦,这与心理疾病不同。自我不是他或她的症状;这个人不是他或她的病理。我们能够自我疏离和自我超越。

在自我疏离的过程中,人可以在受到刺激和他对刺激的反应之间创造出一小块自由空间;我们可以在我们的心灵学维度上脱离心理状况。自由,它不仅仅是摆脱外在状况的自由,而且是对外在状况采取立场或态度的自由(精神态度)。对悖谬性意图(paradoxical intention)采用意义治疗技术,就是利用了这种非精神的超脱。同样对弗兰克尔来说,在自我超越中这就是人类存在的本质,人可以超越自己,可以延伸到一个超越自我的世界。意义治疗在关注意义和精神的过程中认真对待这一心灵学的部分。一个人的精神资源是精神健康的巨大宝库。人的精神包含许多财富,其本质上是创造性的。"意义治疗的任务在于揭示个体的精神斗争"(Frankl,1985,p. 59)。

精神(*Geist*)是人格的核心;其最后一个要求是实现健康幸福。在《医生与灵魂》一书中,弗兰克尔认为意义治疗是"精神层面的心理治疗"(Frankl,2004a,p. 29)。在他所称的"医疗服务"中,意义治疗师为非宗教人士(宗教人士将在他玄学的神秘中找寻他的安全和慰藉)提供了一个治疗谈话的空间,这将带来解脱。这种关于个人困境的澄清、批判、安慰和沉思的对话将触及价值和意义的问题,并进入医学的边界,但存在主义分析不会阻挡超越之门。医疗服务关心的是一个人灵魂的健康,而不是灵魂的拯救。护士们在这样一种使命和神圣使命(以赛亚:"安慰你们,安慰我的人民")的背景下,有特权执行他们极其重要的任务。当一个人意识到他或她的责任时,他或她的灵魂是健康的。所以,如果我们从金字塔结构的角度来看人类,那么理智的维度就为他的精神提供了停泊地。

临床案例

让我们以一个临床例子来具体化这些理论观察:抑郁症可能在体内表现为内源性忧郁症,在这种情况下,药物和药物干预可能有帮助;或者在失去亲人的情况下,心理上会产生反应性抑郁症,此时谈话疗法可能是治疗方式的首选方案;也可能是心理演化性治疗,即患者成为一个哲学家,他直面其所意识到的存在的无意义性,在这种情况下冥想可能比药物更好,有时柏拉图比百忧解更好。

心理演化性神经症是弗兰克尔所用的术语,是指由精神或生存原因而非生物学原因所引起的精神障碍。有由躯体因素引起（有生物学原因）的内源性精神病、心身疾病（由心理因素触发但不是由其引起）、反应性神经症（由躯体或心理障碍的影响所产生的心理反应）；也有人格障碍［具有体质特征（constitutional traits）］、医源性神经病（由治疗干预引起或加剧）和心理性神经病（由心理原因引起）。不过，根据精神因素可以在神经症的起源（病因）中发挥决定性作用的观点，弗兰克尔在 20 世纪 50 年代正式对心理演化性神经症进行分类。"精神"是指作为自由、责任、面向意义的人。精神危机并非全部致病——它们与人类状况有关。

精神倦怠表现在时代的虚无主义和还原论中。LTEA（logotherapy and existential analysis，意义治疗和存在主义分析——译者注）可以被看作是完整的非还原论，在它的最佳意义上是整体主义。弗兰克尔觉得，特雷布林卡（Treblinka）、奥斯维辛（Auschwitz）和达豪（Dachau）这几个集中营的毒气室并非是在位于柏林的某些部门处所设立的，而是在持虚无主义的科学家和"否认自由意志、意义意志以及意义治疗的人生意义这样三大支柱和基本原则或假设"的哲学家的书桌与讲台那里设立的。无意义感与许多功能失调行为之间的相关性已得到充分的证明和经验验证。

精神上的或理智性的例子包括：良心危机、价值冲突、存在性挫折以及一些类似无意义的或绝望的感觉等。在《精神障碍的理论与治疗》（*A Theory and Therapy of Mental Disorders*）第十章中，弗兰克尔将对意义治疗定义为"一种精神视角的治疗"，将存在主义分析定义为"针对个人精神存在"的治疗（Frankl，2004b，p. 171.）。这里有一个预设的概念，即人是一个以主体为导向并被赋予意义的概念。逻各斯意味着精神和意义高于并超越于此，但它"并不意味着是宗教意义上的"（Frankl，2004b，p. 173）。不像其他两个维也纳治疗学派那样，弗兰克尔构建了人类的动机，其主要不是在快乐（弗洛伊德）或权力（阿德勒）两方面，而在于（就目的而言）通过斗争实现最有意义的个人生存的可能。未能实现意义而导致的人类心灵空虚，最终产生了一种害怕自己虚无的焦虑。意义意志属于理智的，正如良知和爱的召唤一样，它既不能还原为情欲，也不能还原为性。心理演化性神经症是源自精神而不在精神之中。理智的人不可能神经质。意义治疗是对身体-心理治疗的一种新的补充，也是世界卫生组织认可的一种特定治疗方法。意义治疗并不会忽视生物学或心理学。"它只追求一件事，即在生理和心理受到关注之后，不会忘记心灵学。当一座房子建成且屋顶工人终于开始工作时，没有人会因为他没有考虑地下室而责备他。"（Frankl，2004b，p. 186）

生命直到最后一口气都有意义；我们不知道多少辉煌的时刻还在等着我们。我们可以通过很多事情来赋予我们的生命意义：做一件事（完成工作），欣赏真、善、美，爱一个人；或当所有这些可能性都未能在我们身上实现时，我们还可以在难以忍受和不可避免的命运前（如治不好的癌症）改变我们的态度。意义永不匮乏，它只是等着你去发现。

即使面对极端的失败，我们也能找到成就感。事实上，痛苦意义的奥秘在维度上要优于工作和爱的意义。这种"安静的英雄主义"使弗兰克尔自己的生活和无数其他人，从护士到护理人员、从教师到治疗师，都与众不同。然而，这种英雄主义只能要求自己，不能要求别人。但正是这种精神上的东西和勇气造就了圣贤。

到目前为止,我们一直在强调弗兰克尔哲学体系的精神层面。让我们来谈谈哲学对他思想的影响,以及它们对他工作的影响。

弗兰克尔和哲学

在《心理治疗和存在主义》(*Psychotherapy and Existentialism*)(1967)中,弗兰克尔用了整整一章总结了"意义治疗的哲学基础"。意义治疗取决于三个哲学假设,即自由意志、意义意志、人生意义,这在上面已经提到,与这三者对立的分别是泛决定论、还原论和虚无主义。这些意义治疗的支柱与弗兰克尔的三维本体论一起构成并形成了他的哲学人类学的核心。"如果没有把人的理论和生活哲学作为基础,那就没有心理治疗。"(Frankl,1988,p. 15)在他的自传《回忆录》(*Recollections*)中,他写道,除了精神分析,"我对哲学很着迷"(Frankl,2000,p. 56)。在 15 或 16 岁时他参加过哲学研讨会并做了关于"人生的意义"和关于"哲学思维的心理学"的讲座,这表明他对叔本华(Schopenhauer)的情义。这一重点"就像一根光芒四射的线贯穿了我所有的作品,它覆盖了心理治疗和哲学之间的边界区域,特别是关注心理学的意义和价值问题"(Frankl,2000,p. 59)。在一篇名为"与哲学家的相遇"的章节中,弗兰克尔回忆道:"我最珍贵的经历之一是马丁·海德格尔在维也纳访问我们时我与他的讨论。"(Frankl,2000,p. 113)他还列出了宾斯万格、雅斯贝尔斯(Jaspers)和马塞尔(Marcel)以及他和他们的照片。事实上,马塞尔为法国版的《人类对意义的追寻》(*Man's Search for Meaning*)写了序言。

同样,在《医生与灵魂》(*The Doctor and the Soul*)一书中,弗兰克尔对死亡、痛苦、工作和爱情的含义进行了敏锐而准确的分析,并对焦虑、强迫性神经症、抑郁症和精神分裂症进行了更多的临床研究。"在他的常规治疗过程中,心理治疗师每天每小时都与每一位面临哲学问题的病人进行咨询。"(Frankl,2004a,p. 30)并且"哲学问题不能通过将讨论转向问题产生的病理根源来解决……即使只是为了哲学上的公平,我们也应该用同样的武器来战斗"(Frankl,2004,p. 31)。几页之后他继续这个观点并概述如下:"通过运用意义治疗,我们能够在自己的参照系内处理哲学问题,并能对精神障碍患者的精神痛苦进行客观的探讨。"(Frankl,2004,p. 35)

弗兰克尔借鉴很多哲学家,包括亚里士多德、柏拉图、苏格拉底以及阿奎那(Aquinas)、奥古斯丁(Augustine)、斯多葛学派和伊壁鸠鲁学派(Epicurean school),还有斯宾诺莎(Spinoza)、帕斯卡尔(Pascal)以及康德,也包括叔本华、尼采和克尔凯郭尔(Kierkegaard),还包括黑格尔、布伦塔诺(Brentano),特别是马克斯·舍勒(Max Scheler)——与宾斯万格的海德格尔主义不同的是,赞同意义治疗是舍勒哲学在临床实践和意义治疗理论中的运用(参见Frankl,2004,p. 127),还有歌德(Goethe)、海德格尔、萨特、布伯(Buber)、雅斯贝斯、马塞尔和维特根斯坦等。1949 年弗兰克尔凭借《无意识的上帝》而获得了哲学博士学位,但正如他在回忆中告诉我们的那样,即使他有医学和哲学博士学位,他通常也不会像他在维也纳的亲爱同事那样说弗兰克尔是双料博士,而会说弗兰克尔只是半个医生!

弗兰克尔有一套成熟的时间哲学[例如,参见《无意义的感觉》(*The Feeling of*

Meaninglessness)(2010)中的"时间与责任",以及 1978 年出版的《寻找意义的呐喊》(*The Unheard Cry for Meaning*)(1978)中的"时间和死亡"]。他有一种先进的认识论,认为知识是一种视角,但通过主观视角(万花筒)看到的是客观世界(望远镜)——我把这种哲学立场称为透视现实主义。弗兰克尔对幸福的微妙批判是彻彻底底的哲学批判,这使他成为西方主流思想中一个批判的声音。他在不放弃古典形而上学的前提下,采用了存在主义-现象学的方法。哲学贯穿在他全部作品的主体之中。

我们现在转向一些来自二手资料来源的评论人士对这个问题的观点:安·格拉伯(Ann Graber)在她的著作《维克多·弗兰克尔的意义治疗》(*Viktor Frankl's Logotherapy*)(2004)的第十一章中提到了"弗兰克尔理论的哲学根源",并提到弗兰克尔的教育植根于古希腊的古典哲学。伊丽莎白·卢卡斯在她的《意义治疗教材》(*Logotherapy Textbook*)中认为意志自由是一种人类学、意义意志是心理学、生活意志是哲学(Lukas,1998,p. 7)。威廉·萨哈金(William Sahakian)在《行动中的意义治疗》(*Logotherapy in Action*)里有篇文章"哲学中的意义治疗"这样断言,"意义治疗是宗教哲学"(Sahakian,1979,p. 58),它适用于日常生活中,既是生活观(*Lebensanschauung*)(一种生活的概念),也是人生哲学(*Lebensphilosophie*)(一种人生的哲学)(Sahakian,1979,p. 53)。他认为,这是存在主义、生命哲学(vitalistic)、现象学和斯多葛学派的观点:"弗兰克尔的态度价值理论无疑具有斯多葛学派的特征。"(Sahakian,1979,p. 55)我现在想发展这种意义治疗的斯多葛学派特征。

斯多葛学派和意义治疗

几个世纪以来,斯多葛学派是古希腊罗马世界最具影响力的哲学。它是由西提姆的芝诺(Zeno of Citium)于公元前 4 世纪创建的,他在雅典的斯多葛(*stoa*)(一个粉刷过的门廊或柱廊)教书,旨在吸引像奴隶爱比克泰德(Epictetus)、律师塞涅卡(Seneca)和皇帝马可·奥勒留(Marcus Aurelius)这样形形色色的人加入这个行列。在古希腊传统的语境中,哲学被理解为灵魂的治疗和精神锻炼的场所。皮埃尔·阿道在他的《什么是古代哲学?》(Hadot,2002,*What is Ancient Philosophy?*)和《作为一种生活方式的哲学》(Hadot,1995,*Philosophy as a Way of Life*)中对此进行了令人信服的论证并强调了这一点。

可以说,斯多葛学派是当时最杰出的实践哲学。这种将哲学视为实践、自我关怀或灵魂治疗的古老观点可以追溯到苏格拉底的精神助产术(由维克多·弗兰克尔所采用),并且可以更系统地追溯到柏拉图对哲学本质的理解[《灵魂治疗》(*Therapie der Seele*)]。这个解释依然生命力旺盛——兴起于斯多葛学派,断裂于中世纪和近代,然而经过 19 世纪的尼采和克尔凯郭尔以及 20 世纪的诸多思想家,如弗兰克尔、埃里克·沃格林、简·帕托卡(Jan Patocka)、米歇尔·福柯、路德维希·维特根斯坦和其他人物的努力,这种应用性的阐释复苏了。尽管如此,在过去几个世纪里的那种忽视也有一些值得注意的例外,最著名的是米歇尔·德·蒙田(Michel de Montaigne)和沙夫茨伯里伯爵(Earl of

Shaftesbury)。

我想陈述一些与弗兰克尔的意义治疗和存在主义分析有很强相似之处的斯多葛学派的例子,并检验其中最接近的一个。斯多葛学派和意义治疗之间并没有直接的因果联系,它们之间只是有一些有趣的共同点和联系,这两门同源学科交织在一起并在它们之间产生了相似之处。我的评论采用初步的简短草图或大纲的形式,而不是提供自己的分析或详尽的注释。关于这一主题的文学作品中有一些线索,但有趣而奇怪的是这些线索很少来自弗兰克尔本人,尽管在他的《回忆录》自传中确实提到了他父亲的哲学,并因为他父亲的哲学是"斯多葛"的而接受了它(Frankl,2000,p. 22)。然而,在《心理治疗和存在主义》(*Psychotherapy and Existentialism*)中有一个注释,在那里弗兰克尔批判地断言:"伊壁鸠鲁的享乐主义哲学和斯多葛学派的宁静主义哲学的目标,即幸福与内心的安宁[或者后者被古希腊人称之为'阿塔莱西亚'(*ataraxia*,心神安宁——译者注)],它们不可能成为人类行为的真正目的,它们也不会因为一个先天原因在完全相同的程度上恰好躲开了人类对它们的努力追寻。"(Frankl,1967,p. 53)因此,对弗兰克尔来说,获得心灵的平静或安宁(据称是斯多葛学派的目标之一)的意图本身就阻碍了它的实现,因为它应该仍然是有意义的生活的副产品或副作用。

第二个更积极的线索或暗示来自戈登·W.奥尔波特(Gordon W. Allport),他在弗兰克尔的《人类对意义的追寻》的前言中断言:"在集中营里,每一种情况都会使囚犯失去控制。生活中所有熟悉的目标都被抢走了。唯一剩下的就是'人类最后的自由'——'在特定环境下选择态度'的能力。"(Allport,2004[1959],p. 9)这种最终的自由,被古代斯多葛学派和现代存在主义者所承认,在弗兰克尔的故事中具有生动的意义。这是一个关于弗兰克尔的意义治疗和生活中禁欲主义的明确陈述。

我们上文引用的威廉·S.萨哈金在"哲学中意义治疗的地位"中也同样写道,"意义治疗和斯多葛学派有许多共同的观点"(Sahakian,1979,p. 54),并指出其中两个观点:态度价值观的存在和无目的恶的不存在。对于斯多葛学派和弗兰克尔来说,所有的痛苦都是有意义的。

意义治疗和斯多葛学派都认为,如果一种情况无法改变,我们就面临着改变自己的态度;一个人有自由改变他对感知到的问题的态度。这是两个学派的本质和特点。

爱比克泰德曾说过,善与恶的本质就在于他在《语录》(*Discourses*)中所说的意志(的态度)(Bk. II,chapter I)。同样,弗兰克尔提出了这样一个观点:当我们不能再控制和改造我们的命运时,我们必须能够接受它(Frankl,1967)。在某种程度上,生活的刺痛在于一种精神状态、一种灵魂状态。条件和环境不能决定我;我以自由(理智)的态度决定它们。同样,我们在意义治疗和斯多葛学派的著作中都发现了对态度至关重要的强调。

"意志"的作用在斯多葛哲学和意义治疗中都具有突出和至高无上的地位。事实上,意义治疗所建立的三个支柱中有两个与意志有关,即意志自由和意义意志。这两个学派都强调意志是不可征服的——无敌和不可侵犯的——一个人需要改变他的环境,或者如果不能改变环境就要转变他对环境的态度。意志最终掌握在我们的力量之中。举个例子,苏格拉底在面对自己的死刑时是坚决的,尽管安尼图斯(Anytus)和梅利多斯

(Meletus)都试图破坏他的精神。在意义治疗中,意志的运用不仅影响态度的改变,而且能够通过悖谬性意图的技巧产生自我超越或疏离。

斯多葛学派和意义治疗的共同之处在于多种练习,比如白天的复习和预习(意义治疗)以及晚上的反思(斯多葛学派):一种有意识的检视。斯多葛学派的"从上看"的训练提出了自我疏离和自我超越的问题,并有助于提升自我疏离和自我超越的能力。当然,爱比克泰德那句著名的感叹——人是不会被事情所困扰而是被他关于事情的看法所困扰——与弗兰克尔所强调的我们对事情的态度非常相似,几乎无法区分。两位思想家都敦促我们对生活中的事件和变迁做出回应,而不是做出反应。爱比克泰德在他的《手册》(*Encheiridion*)的开篇中写道:"有些事情由我们决定,有些则不由我们决定。"这是存在于命运和自由之间的临床领域或空间。在刺激和反应之间有一个空间,在其中我们有选择和行动的能力。古代哲学家,特别是斯多葛学派的精神活动,与弗兰克尔意义治疗和存在主义分析(LTEA)的方法和技巧有着密切的联系。我们可以列举其中一些:

- 苏格拉底式的对话
- 态度的改变
- 悖谬性意图
- 消解反思
- 梦的存在主义分析

这些意义治疗方法一直是古代哲学的重要组成部分,即使它们有不同的名称。意义治疗是一种精神的和苏格拉底-斯多葛式的助产术。正如莱因哈德·扎塞尔在他的论文《人类理智维度研究:哲学践行、意义治疗和存在主义分析》(Zaiser,2005,pp. 83 - 5)中所写的那样:"例如,你可以在罗马皇帝和斯多葛学派哲学家马可·奥勒留的沉思中找到'消解反思'。"(Zaiser,2005,p. 84)这两种体系都强调态度调节以及悖谬性意图在其中的重要地位。悖谬性意图——这可以说是最著名的意义治疗技术——在古代悖谬性建议疗法中有其先驱和类似之处。

我下面的目的仅仅是展示意义治疗和斯多葛学派之间的十个比较点,特别是在其他一些评论者的背景下,斯多葛学派与认知行为疗法之间存在联系(Robertson,2010)。它为进一步阐明指明了方向。

斯多葛学派与意义治疗基础的比较

斯多葛学派	意义疗法
斯多葛学派认为世界是一个整体,所有人都是兄弟(世界主义者)。	弗兰克尔谈到了"人类主义"(普遍的人性)。
宇宙被至高无上的天意所统治——逻各斯/神圣理性/自然/精神。	逻各斯是意义。我们应该注意我们良心的声音,因为它是意义的器官——它对我们来说是"来自天堂的暗示"。

斯多葛学派	意义疗法
我们的责任是按照神的旨意生活；生活在自然的法则及其天赋理性(神圣的元素)之中。	健康幸福的生活与所有这样三个维度相适应：身体、心灵和灵魂。
我们需要约束激情，认识到理性高于本能、倾向和冲动(谨慎)。	激情需要被整合，无意识需要被意识到。灵魂(恢复力的理智核心)超越了身体。
我们必须听任或接受命运可能带给我们的一切。	我们需要驾驭"意义意志"和人类精神的反抗力量，毫不畏惧地应对命运的打击。
我们不应该过分重视那些可以从我们身上拿走的东西(外在的)，而应该培养一种宇宙意识，关注内在的价值。	人必须把自己导向永恒，如真、善、美，而不是短暂的东西，并正确看待事情。
我们不为事情本身而烦恼，而是为我们对事情的看法(我们的解释)而烦恼。	重要的是我们如何回应，而不是对事情做出反应(我们采取的态度或我们假设的态度或立场)。
其目的是获得心灵的平静和摆脱恐惧。道德上的善(美德)是目的。幸福是一种副产品。	幸福是有意义的存在的副产品。要找到它，但我们必须忘掉它。
至善(最高的善)是四种基本美德的结合：智慧或索菲亚(道德和精神上的洞察力)、勇气(刚毅)、正义(公平交易)和节制(自我控制)。	人类存在的本质是伦理的、精神的自我超越，是人类从存在真空走向伦理价值的旅程。
哲学既是实用的又是治疗性的——它是精神训练的场所，其目的不仅仅是提供信息。	意义治疗是一种苏格拉底式的理智治疗和生活哲学，其终极目标是通过实现意义-潜能而达到自我转变(态度转变)。

因此，我们看到了斯多葛学派在临床上和概念术语上的丰富性是如何被意义治疗师充分挖掘出来的，并通过无法预估的、充满希望且富有成效的方式进行相互作用和交流，丰富并强化了这两种深刻的哲学。

最后的意义治疗思想：终极意义

随着意义治疗中精神无意识的发现，无意识的逻各斯已经向我们呈现出来了。弗洛伊德对无意识进行了人格化(id-ified)，但即使在无意识的层面上，人类与超验现实之间也是有意向的而非本能的关系。弗兰克尔在《人类对意义的终极追寻》关于"无意识宗教性"中写道：如果有人把这种无意识关系的意向指称为"上帝"，那么就很容易说成是"无意识的上帝"。然而，这并不是说上帝对自身是无意识的，而是说上帝对人可能是无意识的，而人与上帝的关系也可能是无意识的(Frankl，2000，p. 68)。

这"无意识的上帝"也不是像荣格(Jung)所说的那样位于非人格化的原型中，而是在个人和存在的领域中。宗教可能对病人有积极的心理治疗作用，但这不是它的主要意图。宗教可能促进心理健康，但这不是它的主要目的，其主要目的是精神救赎。宗教为人类提供的心理治疗比以往任何时候都要多(Frankl，2000，p. 80)。人的心理本质上是宗教性的(灵魂的宗教性质)；这是由一种本质上不以宗教为导向的治疗(非宗教的科学性质)所决定的,即意义治疗。弗兰克尔认为:"心理治疗越不屈尊地当作仆人服务于神学,那么它实际发挥的作用就越大。一个人不需要成为仆人就能服务。"(Frankl,2000,p. 81)

精神跟本能一样强大——甚至更强大:这可以说是维克多·埃米尔·弗兰克尔(Viktor Emil Frankl)的意义治疗学派的至尊信条。在人们的生活电影中,有时只有在最后一段被放映出来之后,人们才会意识到它的意义。弗兰克尔问道:"生命的最终意义是否也会显露出来? 如果有的话,只是在生命的尽头,在死亡的边缘?"(Frankl,2000,p. 143)弗兰克尔制定这样一个定律:意义越全面就越难理解。终极的或绝对的意义是无法理解的。正如奥古斯丁所说:如果你理解了它,它就不是上帝。弗兰克尔在他 15 岁时对上帝有过这样一个定义:"上帝是我们独白时最亲密的伙伴。"

宗教是终极意义意志的充分实现。(这一观点与爱因斯坦的评论类似:"信仰宗教就等于找到了生命意义问题的答案。"而维特根斯坦的名言是:"信仰上帝就是要明白生命是有意义的。")

维克多·弗兰克尔的意义形而上学可以在人类的恐怖时刻帮助她们。因为我们的生命具有精神性的意义,其终极秘密就是"爱是我们的救赎"。这难道不是间接地服务于那位隐藏的上帝(*Deus absconditus*,隐藏的神——译者注)吗? 因为上帝与爱原是一体的。

由于宗教与治疗在维度上的差异,心理治疗既不是犹太教的,也不是天主教的,更不是新教的。意义治疗师不会给病人唱"礼赞"(*Te Deums*)或"荣耀"(*Gloria in Excelsis*)!(参见 Frankl,1988,p. 143)它必须吸引有神论者、不可知论者、泛神论者、反神论(anatheistic)和无神论者。治疗与宗教的融合导致神学与人类学的混淆。弗兰克尔希望并坚信,他关于人类为什么遭受痛苦的问题总有一天会找到答案,尽管也许不是在这个世界上。仅仅思考是不能揭示我们的最高目标。"对终极意义的信仰先于对终极存在的信任。"(Frankl,1988,p. 145)在海德格尔的意义上,生物和创造者之间存在着本体论上的差异。我们在直线上写直线(设置平行的字母垂直于直线)。上帝用弯曲的线条书写直线。换句话说:"在较低维度中看似不可能的事情,在较高维度中却是完全可能的。"(Frankl,1988,p. 148)我们与宗教以及因此与上帝的关系的绊脚石包括:拟人主义、威权主义和理性主义。在康德的意义上,对意义的信任是超验的。上帝并没有死(就像尼采想要的那样)而是沉默了:"从无限的高度没有反射光,从无限的深度不会返回声音。"(Frankl,1988,p. 154)

精神病学家、哲学家、犹太人、大屠杀幸存者维克多·弗兰克尔对于悲伤、痛苦、贫瘠、衰老、圣贤和贱民(the swine——猪,译者注)的绝对意义奉献了无条件的信仰。如果没有弗兰克尔和意义治疗对精神层面的强调,我们的来访者就会和那些访问兽医的人一样。

1925 年俄罗斯哲学家赛米恩·弗兰克(Semyon Frank)写了一本书《人生的意义》(*The Meaning of Life*),他在书中写道:"人类唯一的工作就是寻找和发现生命的意义。"(Frank,2010 [1925],p. 25)永生是我整个尘世生活的坚实根基。"爱超越了我们自私的个人生活,这种超越给我们带来了真正的生活幸福和充实,从而赋予我们生命的意义。"(Frank,2010,p. 32)心灵在终结存在的深度需要一个形而上学的基础。对生命意义的追寻也是对生命无意义的抗争。只有在有限的时间里,超时空的超限存在才会显现出来。弗兰克断言:"唯一能以意义照亮生命并因此对人具有绝对意义的工作,那就是积极参与神和人的生活。"(Frank,2010,p. 97)那个"地方"是意义治疗和哲学践行的终极境界,这只能是朝向它。

正如柏拉图在他之前所做的那样,维克多·弗兰克尔在他所处的时代指出了生命的精神基础,并向我们这个时代揭示了所有时代的终极秘密:爱是救赎和享受永恒。

参考文献

Costello, Stephen J. (2010). *The ethics of happiness: An existential analysis*. Wyndham Hall Press, Ohio.

Costello, Stephen J.(2013). *Philosophy and the flow of presence*. Newcastle upon Tyne: Cambridge Scholars Publishing.

Frank, Semyon L. (2010/1925). *The meaning of life*. Trans. Boris Jakim. Michigan and Cambridge: William B. Edmans Publishing Company.

Frankl, Viktor. (1967). *Psychotherapy and existentialism*. New York: Washington Square Press.

——.(2000). *Man's search for ultimate meaning*. New York: Basic Books.

——.(2004a/1952). *The doctor and the soul*. Great Britain: Souvenir Press.

——.(1988/1969). *The will to meaning*. New York: Meridian Books.

——.(2004b). *On the theory and therapy of mental disorders*. New York and Hove: Brunner-Routledge.

——.(2010). *The feeling of meaninglessness*. Milwaukee, Wisconsin: Marquette University Press.

——.(1985/1948). *The unconscious god*. New York: Washington Square Press.

——. (2000/1995). *Recollections: An autobiography*. Cambridge, MA: Basic Books.

——. (1978). *The unheard cry for meaning: Psychotherapy and Humanism*. New York: Simon and Schuster.

Graber, Ann.(2004). *Viktor Frankl's logotherapy*. Ohio: Wyndham Hall Press.

Hadot, Pierre.(1995). *Philosophy as a way of life*. Oxford: Blackwell Publishing.

Lazarte.(2009). "Reflections on Viktor E. Frankl's anthropology". In *Existential Psychotherapy of Meaning*, Zeig. Eds. Alexander Batthyany and Jay Levinson. AZ: Tucker and Thiesen.

Lukas, Elisabeth.(1998). *Logotherapy textbook*. Munich: Verlag.

Ratzinger, Joseph Cardinal. (2003). *Truth and tolerance: Christian belief and world religions*. San Francisco, CA: Ignatius Press.

Sarkany, Peter. "Outlines of Viktor Emil Frankl's religious philosophy". Online.

——. "An outline of the philosophical care of the soul: Phenomenology, existential-analytic logotherapy and philosophical counselling". Online.

Sahakian, William. (1979). *Logotherapy's place in philosophy. Logotherapy in Action.* Aronson.

Tweedie, D. (1963). The Christian and the couch: An introduction to Christian logotherapy. Michigan: Baker Book House.

Voegelin, Eric. (2004/1967). "Conversations with Eric Voegelin at the Thomas More Institute for Adult Education in Montreal". *The Drama of Humanity and Other Miscellaneous Papers* 1939 – 1985, *The Collected Works of Eric Voegelin*, vol. 33. Columbia and London: University of Missouri Press.

Voegelin, E. (1990). *Published Essays 1966 – 1985.* Baton Rouge and London: Louisiana State University Press.

Zaiser, Reinhard. (2005). "Working on the noetic dimension of man: Philosophical practice, logotherapy, and existential analysis", *Philosophical Practice*, July: 1(2).

致谢:衷心感谢维也纳的弗朗茨·维斯利(Franz Vesely)(维克多·弗兰克尔的女婿)教授阅读本文的早期草稿。

[作者简介] 斯蒂芬·J. 科斯特洛(Stephen J. Costello),哲学博士,哲学家、意义治疗师/存在主义分析家。他是爱尔兰维克托研究所(www.viktorfranklireland.com)的创始人和董事。主要著作有:《爱尔兰的灵魂:对话》(*The Irish Soul: In Dialogue*)、《母亲憎恨婴儿的18个原因:儿童哲学》(18 Reasons Why Mothers Hate Their Babies: A Philosophy of Childhood)、《撒谎的真相》(*The Truth about Lying*)、《苍白的犯罪:精神分析视角》(*The Pale Criminal: Psychoanalytic Perspectives*)、《幸福的伦理学:一个存在主义的分析》(*The Ethics of Happiness: An Existential Analysis*)、《诠释学和宗教的精神分析》(*Hermeneutics and the Psychoanalysis of Religion*)、《什么是友谊?:与伟大的哲学家对话》(*What is Friendship?: Conversations with the Great Philosophers*)和《哲学和在场的流动》(*Philosophy and the Flow of Presence*)。

[通讯方式] stephenjcostello@eircom.net

原文出处:Stephen J. Ccostello, "Logotherapy as Philosophical Practice", *Philosophical Practice*, March 2016, 11.1: 1684 – 1703.

(罗龙祥　张鹏　译)

人类幽默感？

莉迪娅・阿米尔（Lydia Amir）

你在笑什么？
如果你改了名字，
这个故事就是关于你自己的。
——贺拉斯（Horace 1929 I.I lines 69 - 70, pp. 8 - 10）

第一部分

自我解嘲（Self-referential humor）是一种个人内部的交流，尤其适用于哲学（自我）教育，这是哲学践行的核心。这种幽默在自我内部造成了两个方面的区分，它们之间含有"玩笑关系（joking relations）"。后一个术语是由人类学家拉德克利夫-布朗（Radcliffe-Brown）所创造，用来表示同一家庭成员之间存在的关系以及他们的角色涉及其潜在的冲突。"玩笑关系"沟通的目的是减缓植入这些关系中的攻击性（Radcliffe-Brown 1952 [1924], 90 - 116）。

同样，我认为，一个认真对待哲学的哲学家也要将与自己的矛盾关系娱乐化（entertains）。人的一生都被置于自我教育过程之中，其目的是塑造一个适合哲学生活的稳定性格；然而，这个角色在很大程度上与社会价值观相悖，也跟他自己已经被社会化的部分相矛盾。因此，哲学家必然被划分为一个更好的自我（更哲学的、理性的、客观的、伦理的、一致的、成熟的）和一个"有缺陷的（challenged）"或"迟钝的（slower）"因素的自我（一个社会化的自我：情感的、以自我为中心的、不稳定的、不成熟的）。

"更好的自我"和"更坏的自我"之间的这种划分可能会让人想起理想和现实之间的传统划分，但有一个重要的区别。在缩小理想与现实之间的差距方面，传统的划分是中立的。然而，幽默在自我内部所扮演（enacts）的划分是一种对话关系，最好被描述为富有同情心的攻击，它能立即将自我各部分之间的紧张降到最低，并可能进一步导致内在的变化。作为自我改变的先决条件的，除了那一点点微小的自我接受以及自身改变，富有同情心的攻击也都是必要的。相应地，正如我们将很快看到的，内在的改变对于完全的自我接受是必要的，这是各种伦理学和认识论成效的根源。

"同情"与"攻击"的矛盾，或融合（uniting）与疏离的矛盾，或亲近与疏远的矛盾，都只是构成幽默概念的矛盾之一。这是因为幽默把杂乱无章的思想或情感同跟真理有着模棱两可联系的娱乐关联在一起了。包含在幽默中的冲突既反映了矛盾的观点,即我们所有人经历的作为心理构成部分所形成的矛盾心理,也反映了真理在所珍视的幻想和缺乏比例的极端观点中所持有的模糊立场。

我们需要一种概念工具来维持那些构成我们自己、他人和整个世界经验的矛盾。自相矛盾的是,在我们利用这一工具之前,我们不能充分承认这些矛盾。同样地,我们需要一种工具来一起处理理性和情感,直到我们将它内化为自身的力量,我们才能充分体验到情感所表达的个人观点或理性所代表的更客观的观点,当然也不能同时体验这两种观点。最后,我们需要一种工具来处理痛苦,即(我们)生活的悲惨感,同时又不丧失使我们得以生存的对生活的热情。自我解嘲或幽默就是这样一个工具。

不幸的是,我们亲身经历的矛盾是冲突性的,而冲突是没有希望的暴力,这是令人沮丧的不起作用的经历。冲突作为一种我们无能为力的令人发狂的体验,最好不惜一切代价避免它。与有时可以通过纯粹权力解决的外部冲突相比,内部冲突不能在没有损失的情况下"解决"。在一个孤立的例子中,通过意志力进行内在欺压或压迫自我的某一部分可能是有效的,但在促进改变方面则证明是适得其反的。

如果我们完全理性,有能力进行彻底的、瞬间的改变,生活中不与他人发生冲突,我们就不需要幽默。但我们是由矛盾冲突构成的,幽默是人类生存的工具。这种洞见根源于那种误解但也是人类天生的特征——人类是唯一会笑的动物——"会笑的人"(*Homo ridens*)。起源于亚里士多德"人类是唯一会笑的动物"这句话的推论——实证观察人类对称谓(titling)的生理反应——当学者理性认同笑的能力时,在文艺复兴时期当笑声被认为适合一个不是泪水之谷和一个由矛盾构成的世界时,"会笑的人"(*Homo ridens*)这个传统在中世纪达到了顶峰。朱利叶斯·波洛克斯(Julius Pollox)、盖伦(Galen)、普菲力欧斯(Porphyry)、马修斯·卡佩拉(Marcius Capella)、波爱修(Boethius)、阿尔昆(Alcuin)、诺克·拉博奥(Notker Labeo)、朱伯特(Joubert)、蒙田(Montaigne)、拉伯雷(Rabelais)、利奥帕迪(Leopardi)、波德莱尔(Baudelaire)、伏尔泰(Voltaire)、叔本华(Schopenhauer)和萨特(Sartre)等都属于这一传统(参见 Amir,2013)。

尽管自我解嘲并不多见,但它却是最有效的幽默形式。这一点早在公元前 5 世纪就被"谈笑哲学家"(the Laughing Philosopher)德谟克利特注意到了,他把如下盲点挑出来是他嘲笑人类的主要原因:"你们这些人不嘲笑自己的愚蠢,却都去嘲笑别人的愚蠢。"(Hippocrates 1990,Letter 17,line 5)自德谟克利特训诫之后,"谈笑哲学家"的追随者们就开始欣然接受(embraced)自己的笑了。塞内卡(Seneca)说:"先自嘲的人不是笑柄。"(1995,*On Firmness*,16.3 - 17.4)蒙田(Montaigne)也提倡过自嘲(self-laughter)(1965,1965,bk. I,chap. 50,503),并且与伊拉斯谟(Erasmus)(Epistle 999,4;1906 - 58,16)相适应,尼采(Nietzsche)和桑塔亚那(Santayana)更进一步地使自嘲出了名(Nietzsche,1954,Part IV,chap. 12,sec.18 and 20;Santayana,1948,44 - 5)。这也是具有哲学教师象征性的苏格拉底的特点。尽管我们大多阅读过柏拉图的对话录,但通过反讽的现代定义的偏颇方式来理解苏格拉底,这一特征可能被忽略了。那么,让我来详细阐述一下苏格拉底自我解嘲式的幽默吧。

由于古人不把讽刺与玩笑联系在一起(Knox 1989，102)，因而苏格拉底的幽默不同于他的讽刺。如果在柏拉图的对话录中，苏格拉底被认为具有希腊式的讽刺意味(说的与事实正好相反)，那么他也同样是幽默(以一种快乐的幽默方式开着玩笑，也包括他自己)。伟大的古典学者斯蒂芬·哈利维尔(Stephen Halliwell)在其重要著作《希腊的笑声：从荷马到早期基督教的文化心理学研究》(*Greek laugh：A Study of Cultural Psychology from Homer to Early Christian*)中认为，柏拉图式的苏格拉底具有"自嘲"的特征。在《斐多篇》的结尾很快就提到了内化嘲笑这个主题，但也可以在一些段落例如《查米德斯篇》(*Charmides*)和《普罗塔哥拉篇》(*Protagoras*，361A)中略微看到，苏格拉底对他以前赞同的论点提出了批判。自嘲也能在克里托(Crito)著名的法律演讲中以及《会饮篇》(*Symposium*)的迪奥蒂玛(Diotima)(苏格拉底后期的另一个自我)直接指导苏格拉底的笑语中找到。

虽然柏拉图对苏格拉底的描述中并没有遗漏自我嘲讽，但我们发现苏格拉底幽默的最清晰证据是他的另一位著名学生色诺芬(Xenophon)的作品。色诺芬把他的老师描述成喜欢玩笑、跳舞和文字游戏，"当他开玩笑的时候"，色诺芬说，"对于那些和他在一起的人来说，比他严肃的时候更获益。"(Xenophon，*Memorabilia*，bk. IV, chap. 1, sec. 1)类似的，色诺芬以下面的断言开始他的《会饮篇》(*Symposium*)："在我看来，不仅把伟大和优秀的人同严肃行为联系起来是重要的，而且把他们与在轻松情绪中做事情联系起来也是重要的。"苏格拉底参加过《云》(*Clouds*)的表演，借此雅典的观众能够判断阿里斯托芬(Aristophanes)捕捉到他的肖像到底有多合适，这一点第欧根尼·拉尔修(Diogenes Laertius)报道过，这肯定证明了他的幽默感(Laertius，1925；参见 Amir，2004b)。

然而，柏拉图对笑的贡献超越了他关于苏格拉底的描述。柏拉图敏锐的眼睛使无能为力之人(我们大多数人)的自我无知(self-ignorance)变成了真正的滑稽(*Philebus* 48A－50B)。因此，他在《会饮篇》(223D)结尾处将他的对话描述为哲学喜剧，并将自己描述为苏格拉底所颂扬的具有悲剧和喜剧双重身份的作者(223D)。事实上，柏拉图的所有作品都反映了真实的喜剧，并使用了喜剧技巧(Brock，1990，39－49)，虽然柏拉图的一些作品是悲喜剧(《会饮篇》和《理想国》)，但其他作品如《克拉底鲁篇》(*Cratylus*)和《欧绪德谟篇》(*Euthydemus*)被如此普遍地注入了喜剧精神，以至于变成了滑稽剧(Griswold，1987，87－8)。然而，由于相信自我无知不是我们的命运，因而我们倾向于嘲笑柏拉图的屁股(Plato's butts)。这就是本文开始的格言所暗示的独特的柏拉图式讽刺："你在笑什么？如果你改了名字，这个故事就是关于你自己的。"(Horace，1929，8－10)

值得注意的是，丹尼尔·丹尼特(Daniel Dennett)将自我导向的幽默视为所有幽默的典范，这与罗杰·史克鲁顿(Roger Scruton)形成鲜明对比，例如史克鲁顿赞同地断言"幽默通常不是自我导向的"(Hurley et al.，2011，131－3；Scruton，1987，169)。然而，自我解嘲的相对缺乏可能解释了它是如何构成哲学意识的：

> 知道一个人处于荒谬状态，就表露了你是作为一个哲学家，或至少是把你的此在的哲学组成部分作为目标。荒谬的状态已经涉及哲学的嵌入，因为它意

味着嘲笑自己的行为。在《笑的本质》("l'Essence du rire")中，波德莱尔将这种嘲笑自己摔倒(屁股朝上，回到童年，步入老年)的能力定义为构成哲学意识的重要部分。将"人类"诠释为反讽——哲学家一分为二，自我崩溃的同时加速时间流逝——是由摔倒所引起的，这种摔倒表明了一种分裂：一方面是寡言的好友，另一方面却是一个嘲笑畏缩的自我的人……主体嘲笑自己摔倒；事实上，摔倒宣告主体成为哲学家的那一刻，正是通过嘲笑自己，使自己变得荒谬，嘲弄自己(sich lächerlich machen)，从而表演般地使自己处于摔倒状态。受他者的笑声的影响，和他者一样，通过使自己变成荒谬的构成部分，哲学的意识使自己呈现出来。"一起大笑"(laugh-along)在一定程度上使得哲学家与非哲学家区别开来，被自我之外的态度所取代，超越这个态度可以观察到自我的分离。那个时刻野蛮地加速了自我及其摔倒的历史：嘲笑自己就是嘲笑自己在一个不可思议的态度上死去，这个态度超出了生命的另一面，或者在生命的另一面由于突然滑入意识而被打断。(Ronell，2003，298 - 9)

非哲学家嘲笑别人，哲学家则嘲笑自己。我认为，对我们必须但却不可能的嘲笑感到好奇，正是促使我们进行哲学思考的原因。

自我解嘲是一种个人内部的交流，使一方与另一方对立，就像屁股和小丑一起构成喜剧的一个对子(Beltrametti，2000)，就像亚里士多德在他的《尼各马可伦理学》(Nicomachean Ethics，1973)中描述的希腊喜剧中的埃隆(eiron，假装无知的人——译者注)和阿拉松(alazon，自以为是的人——译者注)。在自己的内心谁嘲笑谁？对于叔本华来说，最终有机会放下理性的是非理性。对于其他思想家来说，嘲笑我们其余的人是理性。在任何情况下，笑是不可能的，除非笑的人觉得自己处于优于或不能达到他所嘲笑的情况。因此，为了能够嘲笑另一部分，第一部分需要一个有利的观点、一个与之一致的想法、一个相对安全的看法，从这个视角来看，另一部分似乎是错误的、不充分的或不成熟的。

哲学理论很容易提供理念，这些理念可以作为一个人幽默地审视自我的有利条件。然而可以说，要想让自我解嘲成为改变的有效媒介，一个人就必须不断地使自己与冲突的自我的各个部分联系起来。的确，这证明了幽默同时具有融合和疏离这种看似矛盾的能力：幽默不是被赞颂为两个人之间最短的距离，而嘲笑被证明是一种杀人工具吗？有时有人认为，这个谜题的解决就在于人们所使用的幽默形式。事实上，成功的幽默公式是根据攻击与激情的比例而变化的：当最小的攻击拉得更近就是最小的同情疏离了。然而，我认为，任何一种幽默是同时融合(如我们俩)和疏离(来自第三方)的，而且幽默的社会方面也保留在个人内部的幽默中。我进一步认为，统一性幽默的实现主要是通过共同的疏离来实现的：不仅"我"使自己与自我的一部分保持一致以反对另一部分，而且由于我们共同疏离另一部分，在接受一种观点反对另一种观点时，"我"也与之一致。

我们很快就像我们最慢的那部分一样，我们很快乐就像我们最忧郁的感觉一样。如果我们的部队分裂，那么任何行动都不可能成功。冲突不能带来欢乐或持久的幸福，没有安宁可以建立在不和谐的手风琴之上。通过幽默的内部关系，自我中各派别之间的合作可以在介绍、相互承认和亲密的过程中来保证，以期实现人格的融合（参见 Amir，2012）。

第二部分

虽然可以通过这种方式将一些矛盾和冲突最小化，但仍然存在的矛盾和冲突是人类条件的组成部分。基于不同的解释，人的条件大多被理解为悖谬性的，而人则被理解为矛盾。[1]虽然幽默可以有效地减少我们日常所经历的这些内在矛盾的紧张程度，但大多数宗教和哲学的共同点，无论是东方的还是西方的，都是为了解决这些构成性矛盾。无论是出于实际的还是原则性的原因，这种矛盾可以被描述为我们的欲望在本能、情感和智力层面上的差异，以及我们对不可能实现它们的意识之间的差异。这种对人类困境的描述符合阿尔贝·加缪、让-保罗·萨特、伊曼努尔·康德和西格蒙德·弗洛伊德将我们与世界、我们与他人以及我们与自己之间关系娱乐化的观点，尽管他们没有用这种术语来描述。[2]

然而，人类这种状况的解决是有代价的。如果我们能找到一种方式来忍受而不是享受这种矛盾，那么最好不要通过放弃定义它的两极之一方式来丢掉我们的人性：一方面是欲望，另一方面是由理性带来的、实现欲望的（不）可能性。欲望是精神的、理智的、情感的、本能的，从渴望到意义和理解，从爱和幸福到对性和食物的需求。而且，我们的理性或认知能力会启发我们一些实际的或原则性的原因，使我们满足自己的欲望变得不可能。幽默所带来的紧张感的减少帮助我们故意选择将基本的人类冲突留在悬而未决的状态。

当解决冲突的代价是要放弃我们的理性力量，或放弃欲望（它被我们看作自身的特征并不亚于理性）时，我们可能希望让冲突悬而未决。对人类基本困境的大多数宗教和哲学解决方案都需要放弃我们所知的人性一个或多个方面。无论是东方的还是西方的、宗教的还是非宗教的赎罪理论或心灵平静理论，都可以作一般类型的区分。第一种类型是否定欲望，包括佛教和印度教的解脱观：受前者影响的阿图尔·叔本华的救赎论、希腊的伊壁鸠鲁主义和皮罗主义学派，甚至包括像伯特兰·罗素这样的理性哲学家的解脱观。第二种类型是突出理性的局限性：它包括形而上学问题的所有解答、宗教理论和各种哲学，比如尼采主义，它们鼓励我们以牺牲他人为代价来满足自己的欲望，而他人的类似权利是由理性带给我们的。第三种理论类型是贬低欲望和理性：它既以道教和西方神秘主义的一些形式为例，也以那些超越理性力量而否定欲望的哲学为例，如斯多葛主义和康德关于是按照绝对命令生活是美好生活的看法（参见 Amir，2014；2014a）。

我已经在其他地方解释过，一个人如何能够通过幽默的情绪来忍受基本的人类矛盾，这种情绪通过将悲剧性的对立转化为喜剧的不协调来减少紧张感（Amir，2012；Amir，2014）。现在我要说这还不够。我们应该一劳永逸地吸取教训，像米歇尔·德·蒙田那样，揭露我们构成性的愚蠢而不是嘲笑别人的愚蠢，因为正如贾科莫·利奥帕迪

(Giacomo Leopardi)所建议的,嘲笑我们自己,就像我们嘲笑一个几次三番地信任他不忠妻子的被背叛的丈夫(Montaigne,1965;Leopardi,1982)。

我们拒绝吸取教训,因为生活的热情决定了我们成功生存的最初条件似乎取决于我们的幻想。对生活、对他人、对我们自己的爱应该是盲目的,或是本非如此,或是我们所认为的。我们相信,因为受到我们短视的制约,快乐应该是非理性的。我们不能在对生命的憧憬中拥抱死亡,也不能在一瞥之间拥抱明天的不确定性和昨天的悲伤。因为我们无法发展成对现实的体验,我们必然会使之变形。

奥斯卡·曼德尔(Oscar Mandel)在《悲惨的现实》("Tragedy Reality")中坚持认为,"失败隐含在努力之中"。死亡不可避免地战胜了努力,这不仅使出生成为悲剧,而且由于"人类之间的错误联盟,孩子在他自己的物种中不可避免地遭受痛苦"(Mandel,1963,60-61),生活在同类之中的需要也是悲剧。曼德尔注意到智慧的愚蠢、成功的厄运、每一次社会改革的缺陷的错综复杂:吸引与排斥、爱与恨、幻想与觉醒、改革与保守、乌托邦式的希望和时代终结的绝望。这些都是现代悲剧的熟悉材料,如果艺术家未能在"万物的两面"中看到正义,就必须以徒劳和绝望告终(ibid.,101)。

更多的思想家描绘了生活的悲剧感:米歇尔·德·蒙田、布莱士·帕斯卡(Blaise Pascal)、亚瑟·叔本华、弗里德里希·尼采、列夫·舍斯托夫(Lev Shestov)、米盖尔·德·乌纳穆诺(Miguel de Unamuno)、阿贝尔·加缪、让-保罗·萨特、乔治·巴塔耶、克莱芒·罗塞特(Clément Rosset)和萧沆(Cioran)等等。虽然术语不同,但感觉是一样的。悲剧哲学家是罕见的,但生活的悲剧意义经常在文学作品中描述。它在康拉德的《黑暗之心》(Conrad. *The Heart of Darkness*)、麦克斯韦·安德森的《温特塞特》(Maxwell Anderson. *Winterset*)、福克纳的《押沙龙,押沙龙》(Faulkner. *Absalom*,*Absalom*)、奥尼尔的《长夜漫漫路迢迢》(O'Neil. *Long Day's Journey into Night*)、迈尔维尔的《白鲸记》(Melville. *Moby Dick*)、加缪的《异乡人》(Camus. *The Stranger*)、萨特的《恶心》(Sartre. *Nausea*)和《禁闭》(Sartre. *No Exit*)等书中都有描述。

悲剧哲学家引导我们吸取教训,并承诺如果我们这样做,我们会感到快乐(e.g.,Nietzsche,1974,sec. 276;Rosset,1999)。反过来,快乐使生活的知识成为可能。因为只有通过亲密爱才成为可能,只有通过放松爱才是安宁,所以,为了达到最高的伦理信念,生活的知识是必要的。但是悲剧哲学家并没有给我们指明一条通往快乐的清晰道路。尼采在此尤其感到困惑[3],他的追随者克莱芒·罗塞特更诚实地描述了快乐的神圣地位,就像上帝的礼物(Rosset,1993)。

如果我们能通过清醒找到快乐的方法,那么我们就能得到持续平静的保证。然而,幽默的系统性运用逐渐地使我们暴露在更可怕的矛盾中,我们注意到这些矛盾的结构是不协调的,但可以通过幽默所提供的缓和紧张的情绪来容忍它们。一个与哲学目标相似的客观视角,可以帮助我们克服仅仅因为发生在我们身上的事情就称其为悲剧的倾向,而同样的情况发生在另一个人身上则可能显得滑稽可笑。同样道理,那些因为我们将克服一个困境而在未来可能是滑稽的事情,也可以被认为在经历它的过程中是滑稽可笑的。这可能与大多数人的心理相反,但哲学就是如此。这也可能与自发的笑声相反,但幽默的训练应该而且能够在现实服务过程中被传授。

如果我们承认人类注定要在欲望和满足之间发生一场永久性冲突,那么人类的处境就会给自己带来一种双重的、矛盾的评价:既滑稽又悲惨。将人类的处境同时定性为悲剧和喜剧的可能性,并不足以使人倾向于喜剧而非悲剧的解释。还需要一个附加的论点:我认为,兼具悲剧和喜剧的事情就有成为悲剧或喜剧的潜在性,而不是到最后仅仅被看作悲剧。悲剧缺乏喜剧所具有的融合矛盾的能力。这被称为"喜剧包容主义——相对于悲剧观的排他性"(Hyers,1996,40)。同样,约翰·克劳森(John Crossan)坚持认为"喜剧吞没了悲剧",因为这样的事实即"同一个世界可以用相反的方式来解释这本身就是滑稽的"(Crossan,1976,21)。在《漏洞:滑稽阅读》(*Loopholes:Reading Comically*)一书中,约翰·伯恩斯(John Burns)最近试图将"诙谐(comedy)"定义为"悲剧和喜剧之外的另一种选择"(Burns,2014,xiv)。因此,我认为,一种滑稽的分类观点仅仅是一种观点,它使我们能够把人类的状况同时视为喜剧和悲剧。如果沃尔特·克尔(Walter Kerr)的断言"当被视作一个整体而没有悲剧和喜剧,那么就没有在生活中的行动"(Kerr,1967,28)是正确的,那么通过包容生活的喜剧和悲剧方面而获得的愿景是可取的,因为它是更丰富的,也更忠实于生活的多样性面貌。

我们如何在一个稳定的视野中将喜剧和悲剧结合起来以描述新的喜剧意识层次呢?把悲剧的对立转变成滑稽的不协调所带来的幽默情绪是短暂的。当它消失时,个体就会发现自己在情感上被羞辱,并且通过意识到不断地将悲剧对立转变成滑稽的不协调而发现在概念上被取悦,并对前者产生了前所未有的忍受能力,而后者却没有带来稳定的结果。

但重复本身是滑稽的,正如吉尔·德勒兹(Gilles Deleuze)在《差异与重复》(*Difference et Repetition*)(1994)中指出的那样。亨利·柏格森(Henri Bergson)在《笑:论滑稽的意义》(*In Laughter:An Essay on the Meaning of the Comic*)中把重复作为一种滑稽手法来分析(Henri Bergson,1999[1911])。卡尔·马克思(Karl Marx)有句名言:历史的重演首先是悲剧,然后是闹剧(Karl Marx,1852)。我认为,发生在人们身上的意识不是幽默情绪,而是一种荒谬,一种认为人类是荒谬的或者是"人类幽默感"(Homo risibilis)的观点。

"人类幽默感"是对人类的恰当描述,因为我们对待我们自己及其必要的努力所导致的严肃性和随之而来的痛苦是徒劳的,甚至认为在很大程度上我们自己及其努力也是徒劳的;由于缺乏相反的证据,我们正确地假定后者的观点。这就等于先把现实体验为悲剧(现实是严肃的,带来痛苦),然后把它理解为喜剧(现实是徒劳的)。

其他的理论试图教导我们关于我们的羞辱、挫折和由此产生的谦卑。首先他们的途径更加艰难,因为他们包含形而上学的假设,而我未来的幸福就取决于这些假定的知识。其次,他们提出的路径与最后终点截然不同,这使得他们的经验教训虽然更加清晰可见(less intangible),但是却并不太有效。但是使用幽默的一个愿景在实施过程中保证了一些快乐:药片必须加糖,它更容易消化。此外,通过生活的不协调来看待生活特别适合哲学家,因为他们对逻辑和伦理上的矛盾都很敏感。享受不和谐迫使哲学家用他的其余部分来补充理性的局限性。它使他将作为一个人和一个知识分子、作为一个社会存在和一个哲学家、作为一个智慧的爱好者和一个真理的爱好者黏合在一起。

这种凝聚是可能的,因为它是基于与自己必然不一致的基础上的。虽然存在主义的本真性理论可能也有同样的主张,但它们缺乏使之发生的吸引力。与幽默相反,焦虑、无聊、恶心、自杀都不是很有吸引力。西蒙娜·德·波伏娃(Simone de Beauvoir)试图从让-保罗·萨特(Jean-Paul Sartre)的哲学中设计出一种伦理。她指出,假设失败是人类的一种可能性,"人让自己成为一种缺失,但他可以像缺失一样否认这种缺失,并肯定自己是一种积极的存在。然后他就承担了失败……为了实现他的真理,人不应试图消除他的存在的模糊性,而应相反地接受实现它的任务。只有当他同意与自己保持一定的距离时,他才会重获快乐"(de Beauvoir 1970,13)。然而,尚不清楚一个人是如何完成这样一项任务的,因为清醒的认识往往不足以带来改变。

值得注意的是,荒谬派理论家缺乏幽默感。他们似乎忘记了荒谬是喜剧的一种类型。荒诞派剧作家把我们的嘲笑看作悲剧性的。但是,一种既忠实于生活悲剧方面也忠实于生活滑稽的方面的喜剧式的期望,是超越了喜剧和悲剧的。一旦嘲笑得到承认,它就会消失(Baudelaire [1968];Bergson [1911])。自我认识和自我接纳使我们从嘲笑中解脱出来。我们重获尊严。不受内部冲突的干扰,我们可以自由地代表他人行事。

其他通往快乐的途径也能达到同样的效果。然而,生活中有一个特殊的特征,那就是充分承认自己受到的嘲笑,因为一个人的尊严和自尊并不是在与他人的比较中产生的。如果罗伯特·所罗门(Robert Solomon)的断言是对的,即"每一种情感都是一种最大限度地提高个人尊严和自尊的主观策略",那么更应关心的是我们自己的安全和自尊,而不是他们所关心的准确性或公平性(Solomon,1976,222,209);同时,如果亚伦·本-泽耶夫(Aaron Ben-Ze'ev)的假设是正确的,即每一种情感都是基于比较(Ben-Ze'ev,2000,18),那么荒谬的人就会发现嫉妒、猜疑、愤怒以及其他与此相当的情感是没有用的。这里没有比较的必要,因为嘲笑是平等的。而我们唯一能获得的自尊来自我们的诚实感,而诚实感如果成为我们的最高准则,至少按照康德的说法,那就是"内在价值的最大值"(Kant,2006,195)。

一个不受基督教和佛教所要求的形而上学假设约束的平等主义观点,特别容易形成一种同情的伦理。快乐不仅像尼采、斯宾诺莎和当代研究表明的那样是道德的预报器(Argyle 1987,216 - 7),而且还具有认识论功能。它使我们能够承受更多关于现实的真相,这反过来又奠定了我们宁静的基础。

宁静或安宁是东方哲学和宗教的目标,如印度教、佛教和道教,也是西方哲学和宗教的目标,如所有的希腊哲学、新柏拉图主义、斯宾诺莎哲学和桑塔亚那哲学。以救赎为目的的宗教也以宁静为目的。我对上述哲学和宗教提出了批评,认为它们是实现这一目标的手段,但我认为它们的目标是有价值的,而且是可以实现的。

这些哲学中值得注意的是皮罗主义。持怀疑态度的皮罗主义者生动地宣称,心灵的平和跟随在判断的悬搁之后,就像影子跟随在身体后面:我们悬搁所有的判断,因为怀疑论的怀疑破坏了所有对知识的教条性主张,而安宁则是跟随悬搁判断之后——专业术语就是"安宁紧随悬搁"（ataraxía follows epoche）——像一个"影子紧随身体"（Laertius，1925，9.107；Sextus Empiricus，2000，1.29），在没有意向做某事的情况下我们悬搁判断就意味着获得平静（Sextus，2000，1.25 - 30）。

除了这种希腊和罗马哲学，这里概述的建议是我所知道的唯一的一个以这种理想为目标的怀疑论世界观，也是唯一的一个用幽默来达到这种理想的世界观。然而，与持怀疑态度的皮罗主义者形成鲜明对比的是，他们的怀疑态度导向和平的任务是艰巨的，而这里提出的这一建议则更为简洁。而且它是自我实现的，这源于快乐的幽默获得安全以及幽默地对待自己的仁慈方式（Freud，1928）。再者，本文描述的那种幽默在其他地方也有详细描述（Amir，2012；Amir，2014），不需要特殊的喜剧技巧就可以学习。它的好处与其用途成正比，它提供的宁静是渐进的。它所假定的生活的悲剧意义是很普遍的，这足以使之适合于大多数（如果不是所有的话）希望利用它的人。

最后，人类幽默感意味着我、他人和世界的和谐一致，这是所有哲学在试图克服异化的过程中寻求建立的一种情况（Cooper，1996，5）。把冲突看作是正常的，因为它们既构成了我是一个复杂的存在，也构成了一个我不完全理解的世界的复杂关系，借助这种方式，人类幽默感回应了赫拉克利特的名言："他们不明白，在与自身不一致的情况下，它与自身是一致的：一种向后伸展的和谐，如弓或竖琴。"（Diels and Kranz，1972，Heraclitus，B51，80）在他卓越的世界哲学中，大卫·库珀（David Cooper）引用了华兹华斯（Wordsworth）对冲突情绪中潜在紧张的尖锐描述，这是对哲学思想的激励：

> 所有真正哲学的基础是……直觉……我们自己的，作为一个整体……以及我们自己（的）作为分离的存在之间的区别，（它）将自然置于与我们对立的状态。（Cooper，1995，5）

许多世界哲学试图通过提供对人类的描述来解决这种紧张关系，这些描述对物种的独特性做出了公正的解释，但又没有使其成员成为世界上的怪人、局外人或陌生人。几乎没有一个一流的哲学家曾经忽略过这种紧张关系，因为，"如果德国诗人荷尔德林的是正确的，它既'神圣又健全'而与世界'一致'，那么解决这种紧张关系的失败不仅仅是智力上的问题，而且是人类的悲剧"（ibid.，6）。

如果库珀关于最初的哲学激励是正确的，那么这里所提出的观点就将其自身嵌入到哲学试图克服异化的历史中，而且我相信，在没有毫无根据的假设或其他不必要的困难的情况下，它成功地做到了这一点。

通过一个多阶段的过程，包括系统地运用幽默来训练我们的品味，在我们并不立即感到有趣的不协调中找到乐趣；以及用一个完美的阶梯作攀登，以朝向一个可以与最高的哲学和宗教理念相媲美的状态。这一成就是渐进的，是基于一个人通过幽默的炼金术将痛苦转化为快乐的能力而改变的视角。我们从中获得的清醒使我们从喜剧和悲剧中解放出来，至少从被转化为喜剧的悲剧那一部分中解放出来，从而成为描述我们各自的悲剧-喜剧主角的组成部分。由此产生的自由是以快乐、幸福和和平为特征的。[4]

注释

[1] 许多人将个体或集体的存在描述为以极性、对立、矛盾及其冲突为结构的存在。在个人内部，在个人或团体之间，在事物的本质上，或所有者三个方面，都可以看到对立。在个人层面上，我们倾向于把心灵（psyche）解读为一种内在的斗争，一种相互竞争的力量之间的斗争。悲剧的核心是分裂的人格，从索福克勒斯（Sophocles）笔下的俄狄浦斯王，经过柏拉图、保罗、中世纪、莎士比亚、浪漫主义者、陀思妥耶夫斯基，到弗洛伊德，悲剧心理的内在折磨这一主题有着悠久的历史。

[2] 参见阿尔贝·加缪在《西西弗斯的神话》中论述的荒谬（1959[1942]），让-保罗·萨特关于我和他者、个体和群体之间冲突的描述（Sartre, 1957 [1943]），伊曼努尔·康德关于形而上学问题的观点必然源于理性的本质，但又超越了理性回答这些问题的能力（Kant, 1929, xviii），以及西格蒙德·弗洛伊德对幸福的渴望与不可能获得幸福的看法（2002）。

[3] 参见 Amir 2014, Chap. 3; Amir (work in process), Laughter and the Good Life: Montaigne, Nietzsche, Santayana (Albany, NY: SUNY Press)。

[4] 本文提出的如何在实践中实施以及如何回答一种脆弱性、悲观主义、有限性哲学的当代需求的问题，分别在笔者即将出版的论文中得到了回答：Amir (forthcoming), "A Practical Philosophy of Vulnerability, Fallibility, and Finitude". In Practicing Philosophy. Aleksandar Fatic and Lydia Amir (eds.), Newcastle Upon Tyne, UK: Cambridge Scholars Press. Amir (forthcoming), "The Tragic Sense of the Good Life". In Socratic Handbook: Methods and Manuals for Applied Ethics and Philosophical Practice, Michael Weiss (ed.). Münster: Lit Publishing. 我也希望读者参考我的另一本书：Amir, 2014, Humor and the Good Life in Modern Philosophy: Shaftesbury, Hamann, Kierkegaard. Albany, NY: SUNY Press. 这本书的第三章对本文第二部分的一些观点进行了更详细的阐述。我在塞尔维亚的贝尔格莱德（Belgrade, Serbia）第十三届国际哲学践行会议上以《哲学及其践行中的理性与真理》（"Rationality and Truth in Philosophy and Its Practice"）为题宣读了这篇文章的初版，并以《哲学的践行——（对于我们大多数人来说）一个必须幽默的尝试》["The Practice of Philosophy—A Necessarily Humorous Endeavor (for Most of Us)"]为题提交在美国纽约市城市学院（The City College of New York, New York, U.S.A）的美国哲学践行者协会（APPA）年会上。

参考文献

Amir, Lydia B. (2012). "Humor in Philosophy-Theory and Practice". *Philosophical Practice*, vol. 7(3): 1015 – 1029.

——. (2013). "Philosophy's Attitude toward the Comic—A Reevaluation". *The*

European Journal of Humor Research, vol. 1(1): 6 – 21.

——.(2014). *Humor and the Good Life in Modern Philosophy: Shaftesbury, Hamann, Kierkegaard*. Albany, NY: SUNY Press.

——.(2014a). "The Value of Dissatisfaction—Maintaining the Tension that Unites Desires and Reason". *Axiology and Ethics*, Special Volume for the 23rd World Conference of Philosophy: 46 – 57.

——.(2014b). "Taking the History of Philosophy on Humor and Laughter Seriously". *The Israeli Journal of Humor Research: An International Journal*, vol. 5: 43 – 87.

——.(forthcoming). "A Practical Philosophy of Vulnerability, Fallibility, and Finitude." In *Practicing Philosophy*. Aleksandar Fatic and Lydia Amir (eds.), Newcastle Upon Tyne, UK: Cambridge Scholars Press.

——.(forthcoming). "The Tragic Sense of the Good Life". In *Socratic Handbook: Methods and Manuals for Applied Ethics and Philosophical Practice*, Michael Weiss (ed.). Münster: Lit Publishing.

Argyle, Michael.(2001). *The Psychology of Happiness*. Hove, East Sussex: Routledge. 2nd edition.

Aristotle.(1973). *The Ethics of Aristotle*. Edited with an introduction and notes by John Burnet. New York, NY: Arno Press.

Baudelaire, Charles.(1968). "De l'essence du rire, et généralement du comique dans les arts plastiques". In *Oeuvres Complètes*. Paris: Seuil.

Beltrametti, Anna.(2000). "Le couple comique: Des origins mytiques aux derives Philosophiques". In Marie-Laurence Desclos (ed.), *Le Rire des Grecs: Anthropologie du rire en Grèce ancienne*, Grenoble: Jérome Millon, pp. 215 – 226.

Ben-Ze'ev, Aaron.(2000). *The Subtlety of Emotions*. Cambridge, MA: MIT Press.

Bergson, Henri.(1999). *Laughter: An Essay on the Meaning of the Comic*. Trans. C. Bereton and F. Rothwell. Kobenhavn and Los Angeles: Green Interger.

Brock, Roger.(1990). "Plato and Comedy". In "Owls to Athens": Essays on Classical Subjects Presented to Sir Kenneth Dover, ed. E.M. Craik, 39 – 49. Oxford: Clarendon Press.

Bruns, John.(2014). *Loopholes: Reading Comically*. New Brunswick, NJ: Transaction Publishers, 2nd edition.

Camus, Albert.(1959 [1942]). *The Myth of Sisyphus and Other Essays*. Translated by Justin O'Brian. New York, NY: Vintage Book.

Cooper, David E. (1996). *World Philosophies: An Historical Introduction*. Oxford, UK and Cambridge, MA: Blackwell.

Crossan, John Dominic. (1976). *Raid on the Inarticulate: Comic Eschatology in Jesus and Borges*. New York, NY: Harper and Row.

De Beauvoir, Simone. (1970). *The Ethics of Ambiguity*. Translated by Bernard Frechtman. New York, NY: Citadel Press.

Diels, Hermann and Walther Kranz. (1972). *Die Fragmente der Vorsokratiker*. 16th ed. Dublin and Zurich: Weidman.

Deleuze, Gilles. (1994). *Difference and Repetition*. Translated by Paul Patton, New York, NY: Columbia University Press.

Erasmus, Desiderius. (1906 – 1958). *Opus epistolarum de Erasmi Roterodami*. Edited by P. S. Allen, H. M. Allen, and H. M. Garrod, 12 vols. Oxford: Clarendon Press.

Freud, Sigmund. (1928 [1927]). "Humor". *International Journal of Psychoanalysis*, vol. 9: 1 – 6.

——. (2002). *Civilization and Its Discontents*. London: Penguin.

Griswold, Charles L., Jr. (1987). "Irony and Aesthetic Language in Plato's Dialogues". In *Philosophy and Literature*, ed. Doug Bolling, 69 – 99. Art and Philosophy 3. New York, NY: Haven.

Halliwell, Stephen. (2008). *Greek Laughter: A Study of Cultural Psychology from Homer to Early Christianity*. New York, NY: Cambridge University Press.

Hippocrates. (1990). *Pseudepigraphic Writings*, ed. and trans. by Wesley D. Smith. Leiden: E. J. Brill.

Horace. (1929). *Satires, Epistles and Ars Poetica*, ed. and trans. H. Rushton Fairclough. London.

Hurley, Matthew M., Daniel C. Dennett, Reginald B. Adams, Jr. (2011). *Inside Jokes: Using Humor to Reverse-Engineer the Mind*. Cambridge, MA: MIT Press.

Hyers, M. Conrad. (1996). *The Spirituality of Comedy: Comic Heroism in a Tragic World*. New Brunswick, NJ: Transaction Publishers.

Kant, Immanuel. (1929 [1788]). *Critique of Pure Reason*. Trans. Norman Kemp Smith. New York, NY: St. Martin's Press.

——. (2006). *Anthropology from a Pragmatic Point of View*. Translated and edited by R. B. Louden, with an introduction by M. Kuehn. Cambridge: Cambridge University Press.

Kerr, Walter. (1967). *Comedy and Tragedy*. New York, NY: Simon and Schuster.

Knox, Dilwyn.(1989). *Ironia: Medieval and Renaissance Ideas on Irony*. Leiden: E. J. Brill.

Laertius, Diogenes.(1925). *Lives of Eminent Philosophers*. Trans. R.D. Hicks. Cambridge, MA: Harvard University Press.

Leopardi, Giacomo.(1982). *Operette Morali: Essays and Dialogues*. Translated by Giovanni Cecchetti. Berkeley, CA: University of California Press.

Mandel, Oscar. 1963. "Tragic Reality". In *Tragedy: Modern Essays in Criticism*, edited by Laurence Michel and Richard B. Sewall, 60 – 5. Englewood Cliffs, NJ: Prentice-Hall.

Marx, Karl(1852): "Der 18te Brumaire des Louis Napoleon. Die Revolution 1". In *Selected Works (3rd edition)*, *Karl Marx and Friedrich Engels*, Moscow: Progress Publishers, 1975.

Montaigne, Michel de.(1958). *The Complete Essays*. Trans. Donald Frame. Stanford, CA: Stanford University Press.

Nietzsche, Friedrich. (1954). "Thus Spoke Zarathustra". In *The Portable Nietzsche*, ed.Walter Kaufmann. New York, NY: Vintage.

——.(1974). *The Gay Science*. Translated by W. Kaufmann. New York, NY: Random House.

Radcliffe-Brown, Alfred Reginald.(1952). *Structure and Function in Primitive Society: Essays and Addresses*. New York, NY: The Free Press.

Ronell, Avital.(2003). *Stupidity*. Urbana and Chicago, IL: University of Illinois Press.

Rosset, Clément.(1993): *Joyful Cruelty: Toward a Philosophy of the Real*. Edited and translated by David F. Bell. New York, NY: Oxford University Press.

Plato. 1966. *Works*. Trans. by Harold N. Fowler, intro. by W. R. M. Lamb, in 12 vols. Cambridge, MA: Harvard University Press; London: William Heinemann.

Santayana, George.(1948). *Dialogues in Limbo*, With Three New Dialogues, enlarged edition. New York, NY: Scribner's.

Sartre, Jean-Paul.(1957 [1943]). *Being and Nothingness: An Essay on Phenomenological Ontology*. Translated with an introduction by Hazel E. Barnes. London: Methuen.

Scruton, Roger.(1987). "Laughter". In *The Philosophy of Laughter and Humor*, ed. John Morreall, 156 – 71. Albany, NY: SUNY Press.

Seneca, Lucius Annaeus.(1995). *Moral and Political Essays*. Eds. and trans. John

M.Cooper and J.R. Procope. Cambridge: Cambridge University Press.

Sextus Empiricus. (2000). *Outline of Scepticism*. Edited by Julia Annas and Jonathan Barnes. Cambridge: Cambridge University Press.

Solomon, Robert C. (1976): *The Passions: Emotions and the Meaning of Life*. New York, NY: Doubleday.

Xenophon. (1923). *Xenophon IV: Memorabilia, Oeconomicus, Symposium, Apology*. Trans. E. C. Marchant. Cambridge, MA: Harvard University Press, Loeb Classical Library.

[通讯方式] lydamir@colman.ac.il

原文出处：Lydia Amir, "Homo Risibilis", *Philosophical Practice*, November 2014, 9. 3: 1487 - 97.

（罗龙祥　译）

分析何以能够治疗?

潘天群

摘要：思想分析是指运用逻辑方法来治疗心灵痛苦的哲学践行活动。心灵痛苦是由信念冲突，也就是"惑"所导致的，而纯粹中立的逻辑分析可以用来消除惑。"分析即治疗"这一观点构成了思想分析的信条。之所以分析能够治疗，是因为逻辑法则存在于每个人心中。通过分析师和来访者之间苏格拉底式的对话，来访者的思想立足于"共同理性"而得到检验。通过言语交流，思想分析师能够通达他人的心灵，帮助有惑的人理清思想，使人脱离因惑带来的痛苦。

关键词：思想分析；治疗；逻辑；惑

1. 导　言

针对人类非生理痛苦的治疗一直被认为是心理学家基于心理学研究所进行的一项任务。然而情况正发生改变。哲学家试图打破垄断，一些哲学家开始涉足这个领域，这些先驱哲学践行家在日常生活中运用哲学智慧帮助人们。哲学践行包括不同类型的哲学活动。

每种哲学践行的模式都与哲学有一定程度的关系，我们也可以根据哲学发展出哲学践行模式。思想分析（thought analysis）是本人所倡导的一个概念（潘天群，2011）。思想分析是一种以分析哲学或逻辑学为基础的哲学践行方式，是分析哲学在生活实践中的延伸。思想分析认为人的心灵痛苦源于人的思想，而通过分析人的思想可以治愈人的这种痛苦。"分析"在这里指的是运用逻辑的思维活动，"分析即治疗"这一观点是思想分析的信条。

2. 何为思想分析?

用一个心理治疗的例子来描述什么是思想分析。

《心理学的故事》一书的作者引用了 A.贝克和一位 25 岁女性之间的心理治疗对话。这名女性因为她丈夫不忠想要自杀，她认为自己的生活已经"结束"了。以下是对话的一部分：

治疗师：你为什么想要自杀？

病人：没有雷蒙德我一无是处……没有雷蒙德我不会幸福，可是我没办法挽回我们的婚姻。

治疗师：你的婚姻状况如何？

病人：我的婚姻从一开始就很糟糕。雷蒙德一直不忠。过去五年我几乎没见过他。

治疗师：你说没有雷蒙德你就不能幸福，那么当你和雷蒙德在一起的时候，你觉得快乐吗？

病人：不，我们总是争吵，我觉得更糟。

治疗师：那么为什么你会觉得雷蒙德对你的生活来说是不可缺少的呢？

病人：我觉得那是因为没有雷蒙德我一无是处。

治疗师：在你遇到雷蒙德之前，你觉得自己一无是处吗？

病人：不，我觉得我自己有价值。

治疗师：如果在认识雷蒙德之前你觉得自己有价值，那么为什么现在你需要他来使自己有价值呢？

病人：(困惑)嗯……

治疗师：你结婚以后，有男人对你表示过兴趣吗？

病人：许多男人对我有意，但我不理他们。

治疗师：你觉得还有其他像雷蒙德一样优秀的人吗？

病人：我想有比雷蒙德更好的人，因为雷蒙德不爱我。

治疗师：你还有和他复合的机会吗？

病人：不……他有了外遇，他不要我了。

治疗师：那么如果你婚姻破裂你真正失去的是什么？

病人：我不知道(哭)。我想我现在该做的就是断的彻底。

治疗师：你认为如果你和他彻底分手，你会爱上另一个男人吗？

病人：我曾经也爱过别的男人。

经过几次治疗，病人不再想要自杀。她开始质疑自己的假设，即"除非有人爱我，否则我什么都不是"。在考虑了贝克问她的问题之后，她决定正式离婚，而且在离婚后过着正常的生活。(默顿·亨特,2005,第 569—570 页)

上述案例使用的方法被称为认知治疗(cognitive therapy)，且被认为是认知治疗的典型案例。认知治疗认为，患者的心理障碍是由他们对外部世界认知的扭曲造成的，如果将患者的认知调整或改变为正常状态，患者就能摆脱痛苦。然而，这里我们关心的不是认知治疗如何进行，而是关于对话的一些特征。我们可以看到在这个案例中治疗师贝克没有进行劝说或论证，他所做的就是问一些与来访者情况相关的问题。这个案例中的女性患者没有向治疗师发问，而是思考了问题并给出了她自己的答案。通过回答这些问题并深入思考，来访者的情绪变得平静，也知道了如何处理自己的问题。

　　尽管贝克更坚持认知治疗而不是本文所认为的思想分析，但上述案例也是思想分析的一个很好的例证。通过与治疗师的对话，这名女性的思想变得清晰，她的痛苦也随之逐渐消失。虽然认知治疗以心理学为基础，而思想分析以逻辑学为基础，但贝克在上述案例中的做法与思想分析是一致的。

　　现在问题是，什么是思想分析？

　　狭义的思想分析是指运用苏格拉底式对话澄清人们的思想，从而使人们因思想问题而产生的痛苦得以缓解或消除的一种方式。广义的思想分析包括所有运用逻辑的思想活动，如：(1) 个体的精神实践过程，如自我灵魂修炼（斯多葛学派）；(2) 信念的检验，包括在他人帮助下加强、削弱或消除某信念（苏格拉底式的对话）；(3) 主体之间的认知关联分析；(4) 检验和反映一定的社会文化；(5) 哲学对象的客观分析（语言哲学、分析哲学），等等。

　　本文所指的是狭义上的思想分析，即用苏格拉底式的对话治疗人的心灵痛苦。在上述案例中，来访者想要自杀，并且尽管她的痛苦不是生理伤害造成的，这种痛苦却是真实的。造成她痛苦的是她在过去五年中遇到的一系列事件。然而，只有这些事情还不足以使她痛苦，因为我们完全可以想象另一个女性也遇到了同样的事情，但却没有这样的痛苦。因此，这位女性的遭遇只是一个导火索，她痛苦的真正根源是她内心的冲突（conflict）：一方面她希望她的丈夫能和她一起生活，另一方面她又意识到她的丈夫有了外遇。这种矛盾虽然不是严格意义上的矛盾（contradictory），但却给她带来了情绪波动以至痛苦。

　　在对话中，治疗师知道她对于"她丈夫不想要她"的信念是由她自己证成的。她给出的理由包括"雷蒙德一直不忠"、"过去五年我几乎没见过他"、"他有了外遇"。治疗师无法改变被证成的信念，他所能做的就是改变思想冲突中的另一个论点，即她希望她的丈夫能和她一起生活。为什么她会有这样的希望？因为她说没有雷蒙德，她一无是处。然后治疗师问她在遇见雷蒙德之前是否觉得自己一无是处。她的回答是否定的。接着治疗师问了一些关于她目前状况的问题，她的回答迫使她承认她没有雷蒙德的话自己是个有价值的人。因此，她最初认为"没有雷蒙德，她一无是处"的这个信念受到了挑战，她最初希望她的丈夫必须回到她身边的想法根本无足轻重。

　　这次治疗是思想分析的一个好案例。治疗师没有提出任何论证或劝说。治疗师甚至没有提供新的事实，所有相关事实都是由来访者提供的。治疗师只提出问题。来访者通过回答这些问题了解自己的想法，知道其中哪些是理性的，哪些是不理性的。在被询问和回答的过程中，她的思想或在治疗师的暗示下进行调整，或被"自我修复"——所有这些正是思想分析所坚持的。

　　然而，这并不是说认知治疗就是思想分析。虽然两者都有治疗作用，但它们之间存在差异：思想分析的目的是通过解决困惑使人们的思想变得清晰，而认知治疗的目的是改变使病人痛苦的扭曲的认知；思想分析以逻辑为基础，认知治疗以心理学为基础等。

　　思想分析的对象是来访者的思想或信念，其工具是分析，而分析是基于逻辑的。我们有很多种分析方法，识别无效论证或逻辑谬误是分析的一种，这是基于逻辑的治疗的主要工作(科恩,2005)。但是识别无效论证或逻辑谬误只是分析的一种类型,此外还有很多类型的逻辑相关分析。一般而言,分析包括澄清概念、区分层次、揭示前提、识别矛盾、确定命题之间的逻辑关系、对观点提出质疑等思想活动。

值得注意的是,对话可以分为两部分:一部分是关于"你有什么问题",另一部分是关于"你有什么优势"。从问题"在你遇到雷蒙德之前,你觉得自己一无是处吗"对话更关注"你有什么优势"。心理学家会用提问的方式来治疗自卑的病人。这种疗法由马里诺夫提出,被称为人文疗法(humanities therapy)(马里诺夫,2012)。

3. 基于"共同理性"立场解决困惑

上述案例说明,存在一种根源于信念问题或思想问题的心灵性痛苦或困惑,只要信念问题得以解决,这种痛苦就会消失。这里我们使用的术语是"信念"或"思想"而不是"认知",并且我们假设人们的信念或思想可以被表达、识别和分析。有一种强论断认为,一切心灵痛苦都是由信念问题或"惑(perplexes)"引起的,相应地,它们可以通过扭转这种惑得以治疗。我同意这个强论断,但它需要一个强的论证,这不是本文的任务。

我们用"惑"来表示所有会导致痛苦的信念冲突。惑表现为信念矛盾,或者"是"与"应当"在思想上的冲突等。信念冲突的"惑"需要包括两个论点,一个极端的例子是一个命题和它的否命题的合取所造成的矛盾。

在确定了"惑"的不一致根源后,解决它的方法就是消除其中一个或两个,也就是说,消除来访者的部分信念。因此,有两种类型的"思想工作者(thought workers)"帮助来访者解决他们的困扰:一类是通过添加或强化那些所谓的正确的信念来解决来访者的惑,另一类是通过识别惑并且显示其非理性部分来解决来访者的惑。假设一个基督徒目睹了许多罪恶,动摇了他(她)的信念——世界是上帝创造的,是完美的。他(她)没有理由继续相信上帝,但不愿意放弃自己的信仰。这时基督徒心中产生矛盾,即他(她)应该放弃信仰,但他(她)不愿意这样做,这时基督徒备受煎熬。他(她)会去教堂找牧师来表达自己的困惑或忏悔。而牧师的工作是向基督徒重新阐释那些不利于信仰的证据。牧师可以告诉基督徒,人类不可能知道上帝的意志,也许邪恶会成为完美世界的一部分。与此同时,牧师会增加新的证据来强化这种信念。像牧师这样的思想工作者预先假定了他的信念导向。

第二种思想工作者是思想分析师(thought analysts)。思想分析师没有预先假定信念导向。当这名基督徒拜访思想分析师时,基督徒有可能会放弃对上帝的信仰。因此,虽然这两种类型的思想工作者都解决了来访者的惑,但他们之间的一个重要区别是,前者是加强了来访者的特定信念,而后者是理性化了来访者的相关信念。

人们很容易理解第一类思想工作者的工作。因为思想工作者没有这种痛苦,所以他认为如果来访者的信念和他一样坚定,来访者的痛苦就会消失。为此,思想工作者要努力提出新证据、进行论证等。正如我们经常看到的,通过与牧师的对话,基督徒可以保持对上帝的信仰。然而,纯粹的分析或思想分析能起到治疗作用吗?人们可能会怀疑第二种思想疗法的效果。事实上,如果第一种思想工作起作用,第二种思想工作也会起作用。因为前者通过消除两个中的某个论点来解决一个难题,而后者则通过消除两者中的任何一个论点或两者都消除来解决这个难题。然而,在任何一种哲学践行中,最终实现信念消除的都不是哲学践行家,而是来访者自己在哲学践行家的帮助下实现的。

思想分析是第二种类型。从事思想分析的哲学家可以被称为思想分析师。思想分析师与来访者之间进行苏格拉底式的对话,通过对话来解决来访者的惑,使来访者的思想变得清晰。在思想分析过程中,第一阶段思想分析师需要在对话中识别来访者的惑。一旦确定了所涉及的惑,第二阶段思想分析师需要帮助来访者解决它。

与其他哲学践行不同的是,思想分析只是预先假定在思想分析师和来访者之间有一个"共同理性(common rationality)"的立场,并基于此进行治疗。"共同理性"在这里意味着思想分析师和来访者都是理性的,而且他们都知道彼此是理性的。他们不会去质疑这个立场。他们的对话是基于该立场进行的,来访者的惑也是基于该立场得以解决的

如果说逻辑不是理性的全部,那么它至少是理性的核心。逻辑在每个人的头脑中都是先验的。因此,思想分析师和来访者在对话中都具有相同的逻辑。如果一个命题只有两个值,即为真或为假,并且假设一个命题 p 不为真,那么我们能得出什么? 每个人都能推断出它为假。如果南京大学所有的学生都努力学习,而有个学生不努力学习,那么结论就是这个学生不是南京大学的学生。无论谁进行推理,他(她)都会从相同的前提中推断出相同的结论。这说明我们的思想服从或应该服从同样的逻辑规律,我们具有同样的理性。平静是心灵的本性,而惑会使心灵波动。因此,只要在反思中认清了惑,逻辑法则就能很快将其解决。值得注意的是,虽然逻辑法则存在于人的头脑中,但它们是客观的,可以由演绎逻辑学家在其反思中发现。

在思想分析中,来访者与思想分析师的共同理性发挥作用。通过基于共同理性立场的苏格拉底对话,委托人的惑得以解决。

我们的行为取决于我们的信念,我们的情绪也取决于我们的信念。如果我们的信念是一致的,我们坚定地采取行动,我们的情绪也会平和。我们头脑中的惑或信念冲突给我们带来了心灵上的痛苦,而这种伴随着情绪波动的痛苦似乎是由一些突发事件引起的。事实上,当我们看到或听到某件事时,我们会利用内心的信念来整理所见所闻,并形成新的信念。然而,因为我们是有情感的人,我们的大脑会对不同的事件赋予不同的情感态度。当我们喜欢的事情发生时,我们感到快乐;当我们不喜欢的事情发生时,我们感到悲伤。在一些极端的情况下,我们的大脑会拒绝接受某些事件的发生。例如当我听说我的家人去世,我会受到冲击并不愿意接受。这种冲击不是物理上的也不是化学上的,而是认知上的,即突发事件通过对人的认知世界的冲击而引发人的痛苦。这是阿尔伯特·艾里斯提出的理性情绪行为疗法(REBT)的思路。根据 ABC 模型,一些激发性事件会影响来访者的信念,并带来一些后果,即情绪困扰。因此,我们头脑中的信念是连接外部事件和内部情绪的部分。

当我受到某种打击时,我的脑海里就会产生一种信念冲突:一方面我需要去修正自己的信念这一事实,另一方面我不愿或者拒绝去修正自己的信念。如果人们遇到短期打

击,则很容易从打击中恢复过来。但是,如果人们遇到长期打击,病人就有可能患上抑郁症。

随着我们对世界的认识增长,惑潜藏在我们的头脑中。当一些事件发生时,惑就浮出水面。一个刚出生的婴儿对这个世界没有信念。当一个婴儿啼哭时,我们不会认为他(她)像成年人一样痛苦。这并不是说婴儿头脑里什么都没有。在他(她)的成长过程中,他(她)的头脑中有一些逻辑法则,通过这些法则,他(她)无意识地处理感觉数据并获得新的信念。这里的信念不仅包括物质世界,还包括社会。然而,人的理性是有限的,因为记忆空间是有限的,思考速度也是有限的,因此,人的反思能力是有限的,不能清楚地认清自己的信念。人的分析能力也是有限的,有时不能理解信念之间的逻辑关系……因此,他(她)不可避免地会有脆弱的或不一致的信念,又很难自己检验自己的信念或使其牢固并融贯。因此,他(她)通过与他人的对话,表达自己的信念,反思、检验并修正这些信念。

在某些情况下,当来访者的信念被表达出来时,他(她)的惑就消失了。思想分析师在对话中需要做的是让对话继续下去。有时候,思想分析师只需要倾听即可;在其他一些情况下,如第二部分所引用的例子所示,来访者不愿意面对一些事实或无法处理它们,那么只有通过不断的询问,来访者的想法才能变得清晰。

表达的过程就是把思想理清。表达是思想分析的必要部分。我认为在一种情况下很难进行思想分析,即来访者很少说话。哲学家并不害怕说得太多的人,他们害怕的是那些什么也不说的人。我们有治疗自卑感的方法,例如像马里诺夫建议的那样提问"你有什么优势"。但是,如果一个自卑的来访者很少说话,那么思想分析师和其他希望通过使用价值陈述来解决这个难题的哲学践行家将无法使对话继续下去。这说明思想分析有其局限性。

4. 结　论

我们已经证明痛苦源于惑或信念冲突,而思想分析作为一种哲学践行,可以帮助人们检验自己的思想,认清所涉及的惑。思想分析是"理智的疗法",也就是说,来访者是理智的。有惑的人头脑中是有逻辑的,他们可以在分析的帮助下深入检查自己的想法,消除惑。

值得注意的是,思想分析师或思想分析的唯一目标是理清或合理化来访者的思想。在对话过程中,来访者可能会改变或调整自己的想法——来访者可能会放弃一些信念,强化一些信念,甚至增加一些新的信念。但是改变或调整这些信念是来访者的任务,而不是思想分析师的任务。思想分析师的任务就是分析本身。

另一个值得注意的是,"惑"一词与佛教中的"惑"相关,但又有所区别。"惑"在佛教中是指我们的头脑中阻止我们获得智慧的那些障碍。佛经对这些惑进行了详细的分析,并对它们进行了细化的分类。佛教希望帮助人们解惑,使人获得智慧。

哲学对日常生活而言有其价值,哲学践行运动是古代哲学的复兴。哲学学术研究的成果或智慧正应用于日常生活。我们提倡的思想分析是一种以分析哲学为基础的哲学践行。与其他类型的哲学践行一样，这一类型也有其局限性。正如没有包治百病的灵丹妙药一样，也没有一种哲学践行可以解决所有心灵问题。我相信，随着其方法论的确立和实践的深入，思想分析作为一种重要的哲学践行模式，必将造福世界上越来越多的人。

参考文献

E. Cohen，2005. The Metaphysics of Logic-Based Therapy. *International Journal of Philosophical Practice*，vol. 3，No. 1 .

Merton Hunt，2005. *The story of Psychology*. Anchor Books，A division of Random House，Inc. New York.

Lou Marinoff，2001. *Philosophical Practice*. Academic Press.

Lou Marinoff，2012. Humanities Therapy：Restoring Well-Being in An Age of Induced Illness. *Proceedings of XI-ICPP ＆ HT* 2012.

Tianqun Pan，2012. Logic and Thought Therapy. *Journal of Humanities Therapy*，vol. 3.

原文出处：Tianqun Pan，"Why is analysis therapy?" *Journal of Humanities Therapy*，2016，vol. 8.

（王安琪　译）

相遇与对话：哲学践行中交流的类型和标准

莱昂·德哈斯(Leon de Haas)

1. 引 言

在西方哲学中,据我所知同样在东方哲学中,并不只有一种哲学。数世纪以来,哲学家在哲学思想的对象与哲学思考的语言和方法方面意见不一。所以,我对这一事实很清楚,即声称只有一种真正的哲学是无用的。但是,我们每个人都很确信他或者她所追随的哲学。因而,为了更清楚,让我明确我的哲学根源。

出生和成长于荷兰阿姆斯特丹的一个欧洲白人家庭,我的哲学根源确定是欧洲式的。我在阿姆斯特丹大学接受了一个完整的哲学教育。我已经学习过西方哲学中所有的学派。在阿姆斯特丹大学,我甚至第一次接触了东方哲学。我的老师顿提埃(O. D. Duintjer)教授用太极拳练习即道教传统中的哲学践行开始他的形而上学讲座。从这所大学毕业之后,我成了一名哲学教师。同时,我在阿姆斯特丹开始练习禅宗或者禅宗冥想。尽管我那时是一个合格的哲学家,但是正是练习禅宗或者禅宗冥想的经历教会我哲学的意义。简单来说,我学到了哲学是一个无偏见、无条件以及关心注意力和存在的事务。这一洞察并不是理论,它是日常生活中的日常练习。正如日裔美国人铃木俊隆(Shunryu Suzuki, 1980)所说,"禅修者的心是一颗初心";在同样的内涵上我会说,"哲学家的心是一颗初心"。它不是一个确定的状态,它将被每一天重新创造。

同时,当本着真诚时,我认识到,关于胡塞尔和路德维希·维特根斯坦的欧洲哲学史,有两点是不能够被忽视的。

无法回避的第一点是胡塞尔的现象学。在这里,哲学从放弃我们的意见、信念和判断开始,因而我们能够遇到如其所是的世界,即因而它能够以没有我们阐释的状态出现在我们的经验里。像这样开放,我们就能接纳世界、其他存在者、他人,直到那个时候才能努力理解。

在欧洲哲学中无法回避的第二点是维特根斯坦的哲学研究。在这里,哲学也放弃了事先形成的解释,让它敞开去倾听我们生活情境说出它们的意义。但是,受到维特根斯坦的影响,哲学不是去寻找一个"真"语言来表达现象即世界和我们存在的真正本质。不,在这里我们以一种情境哲学结束,一种情境的哲学。遇到当前的情境,现在就在这,就是去放弃我们事先形成的想法,让意义和内涵从我们的相遇中出现。让意义和内涵从我们的相遇中出现的方式就是我们的对话。我们每个人内心的对话，以及一个在我们之间分享的对话。

1）作为对话相遇的哲学践行

让我们更加细致地看待这两个概念："对话"（dialogue）和"相遇"（encounter）。

（1）对话

在考虑到对话这个词的意义的时候，有一个误解。它经常被翻译为两个人之间的谈话。这种误解的根源是一个对"dialogue"前缀"dia"的错误翻译。对话是一个古希腊词汇，它被柏拉图使用来说明苏格拉底与他的同胞市民的交谈。在古希腊，"*dia*"意味着"通过"。对应着"二"的单词是"*duo*"。

单词 dialogue 的第二部分"*logos*"意味着语词、理由、内涵、思想、语言、原则、内在顺序、逻辑。

一个对话是通过语词、推理和思考的交换以使得能够对一个现象进行理解。这个交换以及语词和推理的改变是，在苏格拉底的案例中，有时和另外一个人，但是大多数涉及更多人。正如我们所知道的，以及斯多葛学派哲学家就像爱比克泰德（Epictetus）和马可·奥勒留（Marcus Aurelius）所曾知道的，一个对话也能是一个内心对话[1]。

因此，在一个对话中我们研究我们的语词即我们的思想、意见、判断、想象力等等，来克服我们关于这个世界、这个问题、这个情境的有偏向的信念。在最后，如柏拉图所强调的，我们找不到关于世界的"真话"（True Words），但是，如果我们是幸运的，我们能够深入了解对我们的情境。困惑的感觉，不知道再说什么的感觉就是一种洞悉的感觉和超越语词的理解。

在哲学践行团体，对话这个词是用来表示不同形式的交谈。这个词并不总是像我刚刚勾勒的那样使用。正如我将要在这个文章后面所展示的那样，我们会发现哲学践行中的交谈并不是对话式的。

（2）相遇

用"相遇"这个词就像用"对话"，它由很多不同的用法。

在我根植的那些哲学传统中，相遇是一个重要的哲学思想。我的意思是，在苏格拉底的对话相遇中，在现象学和存在哲学，在布伯（Buber，1983）和列维纳斯的哲学中，在我所称之为维特根斯坦的情境哲学中（De Haas，2011a）。

法国哲学家让-保罗·萨特已经尝试在他的"存在与虚无"（"*Being and Nothingness*"，1943）中描述人类的相遇。其他的也已经在我对一个情境前意识的意识中给出了。在场就是跟其他人在一起，既作为主体也作为客体[2]。在给定的情境中，对于我们和彼此，我们是主体也是客体。这就是我们相遇的本质，它们是辩证的，即在这样的客体化和主体化的相互作用中发展和实现——一方面使自己和其他成为一个事物，另一方面成为自己。这就是在一个相遇中当人类的眼睛遇见时所发生的实例。

伊曼纽尔·列维纳斯已经描述和分析了其他人脸的相遇（Emmanuel Levinas，1961）。用眼睛看其他人，我遇到了另一人，不可能将他或者她视为一个事物，视为一个客体。我进入了一个不可还原的存在。相遇是公开的，非偏见的，充满了尊重和惊讶。

只有当我拒绝真正地看他们活动的眼睛时,即当我用萨特的话来说不诚实时,只有那个时候我能够将他人处理为一个客体。这样做的话,我也将自己处理为一个客体。

因此,在这个年轻的哲学传统中,哲学就是在这个不减少的、不正在减少、开放的意义上相遇他人的实践。

稍后,我将要展示哲学践行的一些同事在头脑中是如何具有不同种类的相遇的。

(3)在哲学践行中的对话相遇

a. 为了让我实践中与客户相遇的本质以及认知其他哲学践行的参照系清楚和易懂,我将要给你这些相遇一些认识。我将要描述,第一,一些我与一个 60 岁左右年龄女人的相遇。

b. 第一次访问她是在她的家里。她的房子一团糟,就像她的故事一团糟一样。

她是焦躁不安的,搬了很多次家,说话语速特别快。她单独地告诉我她的生活,我不必要去刺激她。她回忆了很多从童年到现在的事件。她有几个月都生病,并且有病假。理由是,正如她所说,她正承受严重的过度紧张;在家里她沉浸在许多问题中,就像她跟她丈夫的酗酒;巨大的他们不能偿还的金融负债;房子太大无法维持;无眠的夜晚,因为这个原因,乏味的疲劳连同不可停止的去活跃的强烈欲望。

她告诉我她有一个精神治疗和心理治疗的很长的历史。她回忆了她在 20 岁的时候所经历的一个精神病的情况。她告诉了我一个关于这个精神病的详细描述。她迷失了自己,但是独自找到了走出精神病状况的路径。那就是说,在那个情况下有一些年轻男子,尊重她照顾她,这给予她再次回到世界的信任。

我倾听她所讲的,她的经历,她生活的处境。有时,她用"精神病"、"边界"、"ADHD"以及类似的语词来给自己贴标签。我并不对这种贴标签做出反应,或者是她的精神病故事。我不用惊骇、厌恶或者害怕来对此做出反应。我也不讨论她的标签。我只是听和问她问题来更多地了解她的生活经历。我能够说我的仪态是有兴趣的、好奇的、关心的、参与的。当然,思想和感觉在发生,但是在这个情况下它们并未占据我的注意力。由于这种奇妙的人类同情心和关心的力量,我同情她告诉我的生活经历的现象发生了。由于其它奇妙的无条件的无私的注意的力量,我没有任何拘束和没有任何利益地注意她的现象发生了。

c. 在我回忆里的此刻,我能说,这两种奇妙的同情和无私注意的力量正是哲学所发现和提升的力量。由于这些人类的力量以及我的哲学和个人教育,我能够和这个女人在一起并且为了这个女人在场,她急切地需要一个人类伙伴来肯定她——并不是确认她的坏习惯,而是她是的那个人。

她说她感激我的非判断在场。在没有评价她和给她贴标签的情况下去会见并真正倾听她的人对她来说是个安慰。在心理学家和精神治疗师之后,这是她第一次感到会见一个接受了她是其所是的人。因为她的丈夫卷入了他自己的个人问题和自哀里,至少她对他处境的感知更是如此。

d. 我拜访了她,因此我是她的客人。但是在我们的对话期间,情况发生了变化,她变成了我的客人。发生了什么? 我会说氛围改变了。由于我的移情的、同情的、无私关注的在场,她体验到了安慰和信任。只是通过忽视她的借助心理诊断术语的自我标签,我给她——可以这么说——精神活动的空间,在其中她感到被接受了。

e. 在这个易接受的注意和无私的同情的自由空间,即在这个实际的哲学情境中就是我们的相遇,她的故事创造了一个想象的但是非常真实的再次想起和再次复活的经历的情境。

因此,我们现在有两个情境;两个人在这个混乱的客厅的实际的、物理的情境,以及她故事[3]的心理情境,她告诉和我听到[4]的经历。她的心理情境和我的可能并不相同,但是我们分享了参考点,即她告诉我的情境和经历。

正是在这个实际的物理情境中的共鸣,同情和无私注意——在这个实际的相遇中——使得我想象我自己在她所讲述的情境和经历中得以可能[5]。而且,我分享了这些情境和经历。正是这一分享使得我进入了追随她感觉和思考运转的位置。分享了她的经历,我能够与她一起思考。在和她一起思考的时候,我能够看到她思想中的症结和障碍。这些症结和障碍并不只是语词和语句,它们是她感觉和行为的症结,即她面前的症结,妨碍她自由地处于她的情境中,在一个放松的平衡中,从她自己的存在做她所需要做的。[6]

f. 在她家的这一次相遇之后,我们另外见了四次面。这些会面是在森林里的散步。她继续讲述她的生活故事。为了能够在她的经历和情境中表现自己,我请她详述一个情境,一个事件。当它发生的时候,在她故事里的症结上我指出质疑,以及请她将这些症结联合在一起,来打开这个局面。因为她在走路和谈话中一直很匆忙,我缓和了节奏,以及让他的故事讲述慢下来。

渐渐地,她找到了平衡点,她减慢了速度,她变得有能力用爱和接受去看她自己,她将从她内心感到去生活的力量而不是外在(从家庭、从她的丈夫、从她的工作等等)。

g. 把前面的总结一下:

我在我的地方欢迎我的客人。

在这个地方没有标签,没有诊断。

在这个地方也没有治理或者程序。

这是一个注意的地方。

在这个注意的地方我的客人想象了她经历的情境。

倾听她的故事,共鸣和同情在发生,我想象了她经历的情境。我的注意在她的情境中。

在她经历的情境中的存在给了我去跟上她故事和思考的机会。当这个在发生的时候,我有机会建立与她的想法和思维运动的一种关系。这样做,我在她的经历中看到了思想和感觉的症结,然后我建议她也去看它们,并且解开它们。

她对自己的看待和对自己的解脱让其在生活风暴中变得心理更强大更平衡。至少,那是我大多数客人的体验。

2)哲学践行的拼凑景观

(1)哲学践行中态度和类型的概述

　　a. 在哲学践行中两个或者更多的人会面是显然的。我们所讲的一个相遇。但是并非在所有的哲学践行中相遇都是一个明确的部分。那就是,有哲学践行者他们只是让客人的语词占据他们自身,也有一些哲学践行者忙于与客人的会面。因此,我们可以一方面区分出对话式的相遇,另一方面区分出主要重视语言的对话。

　　第一个方向的例子是阿亨巴赫和林赛思。这里重要的是客人的个人经历(相遇的叙事观点),他的或者她的独一性以及对践行者的开放态度。哲学上,哲学践行中的这一方向根植于现象学和我们所称之为的"遭遇哲学",例如,布伯、列维纳斯和萨特。

　　第二个方向的例子是奥斯卡·博列尼菲尔(Oscar Brenifier)以及一个语言分析的路径比如维宁(Eite Veening)的方法。它的根基可以在形式逻辑、论证理论以及分析哲学中找到。另一个主要基于语言的方向的例子是承袭内尔森传统的新苏格拉底对话引导。在这里,群体对话是在明确的规则维护下,由一个严格的步骤来管理的。

　　除了这两个方向——对话式的相遇以及侧重于语言的会话——还有许多例子很难将其指派这两个方向中的一种。这对于会话和群体讨论很重要,它们通常是由践行者的一个想法所引导的,比如视角的想法或者自我的想法等等。关于哲学史,这一方向一般被概况为折衷主义。

　　b. 哲学践行运动的一个特征就是它的多样性。原则上,每一个践行者都想创造他的或者她自己哲学践行的方式(类型、方法、观念)。当然,是有发明家和先锋的,但是通常这些至多是灵感的例子和来源。大多数从业者试图成为创造者。因此,当涉及同一个例子,他们在应用中是不同的——或者最后,他们声称是不同的。[7]

　　这个与别人区分的明显需求使得变得专业的希望复杂化,这一希望同样也是很明显的。当每一个实践都声称是独一的也即不能比较的,我们怎么能够决定一个具体的实践是专业的? 第十届哲学践行国际会议告诉我们在那里展示的实践的专业特性是什么?

　　c. 在硕士班和第十届哲学践行会议的工作坊,各种各样的实践被展示。在大多数的案例中,哲学践行是一个会话,或者在二人之间,或者在一个群体中的更多的人之间。一个箭术工作坊、一个冥想团体以及一个哲学游戏是例外。

　　哲学践行,实践哲学分别在它所有的形式中展示了它自己:个人咨询,辅导和咨询;和团体一起工作;和不同的目标群体(孩子、年轻人、成年人);和个人与机构。

　　哲学践行的经典形式就是一个从业者和他客户的会话。从外部看,它就像一个普通的咨询会话。从内部看,会话是哲学的是由于问题和主题[如马里诺夫称呼它为人生的大问题(Marinoff, 2003)],也由于明显的哲学家的哲学干预(一个苏格拉底式的,或者现象学的,或者语言的,或者逻辑的,或者其它种类的哲学提问和研究)。

　　d. 简言之,哲学践行的世界就是一个部分模糊、部分不可约类型和方法的拼凑物。在很大程度上,哲学践行是哲学中一个普遍(学术)教育的一个问题,与个性和咨询能力(或者天赋)联接在一起。

　　这并不是说,在实践之间并没有共同的特征和相似之处。那些分享了哲学根源和学科的人,互相理解,并且能够判断其他人的介入。但是当根源并不清楚,学科并没有被分享,对于一个(哲学)践行品性的判断是十分困难的,如果并非不可能的话。我们很缺少一个看待哲学践行品性的共同语言[8]。

3）相遇或者程序？通向哲学践行的一个现象学

在这个论文的第三部分,我将要带给你一个两个事件的现象学描述。两个事件都是哲学群体会话的一个例子。

在 2011 年的春天,我个人体验到了两个冲突的、可能矛盾的“哲学践行”的含义。在星期五的晚上 5 月 13 日,我参加了纪念阿亨巴赫哲学践行 30 周年的派对。第二天,星期六 5 月 14 日,我在荷兰参加了年度的苏格拉底会议。我体验了两个事件之间的差异,震惊但却清楚。

2. 在阿亨巴赫派对上的相遇

请来参加 5 月 13 日星期五晚上的讲座。今年。我在贝尔吉施格拉德巴赫阿亨巴赫家的地下室,德国科隆附近。在除了夏天的所有季节,阿亨巴赫每周五晚上都会组织一个所谓的星期五讲座。每个晚上都有在某种程度上与哲学有关的标题。今晚,主题是“哲学践行的 30 年”。

正如你所知,阿亨巴赫是世界上第一个开始“哲学践行”的人。那是 1981 年 5 月 1 日。可能有其他人开始并发起了其他形式的哲学践行活动[9],但是阿亨巴赫是第一个发起针对私人的付费服务意义上的这样一个实践(比如心理学家或者物理治疗师进行一个实践),可能是这个意义和这个语境下第一个使用“哲学践行”这个名称的人。不管怎么样,今晚,我们为阿亨巴赫举行了庆典。当我们进来的时候,我们得到了饮料和甜点;我们为阿亨巴赫和他的实践干杯。

与将近 40 个其他人一起,我坐在一个圆圈部分的桌旁,它从内部的圆圈延伸。在桌上有咖啡、茶和水。在场的很多人,在之前就在这里了,或者他们从别的语境知道了阿亨巴赫。除了阿亨巴赫和他的搭档西尔维娅,我认识一个来自 IGPP(国际哲学践行协会)的人,它也是被阿亨巴赫建立的。我已经在一个周五讲座见到了其他一些人。

如往常一样,我们的主持人对这个主题做了一番 45 分钟左右的介绍。参与者倾听;一些人做笔记。发言者精神饱满。在他前面有一个文本,但是他的语词似乎在那个地方形成。有时候,他回想起涉及其他人的一段记忆,他称呼某人。人们笑着,点头,有时候一些人留下评论。

在一个短暂的休息期间,酒、软饮料和小吃被放置于桌子上。然后我们坐下继续。每个人能够记录以思量阿亨巴赫的介绍。

在介绍性的演讲期间,我们的主持人是我们注意力的中心;现在不再有固定的中心了。阿亨巴赫注意使每个人说出他想说出的。当一个问题或者评论被抛给他时,他回答;否则,他就让会话由发言者自己去发展它。并不是每个人都发言。

一些参与者被晚上的主题或者主持人的一些陈述所鼓舞,对它进行评论,或者提出一个问题,或者带来另一个观点。有时候其他发言者会接着讲另一个参与者带来的思想或者论证。这种方式,像一个压缩的事在会话中发生;这个主题的某个方面吸引了更多的注意以及被几个发言者阐明。一些时刻,一些参与者似乎在一个具体的措辞上达到一致;可能他们分享了一个理解。

同时,人们记笔记。在这个会话期间,眼睛,以及可能参与者的耳朵选择了一个新的焦点时间。注意力穿越了地下室。它对于我和其他人是一样的;当倾听其他人和与他们在一个我们对话的共同的范围内一起的时候,我也在我的内部世界漫游,思考我自己的想法。

在某个时刻,我孵化出我的内心世界,并对这个对话提供一点贡献。每个人本身与其他人一起思考,加入对话,也许同时改变他的观点,可能使其他人的想法改变。这种方式,参与者一起思考,没有固定的共同中心。也没有尽头;绝没有争取共同意见或一般性结论的斗争。并非所有在阿亨巴赫的地下室的人都是哲学家;并非所有人都进行哲学践行。他们想要了解哲学践行的特殊之处。例如,它在哪里不同于心理实践? 一个紧急的问题,问到阿亨巴赫,他正在做的事情是以不同于心理学家的方式做的吗? 有人问:"哲学践行依赖于什么?"阿亨巴赫的答案是:"这个问题假设,哲学践行中的关系有一些共同之处,一个共同基础。但并非如此。在哲学践行中的每一次相遇都是独特的。"[10]

地下室的小组对话没有明确的规则。我想,大多数参与者,比如我自己,都有关于谈话的期望。几乎每个人都知道阿亨巴赫。许多人在星期五的讲座之前就已经来过这里。我们知道这些会议的例行程序和主持人接待我们的方式,他的客人。总之,我们也期待今晚就像我刚刚描述的那样开放。不成文的规则似乎特别是:尊重其他参与者的意见;认真对待想法,加深它们并加工它们,给予一个思考的时间,给一个思考运动的时间;我们想理解彼此,但我们不必达成一致;没有人具有最后的结论;有些人比其他人更了解某个具体的主题,或者在一个特定领域拥有更多的经验。

我特别注意了阿亨巴赫关于客人在他的实践中的独特性,以及与客人的关系是与一个独特的人的相遇的提议。他帮助他的客人阐明和加深他的意见。在他的实践中客人,这个个体,对阿亨巴赫来说是一个不可替代的人,不能简化为不管是什么的诊断或特征。这种关系是两个独特的人之间的相遇。客人真正想要的是什么? 带着这个问题,阿亨巴赫的意思是,"他需要的东西,将要被他所需要,即,他将满足他所正在期待的"。这是被谁期待? 并非是另一人。也许是"上帝",如果我们指的是那个无限的、不可知的东西。阿亨巴赫没有帮助他的客人实现他或她"真正"是其所是的一个或另一个内在概念。这样做将会是一个还原,将这个人还原成一个概况。在一个开放的相遇中,哲学家无条件地认真对待他的客人。

在地下室这里,在这些人的陪伴下,我感到轻松。我体验了思考空间。一个多中心,多观点,多个深刻思想,交叉口,漫步的道路,理解,因为这个地下室有其他参与者。当我的想法没有接近另一个人时,我就被其他人想要跟我分享的思想所喂养。这里,我体验了思想的自由,思想互惠的营养,那些对我来说是新思想的惊喜。

我的感受说够了,我喜欢这里。在这里,我作为一个思考者有在家的感觉。在这里,我与其他一些参与者分享我自己的哲学与哲学践行的路径。改变想法就像我们在这里做的,不管同意与否,这就是我称之为哲学的东西。气氛同时刺激了自己的思考和相互的思考。这个谈话与其主题相匹配,一个开放和开放中的人类相遇,人类彼此尊重作为独一无二的个人并且愿意丰富彼此的思想,即从一般化中释放这种思想并给予任何人的不可简约的独特性以空间。的确,也许这不是每个人的意图,但它是由我们的主持人所提供的氛围。当然,我们是 40 个人,而我们只在短暂的三小时内见面了;可能性有限。但无论如何,在这些条件下,发生了一些与有些人的相遇。

3. 苏格拉底式谈话主持人年会的流程

这是 2011 年 5 月 14 日星期六下午。我发现自己身处荷兰莱乌斯登的一个国际哲学学校的会议室里。一个工作坊正在荷兰和佛兰德斯的苏格拉底式谈话主持人年会上举行。每年称自己为"苏格拉底式谈话主持人"(或"引导者")组织这样一个年会。他们属于由德国新康德哲学家和教育家内尔森(Leonard Nelson,1882—1927)开创的传统。内尔森开发了一种在年轻人中间的哲学群体对话方法。基于对柏拉图和苏格拉底的理性主义解释,他制定了一个小组中循序渐进的概念思考的程序(Nelson,1994)。这种方法由他的同胞古斯塔夫·赫克曼(Gustav Heckmann)所进一步发展和实践[11]。

德国苏格拉底式的主持人迪特尔·克罗恩(Dieter Krohn)对这种内尔森传统下的新苏格拉底谈话进行了定义,我引述:"苏格拉底式的谈话是一个在讨论中的关于主题的有争议的一起言说;它是对真理的共同追求,旨在达成共识。"(Krohn,1989)

在最后的几个十年,在许多国家和大陆的哲学家和非哲学家都已经应用了内尔森的新苏格拉底式的谈话方法。同时,所有种类的变化在持续。在荷兰和比利时也一样。现在,有几十个人聚集在莱乌斯登的年度会议。

我也在这里,虽然绝不是我不知道自己作为内尔森传统中的新苏格拉底式的主持人。我只是好奇,我想和我的同事在这里分享我的哲学小组对话方式。

就在午饭后。我们在附近的一个小房间里。我将举办这个工作坊。房间里很焦躁不安,人们四处走动,进进出出;有人说我们必须搬到另一个更大的房间,但那个房间已关闭。应我的要求,我们坐在一个圆圈里。我请大家自己介绍一下自己并告诉他/她与哲学和哲学践行的关系。一个男人脾气暴躁地说:"这有必要吗? 这需要时间!"[12]我说我认为这很重要,我想知道关于这个房间里的每个人更多的一些事,只是一点点。在这一轮,每个人都说出了他或她的名字,但没有人说出什么关于他/她与哲学和哲学的关系。

与此同时,大家仍然焦躁不安;人们正在寻找另一个房间的钥匙。然后,钥匙找到了,我们移动到了更大的房间。现在,我们不再面对面坐着了。让参与者坐成一圈是很痛苦的。他们自动地坐在我对面的半圈。但是,我不想和其他人相对坐,我想坐在他们中间,就像每个人一样。

这让我想起了我在午饭前参加的工作坊。在那里,参与者也与工作坊的领导者相对地坐成一个半圆。我的研讨会的主题是一个问题:"助产士——哲学家什么时候必须应用剖宫产?"这个问题是上周我在一个机构引导了两个谈话小组之后想起来的。在这两个组中,它是关于类似于电视联播网的设置的。在大约 30 分钟的会议中,参与者作为来访者助手支持它们中的一个,咨询者助手研究后者的问题。我没有组织这些组;他们已经存在,他们是受过高等教育的求职者协会的一部分,这些人的年龄已经超过了 40 岁。由于自助小组的成功,在一年内参与者的前进是巨大的。所以,群体的构成一直在变化。那个星期一,第一组讨论了一个参与者的简历;第二小组讨论了一个所谓的"资料搜索"(search profile)。在那个星期一的两种情况下,我以跟平时不一样的另一种方式进行了干预。

要理解这一点,你必须知道我在这些小组是如何工作的。这个协会的团体已经管理了他们自己的团队计划和他们自己的议程。每个成员都跟随他或她的个人计划,一方面包括改善他或她在就业市场的表现(如简历、资料搜索、电梯游说),另一方面,加强和扩展自己的网络并有效地找到工作。在每周一次的会议中,除了其它方面,他们讨论了自我介绍。为了确保参与者不用所谓的"好建议"轰炸彼此,而是实质上倾听彼此以及互相依靠,主席请我缓和这些小组会话。

重点是,谈话发生在参与者之间;我没有实质性地参加;我的角色是支持 30 分钟期间这样一个会话中参与者的学习过程。我支持咨询者助手,轮到它的男人或女人,在他或她关于具体陈述的思考过程。我鼓舞了另一个参与者在这个思考过程中帮助他或她,而不是通过分析和建议引入他们自己的长文本。大多数情况下,我帮助这样的参与者将他的分析或建议翻译为一个可以设定咨询者助手思考的问题。它在大部分时间都有效。有时候需要更多的努力让参与者关注自己的看法弯曲到对咨询者助手开放。

我把我在这些团体中的角色称为苏格拉底的助产士方法的一个应用。我的角色不是求职个人展示这个领域的专家,而是参与者学习过程的"助产士"。参与者的学习过程。他们是小组对话的"主体"和"作者",而不是我。此外,它并非完全关于参与者的意见和判断,而是关于他们的经历(他们失业,他们找工作,他们申请工作,他们疲于应付个人展示,社交网络等等)。通过分享经验而不仅仅是意见,他们的话语获得了对话中的参与者能够参考的内容和语境。通过"保持关注他或她的经历","咨询者助手"能够内在地连接思想和理解,更加集中地学习。无论如何,这是我学习理论的出发点,这必须在每个群体会话中一次又一次地得到证实。

因此,那个周一,在两个小组中,我承诺了一个我通常不会去做的介入。

正如我所说,在第一组中我们讨论了一个女性参与者的资料搜索。其他参与者表现得相当"苏格拉底";他们和她一同思考,积极帮助她思考。在某个时刻,一些"来访者助手"已经尝试过几次用一个观察来面对这个女人,这个观察就是她成为可靠的 CEO 的野心与她房间里呈现方式不匹配,她呈现出的是模糊不清,优柔寡断,坚持不懈,没有约束力。在一个参与者如此耐心和助产术尝试之后,我拉着她的手臂——她坐在我旁边——让她面对最后一位发言者,"请对他告诉你的好奇,就这样等一下!"

我这种凯撒式的行为将她从错误的思考循环拽出来,在她的思考循环里她不愿听任何其他人。

在第二组中,我们讨论了另一位女性参与者的简历,一个法律专家。她的简历内容和形式都偏离了一般的简历。她规定了她想和人类一起工作以及她并不想仅仅成为一个"官员"。另外两位参与者,"真实的商人",如他们了解自己的那样,判断这个简历"效率不高"。尽管女人煞费苦心和争辩性地解释说她明确地具有信念地选择了这种方法,并且承担所有风险,两个男人用错误的道德说教持续扰乱她——如他们所陈述,她不了解商务生活,她不会在就业市场上有机会。我的"助产术"试图让两个男人倾听这个女人,失败了,所以我介入,说,"她很了解她现在在做什么,她借助好的论证选择了她的自我展示;你们俩都不听她的话并且不尊重她;这就是我为什么禁止你们关于这个问题说更多"。

我的立场是倾向于这个女人的思考程序;那也正是我为什么判断两个男人的思想干预是无关和扰人的,以及我为什么让他们闭嘴。

用这个所谓的凯撒式的介入,我做了两件事;一方面我将两个男人对这个女人施加的压力拿走了,另一方面我用他们不让人安宁的举止来面对这两个人(之后,其中一个人似乎理解了这一点)。现在让我们把注意力拉回到这个年度苏格拉底式会议。我已经讲述了在之前周一我所做的经验。我已经用"助产术"将我的方法称之为苏格拉底式的。我已经表明我认为那两个介入是不太"助产术"的以及更加"凯撒式"的,用那个比喻的说法。

我想与研讨会的参与者分享这点。那就是说,我想知道主持小组中的他们是否具有类似的经验,如果有,他们如何对它进行判断以及他们如何处理它?此外,我在分享意见上的注意力不如在分享经验上的注意力。用其它的话来说,我喜欢学习其他人的经验。这就是我与同行介入的一个方法。

我说了这点,但是参与者似乎并未听到。

所以,我问研讨会参与者他们自己经验的例子,在例子中一个像凯撒的事情发生了。我向坐在我旁边的那个女人提问。她说我的问题以及我凯撒式的比喻对她无意义。另一名女性参与者同意她的看法。早些时候,这个第二个女人用言辞打断了我:"你称你的方法为苏格拉底式的,但事实并非如此!"

我期待参与者能问我他们不懂的东西。但他们并没有。他们以一种不愉快的方式让我知道他们什么都不懂,或者他们从我的描述中找出一个词,说这个词是错的。他们的反应对我来说是不愉快的,因为他们是敌对的、烦躁的,不是同情的。

只有一个人认真对待我,带来了他自己的一个例子,并且问我是否这就是我的意思。另一个人说他理解我所想要的并且它是有趣的。其他人都是沉默的,或者说已经退出了。

第一个发言者,我旁边的女人,继续和其他一些参与者讨论她带来的观点。范罗塞姆(Van Rossem)(我早上参加的研讨会就是他的研讨会)加入这一思路,并发表评论说柏拉图的作品中"助产术"的概念被高估。只有"各种辅导员和教练",就像他一样称之为贬低的,使用柏拉图临时的隐喻。范罗塞姆还说,"凯撒"的比喻是无意义的。他的语气和语调都是说教的而不能承受被反驳。当有人问我某个问题的时候,当我通过告诉他我对这次见面的期望和使用"和某人一起思考"这个表达来回答的时候。范罗塞姆先生表示,和某人一起思考是不可能的。然后他建议小组放弃研讨会的起始问题,并采用另一个问题,例如,"有可能与某人一起思考吗?"

我认为这是不成熟的,我觉得范罗塞姆根本没有主动地和明确地进行过任何尝试来理解我;他没有问我任何问题。他没有回答我向他提出的任何问题。

很长一段时间,我已经失去了这个研讨会的方向(部分是因为不幸的状况即我同时是主持人,参与者和带来案例的人)。从这一刻起,该小组在没有我的情况下就会走它自己的轨道。也就是说,不是"小组",而是那些很少的人追随范罗塞姆的路线。(后来,一个参与者没有追随这个路线,说,"我没有追随任何路线,我根本没有跟着你结伴旅行"。)

与此同时,谈话增加了一个与我注意力完全无关的方向。就那两个我前一周遇到的小组而言,我想要一个像联播一样的关于我问题的对话。很长一段时间,谈话都不是关于我的问题,更少关于我的两个案例。

我问范罗塞姆为什么他来参加这个研讨会。在他的答案里,原来他发现了我的问题是有趣的,他特别感兴趣于所谓的有条理的问题,像柏拉图助产术的比喻,以及我用现象学的"悬置"所做的事情,等等。因此,我问他:"不是实践经验和我对他们的问题有你的注意,而是你自己的完全脱离了我讲述的状况和经验的抽象问题?"我问他是否进入了我的故事。范罗塞姆的一个比利时同事现在评论说他们已经非常注意我的讲述,这成了我的案例和我的方法的介绍的评论。

天哪!我发起了这个研讨会;我是,可以这么说,主持人。和我的客人一起——自愿来到我的研讨会的那些人——我想分享我的经验和问题。但是我没有遇见注意和兴趣。相反,这些人的大多数沿着他们的新苏格拉底测量杆测量我。如我所感觉的这个会话,大多数参与者对我的经验或者我谈论的和我提问的状况不感兴趣。一个人只回应我对他们相关经验的兴趣。我觉得在这里不自在、不受欢迎、不被认真对待。只有这一个人愿意和我相遇,对彼此的故事和方法敞开心扉。

在这个房间里,明显的内尔森式的新苏格拉底派带着他们事先形成的期望应付了这一状况;从一开始,他们从他们的测量的角度判断我做过和未做的所有事情。

这些参与者不认真地接受我的立场、期望和个人展现。显然,他们忙于自己,即他们的"苏格拉底对话"的想法,即在他们从内尔森的方法那里得到的环境和规则。

显然,他们的语言游戏叫做"苏格拉底式对话",排除了任何对其他同名的语言游戏的兴趣,"苏格拉底式",但另一种实践。在上午,在范罗塞姆和博尔滕(Bolten)的研讨会上,我认真并有信念地玩了他们的游戏,而没有用我对他们方法或者事件的判断来介入。这是一个好奇和尊重的问题。

4. 结 论

借助在今年5月13日和5月14日这周两个我经历的故事,我想展示哲学践行的两个进路可以是怎样的不同和冲突。

以我专业的哲学观点来看,我认为那些解释了哲学中的现象学和语言学转向的实践——它们根植于古代欧洲和亚洲的哲学传统——更有权利被称为"哲学的"。这就是人类相遇的全部。

然而，我确信我们必须要超出我们的立场，能够接受和理解其它哲学以及哲学践行的进路。我相信以及我知道，我们能够互相学习，确切地，当我们有分歧时，我已经从参加我不赞同的那些同行的实践中学习良多，就像奥斯卡·博列尼菲尔或者新内尔森式的新苏格拉底实践。我们需要那样的相遇来认可我们的专业。

就我所知，我们仍然不知道在不同学科和不同源头的哲学践行者之间如何确立这样一个专注质量的会话。至今，我的经验告诉我展示一个具体的哲学对话的方法并不是一个解决方案，比如将内尔森苏格拉底式主持作为一个方案。这样一个声称再生了哲学传统中的不兼容问题。

首先，我们需要去发现哲学践行协同作战价值的意愿，以及去发现他们作为一个社区的意愿，不管哲学根源，学科和个性的差异。然后，我们需要实验去找到"专注质量"对话的富有成效的方法，在这个方法中我们以一种开放但并非更少要求的方式来判断其他人实践的质量。让我们在 2012 年夏天第十一届韩国国际哲学践行会议开始这些实验。

注释

[1] 对于希波的奥古斯丁（Augustine of Hippo，354—430 年）以及埃克尔（Master Eckhart，±1260 年—1328 年 4 月 30 日）来说，内心对话是一个和上帝的对话。

[2] 像"主体"和"客体"这样的词是在黑格尔辩证哲学意义下使用的。

[3] 在 De Haas 2011a 里，我称这个为叙事情境（narrative situation）。

[4] 安德斯·林德塞斯（Anders Lindseth）也意识到这两种情境区别的价值，他称之为地方（在德语中写为 Ort）.（Lindseth，2010）

[5] 参见叔本华关于同情的思想。（Schopenhauer，2006）

[6] 这需要一些更多的解释，但是这里不是详细阐述这个议题的地方。（参见 De Haas，2009）

[7] 这个认识主要基于我在荷兰和德国哲学践行协会的参与以及第九届和第十届哲学践行的国际会议，同样基于几本书（见 Basili，2008；Gutknecht，2009；Staude，2010a）。

[8] 关于哲学践行的评估，见 De Haas，2011b.

[9] 关于哲学践行的历史，见 De Haas，2010.也见 Staude，2010b.

[10] 引用自阿亨巴赫 2011 年 5 月 13 日的星期五讲座，来自笔者的笔记。

[11] 古斯塔夫·赫克曼（Gustav Heckmann）生活于 1898 年 4 月 2 日至 1996 年 6 月 8 日。

[12] 2011 年 5 月 14 日工作坊的引述来自笔者的记录。

参考文献

Buber 1983. Martin Buber，'Ich und Du'. Heidelberg：Lambert Schneider.

Original publication: 1923.

Basili 2008. Basili e. a., 'Philosophical Practice in Italy. Introduction by Ran Lahav.' Trapani: Di Girolamo Editore.

De Haas 2009. Leon J. M. de Haas, 'De Socratische Coach'. Roermond: Plato Praktijk 2009.

De Haas 2010. Leon J. M. de Haas, 'Praxis en ervaring in defilosofie. Leusden 2010: de 10de Internationale conferentie over filosofische praktijk'. In: 'Tijdschrift Filosofie', Volume 20, Issue 6. Antwerp: Garant 2010.

De Haas 2011a. Leon J. M. de Haas, 'Philosophical counseling as a philosophical dialogue'. A situative view, and a discussion of the value of Wittgenstein's philosophical investigations. Lecture before the Korean Society of Philosophical Practice at July 8, 2011. The lecture will be published in the Journal of the Korean Society of Philosophical Practice, Volume 2011.

De Haas 2011b. Leon J. M. de Haas, 'An Essay on the Justification of Philosophical Practice'. In: 'Manavayatan', Volume I, Number I, July-December, 2011. Guwahati, Assam, India: Centre for Studies in Humanities.

Gutknecht 2009. Thomas Gutknecht, Thomas Polednitscheck, Thomas Stölzel (ed.), 'Philosophische Lehrjahre. Beiträge zum kritischen Selbstverständnis Philosophischer Praxis'. Schriften der Internationalen Gesellsschaft für Philosophischen Praxis (IGPP), Band 1. Berlin: Lit Verlag.

Krohn 1989. Dieter Krohn, 'Das Sokratische Gespräch in Theorie und Praxis: Zur Einleitung', in: Dieter Krohn u.a. (Hg.), 'Das Sokratische Gespräch. Ein Symposion'. Hamburg: Junius, 1989.

Levinas 1961. Emmanuel Levinas, 'Totalité et Infini. Essay surl' Extorité'. Den Haag: Martinus Nijhoff Publishers.

Lindseth 2010. Anders Lindseth, 'Von der Methode der Philosophischen Praxis als dialogischer Beratung', in: Staude 2010a.

Marinoff 2003. Lou Marinoff, 'The big questions. How philosophy can change your life'. New York: Bloomsbury 2003.

Nelson 1994. Leonard Nelson, 'De socratische methode. Inleiding en redactie Jos Kessels'. Amsterdam, Meppel: Boom 1994.

Schopenhauer(2006). Arthur Schopenhauer, 'Über die Grundlage der Moral'. Hamburg: Felix Meiner Verlag 2006.

Staude 2010a. Detlef Staude(ed.), "Methoden Philosophischer Praxis. Ein Handbuch", Bielefeld: transcript Verlag 2010.

Staude 2010b. Detlef Staude, 'Die Philosophische Praxis-Entstehung, internationale Verbreitung und heutiger Stand', in: Staude 2010a.

Suzuki 1980. Shunryu Suzuki，'Zen Mind，Beginner's Mind'. New York and To-
kyo：John Weaterhill Inc. 1980 (14th paperback printing).

[作者简介]莱昂·德·哈斯(Leon de Haas)是荷兰语-佛兰芒语《哲学杂志》(*Tijd-
schrift Filosofie*)的哲学践行专栏编辑。
[通讯地址]Elmpterweg 20，6042 KL Roermond，Netherlands.
[通讯邮箱]leon@platopraktijk.nl.
原文出处：Leon de Haas，"Encounters and Dialogues：Styles and Levels of Com-
munication in Philosophical Practice"，*Journal of Humanities Therapy*，2011，vol. 2：
95 - 121.

（胡中俊　译）

"我想要，所以就必须"：用基于逻辑的
疗法治疗法西斯推理

埃利奥特·D.柯亨（Elliot D. Cohen）*

基于逻辑的疗法（LBT）是理性情绪行为治疗的一种哲学咨询变体，它认为人类通过在实践推理中从非理性前提出发，推导出破坏性的、自我否定的结论，特别是对自己和他人提出绝对命令和要求的结论，从而制造了自己的许多不幸。[1]这些破坏性推论中最基本的推论是可以恰当地称为"本体论（现实）法西斯主义"的推论。这些法西斯主义的推论指挥、要求和支配着外部现实的条件，这些条件是基于一个人的主观愿望或首选项。

这些推论是以个人主观欲望或偏好为前提，通过命令和要求来支配外部现实。[2]本文旨在为这些功能失调性推论提供一种基于逻辑的治疗方法。

当代伦理学最重要的见解之一是大卫·休谟（David Hume）认识到不能从"是"中推断出"应该"。休谟指出：

> 在我所遇到的每一个道德学体系中，作者在一个时期中是按照平常的推理方式进行的，确定了上帝的存在，或是对人事作了一番议论；可是突然之间，我却大吃一惊地发现，我所遇到的不再是命题中通常的"是"与"不是"等连系词，而是没有一个命题不是由一个"应该"或一个"不应该"联系起来的。这个变化虽是不知不觉的，却是有极其重大关系的。这个应该与不应该既然表示一种新的关系或肯定，所以就必须加以论述和说明；同时对于这种似乎完全不可思议的事情，即这个新关系如何能由完全不同的另外一些关系推出来的，也应当举出理由加以说明。[3]

休谟关于从"是"到"应该"推理的见解具有非常重要的现实意义，并确实为当代认知行为心理学提供了理论基础：因为在我们所认识的人类痛苦和不幸的背后，就是这种推论的飞跃。我所说的具体的推论实例是从意愿（欲望、需要、偏好、愿望等）到关于事物绝对（总是）应该、应当或必须是什么的判断。[4]

认知行为心理学之父阿尔伯特·埃利斯（Albert Ellis）简明扼要地阐述了这一点：

---

* 美国印第安河州立大学（Indian River State College），电子邮箱：elliotdcohen2@gmail.com.

一旦人们创造性地改变了他们的"耶和华的命令"和"要求"，他们通常积极地带来不适当的和自毁的感觉，如恐慌、沮丧、愤怒、自怜和极端的不足。他们教条的"应该"和"必须"经常导致行为障碍，如神经质的回避、退缩、拖延、强迫和成瘾。[5]

考虑这样一个司空见惯自我挫败推论的例子：

我想得到别人的认可，因此，我必须或（绝对）应该得到他人的认可。

这里的实际问题是，结论导致人们要求不切实际的想法，即总是得到别人的赞同。这种完美主义、法西斯主义的要求构成了许多破坏性情绪的认知驱动轴[6]，包括埃利斯在上面列举的那种破坏性情绪。[7]

从逻辑上讲，正如休谟所观察到的那样，关于"什么必须"或"应该是什么"的结论，并不是完全从关于我想要什么的事实报道这一前提中推论出来的。根据 LBT 理论，上述推理构成一个心智的（不完全）实践三段论。

因此，LBT 治疗师的工作就是帮助客户充实他们的心智实践三段论，从而揭露任何非理性的前提，需要正式验证的推论。任何不合理的前提，这是正式验证推理所需要的。

在目前情况下，完全清晰的推论看起来是这样的[8]：

（规则）如果我想要得到别人的认可，那么我必须或者（绝对）应该得到别人的认可。
（事件报道）我想要别人的认可，所以我必须或者（绝对）应该得到别人的认可。

因此，未表达或"被压制"的大前提是一般规则。[9]连同给定的关于某一种特殊欲望的事实报道，验证了对要求严格的结论的推断：我得到了别人的认可。

根据 LBT 理论，正是这种从"意向"到绝对的"必须"、"应当"和"应该"的推论，在很大程度上定义了破坏性人类情绪的认知成分。例如，一个人通过推断另一个人做了他（或她）必须应该做的事来维持强烈的愤怒或气愤。一个人通过推断自己做了一件绝不能做的事而使自己处于一种强烈的负罪感的状态。一个人通过推断某一可能的、未来的事件不可能发生而使自己极度焦虑。[10]

因此，所有这些破坏性的情绪都是从意向到绝对主义、法西斯主义的"必须"、"应当"或"应该"的推理飞跃的产物。每个人都基于狭隘的、主观的欲望或偏好来命令、要求和支配宇宙的本体论术语。此外，这些绝对性的要求、指令和命令，如此推演，可以为进一步的自我毁灭和再执行推论提供前提。因此，由于我必须得到别人的认可，所以如果我得不到别人的认可是可怕的。这是一系列的三段论组合[11]：

规则 1：如果我想得到别人的认可，那么我必须得到别人的认可。
事件报道 1：我想得到别人的认可。
结论 1：所以，我必须得到别人的认可。
规则 2：如果我必须得到别人的认可而我没有得到，那就太糟糕了。

　　　　结论 2：所以，如果我没有得到别人的认可，那就太糟糕了。

　　　　规则 3：如果那很糟糕，那我就受不了了。

　　　　结论 3：因此，如果我没有得到别人的认可，那么我就无法忍受。

　　只需在结论 3 中添加报道"我其实没有得到别人的认可"，结论 3 的结果：我无法忍受是从"如果"子句中释放出来，从而变得活跃。[12]

　　此外，当人们坚持自己的想法，而不是从他们的想法中得出自己的要求时，他们倾向于保持自我帮助的情绪，而不是自我毁灭的情绪。正如埃利斯所言：

　　　　一旦他们强烈地坚持自己的偏好，发现这些偏好被挫败了（或很快就会被挫败），人们就会有适当的或自我帮助的担忧、悲伤、失望和沮丧的感觉，这促使他们去争取更多他们想要的，而不是更少他们不想要的。与这些适当的感觉待在一起时，他们很少会有神经过敏的感觉和行为。[13]

　　那么，一个人如何停留在自助的境界，而不是将自己的欲望、欲求和偏好转化为自我毁灭的、绝对主义的"必须"、"应当"和"应该"呢？

　　考虑这个类比：每年我的前院都有一棵藤蔓般的杂草缠绕在一大片常青灌木上。在过去的几年里，我一直在努力把灌木上的藤蔓拔掉，结果却让它长得越来越茂盛。我很早就想到，这种"顽固的"杂草并不是在没有根的情况下奇迹般地生长和再生的。然而，当我在灌木丛底部的土壤中寻找根的时候，我却找不到根的来源。今年，决心不为了浪费时间从灌木丛中拔出藤蔓，我更加仔细地寻找来源。然后我注意到一根枯死的稻草似的茎斜靠在灌木丛的底部。把它撕开，令我惊讶的是，我发现里面有一棵绿色的充满活力的藤蔓。为了找到问题的根源，我只需要仔细地看一看，放弃对源头的任何先入为主的看法。

　　在寻找一个人情绪紊乱的根源方面，情况也大同小异。它们也善于伪装，很容易被人遗漏。[14]一个人可以花相当多的时间拔出自己推理树的二级和三级分支，但结果却是混乱再次出现。

　　另外，我们可以直接从源头入手，将问题扼杀在萌芽状态。

　　从意念到绝对必需的推论飞跃，在很大程度上是人们行为和情感问题的根源。这些推论对于情绪紊乱的作用，正如我所描述的稻草般的茎秆对于杂草的作用一样。杀死杂草最快捷的方法是把茎连根拔起。停止感到沮丧、愤怒、内疚和焦虑的最有效的方法是停止从一个人的意愿推断必须。

　　虽然这些推论仍然是理性的，但不太可能被注意到。然而，通过陈述次要的意向性前提和缺失的大前提——有效性规则——将推理从意向性发展到必然性，就有可能揭示推理的谬误性。因此，在上面的例子中，情绪问题的根源可以在规则 1 的层次上找到。

　　　　规则 1：如果我想得到别人的认可，那么我必须得到别人的认可。

　　进步的第一个迹象是，人们首先意识到自己正在接受这一规则。是的，我希望别人认可我。我可能更喜欢这样，但这是否意味着我必须得到别人的同意？这显然是不合理的，因为事实上（不管你喜不喜欢），别人有时可能不赞成我（或者，更确切地说，不赞成我在做什么或说什么）。一个人总是得到他想要的东西，他所要求的东西是我们这个不完美的世界所不能容纳的。[15]

这就是对规则1的一个明确的、理性的反驳。然而，即使我在理智上认识到我的推理跃向情绪障碍的非理性，我仍然会觉得我必须得到别人的认可。这种我所知道的合理的情况和我仍然继续感觉到的情况之间的不平衡通常被称为认知失调。[16]

亚里士多德（Aristotle）似乎是第一个仔细研究认知失调逻辑的哲学家。于是他问："一个判断正确的人，怎么会举止失控呢？"[17]他的回答是意志薄弱。

LBT也给出了同样的解释。它认为，一个人知道自己的感觉或行为是错误的（或非理性的），往往不足以帮助自己走出认知失调。根据LBT的观点，约束自我挫败的"必须"也是一种合理的解毒剂。[18]

例如，考虑以下规则。

规则1*：如果我想得到别人的认可，我就应该做人们普遍认可的事情，比如努力工作和帮助别人。

与规则1不同，规则1*在两个逻辑上截然不同的状态之间建立了一种"手段-目的"的联系：得到别人的认可和致力于别人普遍认可的事情。它说，后者有利于实现前者，但它断言的关系是一种偶然的因果关系，并没有说第一种关系是必要的，也没有引起第二种关系。与规则1不同的是，它原则上是可通过经验验证的。也就是说，像努力工作和帮助他人这样的事情在统计上是否有效，得到别人认可，这是一个合理的问题。

当然，一个人是否应该首先得到他人的认可，则是另一回事。然而，想要或偏爱别人的认可与要求得到别人的认可是有区别的。偏爱别人认可的人在得不到满足的时候，通常会有忧虑、悲伤、失望和挫折感，而要求——绝对主义者必须从承诺中推出——总会呈现自我挫败等强烈的情绪。

尽管从意向性到绝对必然性和应然性的推论具有自毁性，但人类作出这种推论的倾向在某种程度上是可以理解的。这是因为在主观上，一个人想要、渴望和喜欢的东西处于自己意识的最前列。所以，当我想要某样东西时，这种欲望往往会蔓延到外部世界，超出我自己主观性的界限。

LBT认为，大多数行为和情绪问题都根源于这种以自我为中心的人类困境。这是一种形而上学的困境，因为人不能（字面上）超越自己的主体性。这样就可以理解为什么人类倾向于从意愿中推断出"必须"了。正是我对自己意愿的强烈的主观性，使我把它们提升到我主体性之外的世界中心舞台，以规定这个外部世界必须是怎样的形式。

但是，无论我们在世界上施加多少命令、要求和指令，这个世界都不会改变。要求世界符合一个人的愿望也不可能有助于改善它。事实上，对世界做出积极的改变通常需要耐心和宽容，而那些从自己的意愿推断绝对主义的人往往缺乏这些美德。这也是为什么那些法西斯主义和反民主的人试图将自己的意志强加于他人，包括那些在政治席位上的人，通常弊大于利。

正如埃利斯所坚持的那样,"想要"和"偏爱"与"要求"相比,可能会有更有益的结果。因此,对世界作出建设性改变的心理,就是学习如何发现、驳斥和建构理性的解毒剂,以摆脱从意念到绝对主义的"必须"之枷锁。

在培养成功的人际关系方面也是如此。将主观欲望和偏好转化为绝对主义的要求,不可能培养出令人满意和持久的人际关系。例如,考虑下面的推理。

我偏爱 X,

所以,你也必须偏爱 X。

一旦隐含的大前提规则被加上,三段论就变成了规则∗∗:如果我喜欢某样东西 X,那么你也必须喜欢。

我偏爱 X,

所以,你也必须选择 X。

建立在这个三段论基础上的人际关系不是一种幸福和持久的关系。婚姻就像一个国家,一个人想要或喜欢的东西成为其他人必须想要或喜欢的东西的基础,这样的关系是法西斯主义和反民主的。法西斯主义和反民主的关系并没有普遍证明是稳定和幸福的关系。这就是规则∗∗的反证法。它非但不能帮助一个人获得幸福和稳定,反而会导致相反的结果。

例如,请考虑使用以下方法来作为自毁规则的解毒剂:

如果我想要别人尊重(或容忍)我的喜好,那么我也应该尽力尊重别人的喜好。

同样,这种可能的解毒剂中的"应该"是一种经验。它主张两种状态之间的手段与目的的联系——尊重自己的偏好和尊重他人的偏好。它指出,除非我容忍他人的想法,否则我很可能最终会成为他人不容忍的接收者。在这里,"应该"是一个经验上可以验证的概念,而不是一个绝对的处方。[19]

这并不是说,对这种绝对要求的所有合理的解毒剂都需要维护手段与目的的关系。事实上,LBT 认为哲学理论也可以作为许多非理性行为和情感规则的有效解毒剂,包括本文所讨论的意向性规则。例如,康德(Immanuel Kant)的"绝对命令"可以将一个人的行动理由普遍化("格言"),这可以作为一种解毒剂,可以建设性地作为"世界以我为中心规则∗∗"这种自我挫败的解药。因为这样的规则不可能一成不变地普遍适用,因为普遍适用意味着我也必须选择别人喜欢的东西,在这种情况下,我就再也不能疯狂地支配别人的喜好了。

同样,功利主义等后果主义伦理学理论也会对规则∗∗产生不利影响,因为如前所述,将自己的偏好强加于他人,是与人类福祉相矛盾的(无论持有何种合理的内在价值理论)。事实上,这正是心理学家所说的失调关系的核心所在。

以关怀为基础的伦理也同样与拒绝这样一条规则产生共鸣,因为以体恤他人的形式关怀他人——设身处地为他人着想——很容易对这条以自我为中心的规则产生不利影响。

简而言之,哲学理论和经验可证的、有条件的"必须"和"应该"可以为理性解毒剂提供基础,以对抗非理性的大前提规则,这些大前提规则允许从意念推论到绝对的"必须"

和"应该"。LBT旨在通过教会人们如何识别和反驳那些将狭隘的主观欲望和偏好转化为绝对的"必须"和"应该"的推论，从而消除个人和人际关系中许多不必要的冲突。它还教会人们如何以民主和反法西斯的方式，为这些不切实际的要求构筑合理的解毒剂。[20]

注释

[1] E. D. Cohen (2013c).

[2] E. D. Cohen (2005).

[3] D. Hume (2012) Book 3，Part I，Sect. I. Retrieved online on April 29，2015 from http://www.gutenberg.org/files/4705/4705 - h/4705 - h.htm.

[4] E. D. Cohen (2009).

[5] A. Ellis (1990)，pp. 35 - 41；A. Ellis & R. Harper (1975)；A. Ellis (2001)；A.Ellis (1962).

[6] 根据LBT理论，情绪包括认知、行为和生理变化。把这些结论称为许多破坏性情绪的"认知传动轴"，我的意思是，在这些情绪中发生的行为和生理变化在很大程度上取决于它们。

[7] E. D. Cohen (2012).

[8] E. D. Cohen (2003).

[9] E. D. Cohen (2005)，pp. 156 - 166.

[10] E. D. Cohen (2013c).

[11] E.D.Cohen (2003a). Retrieved From http://www.Practical-Philosophy.Org.Uk/Journal/Pdf/6 - 1%20027%20Cohen%20 -%20logic-based.pdf.

[12] E. D. Cohen (2008).

[13] Ibid.

[14] E. D. Cohen (2013c).

[15] E. D. Cohen (2007).

[16] E. D. Cohen (2003b).

[17] Aristotle Bk. 7. Retrieved online on April 29，2015 from http://classics.mit.edu/Aristotle/nicomachaen.7.vii.html.

[18] E. D. Cohen (2003b).

[19] E. D. Cohen (2003b).

[20] 对于这种理性的哲学解毒剂的更广泛讨论，请参见 E. D. Cohen (2007).

参考文献

Aristotle. 1941.*Nicomachean Ethics*. Mckeon，R. Ed.，*The Basic Works of Aristotle*. New York：Random House. 928 - 1112.

Cohen，E. D. 2003a. "Philosophical Principles of Logic-Based Therapy." *Practical Philosophy*，Vol. 6，No. 1. Retrieved From http://www.Practical-Philosophy.Org.Uk/

Journal/Pdf/6 – 1％20027％20Cohen％20 –％20logic-based.pdf.

——. 2003b. *What Would Aristotle Do? Self-Control Through The Power of Reason*. Amherst, NY: Prometheus Books.

——.2005a. "Absolute Nonsense: The Irrationality of Perfectionistic Thinking." *International Journal of Philosophical Practice*, Vol. 2, No. 4.

——.2005b. "Critical Thinking, Not Head Shrinking". Raabe, P. Ed., *Philosophical Counseling and the Unconscious*. Amhert, NY: Trivium Publications. 156 – 166.

——.2005c. "The Metaphysics of Logic-Based Therapy." *International Journal of Philosophical Practice*, Vol. 3 No. 1. Retrieved from http://npcassoc.org/docs/Ijpp/metaphysics _of_LBT10V3N1.Pdf.

——.2006. *Logic-Based Therapy: The New Philosophical Frontier for REBT*. REBT Network. Retrieved From http://www.Rebtnetwork.org/essays/logic.Html.

——. 2007. *The New Rational Therapy: Thinking Your Way to Serenity, Success, and Profound Happiness*. Lanham, MD: Rowman & Littlefield.

——.2008. "Relieving your Can't-stipation: Some Potent Philosophical Enemas." *Practical Philosophy*, Vol. 9, No. 2.

——.2009. *Critical Thinking Unleashed*. Lanham, MD: Rowman & Littlefield.

——.2012. "Is Perfectionism A Mental Disorder." *International Journal of Applied Philosophy*, Vol. 26, No 2.

——.2013a. *The Future of CBT/REBT*. In Carlson, J. & Knaus, W. (Eds.) *Albert Ellis Revisited*. New York: Routledge.

——.2013b. "The New Rational Therapy for the 21st Century: Putting Philosophy to Work in Psychology." *Journal of Nanjing University* (Philosophy, Humanities and Social Sciences), Vol. 4.

——.2013c. *Theory and Practice of Logic-Based Therapy: Integrating Critical Thinking and Philosophy into Psychotherapy*. London: Cambridge Scholars Publishers.

Ellis, A. 1962. *Reason and Emotion in Psychotherapy*. Secaucus, NJ: Citadel Press.

——.1990. "Philosophical Principles of RET." *International Journal of Applied Philosophy*, Vol. 5, No. 2, 35 – 41.

——.2001. *Overcoming Destructive Beliefs, Feelings, and Behaviors*. Amherst, NY: Prometheus Books.

Ellis, A., Harper, R. 1975. *A New Guide to Rational Living*. N. Hollywood: Wilshire Book Co.

Hume, D. 2012. *Treatise of Human Nature*. Gutenberg eBook, Retrieved at https://www.gutenberg.org/files/4705/4705-h/4705-h.htm.

[作者简介]埃利奥特·柯亨(Elliot D. Cohen)是美国印第安河州立学院人文系哲学教授，研究领域：批判性思维、应用伦理学、心理咨询等。柯亨将哲学、逻辑用于心理治疗中，是基于逻辑治疗(Logic-based Therapy)的创立者，美国"哲学、咨询与心理学治疗"协会创立者并担任执行主任，创立了《国际应用哲学杂志》与《国际哲学践行杂志》并担任主编。

[通讯方式] elliotdcohen2@gmail.com

原文出处：Elliot D. Cohen, "'I Want, Therefore It Must Be'：Treating Fascistic Inferences in Logic-Based Therapy", *Journal of Humanities Therapy*, May 2015, 6.1: 61-73.

（余多星　译）

C.I.S.A.理论的实践与应用

黎建球[*]

黎建球[*]

1. 前　言

纵观中西哲学史,哲学咨询的方法众多,汗牛充栋,无法完全交代。[**] 本文旨在简要介绍当代较流行的三位哲学咨询专家马里诺夫(Lou Marinoff)、拉伯(Peter B. Raabe)、阿亨巴赫(Gerd Achenbach)使用的方法,并对其进行分析,再介绍笔者本人使用的 C.I.S.A.的方法。

1.1　马里诺夫[1]的"宁静"方法

马里诺夫在其《柏拉图灵丹》[2]（*Plato not Prozac*!）中提出"宁静(PEACE)"的方法[3]。它代表着在哲学咨询中使用的如下五个步骤:P 代表问题;E 代表情绪;A 代表分析;C 代表沉思;E 代表平衡。这个缩写非常贴切,因为这些步骤正是保持心灵宁静最可靠的方法[4]。分述如下。

（1）问题:辨析问题之所在。

（2）情绪:反思由这种问题所引发的情绪。

（3）分析:列出并评估解决问题的选择性方案。

（4）沉思:从整体的方向培养一致性的哲学观点。

（5）平衡:为付诸行动做好准备。

在这五个步骤中,精神治疗在到达第一个步骤后就转向了;前三个步骤是心理咨询中常用的步骤,但后两个步骤(沉思与平衡)是哲学咨询中独有的,在这两个(沉思和平衡)步骤中要能有效地实施,就有赖于哲学系统中的价值体验与实践了。

1.2　拉伯的四阶段方法

拉伯在其《哲学咨询与实践》[5]（*Philosophical Counseling and Practice*）中提出了哲学咨询的四个阶段,即自由联想阶段、当下问题的解决阶段、意向性的行为教导阶段和超越阶段。

---

　*　台湾辅仁大学哲学系,电子邮箱:bernard-li@yahoo.com.tw.

＊＊　拉伯(Raabe,2001)在其著作《哲学咨询:理论与实践》(pp. 56 - 71)中列举了十种方法,加上现象学、解释学等现代方法与哲学史上列举的其他方法在一起,其数量之多不胜枚举。

(1) 自由联想(Free-floating)：使双方对彼此的关系都感到舒适而无压力；可以利用苏格拉底的"助产术"(一种类似于质疑辩证法的教学方法)来帮助当事人的问题浮现。

(2) 当下问题的解决(Immediate problems solution)：一旦出现问题，应揭示问题的性质，共同寻求解决问题的方法。

(3) 教学作为一种意向性行为(Teaching as an intentional act)：找到解决问题的方法，双方都必须有有意识的教与学。

(4) 超越(Transcendence)：在学习的过程中，当事人要学会超越现状，避免沉溺于过去的痛苦。

1.3 阿亨巴赫的"超越方法"的方法[6]

阿亨巴赫提倡"超越方法"(Beyond-Method)的方法，即哲学咨询不应采用固定的方法，而应采用权变方法。即便如此，他们仍然提出了四条哲学咨询实践规则：

(1) 哲学咨询师不应对所有当事人使用同一方法，要随机应变。

(2) 哲学咨询师应当帮助当事人认识自己的情形。

(3) 哲学咨询师不得预设立场。

(4) 哲学咨询师应当帮助当事人开阔眼界。

上述的三种方法中对其内容或许有不同的意见，但由于情境的不同。可以灵活运用的状况也有不同。因此，最好的咨询方法取决于咨询师个人现场应变能力和有效方法的运用。

1.4 笔者的 C.I.S.A.方法

笔者在 2003 年于辅仁大学哲学系开创哲学咨商学群之后，就在思考是否也有一个可以适用于台湾的哲学咨商方法？在 2004 年底有了 C.I.S.A.的构想，经过一年多的思考、教学及运用之后觉得有其可适用性。以下之叙述，乃就其精要部分加以介绍，全书将于 2007 年出版。

所谓 C.I.S.A. 的 C 是觉察(Consciousnes)、I 是指洞见(Insight)、S 是指灵动(Spiritual Moving)、A 则是指超升(Ascend)，这种方法不仅是一种过程，也是一种带向身心灵成熟的方法，现仅就其条件及态度加以说明。

2. 运用 C.I.S.A.的条件

2.1 觉察问题的能力

面对问题和困境，人们可能会感到恐慌或无能为力，这是一种正常的状态。然而，当案主与你讨论他的问题时，他想要获得的，不仅是此刻问题的解答，更是希求能拥有自我解决问题的能力。而作为一名哲学咨询师，他之所以比其他咨询师更有能力，就在于他不仅具备觉察"当下问题"的能力，更能洞察"问题产生背后"所隐藏的更深层问题的能力。正是因为哲学咨询师能觉察问题背后的问题，所以能够使得案主产生自我解决问题的动力。而其切入角度可以分为以下三种。

(1) 自我觉察(Self-Consciousness)：从自我情绪的产生，到感觉的反应，通过理性的自我分析、判断,来达到自我觉察的可能性。自我情绪总是在非理性的状态下产生,所以感觉的反应也带有情绪性。然而,在当下的反应或许无法被自我觉察,但通过事后理性的自我分析、判断,总是可以减少或降低情绪性的发生几率。如此说来,是否情绪就是不好的呢?答案并非如此。自我情绪的宣泄有时反而可以释放压力。但这种自我情绪的宣泄,必须是在自我有所觉察的状态下进行,才不会导致恶性循环。

(2)觉察他人(Perceiving others):人是社会性的动物,总是难免会在同类团体中产生适应或相处的问题。而在时空的背景下,总是难免受限于人、事、时、地、物等的隔阂,而间接有了问题的产生。尤其是在自我的价值观与他人的价值观产生了摩擦或碰撞时,更是会令自我产生极大的不适应与矛盾。问题的产生正点出了案主们所共同缺乏的"他人觉察能力"。案主或许对自我觉察很有把握,然而,换穿他人的鞋子时,却总是产生格格不入或是厌恶的感觉,此时正是可以让哲学咨询帮助案主去厘清自我觉察与他人觉察的不同之处。正是因为彼此的不同,才得以令人感到雀跃与心动,产生"好奇"的动力,去尝试了解与融合彼此的不同,但却又能保有彼此的自由。

(3)关系觉察(Relation Consciousness):所谓关系,是由我作为起点,我是关系的开始,但关系的延续并非仅是靠自我即可达成。有时关系的深浅、质量都必须透过不断的尝试、经验的累积,甚至时空的考验,才能确认彼此关系的网络及对待方式。主观的认定并非"关系觉察"的正确方式,所谓"主体际"的概念必须深化到彼此的理性思维中,才可能产生"质精量足"的关系。哲学咨询是教案主如何由关系的觉察到关系的经营,去设计一套符合自己的"关系网络"。

从自我觉察、觉察他人,到关系觉察,层层的深化到面面的扩展,都使得"问题背后的问题"显露无遗,更可以使得案主自我不断剖析、检视,而由内产生自我解决问题的能力。人在情绪过后总还是希望能够理性处理面临的各种人事纠葛,在乱中如何能够理出一个头绪,透过的正是哲学咨询"觉察"(Consciousness)的能力。而这种能力是哲学咨询一再强调可以帮助案主自我培养的能力,这也正是哲学咨询之所以不同于其他咨询方式,甚至可以说比起其他咨询方式有效的原因。

2.2　对问题根源的洞察能力

当哲学咨询师遇到的案主,其自身思考问题的能力较弱时,洞察问题的根源就必须通过哲学咨询师的协助来完成。洞察(Insight)所指的是直探问题根源的能力,不受个人情绪或是其他不相干问题干扰的能力。只有受过良好逻辑训练的哲学咨询师才能达到这种能力。逻辑训练能够在一个混乱无序的状态下,在极短的时间内,把问题的根本性质集中起来,看穿问题的本质。这听起来让人很难理解,简而言之,就是把次序、目的和价值放进我们所面临的混乱的思维中,让案主感受到混乱中所隐含的秩序,且使案主把握到充分推理的能力。其方法可分为以下两类。

(1)层次性说法(Hierarchical Argument):所谓层次性说法,是指将问题往更加深层探索、挖掘的能力。举例来说,一位案主因为与家人相处不和,而产生沟通不良的困扰,甚至扬言因为习惯不合,要搬去外面住。首先,哲学咨询师必须具备觉察"情绪同质性"的能力,看案主其他家人是否同案主一样有对家人不满、愤怒或困扰的情形出现。其次,再洞察问题根源,做分析和说明,尝试让案主能对问题产生的积极原因与消极态度,用口述或文字、图表的方式表达出来。例如案主可能口述问题产生的积极原因是"不喜欢干扰他人",而其消极态度就可能是"勉强自己改变生活习惯"为的是配合家人。然而,如此一来造成案主心中压抑,而导致对人沟通障碍的问题产生。层次性说法又分为两种:

① 分条陈述型(Conditional Statement):分条陈述型是指可以层层推进,一一分析、探究。哲学顾问所能做的,就是通过洞察问题的根源,将问题逐一分开并解决,从而直接探究问题的根源,帮助案主解决问题。其图形如下:

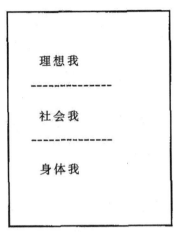

② 框架型(Framework Type):所谓框架型,是指问题的根源可能是相互关联的,而案主无法分析他的问题根源时,所使用的方法。从框架型的表述中可以看出,案主本身对于问题纠结的程度及重视程度都很具体且直接。具体表现为:

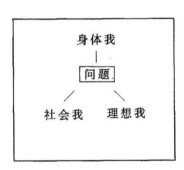

(2) 问题模式论证(Question-mode Argument):当问题模式论证发生时,是案主心中已经预设了问题的产生必然有其原因,而原因可能产生在周围其他人的身上。因此,案主是带着自我的价值来寻找哲学咨询师,而哲学咨询师不应价值中立,而是要引领案主去探索自己与其他人的价值是否经得起检验,案主不能一厢情愿地认为自己从来没有错,也不能把一切责任都推给别人。问题模式论证也可以分为以下两种类型。

① 发展型:发展型的图形是在逐层扩展的基础上绘制的,具体如下:

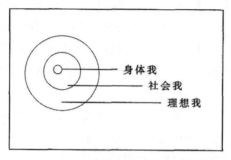

② 交叉型：交叉型的图形是以关系延伸为主，其图形如下：

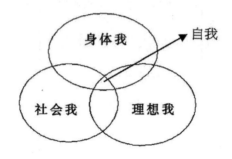

2.3 灵动反诘的能力

所谓灵动的能力，指的正是活泼化、转念的能力。而这种转机或所谓枢纽的能力，是必须透过各种反诘、可能性的探测，这种能力在哲学咨询师身上特别展露无遗。柏格森曾说过："生命的跃动"，即所谓的"鲤鱼跃龙门"的动力，而这种动力是需要能量的蕴蓄、时间的积累，才能在一刹那间展现他那惊人的灵动力。就拿艺术来说，有什么比"完美"更加重要？或许每一个过程的愉悦，就是完美。"完美"并不仅是主观的认定，而是主客的合一，在主客相遇的那一刻，即是美的开始。如果作为艺术家能够反思到每一次的练习，就是一种创造(具有一种独一无二的特质)，在过程的尽力中，就是完美的演出。在不断的跳跃中，终将形塑(跃升)出个人统一风格的完美作品。(必须强调练习品＝作品)正如同艺术一样，人们的灵动力必须透过哲学咨询师的诱导、培养、训练而更加灵活化，否则当案主再次遇到相同的困境，又将会再一次陷入同样的境遇中而无法自拔，终将只能依靠不断的咨询来寻求解决之道，而无法从自身涌现解决问题的能量与途径。所谓灵动反诘的能力又可细分为以下三种历程。

(1) 自我检视的过程：人对问题突如其来的发生，可能会措手不及、难以招架，但在问题处理过后，却鲜少有人会再度去面对问题，做自我检视的工作。其理由不外乎是还有更多的问题等着要处理，所以，对于处理过程的圆不圆满就无暇再去过问。但正是因为如此，反而忽略了这事后自我检视的过程，使得案主再次面临相似的事件时，反而依然手足无措。所以，哲学咨询师强调在灵动反诘能力的诱导前，必须要求案主先做自我检视的练习。

(2) 灵动翻转的过程：所谓灵动翻转的过程，是必须通过能量的积蓄、时间的积累而产生的动能。这种动能是一种不会一成不变、愿意跳脱、超越的潜能。或是一种通过不断的训练和提高,把现实性转化为实现的真正力量。拿与人结识为例,刚开始可能因为认识得不完整而产生憧憬、幻想,但一旦发觉了对方的错误或缺点,从而面对现实时,人们常常不自觉地有种被困住或不愿改变现状的情绪产生。而这时灵动翻转的过程如果顺利,那么转机和所谓枢纽作用就不会产生运转不顺或适应不良的问题。

(3)自我反诘的过程(苏格拉底式的反讽;或者反问):然而,拥有灵动翻转的能力后,是否就意味着一切毫无问题、再无任何困难或挑战产生呢? 答案当然不是。灵动翻转的过程只是帮助案主能够顺利转换思维、思路,但并不意味着转换过后就毫无困难产生。还必须透过自我不断反诘的询问、思索、探究自身,如此才能有源源不断的活水源头产生,即所谓的不断地形塑(跃升)出自我统一的完美人格。如此一来,整个灵动历程才算是完整。

2.4 超越现状的能力

当训练了灵动反诘的能力后,是否对于现况就拥有更清晰的态度去面对及处理? 然而,仅有如此似乎仍不足,哲学咨询师还必须拥有跃升现况的能力。哲学咨询师所教导案主的绝非仅是处理现况的能力,还必须能面对情绪、价值观而超升的能力。所谓"情绪超升的能力",指的是不再受到案情的影响,也不再受到个人情绪化的作用,而左右自己应有的理智判断。至于"价值观超升的能力",指的正是与案主自己不合的价值观,也不会受个案正常或失常的价值观偏见所影响,而导致个案再度陷入自我焦灼的状态。

经历了灵动反诘的阶段,是否就已经是健全的自我? 答案并非是一定的。现在的大众传播媒体会影响人们对自我的塑造,因为大众传播媒体就像一面镜子。在电视中上演的各种画面,就如同一面镜子,一个水中投影,反映出你所向往或想象的生活世界。在电视媒体影像的长久影响下,我们所自以为的"自我"就逐渐被它所形塑了。

当代法国哲学家阿尔都塞(Louis Althusser)在讨论电视媒体与自我的关系时指出:电视媒体形塑了我们每一个人的"自我"。我们自以为"自我"就是如此,我的意见、我的看法如何如何……但事实上,那并不是真正的自我,而只是媒体所传播给你的许多内容的反映,使你因此以为那就是你自我的内容。其实那不是自我,而只是一种意识形态。因此,阿尔都塞指出,传播媒体所提供的意识形态形塑了我们每一个人的自我,而这正是今天传播媒体的最大问题。

(1)把大众传播媒体所提供的内容当作是自我的意见、自我的看法。

(2)人缺乏独处、自觉、自省的时空。

(3)人与人之间的交谈仅限于大众传播媒体所提供的内容,而缺乏人与人之间真正的相互沟通。

(4)大众传播媒体强制着我们,我们被强行植入所形塑出来的自我,事实上,正是真实自我幻灭的开始。

人能让自己真正的自我浮现的时刻,常是在感受到"自由"的时刻。也就是说,当我们逍遥自在,给自己一些自由与悠闲,不让自己受到压迫的时候,自我的真相最能浮现。此外,当我们专心一致,集中精神去做某一件事情的时候,我们也能够创造新层面的自我。庄子引述孔子的一句名言说:"用志不分,乃凝于神。"这句话的意思就是说当你专心用志,毫不分心,集中精神之时,才会有创造、有突破。所有伟大的创作都是在这个自我凝聚的时候迸发出来的。就在凝神用志之时,你的真正的自我便达到了一个高峰。

(1)自由——真我浮现、自我超越。

(2)用志凝神——专心创作、自我实现。

这两种历程必须相互配合,才能真正挖掘出自我更深刻的内涵。所以,超升现况的能力必须透过不断的"自我超越"与"自我实现"的相互辩证才能得以全面地展开。

3. 运用 C.I.S.A.的态度

3.1 人文的关怀

在英文中"Humanism"一词来自拉丁文"Humanismus",是罗马时代文学家西塞罗(Marcus Tullius Cicero,公元前 106—公元前 43 年)使用的的"Humanitas",有人性、人道之意,后来就将此语词译成人文主义或人本主义。这个语词的原始意义,是指以肯定人性价值为取向的一切学说,但在历史的发展中,中世纪及文艺复兴时代的人文主义,和近代、当代的人文主义有着显著不同甚至相反的内容。因此,当代西方的学者为便于区别这两种不同的人文主义,故将前者称为人文主义(Humanism),将后者称为人本主义(Anthropocentrism),或称以人为中心的主义。人文主义基本上接受人的有限性,人必须超越自己之后,才能获得人的尊严及力量,而人本主义则否定神的价值,以为只有人自己才是最可靠的,才是无限的,人是自己的神,不需要外在的、超越的力量,人依靠自己就可以。

人文的关怀正是展现在人文主义(Humanism)的精神中,人必须先承认自己的有限性,才可能知道自己的限度及其可能性。人活在世上,不可能不意识到"自我和谐关系"、"人我和谐关系"、"物我和谐关系"的重要性。

所谓自我和谐的关系,指的正是接纳自己、疼惜自己、悦纳自己的历程。许多人在成长的过程中,习惯从他人的眼光中见到自己。然而,那并非自己所接纳的自己,而是社会或他人所接纳的自己。所以,会产生对自己不够疼惜,甚至做出伤己以利人的不明智行为。悦纳自己是必须通过不断的学习、检视、修正,才能真正达到与自我和谐相处的平衡关系。

人与人的相遇是一种缘分。然而,我们却常在匆匆来去之间,忽略了多给他人一声亲切的问候,或是报以微笑的祝福。或许,人们总以为:"反正下次我们还会再见面!""等下次有空时,我们再多聊聊吧!"殊不知珍惜刹那即是永恒的道理,总是等到时间逝去了、人走远了,才再来懊悔不已,徒增感伤!把自己用高高的围墙隔绝了自我与他人的联系,在自己的保护圈中,只会更加感觉到孤寂、无助。何不敞开胸怀,珍惜与他人相聚的短暂时光,认真地体验与他人生命交会所绽放的火花呢?

人文主义之所以与人本主义的最大差别之一,就是人文主义懂得"人非万物的尺度",凡事不能以人的消费或功利为出发点做思考。因为人与大自然越对立,大自然的反扑也就越剧烈、快速。这不得不令作为万物之灵的人类深刻反省到:如果我们与大自然的关系和谐、丰富，我们所拥有的也就越富足、长久。让自己"回归到大自然的怀抱中"，把天地万物都当成是我们的朋友，犹如自己也化成树海中的一片绿叶，又岂会担心被大自然所遗弃？

3.2　整全的观点

柏拉图曾说，"整体大于部分的总和"，直接指明人和事物是不同的。他指出事物的组成是"全体等于部分的总和"，而人则是"全体大于部分的总和"。因此，无论外在世界的变化有多大，人仍是一个整体，不因任何外在的因素，可以分解、支解、剥离了人的意义与价值。柏拉图提出这样的观念，并不是要说明物质之不存在，而是要说明人的优越性。因此与其他物不同，这种与其他物不同之物，柏拉图称之为灵魂（Anima），也就是后人所说的理性（Ratio,Reason）的特征，这种特征是无法仿制和再制的。

人不是那么绝对的，人具有某种程度的相对性，人一方面因其有动物性，而受到许多的限制，而另一方面，却因其有灵性而显其伟大。因此，对人的观察，不能只就其单一性的特征言，而要看其整体性的特征。如此，才能获得完整的意义。

所谓整全的（Integrated）观点是必须看到人是大自然中的一环，人的身体就像是一个小宇宙，我们都是由宇宙基本元素变来的，其他大自然的生物亦然。其实万物都是同一来源。然而，既然人生而为万物之灵又怎能不活出人的价值，发挥人性的光辉呢？而这都只有活在人群中才能办到。

为何说只有活在人群中才能办到？因为人是群居的动物，每个人都可以通过工作，展现其自身的专业能力，也获得服务他人的机会。同时感受到自身献身社会，成为社会脉动中的一员。这种在社会服务中的互动，使得自我被认同，也同时取得了社会的角色扮演。在整体的价值中见到个体的意义；在个体的展现中看到整全的发展。

然而，在此必须提出，正因为人是"全体大于部分的总和"，所以绝不是"部分的好相加"即"等于全体的好"。以公司为例：很明显，要组成一个好的部门（整体），每个雇员（部分）好是远远不够的。这个部门必须有一套良好的组织办法，它能使所有雇员发挥自己的才能，并能互相有效地合作，如此才能说是一个好的部门。所以，每一个雇员都必须称职，是一个部门运作正常的必要条件。但除此而外，还必须有充分条件的加入，即所谓一套良好的组织办法，它能使所有雇员发挥自己的才能，并能互相有效地合作，如此才能成为一个好的部门。

同样的道理，对人整全的观点绝不能仅看其灵性（理性），而忽略其动物性的部分。所以，人在忙于工作生存之余，也应该静下来思考，除了为了糊口饭吃外，是否也应该基于工作找到自我的价值，完成生命的意义。工作不再仅是为了生存，而是在整全的观点下，把个人的生命予以定位，这也才真正地把个人的生存赋予意义，人性的价值赋予光彩。

3.3　普遍的精神

所谓普遍的（Universal），就是完整的及周全的人文主义精神。它是与 19 世纪以来西方所流行的极端人本主义相对立的。所谓的普遍的意思，就是要有开放的精神，如果不开放就不可能达到普遍的意义。再者，要具有包容的精神，有包容，才能容许不同的见解,也才能去体会他人的意见。三者,就是要有爱的精神,有爱才能有耐性地去面对那些不如意及不同的见解。因为有爱,所以相信他人,接纳对方。因此,普遍的人文精神是以开放、包容及爱为其基本意义的,也只有在这种精神及条件下,才能面对各种不同的时代风貌,接受不同的见解,并有耐心地去面对及解决。但这不是仅对人而言,而是指对宇宙的根源及世界的秩序必须同时兼具。

普遍的意思,首先指出要具有开放的精神。所谓开放的精神是指接受多角度、多面向的思考方式。看待问题不能仅从自己的角度去看,还必须从正面、负面、优点、缺点,甚至中性面的方式来思考,而非固着于既定的思考模式。如此才不会总是从单一角度去看待问题、处理问题。此外,也不会拒绝或是忽略自以为是、无意义或是没有价值的人和事物。开放的精神更重要的是了解事物的两面性,允许灰色地带的出现,凡事考虑事物的中性面,让联想创意的可能性出现。在面对问题、处理问题时,更应该多面向思考,审慎评估后再做出判断。

其次,必须具备包容的精神。包容的精神正是显现出你我的不同。在容许不同见解中,看见他人的光辉,体会他人的意见,如此才会在思想与行为中去平等对待他人、包容他人。正因为每一个人都有无限的可能,也都有思考的盲点,所以,只有通过不断的学习,扩大生活领域,扩展生命视野,增加自己多知、多想、多体验、多检视的机会,才会真正感受到包容精神带给你的普遍性。

最后,就是要有爱的精神。西方当代思想家马丁·布伯(Martin Buber)提出了一个重要观念,那就是"我与你"(I and Thou)的关系。其意思是说:我们会把他人当作"你"(Thou)来看待,是因为心中把他当作是"近人",把这个人当作可以是休戚与共的人,也就是随时准备好可以去帮助的人。如果缺乏这种爱的精神与胸怀,我们很难把"你"当作人来看待,我们会把你当作物(It),你便只是一个工具、踏板,一个随时可以抛弃或替换的东西。而人其实是需要在"你我"的关系中成长,因为人在被爱的经验中,认识自己、肯定自己,在被爱的感受中,学习答复、回应,才能逐渐发展自己、完成自己。在爱的精神中,我们才能够有勇气面对那些不如人意的困境、逆境,仍然能够有耐心去倾听及共同解决。

3.4 积极的态度

所谓积极的态度指的是:凡事做最完善的准备,在事情成败尚未定论之前,仍保留努力的空间,尝试各种可行的办法,不轻言放弃,这就是积极且进取的态度。就学生而言,拥有做学问的好奇心、企图心,如果再加上积极的课业预习、温习、练习,一定会有收获。就工作族而言,积极的人不会埋怨"为什么要我做",反而全力以赴,在工作中去学习、整理出自己的经验,对许多他人不愿做、不想做的事,他都愿意去做。把握住任何一个机会多做一些,从中汲取养分,多学习一些,锻炼出自己的工作能力,在积极的态度中培养出勇于承担的人格特质。

不论是在为人或是处事上面,负责任的态度非常重要,负责是指全心全意在自己的岗位上,认真地完成每一项工作,真切地感受每一分钟,而非仅是尸位素餐、虚度光阴,等到后来才发现自己一事无成,枉来人间走一回。负责可以说是一种态度,也代表了积极、具体行动后的结果,这结果不仅可以赢得上司的器重,也让周围的人感受到你令人敬佩之处。更重要的是使你自己与其他相处或共事的对象感到愉快。反观不负责任的行为,常令他人感到气恼、不舒服,有时甚至危害到他人生命的安全。例如法官判决时,如不谨慎反而漫不经心,就可能草菅人命。掌管飞行物的控制人员或飞行员,如不注意自己的精神状态,就可能造成数百人丧失生命,数百个家庭痛失亲人而伤心难过。为人处事中注意小细节,就可以避免懊悔的事发生。如果自己不负责任,使他人受到伤害,不但被他人谴责,自己的良心也会一直处在不安的状态中。所以,责任的养成是积极态度中最重要的一环。

在运用 C.I.S.A.的过程中,除了鼓足勇气、面对困难外,更重要的是注意"人文精神"的观念。因为在真心付出关怀的过程中,不仅为对方提供最佳的服务,也同时必须做到检视自己的感受,对自己多付出一点关心,同时也多花一点时间去倾听别人的声音。你周围的氛围也会因为你的态度而变得更好。更重要的是,在积极的态度下,因为负责的工作心态、关怀的人文行动,你不仅能获得他人的尊敬,也因此通过具体行动后的结果可以实现人的尊严,达到自我成全的目标。在整全的观念下,发挥个人的能力,使他人受到关怀和照顾,也使自己因负责积极的态度而赢得尊重,生命获得满全。合作、坦诚、沟通、自我肯定是一个良性循环的团队关系。一个工作团队的合作需要靠每一个成员的坦诚沟通,必须学习接受自己、肯定自己,合作的动力是感受到彼此的坦诚,还有无限的可能,而合作的关系也让彼此更加肯定、彰显自己及他人的价值。

注释

[1] 哲学博士,现任纽约城市大学哲学系教授,美国哲学咨询协会主席。

[2]《柏拉图灵丹》是一本哲学咨询领域的畅销书。中文翻译本由方智出版社 2001 年 4 月出版。

[3] L. Marinoff (1999), pp. 51 – 57.

[4] Ibid.

[5] P. B. Raabe (2001), pp. 136 – 163.

[6] P. B. Raabe (2001), p. 57.

参考文献

Marinoff, L.(1999). Trans. Fonzi Publisher (2001). *Plato Not Prozac*: *Applying Philosophy to Everyday Problems*. New York: HarperCollins.

Raabe, P. B.(2001). *Philosophical Counseling*: *Theory and Practice*. Connecticut: Westport.

[作者简介]黎建球是中国台湾地区辅仁大学哲学系教授,主要研究领域:形上学、伦理学、知识论、哲学咨商。黎建球 1993 年担任辅仁大学教务长,至 2000 年卸任后,专务研究教学,指导本校哲学研究所硕、博生撰写论文并筹组读书会以推动士林哲学研究为

要务。黎建球教授为辅仁在台复校后培育的第一届毕业生,也是首位担任母校校长的校友。他将秉持俗世和天主教会的双重使命,以积极推动整全的辅仁大学为目标。他是台湾地区哲学咨商的领军人物。

　　[通讯方式] bernard-li@yahoo.com.tw

　　原文出处:Bernard Li, "Application and Practice of the C.I.S.A. Theory", *Journal of Humanities Therapy*, April 2011, 6. 1: 1 - 19.

(余多星　译)

理性情绪行为疗法中逻辑辩论的逻辑

乔治·霍尔（George Hole）

　　辩论是阿尔伯特·埃利斯（Albert Ellis）REBT（理性情绪行为疗法）模型中挑战非理性信念的一种方式。它有三种基本策略。其中两个与众不同，可能有效。在经验性的辩论中，客户学会探索证据来支持一种将逆境和麻烦后果联系起来的有问题的信念。缺乏证明的信念就暴露出非理性。在实用主义的辩论中，客户学会评估一种信念对目标的影响，而对于一种非理性的信念来说，这种信念的成本是非常高的。如果一个信念与"事实"相抵触或与重大目标相抵触，客户就会有一个明显而有力的动机来重新思考和改变这个信念。第三种辩论方式是合乎逻辑的。不考虑其真实性和目标有效性，是什么使一个信念不合逻辑？与经验主义和实用主义的辩论相比，一种信念不合逻辑似乎并不是决定性的。信念可能是不一致的，没有任何重大的代价或冲突。当然，每个人都持有不一致的信念，正如拉尔夫·沃尔多·爱默生（Ralph Waldo Emerson）在他的文章《自力更生》（"Self-Reliance"）中所指出的那样："愚蠢的一致性是心胸狭隘的恶魔……"问题是，是什么让一个信念不合逻辑？我认为，混乱的核心来源——阿尔伯特·埃利斯称之为"必须强迫症"（"must-urbation"）（Albert Ellis，1960，p. 215）——是一个违反逻辑的问题，而不是一个关于经验证据或实际结果的问题。因此，逻辑之争是对非理性核心根源的独特挑战。

　　这三种辩论的基本规范标准是什么？在实证领域，我们检验证据的真实性。想想夏娃（Eve），她认为自己又胖又丑。体重超标可以通过经验来确定，但精确度不高。虽然她对自己体重的看法有一些衡量标准可以探测，但关键是她所理解和表现出来的超重的含义和证据。同样，她对丑陋的理解也需要探索。在实用主义领域，我们测试在满足目标方面的有效性。从夏娃的案例可以看出，夏娃认为自己丑陋会影响她在工作中的目标，也会影响她的人际关系，尤其是她与丈夫的关系——她不想和丈夫发生性关系，因为她觉得自己很丑。她清楚地知道她的超重——糟糕的信念是如何促成她的低主动性和抑郁情绪。然而，对她信念的经验性真相及其对她的目标的影响的争论对她来说并没有什么不同。逻辑争论可以发挥什么作用？

　　信念在什么意义上是不合逻辑的？考虑一下逻辑的几个含义。逻辑最精确的含义是在形式逻辑中找到的。形式逻辑有保证有效性的推理规则。因此，不可能从真实的前提推断出错误的结论。形式逻辑是符号化的，充满了像 P&Q 这样的符号，所以它显然对治疗没有帮助，除了一个陷入困境的逻辑学家外。在形式逻辑之外的许多生活领域，我们关心的是推论是否符合可接受的规则。如果亚当是诚实的,我们会期望他在可疑行动中的角色和责任时是诚实的。在评估品格的问题上,什么是可以接受的推论,我们有自己的和文化上的概念。此外,我们也有一个情绪逻辑,根据这个逻辑,我们可以推论:当亚当在一次欺骗中被当场抓住时,根据正常的经验,他会感到或应该感到内疚或羞愧。此外,除了形式逻辑的空符号"P's"和"Q's",我们还关注推理中命题的意义,这是形式逻辑之外的重要问题。除了关注意义和有效性之外,一致性在逻辑上也很重要。形式逻辑系统(如欧几里得几何)除了推理规则外,还有公理。一致性是逻辑的基本要求。如果一个断言和它的否定都能从同一个公理中推导出来,那么肯定会有什么地方出错了。在逻辑争论中,意义、有效的推理规则和一致性是如何构成逻辑领域的基本规范标准的,这一点将变得显而易见。

我们如何理解关于信念的有效性和一致性的形式概念? 信念有逻辑吗? 一般来说,我们不是很一致,特别是在品味方面。今天亚当觉得无聊,明天又不会。我们通过解释来解决明显的矛盾:亚当感到无聊,因为他整天都是一个人,没有任何富有成效的项目。在信念的问题上,人们可能会前后不一致。我们对别人的行为准则常常与对自己的准则不同,有时我们对自己更严厉,有时更宽松。我们常常意识到别人的虚伪,而对自己却一无所知。例如,我们常常以自扰的方式过度概括,从想在考试中取得好成绩跳到"坚持""我决不能失败!"(Dryden, et. al., 1980)例如,爱和恨配偶的矛盾心理是一种严重的矛盾。回到夏娃的案例,她透露,当她拒绝丈夫的性挑逗时,她感到他的性吸引,并欢迎他的挑逗。事实上,她既没有选择他也没有选择她的性取向。很明显,信仰的不一致可能是痛苦的根源,也可能是澄清和逻辑争论的一个富有成效的主题。

要理解不一致的严重性,就要更充分地考虑推理和有效性的性质。我们有将信念与行动联系起来的推理规则。如果苏格拉底爱他的妻子,那么他就会很容易也很乐意采取行动来增强她的幸福感。如果他恨她,他就会以伤害她的方式思考,也许会以伤害她的方式行动。既然他不想显得武断,他就会有理由,放大她的不公正行为,使自己的仇恨合法化——至少在他看来是这样——并以更强烈的理由,伤害她。如果他确实是矛盾的,他会遵循哪条推理规则来伤害或增进她的幸福? 既然选择似乎是必要的,因为爱和恨是两种强烈的冲动,他不能同时满足两者,也不能轻易地消除其中的一个。因此,他将面临一个痛苦的困境。经历一个痛苦的两难境地会让人觉得自己的思想、情感或行为都是无效的,就像其他错误的推理一样。正如将要解释的,最终失效的是自己、他人或现实本身。

夏娃承认她在性方面存在矛盾。虽然矛盾心理类似于逻辑上的不一致,但更微妙的是,它隐藏了推理规则。把推理规则想象成护照。有效护照允许美国公民离境和回国。如果我的护照无效,我就无法前往阿根廷或其他任何国家。实际上,夏娃否定了她丈夫和她自己的性反应。推理规则就像信用卡、驾照、借书证和其他"证书"一样,允许并使行为、思想和情绪合法化。它们可能会失效。由于某种尚待发现的原因,夏娃已经使她从性情绪到性行为的"旅行"规则失效。她赋予性感觉的意义需要探讨。如果不去探究意义,逻辑争论就会与形式逻辑中的 P 和 Q 非常相似,成为针锋相对的低效的东西。作为

推理规则的信念解释隐含在埃利斯的 ABC 表述中(附后):

A(→B)→C:在不良事件(A)和其后果(C)之间有一种信念(B)将它们联系起来,需要加以识别和探讨。

当探索性吸引的意义时,伊芙意识到她的意思是,在某种程度上,意味着性诱惑。她将这一意义定位于一个重大事件。结婚前,当她第一次感受到丈夫的性吸引力并付诸行动时,她很快发现自己怀孕了。在一段仓促的婚姻之后,她的女儿出生时背上有一个很小但很明显的胎记——这是夏娃眼中的缺陷——她就不再对性感兴趣了。关于她的推理规则的假设现在很明显,可以被她理解和证实。她"推断",她要为女儿的缺陷负责,因为她是诱惑者和性行为的主动方。根据她的相关道德准则,错误的行为必须受到惩罚,不能再犯。所以,她不应该发起性行为。而且,她把这条规则延伸到了她的丈夫身上。为了完成她的道德准则,她通过暴饮暴食来惩罚自己,这样她在性方面就不那么诱人了。关于生物遗传,她还有一条推理法则:既然她女儿有缺陷,那一定是她的缺陷。她得出的结论是,因为她自己在肉体上和精神上都很丑,所以这种明显的特征就像海丝特·白兰身上的红字 A 一样清楚地遗传给了她的女儿。一旦夏娃的诱惑的含义和她的推理规则和矛盾公开化,关于它们的逻辑争论就可以开始了。

埃利斯(Ellis, 2002)敏锐地发现了四种表达非理性的形式,并给它们起了巧妙的名字:

- 必须强迫症(Must-urbation):我必须有、做或是。
- 警告(Awfulizing):这太糟糕了。
- 谴责(Condemning):该死的(自我、他人、世界)。
- 挫折容忍度低(Low frustration tolerance):我受不了这个。

这就是我所说的"世界末日"的四种力量。在恐慌症发作时,当这些力量共同作用时(就像他们通常所做的那样),它们发出了一个信号,似乎预示着世界末日即将来临,具有破坏性。

想想一些无法忍受孩子们大喊大叫和打架的父亲吧。在一个父亲的眼中,他们(指他的孩子们,译者注)现在都是不好的、可怕的孩子,他们必须停止大喊大叫和打架。他的妻子很现实地说,他们只是孩子,几分钟后就会平静下来。但这没有作用,这个父亲认为他们必须马上停止大喊大叫,他受不了这种战斗。他喊道:"快停下来!"他们很难平静下来。这太糟糕了。该死的。他尖叫着打他们,孩子们哭了。他离开了,因为他无法忍受哭泣。(我将把四种世界末日的力量都分解成一种必须存在的需求,因为它们中的每一种都可以进一步简化为必须存在或不存在的东西或人。)他如此坚持现实来满足他眼前的需求,实际上,他牺牲了自己的利益,就像一个狂热分子。

狂热者是指为了一种超然的愿景或原则而无视证据和个人目标的个人。有些狂热者是圣人;有些人会炸死别人或自己。在这两个极端之间,是许多极度不幸、精神失常的人,他们被世界末日逻辑的力量蒙蔽了双眼,因此他们看不到证据和自己的幸福。乔治·桑塔亚纳(George Santayana, 1905)捕捉到了狂热主义的强烈挫败感,他把这种挫败感描述为"当你忘记了你的目标时加倍努力"。要求现实必须是他/她所要求的方式的人就像是一个人在用力推着墙,并注意到墙似乎是推回来一样困难。使劲推墙的人,注意到墙似乎也在使劲推回去。如果他/她变得更加执着,从推到撞墙,现实也会做出相应的反应。墙反击,增加了可怕的、无法忍受的失效。更糟糕的是,需求者觉得自己被否定了。因为需求者对现实有如此狂热的漠视,而对于他们自己的目标和利益,经验主义和实用主义的辩论不大可能有效。要想有效地进行辩论,就应该从狂热者逻辑中的意义、一致性和推理规则出发。

"必须"、"糟糕"、"不能忍受"和"谴责"这四种力量是如何在一个人的逻辑中定位的?在形式逻辑中,一个有效的推理规则是确保如果前提为真,结论一定为真。同样,在一般的信念逻辑中,"必须是"对需求者来说似乎是现实的有效规则,确保了需求者的行动满足并承认了其特殊地位。例如,一个三岁的孩子可以很快地从"我想要它"转变为"我需要它",再到"我必须拥有它"。一种偏好变得势在必行,一种必须立即得到满足的需求会带来理性崩溃,随之而来的是一场愤怒。在夏娃的例子中,她有一条规则,如果我做错了什么,我必须受到惩罚。因为她认为她的行为是错误的,她不仅谴责了具体的行为,她还谴责了实施该行为的整个人。她诅咒自己,因此,她对自己的生活感到可怕。她的生活中与她的罪行相关的部分是性,她无法忍受。在一种恶性模式中,"必须"、"糟糕"、"不能忍受"和"谴责"在她生活的关键方面扮演了一种举足轻重的作用,并以一种令人困惑的方式相互强化。有一天,她必须谴责丈夫的性欲,不能忍受接近他。当她对他感到恐惧时,她为这种感觉谴责自己。又有一天,当她觉得自己很丑,对自己的外表感到可怕时,她无法忍受任何人看着她,所以她不能靠近任何人,尤其是她的丈夫。

事实上,夏娃的推理规则是如何将她引向对现实的内在毁灭的体验?我们在自己的信仰体系中进行推理,以协调现实,如果我们是理性的,我们就会认识到现实的真相,从而有效地实现我们的目的。"世界末日的力量"最终的非理性和悲剧性在于,它们以一种决定性的方式否定了现实。一个要求"必须是"的人,就好像从神学的角度来看,他拥有神一般的力量。根据《创世纪》,当上帝说"要有光"时,就有了光。他说的话让事情发生了。在创造之后,他看到他所创造的是好的。与之形成鲜明对比的是,"必须要求者"很少发现现实符合他的要求。恰恰相反:某种类似于牛顿第三运动定律的东西在起作用——对必须要求者的作用有一个相等而相反的现实作用。不仅需求得不到满足,这是可怕的,更糟糕的是,需求者的权力被取消了。实际上,必须要求者是在试图否定他/她所面对的现实和现实的回答。逻辑失效和现实失效是紧密相连的。必然需求者有另一种心理变异。必须要求者没有直接权力,就像受害者一样。相反,人们会祈求并调用一种外部的类似上帝或魔法的力量来实现要求,或寻求对受害者的冒犯者的报复。

综上所述,逻辑辩论涉及一个人的非理性信念,作为连接行为与感觉、自我与现实的推理,这对埃利斯来说是一种恰当的哲学辩论。从哲学的意义上讲,一个人在这两者之间提出全面的教条性的"通行证"要求:行动-现实本身。爱比克泰德(Epictetus,《沉思录》)告诫人们:"不要要求事情按照你希望的那样发生,而是希望事情按照它们所发生的那样发生,这样你就能顺利地进行下去。"确定这种"行动—现实—自我"是"必须要求"的哲学基础,将使逻辑的立场变得透明,并为必须要求者的有效辩论做好准备。良好的解决方案旨在建立一种更有效的新哲学,而不是必需的和无效的——尽管实现改变并非易事。这并不容易,因为"世界末日"逻辑的核心是非理性推论和信念。这种推理和信念是一个人的身份与基本经验的反映。引用爱比克泰德的话很容易,然而对于一个必须学会辩论的人来说,一旦他充分认识到现实是如何使他所"要求"的失效时,那么其无效推理和信仰就会暴露出来。这似乎是一个终极的诅咒。很容易想象,对于一个严重缺乏逻辑理性的人来说,正如对于一个可敬的狂热者一样,死亡比失败更可取。

参考文献

Dryden, W., DiGiuseppe, R., Walen, S.R. (1980). *A Practitioner's Guide to Rational-Emotive Therapy*. New York: Oxford University Press.

Ellis, A. (1960). *A Guide to Rational Living*. Hollywood, CA: Melvin Powers Wilshire Book Company.

Ellis, A. (2002). *Overcoming Resistance*. New York: Springer Publications.

Emerson, R. W. "Self-Reliance." Retrieved from http://www.online-literature.com/emerson/588/.

Epictetus. (1944). *The Enchiridion*. Trans. ThomasWentworth Hissinson. New York: The Library of Liberal Arts.

Santayana, G. (1905). *Life of Reason, Reason in Common Sense*. New York: Scribners.

埃利斯理性情绪行为疗法 A—B—C 模型

A＝不利事件(Adverse event)

B＝(核心)信念[(Core)Beliefs]

C＝后果(Consequences):

- 思想
- 情绪
- 行动
- 身体感觉
- 心理感受

D＝辩论(Disputation):"与治疗师的联盟,在这个联盟中,病人学会从认知和行为上挑战和辩论他/她的非理性思维。"

E＝有效的新理念(Effective new philosophy)

G＝目标(Goals)

H＝作业(Homework)

RB＝理性信念(rational belief)

iRB＝非理性信念(irrational belief):

- 与证据相反

- 对目标不利
- 不合逻辑

治疗

初始客户展示(Initial client presentation):从 A 到 C

澄清:G

探索:C

建立:B(A→ C)

确定复杂性:B[A → C_1 →(B_2)C_2]

决定对 C_1 或 C_2 进行处理工作

区分:RB | iRB

形成一个联盟并对非理性信念提出质询

在治疗活动场次之间使用:H

工作目标:有效的新理念能够始终明确目标

[作者简介]乔治·霍尔(George Hole)是美国纽约州立大学布法罗州立学院(SUNY Buffalo State College)教授,研究领域:禅宗、存在主义、批判性思维、爱的哲学、数学基础等。霍尔的重要著作是《认真思考重要的事情》(*Thinking Well about What Matters*),他是美国纽约州立大学杰出教学教授。

[通讯方式] holegt@buffalostate.edu

原文及出处:George Hole,"The Logic of Logical Disputation in REBT", *Philosophical Practice*, November 2011, 6. 3: 826 - 31.

(余多星　译)

在哲学咨询实践中遭遇诊断

凯特·马胡伦(Kate Mehuron)

引　言

本文回顾了关于诊断在哲学咨询文献中的关键问题。在哲学咨询师舒斯特(Schuster，1999)的推荐下，在这篇论文中的"客户"是指"客人"，以确立这个指称的对象。哲学咨询中关于诊断的文献提出了一个困境。如果客人的问题可以通过心理治疗、精神病学或医疗干预更有效地解决，那么哲学践行者将被鼓励把客人介绍给精神健康的专业人员。这预先假设了在哲学咨询中发生了某种诊断识别。否则，我们怎么能声称客人的问题既是临床问题又是对哲学咨询免疫的，然后将客人指引至更有帮助性的心理健康资源？

其次，客人经常告诉哲学咨询师他们过去临床治疗的诊断。有时，客人参加哲学咨询来减轻诊断出的症状，以前的治疗并没有缓解这些症状。或者，客人可能需要哲学咨询师的援助去取消诊断并重新解释他们的问题。他们寻求另一种以非诊断术语为框架的对他们人生问题的解释或描述。但是，哲学咨询师会经常在如哲学家努斯鲍姆(Martha Nussbaum，1994)所描述的哲学诊断的古代含义下进行诊断。大多数时候，哲学咨询师无法回避哲学诊断。我们应该区分这些类型的诊断并知道我们何时做一个或另一个。对于哲学咨询师来说，立即驳回客人呈现出的临床诊断或者不加批判地接受它都是不明智的。我将会提到我与客人诊断的遭遇来阐释本文中展示的思考。在本文中，他们的专有名称是假名，有关他们的任何其他识别信息已被更改以进一步保护他们的身份。每位客人都同意我将我们的谈话用于在哲学践行的领域的专业发表以及专业展示。

哲学咨询师拉伯(Peter Raabe，2004)认为："在对它们做出笼统的和绝对的陈述之前，去调查关于像焦虑这样的情况的临床研究是每个哲学咨询师的责任。"(p. 8)另一方面，面对诊断和治疗各种形式的精神痛苦的器质性原因的医学要求，咨询师有一种道德诱惑，会屈服于客人的恳求，应用可由客人的医疗保险报销的诊断代码。面对这个难题，拉伯(2004)写道：

> 虽然它可能不是一个利润最大化的商业策略，我相信在道德上哲学咨询师
> 需要认识并诚实地承认生物学原因和情感或存在主义的原因之间的清楚区分，

即使这个哲学咨询师在一个没有全民医疗保健系统的国家中实践。(p. 13)

因为哲学咨询实践不被主要的保险公司所承认,美国的哲学咨询师不太容易受到这种利润动机的影响。当一个客人要我临床诊断她的目的是报销,我能够拒绝她。但是拉伯的观点更深刻。为了帮助客人实现自我认识和自我控制自己的症状和生活问题,哲学咨询师应该努力在机能障碍与情绪或存在主义的原因之间做出区分。是这样的,纵然器质性原因和情绪或者存在主义的理由之间的区别也经常是不清楚的,也不可能明确解决。我现在转向对临床诊断的批评,以表明这种区别甚至对那些专业地投资临床诊断系统的人来说也有问题。

对临床诊断的批评

精神病诊断在科学上是否可行或在概念上是否一致是一个长期存在的争论,争论的焦点是《精神疾病诊断与统计手册(DSM)》(1994)的认知价值。DSM 的反对者和捍卫者都承认了近期精神病学从精神动力学和精神分析理论框架中脱离出来以及它接受医学疾病模型的历史。柯克和库钦斯(Kirk and Kutchins,1992)证明了政府监管干预、药物行业的游说努力以及 20 世纪 90 年代的健康管理花费中的危机广泛影响了 DSM 的连续版本。他们认为连续的 DSM 版本被构造的方法论在科学上是可疑的。这种方法论包括政治上任命的委员会所管理的同行评审,它由一些专家的修辞和霸权所主导,在这其中专业共识优先于可靠性标准。

DSM 的分类被辩护者吹捧为理论上对于精神障碍病因中立。据说它们统一地展示了症状:意味着潜在机能障碍的具有动态特点的属性群集引发了精神失常。波伦、冯·埃克哈特和斯伯丁(Poland, Von Eckhardt and Spaulding, 1994)反对这一观点,声称一致标准的精神症状实现统一并无证据。相反,我们看到了内部变异的巨大异质性以及对心理属性和过程广泛的背景依赖。

卡森(Carson, 1997)反对 DSM 的科学可靠性。根据他的说法,DSM 的分类标准被称为一个前科学发展阶段。DSM 的前科学基础在于其临床现象学,它使用了对可观察行为的民间心理描述。基于主观自我报告和第三人称报告,该标准具有高度推论性。DSM 分类系统是多元的,因为个体不需要与同一类别中的其他人共享其所有的标准特征。多重系统使诊断不可靠,因为它基于对具有在几个类别之间共享的相同或相似属性的分离的行为的观察。其类别包含高度异质的患者样本,允许任何一个类别的可能或理想特征的最佳原型子集。多重分类系统在精神病学诊断中具有高比例的共病。这源于 DSM 分类系统未能识别独特形式的精神障碍。卡森还批评 DSM 在其精神障碍定义中对"功能障碍"一词的未定义使用。他认为,"功能障碍"体现了内部机制无法按照自然设计表现的观念,并且依赖于支撑西方临床医学的医学疾病隐喻。因此,DSM 似乎导入了一种关于精神障碍的站不住脚的目的论本体论和一种将精神障碍视为自然种类的分类系统。归因于精神障碍在生物系统的完整性功能损害方面未能给出客观的疾病指标,它们在经验客观指标方面具有跨文化差异。

反对者也反对诊断标准的跨文化差异的含意。他们声称,诊断标准是隐含的价值负担,社会建构,并被灌输了社会污名化的异常内涵。由于所有这些原因,反对者指责 DSM 未能实现分类方案的两个目的:提高临床效果和推动科学研究计划。DSM 分类标准不能提供一致的评估方法或治疗策略,也不能生成基于量化和对照研究的可靠知识体系。民间心理学的临床现象学得到辩护者承认,但他们期望一个诊断的"维度"方法最终取代不充分的多重分类系统。路易斯·查兰(Louis Charland)预测,维度方法将通过发现生物功能失调机制是特定精神障碍的病因来认可 DSM。目前的分类学将被从可识别的潜在功能失调的生物学机制推导出的精神障碍的表型分类所取代(Louis Charland, 2004)。

在 9 个月的时间里,我每周都与我 30 岁的客人瓦尔沙(Varsha)会面。他寻求我的咨询,以帮助他应对他正在用药物管理的非恶性脑肿瘤的影响,以及希望用哲学思考来管理它。瓦尔沙在临床方面描述了他的问题,承认他的脑肿瘤是他的注意力缺陷症,他的情绪波动和他的癫痫的器质成因。他在一个有声望的研究机构的大学生涯被这种疾病永久性地打乱了,他发现自己无法追求学位或职业道路。他永远无法开车,也很难找到工作。他的父母对他的疾病做出了反应,他们与他脱离关系,让他在美国找到自己的路。瓦尔沙对 DSM 分类系统的使用在认知上令他放心。这个诊断提供了描述性的临床现象学,可以抓住他的器官功能障碍。它提供了统一的病因来解释他的症状和共病。对于瓦尔沙来说,他的疾病和精神障碍的社会污点不是来自 DSM 本身,而是来自其他人对他的病情所应用的社会属性。

当我遇到瓦尔沙的临床诊断时,我想找出瓦尔沙认为他可以从我这个哲学咨询师身上获得什么。我们俩都不想取消诊断他的状况,因为临床现象学给予了瓦尔沙一个他自我理解的认知锚。瓦尔沙他自己一开始并不确定他与我交谈可以获得什么,除了他有一个对哲学思考的热情,并希望通过与我交谈来从中找到安慰。随着我们几周的谈话展开,结果证明了一些哲学上的诊断和救济方法对他有用。瓦尔沙不断反思他对存在无助的"感受"体验以及他对实现长期目标的无效意志力的深刻挫败感。他有一个热情,自信,甚至是攻击型的人格,渴望在艺术中获得公众认可。他的想象力使用了军事隐喻,这种隐喻能够俘获他对侵略性自我主张的高度尊重。我鼓励瓦尔沙探索斯多葛主义和尼采的自我肯定。他大量阅读并将这些资源带到我们的谈话中。诸如亚里士多德和尼采提供的那些关于意志的斯多葛主义和哲学文献是哲学上的解毒剂,可以探究对身体和个人极限的男性挫折深度,并通过认知和艺术自我主张和自我创造提供救济方法。尽管几年前我们的正式咨询讲习已经结束,但他仍然打电话向我报告他已经进入的短篇小说竞赛,他正在撰写的博客,或他已经组建的讨论小组。在瓦尔沙的案例中,临床的和哲学的诊断以及解毒剂都是他健康的基础。我现在转向临床诊断的辩护。考虑到这些辩护,我将分享关于我的其他客人遭遇的趣闻轶事。

对临床诊断的辩护

　　DSM 诊断系统的辩护者在精神障碍被概念化为行为或心理综合征这一方面与反对者达成一致。DSM 对症状进行了松散的定义,将其与目前的痛苦,残疾,或者显著增加的患病死亡,疼痛,无能或者自由的重要损失的风险联系在一起。对于辩护者来说,精神障碍是根据其症状而不是其原因或病因进行分类,身体障碍和精神障碍之间没有内在的概念差异。辩护者声称,DSM 类别提供了普遍公认的伤害的规范性列表。因此,它促进了客观的价值并维持了障碍概念的客观本质。格特和卡尔弗(Gert and Culver, 2004)认为精神障碍远非专制的社会标签,除非有补偿性的益处,它是任何社会中任何理性人都不希望自己或任何他所关心的人所承受的状况。随着他们对 DSM 的客观性价值的全面辩护,格特和卡尔弗认为即使在没有明显的持续原因的情况下,某人也可能患有功能障碍,那就是,一个原因导致功能失调的影响但它的消除将导致那个影响的消除。在关于精神障碍的客观主义描述中,由有保证的人类健康科学标准确定的物种规范可以用来确定一个人是否有与当下痛苦,残疾,或者显著增加的患病死亡,疼痛,无能或者自由的重要损失的风险相联系的行为或者心理症状。假设的物种规范的普遍性足以形成对在精神障碍之下的机能障碍的自然主义和规范性解释,并规避了功能障碍是否从定义上说是自然设计的失败的问题。从这个意义上讲,即使在医学疾病模型中没有出现功能障碍的情况下,人类行为和环境因素也可能导致失调。

　　我的客人戴安娜(Diana)请我帮助她应对 2001 年 9 月 11 日袭击世界贸易大厦时在曼哈顿生活时发生的创伤后应激综合征(PTSD)的影响。戴安娜没有进入袭击现场。她通过看到新泽西的烟雾,并听取了她的朋友和熟人的灾难描述,远远地目击了这场悲剧。她的家人中没有人在袭击中丧生,但她知道一个熟人在塔楼中丧生。她离开纽约,在远远低于她之前职业水准的职位上工作达 7 年之久。她将自己描述为恐惧症,并尝试过许多心理治疗和药物来缓解症状。她正在咨询治疗师,该治疗师正在使用一种快速眼动模式治愈 PTSD 的养生法来治疗她的症状。戴安娜没有兴趣取消对她病情的诊断或质疑她痛苦的客观性。她正在尝试一种治疗方法,该方法假设她的创伤后应激综合征有一个可以在身体上治疗的器官基础。

　　戴安娜联系了我,因为她希望我在情感上和精神上帮助她应对由于她的恐惧症而经历的重大自由损失。她希望我能抵制对她的病情使用精神分析或心理治疗的解释。相反,戴安娜想要一种务实的、以目标为导向的方法。她想让我鼓励她依赖理性解决问题的方法和通过快速眼动治疗来越过症状。我答应了,最后她停止了与我的谈话,并解释说快速眼动治疗已被证明是非常有效的。她通过减轻症状来继续她的职业道路并追求她的长期目标而变得强大。随着创伤后应激障碍症状消退,她理性追求目标的能力得以恢复。在她的案例中,我并不认为对她的诊断的哲学解构会服务于她的幸福或者她的目标。我发现她实现自己生活自治的努力是有效的和值得称赞的。

　　临床诊断的辩护者以各种方式解决 DSM 对精神障碍定义中功能障碍的有问题的本

体论。哈金（Hacking，1998）认为，嵌入临床诊断概念中的功能障碍并不一定将精神障碍称为对社会或行为病因因素漠不关心的自然类型。相反，哈金认为某些精神障碍，例如DSM 多轴方法的 Axis II 中的人格障碍，是相互作用的类型，或与其所分类的相互作用的类别。哈金声称这些具有"循环效应"，"当被人们或周围的人知道，然后在机构中投入使用时，改变了个人体验自己的方式——甚至可能引导人们发展自己的感受和行为，部分是因为他们是如此被分类的"（p. 104）。哈金对交互式种类的描述中的功能障碍的概念不必隐含着自然主义目的论，而是需要一个社会建构主义者对精神障碍病因的描述。在这方面，哈金引用了第二轴向疾病的例子作为交互作用的种类，例如多动症和厌食症。他表明，内嵌在第一轴向精神障碍的生理功能障碍比如精神分裂症和智力迟钝可以既体现为自然类也体现为互相作用类。对这些病症的有效治疗涉及药理学和心理治疗的应答。精神分裂症的功能障碍可能不仅仅依赖于社会建构主义者对其病因的描述。相反，其描述需要说明对精神分裂症的症状表现至关重要的错误的生物学机制。

我的客人马尔西（Marcy）在精神病学和心理治疗中应对抑郁症几年后寻求我的服务。她对心理治疗和精神方法不满意，拒绝服用更多药物来缓解她的抑郁症状。虽然我明白她不想服用药物，但我不确定她是如何看待她的心理疗法已经失败。我有很多不同的方法可以让我清楚马尔西尝试的是否以哲学方法或解释为前提。如果是这样，那么我会对我能提供任何建设性的东西感到悲观。结果是，马尔西的心理治疗师依赖于对其原生家庭的情绪动态的广泛分析，但是超过临界点之后，马尔西没有发现该分析有用。她和我同意将她的抑郁症视为具有可塑性，或者用哈金的术语，视为相互作用的。我们谈话的目的是深入了解可能导致特定循环效应的个人的、人际的和社会因素，这些效应构成她的抑郁症状，在她的案例中症状就是长期的悲伤和大部分时间都在睡觉。马尔西决心改变她的生活方式，并成为一名多产的视觉艺术家，但她需要一些替代方法来做到这一点。

随着我们每周的对话展开，我发现她在自我反思和自我分析的技巧方面受到了极大的训练。她每周都有一本期刊，要求我参与共同创作一些艺术作品和相互反思，并且她在积极心理学文献中广泛阅读。在她和我讨论了存在主义心理治疗师欧文·亚隆（Irvin Yalom，1990）对案例研究的小说方法之后，她让我与她分享我关于她哲学咨询的笔记，我很乐意这样做，甚至邀请她与我共同编写。我向她介绍了许多我直觉上认为她会发现有用处的资源。她发现最有用的是我对哲学咨询师彼得·格赖姆斯（Peter Grimes）的在线节目"献给阿耳忒弥斯：认识自己的挑战"（To Artemis：The Challenge to Know Thy-self）的引用，旨在引导用户完成 400 个结构化问题，这些问题被建模为对话，要求用户记录他们的答案，结果是澄清了他们自己的问题。她还如饥似渴地阅读心理学家奇克森特米哈伊（Mihaly Csikszentimihalyi，1991）提供的关于创造性流动（flow）的实证研究。在我们关于这些作品的谈话中，玛西不再睡过头，开始创作更多的艺术品。最后她和男友一起搬到了东海岸，从那时起我就没有收到她的消息。在她离开之前，她告诉我，她珍惜我的笔记，她的出自我们谈话的日记，以及她对阿耳忒弥斯调查问卷的回复档案。这些将有助于提醒她在我们的哲学咨询期间她发现和使用的哲学改变成分。

辩护者声称 DSM 的科学不可靠性与诊断手册的诊断实用性和治疗价值不同。他们吹捧由重复使用该系统所灌输的典型识别:使用 DSM－IV 及其客户访谈协议的培训的所希望的结果。卢曼(Luhrmann,2000)把临床医生的学习原型识别描述为后天的临床直觉。有了这个原型识别,临床医生就会忘记他们对诊断标准的科学怀疑。诊断不像记忆、排序、应用分类和标准,更像是对特征群直觉识别的获取,这些特征群构成了一个类的良好实例。通过练习,通过大量的诊断,使用原型,进行访谈和写入院记录,从业者获得了一种感觉即存在可以被看见、命名、控制的疾病。萨德勒(Sadler,2004)补充说,临床诊断不可避免地是价值负载,并认为应该基于历史背景在其丰富的意义、用途、道德和美学的内部理解它。他认为,诊断作为一种认知行为,具有许多认知、伦理和审美的维度。作为语言,它是临床工作必不可少的:作为认知行为的诊断是披露的;它的技术以实践理性为指导。

我和弗兰(Fran)在 12 个月的时间里进行了一系列的会谈。她从事精神分析已有 12 年或更长的时间,并且不想要我的精神分析解释框架。弗兰是一名中学教师,因背伤而处于一个延长的残疾假期,并希望撰写和出版她的回忆录和其他小说作品。她的目标是成为一名深受喜爱的小说家。她还希望我和她谈论存在主义的孤独,以及她遭受了很多苦难的生活主题。我们咨询期间的前三个月非常活跃。她为了我的编辑建议带来了她的回忆录的草稿,与我一起研究她的佛教修行和自我洞察,设定了长期目标,并广泛阅读了存在主义著作,讨论了主体间性和孤独的主题。当我们的会议延长到五、六、七个月时,弗兰开始整天待在家里,在电脑上玩游戏,很少社交,停止写作。我开始觉得我的哲学干预是徒劳的。我经常让她对她自己与她目标不一致的行为负责,但遭遇的仅仅是放弃和偶尔对我们谈话"未奏效"的指责。她的孤独感正在增加,如同她对自己生产率低下的绝望。她开始越来越多地细想她对直系亲属的不满,指责导致她孤独的贫乏的家庭关系,并拒绝我去帮助她重新组织她的问题的努力。

我建议她可能需要另外一种咨询或心理治疗,而不是我能提供的。我不想暗示临床诊断,但问她是否认为另一种心理治疗可能对她有用。虽然我的建议激怒了她,但令我惊讶的是她诊断出自己患有注意力缺陷症。她声称她一直都知道自己患有这种疾病,但她并不愿意为此寻求治疗。相反,她曾希望与我建立友谊,并对我不愿意在咨询期之外跟她交往感到失望。几周后,她找到了一位注意力缺陷症专科医生并结束了与我的哲学咨询。有可能的是,如果我对 DSM 的辩护者所描述的疾病的原型认识更加精通,我会更早地认识到弗兰在我们的关系中的状况,并且我可能能够更早地刺激她做出关于她的生活方向的决定来面对她。

查兰(Louis Charland,2004)认为,DSM 中的人格障碍类别实际上是两种不同的哲学实体——道德和非道德,并且两者在哈金的解释下都是相互作用的。人格障碍集群 B:边缘的、装腔作势的和自恋类型通常被临床医生认为超出了药理学、医疗干预的范围。查兰德称这些原型是"道德的",因为无法想象对集群 B 的成功治疗不涉及道德改变的意愿和去改变的道德努力的准备。虽然在标准的心理治疗干预中没有提到这些,但如果没有道德救济,成功的干预是不可能的。他认为道德补救对于某些疾病是不可缺少的观点可以被修改,包括我的客人举例说明的其他互动类型的疾病,在这篇文章中有轶事描述。

由于临床诊断原型识别依赖于嵌入式纯粹类型,因此在哲学咨询期间遇到的人格障碍的活生生的人类的多样性不会为了便于选择适当的临床干预而去例证分类。哲学咨询师反而会遭遇客人选择展示的诊断。哲学咨询师可以为她的熟思澄清诊断所承载的道德记录。在理性、自我反思和解释的空间中,客人可以决定她生活的方向和质量。这是哲学诊断和哲学救济的空间。哲学诊断的空间既不与临床诊断不相称,也不与临床诊断不相容。相反,哲学诊断的空间应该具有临床诊断识别的可能性。哲学咨询师的诊断直觉技能应该培养临床原型的直观认知。然后,在理性的空间内,哲学咨询师可以,用彼得·拉伯(Peter Raabe,2002)的话说:"与客户一起对潜在的哲学问题进行调查,以确定客户所谓的反常实际上是否具有未被重视的重要性,甚至可能具有巨大的价值。"(p. 131)

参考文献

American Psychiatric Association (1994). *Diagnostic and Statistical Manual of Mental Disorders* (4th Ed.). Washington, D.C.: American Psychiatric Association.

Carson, Robert C.(1991). "Dilemmas in the Pathway of the DSM-IV." *Journal of Abnormal Psychology* 100(3): 302-307.

Charland, Louis C.(2004). "Character: Moral Treatment and the Personality Disorders." In Radden, Jennifer (Ed.) *The Philosophy of Psychiatry: A Companion.* (pp. 64-77). New York, NY: Oxford University Press.

Csikszentmihalyi, Mihaly.(1991) *Flow: The Psychology of Optimal Experience.* New York, NY: Harper Perennial.

Gert, Bernard and Culver, Charles M.(2004)."Defining Mental Disorder." In Radden, Jennifer (Ed.) *The Philosophy of Psychiatry: A Companion.* (pp. 415-425). New York, NY: Oxford University Press.

Grimes, Peter. "To Artemis: The Challenge to Know Thyself." http://www.openingmind.com/artemis/artindex1.asp.

Hacking, Ian.(1998). *Mad Travelers: Reflections on the Reality of Transient Mental Illnesses.* Cambridge, MA: Harvard University Press.

Kirk, Stuart A. and Kutchins, Herb.(1992). *The Selling of DSM: The Rhetoric of Science in Psychiatry.* Edison, NJ: Aldine Transaction.

Luhrmann, Tracy M.(2000). *Of Two Minds: The Growing Disorder in American Psychiatry.* New York, NY: Alfred A. Knopf.

Nussbaum, Martha C.(1994). *The Therapy of Desire: Theory and Practice in Hellenistic Ethics.* Princeton, NJ: Princeton University Press.

Poland, Jeffrey, Von Eckardt, Barbara, and Spaulding, Will(1994). "Problems with the DSM Approach to Classifying Psychopathology." In Graham, George, and Stephens, G. Lynn (Eds.), *Philosophical Psychopathology* (pp. 235 - 260). Cambridge, MA: The MIT Press.

Raabe, Peter B. (2002). *Issues in Philosophical Counseling*. Westport, CT: Praeger Publishers.

——.(2004). "Morals and Ethics in Philosophical Counselling: Sex, Suicide, and Mental Illness." *Journal of the Practice of Philosophy*. Archives 2004. http://www.ustpaul.ca/Philosophy/revue/articles/2004_raabe.html.

Sadler, John Z.(2004). "Diagnosis/Antidiagnosis." In Radden, Jennifer (Ed.) *The Philosophy of Psychiatry: A Companion*. (pp. 163 - 179). New York, NY: Oxford University Press.

Schuster, Shlomit C.(1999). *Philosophy Practice: An Alternative to Counseling and Psychotherapy*. Westport, CT: Praeger.

Yalom, Irvin and Elkins, Ginny(1990). *Every Day Gets a Little Closer: A Twice-Told Therapy*. New York, NY: Basic Books.

编者按:

"客人(guest)"[而不是"客户(client)"]的使用在德国和斯堪的纳维亚半岛是最新的,并且通常是阿亨巴赫风格的追随者。由于其医学内涵,虽然哲学咨询师避开了"病人(patient)"一词,"客户"一词在北美、英国和荷兰很常见。"客户"被哲学家、律师和许多其他服务提供者所利用,正是因为它几乎没有承载任何医学、诊断或病理学内涵。再说一次,在拉丁语(例如西班牙语)中,"cliente"一词具有冷漠或非个人内涵,使其不那么适合哲学咨询师。虽然"客人"这个词听起来温暖和诱人,但可以提出反对意见,即专业人士通常向客户征收费用,而主持人通常不会从他们的客人那里征收费用——除了酒店之外。提供公益服务的哲学咨询师(就像马胡伦教授在她的案例中一样)有更强的理由使用"客人"一词。

原文出处:Kate Mehuron, "Encountering the Diagnosis in PC Practice", *Philosophical Practice*, July 2008, 3.2: 277 - 84.

(胡中俊　译)

洞察力和行动：论专业训练与哲学咨询的关系

大卫·布伦德尔（David H. Brendel）

导　言

21 世纪的"帮助型专业"正在超越精神病学、精神病理学和其他精神疾病模式。这些模式长期以来植根于这样一种观念，即面对情绪和个人痛苦的人都有疾病，并且应该通过治疗加以纠正或消除。几十年来，精神分析一直是西方占主导地位的解释模式。它总结说，这种疾病起源于儿童早期的创伤和有问题的性心理冲动和幻想。精神分析治疗涉及对这些病理诱发经验的探索、解释和"修复工作"。迈克尔·卡恩（M. Kahn）在他的《弗洛伊德基础：21 世纪的精神分析思想》（*Basic Freud：Psychoanalytic Thought for the 21st Century*）一书中指出，许多治疗师仍然接受弗洛伊德对儿童早期（口腔、肛门、阴茎和恋母）性心理阶段的概念化。他们"将心理困难理解为在特定成熟阶段出现的问题的残余物"（Kahn，2002，p. 38）。

随着精神分析在 1980 年代开始不再是主要的模式，生物精神病学取代了这一模式，它有一种假设，即由神经生物异常所造成的人类痛苦是可以通过新的科学技术来识别的，例如大脑成像和基因测试等新的科学技术。在题为"从弗洛伊德到百忧解"（在他的《精神病学的历史》一书中）的一章中，爱德华·肖特（E. Shorter）写道："主流精神病学和心理学对精神分析失去了兴趣……继续研究被遗传机制驱动的思维、记忆、知觉和功能障碍。"（Shorter，1997，p.313）随着这一范式的转变，精神治疗的核心模式从心理治疗向药物控制转变。肖特认为，这种转变将精神病学定位为医学的一个分支，但也用"减轻自我意识负担"的新药创造了"一种药理学享乐主义的流行文化"（Shorter，1997，p. 324）。同时，许多这类药物的有效性和安全性也受到了质疑。例如，抗抑郁药物似乎对治疗轻度至中度抑郁症无效（Fournier et al.，2010），而且它们带有美国食品和药物管理局（FDA）的"黑箱"警告，即它们可能破坏行为的稳定，并且有增加自杀想法的风险（Reeves & Ladner，2010）。

无论是植根于精神分析还是医学模式，精神病学始终将患者置于被动的角色，将其视为心理创伤或神经递质异常的受害者，而他或她对这些异常几乎或根本无法控制。精神病治疗依赖精神药物或具有潜在偏见的心理治疗师的干预，倾向于使患者处于相对丧失能力的状态。已经有人试图来改善这一问题，他们的方式是通过赋予患者作为决策者和作为积极推动他们自身治疗的力量。例如,在我的《治愈精神病学:弥合科学/人文精神的鸿沟》一书中,我描绘了一种精神病学的模式,其特点是患者/医生之间有重要的合作,并积极关注与患者的价值观和选择相一致的实际结果(Brendel,2006)。我的"4P"模式植根于美国的实用主义,结合了精神病学的实际(而不是理论上的)需求(Practical exigencies)、它所需要的(横跨科学和人文学科的)多元化概念集(Pluralistic set of concepts)、患者在诊断和治疗中的参与性作用(Participatory role),以及根据新的发现和不断变化的社会价值观对精神病学说明的暂时性(Provisional nature)。

这种"临床实用主义"就是"帮助型职业"的潮流如何转向重新关注人类选择和自我效能的一个例子。这一趋势的另一个值得注意的表现是,认知行为疗法(CBT)的兴起,这表明抑郁和焦虑的人可以通过有意改变他们的思维和行为方式来改善他们的感觉(Beck,2011)。在这种背景下,积极心理学作为一种新的研究项目和临床方法也应运而生(Seligman & Czikszentmihalyi,2000)。它假定人们的个人力量和品德是强大的,这些品质可以使人们有效地应对他们的挑战和实现他们的目标。积极心理学不是专门关注临床问题(无论是心理创伤、神经生物学异常,还是其他问题),而是敦促人们关注并建立他们的核心力量和恢复能力。神奇的积极心理学研究表明,在专业训练中,"基于解决方案"的方法往往比"基于问题"的方法效果更好(Grant & O'Connor,2010)。在不断积累研究的支持下,积极心理学可以作为训练和哲学咨询的坚实基础,因为这两种专业都通过利用人类的力量和能力去帮助基本健康的个人取得成功。

训练与哲学咨询的相似之处

大多数教练和哲学顾问都认同这样的世界观:人们拥有强烈的自我意识、洞察力、选择能力和责任感。与主流精神病学家的假设相反,他们倾向于认为人们从根本上是健康的,能够自我理解并能够在世界上采取有效的行动。在《哲学践行》一书中,娄·马里诺夫(Lou Marinoff)认为,大多数人的日常问题"最好的解决方法是既不检查大脑的化学成分,也不检查童年的创伤",而是"检查一个人现在的意图、意志、欲望、依恋、信仰和愿望"(2002,p.19)。亨利·基姆斯-豪斯(H. Kimsey-House)和他的同事们在《共同行动训练》一书中表达了同样的基本世界观。它描绘了一种训练哲学,这种哲学深深植根于这样一种理念,即客户基本上是理性和足智多谋的,他们应该成为塑造和实施自己的个人成长议程的驱动力。他们写道,"我们认为,指导主要是关于发现、认识和选择"(2011,p.16)。"这是使人们能够找到自己答案的一种有效方式,当他们继续做出付出生命和改变生命的重要选择时鼓励和支持他们。"

这一基本的理论和实践方向是近年来出现的各种类型的专业辅导和哲学咨询的基础。专业训练由其重要伞式机构(国际教练联合会)松散地结合在一起,包括高管训练、商业训练、职业训练、生活训练,以及植根于积极心理学和对人类自主的坚定信念的无数其他形式的训练。哲学咨询已经被国际组织(包括美国哲学践行者协会)专业化了,它也植根于这样一种信念,即客户有能力通过自我反省、对话和积极的决策来成长,着眼于自我理解、美德和基本良知。这两个组织都有严格的认证方案,对从业人员进行这些核心价值观的培训,并制定适当的专业标准。

专业训练和哲学咨询还有其他一些基本特征。两者都利用一对一的交谈和对话作为其主要的"临床"工具。会议是定期安排的,但专业人员参与的时间可能会有所不同,从几次会议到几个月或几年的许多会议(取决于客户选择的挑战和目标)。教练和哲学顾问授权客户制定议程,并在很大程度上指导讨论。专业人士提出强有力的、发人深省的和激励人的问题,以推动客户的自我反省、个人成长和决策。在某些情况下,专业人员会主动、恭敬地与客户讨论有问题的想法、陈述或行动。如果专业人士认为客户做出的选择是非理性的、不道德的或违背其自身利益(或主要利益相关者的利益),那么就有必要进行深思熟虑的交锋和进一步的对话。教练和哲学顾问是会议的积极参与者,支持客户的个人目标,但也温和地指导客户与从业者自己的价值观和世界观趋向一致。在成功的案例中,客户将专业人员的职能"内部化",从而形成更强的自我管理能力。

训练与哲学咨询的区别

训练和哲学咨询也有一些显著的区别。最值得注意的是对洞察力和行动的不同强调。哲学咨询优先考虑内在的自我反省和个人价值观的澄清。它帮助客户了解影响他们的经验、推理过程和决定他们生活中重要事项的前提条件。它为客户提供了反思道德困境的工具,并就如何解决这些难题做出深思熟虑的决定。通过帮助客户识别和完善他们的基本假设和价值观,哲学顾问帮助形成一个更加成熟的个体。沿着这些思路,并借鉴柏拉图的对话《西伊提特斯》,皮埃尔·格兰姆斯(Pierre Grimes,1998)提出了哲学咨询作为一种"哲学助产士"的观点。格兰姆斯(Grimes,1998)、马里诺夫(Marinoff,2002)和其他主要的哲学顾问把尊重客户作为其自身发展的推动力。他们将哲学顾问定位为成熟的催化剂和促进者(或"助产士")。这里的重点放在自我理解、内在成长和美德的发展上。自我探索和人类复杂性优先于采取决定性行动的明确决定。

训练的重点完全不同。在这里,我们发现很少注意到其将内在的自我反思、澄清价值观、发展理论信仰体系本身当成是最终目的。相反,教练倾向于强调可测量的行为变化、表面上可观察到的成长和达到巅峰表现的重要性(无论是在工作中还是在个人生活中)。教练是一位值得信赖的导师、提供意见者和顾问,其作用是促进客户的整体成功。一次卓有成效的训练活动可能只涉及很少的哲学反思,而几乎完全集中在行为模式上。例如,高管训练可能会带来有益的行为变化,包括减轻压力、委派任务、有效的沟通策略,以及提高工作场所的领导能力和人际交往技能。在这种情况下,通常不需要对复杂的世界观进行理论上的澄清。"因为推动客户前进的行动概念对于训练目的而言非常重要,"基姆斯-豪斯和《共同行动训练》的其他作者写道:"我们经常把'向前'作为动词,并说指导的目的之一就是'向前推动'客户的行为。"(Kimsey-House et al.,2011,p.13)

训练和哲学咨询之间的一个相关的不同之处在于关于决定的基础问题。在前者中,决定往往是出于务实的考虑,即如何最有效地实现具体目标。训练的决定通常被证明是有可能完成经验上可衡量的行为改变,从而在工作和/或家庭中取得成功。但是,更多推理的理论形式倾向于指导(或至少影响)哲学咨询客户的考虑和决定。一个思路或一项决定是否与客户对道德行为和道德品质的整体理解一致?是理性的思考,还是内在的一致?哲学咨询的重点不是客观观察到的行为变化,而是严格的内省和理智的推理。这些对行动和洞察力的不同强调是专业训练和哲学咨询的核心区别。

考虑一下对 CEO 客户的训练与哲学咨询的对比。这位客户在与公司高管团队合作时遇到了沟通和人际交往技巧方面的重大问题。这个案件的情节是虚构的,以保护客户的隐私,但它是一个现实的和有启发性的,是与我个人实践中遇到的许多客户的"组合"。当其他执行团队成员不同意她的意见时,这位首席执行官经常变得易怒和愤怒。在团队会议中遇到挫折时,她会心烦意乱,并以一种明显的方式转动她的眼睛。很多时候,人们都认为她对他们的想法不屑一顾。这种行为不仅限制了她在工作中的乐趣,也损害了团队围绕明确的战略目标调整自身的能力。因此,当首席执行官在担任领导职务时遇到棘手的道德挑战时,她没有值得信赖的执行同事或董事会成员可以向他们寻求指导或建议。她只有独自做出一个关键的决定,这个决定可能会对公司的财务状况和声誉产生巨大的影响。

这位首席执行官的高管训练可以帮助她提高对自己行为的自我意识,以及这些行为对同事和员工的影响。它还可以帮助她发展更广泛的技能,以管理她的负面情绪反应和有问题的行为。有了密集的训练,她最终可能不再翻白眼了,在团队会议上看起来也不再那么酸溜溜的了。她可以被训练得有意识地露出更多微笑,并与他人进行更好的眼神交流。她可以为团队会议做好准备,从而更有效地表达她对战略目标的观点。例如,在教练的指导下,她决定定期与其他团队领导举行会议,在会上她可以平静而富有成效地表达自己的想法。这可以使她有能力建立必要的联盟,以应对她以前独自下决定的可怕的道德困境。

对这位客户的哲学咨询看起来就大不一样了。虽然它有希望产生某种积极的行为结果,但会议的重点、内容和过程将有其独特的味道。作为一名对实用主义有浓厚兴趣的哲学顾问,我与这位客户的对话可能会借鉴一系列实用主义哲学家,如约翰·杜威(John Dewey,1929)和于尔根·哈贝马斯(J. Habermas,1998)的观点。他们认为,只有一群询问者在激烈的对话中才能获得理性和真理。面对公司具有重大道德和财务影响的重大决定,这位首席执行官可能会认识到,促进执行团队成员之间的沟通和尊重是有坚实的哲学和务实基础的。哈贝马斯和其他实用主义者认为,道德决定和行动只有通过关键利益相关方之间的"共同理性"才有可能(Habermas,1998)。首席执行官(或任何一个孤立的咨询者)一个人能触及的真理并不是绝对的。这位首席执行官需要在工作场所进行特定行为改变的部分理由是概念性的,哲学顾问可以帮助她理解和澄清这些潜在的想法和价值观。

训练与哲学咨询的辩证关系

洞察力和行动最终是一枚硬币的两面。我们是在原则的基础上采取行动的,同时,我们通过反思我们是如何采取行动的,来澄清我们的原则。硬币的两面对于世界上道德品质的发展和道德行为的发展都是必不可少的。当过度讽刺或僵化时,训练和哲学咨询有可能仅狭隘地关注这两种相关观点中的一种。在上面描述的案例中,哲学咨询可以加强对道德行为的自省和洞察力,但如果首席执行官不采取行动修复团队中的人际关系,促进有益的对话,并推动做出正确的决定,这种理解将是空洞的。哲学咨询是一种高度理论性的努力,如果应用一种纯粹的方式,可能会忽视它在世界上能够进行有意义行动的潜力,从而限制其本身的效力。

相反,在这样的情况下,单独训练可能是有帮助的,但还不够。首席执行官的行为变化当然有助于营造一个更有利于对话和合作的环境。出于许多原因,这本身就是有益的。但是,在这种情况下,纯粹的训练方法可能缺乏足够的深度,在这种情况下,就产生了一个重要的道德困境。这位首席执行官和公司共同领导人之间的哲学推理和对话也需要做出正确的决定,并以道德上合理和可持续的方式推动公司向前发展。纯粹的训练和纯粹的哲学咨询只能解决问题的一部分。没有训练的哲学咨询有可能沦为一种学术活动,不会促使首席执行官或公司做出任何行为上的改进。与此同时,在没有哲学咨询的情况下进行高管训练,这位首席执行官可能会误导自己的努力,采取缺乏道德合理性或不务实的考虑不周的行动。

综合这些方法可以帮助某些客户同时澄清概念上的价值,并通过认知和行为的改变来促进世俗的成功。在大多数情况下,行动和洞察力是并行发生的,而不是连续发生的。这是一种辩证关系,在这种关系中,概念推理和有效的行为变化不断地相互影响和加强。在专业人员的支持下,客户参与到可能与以前模式不同的行动中,然后他或她后退一步,思考这些行动是否反映并塑造了根深蒂固的价值观。在其它时候,客户努力以新的方式去思考和推理,然后观察这种新的思维方式是否会促使行动产生令人满意的结果。专业人士是这一辩证过程中的导师和对话者,支持客户的个人成长、实际成功和品德品质的发展。

对于一些客户来说,训练和哲学咨询可以看作是一个辩证的行动和洞察力过程中的两个时刻,它们在为世俗的成功和品德形成的服务过程中发挥作用。由于大多数专业教练和哲学顾问不是双重认证,他们可能想要考虑做一些不属于他们的专业实践范围内的方法培训。在专业训练方面的一些培训和经验可以帮助哲学顾问更主动地与客户一起思考行动步骤。相反,熟悉哲学咨询的教练在决定关键行动计划之前,可能会更主动地向客户提出发人深省的问题,从而鼓励对个人价值观进行更深入的自我反思。一些教练和哲学顾问可能会考虑创造性地形成合作伙伴关系,使这两种服务可以同时提供给某些客户。一个双重认证的教练和哲学顾问可以将这两种服务结合到一个单一的专业服务中,我称之为"哲学训练"—— 一种"一站式购物"方法,可以同时增强哲学洞察力和行动规划能力。在我们的案例中,这位双重认证的哲学教练可能特别适合像首席执行官这样的客户,因为她需要与一位能够支持她发展自我意识的专业人士建立信任关系,并实施可能对许多人的生活产生重大影响的人际行为变化。

混合方法需要大量的专业人员和客户。后者必须以一开始可能不熟悉和不舒服的方式进行认真的思考和行动。把思想和行动上的重大变化结合起来需要时间和努力,但它的回报可能是自我的重大转变,这将导致内心的平静、欢喜、更丰富的社会生活和道德行动。与客户一样,专业人士也必须努力挑战客户先前持有的假设、信念和行为模式。认真对待对方观点的教练和哲学顾问(也许是合作伙伴)已经做好了完成这项任务的准备。哲学教练,同时,在专业教练(重点是行为变化)和哲学顾问(重点是自我反思和概念澄清)领域的传统专业服务的整合,要成为一名成功的哲学教练,可能有几条路要走,但至少需要哲学方面的博士培训,以及在某些专业教练领域的丰富经验和认证。具有一些其他"临床"领域(如心理学、精神病学或组织领导)的丰富背景也是非常理想的,因为它可以拓宽非专业教练对复杂情况的了解,并拓展向高级别客户提供可信指导的能力。

在我们的案例中,首席执行官这个客户是一个可以从哲学教练的专业辩证方法中获益的最好例子。除了她个人可能从这一过程中获得的好处之外,哲学教练对这位首席执行官和她的管理团队的积极影响可以在整个公司中回响,并最终产生更广泛的社会利益,因为公司做出了合理的道德决策,并成为一个更好的企业公民。基姆斯-豪斯和《共同行动训练》的合著者指出,教练可以"在客户中创造变革方法,进而在家庭和组织中创造变革方法。客户的更高目标所带来的变化的涟漪会波及世界各地"(Kimsey-House et al.,2011,p. 14)。同样,在《哲学践行》"公司哲学家"一章中,马里诺夫阐述了这样一种观点,即哲学践行者可以"帮助组织教导提高竞争力的美德以及加强努力合作的美德"(Marinoff,2002,p. 158)。21 世纪的哲学教练具有独特的地位,能够鼓励广大领导人反思自己的价值观,规划和执行符合这些价值观的行动,并让他人参与到对社会负责的对话和富有成效的合作之中。

结　语

21 世纪的帮助型专业正逐渐摆脱对治疗病理学的重点关注。他们越来越多地拥抱积极心理学运动,高度重视自我意识和积极主动的思考,即人们如何利用自己的力量来达到成就的巅峰。哲学咨询和多种形式的专业训练是其中对人类选择和责任进行更深层次关注的最积极和有益的表现。当辩证地结合起来,洞察力和行为变化不断地以动态的方式相互影响时,就会出现一种混合的方法,并利用这两个专业学科的关键维度。对于一小部分需要仔细思考并在行为方式上做出重大改变的客户来说,专业训练和哲学咨询的结合可以促进自我意识和行为的重大改善，对个人、家庭、组织和整个社区都有重大影响。教练和哲学顾问的合作伙伴关系可以使两种专业服务平行于某些客户。双重认证的哲学教练用辩证的方法帮助客户同时制定洞察力和健全的行动计划，在帮助客户应对伦理困境、个人困境、人际冲突以及其它棘手的人类挑战上，他们拥有得天独厚的地位。

参考文献

Kahn，M.（2002）. *Basic Freud：Psychoanalytic Thought for the 21st Century*. New York：Basic Books.

Shorter，E.（1997）. *A History of Psychiatry：From the Age of the Asylum to the Age of Prozac*. New York：John Wiley & Sons，Inc.

Fournier，J.C.，DeRubeis，R.J.，Hollon，S.D.，Dimidjian，S.，Amsterdam，J.D.，Shelton，R.C.，Fawcett，J.（2010）. "Antidepressant Drug Effects and Depression Severity：A Patient-level Meta-analysis." *Journal of the American Medical Association*，303，47 – 53.

Reeves，R.R.，Ladner，M.E.（2010）. *Antidepressant-induced Suicidality：An Update*. CNS Neuroscience & Therapeutics，16，227 – 234.

Brendel，D.H.（2006）. *Healing Psychiatry：Bridging the Science/Humanism Divide*. Cambridge，MA：MIT Press.

Beck，J.S.（2011）. *Cognitive Behavior Therapy：Basics and Beyond*. New York：Guilford.

Seligman，M.E.，Czikszentmihalyi M.（2000）. "Positive Psychology：An Introduction." *American Psychologist*，55，5 – 14.

Grant，A.M.，O'Connor，S.A.（2010）. "The Differential Effects of Solution-focused and Problem-focused Coaching Questions：A Pilot Study with Implications for Practice." *Industrial and Commercial Training*，42，102 – 111.

Kauffman，C.（2006）. "Positive Psychology：The Science at the Heart of Coaching." In D.R. Stober，A.M. Grant（Eds.），*Evidence Based Coaching Handbook：Putting Best Practices to Work for Your Clients*. Hoboken，NJ：John Wiley & Sons，Inc.

Marinoff，L.（2002）. *Philosophical Practice*. San Diego：Academic Press.

Kimsey-House，H.，Kimsey-House，K.，Sandahl，P.，Whitworth，L.（2011）. *Co-active Coaching：Changing Business，Transforming Lives*. Boston：Nicholas Brealey Publishing..

Grimes，P.，Uliana，R.（1998）. *Philosophical Midwifery：A New Paradigm for*

Understanding Human Problems With Its Validation. Costa Mesa，CA：Hyparxis Press.

Dewey，J.(1929). "The Quest for Certainty：A Study of the Relation of Knowledge and Action." in J.A. Boydston J.A. (Ed.)，*The Later Works*. Carbondale，IL，Southern Illinois University Press.

Habermas，J.(1998). *On the Pragmatics of Communication*. Cambridge，MA：MIT Press.

原文出处：David H. Brendel，"Insight and Action：The Relation Between Professional Coaching and Philosophical Counseling"，*Philosophical Practice*，July 2014，9. 2：1365 - 71.

（耿琳琳　译）

被破坏的传统或病态的自我：
哲学与心理治疗提问形式之间的关系

史蒂芬·塞格尔(Steven Segal)

长期以来,社会学家、历史学家和解释学哲学家一直认为,主体不是其自身的可能性条件,其所生活的历史、社会、文化和本体论语境决定了他的角色、目标、价值、欲望和抱负的范围。

按照这一逻辑含义的引申,我们可以说,即使是主体所经历的某些形式的情绪"不安"(dis-ease),也是由他所处的环境所塑造的。从这个角度来看,"不安"不是简单的或仅仅是个人个性或心理历史的一种功能,而是产生于主体发现自我语境中的实践。例如,后现代性语境中的许多学者声称,对无意义和不确定性的焦虑产生于对重大事件的崩溃,而不是个体的心理或个性所致。像加缪(Camus,1947)这样的学者坚持认为,20世纪是一个恐惧的世纪,以此暗示恐惧不是由少数孤立的人的心理所产生的,而个体的心理是现代主义恐惧形式的产物。同样,奥登(Auden,1947)坚持认为这是一个"焦虑的时代",从而表明焦虑不是在个人内部产生的东西,而是个体发现自己的眼界为焦虑所标志——正是这种焦虑产生了个人。同样,在这种观点下,"压力"不仅仅是个人心理的一种功能,而是现代性生活方式的产物。

这就意味着,要理解和有效地处理个体所经历的不安,我们不仅需要调查他们(或我们自己)的心理历史,而且需要了解情绪不安是如何由该主题所处的社会历史和文化背景所塑造的。现代主义的心理治疗形式发展了一种语言,用来探索幼时经历的影响、家庭制度和环境对个体主观性形成的影响,但它还没有发展出一种语言来阐明社会、历史、文化和本体论背景对个人存在的影响。

我们怎样才能探索个人的社会和文化背景是如何导致他们的情绪不安的呢？在我们的文化背景中,个人的不安有没有一个维度是来自我们的文化背景呢？个体的情绪不安是以一定方式由他们所处的社会环境和文化背景所形成的,那么有没有某种方法可以比较富有成效地来对相关形成方式进行应对、处理呢？

在这篇文章中,我将用"哲学咨询"和"心理治疗"对不安的解释进行对比,以揭示哲学方法在理解日常生活中的本质和意义。我将表明,就像在心理治疗的情况下,哲学咨询在治疗不安的时刻变得至关重要,就像在心理治疗的情况下一样。在哲学中,不安是一种从日常世界中退避或抽离出来的体验。然而,我要说的是,哲学和心理治疗对退避的关注点是不同的。我将表明,与心理疗法不同的是,哲学并不关注对人格、心灵或自我的破坏,而是关注日常生活传统的崩溃。因此,哲学危机是指日常生活的传统不再赋予日常生活结构或意义的危机。从这个角度来看,哲学咨询的目的不是治愈自我,而是探索传统的破坏,并打开另一种使日常生活有意义的框架。

本文的关键在于,对传统的质疑要区别于对"自我"的质疑,甚至是对自我意识的质疑。在质疑我们的传统时,我们并不是在质疑我们内在的东西,相反,我们是在质疑我们所处的环境。这种从质疑我们内在事物到质疑我们已经处于的状态的转变,是一种从心理治疗到哲学质疑的转变。但这并不是对传统的脱离或科学的质疑。它是一种对传统的个人 的强烈的质疑,是对日常生活中的不安提出的一种质疑。

本文提出的哲学咨询观,是以经历情绪不安的人为例得以发展的。通过柏拉图、海德格尔、库恩和盖尔纳(Ernst Gellner)的观点来说明不安的例子。这四位思想家都提供了一种语言,把哲学看作是一种调适的形式。这种调适产生于人们在破坏传统时所经历的不安时刻。而哲学活动则是一种通过对不安的开放关系和反身关系来打开新的视野的活动。

支撑这篇论文的心理治疗观点来自罗洛·梅(R. May)、乔尔·科维尔(J. Kovel)和克里斯托弗·拉什(C. Lash)的著作。他们都提供了一种语言,在这种语言中,心理治疗被视为对自我或主体的破坏。同样,心理治疗的观点将通过例子得到发展。

本文的主题将按以下方式展开:首先,我将说明为何会有情绪不安,这一点需要了解个人所处的传统或背景。其次,我将说明心理不安形式和哲学不安形式之间的区别。第三,我将澄清我的立场,说明托马斯·库恩(T. Kuhn)和恩斯特·盖尔纳(E. Gellner)如何辩称,哲学问题是在不安时刻出现的,以及不安时刻是如何从破坏我们做事的传统中出现的。在第四部分中,我将举一些哲学家传记中的例子来说明哲学质疑的过程,它是不安时刻和传统打破时出现的。在第五部分中,我广泛地展示了柏拉图和海德格尔是如何提供一种语言来描述情绪不安与日常生活习惯语境之间的关系的。最后,我将提供一个海德格尔式的用哲学质疑传统的案例历史。

I

在讨论剥夺妇女权力的背景下,谢尔·海特(S. Hite)提出了一种疗法的实例。这种疗法不是侧重于个人的主观性,而是侧重于文化背景如何构造、限制、抑制和定义个人在其角色中的作用。她认为,女性的许多痛苦并非源于她们个人的主体性,而是作为她们主体性的文化语境的现代性。她认为,"虽然了解一个人的个人历史和个性是有益的,但如果不承认文化在创造这种情况中有强大的作用,就放弃'治疗'是非常不幸的"(Hite,1993:271)。

海特的论点并不意味着治疗应该排除个人主体性的维度,而是应该扩展到文化等维度。我们被我们的文化所影响和塑造。现在人们普遍认为,即使我们在私人场合讲的语言也是我们所生活的社会文化背景给我们的一种公共语言。然而,在很大程度上,我们的社会文化背景塑造和构造我们的痛苦、不确定性和不安全感的方式,仍然隐含在我们对自己行为的日常理解中。例如,我们接受了爱情和人际关系的实践,而不去质疑我们在人际关系中的创伤和痛苦是如何形成的,不仅是我们个人的心理,还有社会文化背景,它定义了我们的社会文化背景中的爱情实践。再说一遍,海特是最有启发性的。

注意到"离婚率在上升","我们必须对'家庭破裂'做点什么",海特批评了她所看到的对问题的保守方法。这种保守方法认为问题的根源不是我们认为理所当然的婚姻观念,而是婚姻中受到干扰的个体的态度和行为。潜移默化的前提是,传统定义的家庭的理想,是一个不道德或自私或愚蠢的人未能实现的有价值的目标。而不言而喻的前提是,传统上定义的家庭理想是一个价值目标,不道德、自私或愚蠢的人是不能实现的。在华盛顿,这种正统观念如今已成为两党政治家、政策制定者和专家的传统智慧。(Hite,1994)

她认为,今天问题的根源不是不道德、自私或愚蠢的个人,而是无法挑战人们珍视并理所当然的婚姻观念:"我们需要认识到……家庭的破裂是一件好事,传统的家庭模式已经失败了。特别是妇女(但不仅是妇女)正在创造更民主、更充实、更实际的新生活安排。"(Hite,1994)海特认为,需要质疑的不仅是关系中个体的病理,而且是我们对关系的假设:"现在家庭变得不同了,我们看到人们在成长过程中对一些东西提出质疑,而这些东西在过去几个世纪里一直没有受到质疑。我们开始看到人们开始问自己什么是'爱',并试图看到基于爱的家庭往往并不完全符合传统模式。"(Hite,1994)而且,我们应该补充说,他们常常不是在梳理和中立中这样做,而是在关系破裂的痛苦中这样做。

虽然我不想偏袒任何一方,但我想指出的是,在她的分析中涉及治疗活动的几个方面。首先,我们可以质疑婚姻关系中个人的完整性,而不是质疑关系本身。也就是说,我们可以看到,正如海特所看到的那样,婚姻问题的根源不在于婚姻的性质,而在于个人的心理——其中包括关系中的任何一方。其次,我们可以看到问题在于我的或你的特定婚姻,例如,我们彼此不相容的信念。第三,正如海特指引我们的那样,我们可以开始质疑我们对婚姻和爱情的理所当然的观念,这些观念是我们彼此关系的基础。在后者这种情况下,我们开始检查构成我们文化一部分的假设。

海特报告中的例子使我们看到,个人的痛苦和创伤不仅仅是个人的主观或心理问题。相反,这种痛苦可能是这样一种情况。在这种情况下,一种文化中所实践的价值观如何影响和形成主观性,成为一种存在意义上值得关注的主题。从海德格尔的观点来阐述这一点,可以说,人类在很大程度上不知道他是如何通过其日常环境形成的。正是在日常环境的破坏或混乱中,我们体验到焦虑,便开始看到我们的主观性是如何被我们所处的日常环境所塑造的。这种破坏使人能够适应可能性的社会、历史、文化和本体论条件,而这些条件已经形成了特定存在或其本身的主体性。

Ⅱ

心理创伤和哲学创伤之间的差异可以从罗洛·梅(R. May)的焦虑概念中的含混不清中看出。在这一概念中,焦虑被视为既是对生活在一个人的价值观之外的威胁的回应,也是对缺乏价值观的回应。这种模糊性隐含在罗洛·梅对焦虑的定义中,焦虑是对个人价值的威胁,而这一价值对于个人的生存至关重要。

罗洛·梅所说的对价值的威胁的典型例子是南希和汤姆:"南希在谈到她的未婚夫时说,'如果他对我的爱有什么问题,我会彻底崩溃',这说明了她对另一个人的爱与她的存在是一致的。她作为自我的安全感取决于这个人对她的爱和接受。"在写到汤姆时,他说:"汤姆的言论生动地描述了一个人作为一个人存在的价值认同。他对自己是否会被留任还是被迫再次求助于政府救济感到焦虑:'如果我不能养活我的家庭,我会尽快从码头的尽头跳下去。'因此,他说,如果他不能保持负责任的工薪阶层的自尊地位,他的一生就没有意义,他还不如不存在。"(May,1977:206)

问题在于南希和汤姆获得或实现他们所珍视的东西的能力,而不是价值观本身。他们对自己看重的东西很确定,但却因为无法实现自己看重的东西而焦虑不安。这些价值观本身的可取性是毫无问题的。南希对爱的需要和汤姆想要养家糊口的愿望本身都不是问题。这些价值本身被认为是理所当然的。对于罗洛·梅而言,南希和汤姆的问题是,他们内部存在一些冲突,这使得他们很难获得他们所珍视的东西。正是这种内在的冲突是他们焦虑的根源。神经质焦虑是罗洛·梅给那些源于自我内部冲突的焦虑所起的名字。"神经质焦虑是指当不能充分应对威胁的能力,它不是客观的而是主观的。也就是说,不是客观的软弱,而是内在的心理模式和冲突阻碍了个体使用其能力。"(May,1977:215)

但是,罗洛·梅为另一种威胁留出了空间。这种威胁不仅是对实现所珍视的东西的威胁,而且是在缺乏具体价值、目的和意义的情况下所遭受的威胁。在另一种语境下,罗洛·梅确实为第二种被质疑的价值观腾出了空间。他说:"我在这里提出,当前时期普遍存在的焦虑是由于现代文化背后的价值观和标准本身受到威胁这一事实。……当前社会变革所涉及的威胁不是可以在文化假设的基础上解决的威胁,而是对这些基本假设本身的威胁。这种威胁并不是对生存的威胁,甚至主要不是对有关个人的声望的威胁,而是对基本假设的威胁,这些基本假设已经被认定为文化的存在,而个人作为文化的参与者,已经将其认同为自己的存在。"(May,1997:238)

因此,罗洛·梅让我们识别至少两个层面的对个人价值观的威胁,即当我们所重视的东西的实现受到质疑时,以及当我们失去最珍视东西的感觉时。这两个可以被认为是一个"心理学"和一个(我还是暂且称之为)"哲学"层面。用罗洛·梅的话来说,当我们内部的冲突或紧张阻碍我们获得我们所珍视的东西时,心理层面就会表现出来。正如他自己所说,神经质焦虑发生之时,就是一个人的主观性的冲突阻碍他们实现目标的时候。哲学焦虑发生在我们一开始就不确定我们所追求的目标的时候,就是当我们失去了价值观的时候。当一种文化的基本假设受到威胁时,正如罗洛·梅在上面所指出的那样,我们就被要求变得哲学化。当一种范式或文化的基本假设不能再向我们解释我们的世界时,我们就变得哲学化了。在这种情况下,不能认为这些假设是理所当然的。它们便成为人们关注和研究的明确主题。

梅并没有发展出对威胁体验的理解,而这种体验是在文化假设破裂的背景下产生的。实际上，现代主义心理治疗形式的语言总体上似乎没有一个框架来反思、解构和审视价值观或目的方面的危机。查尔斯·吉尼翁（C. Guignon）指出了这一点。他坚持认为，"治疗师可能会觉得，他们接受的训练让他们感觉自己的能力很差"（Guignon，1993：217），无法回答焦虑与目的或价值观之间的关系问题。正如吉尼翁所指出的，心理治疗倾向于将生活中的危机与目的或价值观之间的关系视为理所当然的问题，认为价值观不可改变地以满足"那些由我们的生物社会构成决定的基本需求或个人偏好"为中心。"心理疗法，被视为一种旨在帮助人们达到目的的技术，却对目的本身漠不关心。"（Guignon，1993：219）

这显然是人本主义心理学的案例，它关注的是使客户能够实现他们的潜力。在治疗环境中，目标（实现潜能）是没有问题的。治疗活动的重点是客户的手段或实现途径。同样，一种以成长、健康或幸福为目标的心理治疗，在治疗之前就已经确定了目标。在这些情况下，治疗是关于开发实现这些目标的方法。吉尼翁认为，即使是罗洛·梅也可能陷入手段的讨论之中，而不是目的的讨论。因为根据吉尼翁的说法，罗洛·梅认为："只有当价值被视为实现非道德目的（如个人满足、实现或授权）的手段时，价值才是正当的。"（Guignon，1993：221）我在上面引自梅的例子证实了这一点，因为对于汤姆和南希来说，目的都不存在问题（支持家庭和爱情），但阻止他们实现目的的方式存在问题。

因此，心理治疗的语言倾向于在手段框架而非目的的框架内运作，使患者能够发展能够使他们达到目的的手段，但它本身并没有把目的的问题作为重点。然而，正如已经指出的那样，焦虑的体验不能仅限于对手段的体验而排除了目的。正如我们对梅和海特的描述所表明的那样，存在着焦虑、痛苦、不确定性和不安全感的体验，这些体验集中在我们被社会文化和历史背景塑造和构建的方式上。正是这种背景定义了我们追求的目标。我们需要发展一种话语或语言，以解决我们的痛苦、不确定性和创伤。我们的主观性是由我们的语境或日常实践产生的。在什么条件下，我们的目的、语境、文化、视野或背景成为一个明确的提问主题？

Ⅲ

从历史上看，哲学家们一直在关注目的的问题。以"美好生活"或"存在的意义"概念的名义，哲学家们试图通过对美好、幸福、正义和美德等概念的分析来提出目的问题。然而，本文希望开展的不是这种形式的提问。因为一般情况下，这样的提问已经呈现出一种无形的形式。在这种形式中，概念一直是关注的重要主题，而非情境概念。正如我将要指出的，在焦虑的背景下，我们关心的不是对目的问题的一个非文本化提问，而是一种在打破日常宁静中产生的提问形式。正是当美好生活的体验或意义缺失时，这种生活的意义问题才成为一个存在的、明确的、令人关切的主题。此外，正如我将要表明的，在焦虑中，我们不是通过分析幸福或正义的空泛概念，而是在反思我们自己的实践的背景下来问目的问题。正是通过解释我们本身是如何通过我们的日常实践形成的，我们提出了生命意义的问题、美好生活的问题。因为只有当我们明确并解构日常生活中那些被认为是理所当然的日常意义时，我们才能提出美好生活的问题——否则我们仍然被困在一张被认为是理所当然的意义之网中。

社会学和哲学文献都表明，将哲学与日常生活中的问题联系起来的哲学概念，可以提供一个框架，在此框架内，最终应对危机的痛苦。从科学哲学的角度来看，托马斯·库恩论证了哲学质疑是如何在范式危机时期出现的，此时科学家不能再把他们的基本假设视为理所当然。他坚持认为，在他们的日常活动中，科学家是解决难题的人，他们必须以科学规则为前提，才能在日常活动中继续下去。他们不需要明确这些规则。事实上，使它们明确是成功解谜的一个障碍，因为它将科学家的注意力从解谜转向解谜的规则。对解谜的关注和对解谜规则的关注是两种不同的活动。(Kuhn, 1970: 47)前者是一种科学活动，后者是一种哲学活动。只有在范式不安全或危机时期，支撑日常解谜活动的规则和假设才成为明确的关注主题。(Kuhn, 1970: 47)在范式危机的经验中，库恩说科学家经历了"严重的个人危机"(Kuhn, 1970: 112)和"明显的职业不安全感"(Kuhn, 1970: 67-8)。爱因斯坦报告说，他感到自己没有坚实的基础。(Kuhn, 1970: 83)面对范式危机造成的不确定性，据报道，一些科学家离开了科学领域，而另一些科学家则变得教条主义，对旧范式的原则和实践采取防御性和盲从的态度。然而，也正是在范式危机的时代，科学家们开始反思他们的范式和实践，而在正常的科学活动过程中，他们往往认为这些范式和实践是理所当然的。库恩在总结这些观点时说："我认为，尤其是在危机时期，科学家们转向哲学分析。……科学家一般不需要或不想成为哲学家。……在一定程度上，正常的研究工作可以通过使用范式作为模型来进行，规则和假设不需要明确。但这并不是说寻找假设就不能有效地削弱传统对思想的控制，并提出新的假设的基础。"(Kuhn, 1970: 88)

从库恩主义(Kuhnian)的角度来看，正是哲学反思为新范式的出现铺平了道路，从而为观察和体验世界开辟了新的道路。在范式危机的情况下，范式破裂所经历的创伤不会导致对个体人格或心理的反思。它导致对真理标准、范式的形而上学假设、方法和语言的反思，也就是说，科学家日常活动的断裂导致科学家成为哲学。在本文中，托马斯·库恩坚持认为，范式的断裂是范式本身变得明确的条件，也是解构的主题。这种解构是出现一种新的范式或一套科学实践的基础。这种哲学起着治疗作用，而不是认识论的作用，因为它不是以陈述的形式来表达真理，而是为新的范式铺平道路，从而为新的实践、体验和观察世界的方式铺平道路。

从社会学的角度来看，恩斯特·盖勒纳重申了这一点，他坚持哲学上的问题，即关于我们活动意义的问题，是在"无法获得稳定的身份认同"的地方出现的。生活方式崩溃时产生的焦虑是哲学问题的根源。盖尔纳借用卡夫卡的隐喻，认为哲学质疑是人从甲壳虫到人或是从前现代性语言到现代性语言的基础。齐格蒙德·鲍曼(Z. Baumann)将那些围绕危机的不安全感称为"解释学上的不安全感"(Baumann, 1990: 146)。解释学上的不安全感是一种不安全感，这种不安全感集中在无法解读或理解一个情境的意义上。解释学上不安全感的典型表现是移民的不安全感，他们无法理解陌生的语言和陌生文化或生活方式的价值观。

赫尔曼·黑塞(H. Hesse)在描述被夹在文化或生活方式之间的经历中，展示了解释学形式的不安全感的痛苦："有时，整整一代人被困在两个时代之间，两种生活模式之间，因此失去了对自己、对自我本性、对所有道德、对安全和无辜的感觉。当然，并不是每个人都能同样强烈地感受到这一点。像尼采这样的人，不得不比一代人更早地承受今天这样的痛苦。他独自一人经历的和被误解的，今天成千上万的人在承受。"(Hesse, 1974：28)

黑塞在上文中提到的自我感觉的丧失，在今天被称为对无意义和空虚的焦虑，正如黑塞所指出的，这种痛苦不再局限于孤立的少数人，而是成为心理治疗师关注的中心问题。罗洛·梅在评论这篇文章时坚称："弗洛伊德的患者大多是歇斯底里的人，他们从定义上来说，携带着压抑的能量，这种能量可以通过治疗师命名的无意识而释放出来。然而，今天，当我们几乎所有的患者都是强迫症(或性格问题……)时，我们发现治疗的主要障碍是患者的感觉能力丧失。这些病人从现在到世界末日都可以谈论他们的问题，但他们无法表达真实的感受。"(May, 1977：26－27)

克里斯托弗·拉斯奇(C. Lasch)在阐述这一论点时说，"现在的人们抱怨没有能力去感受"(Lasch, 1982：11)，表现为"内心的空虚，孤独，和不真实"(Lasch, 1982：27)。梅认为，这种无感情的状态并不局限于少数病态，而是相信"有一种明确的趋势，即作为一种生活态度，有一种毫无感情的状态"。他坚持认为"20世纪中叶人们的主要问题是空虚"(May, 1977：28)。精神分析学家乔尔·科维尔(J. Kovel)强化了这一观点，他谈到了一种去精神化的过程，他将其与一种醒悟的过程联系在一起："从工作到做爱，从抚养孩子到成人的消遣，精神似乎越来越少地成为现代经验的一部分。"(Kovel, 1991：6)

Ⅳ

然而，遭受无意义体验的不只是"病人"。许多"哲学家"都有过毫无意义的经历。有趣的是，在自由主义哲学家约翰·密尔(J. Mill)的自传中可以很清楚地看到这一点，他写到了无意义和空虚的经历，他说有一段时间他"感觉到我的一切都死了"，并发现所有快乐的经历都是无意义的，"对我来说，自私和无私的快乐都不是快乐"(Mill, 1989：116)。

他内心的这种死气沉沉的感觉剥夺了他所有的工作和活动的意义，以至于他无法体验到他所从事的事情的意义："在这段时间里，我并不是没有能力从事我通常的工作。我机械地继续下去，仅仅是因为习惯的力量。我已经被某种精神训练得如此之深，以至于当所有的精神都消失了，我还可以继续下去。我甚至在辩论社撰写并发表了几篇演讲，我不知道是怎样成功的，有多成功。在四年的演讲生涯中，这是我唯一几乎什么都不记得的一年。"(Mill, 1989：116)

同样的经历也为列夫·托尔斯泰(Leo Tolstoy)的自传奠定了基础，他写到了无法感受到日常活动的感觉的经历。他曾经认为这种感觉是理所当然的："在我对农业的思考中，那段时间我非常感兴趣，我的脑海中突然闪过一个这样的问题：'好吧，你在萨马拉政府拥有600德斯雅提纳的土地，还有300匹马，然后呢？'我完全失去了理智，不知道该进一步思考什么。"(Tolstoy, 1988：11)

后者是一个很好的例子,用黑塞的话来说,已经失去了一切自明的感觉或感受。克尔凯郭尔(Kierkegaard)是另一个思想家的例子,他写下了自己经历的感觉丧失和无意义。在描述一段毫无意义的经历时,他说:"我刚刚从一个聚会上回来,我是这个聚会的生命和灵魂;所有人都笑了起来,羡慕我,但我迅速走开了,我想开枪打死我自己。"(Kierkegaard,1973:7)

克尔凯郭尔、密尔和托尔斯泰的苦恼似乎在于,他们觉得自己与日常生活中所处的情境相去甚远。他们的参与并不存在于"那里"。梅在描写"冷漠"时,似乎抓住了三位思想家的痛处。对梅来说,无感情是一种"男人和女人发现自己与过去激发他们情感和意志的事物之间存在距离的状态"。这种存在状态的特征是"缺乏感觉,缺乏激情、情感或兴奋,冷漠"。这是一种"不参与、超然、与重大事件无关"的体验。这是一种"情感的退却"。(May,1977:29)

V

然而,这种情感上的和存在上的与我们自己的参与的距离本身并不是一种需要治愈的病理,而是成为"哲学"的可能性的条件。"置身于自我之外,情感上保持距离,不投入是一种条件,一种对自己参与和融入世界的方式的反射性和敏感性的协调。"正如道格拉斯·马伦(D. Mullen)所坚持的,这也是人类状况的一个重要组成部分:"人类的一个特点是能够把自己从生活中分离出来,把自己看成'只是其中之一'。""对于我们中的一些人来说,这种想法来得更频繁,停留的时间更长。这类人被描述为'反思型'、'自我意识型'、'神经质型'、'反讽型'、'沉思型'、'深沉型'等等。"(Mullen,1981:11)

这种存在主义的超然是古代哲学家的一个重要特征。这一点是由斯克里奇(Screech)提出的,他评论柏拉图、苏格拉底和蒙田等人,认为古代哲学家通过情感上和存在主义上的距离和脱离日常而变得哲学:"一个哲学家、艺术家或预言家将把他的'灵魂'、'精神'或'思想'从他的身体中分离出来……这样的话,人会为了快乐或害怕惊奇,而'超越他们自己'或'抽离他们自己'。"(Screech,1991:31)

柏拉图相当明确地主张,存在主义的超然是探究存在感的一个条件。事实上,柏拉图认为,他所说的"疯狂"是存在距离的条件。对他来说,正是在常识破裂过程中经历的疯狂和狂热中,常识才成为明确的质疑主题。因为当我们沉浸在常识之中时,我们并不把常识本身作为一个明确的思想主题;只有在它破裂的时候,在我们日常活动中被视为理所当然的意义才会成为一个明确的思想主题。这一点在同时代的列维纳斯(Levinas)那里得到了表达,他引用柏拉图说:"(在《费德鲁斯篇》中)疯狂(Delirium)没有非理性主义的意义;它只是'将灵魂从习俗和习俗的枷锁中神圣地释放出来'。……被神占有,热情,不是非理性的,而是孤独的终结或者内心的想法,一个新的真实体验的开始……"(Levinas,1985:49)

强调疯狂和质疑常识之间的联系是很重要的。常识的断裂是一种疯狂,因为我们不再有术语来解释这个世界。但正是因为无法理解这个世界,我们才不能把我们对这个世界的理解视为理所当然。只有当我们不能将常识视为理所当然时,我们的常识才会成为明确质疑和关注的主题。

常识的断裂从来都不是一件例行公事,而是一件极其痛苦的事情,因为当我们不再把对熟悉的常识视为理所当然时,我们就会被一种极端的不确定性和不安全感所压倒,而这种不确定性和不安全感是我们无法直接控制的。但正是这种不安全感和不确定性,形成了质疑发生时的存在主义基调。正如海德格尔所坚持的那样,质疑就是质疑。有疑问就是不确定。这种不确定性是质疑的基础。

海德格尔的解释学现象学把存在的超然与哲学的调和关系的逻辑概括为存在与时间的关系。海德格尔的存在与时间逻辑是建立在对事物的思考与对事物所处环境的思考之间的区别的基础上的;意识到某物(实体、物体、设备或人的物品)与意识到该物的意识之间的区别;与某事物相关,并与该事物的关系相协调;专注于实践(文化、话语、历史),适应于实践(文化、话语、历史)的专注。

对于海德格尔来说,在参与、协调、关系和意识某物的同时,我们并不同时意识到协调、参与、关系和意识本身。相反,我们被特定的主题或关注的主题所吸引。在这个阶段,调性、介入、实践、文化、话语和历史都具有作为背景的地位。例如,当我们观察某物时,我们并不习惯于将观察作为我们与被观察对象之间关系的形式——观察关系是背景。只有当我们的观察中断时,我们才会意识到自己处于一种观察的关系中。[1]萨特在"存在与虚无"中给出了一个这样的例子,他描述了一个人通过钥匙孔看。他坚持认为,当透过钥匙孔看的时候,这个人被他的主题所吸引,在我们的实践成为关注的主题之前,我们的关系是必要的。从海德格尔的观点来看,常识或例行公事的破裂会分散人们对事物的关注,使人类的注意力明确地集中在对事物的关注形式上。断裂的功能就像格式塔转换,将我们的注意力从专注于某物转向专注本身的形式,从对事物的适应转向我们适应对事物的适应,从存在于我们的实践中转向对实践本身的明确意识。

从意义的问题上阐明海德格尔的逻辑,可以说,当我们置身于世界之中时,我们并不质疑"涉入"的意义。在日常生活中,意义的问题并不是一个"实用"的问题——没有任何事情取决于它。这实际上是一个毫无意义的问题。然而,当我们存在地无法理解我们的活动时,我们就面临着我们活动的意义。无意义的体验是我们从对日常世界的专注中后退一步的机会,这样我们就开始质疑这个世界的意义。在海德格尔看来,以悖论的形式表达出来的空虚或无意义的体验,就是意义问题存在意义的心境。在无意义的体验中,意义问题成为一个有意义的问题。这是因为在无意义的条件下,意义的问题才变得存在的明确。同样地,当我们在日常实践、文化和社会中活动时,我们并不是本能地意识到它们。当我们的实践、我们的文化和我们的社会出现裂痕时,这些问题就会成为人们关注的明确主题。

这种海德格尔式的逻辑可以在上面所有的作者身上看到。这种无意义的体验使托尔斯泰的注意力或适应从专注于日常活动转向理所当然的可理解性,而这种可理解性支撑着他的日常活动。对托尔斯泰来说,无意义的体验本身并不是目的,而是他逐渐适应并提出存在意义问题的一种条件。托尔斯泰在经历了无意义的过程中,非常明确地提出了他的活动意义的问题。他承认,在追求财富、名望和幸福的过程中,他把这些追求的意义视为理所当然。他追求财富而不怀疑追求财富的意义。只有当他经历了对财富、名誉和幸福的追求变得毫无意义的时候,他才会从日常活动中后退一步,这样他才能反思驱使他前进的关于幸福、财富和名誉的社会文化假设。

约翰·斯图亚特·密尔对无意义的体验也遵循着类似的模式。这成了质疑他对人生意义的传统的基础:"这个时期的经历对我的观点和性格有两个非常显著的影响。首先,他们引导我接受了一种生活理论,这与我以前所采取的行动大相径庭。"

更具体地说,他开始质疑幸福、理性和情感在他的思维方式和存在方式中的作用。关于他对幸福的质疑,他说:"事实上,我从未动摇过这样的信念:幸福是所有行为准则的考验,是生命的终结。但我现在认为,只有不将其作为直接目的,才能达到这一目的。(我想)只有那些一心想着别的事情而不是自己幸福的人才是幸福的。"

重要的是,托尔斯泰和密尔都没有通过理性的工具来质疑理性。在这两种情况下,都是一种存在主义的颠覆经历,突显了他们对理性的假设和信念。密尔亲自指出了这一点,他说:"我的观点在这个时期经历的另一个重要变化是,我第一次把个人的内在文化置于人类福祉的首要必需品之中。情感的培养成了我的伦理和哲学信条的主要内容之一。"

从本文的角度来看,值得注意的重要问题是,在无意义焦虑的体验中,密尔和托尔斯泰的个人人格、心理或主体性都不是明确的质疑主题,而是支撑他们在世界上的日常实践的话语模式。他们没有适应"自我",而是适应了理性和科学话语塑造他们思维的方式。他们逐渐认识到,科学和理性并不是自然赋予的,而是被社会化的有限的思维实践。

意识到理性的局限性,使得密尔和托尔斯泰都接受了他们之前以强烈怀疑态度看待的适应形式。通过他们对理性的经验解构,新的世界向他们敞开了大门。密尔再次指出了这一点:"这个(新世界)的大部分内容,确实在于重新发现世界上已知的东西,而这些东西我以前并不相信,或不重视。但是,对我来说,重新发现是一种发现,使我对真理有了全面的把握,这些真理不像传统的陈词滥调,而是从源头来的,而且它很少不把它们置于新的角度……"(Mill,1989:134)

密尔经历了鲍曼所说的世界的新魅力。他没有发现新的,但是旧的以一种新的方式活了过来。在陈词滥调的传统中寻找原始存在是海德格尔毁灭过程的主要目的。破坏是通过传统和日常可理解性来揭示被掩盖的东西。它通过传统和普通日常生活的焦虑所引发的质疑做到这一点:"只有在我们完成了摧毁本体论传统的过程之后,存在的问题才能实现其真正的具体性。"(Heidegger,1985:49)通过这样的破坏,传统以新的方式活了起来,海德格尔认为这些方式与传统出现时的原始精神是一致的。

然而,没有经历过类似解构的密尔的同行和朋友们认为,重新被施了魔法的约翰·斯图亚特·密尔是神秘的、失控的、疯狂的。他们拒绝参与密尔在这段时期发表的作品。他们仍然受到理性主义假设的阻碍,无法看到和体验到理性之外的东西。再多的理性也无法让他的同龄人经历密尔的格式塔转换,因为导致密尔改变他对幸福以及理性与情感之间关系的信念的,不是逻辑或超然的分析推理。正是焦虑的经历使他的格式塔发生了转变,他以一种不同的方式体验了幸福的意义和情感。逻辑总是把他引向错误的道路!

正是焦虑使他开始质疑自己的整个哲学体系和生活方式。通过对他的哲学和哲学风格的质疑,他成了一个有着不同价值观的不同类型的哲学家。在谈到幸福在他的体系中所扮演的角色的转变时,他说:"首先,他们引导我采纳了一种生活理论,这与我以前所依据的理论非常不同。我从未动摇过这样一种信念:幸福是对一切行为准则的考验,也是生命的终结。但现在我想,只有不把它作为直接的目的,才能达到目的。"(Mill, 1989:117)

在托尔斯泰和密尔这两个例子中,引起对理性质疑的不是理性,而是对无意义的焦虑使理性受到质疑。两人都觉得理性是无法回答他们的问题的。对无意义的焦虑,剥夺了他们的推理方式的意义,让他们以一种新的方式质疑、看待和体验理性。在这两种情况下,解构都是由一种无意义的体验促成的,并不是理性导致了他们的解构主义活动。对于这些思想家来说,无意义的体验,失去所有感觉的体验,就像黑塞所说,从日常生活中后退一步提出存在的意义问题,这一情形是不证自明的。

无意义本身并不是目的,而是退一步审视塑造和构造我们存在的社会历史条件的条件。事实上,在托尔斯泰和密尔的例子中,无意义是一种活动,不管他们喜欢与否,他们都从日常生活中后退一步,因为托尔斯泰和密尔都不希望情感和存在的体验消失。

毫无意义的经历完全独立于他们的意志,迫使他们进入一种存在主义的遁世状态,在这种状态下,他们感到并表现出情感上的超然、无私和超脱。然而,这种撤退并不是完全的缺席,而是有自己的专注和调适形式。在遁世的状态下,这些思想家调整了他们与世界协调的方式。他们专注于自己融入这个世界的方式——这是他们在与日常世界协调或参与时无法做到的。

因此,无意义对于哲学来说是一个非常重要和有力的场合,是这些思想家与他们的历史实践或参与世界的方式面对面的时刻。在此,值得重申的是,在无意义的经验中,成为焦点的主要主题的不是他们的个性或主观,而是支撑和构成他们主观的话语模式的逻辑。

对日常生活中被遗忘或被理所当然地理解的事物的解构,引导着托尔斯泰和密尔重新创造了自己。正是这种自我的再创造,支撑着治疗性解构的活动。

VI

并非所有自我的重新创造都要经历托尔斯泰和密尔那样的极度痛苦,但它确实预示着日常生活的破裂。实践中哲学化的一个单独的例子可以从贝拉(Bellah)等人的"心灵的工作习惯"(Habits of the Heart)中得到。布莱恩,书中介绍的人物之一,已经离婚了。他对离婚的反应过程可以说是哲学的。他对离婚的反应主要不是把离婚归咎于妻子,从而避免一切自我反省。相反,他开始明确和解构自己先前被认为理所当然的日常实践,即参与到这个世界中来,以及支撑这些实践的价值假设。例如,他说,在离婚前,"我会待在办公室工作到午夜,回家睡觉,六点起床,然后继续回去投入工作到午夜,直到工作结束"。

虽然布赖恩给出了他痴迷于工作的理由,但在离婚前的一段时间里,他以一个极端的目标导向者,参与到日常生活中,而对他通过行动创造的那种日常世界没有任何反思性的意识,即他没有把自己视为一个沉迷于工作而排斥家人的个体。他对自己在这个世界上的存在没有明确的意识。他只关心追求财富。正如他自己所说:"我无法忍受没有足够的钱来维持生活,而我的妻子又无法为家庭收入做出贡献,这似乎是应该做的事情。"在这个阶段,他认为他所做的一切都是为了家庭的幸福。他相信他使他们过上好日子成为可能。他没有意识到他的行为——他的日常参与——是导致他家庭破裂的原因。因此,他全身心地投入到对成功的追求中,而没有考虑这种追求如何改变了他的世界和他的家庭世界。

离婚改变了他对世界的态度。他不再只是简单地参与到每天的生活中,而是逐渐形成了一种与自己日常生活本身相协调的心态。"布莱恩的反思让他重新思考自己在这段关系中所扮演的角色。"他的思想没有指向婚姻与工作之间关系的抽象概念。但对于他自己的行为,"主要是问我自己,我为什么要这样或那样做。我为什么要在工作中这么做? 我为什么要在家里做这些?"通过这个质疑的过程,他逐渐发现,自己每天与这个世界打交道的方式,都带有一种对成功的痴迷。这是他在投身于追求成功的过程中所没有看到的。这场离婚打乱了他在这个世界上的生活方式,以至于他不得不直面自己的痴迷状态。他不喜欢他所看到的:"我说的全是废话。不应该是这样的。"在明确了自己的处世之道后,布莱恩现在可以将自己的存在方式从个人成就转变为与他人在一起的感觉。他再婚了,更能适应孩子和妻子的需要。

离婚打破了他的日常生活,使他从对世界的介入中后退了一步,回到了他对世界的介入方式上。从布莱恩的例子中我们可以看到,他变得哲学化,并不是出于有意识地想成为哲人,而是通过他的日常世界的断裂,在这个断裂中,他从日常世界中脱离出来。

这种后退被认为是在日常工作中退一步:"我很多年来第一次阅读。重新进入古典音乐……主要是独处和与我的孩子们联系的思考过程。"当然,布莱恩所说的思考并不是一种脱离理性的思考,但这并不意味着它不是一种值得思考的形式。事实上,这对布莱恩的生活形态至关重要。就这一点而言,任何人的生活都面临着他们在世界上的方式的转变。此外,这种后退的情绪不是临床的超然,而是对寻找一种新的生存方式的殷切承诺。我不想说仅仅是离婚就使他与他的处世方式产生了一种反射性的关系。相反,离婚使他达到了自己日常可理解性的极限。他说,面对离婚,他没有应对的计划。他在离婚前的范式不能适应离婚的经历。在他日常可理解性有限的经验中,这种可理解性对布莱恩本人来说成了问题。

综上所述,可以说,哲学层面的治疗是一个层面,通过这个层面,不可分割的话语、语言游戏或日常的可理解性得以明确和解构,使主体能够转变其实践,从而重新改造自己的方式加以明确和解构。我在这篇文章中的目的并不是要主张排除心理治疗或专注于主体个性的治疗形式,而是坚持治疗过程存在不同的层次,包括特定主体的个性以及这种个性所处的社会历史和本体论背景。有不同种类的不安、与手段有关的不安和与目的有关的不安。这些不同形式的不安需要不同的反应或干预过程。以手段为中心的不安需要理解主体的特殊主体性，而与目的有关的不安则需要与日常语境的语言相协调，其最终结果不是抽象的，而是人的日常实践的具体性。我把手段的话语称为心理层面的话语，把目的的话语称为哲学层面的话语。事实上，它们是同一论述的不同层次，因为它们都处于解释学的语境中，即把不可见的东西变成可见的，把不明确的东西变成明确的。当然，使不明确变明确的过程通常是不同的过程。海德格尔的解释学现象学确实提供了一种认识论。通过它可以更详细地勾勒出不同话语层次之间的关系，包括对文化、历史和本体论话语层次之间关系的更明确表述。海德格尔的解释学现象学将使我们把这些话语置于"哲学"而不是"科学"的关系中。然而，这是另一篇文章的主题。

注释

[1] 萨特在《存在与虚无》一书中给出了一个例子，他描述了一个人透过钥匙孔往外看。他坚持认为，当透过钥匙孔往外看的时候，他会被他所关注的主题所吸引。他具有主体意识和非主体意识。突然，从钥匙孔往外看的这个人听到走廊里有脚步声。他把目光从房间转向走廊，看见一个人在看他。看着这个人，他看到自己被人看着。而且，当他看到自己被人看着时，他把自己看成一个偷窥者，一个透过钥匙孔窥视的人。正是他从钥匙孔里往外看的破裂，使他能把自己看成是从钥匙孔里往外看的。

参考文献

Bauman Z.(1990). "Modernity and Ambivalence" in Featherstone M. (ed) *Global Culture：Nationalism，Globalisation and Modernity*. London：Sage Publications.

Douglas Mullen J.(1981). *Kierkegaard's Philosophy：Self-Deception and Cowardice in the Present Age*. U.S.A.：A Mentor Book.

Gellner E.(1964). "Metamorphosis" in *Thought and Change*. London：Weidenfeld and Nicolson.

Guignon C.(1993). "Authenticity，Moral Values and Psychotherapy" in Guignon C. *The Cambridge Companion To Heidegger*. Cambridge：Cambridge University Press.

Heidegger M.(1985). *Being and Time*. Oxford：Basil Blackwell.

Hesse H.(1974). *Steppenwolf*. Harmondsworth：Penguin Books.

Hite S. (1993). *Women As Revolutionary Agents of Change*. Great Britain：Hodder and Stoughton.

Hite S. (1994). "Family Values 'Undemocratic and Sexist'" in *The Mail and Guardian*. July 29 August 1994.

Kierkegaard S.(1978). "The Journals" in Bretall R. *A Kierkegaard Anthology*. Princeton：Princeton University Press.

Kovel J.(1991). *History and Spirit：An Inquiry into the Philosophy of Liberation*. Boston：Beacon Press.

Kuhn T.(1970). *The Structure of Scientific Revolutions*. Chicago：The University of Chicago Press.

Levinas E.(1985). *Totality and Infinity*. Pittsburgh：Duquesne University Press.

May R. (1969). *Love and Will*. London：Collins.

May R.(1975). *The Meaning of Anxiety*. New York：W.W Norton and Company Inc.

Mill J.S.(1989). *Autobiography*. England：Penguin Books.

Screech M.(1991). *Montaigne and Melancholy：The Wisdom of the Essays*. London：Penguin Books.

Tolstoy L. (1987). "My Confession" in Hanflig O. (ed) *Life and Meaning*. Oxford：Basil Blackwel.

原文出处：Steven Segal，" Disrupted conventions or diseased selves：The relationship between philosophical and psychotherapeutic forms of questioning"，*Philosophical Practice*，March 2006，2. 1：41－56.

（耿琳琳　译）

哲学作为教育和精神保健 *

彼得·拉伯(Peter Raabe)

我们生活在这样一个世界里,有权势的人可以自由地操纵真相,编造谎言,以符合他们的预期。教育的基本假设是,我们教给我们的年轻一代我们所知的最好真理。但在许多国家,从事精神保健领域的各种机构和公司正在传播错误观念和蓄意谎言。其中包括在高等教育课堂上教授的课程,这些课程促进了心灵和大脑之间虚假的等价性,它声称非物质的心灵和物理的大脑是一回事。他们还错误地声称,所谓的精神疾病是像癌症或糖尿病这样的"致命疾病",而用强效药物治疗大脑的方法是减轻精神痛苦和折磨最有效的方法。

在许多国家,对于所谓的"精神疾病"实际上是什么,存在着相当大的混淆。公众普遍相信的主要说法是,"精神疾病"是生物大脑的故障。这被用来证明,药物的使用是合理的。这些药物通过使大脑变得迟钝来治疗痛苦的头脑,但对解决潜在的生活问题却无能为力。它们还会引发许多可怕的副作用。这就像给断了腿的人注射吗啡来减轻疼痛,而不做任何治疗骨折的事情。

癫痫电休克治疗在生物精神病学中的应用已有很长的历史。今天,这些临床医生正将电极直接插入大脑的各个区域,以治疗所谓的成瘾、抑郁和躁郁症等"状况"。但是,为了治疗所谓的"精神疾病",使用药物或电极刺激大脑是基于一种错误的假设,即精神痛苦就是大脑疾病。

1. 什么是精神疾病?

大脑是一个物理器官,就像心脏一样,有时确实需要外科手术和(或)药物治疗。但是药物治疗只会改变身体器官,也就是大脑的功能。心灵不是一个物理器官。它是为无形的事物命名的,如价值观、信仰、恐惧、假设等等,它们激活了我们人类的许多情感。教师、教授、医生,甚至是职业运动员所宣扬的最常见的信息是,"精神疾病",如焦虑和抑郁,会造成痛苦。但这是完全错误的! 所谓的精神疾病根本不会引起任何事情。它们不能,是因为它们不是由自然的因果规律控制的有机疾病。临床术语"抑郁"是一种标签,

---

* 笔者于 2018 年 6 月 25 日至 29 日在墨西哥城举行的第 15 届国际哲学践行会议(ICPP)上报告了这篇文章的早期版本。

用于描述一系列的情感体验,如悲伤、绝望、自我怀疑、自卑等等。说抑郁导致某些事情,就是说这些情感经历本身就是一种疾病。虽然学生们被告知所谓的精神疾病会导致痛苦,但事实是,各种痛苦都被简单地贴上了"精神疾病"的标签。

说"他患有抑郁症"(据说抑郁症是造成痛苦的原因)和"他对某事感到沮丧"之间有巨大的区别。后者承认个人的内在逻辑和造成这种痛苦潜在存在的原因。同样的道理也适用于"她患有焦虑"和"她对某事感到焦虑"这两个表达方式之间的差异,这个看似微小的语义差异实际上非常重要,因为它对临床治疗方案的选择有决定性的影响。

2. 遗传学没有作用

在精神保健专业人士中,另一个常见但有问题的说法是,"精神疾病"可能是由一个人的基因组成造成的。他们的论点是,所谓的"精神病患者"一定是有能让他们诊断出来的遗传弱点或遗传倾向。但是,如果心灵不是一个身体器官,而只是一个人的无形信仰、价值观、恐惧、假设等等,那么所谓"精神疾病"是由遗传基因引起的说法,就好比说一个人的信仰、价值观、恐惧、假设等等都是通过基因遗传的。

认为精神疾病应该是遗传的是因为它经常发生在家庭中。这就像说虐待儿童或信仰上帝,必须是遗传的,因为它们也经常在家庭中运行。所谓"精神疾病"与遗传倾向有关的说法,是一个缺乏任何实证支持的假设。它忽视了生活环境的整体性,以及可能导致人们经历精神和情感痛苦的存在主义原因。

经过 40 多年的探索,医学还没有发现任何遗传学导致"精神疾病"的证据。根据加拿大最著名的生物学家铃木(D. Suzuki)的说法,他们永远不会发现。因为"精神疾病"不是有机疾病。当一种所谓的"精神疾病"被发现有生理原因时,它就不再是一种"精神疾病",而是一种身体疾病。把遗传学和所谓的"精神疾病"联系起来简直是一门糟糕的科学。

人们还经常声称,抑郁症和其他所谓的"精神疾病"是由大脑化学缺陷引起的;而证明大脑化学缺陷存在的证据是抑郁的存在。这是循环推理,什么也证明不了。在北美,精神疾病的诊断和治疗不仅仅是一门不精确的科学,它根本不是一门科学。在两本主要的诊断手册[《精神障碍诊断与统计手册(Diagnostic and Statistical Manual of Mental Disorders, DSM)》和《国际疾病分类(International Classification of Diseases, ICD)》]中所讨论的所谓"精神疾病"是由一个委员会的成员不断投票决定的。

目前的临床声称,精神痛苦是大脑紊乱,必须用药物治疗,这是错误的。这就像 19 世纪的颅相学声称,头部肿块是表明个性特征的。今天,许多临床医生只不过是"药品自动贩卖机"——把每个病人的就诊作为一种配药活动来处理。

用以治疗"精神疾病"的药物,其负面副作用清单长得惊人,而且非常令人痛苦。此外,诊断之后往往会出现我所说的"MISC"症状:精神疾病自我意识(Mental Illness Self-Consciousness)。在这种情况下,被诊断的人会担心,像在大脑里听到音乐旋律这样普通而正常的事情,是"精神错乱"的一种症状。当诊断出"精神疾病"并像标签一样贴在受难者身上,然后所谓的"精神疾病"被认为是令人烦恼的情绪的原因时,就没有额外的努力去寻找这些情绪的存在原因。下面是我的一个学生写的一篇文章的一部分。我要和你们分享的所有学生评论都是经过他们许可的。

> 我患抑郁症是由于缺乏父母的关注和爱、突然的地理迁移以及性虐待。这些原因导致了被忽视、愤怒、悲伤和沮丧的感觉。它们还导致了我对爱、自我仇恨、自我伤害和自杀的混淆。尽管有我抑郁的原因和结果,但在正确的支持和帮助下,我还是能够克服并过上充实和有益的生活。

在美国,有人呼吁对所有青少年进行抑郁症筛查,以防止自杀。但美国公民人权委员会(Citizens Commission on Human Rights,CCHR)发表的一篇文章援引精神病学家、政府调查员、被精神病学所伤患者的律师和其他专业人士的话说,这种筛查只是药物公司努力将儿童拖入生物精神病学的沼泽,并让他们使用精神药物。数百万人服用抗抑郁药物,除了提高了药品制造商的利润之外,实际上对任何事情都无济于事。英国一支医疗队的调查显示,最流行的抗抑郁药物并不比安慰剂或糖丸好(参见 I. Kirsch et al.,2008)。

3. 精神疾病的误导性医学模式

人们通常认为,并经常在各种媒体上宣称,"精神疾病"的治疗遵循一种医学模式。这是基于三个观察:(a)临床医生声称他们使用科学仪器来诊断"精神疾病";(b)针对精神疾病通常开的是药物;(c)是医生在开这种药物。生物精神病学和它的资助者制药业,积极地提出了精神保健遵循医学模式的观点。他们这样做是为了提高他们的职业地位。诊断类别最初是为了提高精神病学的声望而设计的,它使精神病学看起来像一门医学。

但是,在治疗所谓"精神疾病"方面存在医学模式的说法既是错误的,也是误导人的。合法的医学模式包括:实验室测试,以确定不同的生理或生物原因;在许多文化中相一致的诊断;并且有标准的治疗方案。但是,在一般的精神保健领域,没有任何实验室检查就能作出诊断,因为没有一种诊断能够表明"精神疾病"。然后遵循一个治疗方案,与下一个相比,可能是完全不同的一个临床医生和一种文化。

事实上,精神保健的医学方法是行不通的。医学是以科学的方式进行的。它是基于物理测量和实验室分析,产生实际的定量信息。虽然医生有生物学测试结果来帮助他们作出诊断和建议治疗方案,但在精神保健中使用的所谓"科学仪器"或"心理测量学"只是一份调查问卷。病人在这些问卷上给出的答案可以用许多不同的方式进行主观解释,以证明药物处方是合理的。我的一个学生写道:

> 通过专注于症状的管理,而不是治疗潜在的原因,药物疗法制造了一种错觉,即"精神疾病"是不可避免的,超出了患者的控制范围,必须终身服用药物。

> 我的医生告诉我,我得了一种叫做"忧郁症和焦虑症"的生物性疾病。这不是我的错,是我大脑中的一种化学失衡。他错了。我所经历的是一系列的生活环境,这些环境直接导致了我的无能为力、恐惧、内疚、悲伤和恐慌的感觉。我的医生相信药物会对我有帮助,而且没有任何其他的治疗方法可以帮助我。

所谓的精神保健"医学模式"的概念是由临床医生建立的,原因有三:它旨在使心理治疗和精神病学领域获得一种科学上的尊重;它将精神痛苦生物化,允许开出使大脑变得迟钝的药物处方;它将人类精神痛苦商业化,允许各方从痛苦中获益;它暗含着对药品市场的支持。

研究表明,抗抑郁药物、抗焦虑药物和其他此类药物并不是"疾病"的特效药;它们发挥作用的方式非常普遍,就像酒精一样,会不分青红皂白地抑制大脑的所有功能(L. Simon, p. 101)。此外,它们还会产生各种破坏性的副作用,包括扰乱语言和睡眠模式、缺乏动力、注意力不集中、性格变化和自杀意念,更不用说依赖性和成瘾了。

那么多副作用不仅影响病人,而且影响病人家庭的每一个成员。在中国武汉大学攻读博士学位的研究生吴瑶瑶给我发了一封电子邮件,其中有一部分是她写的:

> 哲学咨询对我如此有吸引力的原因(作为我毕业论文的主题)越来越清楚了。我同意你在《哲学在咨询和心理治疗中的作用》(*Philosophy's Role in Counselling and Psychotherapy*)一书中的观点,即大多数人的"精神疾病"不是可以用药物治愈的疾病。在中国,年轻人,特别是我接触的大学生,由于应试教育制度,在思想上有很多错误的想法、问题的信念和错误的假设。年轻人只知道如何获得高分,但他们对如何过上美好的生活却知之甚少。哲学辅导对学生和教师都有很大的帮助。

4. 教授咨询哲学

大部分教育包括教师向学生传递有关世界的信息。但这只是哲学课堂上的一小部分。哲学包括审视我们(无论是学生还是教师)对我们所持有的良好价值观和信念的理由,从而使我们能够摆脱盲目遵循传统、服从权威人物的指令,或仅仅根据自己的感受行事。经过哲学学习的一个学期之后,一个成熟的过程在班里的学生身上总是显而易见的。

哲学咨询的学生被教导哲学要超越柏拉图或苏格拉底的美德伦理,其目标仅仅是孩子或学生的良好行为。并且它超越了伯尔赫斯·斯金纳(B. F. Skinner)的目标,即通过对孩子或学生应用操作性条件反射来实现良好行为。哲学咨询超越了儿童或学生应该对他人有同理心的论点,而是清楚地解释了为什么关心他人对人类行为很重要,为什么同理心很重要。这使学生或客户得到的不仅仅是服从指令或遵循权威人物的建议,而是接受所建议的道德行为背后的理由。哲学和哲学咨询依赖于理性人的思维能力,它能够欣赏一种行为不同于其它行为的价值。

哲学也可以通过向公众开放的哲学咖啡馆在课堂外分享智慧。有那么多青少年参加过我的哲学咖啡馆,以至于我们试着开了一家"非青少年莫入"(teens-only)的哲学咖啡馆。令我惊讶的是,很少有青少年参加这个"非青少年莫入"哲学咖啡馆的活动。当我问在场的几个青少年为什么参加的人如此之少时,他们说,他们的同龄人每天都能从其他青少年那里听到足够多的意见。在迈入成人世界的门槛上,他们想听听成年人有什么要说的。他们想听听他们的长者的声音,他们没有被同龄人中常见的自私自利的竞争所腐蚀,他们希望听到社交媒体中的自恋,以及企业媒体中公然的产品促销。青少年们想要听到的"长者的声音"(成年人对困难问题的成熟看法)也在许多哲学家的著作中随处可见。

哲学为存在主义问题提供了多种视角。它回答学生提出的问题,例如良好的推理、道德行为、道德决策、个人身份、友谊、人权、性取向、家庭状况、种族主义、权力政治、贫穷、恐怖主义、战争、文化、自杀、现实、上帝的本性、生命的意义等等。从经验科学的角度来看,这些问题都不能得到充分的解决。但所有这些都对人类福祉至关重要,更不用说我们的生存了。

大多数心理咨询师和心理治疗师在这些领域几乎没有专门知识,因为这些不是典型的心理学或咨询课程中讨论的主题。并不是所有的观点都是同样真实、有效或明智的。许多未经审查的意见支持着隐藏着的行动计划,非理性的性别歧视,种族主义,仇视同性恋的偏见,令人不安的宗教意识形态,或既得利益。这就是为什么所有的学生都应该学习哲学,然后所有谈话疗法的从业者都应该严格地应用哲学[如果您想要更详细、更深入地讨论哲学在缓解所谓"精神疾病"中的作用,请参见 P. Raabe (2014)]。

> 一开始,在上这门课之前,我不知道什么是哲学。我只是认为哲学就像古老的格言或像苏格拉底那样的人留下了一句睿智的名言。我也不知道如何将哲学应用到我们的日常生活中去帮助人们。我以为哲学家是说些很酷的话的人。这门课帮助我了解了哲学如何在日常生活中被用来帮助别人。我学会了批判性思维的重要性。上了这门课后最大的改变就是现在我知道抑郁症不是一种疾病。

大多数精神保健专业的学生学习各种系统和技术的"技术"方面——与客户或病人一起遵循的程序。这些都出现在成千上万的临床教科书中,每一本都在宣传他们的"最好"的治疗方法。学生们从未被正式教导的是无形的潜在基础(比如病人或病人陈述中的逻辑谬误),如何发现病人的价值观和道德,以有帮助的建议和安慰的形式要说些什么,分享什么智慧等等。这就是哲学教育的价值所在。

哲学课堂是一个发现、探求新思想和尝试新观点的地方。在一定程度上,这是一个探讨老师观点和同学信仰的地方。哲学家奎因(W. V. Quine)写到了我们每个人都有的"信念网"(web of beliefs)(Quine, 1978, p. 68)。学生的信仰来自同龄人、家庭、权威人物、宗教和社会期望,这种"信念网"可能对智力和道德发展以及个人自主性都有很大的限制。但是,通过公开讨论、书籍和其他媒体,教室是年轻人可以挑战现状的场所。哲学著作的档案馆是独一无二的,因为它提供了在其他书籍中找不到的观点和见解。哲学在咨询中的应用并不需要背诵著名哲学家著作中的长篇经文。它不需要诉诸古代或现代先贤的权威。当用于咨询时,哲学并不是在讨论哲学,而是在与哲学进行讨论。首先,它需要能够听到客户提到的哲学上相关的问题,而这些问题往往是充满痛苦、困惑和痛苦的冗长而混乱的陈述。其次,澄清这些问题,以便通过参考各种哲学观点来处理这些问题。

学习和应用哲学促进了任何形式的心理保健。原因很简单,所谓的"谈话疗法"中的所有方法都是带有心理学名称的应用哲学。例如,理性情绪行为疗法(REBT)是基于在几个教育水平的批判性思维课程中教授的哲学推理的咨询。

事实上,理性情绪行为疗法已经被科学证明是一种基于证据的谈话疗法。因为综合研究发现,它是一种治疗所谓"精神疾病"的有效方法,具有长期的有益效果(W. O'Donohue and J. S. Vass, 1996, pp. 304 - 317)。

由此可以看出,建立在坚实的哲学基础上的咨询可以被称为基于证据的谈话疗法,也可以被称为得到科学证明的所谓"精神疾病"的"治疗"。

5. 关于我教的课程

我在加拿大西部山区附近的弗雷泽山谷大学(University of the Fraser Valley)发展并教授了一门名为"咨询师哲学"(Philosophy for Counselors)的高级课程。你可以在我的书《哲学在咨询和心理治疗中的作用》(*Philosophy's Role in Counseling and Psychotherapy*)中阅读这门课程的所有细节。这是一门非常实用的课程,旨在教学生如何应用哲学来治疗所谓的"精神疾病"。事实上,我教这门课是为了帮助学生们增强自己的能力,以对抗那些可能导致所谓"精神疾病"诊断的心理问题。该课程旨在提供哲学知识以及培养学生的讨论技能,好让他们进入不同的心理保健领域,如咨询、心理治疗、社会工作等。但事实上,我估计每个班级至少有一半的学生对这些材料感兴趣,这是因为他们的朋友、家庭成员,甚至是他们自己与精神痛苦和情感痛苦作斗争。几乎从第一次开设这门课程起,入学人数就一直在增加。以下是我一个学生的信息,他已经在精神保健领域工作了:

> 我是一名青年工作者(Youth Worker),在过去的 20 年里一直是一名青年工作者。我在学校里工作,那里的孩子们正经历着社会或情感方面的问题。这包括儿童所经历的一系列广泛的问题。"咨询师哲学"这门课程对我有什么影响? 影响是巨大的。这是我听说过的治疗所谓精神疾病中最有意义、最实用、最现实的方法。我心里明白这一点,在我的工作中,我是一名哲学咨询师。

实际上,在课堂上成功地与学生一起做哲学(而不是仅仅教给他们哲学书的内容),

这要求教师乐于进行开放的哲学讨论。它还要求教师不拘泥于自我保护,欢迎尊重式的挑战,并反对他自己的论点和观点。在讨论中这种乐于接受的态度在鼓励学生以同样的方式作出回应方面起到了很大的作用。一位女学生给我发了以下信息:

> 参加"咨询师哲学"的课程让我确信,心理咨询是一种非常成功的方法。它可以帮助那些在精神痛苦或情感痛苦中挣扎的人。在这些课程中所教的材料还允许对所发生的事情进行自我反思,并允许对自己的经历(在医学上被诊断为抑郁或焦虑)以及其他个人的经历有更大的展望。所教的课程,比如男人和女人如何表现出不同的反应、同理心和想法,让我更好地理解了为什么我遇到的第一位辅导员是个男人,为什么我们永远不能正确地沟通。

哲学加强了咨询、心理治疗和社会工作的每一种形式。这些都是建立在讨论实践的基础上的。早期的精神分析学家受过良好的哲学教育。从 20 世纪初开始,许多人就经常使用哲学概念和技巧作为其方法的一部分。

弗洛伊德(S. Freud)在描述他的三重无意识概念时遵循了柏拉图的观点(S. Freud, 1975,p. 153)。梅(R. May,1953)借鉴了笛卡尔、密尔、卡夫卡、尼采、海德格尔和萨特的治疗方法,把他的治疗方法描述为一种顾客自我认同意识的治疗方法。弗洛姆(E. Fromm,1962)将马克思和黑格尔作为跳板去理解人类状况、病态个人和病态社会。在另一部作品中,弗洛姆(Fromm,1976)诉诸阿奎那和斯宾诺莎来支持他对人类斗争和人类欲望的看法。莱恩(R. Laing,1990)引用了萨特、海德格尔和克尔凯郭尔,解释了人类的悲哀和真实的生活。荣格 (C. Jung,1990)依靠尼采的查拉图斯特拉哲学来解释自我转变的动力。荣格在 1942 年说:

> 我很难掩盖这样一个事实:我们心理治疗师应该是哲学家或哲学医生,或者更确切地说,我们已经是哲学家了。尽管我们不愿意承认这一点,因为我们的工作与大学里被认为是哲学的东西具有明显的差异。(C. G. Jung,1989, p. 45)

心理治疗师 A. 埃利斯(A. Ellis)是 20 世纪 50 年代初 REBT 的创始人。他使用了非正式逻辑课程中发现的那种批判性思维策略。现在这些课程是任何学院或大学哲学系本科课程的一部分。

我的"咨询师哲学"课程是为在我校已经取得良好哲学基础的高年级学生开设的。我们在每次课堂上回顾一个哲学领域,然后将该领域的元素应用到不同的案例研究中。例如,我们可以回顾一些伦理理论,然后讨论一些案例。其中伦理问题是客户面临的主要挑战。学习哲学不仅可以提高学生的能力,还可以提高教师、专业咨询师、社会工作者和治疗师的能力。它运用了哲学的各个领域:批判性思维、形而上学、认识论、道德伦理、政治和社会哲学、心灵哲学等等。

6. 预防和加强

令人遗憾的事实是,大多数心理保健专业的学生几乎只接受过他们所在领域技术和技巧上的培训。这一事实给第二个问题"预防"(Prevention)蒙上了一层阴影。预防是传统精神保健的一部分,几乎从未被提及过。但事实上,哲学教育是一种预防措施——一种哲学预防措施。哲学是对临床医生错误地诊断为"精神疾病"的情绪困扰和精神痛苦的一种结构化和系统性的防御。

我的一位朋友和专业同事沃海娜·菲瑞(Vaughana Feary)以一种她称之为"干预"(Intervention)的方式进行哲学咨询。她的意思是,与精神保健领域的初级保健提供者合作,对精神病医院的病人进行管理。在讨论我们对待受难个体方式上的差异时,我逐渐看到她的干预类似于一场车祸后的救援努力。在我自己的实践中,我试图在医学治疗和药物的"滑坡"(slippery slope)的早期推广使用哲学咨询。菲瑞在机构环境中进行哲学干预的做法非常类似于心理治疗,它包括药物治疗。她为那些可能完全适合使用"病人"一词的严重困扰/精神障碍的个人提供心理治疗。

另一方面,我认为自己致力于的工作要提早很多,处于精神损害范围的另一端。在那里,我帮助那些作为客户的人避免对药物的需求。换句话说,我正试图帮助人们避免车祸。首先是在这个人被临床医生贴上需要处方药的病人标签之前,通过促进预防(以提高"驾驶技能"的形式)使其得以避免。我当然感谢菲瑞在帮助人们从他们的"伤害"(injuries)中恢复方面所做的工作。我钦佩她在"损害"(damage)程度上所做的工作。我们都在努力帮助受苦的人,但是是他们生活经历的不同阶段。

此外,除了单纯的康复或恢复"正常"(normalcy)之外,哲学咨询或治疗提高了客户自我保护的能力,因为方法(应用哲学)是咨询师自由分享的,因此对客户完全透明。哲学的运用有可能使客户处于认知和情感状态,以及一种能力水平,这实际上优于最初导致他们陷入情感痛苦和认知困境的能力水平。如果客户不仅用哲学的帮助解决了他们当前的问题,而且还学习在其案例中使用的哲学知识和技能,那么他将达到一种比他们最初脆弱的"正常"状态更好的状态。

这与那些心理治疗方法中的方式有很大的不同。在这些方法中,临床医生的目标仅仅是"让病人的时间回到"(turn the client's clock back)症状减轻的状态,但具有同样的脆弱性。哲学的作用是增强或丰富学生和客户解决未来生活困难的能力。

我以前的一位学生获得了临床实践硕士学位,现在是加拿大注册临床顾问,他给我发了以下信息:

> 虽然学习哲学对所有的辅导员都有很大的好处,但很多人根本没有学过哲学。但他们每天都使用哲学工具。我主要使用的是苏格拉底式的提问、归纳和演绎推理以及价值论或价值理论……当我的客户在他们的社区中、在人际关系中或在他们自己的价值观中挣扎时,可能会出现一系列的问题,这可能会使他

们对自己感觉很差。有时,我客户价值观的内部冲突会对他们产生很大的影响,以至于自杀的念头可能会从层出不穷的想法中产生出来。我发现必须了解我的客户的信念和价值观,以帮助他们培养更强的归属感。

哲学咨询使客户能够更好地应对生活中的突发事件。在课堂上学到的哲学有助于在问题出现之前预防问题的发生。客户还意识到,与去看心理治疗或精神病临床医生相比,与之进行哲学讨论所带来的耻辱要少得多。让他们接受一系列伪科学测试,将他们诊断为患有"精神疾病",然后简单地开出改变思维的药物。

哲学是一种有效的咨询方法,可以成功地抵消生物精神病学及其药物所造成的痛苦和损害。它与"精神疾病是脑部疾病"这一占主导说法背道而驰。它是治疗新诊断的无休止发明和过度用药流行的良方。归根结底,哲学在教育和心理保健中最重要的作用之一就是揭示所谓的"精神疾病"及其治疗的真相。

参考文献

Ellis, A. 1976. "Philosophy and Rational-Emotive Therapy", in D. Biggs et al, eds. *Counseling and Values*. Washington: American Personnel and Guidance Association.

——. 1997. "Handbook of Rational Emotive Therapy", in A. Ellis and R. Grier eds. *Handbook of Rational Emotive Therapy*. New York: Springer.

Freud, S. 1975. *General Introduction to Psychoanalysis*. New York: Simon & Schuster.

Fromm, E. 1962. *Beyond the Chains of Illusion*. New York: Simon & Schuster.

——. 1976. *To Have or to Be*. New York: Harper and Row.

Jung, C. G. 1989. "Psychotherapy and a Philosophy of Life", in R. F. C. Hull trans. *Essays on Contemporary Events*. Princeton, NJ: Princeton University Press.

——. 1990. *The Archetypes and the Collective Unconscious*. New York: Princeton University Press.

Kirsch, I. et al. 2008. "Initial Severity and Antidepressant Benefits: A Meta-Analysis of Data Submitted to the Food and Drug Administration". http://www.plosmedicine.org/article/info:doi/10.1371/journal.pmed.0050045.

Laing, R. D. 1990. *Self and Others*. New York: Viking Penguin.

Maj, M. et al eds. 2002. *Psychiatric Diagnosis and Classification*. New York: John Wiley and Sons.

May, R. 1953. *Man's Search for Himself*. New York: Dell Publishing.

O'Donohue, W. and J. S. Vass. 1996. "What is an Irrational Belief? Rational-emotive Therapy and Accounts of Rationality", in O'Donohue and Kitchener eds. *The Philosophy of Psychology*. London: Sage. pp. 304 – 317.

Parnas, J. and Zahavi, D. 2002. "The Role of Phenomenology in Psychiatric Diagnosis and Classification", in M. Maj et al, eds. *Psychiatric Diagnosis and Classification*. New York: John Wiley and Sons.

Quine, W. V. 1978. *The Web of Belief*. 2nd ed. McGraw-Hill.

Raabe, P. 2014. *Philosophy's Role in Counseling and Psychotherapy*. New York: Jason Aronson.

Simon, L. 2003. *Psychology, Psychotherapy, Psychoanalysis, and the Politics of Human Relationships*. Westport, CT: Praeger.

Waller, S. 2001. "Philosophical Counselling: An Almost Alternative Paradigm", in *Philosophy in the Contemporary World* 10 (2), pp. 23 - 31.

[作者简介]彼得·拉伯(Peter Raabe)就职于加拿大弗雷泽谷大学(University of the Fraser Valley, Canada)。

[通讯邮箱] Peter. Raabe@ufv.ca

原文出处：Peter Raabe, "Philosophy as Education and Mental Healthcare", *Journal of Humanities Therapy*, 2018, Vol. 9, No. 2: 19 - 53.

（耿琳琳　译）

第五部分

面向特定目标的哲学践行

灵性与哲学践行：为危机中的客户提供咨询

沃海娜·菲瑞(Vaughana Feary)

  灵性的概念常常被认为是肤浅的新时代运动或被特定的宗教所挪用。然而,正如福柯(M. Foucault)的《关心自己》(1986)、皮埃尔·阿道(Pierre Hadot)的《哲学作为一种生活方式》(1995)和罗伯特·所罗门(Robert Solomon)的《怀疑论者的灵性》(2002)显示的那样,"灵性"是一个具有悠久历史的哲学概念。

  阿道和所罗门论证了哲学生活和精神生活都聚焦于可以改变对自我和世界的看法的问题和观念。灵性和哲学虽然会重叠,但不尽相同。哲学的大部分内容恰是通过专注于必要的技术问题来解决更宏大的哲学主题。显然,并非所有的灵性都具有哲学特质。宗教的灵性在于它关注一些假设的超验实在,例如上帝。然而,宗教包含基于信仰的假设,这使得大部分宗教不太关心日益世俗化的社会。

  我将表明,哲学意义上的"灵性",可以被视为包含在这个世界存在的方式,其中涉及与世界相关联的倾向,诸如特定的哲学思想、价值观和实践。有些是在强调宗教传统,但完全可以脱离那些传统,有必要进行哲学分析。在有趣的哲学意义上,"灵性"与各种哲学和智慧传统中的特定主题有关,其中包括:柏拉图式和新柏拉图阶段的丰富理解;斯多葛学派的宁静观(ataraxia);基督教关心的希望和宽恕;通向神圣的现象学进路;印度教的"见神"(Darsan)和生命阶段论;康德和后现代的崇高概念;道德共同体的概念,如康德的尊重观、佛教的同情观和女性主义的关怀观,以及密宗对性爱和欢笑的强调;最后是浪漫主义,超验主义,以及印第安人对自然的看法。从这些不同的传统中剖析选定的概念和理论,表明它们可以脱离特定的宗教假设,与个体和团体一起进行由它们改编而成的灵性练习,从而在个人生活中能够丰富灵性可能意味的本土观念。

  "灵性"及其相关主题的哲学探索在危机咨询中尤其具有治疗价值。危机诸如:经济损失、公司裁员、自杀意念和意图、老龄化、丧亲之痛、成瘾、监禁、重大医疗问题以及致残或成为暴力犯罪的受害者等等。哲学探索生活的精神层面,除了具有内在价值外,还可以为处于危机中的个人和群体减轻压力,提供应对策略,提高生活质量。灵性理论可用于启发个人和团体对话,以及为企业、医院、康复中心、精神病医院、监狱、药物滥用诊所、老年中心等设计的哲学项目。

  我将概述一些与灵性维度相关的哲学概念和理论,目的是让哲学践行者和其他职业助人者有所准备,进而与他们的来访者一起探索生活中重要的精神层面。我的重点是,由此在每一节中会提供大量的例子来说明这些理论如何在危机哲学工作中使用。

通往更高视野之路：柏拉图和普罗提诺（Plotinus）的灵性概念

向大家介绍灵性哲学传统的最简单和最直接的方法是通过柏拉图和普罗提纳斯。对柏拉图来说，从仅仅认识瞬息万变的表象世界到真正了解永恒的形式世界，有一个思想的发展过程。这种真知是通过辩证法获得的。正如皮埃尔·阿道正确地指出的那样，柏拉图辩证法不仅仅是逻辑练习而是精神练习，需要潜心于对话的对话参与者进行"苦修"（askesis），即自我转化（Hadot，1995，81-109）。阿道认为，对柏拉图来说，哲学不仅是理论智慧，而且是一种生活方式，具有深刻的精神特征（Hadot，1990）。

《理想国》中的洞穴寓言可以指导几乎所有的客户提出关于自我和世俗人类优先考虑的问题。这个过程允许他们改变自己和他们的生活，生活在一个更高、更灵性的层面。在小组活动中使用洞穴寓言时，我首先解释表象世界和现实世界的区别；然后要求参与者列出他们生活中导致压力、抑郁和（或）绝望的一些因素，确定这些因素属于柏拉图的哪个世界。我鼓励参与者去意识到大多数因素不是永久性的，不断变化的视角可以使他们超越其中一些因素，生活在更高的层次上。我几乎总是会让参与者就支持"穴居时代"的各种因素进行对话。通常，当团队成员正在经历经济损失或裁员时，明智的提问可以让他们认识到，造成绝望处境的一个原因是现代人对收入和财富的痴迷。有时我提供迪奥脱玛（Diotoma）在《会饮篇》（*Symposium*，201d-212b）上的演讲的副本，要求一组参与者记下他们每天美好经历的流水账，然后在下一组讨论什么是这些经历的共通之处，作为一种超越线喻的展示及其对我们生活影响的方式。

可以理解的是，医疗患者和老龄化人群往往会全神贯注于身体问题。详细介绍柏拉图"为死亡艺术的实践"的哲学概念是有帮助的（Phaedo，64-65）。这儿关心病人是有必要的，因为几乎所有病人都抱持希望而避免谈论死亡。但也完全可以强调柏拉图死亡艺术中涉及的"死于肉体"（dying to the body）。"死于肉体"的概念（与"肉体的死亡"相对）可以使病人认识到他们不是由他们的疾病或残疾来定义的，他们可以超越痛苦。在某种程度上就是说关注他们的精神生活层面，关注他们的关于永恒和最终价值的想法。一些参与者可能会意识到，死于肉体也是为生物学上的死亡做准备，但这个问题最好在团队之外讨论。

最后，12步疗法中在处理罪犯和协助客户参加至关重要的第三步——鼓励他们把自己的意志和生命交给更高力量的这一步，洞穴寓言［通常还会结合对《斐德罗篇》（*Phaedrus*，473）中车夫形象的讨论］是非常有用的。如果参与者想避免再犯和复发，他们需要一种方法来处理他们的欲望和激情。但世俗客户往往不喜欢这样的有神论修辞（指更高的力量），虽然这在许多12步疗法会议和文献中会使用。对那些抗拒的参与者来说，12步疗法的第三步往往是一个不可逾越的障碍，而若"更高的力量"这个词可能被解释为柏拉图式的智慧或柏拉图式的现实（善、正义、美等），涉及关注普遍的、客观的观念，而非被激情掌控，则对他们非常有吸引力。

通常，面临急性医疗危机的患者或在康复初期滥用药物的患者，都意识到惯常的优先事项被放错了地方。但在缓解或康复一年后,他们几乎不可避免地会回到过去的生活方式,让自己陷入日常生活的世俗现实中,屈服于不健康的压力,这压力来自关注复发或易导致复发的琐事。为了巩固在早期课程中取得的进步,成立了一些后续团体,而普罗提诺关于灵性的观点对于这样的团体来说非常有帮助。

对于普罗提诺来说,灵魂占据着物质和精神之间的中间位置,最终,他称之为神圣的智慧。灵魂被提议的轨迹是与神的智慧(形体的灵性世界)相结合,并与"一"体验神秘的结合。这一观点认为,个体的灵魂或心灵拥有内在的神圣元素,因此能够通过沉思达到更高层次的超越性视野(Hadot,1993)。正如普罗提诺所说:"要找到上帝,并不需要去神殿,他只不过是应该在那里。"(Plotinus,*The Enneads* 45)我们不必为了获得他的存在而做出让步。相反,我们必须让自己成为一座活生生的神殿,在那里,神性得以彰显。普罗提诺最精彩的也被阿道引用的一段话是:一个有精神的人努力成为一个有更高视野的神殿的任务,就好比一个雕刻家的任务,把那些对精神来说不重要的部分凿掉(*The Enneads* 16,9 – 24)。

对普罗提诺来说,灵性包括不断寻求自我转变。如果想要成为"活的神殿",我们不仅要寻求对神的超然视野,还要保持这种视野,从而改变我们的世俗生活(Hadot,1993,pp. 65 – 73)。这意味着通过对形体、神的智慧和善的神秘沉思来净化我们自己,同时也练习那些调控我们激情的美德,如智慧、审慎、正义、勇气和节制。哲学家的角色变成了"精神向导",帮助他人探索他们如何从对身体的关注中脱离出来,转向内心的沉思,体验我们每个人内心的神圣(Hadot,1993,pp. 23 – 34)。

作为精神导师,咨询师需要让客户考虑他们必须做什么才能成为活的神殿——找到他们内在的神圣火花。需要清除哪些有害影响?这怎么实现呢?对沉思、冥想和美德进行对话都是非常有益的,此外就如普罗提诺所建议的,客户还需要笛卡尔《第一哲学沉思录》(*Meditation on First Philosophy* 1,paragraph 2)中推荐的孤独和迈克尔·蒙田《论孤独》(*On Solitude*,1958,p. 177),这对于沉思以保持"活生生的神殿"和维护灵性在他们生活中的价值很有必要。我鼓励我的所有客户每天留出时间来考虑他们想要消除生活的哪部分特征,并检查和拒绝可能导致这部分特征的信念。这项任务在帮助12步疗法的参与者完成"做一个无畏的道德检查"这一步时卓有成效。对于任何寻求自我转变的人来说,这是一个必要的练习,以便找到内在的神圣火花。

通往平静之路:禁欲主义和享乐主义中的灵性概念

玛莎·努斯鲍姆(Martha Nussbaum)在《欲望的治疗》一书中指出,斯多葛主义和伊壁鸠鲁主义都是关于个体转变的治疗哲学,目的是使个体过上更快乐、更平静的生活(Nussbaum,1994)。

对于斯多葛派来说,灵性在于做哲学,哲学包括练习如何自由而自觉地生活。自觉地生活意味着"我们承认自己是理性活跃的宇宙的一部分",而自由地生活意味着放弃对我们无法控制的事物的任何欲望,只伴随我们能够控制的事物(Hadot,1995,p. 86)。道德的善与恶取决于我们,并在我们的控制之中。自然不依赖于我们,也不在我们的控制之中。学习如何生活需要特定的灵性练习。

对于斯多葛派来说,宇宙是理性的,创造宇宙的力量是逻格斯或者自然,这些术语几乎是同义词。人类的目标应该是按照宇宙的秩序生活,这将导致精神上的和平与幸福。实现这种宁静的方式是通过如下美德的实践:智慧(知道好与坏),勇敢(知道有所畏有所不畏),正义(知道如何给予每个人自觉应得的),以及自我控制(知道赞同哪一部分激情,知道节制或者消灭哪一部分激情)。涉及这些美德实践的灵性练习需要阿道所谓的基础性的斯多葛精神态度,这本身也是一种灵性练习,警觉或自我反省,加上活在当下从而使我们免于被激情奴役(Hadot,1995,pp. 85‐87)。当然,这里与佛教的正念(mindfulness)有密切的联系。

冥想是最基本的灵性练习之一,它旨在控制内心的对话(当代心理治疗称之为"自我对话")。冥想包括智力和实践练习。智力练习包括:研究和彻底的调查(将理论付诸实践)和阅读(我们现在称之为诗歌或哲学文本的阅读疗法)。实践练习包括:自我控制、对无关紧要的事物漠不关心、对美好事物的回忆和尽职尽责(Hadot,1995,p. 84)。阿道在《哲学作为一种生活方式》一书中对这些练习进行了有趣的讨论,并将其扩展到《内在堡垒:马可·奥勒留的〈沉思录〉》(Hadot,1998)对灵性练习(spiritual exercises)的研究中。其中一些练习可以改编用于现代团体。

同斯多葛学派一样,伊壁鸠鲁学派认为哲学是对灵魂的关怀和治疗。然而,伊壁鸠鲁派的灵性练习专注于快乐,教我们如何从痛苦的经历中解脱出来,专注于过去的快乐,抓住当下的快乐(及时行乐),从而享受平静的生活。伊壁鸠鲁的快乐观和友谊观在与医疗患者的团体对话中非常有用。

希腊学派对那些与危机中的个人或团体打交道的哲学顾问特别有帮助。正如爱比克泰德(Epictetus)所教导的,"让我们心烦意乱的不是事件,而是我们对事件的信念"(Epictetus,p. 497)。阿尔伯特·艾利斯(Albert Ellis)承认理性情绪行为疗法是建立在斯多葛学派的原则基础上的,在隔离一些最常见的干扰我们的非理性信念方面做得很好。然而,有经验的哲学顾问可以做更多的工作来识别和挑战危机中特殊群体的非理性信念。举两个例子,哲学家可以向绝望的癌症患者建议,斯多葛学派或许是对的,尽管身患重病,我们仍能保持平静;向正在裁员的企业集团建议,通过使用斯多葛学派的技术,即使经济形势出现重大逆转,我们也能安然无恙。马可·奥勒留(Marcus Aurelius)告诫人们要从永恒和宇宙的角度思考人生,这对重新安排客户的优先事项和减轻他们的焦虑也大有裨益。

通往和平之路:基督教精神强调的希望和宽恕概念

基督教精神传统中强调的两个概念是希望和宽恕。两者似乎以不同的方式与灵性有关,但这两个概念都值得哲学上的关注,而不是单单被视为神学的美德或视为可以免于批评。任何类型的咨询师都对希望的概念感兴趣,部分原因是它的反面是绝望,但这一概念相对来说很少受到哲学家的关注。然而，正如霍夫特（Stan Van Hooft，2011）在他的有趣的书《希望》中所显示的，这个概念确实有很长的哲学历史。希腊人对希望持怀疑态度。根据神话，希望是最初留在潘多拉盒子里的邪恶之一，最可怕的是它延长了人类的痛苦。相比之下，中世纪哲学家将希望提升为与信仰和慈善相伴的神学美德。对希望最重要的处理是：中世纪托马斯·阿奎那在《神学大全》（*Summa Theologica*）中（第二部分的第一部分，问题 17、23、40）把希望既当作一种激发行动的情感，又当作一种神学美德，一种帮助个人实现美好、与上帝结合的心灵习惯。后一种意义上的希望取决于信仰。相反，康德把希望看作是一种道德美德，是获得幸福所必需的。

最近，对这个概念的兴趣复燃，这要归功于积极心理学专家彼得森（Christopher Peterson）和马丁·塞利格曼（Martin Seligman）的工作，他们把希望作为一种美德，并将其列为一种"性格力量"。这种性格的力量包括认知、情感和激励的立场，以面向未来的姿态，影响我们对自己和世界的思考和感受。在护理伦理、政治、管理理论和宗教环境中，"希望"概念日益成为人们关注的焦点。

希望和满怀希望对灵性是必不可少的，它可以帮助人们在困难和不确定的世界中度过尖锐的危机并保持平静。然而，如果哲学践行者和心理学家要帮助他们的客户保持合法的希望，他们需要理解什么是希望，并将它从宗教信仰中分离出来。霍夫特对这一概念的有益分析表明，咨询师可以和深度危机中绝望的客户探索许多途径。

霍夫特声称，希望是一种愿望，但在以下重要方面与其他愿望截然不同。其中的三个服务于哲学咨询的主题：

- 它针对的是希望无法完全控制的情况；
- 它应该导致希望采取适当行动的人采取适当行动；
- 它应该是理性和现实的。（Van Hooft，2011，66）

至少，咨询师可以帮助客户认识到，希望就其本质而言包含着对未来的不确定性。客户需要探索什么可能构成现实的希望，以及可能采取什么行动来实现它。在如何应对生活中的许多不确定性，他们需要看到我们是有选择的，这也许是最重要的。我们应该培养满怀希望的性格，因为它具有伦理和逻辑上的含义。正如霍夫特所指出的：

> 满怀希望……是我们主体性的良性深层结构。它是一种气质，经由此，我们与生活、周围的世界联系在一起，这会促进我们的幸福。人类的主体性是由我们的满怀希望所定义和确立的……虽然这种态度没法用经验实证，但可以通过温暖、慷慨和勇气来证明，这些使我们得以生活。（Van Hooft，2011，64）

和希望一样，宽恕的概念也是基督教精神的核心，部分心理学家和哲学家对宽恕饶有兴趣。在很大程度上，心理学家向客户兜售了超越怨恨和复仇欲望、宽恕那些假想敌的好处。在这样做的过程中，他们模仿了宗教领袖的做法，在传统上这些领袖往往对哪怕是最令人发指的错误行为都给予全面宽恕。然而最近杰弗里·墨菲（Jeffrie Murphy）和让·汉普顿（Jean Hampton）等哲学家对这一倾向提出了挑战，至少令一些心理学家停

下来思考。(Murphy and Hampton,1988)

显然,这个领域的咨询哲学家应该熟悉关于宽恕的最新文献。杰弗里·墨菲了解哲学咨询运动。他认为宽恕并不总是对所有的委托人都是件好事,复仇、愤怒和怨恨的欲望有时是合理的,因为康德关注的是自尊,以及受害者作为道德权利享有者、作恶者作为道德责任承担者的道德地位。

虽然墨菲认为恶有恶报式仇恨并不总是不道德或非理性的,而是在许多情况下是"自然的、合适的和恰当的",但他对此也提出了一些警告。一是我们并不总是对作恶者有足够的了解去断定他是无可救药的恶魔,以此来为仇恨辩护。二是我们可能不够"单纯"来判断作恶者;我们自己的诚实也许是因为享有作恶者可能不具备的环境。进一步的考虑包括:首先,也许没法"报复",仇恨会自生自灭;其次,"报复"代价太大,宽恕对受害者可能更好;第三,完美报应可能会有伤受害者的道德体面。宽恕是否正当,是否对顾客有益,这些都是哲学问题。因此,他们应该成为客户和咨询师之间哲学对话的一部分(Murphy,2002,pp. 88 - 110)。

墨菲认为,在某些情况下,宽恕可能是正当的:当作恶者有悔意和忏悔时;作恶者动机良好的;当他已经受够了,并经历了一些仪式性的羞辱(例如,道歉和请求原谅);当受害者愿意"看在过去的份上"原谅(Murphy,2002,p. 24)。墨菲和兰姆文集中的其他哲学家进一步丰富了我们对宽恕的概念以及诸如真正的悔恨和救赎的本质等相关主题的理解。

显然,对于使人们能够超越和应付人类生活变迁的那种灵性,希望和宽恕看起来很重要。至少存在一些危机和深刻忧虑可能是缺乏希望和无法宽恕的结果,但无论是盲目的希望还是全面的宽恕都无助于真正的幸福。在特定情况下,希望和宽恕的正当性的问题不是宗教或心理问题,而是哲学问题,值得与处于危机中的群体一起探索。希望与预防自杀、失业或医疗问题等主题相关,而宽恕则与受害人调解和药物滥用咨询相关,在这些事情上必须考虑赔偿,作出补偿。

通往神圣之路:神圣现象学和印度教的"见神"概念

利科(Paul Ricoeur,1995)在《塑造神圣、宗教、叙事和想象》一书中有关于神圣现象学的有趣讨论。他同意奥托(Rudolph Otto)关于神圣的一些特征:它被体验为完全不同的、令人敬畏的、压倒一切的和充满活力和能量的。他补充道,就像伊利亚德(Mircea Eliade)一样,虽然我们无法描述神圣,但可以描述它是如何显现的(Ricoeur,1995,47 - 67)。追随以利亚德,他称神圣显现的方式为"层次"。利科认为这些层次属于审美领域,而不是语言领域。神圣是一种组织空间和时间的方式。因此,神圣的另一个特征就是他所说的"非语言性"。神圣不仅显现在言语上,也显现在行为和仪式上。用利科的话来说,"把世界视为神圣的同时,也要神圣化它,献身于它"(Ricoeur,1995,51)。层次与自然——与自然元素——天空、大地、空气、水等联系在一起。最后,所有这些特征都"证明在神圣的宇宙中,说话的能力是建立在宇宙的能力之上的,标记的不只是它自己"

(Ricoeur，1995，54)。在现代世界，由于科学工业意识形态的原因，出现了一种"神圣"的退却，但利科热情地相信："没有神圣，人性根本不可能存在。"(Ricoeur，1995，64)

印度各地，尤其是著名的朝圣地点，比如瓦兰西这个著名的提尔塔，一个精神的交叉点，你可以看到印度人去"见神"(Darsan)、去看圣地。根据印度教的传统，正如艾克(Diana L. Eck，1998)优美地阐释道，神性表现在图像、艺术、地方，有时也表现在人身上，比如圣人或释迦舍利。艾克在她的著作《"见神"：看见印度的神圣形象》中指出，艺术在印度扮演着两个角色，这为印度的艺术提供了一种解释学。首先，它服务于专注冥想；其次，更重要的是，它有时被认为实际上是神的化身，掌管它的存在，从而促进信徒和神之间更紧密的关系(Eck，1998，46)。对于艺术家来说，艺术作品的创作本身就是一种灵性磨练，完成之后，作品的形象会在无数的仪式中被供奉。当然在印度，也许在其他地方，艺术可能是神圣的最好体现。

在印度教哲学中，灵性的形式和内容会随着个人通过生命的四个阶段(阿什罗摩)而改变(Kshiti Mohan Sen，1961)。第一阶段是学徒期(Bahmachari，通常 12—24 岁)。在人生的这个阶段，学生发展自我约束，接受进入曼陀罗，并阐释《吠陀经》、《奥义书》和《萨特拉普》(Satraps)。通过 Upanayna 仪式，学生成为一个"Dvijs"(重生)，然后必须早晚执行额外的日常仪式(Sandaya)。

第二阶段是居家期(Grihastaashrama，通常 24—48 岁)的阶段。在此期间，个人进入一个职业，养育一个家庭，并在家庭中履行职责支持其他阿什罗摩阶段的成员。

第三阶段是林栖期(Vanaprsta Ashrama，隐士阶段，通常在 48 到 72 岁之间)，发生在家庭、商业和其他世俗需求得到满足的时候。就在那时，奉献者退休了，减少了对世俗的依恋，把更多的时间用于沉思和精神追求。

第四阶段，也是最后一个阶段，是云游期(苦行或弃绝阶段，即"三念"，通常在 72 岁之后)。这一阶段完全脱离世俗的快乐和物质，只保留那些仅能维持生存所需的物质。这个阶段的目标是为死亡做准备。

印度教是最丰富的精神传统之一，值得借鉴，从中汲取营养，不仅因为"见神"概念和它的仪式摒除了传统视野下对存在的物质精神之分，也因为它的现实主义。人们深刻地认识到，灵性是日常生活中不可分割的一部分，在人生的不同阶段，个人的精神需求是截然不同的。

在主持"哲学与灵性"小组时，我要求参与者指出他们认为神圣的事物或价值观，以及他们的观念多年来可能发生了怎样的变化。然后留出一段时间，让参与者用一个圆圈标出生活中致力于日常细节、职业生涯、家庭、休闲、智力生活和精神生活所各占的部分。接着我问他们是否认为当下生活有足够的平衡，他们的生活是否反映了自己所声称的神圣的价值观。然后我建议他们每天留出十分钟来思考他们当天所经历的神圣，何地、何种艺术品和何种仪式帮助他们体验到生命中的神圣感。我通常要求他们描述或描绘一个他们觉得充满神圣感的地方，并在引导冥想时使用这一画面。我发现，对那些正在考虑新的优先项的客户来说，处理衰老或药物滥用问题时这些练习特别有用。

通往超越经验的神秘之路：灵性和崇高传统

与印度传统的通过画面看到神圣密切相关的是关于体验崇高的哲学传统,但是"见神"减少了神圣和个人之间的距离,与崇高的距离,并将神圣和个人区分开来。作为对关于这个主题的一系列现代论文集的导言,西蒙·莫雷(Simon Morley)的《崇高简史》(*A Short History of the Sublime*, 2010)有助于追溯该概念含义的演变。

莫雷指出,一位古典作家朗吉努斯(Longinus)在 1674 年新翻译的作品激发了对崇高的讨论。他声称崇高的艺术家能够以一种挑战我们传统理解的方式来描绘威胁或未知,并灌输一种奇妙的感觉。相比之下,埃德蒙·伯克把重点从艺术和自然的崇高方面转移到了对崇高的体验上,他认为崇高的体验是"我们最强烈的激情",它包含着恐惧,而这种恐惧会转化。(Morely, 15 - 16)

也许对崇高最具影响力的现代论述是康德在《判断力批判》提出的。康德认为崇高是对意识的影响。康德认为崇高有三种类型:可怕的、高尚的和辉煌的。他还区分了数量的崇高和力量的崇高:前者生于对某件事的绝对规模感到敬畏之时,后者源于对某件事的强大及抵抗它需要的力量感到敬畏之处。崇高的感觉包括快乐和不快乐,但最重要的是它涉及对理解和想象的极限的欣赏。(Kant, 2002)

继康德之后,不少人尝试为崇高提供更积极的解释。例如,黑格尔声称崇高是神圣在世界中显现的一种方式,而尼采认为生命的酒神维度是崇高的。最近,让·弗朗索瓦·利奥塔(Jean Francois Lyotard)等后现代理论家提出,崇高是自我进行自我转化的体验。

可以鼓励小组讨论他们意识到身外力量和自身局限性的时刻。通常客户列出的第一个例子是自然(客户在大峡谷、在阿拉斯加巡航或在暴风雨中等体验到的敬畏)。但是,艺术和诗歌也可以丰富我们的日常经验,并启发看待世界的更大视角,这视角只能启发而不能解释。当面临年龄、疾病和死亡等自然因素,生活似乎失控,客户会感到不安。鼓励他们认识到崇高,培养一种欣赏,即生活的某些方面总是神秘的无法控制的,经验总是有限的。它还可能鼓励客户在不确定性中生活得更好,或许还会让他们认识到,看到自己的极限被超越可能是我们生存条件的一部分,挑战我们的精神成长。让客户把这些经历记录下来,让它们完全属于自己。

通往灵性之路：康德式的尊重,佛教式的同情,
女性主义的关怀和密宗式的性爱

在过去,灵性有时被认为是禁欲的宗教虔诚,包括禁食、祈祷等,作为一种服务上帝的方式,排除了其他责任和义务。与此形成对比的是,新时代的大师们曾尝试复兴一种鼓励人与人之间建立联系和团体的灵性概念,这种尝试尽管有些模糊,但值得称赞。

什么样的灵性概念足以维持和鼓励一种团体的感觉? 康德尊重人的观念肯定是其

中的一部分。有灵性的人会认识到,作为能够选择目标和目的的理性道德行动者,所有个体都具有内在价值,从来不应该只被视为有工具价值的。但是,虽然康德对人的尊重是真正的慈悲和与他人联系的先决条件,但这并不等同;与他人建立真正的精神联系似乎需要更多。

慈悲是一个概念,它是佛教关于灵性生活和觉醒意识概念的一个关键要素。对佛教徒来说,慈悲与智慧紧密相连(般若);事实上,这两者之间有一种辩证的相互作用,通过智慧,我们认识到我们是某个更大整体的一部分,我们都是相互联系的。"慈悲"经常被称为"爱的善良",这是无偿提供,不期待互惠。佛教的慈悲与我们通常使用的"慈悲"一词有许多不同之处。它不是一种感觉,也不是自发产生的,而是长期冥想练习的结果。它不是针对任何特定的个体,而是针对所有的有情众生。它与爱有密切的关系,但必须远离大多数涉及欲望和依恋的爱,后者是痛苦的根源。

佛教思想家非常重视将慈悲与人类的情感和行为联系起来。但是,就其本身而言,佛教的慈悲观可能会鼓励一种过于理性和修道院式的慈悲观,从而削弱对灵性的看法。它是与其他和灵性有关的关系的一部分,但不是全部。

与佛教的慈悲观相反,女权主义者提倡的关怀是针对特定个体的痛苦或需求。护理伦理学是在女性主义哲学中发展起来的,是卡罗尔·吉利根(Carol Gilligan)、内尔·诺丁斯(Nel Noddings)等众多人的工作成果。它持续在职业道德特别是护理道德方面发挥重要作用。我赞同后来许多理论家的观点,即将护理伦理加入原则伦理而不是替换原则伦理,护理伦理能够与大多数美德伦理相协调。同时我还认为,诺丁斯提及的关于个人、关系和情境的关怀关系,是可以维持真正的团体精神。她说:

> 当我们看到对方的现实对我们来说是可能的,我们必须采取行动,消除无法忍受的,减少痛苦,满足需求,实现梦想。当我和另一个人处于这种关系时,当另一个人的现实成为我的可能性时,我在乎。(Noddings,1984,p. 14)

我会说我和另一个我关心的人有着精神上的关系。

在结束对灵性和人类关系的简短讨论时,必须补充一些关于灵性和色情的评论。基督教的灵性观念主导了很多西方关于性和灵性的思想,基督教对身体和色情的观念是出了名的悲观。对基督徒来说,身体是灵魂的坟墓。拜占庭镶嵌画中飘渺修长的人物代表了基督教二元论精神超越性的观点。相比之下,密宗佛教丰富的交合神的奇妙雕像提供了一个完全不同的愿景,并服务于阐述神圣和世俗的精神融合。

对于西藏和不丹的密宗佛教来说,就像印度教的某些形式一样,性是通往灵性觉醒的道路。没有什么比可爱的西藏人和不丹的圣人德鲁普卡·坤力(Drupka Kunley)更受欢迎的了(Keith Downman,2000)。根据这个传统,坤力是一个不断取笑世俗和宗教权威的得罪人的老手。灵性是坤力的一个过程,它涉及将人们从二元本体论所创造的人为界限和规则中解放出来。他属于东方神性狂人的传统,他通过粗俗下流的歌曲、舞蹈、诗歌和性来教导世人,轮回的表象世界与涅槃的超验世界共存。作为一个行走的哲学家,坤力在不丹的村庄里游荡,向村庄里的少女们唱着他的歌。根据传说这些少女们后来由于与他的结合而化身为佛。即使在今天,走进不丹的一个村庄,常常看到墙上画着至少一个阴茎,以此表达对这个可爱的疯子的敬意。

许多团体都可以从这些关于灵性和团体的不同概念的对话中获益。女性罪犯和吸毒者需要审视真正的关爱可能意味着什么。她们经常处于不健康的相互依赖关系中;她们中的许多人之所以入狱,是因为把毒品卖给了一些她们"关心"的人,而这些人本该"关心"她们。让她们认识到真正的怜悯和关心可能意味着什么,这对处理这种依赖关系和使这样的女性自强非常有帮助。此外,讨论东方精神中的情爱成分可以引出与身体有关的问题。这一过程可以帮助客户恢复因年龄增长或毁容焦虑而降低的性欲,而毁容可能发生在乳腺癌幸存者身上。总而言之,关于灵性的不同观点的对话可以培养关于人类联系的丰富思想。

通往统一和灵性之路:自然

许多不同的传统坚持认为,在某种意义上,大自然是灵性的,或者是灵性发展的源泉。也许这种关联最清晰的浪漫表达是威廉·华兹华斯(William Wordsworth)在《廷腾寺上游几英里处的诗行——记重游怀河河岸》(*Lines Written a Few Miles Above Tintern Abbey*)中所写的:大自然是"……最纯洁的思想之铁锚,心灵的护士、向导和警卫,以及我整个道德生命的灵魂"(Wordsworth,109-11)。

美国先验论者接受了自然是灵性洞察力的源泉的观点。梭罗在《瓦尔登湖》一书中写道:"我到森林里去,是因为我希望活得有意义,只面对最本质的东西,看看自己是否能学到它教给我的东西,而不是临死才发现自己没有活过。"(Thoreau,1960,p. 62)

与癌症患者一起通过简缩版的"寻求愿景"(荒野治疗师称之为医学行走)和日间休养时,我一直对自然和灵性之间的联系很感兴趣。在科罗拉多博尔德与共事的生态心理学家一起实践时,我发现了许多与我观点一致的地方。

尽管生态心理学和荒野疗法运动的关键人物在许多理论问题上存在分歧,但他们一致认为,我们与自然的关系对心理健康和环境健康都至关重要。许多生态心理学家在与罪犯和瘾君子打交道方面取得了相当大的成功。他们当然是对的,人与自然的分离,一方面导致不可持续的行为和环境的破坏,另一方面导致疏远、焦虑、抑郁和情感瘫痪。他们也赞同,真正的变化将涉及我们对自然和我们自身之间关系概念的范式转变,但他们的论点杂乱地诉诸各种哲学运动,例如生态女性主义、深层生态学、土著哲学、佛教等等,而且没有非常令人信服的哲学基础。

在我自己的实践中,我借鉴了汉斯·格奥尔格·伽达默尔(Hans Georg Gadamer)的作品,把它作为理解自然与灵性之间关系的理论框架。伽达默尔认为"自然"是文化建构的。为了解释它,我们需要意识到我们的预设或偏见。我们只有通过与其他传统的对话才能意识到自己的偏见,这些对话开阔了我们的视野,丰富了我们的理解,并从根本上改变了我们。诠释学是一项灵性任务,因为它使我们能够超越自我——或者,正如伽达默尔所说，"超越我们的自然性"。"自然不能再被视为纯粹的剥削对象，它必须作为它所有表象的伙伴来体验，这意味着它必须被理解为我们共同生活的另一个对象。"（Gadamer，1992，p. 232）

在我的工作中，我以一个印第安人的传统开始对话，这是"寻求愿景（Vision Quest）"的简缩，一种"医学行走"，参与者离开家一小段时间，在一个自然的环境中度过一段时间。在拉科塔印第安语中，"寻求愿景"一词是 Hamblecheyapi（字面意思是"为愿景哭泣"），意指迷失在生活荒野中的灵魂渴望方向和目标的变化。有很多理由"为一个愿景而哭泣"，但最重要的是帮助我们实现与所有事物的合一。对于美洲原住民来说，传统上的愿景探索包括在荒野中独自吟唱和禁食三到四天，目的是获得一种神秘的异象，这将有助于丰富和指导随后的生活。

当进行哲学日静修和医学行走时，我首先要求参与者指出他们希望暂时脱离哪些生活问题或哲学问题。然后，让他们就以下问题进行对话：出于什么哲学原因，你希望与这些生活问题分开？分离的哲学意义是什么？长期分离是否可能涉及价值观、权利和义务的冲突？其目的是提供临时的而不是确定的答案。然后参与者在自然中指定一些空间（例如，一座山，一条小溪等）作为冥想空间。其目的只是让他们有机会跨越到一个不同的哲学视角。关键不在于思考，而在于专注，并认识到，正如大卫·亚伯兰（David Abram）所说，"人类这种动物……完全是他或她所经历的世界的一部分"（David Abrams，1965）。最后，参与者回到小组中，通过对选定的文本或有关自然的主题进行哲学对话，来进行和扩展对医学行走的洞见。这一过程往往导致更深层次的问题，进一步丰富了黑格尔的洞见，即灵性不是一种状态，而是一个过程。

结　论

在和危机中的客户合作时，七种截然不同的灵性途径尤其有用。它们既可以用于投入哲学和灵性的团体，也可以单独作为医院、公司、监狱和康复中心等其他项目的一部分。它们都可以从任何特定的宗教传统中分离出来，因为它们是哲学概念和传统，它们在很大程度上最好留给哲学咨询而不是心理咨询。

参考文献

Abram，David(1996). *The Spell of the Sensuous*. New York，Random House Inc.

Brown，Jospeh Eppes (1953) editor and recorder，*The Sacred Pipe：Black Elk's Account of the Seven Rites of the Ogala Sioux*，Norman，Oklahoma：University of Oklahoma Press.

Downman，Keith and Sonam Paljor translators(2000). *The Divine Madman，The Sublime Life and Songs of Drupka Kunley*. Varansi，India：Pilgrims Publishing.

Eck，Diana L.(1998). *Darsan，Seeing the Divine Image in India*. New York：Columbia University press.

Epictetus, in *Epictetus*, *Discourses and Selected Writings*. New York: Penguin Books Frame, Donald M. translator. *The Complete Works of Montaigne*, *Essays*, *Travel Journal*, *Letters*. Stanford: Stanford University press.

Foucault, Michel(1986). *The Care of the Self*, Volume 3 of *The History of Sexuality*, translated by Robert Hurley. New York: Random House.

Foster, Stephen and Little, Meredith(1989). *The Roaring of the Sacred River*, *The Wilderness Quest for Vision and Self Healing*. Big Pine, California: Lost Borders Press.

Gadamer, Hans Georg (2002). *Truth and Method* (second revised edition). New York: Continuum Publishing Company.

Hadot, Pierre(1993). *Plotinus or the Simplicity of Vision*. Chicago: University of Chicago Press.

Hadot, P.(1995). *Philosophy as a Way of Life*. Maden, MA: Blackwell.

Hadot, P.(1998). *The Inner Citadel*, *the Meditations of Marcus Aurelius*. Harvard: Harvard University Press.

Hadot, Pierre(2009). *The Present Alone is Our Happiness*, *Conversations with Jeannie Carlier and Arnold L. Davidson*. Stanford: Stanford University Press.

Koch, Phillip(1997). *Solitude*, *A Philosophical Encounter*. Chicago: Open Court Publishing Company.

Lamb, Sharon and Murphy, Jeffrie(2002). *Before Forgiving*, *Cautionary Views of Forgiveness in Psychotherapy*. New York: Cambridge University Press.

Lyotard Jean Francois(1982). "Presenting the Unpresentable: the Sublime" in *The Sublime* ed. Simon Morley (2010).

Kant, Immanuel (2002). *Critique of the Power of Judgement*. ed Paul Guyer. Cambridge: Cambridge University Press.

Montaigne, Michel."Of Solitude" in *The Complete Works of Montaigne*: *Essays Travel Journal*, *Letters*. Translated Donold M. Frame (1948). Stanford: Stanford University Press.

Noddings Nel(1984). *Caring*, *a Feminine Approach to Ethics and Moral Education*. Berkeley: University of California Press.

Morely, Simon, ed.(2010). *The Sublime*. London and New York: Whitechapel Gallery and MIT Press.

Murphy, Jeffrie and Hampton, Jen (1980). *Forgiveness and Mercy*. New York: Cambridge University Press.

Nussbaum, Martha(1994). *The Therapy of Desire*. *Theory and Practice in Hellenistic Ethics*. Princeton NJ: Princeton University Press.

Ricouer, Paul (1995). *Figuring the Sacred*, *Religion*, *Narrative and*

Imagination. Minneapolis：Fortress Press.

　　Rorty，Richard(1999). *Philosophy and Social Hope*. London：Penguin Books.

　　Sen，Kshiti Mohan(1961). *Hinduism*. London：Penguin Books.

　　Solomon，Richard C.(2002). *Spirituality for the Skeptic*, *the Thoughtful Love of Life*. New York：Oxford Uuniversity Press.

　　Scruton，Roger(2010). *The Uses of Pessimism*. Oxford：Oxford University Press.

　　Plato，*The Collected Dialogues* (1961) ed. Edith Hamilton and Huntington Cairns. Princeton：Princeton University Press.

　　Plotinus(1992). *The Enneads. Philosophic Burdett*, NY：Paul Brunton Foundation.

　　Thoreau，Henry David(1960). *Walden and Civil Disobedience*, ed. Sherman Paul. Cambridge：Riverside Press.

　　Van Hooft，Stan(2011). *Hope*. Durham：Acumen Press.

　　Wordsworth，William，"Lines Written a Few Miles Above Tintern Abbey" in Lyrical Ballads.

　　[作者简介]沃海娜·菲瑞(Vaughana Feary)来自新泽西州斯托克顿的圣剑应用伦理学中心(EXCALIBUR CENTER FOR APPLIED ETHICS)。

　　原文出处：Vaughana Feary，"Spirituality and Philosophical Practice：Counseling with Clients in Crisis"，*Philosophical Practice*，November 2014，9.3：1413 - 25.

（杨宏秀　译）

趋向幸福之行动的问题性条件

乔治·霍尔(George Hole)

时不时每个人都会面临两个关于幸福的难题。当我们渴望幸福的时候,我们无法对幸福有一个清晰的概念。伊曼努尔·康德(Immanuel Kant)的一篇经常被引用的文章强调了这一点。来认识一下我的朋友菲利普:

> 他不高兴,认为自己知道为什么:他的妻子离开了他。他还在莫尔森啤酒里撒上胡椒——他相信胡椒能让啤酒更健康。他渴望酒精和幸福。他知道如何轻而易举地弄到其中一个。

虽然我们确实有过幸福的经历,但就像所有的经历一样,它是短暂的。这两个问题都浓缩在享乐主义悖论中:一个人越是刻意追求把幸福当作唯一的美好,幸福就变得越难以捉摸。幸福难以捉摸还在于对它的渴望在意义上是难以捉摸的。当一个人试图抓住或延长它的时候,它也是难以捉摸的——快乐会在努力中消失。尽管意识到这些麻烦,我们仍然坚持一个简单的公式:如果我做了什么,那么我就会幸福。这个简单的公式模糊了通常认为的关联行为和幸福的条件。了解这些条件对个人和哲学治疗都有指导意义。

菲尔认为如果他的妻子回来,他会很快乐。他忘记了他们之间长期的争吵。他对她,有时对所有的女人,都有一连串残酷的称谓。"她阉割了我!""所有女人都是吸血鬼!"他说:"我已经把爱扔进了垃圾桶。"然而,他也承认他正在寻找一个能让他幸福的爱人。他担心自己没有吸引力。在他痛苦的心情中,他没有吸引力。

当目标行动失败时,就像他们在不快乐的时候所做的那样,伴随而来的潜在幸福的信念或条件就暴露出来了。以圣经中的人物传道者为例,他经历了极大的不幸。他把自己的情况诊断为"精神烦恼",并痛苦地抱怨道:"一切都是虚空。"

菲尔在寻找妻子离开他的原因。我问他是否知道她爱上他并嫁给他的原因。他说我的问题很愚蠢。我不想解释我的观点。他对我的回答就是一个恰当的例子:别人对我们采取行动的原因是复杂的,也许是难以理解的。他是他的不幸。他又喝了一杯。

传道者为他在生活方方面面的不满找到了理由或证据:在他的劳动(没有成就感或利益,也没有停息的辛苦劳作);在改变的事实(没什么停留,也没什么新的);在善的观念(没有关于善的知识,对已有的善没有欣赏或者纪念,没有正义)。时间和机会都是恶棍。

知识只会增加悲伤。他沉浸于一种可怕的生活可能性，仿佛生活在哀悼的房子里。最终，只有相信一个神秘的上帝，上帝对一切的审判才能把他从绝望中拯救出来。想想他对自己的行为和结果之间的联系感到绝望的缘由吧。似乎传道者有一个被机会和死亡挑战的深刻信念：他的行为应该在他对幸福的理解上带来有益的结果。相信一个人的行为会带来有益的结果，这似乎是自然的，也是理性的。持有这样的信念可能有什么不合理的吗？

传道者显然是在按照这个公式运作，如果我做了（行动），那么我应该期待能产生幸福的结果。"应该"隐藏了一个条件，这条件真正有效地将行动与幸福结果联系起来。如果这个世界真的是公正有序的，并且承认了他自认为的独特性，那么他的努力就会得到保证幸福的结果，也就不会有任何重大的不幸。正如传道者不幸发现的那样，时间、机会和死亡摧毁了这"保证"的目标—结果。

对菲尔来说，一夜情和宿醉只会保证罪恶感，并让他需要再来一次酒后性行为。他似乎在向自己证明，他不配得到爱，尽管他迫切希望有一个新的爱人。

面对导致他不幸福的挫折，传道者担心他并不独特：对他来说，死亡是最大的侮辱。死亡是一种伟大的民主和恶魔的力量——它平等地触及所有的层次。当他把命运当作上帝的恩赐而得到快乐时，他发现自己能从绝望中得到解脱。对上帝的信仰似乎给了他一种超然的保证，在一个神圣有序的世界里，像他这样的特殊人物的行为会得到公正的回报。先把关于神的超然保证的问题放在一边，持有一个人的行为应该带来幸福的结果的信念是非理性的吗？

菲尔表现得好像他也生活在哀悼的房子里。他没有传道者中关于公正回报的乐观承诺——我也不是太乐观，因为他的思想就像住在晚期病房里。他最喜欢的角落在他最喜欢的酒吧里，单调到足以称得上是一个哀悼的地方。

行为是否应该与幸福相联系取决于"应该"的意义和力量。如果一个人没有任何预期他的行为会产生可预测的、令人满意的结果，尤其是幸福的结果，我们可能会怀疑他的实用理性。如果一个人看不到自己的行为在某种程度上与幸福有关，他为什么还要行动呢？即使是加缪版本的西西弗斯，虽然注定要付出徒劳的努力，但他还是找到了自己独特的快乐。与传道者不同，西西弗斯在努力把石头推上山顶却没有任何令人满意的结果时，发现了"无声的快乐"，因为：

> 他的命运属于他。他的岩石是一个东西。同样，荒谬的人，当他思考他的痛苦时，所有的偶像都沉默了。宇宙突然恢复了寂静，大地上无数令人惊奇的小声音出现了。（Camus，1955）

据说，西西弗斯在克服自己的命运时获得了特殊的英雄地位，因为他不屈服于神的意志。因此，加缪总结道："我们必须想象西西弗斯是快乐的。"当传道者从信仰神的受伤中得到解脱，不再相信一个有序、公正的世界，不再相信神在其中的特殊地位时，西西弗斯从对神的蔑视中得到满足："没有命运不能被轻蔑所超越。"然而，很难想象一种幸福是由一种根植于徒劳行动的人生策略所支撑的,而这种人生策略又被一种态度的轻蔑所救赎。

如果西西弗斯对神的信仰是错误的呢?如果他所蔑视的神不是真的呢?实际上,他可以自由地离开他的岩石和他徒劳的往上推的努力。除了诸神之外,他持续推石头的行为即使不愚蠢,也是非理性的。或者,如果神是真实的,但没有惩罚他,他所需要做的就是消除他的所谓"英雄式"的反抗信念。如果提供选择,继续受惩罚或者放弃这种痛苦的宇宙意义,他会怎么做?考虑到他在反抗上的投入,他还能认真考虑这些选择吗?

我想知道菲尔是否抓住了被他排斥的自我,把它作为生命意义的源泉。如果他不把自己看作是残酷爱情的受害者,他又怎么能认识自己呢?他确实能在啤酒杯里看到自己的影子。

什么样的合理信念条件可以把一个人的努力和幸福结果联系起来?不合理的信念会在不快乐的人身上显露出来。心情沮丧的人可能会抱怨,"生活是不公平的"这句话的意思是:"如果我付出一定的努力,生活就应该是公平的,这样才能确保获得我要的幸福结果。"公平是连接努力到幸福的一个应该条件。还有一个条件,"应该快乐",连接努力—结果与自我观念。"既然我很特别,我就应该快乐。"

菲利普以为自己很特别,至少在阿里斯托芬的神话中是这样的:宙斯将原始人类一分为二,因为他们傲慢地想在众神中占有一席之地。他想,命中注定他找到了另一半,她会使他变得完整。他有时会责备自己,而不是另一种命运的行为,因为他被不公平地从他的共生爱人那里割去了。她在别人身上找到了另一半。他未愈合的伤口是无望的;他将永远不会再被爱。他有了这样一个理由把自己和不快乐联系起来——然而他依旧相信自己应该快乐。

对一些人来说,追求幸福行动的失败作为令人不快的证据,反驳了生活应该是公平的条件,反驳一个人应该幸福的特殊地位。当一个人面对生活中令人烦扰的事情时,"特殊地位"的画面会出现,他会悲伤地问:"我怎么会遇到这种情况?"当一个人知道别人遭受生活中令人不安的事件时,似乎无法理解这样的事件会发生在自己身上。从理性的角度来看,更令人难以理解的是,一个人应该继续坚持连接行动和快乐的"应该快乐"条件,而无视恰恰相反的事实证据。

除了"生活应该公平"之外,还有许多其他麻烦的"应该幸福"的条件。这些条件之所以麻烦,是因为面临失望继续采取行动只会导致更多的失望。这些不快乐的原因建构了所经历的那种不快乐。在心理治疗或咨询中不快乐的人给出的理由如下:

· 生活应该如我所愿。"如果我不快乐,我(坚强的)就会非常生气,或者我(脆弱的)就会非常害怕和悲伤。"

· 这是他们的错,通常是父母、配偶或爱人,以及老板。"我(受伤害而归咎少)有权责罚,或者我(无能为力)有权受到同情和照顾。"

· 每个人都应该爱我(因为我是一个如此伟大的人,我无法忍受有人可能不爱我)。

· 这不应该发生在我身上。"这么可怕的事情不应该发生我(优雅而脆弱的)身上。"

· 我应该做出不同的选择。"我早该知道,所以我应该得到再次改变的机会,或者得到罪恶感和后悔。"

· 我应该能够阻止坏事的发生,"因为我对生活中的一切都在实行高度的(焦虑)控制"。

如果这种应该快乐的条件是非理性的,那么是什么让它们非理性的呢？把公平看作是行动和得到幸福之间的一个应该条件。在一个完美想象的世界里,生活将是公平的,至少像一个人所要求的那样公平——这可能涉及一些特殊恳求的条件来免除一个人的生活的"不公平",从而扭曲了公平的含义。不管你喜不喜欢,在这个世界上,生活并不总是公平的。相信世界应该是公平的,并不会更能兑现幸福结果。在经济繁荣时期,对生活公平的信念可能会增强一个人的独特性。就行动的有效性而言,这种信念不会带来任何积极的结果——这使得"应该公平"的要求变得无效,除非当它被违反时产生不快。坚持这种信念会导致不利于幸福的情绪,比如愤怒、焦虑、沮丧和抑郁——如果这些情绪是强烈的、持久的,那么它们肯定会与一个人的幸福背道而驰。因此,这些情绪导致的行为进一步阻碍了一个人的幸福,就像实际上责备和惩罚那些对自己的不快乐负有"责任"的人。

就证据而言,在别人的生活中有足够的证据表明生活是不公平的。忽视与自己信念相反的证据——歪曲事实——可能会导致非理性和自我欺骗。肯定一个人在某种程度上是不同的并且应该从失望中解脱出来,这是不可能得到理性支持的。就一个人的自我形象而言,将"生活的不公平"视为对个人的侮辱是危险的——是对个人在世界上的地位和价值的扭曲。自我过于膨胀以至于认为生活应该给予豁免,使行动与以幸福为目标的结果之间不会脱节,这也是危险的。没有人是如此的特别或值得被免除行动失望和不快乐的侵扰。当意义、真理、逻辑和价值的扭曲集中地、单独地或混合地运作时,把它们视为不合理是实用的。之所以是实用的,是因为不合理的"应该"条件可能会被哲学疗法发现、挑战和取代,而哲学疗法会增加幸福的机会。

有理性的条件把目标行为和幸福结果联系起来吗？亚里士多德似乎提出了一个有力的论据。在《修辞学》(1941)第五本第一章节中,他罗列并阐述了"大家都相当赞同"的14个幸福的组成部分:"好出身,很多朋友,好朋友,财富,好的孩子,很多孩子,一个幸福的晚年,还有身体优势比如健康、美貌、强壮、社会地位高、运动能力,还包括名声、荣誉、好运和美德。"在《尼各马可伦理学》(*Nicomachean Ethics*)中,亚里士多德超越了罗列,通过灵魂的卓越性将幸福与美德联系起来。虽然他的修辞清单上的一些是美德幸福的要素,但也有一些不是一个人能力范围内的,比如良好的出身。此外,亚里士多德认为,还有几个,即便在个人能力范围内,由于与他的卓越典型相关的不同,被淘汰了。例如,荣誉,除了过于肤浅之外,也掌握在施与者手中,而不掌握在寻求者手中。对亚里士多德来说,不要把快乐和幸福混为一谈,快乐从最高的善中被剔除,因为它粗俗而野蛮。

在方法论上,亚里士多德首先将幸福的形式条件确立为最终的和最高的善,然后确定什么善满足这些条件。这种最高的善是这样的:它是最后的、完全的善,是为它自己而不是为别的东西而选择的。而且,幸福必须满足自给自足的条件,"当孤立时,生活令人向往,什么也不缺"。他把这种幸福与人联系起来:幸福必须作为行动的目的来追求,要适合人类,不能轻易被夺走。在研究了人的本性和他的功能之后,他接着补充了一些改进:行动必须朝着"与最好的和最出色的相一致"的结果发展。亚里士多德的目标只是为少数沉思的哲人提供一种可能的幸福,这点可能会招致批评。

亚里士多德在他的长单子上遗漏了浪漫的爱情这一项,而菲利普如果有这个会很满意的。菲尔痛苦地知道,爱,就像荣誉一样,取决于另一个人。他没有意识到一个人如何爱他取决于他的爱。一旦他获得了浪漫的爱情,他可能会想要亚里士多德幸福清单上的其他东西。就像我们中的许多人一样,我们总在渴望生活中更多美好的东西。

像亚里士多德一样,假设幸福应该是一种至高无上的好东西,依赖于我们个人的本性,并通过我们的行动来实现。把最高幸福的问题留给特殊类型的人。仅仅以幸福为目标的行动即便正确也不一定能带来幸福,我们需要运气。运气不只是在特定场合支持我们行动的偶然条件。良好的出身和体格当然是运气的问题。美丽是一种运气,或者用现代的术语来说,一种基因,一种负担得起的手术,一种时代的文化美观念。

菲尔同意亚里士多德的观点:坏运气解释了他的许多不幸。如果他的妻子没有撞见一位老朋友,这位老朋友同情地倾听她婚姻上的烦恼——后来成了她的新爱人——她还会和他在一起。

因此,实际上,只要一个人有正确的自我认识、努力和在出身、美貌和其他物品上的幸运,就会带来幸福的结果。这是理性的信念吗?行动会带来不同,但这并不是因为运气。运气有两个方面的问题:外部和内部。在外部,当世界上一些计划外的和不可预见的事情介入行动和目标结果时,行动和结果之间的联系就被打破了。在内心,虽然行动产生了想要的幸福结果,然而一个人却并不快乐时,这种联系就会被打破。也许结果并不适合一个人的本性或心境,不管他可能怎么想。或者,认为我们应该对自我、世界和幸福有足够的了解,从而能够产生可靠的幸福结果,进而体验幸福,这也许并不是理性的。

约翰·斯图亚特·密尔(John Stuart Mill)雄辩地主张最大幸福原则,尽管他倾向于更高层次的快乐,但他在行动和幸福结果之间提供了一种不同的联系。他提出,只要"一个人对生活的期望不超过生活所能给予的",单凭行动就足以产生幸福。每个人都可以做出有意义的人生行动而幸福,除了两个限制幸福的内在条件。"除了自私,使生活不如人意的主要原因是缺乏精神修养"(2001)。密尔乐观地认为,我们应该把一生看作是值得羡慕的,而不是缺少我们称之为幸福的基本要素。

> 在这个世界上,有如此多的东西值得去探究,有如此多的东西值得去享受,又有如此多的东西需要我们去纠正和改进。每一个拥有这种适度的道德和智力必要条件的人,都有可能拥有一种可称为令人羡慕的生活……

密尔在结尾处陈述了一个人的生活可能不值得羡慕的几个外部原因:

> 除非这样的人,通过糟糕的法律或屈从于他人的意志,被剥夺了在他力所能及的范围内使用幸福源泉的自由,否则他将不会找不到这种令人羡慕的存在。

实际上，密尔的假设是，幸福适合理解为一种生活态度，是生活行为的内在，而不是成功行动结果的外在回报。只要一个人从事自己感兴趣的活动，纠正和改进它们，那么这些活动就是幸福的源泉和所在。"令人羡慕的存在"这个词可能会误导人，因为它与羡慕嫉妒联系在一起，涉及一个人与另一个人的生活环境之间令人不安的比较。与羡慕嫉妒相比，重要的是我们每个人都把自己的生活看作是令人羡慕的，而不是与他人相比。从我们每个人生活的独特优势来看，我们的存在是令人羡慕的，因为我们每个人都有机会。

菲尔没有兴趣。他了无兴趣地喝酒。他哀叹他的生活，没有兴趣和意图去改善。

罗伯特·诺齐克(Robert Nozick, 1989)提出了密尔值得羡慕生活态度的一种变体，其基础是产生幸福的情绪或性格。他承认，这对于任何寻找理性信念条件、将行为与幸福结果联系起来的人来说，可能是一个难以理解的事实：

> 乐观的性格可能比一个人真实的信念和积极的评价更能决定幸福的感觉，无论这些信念或者评价中的一个目前看起来有多突出。

一个乐观的性格是"一种持续的倾向，去看待事物的积极方面，并有伴随而来的感觉"(Nozick, 1989)。对于诺齐克(1989)来说，一个乐观的性格是开放我们的控制，不完全是一个关乎个人性情气质的问题，取决于我们使用的基准来评估现状："如果有任何'幸福的秘密'，它存留在经常选择一些基线或基准或其它把现状的特性评价为好或改善。"这个秘诀可能对相对乐观的人很有效。对于那些在自己的基准上遭受创伤的人来说，他的建议似乎有些残酷。

菲尔的基线低于零。他有很大的上升空间。然而，他的眼光却总是固着于基线以下。

前面的例子表明，各种主导和超越的信念形成并赋予行动、结果和幸福之间的联系以意义。如果我采取什么行动，我期望的结果将产生幸福，条件是：

- 上帝以神秘而公正的方式行事(传道者)
- 我选择蔑视诸神(西西弗斯)
- 生活应该是公平的(愤怒、沮丧、不快乐的人)
- 人的本性和功能与卓越的理性-运气结合(亚里士多德)
- 令人羡慕的存在(密尔)
- 乐观的性格(诺齐克)

在这些包罗万象、超越的信念或人生策略中做出选择，究竟有多理性？

每种信仰条件都为自身或不幸福的人提供了不同的咨询依据。我的朋友菲利普对幸福和这些超越的信念感到困惑。他听朋友们谈论他令人羡慕的生活。在某种程度上，他知道自己在生活环境和能力上很受欢迎。但是，他失去了一个爱人，他的理解和意志也就丧失了。他过去的幸福基准只是痛苦地提醒他陷入了多深的不幸福。在绝望的时候，他说他祈祷过。然而，他不能完全相信祈祷——他的行为没有产生任何结果，因为他为一个结果而祈祷，担心这样的祈祷是自私的。"他的爱就是命中注定"的观点否定了任何理性的概念。运气似乎只是无法克服的坏运气。有时，当为爱而死时，他的行为是出于轻蔑：对他的前情人和她的新情人，对所有的女人一概而论，甚至蔑视爱情。看起来，菲尔表面上是在寻找幸福，其实是在寻找一个能让他的生活有意义的想法。他缺少一个超越的想法能将任何行动与结果联系起来（包括幸福结果在内），也没有意识到他的行动本身就值得快乐。相反，用密尔的话说，他似乎让自己屈从于一个不好的法律或自己不好的意志。我愿意相信，有了自我认识，通过咨询/治疗，他可以找回自己，摆脱自己的不幸福，甚至在未来的某个时候，在浪漫的爱情中找到幸福。但是持有这种信念，我有多理性呢？我假设自我认识是幸福的超越性条件。

有一个完全不同的选择：没有幸福的条件。加缪（1955）在荒谬的幸福的旗帜下提出了这个观点。他给出了一个鲜明的区分："对生命意义的信仰总是意味着价值尺度、选择和我们的偏好。"根据我们对荒谬的定义，对荒谬的信仰恰恰相反。他阐述了：

> 我感兴趣的是知道一个人是否可以毫无吸引力地生活。我不想超出我的深度。被给予的生活这一方面，我能适应吗？现在，面临这种特殊的关注，信仰荒谬等同于用经验的数量来代替质量。如果我说服自己，这种生活除荒谬之外没有其它方面，如果我觉得它的整体平衡依赖于我有意识的反抗和与之斗争的黑暗之间的永恒对立，如果我承认我的自由除了关联其有限的命运没有意义，那么我必须说，重要的不是最好的但是最生活的。由不得我来怀疑：这是粗俗的还是令人反感的，是优雅的还是可悲的。价值判断在这里被一劳永逸地抛弃，取而代之的是事实判断。我只需要根据我所看到的得出结论，而不用冒任何假设的风险。假如这样的生活是不体面的，那么真正的体面就要叫我不体面了。

加缪知道荒谬的幸福会冒犯大多数人。加缪的小说《局外人》中的主角默尔索似乎生活在一种看似荒谬的幸福之中。无意中他犯了谋杀罪。在一次顿悟中，在等待执行的时候，他意识到他享有特权，这和其他人一样，因为他会死。这是特权或令人羡慕的存在的原始事实；仅此而已。只是他期待着那些在他被砍头时对着他大喊脏话的人。菲利普赞同加缪的观点：幸福是荒谬的。这是荒谬的，因为他没有拥有它但坚信自己应该拥有。如果让菲尔给我提意见，我会对某种形式的有条件的幸福感到"内疚"：如果我说对了或做对了，菲尔会在咨询的过程中变得开心。为了自己得到慰藉，我想我不会使他不开心。

一个双重难题出现了。因为出路并不明显，像菲尔这样的客户在某些方面感到困惑和痛苦寻求帮助，这实际上是承认需要帮助才能找到远离痛苦的出路。前景中什么样的行动或改变能缓解不幸福，并把幸福作为目标？治疗师/咨询师也会感到困惑或茫然，除非他们非常了解客户是谁，客户正在遭受什么，以及如何走出困境。咨询师或者治疗师也许会相信，有了正确的洞见，逻辑的正确纠正，态度的正确改变，像菲尔这样痛苦的人会发现从不幸福到幸福的转变。类似行动与结果之间的弱目标联系，正确的理论及其正确的应用也可能对治疗结果几乎没有影响。客户和治疗师可能都不知道何种行动产生了有效结果，或者就没有。治疗师或者咨询师有效的目标行动之外的其他选择还包括：

· 安慰剂，类似于内啡肽的东西，或者，和一个拥有"高级"学位能倾听的人待在一个舒适的房间里。收取一笔"健康"的费用，可能会引发改变的紧迫性。

· 自然回归正常（"时间治愈一切"）。

· 强有力的经历或事件：例如，菲尔的酒精中毒。

· 偶然的自我发现，例如，看一部"击中要害"的电影。

这些替代的改变因素会给案例研究蒙上一层阴影，在案例研究中，作者、治疗师或者咨询师描述了基于深入分析得出的积极结果。著名心理学家兼作家亚隆（Irving Yalom，1974）"承认"，他相信他的分析是有效的，然而他的病人报告说，在她的治疗中最有效的是关于一部电影的对话，她觉得自己的想法正在被认真对待。亚隆认为这次谈话是一个愉快的离题。

如果没有可靠的方法来解释有效的目标行为，治疗师或者咨询师应该如何看待他们的努力。就像传道者一样，他们也许只能简单地相信他们的方法和与客户的沟通是有效的，但在某种程度上，这两者都很难确定，也不可能用因果关系或给出理由的语言来描述。加缪用一个恰当的比喻来形容那些难对付的客户：他们坚持把同一块石头推到同一座山上，却得到了同样落下来的结果。治疗师或者咨询师可能觉得她也在推石头，也就是客户。求助于密尔的"令人羡慕的存在"或诺齐克的"乐观的性格"，可能只会给治疗师或者咨询师看待自己生活的方式带来慰藉。

回到菲尔。他生活在这样的环境中，并对自己目前的困境进行了叙述，通常包括他不幸福的原因以及他不愿意改善的地方。

菲尔认为我应该少想点，多喝点啤酒，虽然他承认他羡慕我婚姻上的好运气。

描述菲尔的一种理论方法是，他以戏剧的形式展现自己，在剧中他是主角、作者、评论家和舞台导演。在他看来，他的戏剧里的演员就像幽灵，或者不透明。（很明显，我把菲尔融入了某种叙事中，把它作为一种针对有争议的结果的行动。）咨询师或治疗师的职责是解读不完整的文本，帮助客户构建更欣欣向荣的生活。然而，对个人和咨询师或治疗师来说，是什么构成了一个欣欣向荣的生活，往往是一个谜。这种生活对菲尔来说是个谜。那里没有地图。即使从治疗或咨询的成功结束到导致它的条件、具体的行动和理解去追溯一个幸福结果，也是困难的。

承认行动目标与其结果之间的这种脱节将导致咨询或治疗工作的根本性转变。通常，在咨询或治疗的过程中确实会有改善。但它充其量可能是对参与中哪些行动会导致结果的猜测。虽然咨询师或治疗师不能放弃所有的理论和实践，但她应该小心，不要在任何成功的客户结果中扮演太重要的角色。就咨询师或治疗师的行动目标公式而言，"如果我这么做（就什么理论和什么应用而言），那么客户将会有一个成功的结果"，这很容易受到非理性的影响，或者承认像传道者那样的信仰。在如此复杂的二人情境下，棘手的客户和对咨询或治疗各阶段的全面检查将削弱人们对行动目标和结果之间的简单关系的信心。

参考文献

Aristotle(1941). *The Basic Works of Aristotle*. ed. Richard McKeon. New York, NY: Random House.

Camus, A.(1955). *The Myth of Sisyphus and Other Essays*. New York, NY: Alfred A. Knopf.

Kant, I.(1996). *Metaphysics of Morals*. Cambridge, UK: Cambridge University Press.

Mill, J.S.(2001). *Utilitarianism*. ed. George Scher. New York, NY: Hackett Publishing.

Nozick, R.(1989). *The Examined Life*. New York, NY: Touchstone.

Yalom, I.(1974). *Every Day Gets a Little Closer: A Twice Told Therapy*. New York, NY: Basic Books.

［作者简介］乔治·霍尔(George Hole)，来自纽约州立大学布法罗分校(SUNY Buffalo State)。

原文出处:George T. Hole, "Problematic Conditions for Actions Targeting Happiness", *Philosophical Practice*, March 2015, 10.1: 1500 - 08.

（杨宏秀　译）

生病是不可避免的人生主题
——哲学践行在医疗保健和心理治疗中的可能性

安德斯·林德塞斯（Anders Lindseth）

Ⅰ. 对话疗法：遭遇、空间、地点、不可避免的人生主题

"方法"（method）这个词来自古希腊语"methodos"。它由"hodos"［意思是"道路"（way）］和"meta"（翻译成 to、over、above 等词）所组成。因此，方法就是元道路、元方式。

古希腊诗歌的一个主题，尤其是赫西奥德（Hesiod）的一个主题，是认为生活是一条充满危险的道路。每个人都想获得幸福和美好的生活，但几乎没有人找到它。大多数人追求的是短期的利益或即时的快乐、赞美、荣耀、荣誉、权力和财富。他们走的是最容易走的大路。当你走在这条大路上，你不会立刻意识到它带不来真正幸福和美好的生活。一开始，一切似乎都很好，但过了一段时间，你就会开始有一种什么东西不对劲的感觉，那种感觉并没有把你带到你想去的地方，也没有把你带到你认为最终会到达的地方。通过追求快乐，你宁愿变得依赖而不是真正的满足。荣誉和财富并不能保证身体健康，荣耀会引起别人的嫉妒，权力会导致冲突，金钱和财产并不等同于人类的富裕。在这宽阔的道路上走了一段时间后，你会意识到如果不改变方向前方就会有危险。你来到了你害怕的一个最糟糕的点，但与此同时，生活道路上的这一点是希望的基础，因为现在有可能进入一种更好、更有建设性的生活方式。尤其是在危险的时候，新的可能性就会出现，而这个生活道路上的矛盾点，这个代表着既是危险又是机会的地方，在希腊语中有自己的术语：克里斯。当然，这和我们的长期危机是一样的。在危机中，情况可能相当糟糕，但仍有希望获救。克服危机是可能的。在赫西奥德看来，一场危机可能意味着离开宽广的道路，选择一条狭窄的道路。这条狭窄的道路的特点是有实现长期目标的意志，以及在实现这些目标过程中忍受各种不适的能力。这就是为什么它是一条艰难而沉重的道路。这是只有少数人遵循的道路，这就是为什么它是狭窄的。

艰难而沉重的生活道路，是柏拉图哲学中一个非常重要的主题。当他在公元前385年建立学院（所有西方高等教育机构的典范）时他的动机是通过一种元方法来改善和保障生活方式。这是一种辩证的方法，更密切地审视生活方式。对于这种辩证的推理方式，柏拉图使用了 methodos 这个术语——这个术语从那时开始就是完全不同寻常的，在后来的历史中直到今天，它已经成为所有活动中的一个关键术语（参见 Ritter，1980，

449 •

1304f)。

我们不能重走人生的路，总是要前行。但原则上可以重复元方法，即有系统地尝试和安排生活方式，只要我们愿意。"Methodos 的意思是'跟随的方式'"，伽达默尔（Hans-Georg Gadamer，1993，p. 48）写道。这对所有的方法都适用——对实践活动方法和科学方法也是。在反思和计划的元位置上，我们可以尝试一个行动或一个活动，并找出如何进行；可以一遍遍地这样做。

当仔细观察使用方法（即考虑和计划）执行的操作时，很明显，方法可以采取非常不同的形式。最显著的区别似乎是，一些方法提供空间，欢迎创新和意外，而另一些方法恰恰想要防止在执行活动时发生一些新的或计划外的事情。第一种方法我们可以称之为"对话法"，第二种方法我们可以称之为"一元法"。生产程序是目前普遍采用的一元方法的例子。

哲学践行的方法必须是对话式的（另请参见：Lindseth，2010；Lindseth，2011）。因为这样做的前提是哲学家和拜访哲学家的人相遇，所以第一步就是让一次好的相遇成为可能。因此，哲学家通过态度来表达客人在他这儿是受欢迎的。哲学家通常（但不一定）在他的践行房间里欢迎客人，而且总是在一个关注空间（a space of attention）里邀请客人表达他或她所关心的事情。进入哲学家房间的人必须感到受到欢迎，尤其是欢迎表达他们自己。这就是为什么我认为叫客人是很自然的。通过这样做，我打算强调，他或她是带着被接受的希望来的，我敞开我的注意力，尽我所能来接受他或她。我的态度表示欢迎，这表明对方可以享受客人的保护和特权。这就是这个人所需要的，因为在开始的时候，他（她）不能确定他（她）所表达的会不会被接受。

哲学家从一开始就表明客人是受欢迎的。当他进入哲学家的房间时，很自然地会给他一些喝的，一杯水或一杯茶。在那之后当真正的对话开始时，哲学家表示现在愿意倾听客人要说的话。现在重要的是客人决定开始的时间。阿亨巴赫（Achenbach，2010，p. 58）提到国际象棋时说，他演奏白色棋子。哲学家重新表演，他指的是客人选择的开场。这就是为什么哲学家不从提出问题开始。这样一个问题已经使对话进入一个很容易被限制的框架。客人可能会觉得被要求提出一个"真正的"问题，一个明确表达的问题，一个相当重要的问题，一个接下来应该成为讨论中心的问题，等等。但事实往往是，客人的第一个话题或问题并不是最重要的——无论它描述的是一个问题、一次经历、一个事件还是一段关系。一些不同的、通常不那么有意为之的东西变得重要起来。这就是为什么对于哲学家来说重要的是不要从提出问题开始，也不要从客人想说什么开始接受订单。哲学家宁愿以邀请开始：这是一个示意，表明客人可以决定他想要的任何表达。对我来说，这是哲学践行中开始对话的原则。但这并不是一个严格的规则。有时候，一个哲学家可以有理由提出一个问题或接收一个"订单"。如果客人在第一次接触时就说他有一个问题需要澄清，那么有时不关注这个问题可能是不自然的。重要的不仅仅是哲学家做什么，更是他采取什么态度。

我们从自己的经验中知道这种态度是什么。我们都有过这样的经历，遇到甚至拜访过一个人，想告诉他一些事情，但很明显他对我们要说的话并不开诚布公。那么我们就不想再敞开心扉了。如果我们想谈论的不是私人的事情,通常会很容易接受对方接纳能力的缺乏,但如果我们有真正重要的事情要说,我们可能会觉得没有被倾听是怠慢。也许对方已经给我们留下了倾听的印象,所以我们开始表达自己,但随后意识到并没有真正地以不得不说的话触动到他或她。这样一来我们会感到受伤,觉得被拒绝了。

我们也都有过相反的经历:我们被倾听,对我们试图表达的东西保持开放和关注。我们遇到一个对倾听感兴趣的人,因此我们很容易去倾诉。我们被邀请进入一个关注的空间,在那里我们的内心表达找到了它的声音。在那里,我们找到我们想说的字眼,往往是惊人的甚至是令人惊讶的词。我们找到一个敞开的耳朵,这样我们就能倾听自己。这意味着只有到那时,我们才会意识到在说什么,才会意识到我们真正的问题所在。在对话中找到表达的生命获得了重新塑造自己的新选择。也许我们会说一些我们以前已经说过的话,甚至可能是很多次。然后,就知道我们说的是什么了。然而,我们也许知道这一切过于美好了。实际上,我们还没来得及说就已经结束了。然而,当话语遇到一个专注的听众,事情就发生了。"他们获得了新的相关性。"我们以一种新的方式倾听他们。我们在某种程度上被听者的注意力所感染,他们会把听到过的东西当作新的来听。突然间,人们说过的一切都带着某种新的性质出现了。这也许可以解释这样对话中经常发生的情况,即双方事后的情绪都有好转。这不仅是因为对话中触及了一些重要的东西,而且因为人们已经进入了一场生命力得到释放的运动。一个人感到生机勃勃。这与你试图将说过的话放入系统理论知识框架(如医学、社会学或心理学)的过程截然相反。

经历一个关注空间是人类最基本的经验,当遇到一个接纳或不接纳的对话伙伴时,空间可以打开或关闭。在这场发生在对话空间的遇见中,生命得到了它的形态。遇见意味着帮助或阻碍我们的人生方向。我们试着表达自己,敢于进入这样的表达,体验到是多么容易接受他人,尤其是那些与我们亲近的人。在这个过程中,形成了使我们的生活幸福或不幸福的重要条件。因此,接受敢于表达自己的人的生命表达,是对于每个人的道德要求。洛斯楚普(K.E.Løgstrup,1997,pp.17 f)对此表述如下:"无论人们之间的交流如何变化,它总包含着风险,一个人抱着得到回应的希望,敢于向另一个人敞开。这是交流的本质,是伦理生活的基本现象。所以,意识到由此产生的要求,并不依赖于神学意义上的启示,也不是基于互惠互利而达成的人之间或多或少有意识的一致。"哲学家必须面对的伦理要求归因于客人脆弱的自我表达。

当生命处于基本意义上的危急关头时,每个人都面临着一个紧迫的问题:如何接纳对方的表达。在许多不同生活情境中的对话中,有那么多事情处于危急之中却并不会呈现得很明显。但是在不同的情境下,当个体在遇见中意识到他将他人生活的一部分掌握在自己手中时,就无法逃脱遇见本身所带来的道德要求。那么,我们如何才能打开关注空间,让别人被倾听,并让他倾听自己呢?这对于哲学践行者来说是一个至关重要的问题。在其他关系中,做一些实际的事情可能更好。然而,我认为,如果一个人不允许自己被生命的表达所触动,那么他就很难敢于向一个遇见者表达。正是这种准备被触动,打开了关注空间,允许生命的运动开发新的能量。

我想试着用一些方法步骤来描述哲学践行的过程:

悬置

哲学践行者通过避免预先知道他的客人的表达是或可能是关于什么,从而打开关注空间。

但是当不提前知晓的时候,我们实际上在做什么呢? 古代的怀疑论者建议认知时避免抱持确定性。如果试图弄清生活确切是什么,我们就找不到内心的平静。放下这种确定性和精确性,这是悬置。埃德蒙·胡塞尔接手了这一术语,并用它来命名他的现象学方法中的一个决定性要素或步骤:如果我们想要找出现象的基本含义,首先必须给关于现象的既定观点加括号。我们必须避免已知。(另请参见:Lindseth,2005,pp. 67 - 79.)

我们避免立即知道客人谈论的问题是他希望解决的,也避免事先知道客人谈论的是他的愿望或他的疾病,或者其它适合我们所擅长领域的。不这样做并不意味着放弃所有的知识。我们应该谈谈态度的改变。我们宁愿接纳客人所表达的内容,而不是用我们固有的知识去面对他。我们准备让客人的表达留下印记,没有任何防卫的,不寻求知识领域的安全庇护。我们不排斥知识领域,宁愿在与客人直接接触而不受知识庇护。这是他感觉到的。如果我们以开放和接纳的态度对待客人,就会打开一个关注空间,在这个空间里,客人的表达可以找到自己的声音,在叙述中找到方向。相反,如果我们准备对客人所说的内容进行分类、解释和模型化,那么这个空间就会关闭,或者一直关闭着。接着表达被简化为信息,这些信息对咨询师或帮助者可能有用,也可能没用。然后,很明显,寻求建议和帮助的客人比助手或顾问更不能理解这些话。在哲学践行中,这种表达将不再是客人能够认同的对自己生活的表达,相反,客人更可能沦为信息的载体,甚至被宣告为无法管理自己的事务。一个在其中客人和哲学家可以见面讨论他们的经历——尤其是客人的经历——的对话团体遭受一个要求正确性的系统,然后它就崩溃了。一个系统已经入侵了生活世界。因此,我们通过让客人的表达给我们留下印象来管理我们方法的第一步——避免事先知道。这种印象对表达有影响——不是主动控制冲动的结果,而是以邀请的形式。(这种影响是结构性的,而不是因果性的。参见:Falter,2005;Lindseth,2008a)

本质还原

把客人的表达带回到(拉丁语:*reducere*,带回到)我们印象中可以作为形象出现的地方(希腊语 eidos,意为形象、外观、形式)。

在胡塞尔的现象学中,"悬置"(*epoché*)只与本质还原有关。要求避免预先知道某种现象是什么,是有其理由的,因为要使它以更生动的方式展现出来,以便我们能更好地研究这种现象的本质是什么。"悬置"变成了一个条件,使得现象能够本质还原,在外观上也更加生动。

这与哲学践行相呼应。如果我们避免提前知道客人的表达,是允许客人的表达给我们留下印象——不受之前一些知识的庇护,可以这么说,这样做是为了让客人的叙述和他的基本主题显得更加生动和更好地去体验。

当客人的表达能够给人留下印象时,一些基本的事情就会发生(正如我们在方法的第一步中所描述的那样):一个关注空间就会打开,在这个空间中,所说的话可以更清晰地展现出来。这就好像是邀请演讲进入这个空间,使所说的内容获得更清晰的形式和形态。这样客人就可以更有意识地倾听自己。这意味着可以在他自己所说的内容中找到一个新的方向。这就好像关注空间创造了一个允许定向的地方。

对话获得一个空间的特性是我们在哲学践行中对话的一种经验(参见 Lindseth,2008b)。我们看到客人在我们面前讲述什么。在我们的意识中,对所讲内容的形象被创造出来——对事件或联系的清晰或不清晰的印象——是一种"风景"。这种生动性可能很好地被解释为是由于想象力丰富;就像我们在小说中看到的一样。但我们在如此生动的体验中所经历的,不仅源自我们自己。我们通过体验来熟悉一个可以和客人一起探索的地方。我们能感觉到客人的叙述是关于什么的,在对话中,我们能找到使客人生活的世界和说出的世界显得更清晰的语词。作为哲学践行者,我们通过对话创造的这个空间来定位自己,在这里,客人有可能重新定位自己。客人开始以新的眼光看待他的生活。

即使在对话之间,我们也意识到,定位的过程仍在继续。例如,我可以在最初的对话后的第二天醒来,洗着淋浴,然后突然看到在我内心的眼睛前面一个手臂在运动,或者一个视图,我开始大声笑着说:完全正确!是什么让这些变得清晰起来,我可能无法准确地描述出来。但我更愿意进一步探索对话中存在的问题。所以我经常有这样的印象,只有在与客人的第二次会谈中才能真正地开始。当客人回来的时候,我不需要努力回忆起他说过的话,因为感觉和上次一样又回到了同一个空间,可以再次认识到这是关于什么的。这并不意味着一切都变得可见。停留在这个空间隐喻中,我可能会看到一条路和一个路口,沿途有房子,但我只能猜测角落后面是什么。现在需要时间来找出与客人对话的紧要关头。

治疗师,尤其是当他们没有经验的时候,经常犯这样的错误,想要过早地知道客户或病人在说什么。在这里,有一个很大的危险,那就是关注空间没有打开,在那里可以创建一个地方,让你在生活中找到方向。危险是双重的:一方面,治疗师可能过于专注于自己的理解,以至于无意中听到客人说了什么;另一方面,客人或病人失去了在自己的叙述中发现自己的选择。

先验还原

我们想要把客人的表达"带回到"紧要的问题或主题上:我们在对话中遇到的不可避免的生活主题——以及在生活的路上。挪威哲学家汉斯·舍尔夫海姆(Hans Skjervheim, 2002, p. 20f)认为,每段对话都是三重的:A 在和 B 说话,但双方同时都必须提及对话的主题。不仅 A 和 B 会影响对话的进程,而且主题也会影响对话,因为 A 和 B 都必须公正对待对话。如果他们不这样做,对话很容易变得不理性。然后,它可以由 A 或 B 的任何意见形成。或者它变成了双重对话,因为一方选择了另一方作为对话的主题。当 A 认为 B 说了一些尴尬的话时,就会发生这种情况。当病人向医学专家询问他的问题所在时,医疗服务中也会发生这种情况。然后,病人首先成为信息的来源,而不是对话中的伙伴。这样的双重对话可能是有用的,但它们不是双方都试图公正对待所涉及话题的对话过程。

三重对话最简单的例子是两个人讨论他们都感兴趣的主题。但是,客人和哲学家之间的对话也是三重的。这段对话的主题很少预先提出。客人对自己的生活和处境的叙述,一开始表达的是一种不明确的关注,因此在对话过程中必须加以澄清。因此,无论是客人还是哲学家,都无法根据自己的意愿来定义紧要的生活主题。这就是为什么对话具有一种审视的性质,一种对熟悉的地方的探索,一种对生活方式的检验。但这并不是科学意义上的实证检验。往后就开始变得清晰:当客人或哲学家认为自己知道这个紧要的问题或主题,不可避免的生命主题对话有关的一切,这样他的理解就不具有解释假设的性质,被新的事件或数据证伪或者证实。而是一种能够或多或少恰当地表达自己的见解。

让我们看一个(不太容易的)例子:在我的践行中,一位客人告诉我,她是如何在绝望和沮丧中购买适合呕吐的食物,然后如何准备和食用食物,通过呕吐来体验一种满足感。现在什么处于危急之中? 在科学语言中,这是关于暴食症的,我们有经验科学假说(或理论)来解释暴食行为。这些假设(和理论)本质上是不确定的;最新的研究可能总是修改甚至废弃它们。然而,如果客人明白她的暴食症与一种自然的坚持己见有关,而这种坚持被妨碍了,因此必须找到一个不寻常的出口,这种理解不是假说,而是一种洞见。

那么,任务就不是寻找有助于确证或证伪假说的经验证据,而是寻找能够以适当方式捕捉这种经历的词语和描述,从而为生活提供更好的方向。在检查或测试之后,你不能谈论废弃或接受一个观点。洞见不需要验证(以积极的经验证据的形式),而且它们也不能被歪曲(作为消极经验证据的结果)。这并不意味着这一洞见的措辞一定是正确的。有时很明显,对它的描述是不适当的或不幸的,而在可能适当的情况下,我们并不感到同样的确定。这与实证检验(在所谓的假说演绎法框架内)的情况相对应,在实证检验中,证伪比确证更确定。(证伪依赖于有效逻辑推理的形式,而确证则不是。)但是当我们意识到一个洞见还没有找到它最好的表达方式时,我们就会从内在意识到它,从这个洞见本身。没有必要从外部寻找引入论证要素的证据。

生活中不可避免主题的例子举不胜举。在我们所面对的有联系的生活中,这是不可避免的。王尔德豪格(Marianne Walderhaug)受雇为卑尔根(Bjørgvin)监狱的哲学顾问,他总是在和囚犯对话时讨论某些主题:过上"正常生活"是什么意思? 自由是什么? 这就不足为奇了。

在我的践行中反复出现的一个主题是:与想要生活在一个团队以及亲密的关系中又同时想要保持独立这一事实相关的那些问题。另一个密切相关的主题是爱和担当。我特别感兴趣的一个主题是如何在不可调和中生活。我们可能与他人有一种不可调和的关系,但更是——也许最重要的——与我们自己——或与生活。不可调和可以理解为一种远离基本痛苦的运动,一种不会成功的运动,因此始终围着自己兜转。我们能以多少种不同的方式一直兜转,从而使自己与不可调和的事物保持一致? 如何将他人拉入我们的不和谐、不可调和的兜转? 找到和解是什么意思? 我始终相信,自己的践行就是关于寻找并促成和解的。

在我的践行对话中,和解(几乎)从来不是一个直接和明确的主题。同样的道理也适用于所有其他不可避免的生活主题。含蓄地说,主题可能从一开始就存在,但需要时间,通常比对话所能提供的时间更多,来使主题明确和清晰,并可能使其结束或实现。首先,一个生活主题必须在叙述中表达出来。在我的践行对话中,它一次又一次地出现,慢慢地,一种对隐含生活主题的惊奇就会展现出来。这样的主题出现在客人生活中的哪里,又如何逐渐取得支配的? 在这个框架内,当时机成熟,嘉宾敞开心扉时,哲学家可以通过介绍哲学家、神学家、诗人和科学家的思想来阐明这个主题。

因此,哲学践行的方法不是去保证一定能完成既定目标,而是允许人们对生活中紧迫的主题进行反思。这种对不可避免的生活主题的反思,意味着找到自己的生活方式,同时也意味着对生活本质的察觉。在所有的践行对话中,澄清并有条理地解决生活中的这些问题是哲学践行的一项任务,它超越了每一个程序。这种澄清必须导致对生活主题的叙事或系统表达。

Ⅱ. 医学和心理治疗领域的哲学践行

如果我们生病了,这种疾病是生活中不可避免的主题。但不确定是否想要反思这个主题,它如何影响我们的生活体验。我们不需要处理它。我们可以否认和抑制疾病,但不能把它赶走,不作为人生道路上的一个主题。疾病会自己显现出来,生病的经历会强迫我们接受它。因此,疾病是一个不可避免的生活主题。但我们经常需要对话的帮助来处理这个问题。这适用于不可避免生活主题的大部分。

我们喜欢区分疾病和生病。疾病是一种可诊断的状况,而生病则是我们经历的状况。在英语中,这些状况有不同的术语:疾病与生病。后者我们从个人经验中可以知道。我们都经历过生病(being ill),但很难说清那是怎么回事。显然,我们所指的"疾病"(disease)是客观的,而"生病"则是主观的。下面这个小故事也许可以说明,我们在多大程度上把疾病看作是客观和可衡量的:一个病人即将出院,但一位经验丰富的护士,依据她的专业意见,认为病人还没有好到可以送回家的程度。但是这个病人的实验结果不是很差,所以他可以准备出院了。但是有人从实验室跑出来,而后面的结果很糟糕。因此,病人不得不在医院多待几天。认识到病人身体不适的临床观点被认为是主观的,没有相关性。

将生病的经历看作一个重要的人生经历

然而,我们经历了生病。我们体会到了它的影响。这种经历对我们的生活有什么意义呢? 从现象学上看,生病的经历是人生经历之一。因此,理解"生病"的含义本质上与理解其他生活经历没有什么不同,比如成长、与他人建立关系、恋爱、追求事业等等。我们都知道,当我们想到"生病"的经历时,很可能是在某些情况下突然降临的、出乎意料的,可能严重的和戏剧性的。但通常生病来得并不那么突然,通常是渐进的。在你被诊断出患有某种疾病(disease)之前,你可能已经被某种疾病困扰了很多年,而没人发现遗漏了什么。也有可能你和一个恶魔生活在一起,却没有真正感受到它。你试着"一如既往"地工作,也许是保持最佳状态,就好像根本没有问题一样。这是一幅复杂的画面。然而,生病总是有历史的。即使它来得突然,以前也发生过一些事情。当然,在这种情况下理解这种疾病可能是非常困难的(如果不是不可能的话)。重点是,人生经历永远是一种有历史的经历。没有来龙去脉,它就不会出现;它有一个历史,一个发展和结果。疾病(illness)的经历是生活的一部分;它是由之前发生的事件和行为所造成的,它将塑造以后的生活。

生病也是一种羞辱。语言就是明证,例如在德语中,"生病"(krank)与"羞辱"(Krankung)相关。得病是一种羞辱,这疾病在一种相当古老的理解中得到了清晰的表达,人们认为疾病是由"邪恶的眼睛"引起的,或者有人对你施加了诅咒。这种冒犯与羞辱你的人有关,这可能会让你更容易接受患病的命运。因此,得病的经历是外化的。它被从病人的生命中移除。它与一个外部原因有关并得以解释——一个羞辱你的人,一个女巫,一个对你施加诅咒的人,一个对你评价很差的人。这样你就能解决问题了。

现在有人可能会忍不住声称现代医学已经克服了所有这些。你不再以这样的模式思考,这是进步。但仔细观察就会发现,现代对疾病的理解,并不是将疾病理解为一种有意义的生活体验,而是一种缺陷,表现出更高程度的外化。被别人羞辱是我们会经历的;但疾病却被置于任何有意义的、有形的生活情境之外。我们尽最大的努力去看到罪恶的根源"在那里",在我们生活世界之外的原因中。现在原因不再是女巫或魔法师或邪恶的眼睛。这些总能以某种方式融入我们的生活世界。不,真正的原因是一种神秘的东西,它被称为"疾病",人们希望它能被诊断出来,战而胜之。这表明现代医学正在进行一场斗争。它不再是对抗巫术,而是对抗疾病。在这场斗争中,把疾病当作一种经历,重要的是不要处理过多。因为这要求变得敏感、悲悯甚至可能会绝望。然而,如果你想战斗,你不能担负过多的敏感反应。然后,你必须知道该打什么,你必须准备好自己——用盾牌和剑,这么说吧——然后进攻,这才是斗争的目的。因此,对现代医疗保健尤其是护理来说,这是一个挑战,不要在这场战斗中被扫地出门,而是要走出这个外化的过程,以便把生病作为一种重要的人生经历赢回来。那么,问题就不再是寻找"疾病"所谓的"原因",而可能是更重要的事:在自己的生命中不断地提出问题和探索,因为生命每时每刻都在重新呈现。

在哲学践行中,生病的经历和其他人生主题一样不可避免,但同时也是一个特殊的挑战。生病的经历在很大程度上是无法理解的。这不仅是因为现代医学的思维,它把生病的经历局限到一个主观和情感的反应;还因为生病的经历是关于不透明的生活过程。但与此同时,当生病的时候,我们有很多话要说。我们可能是绝望的,可能是咄咄逼人的,在寻找一个"解决方案",或者可能更愿意接受自己的命运。我们可能希望疾病是一场将会过去的危机;我们可能不得不接受因为疾病而生活在永久的限制之中;或者我们必须认识到自己将在不久的将来死去,比想象的要早一点。无论如何,生命意义的问题变得很重要。在生病之前,我们可能只是与这个问题有理论上的关联。然而,当生病之时,体验到了一种难以言表的生活。如果情况严重,我们可能需要说再见或解决实际问题。在亲密的关系中获得更清晰的表达、划定界限以及表达爱,这可能是很重要的。我们发现自己处于一种猝不及防的生活状态。这很糟糕。但它也可以被视为一种必不可少的体验。我们以另一种方式认识到生活中正在发生什么,什么是重要的,什么是生命中处于紧要关头的。

如果生病成为哲学践行中的一个主题，它是把生病作为一个重要生活经验重新获得的经验。这里有一个危险，那就是我们想要学的比生病经历所能证明的还要多。我们可能听说过，悲伤来自丧失的体验，胃溃疡来自压力或细菌，癌症来自感觉永远无法被表达的事实，等等。然而，如果这些解释变成了结论——正因为如此我们才不会感到惊讶，也不会真正体会到不安、悲伤和焦虑所要表达的含义，那就没有什么帮助了。

在哲学践行中，我们所面临的挑战是如何捕捉奇迹和感受。作为一个哲学家，我不能鼓励简单的解释。大多数情况下，为这种疾病提出的问题找到明确答案并不重要。更重要的是，可以保持表达生病经历对话的开放性。因为这样就有可能完成一个内在的飞跃，远离我们所背负的压力，远离困难的生活问题，远离痛苦的生活。

如果我们问自己这种生活的痛苦是什么，就会进入一种毫无价值的感觉，一种羞耻感，一种被拒绝的感觉，一种不被爱的感觉。我们可能真的不知道这种感觉从何而来。在生活中我们可能经历过被轻视、被低估、被拒绝、被羞辱，但这种感觉现在看来可能是"夸张"的，有点不理性，所以我们不必太较真。但是，如果我们接受生活中的这种痛苦，那么生活中也许没有什么比这种毫无价值和羞耻的感觉更可怕的了。因此，惊慌失措地逃离这种痛苦也就不足为奇了。但是痛苦就在体内的某个地方，在身体里，在灵魂里，我们无法摆脱它。因此，我们被困在一个不必感到痛苦的循环往复中。但如果我们避免痛苦，就会受到内心分裂的影响，这就阻止了痛苦成为我们自身的一部分。然后就无法与自己和解，开始困顿在不可调和中。然后就被诸如嫉妒、憎恨、骄傲等思想感情的循环所塑造。我们或许可以避免在生活中感受到深刻的痛苦，但无法阻止自己给他人带来羞辱和痛苦。

在一场疾病中，我们可以经历从不可调和中摆脱出来。和疾病一起，我们的生活痛苦也变得不可避免。这给了我们一个结束内部飞行运动的机会。但是结束这次飞行可能会很困难。它会令人对与痛苦相关的生活经历感到绝望。当我们所爱的人去世时，可能会经历这样的绝望。因为在悲伤中，我们不仅会悲伤，也会对这段关系中一直求而不得感到绝望。纯粹的悲伤是对我们失去的美好事物的赞美。这很痛苦，但很好。与绝望和解则要困难得多，因为这是我们体验到的失望，是我们陷入的指责，这些成为哀悼的障碍。疾病也与哀悼有关，绝望又一次阻止了我们的哀悼——也阻止了我们与生活的和解。绝望需要反抗的力量。然而，在生病的时候，我们可能弱得无法反抗。我们不再设法逃离痛苦，因此它变得如此痛苦而走向和解——与我们自己、与人类同胞、与生活。我们可称之为和解的奥秘。这也是一种安慰。

在《格林德语词源大词典》(*German etymological dictionary of the Brothers Grimm*)中，我们读到德语单词 *Trost*，即安慰(comfort 或 consolation)，有两个意思：从最近的意义上讲，安慰是一种积极的行为。但从更古老的意义上说，安慰是一种生命力，它给我们内在的支持、信任和希望(参见 Grimm, 1952, p. 903)。从这个词的本义上说，安慰是我们生活的一个维度，可以称之为"存在的自发表达"(参见 Løgstrup, 1968, pp. 92ff)。安慰是一种存在的力量，它使我们在沮丧时重新站起来，在迷失自我时重新找回自我,在内心分裂时重新统一起来。一个试图安慰我们的人是否真的能给我们带来安慰,这是不确定的。也许是大自然给了我们舒适,晚风,美丽的景色,树林的气息,或者宠物。但我们通常需要遇见同伴来寻求安慰。在这样的遇见中,你可以表现出你在倾听,在感知,在他或她的表达中接纳他或她,这样他(她)就不必绝望。即使我们背负着绝望也能找到和解。如果我们不否认和压抑痛苦,我们就能在与他人的相遇中得到治愈(关于基于叙事性访谈分析的安慰现象,请参见 Norberg et al.,2001)。

疾病的解释,尤其是诊断,可以帮助我们接受它,从而给我们一些安慰。最后但并非最不重要的是,家庭成员可能需要这种安慰。但与此同时,这些解释也可能阻碍一个过程,在这个过程中生病的经历是重要的。解释说我们的状况是由失去、压力、沮丧、缺乏情感表达,或是由细菌、病毒、激素、基因等因素造成的,这些都无助于我们内心的和解,因此也不能带来真正的安慰。然而,如果意识到一种悲伤在支配着我们,我们的状况与恐惧和羞耻有关,我们会因为对自己身体状况的悲伤而感到沮丧——那就是另外一回事了。然后,悲伤、恐惧、羞愧等成为惊奇和更深层次思考的基础,成为敏感的自我反省的基础。这可能会使我们产生一种先验的见解,即便可能不确定如何表达和沟通它们。当我们意识到在疾病中找到了与自己的和解,从而使生活变得更丰富、更快乐时,那就是一种先验的洞见。它告诉我们关于生活的一些基本的、重要的事情,一些可以被其他人识别的事情。然而,如果我们强调一个关于五阶段死亡过程的经验理论,以和解作为最后阶段,那么知识仍然是有问题的和假定的。当热心的助手想要"帮助"病人从一个阶段进入下一个阶段时,情况可能会变得相当糟糕。

心理健康的护理

生活道路上的问题肯定会变得很大,很严重,令人苦恼和恐惧。到目前为止,我认为我已经证明了哲学家可以反思这些问题,从而承担起一项任务。但如果生活中的问题属于精神病学领域呢?那么,哲学家最好不应该拒绝这个任务,把它交给精神科医生吗?我认为他不应该那样做。在某些情况下,可能应当设法在保健和社会服务中为病人安排必要的支持和帮助,而这是哲学践行的对话所不能提供的。哲学家可能不得不告诉他的客人,他们应该暂时停止对话。然而,在任何情况下,他都不应该阻止他们,让客人觉得由于他或她的疾病没法正常地对话。

如果人们不得不经历如此具有威胁性的经历,以至于无法忍受精神上的痛苦,那么他们可能会变得精神错乱。疼痛会变得如此可怕和令人震惊,甚至无法通过循环来控制。处理这种疼痛的生理条件失败了,所以人们被迫在心理过程中寻找庇护,我们都知道这来自做梦,通常称之为"初级过程"。可以说,人在醒着的时候开始做梦。当陷入一种对我们的生存构成严重威胁的处境时,这可能发生在所有人身上。这里的关键不是生命的潜在危险,而是失去任何自我决断可能性的痛苦经历。即使是发高烧,尤其是当孩子们受到影响的时候,正常的印象控制也可能失败,看到或听到的东西是其他人在同样情况下看不到或听不到的。当我的一个儿子还小的时候,一天晚上他喊我说有一只黄蜂(在我看来它不可能在附近)围着他盘旋,最后从天花板上飞走了。我摸了摸他炽热的额头,测得的温度超过了华氏105度,也就是40摄氏度。这种狂热的幻想通常会在一段时间后消失,就像梦在醒来后消失一样。然而,只要不是由发烧或药物引起的,醒时做这些超现实的梦通常不会那么快、那么容易过去,而且常常会有致命的影响。

一位女士告诉我,她第一次精神失常是在机场。研讨会结束后在回家的路上她不得不改乘飞机,她以为战争爆发了,于是采取了相应的行动。但是当警察来了想把她送进精神病院时,正如她告诉我的那样,她竭尽全力表现得很正常。她说她可以继续赶路,又说她有一个朋友做伴。这位朋友也证实,下面的行程不会有问题。但在她到达之后,她仍然被送进了精神科,原因我无法在这里更详细地解释。正如她所说,这是一次比想象中的战争更令人震惊的经历。她被关进一幢巨大的、充满威胁的建筑物里,那里的人们举止怪异,她身后的门都被锁上了。正因为如此,她没有理由太快离开她的梦想世界。然而,她说,真正的灾难发生在她离开精神病状态回到家中之后。她称这次灾难为社会雪崩。她失去了备受尊重的高薪工作,朋友疏离,婚姻破裂,她觉得人们普遍怀疑她是否神志清醒。可以说,她的社会地位陷入了深渊。这问题情境的描述听起来很有戏剧性,但实际上稀松平常,她向我解释,因为物质世界哪怕最可怕的雪崩至少可以稳定和修复,那么这样一个所谓的正常生活后来也是可能的。然而,她所说的雪崩摧毁了一个世界。我认为她的这番话指出了一些非常重要、非常关键的东西。我想说的是,她所说的社会雪崩摧毁了她本可以占有一席之地的生活世界。我将借用精神病学家讲座中的一个简短描述来说明这是如何发生的。通过这次展示,他开始了一个艺术展,并提到了一幅名为《边境行者》("border walkers")的画作。他说,在精神病学中我们知道"边缘"病人,他把这些"边缘"病人理解为一种特殊的边界行走者:他们生活在我们能理解和再也不能理解的边界上。我认为这将所有重要的事情都说了出来。这位精神科医生在自己没有意识到的情况下,用他简短的评论,将使精神病学成为毁灭性雪崩的致命观点命名为:我们再也无法理解精神病人的世界正在发生什么。

在"边界"的这一边,我们找到了健康的常态。这边可以假设我们能根据自己的经验来接近对方的表达。我们所表达、交流或做的事情都可以通过所经历的生活来理解。如果我们在生活中试图表达感受,会不断地让这表达或多或少符合、适用、满足生活经历。我们看一下自己表达感情的方式,例如想:不,不完全正确;或者,差不多就这样。类似的,我们可以接近另一方的表达。比如告诉他:我不太明白你在说什么,你需要更详细地解释给我听;或者,哦,是的,有道理;或者,嗯,我想我理解你在说什么,但是我不太明白是怎么回事。我们假设别人的陈述表达了我们能理解的感情。我们当然不知道对方的确切感受,但我们被他的表达触动和影响。我们相信人同此心,心同此理。因此,我们共享同一个生活世界。

但如果有人被认为超出了精神病学的"边界",灾难就会发生。可以说,他被逐出了正常的生活世界。他的命运变得不可理喻,精神失常。我们认为再也无法理解他所表达的。我们可以想象,他的表达是关于疾病的。疾病的本质,正如我已经强调过的,是我们无法经历的。我们只能通过它的症状和影响来认识它。我们可能理解并经历了这些影响,但是我们的理解和经历,尽管它们在我们主观看来很重要,却不能告诉我们关于疾病本身的任何信息。因此,以一个人自己的生活经历来处理疾病问题是没有意义的。然后,我们必须采取"更有力"的方法,必须科学、系统地收集数据,必须创造新的理论和模型,帮助我们解释并有望处理疾病的影响。

当然很难理解为什么有些人会变成精神病,而有些人不会。生活条件艰难、威胁或羞辱显然不能解释一切,因为有些人经历了最糟糕的事情,但仍然没有变成精神病。另一些人经历的事情似乎并不那么糟糕,但他们却变得精神错乱。看起来有些人比其他人更脆弱。他们被大多数人能够应对的生活经历所影响和吓倒,以至于他们再也无法消化和控制自己的印象,因此他们被无意识之海所承载的想象所席卷。

洛斯楚普把人类的生活描述为敢于挺身而出去迎接我们所遇到的人,这表明我们是多么脆弱的人类。我们从自己的生活中就知道这种脆弱,当看到别人被拒绝、被迫害、被羞辱时,能很好地理解这一点。然而,在精神病学中,脆弱是导致精神病和精神疾病的因素。如此一来这种因果关系就不再是可理解的了。它成为一种科学假设,必须通过经验加以验证。那么脆弱就不再是一种被体验的脆弱,而是一种被定义的脆弱,从某些标准被视为会导致精神疾病。这种方法符合实证研究的逻辑,所以我们可能认为这没什么问题。然而,我对"脆弱"这一精神病学概念有两个反对意见:第一,它使我们从生活中了解、经历和感觉的脆弱变得神秘。令人不安的问题出现了:我们如果脆弱,如果感到受伤,这是病态的、可能危险的吗?难道我们再也不敢对自己的伤口直言不讳了吗?"脆弱"的精神病学概念剥夺了我们在日常生活中谈论脆弱的非常自然的能力。其次,这个概念形成了一种关于精神疾病的僵化观念。这并不是反对我们作为一个人可能会在精神上(或情感上)患病的普遍经验,而是反对精神疾病的概念。如果我们受到这种疾病的攻击,就无法理解我们所经历的一切,甚至不能相信自己的感觉。如果别人根本不理解它,我们不能告诉任何人它意味着什么,即使是自己。这是灾难性的,因为我们失去了我们的生活世界。

关于"生活世界"的真正含义,众说纷纭。我认为这是我们"从内部"去了解的共同世界。与此相反,疾病的世界是一个我们从"外部"了解的世界,为理论概念和模型所指导。从内在所了解的世界是可以通过我们的经历和感受来描述的世界。这是一个与我们身体相连的世界,在这个世界里,我们的身体是存在的。我们可以根据我们的经验来谈论这个世界。这是一个共同的世界,因为我们彼此分享我们的故事和对它的描述,可以根据对它的感觉来评判它。然而,理论上获得的世界并不是普通的生活世界,因为我们并不存在于其中。我们有时会说,"只有脑袋"才知道。但是用概念建构的世界也以生活世界为前提和基础,因为,如果与生活世界没有任何联系,我们的思想就会变得太抽象而不可理解。在这里,我不能更彻底地论述胡塞尔在现象学中提出的生命世界这一艰深概念。一方面,生活世界是所有人共有的,没有个人的生活世界,正如有时所说,当然只有共同生活世界的个人生活。另一方面,生活世界的性质并不是我们可以在某个地方找到它。除了有限的世界,除了社会和文化的世界,除了经验科学的世界,除了建构的世界,除了各种各样的"大脑世界",类似纯粹的生命世界是不存在的。同样,生活世界也不是"理想世界"。正如我所说,我无法在这里详细解释生命世界概念的复杂性,但我想强调一个关键点:生命世界是所有人"从内部"共享和了解的世界。这不仅意味着我们通过经验和感觉与之相连,而且当描述和谈论它时,可以理解我们的意思。基于这样的理解,我们可以讨论各种生活世界的事件,并进行交流。如果不再相信能理解别人告诉我们的话,我们就从他那里拿走了共同的生活世界,把他放到一个特殊的世界里。这在精神病学中极易发生。

几年前,一个男人来到我的诊所,他告诉我他不想再离开他的房子了。他意识到自己把一种厌倦感传染给了周围的人。例如,他不喜欢去超市,因为离他太近的顾客开始打哈欠,显示出他们越来越感到疲倦和无力。那时我做了一件今天我不会再做的事。我告诉他,他不太可能仅仅通过他的出现就传播疲倦。我清楚地记得,他是多么坚决地坚持说,他确实施加了这种有害的影响。他清楚地记得别人对他的反应。所以他为自己经历的可靠性辩护。可以说,他不得不与别人无法理解他所经历的这一可能性作斗争。现在我想我不应该质疑他在日常生活中的地位。这是完全没有必要的,也因为这是一件很熟悉的事情,我们通过我们的存在对他人产生影响。我完全有理由问他到底经历了什么。我完全有理由想知道他的经历——和他在一起。我相信,如果他觉得自己被认真对待了,也就可能谈论他经历中正常或不正常、可能或不可能的方面,那就很有可能把我自己的想法告诉他了,因为,我们可能会有不同的观点,这一事实不会威胁到他在共同生活世界中的地位。

我现在期望心理健康工作者做出如下反应:和病人一起时应该想知道他们说了些什么。这说起来很容易,但是我们真的应该同意他们吗? 在很多情况下,我们不应该说:我相信你有过那样的经历,但我自己却没有! 我对这个问题的回答是,我们不应该同意或不同意病人,而应该认可他的经历。如果我们告诉他:我相信你是这样经历的——那么我们并没有真正认可他的经历,充其量只是表面上的。大多数情况下,我们暗示我们不能理解他的经历,而不是因为自己的不足。我们可能会这样说:我觉得你疯了。这是病人实际接收到的信息。

心理治疗师和心理健康工作者,顺便提一下还有教育工作者,都处在一个矛盾的境地。他们致力于确保病人、客户或学生经历改善。然而,这种改善必须来自病人、客户或学生自己。因此,治疗师或教师想要达到一种不能经由控制实现的自我改善。在精神病学中,这种矛盾走向了极端。治疗应改善病人的健康。然而,这种健康状况等同于病人的正常状况。观察病人的健康状况是否正在改善,就变得跟判断其反应和行为是否更正常一样了。

但是,一个人的常态被否定之后,他怎么可能突然变得更正常呢? 对于治疗师来说,这样的改变是可以想象的。然而,对于病人来说,这种改变最初是完全不可能的,常态已经从外部被否定了,因此只能从外部恢复。这就导致了一种情况:有能力做到这一点的病人努力实现自己的期望——因为他们想成为好病人,因为他们想逃离精神病学或因为其他理由;而不能做到这一点的病人仍然处于无法治愈的状态。如果那些曾经表现出好转的病人又感觉更糟了,又被送进了精神病院,就知道他们并没有真正被治愈过。疾病成为一个实体,病人不仅拥有它,而且还等同于它。精神病患者是精神分裂症患者,他们是双相情感障碍患者,而心脏病发作的患者不会等于心脏病发作。因此,精神疾病变成了这一个体的本性疾病。这会引发某种恐惧。这种恐惧不仅会影响病人,还会影响治疗师。精神疾病是一个致命的事件,是对生活世界的放逐,是一件可怕的事情。

挪威哲学家汉斯·舍尔夫海姆(Hans Skjervheim)向我们展示过教育者是如何摆脱教育的悖论的。在他的文章《教育哲学的一个基本问题》("A fundamental problem of educational philosophy")中,他描述了教育工作者在意识到无法按部就班地塑造一个学生时很容易反转,认为需要让学生自由成长。然而,让他自由成长就像系统地塑造他一样不可能。从这一悖论中,只有一条出路:把教育活动理解为教育者与被教育者之间的对话,一种既塑造又被塑造的对话。参照柏拉图的对话录《斐得罗篇》,舍尔夫海姆(Skjervheim, 2002, p. 117)将这一过程称为"精神煽动,通过言辞引导灵魂"。我认为摆脱精神治疗悖论的唯一方法同样也是对话。我们必须假设,在双方共同理解的基础上,治疗师和患者都可以交流精神疾病的经历,并彼此相遇。这将对他们两人都有很大的要求,也许超出了他们的实际能力。但是对被生活世界禁入的巨大恐惧从他们身上消失了。然而,这样做的一个要求是放弃或弱化精神疾病的概念。要么避免诊断,要么必须将其视为初步描述,即快照。例如,有的人很累,现在昏昏欲睡,精神失常,偏执,躁狂等等。精神病不是一种威胁人的人格的危险疾病,而是一种醒着的梦,如果不采取适当的手段来满足它,就会产生灾难性的后果;但对其他人来说,这通常并不危险。如果一个人不害怕精神病,那么以适当的方式遇到精神病患者并不难。那个在机场变成精神病的女人告诉我,如果她再次变成精神病,她只想有一个不害怕的人在她身边,愿意陪着她直到精神病发作结束。她还告诉我,精神疾病留下的记忆不会轻易、快速地消失,就像醒来后晚上做的梦一样,而是留在脑海中,必须被消化。然而,这种消化将是困难的,因为一旦她谈到精神疾病的内容,将会引发其他人的恐惧,担心她的精神病可能再次爆发。

一位精神病学家曾经告诉我:"当我遇到一个精神病患者时,他要么离开精神病状态,向我走来,要么远离我,进入更深的精神病状态。可怕的是,我怀疑这与我有关。"类似的经历也发生在"系统性"工作的精神卫生工作者身上。他们可能根据汤姆·安德森(Tom Andersen)开发的反映过程(参见:Anderson, 1991; Anderson & Jensen, 2007)进行,也可能遵循 Jaakko Seikkula(亚科·赛科罗)提出的公开对话原则(参见:Seikkula, 1996; Seikkula & Olson, 2003)。在这些案例中,卫生保健工作者让精神病患者重新找到生活的方向,并尽可能地掌握自己的生活。如果在日常生活世界中的地位没有(不再)被剥夺,他们常常可以从精神病学的(更深的)"生涯"中被拯救出来。哲学践行者,如果不带有意图地对待客人从而避免帮助者的悖论,实际上可以在这些过程中发挥作用。作为哲学家,他们足够开放,允许他人的表达留下印象。问题是卫生保健是否对这种做法开放。

参考文献

Achenbach, G. B. (2010). *Zur Einführung der Philosophischen Praxis*. Vorträge, Aufsätze, Gespräche und Essays, mit denen sich die Philosophische Praxis in den Jahren 1981 bis 2009 vorstellte. Eine Dokumentation. Köln: Dinter. (Schriftenreihe zur

Philosophischen Praxis, Band V.)

Andersen, T. (1991). *The Reflecting Team: Dialogues and Dialogues About the Dialogues*. New York: W. W. Norton.

Anderson, H. & Jensen, P. (eds) (2007). *Innovations in the Reflecting Process- The Inspirations of Tom Andersen*. London: Karnac Books.

Falter, R. (2005). "Sinn-Bilder. Warum es sinnvoll ist, Natur-Charaktere mit Götternamen zu benennen, Teil 2", *Hagia Chora*, No. 20, pp. 94 - 97.

Gadamer, H.-G. (1993). *Vom Zirkel des Verstehens*. In: Gesammelte Werke, Band 2 (2. ed.), pp. 57 - 65. Tübingen: J. C. B. Mohr (Paul Siebeck).

Grimm, J. & W. (1952). *Deutsches Wörterbuch*, elfter Band, I. Abteilung, II. Teil (TREIB - TZ). (Ed. By Deutsche Akademie der Wissenschaften zu Berlin.) Leipzig: Verlag S. Hirzel.

Lindseth, A. (2005). *Zur Sache der Philosophischen Praxis*. Philosophieren in Gesprächen mit ratsuchenden Menschen. Freiburg/München: Verlag Karl Alber.

Lindseth, A. (2008a). *Wirken Philosophischer Praxis*. Jahrbuch der Internationalen Gesellschaft für Philosophische Praxis (IGPP), Band 3, [T. Gutknecht, B. Himmelmann, T. Polednitschek (eds.), *Philosophische Praxis und Psychotherapie. Gegenseitige und gemeinsame Herausforderungen*], pp. 10 - 24. Berlin: Lit Verlag.

Lindseth, A. (2008b). *Ort und Gespräch*. Aufgang. Jahrbuch für Denken, Dichten, Musik, 5, pp. 110 - 116.

Lindseth, A. (2010). *Von der Methode der Philosophischen Praxis als dialogischer Beratung*. In: D. Staude (ed.), *Methoden Philosophischer Praxis*. Ein Handbuch, pp. 67 - 100. Bielefeld: transcript Verlag.

Lindseth, A. (2011). *Når vi bliver syge på livets vej-en udfordring for filosofisk praksis*. In: J. Bresson Ladegaard Knox & M. Sørensen (eds.), *Filosofisk praksis i sundhedsarbejde*, pp. 139 - 167. Frederiksberg: Frydenlund.

Løgstrup, K. E. (1968). *Opgør med Kierkegaard*. København: Gyldendal.

Løgstrup, K. E. (1997). *The Ethical Demand* (ed. with an introduction by H. Fink & A. MacIntyre). Notre Dame and London: University of Notre Dame Press.

Norberg, A., Bergsten, M. & Lundmann, B. (2001). A model of consolation. *Nursing Ethics*, 8, pp. 544 - 553.

Ritter, J. (1980). *Methode I*. In: J. Ritter & K. Gründer (eds.), *Historisches Wörterbuch der Philosophie*, Band 5, pp. 1304f. Darmstadt: Wissenschaftliche Buchgesellschaft.

Seikkula, J. (1996). Öppna samtal: Från monolog till levande dialog I sociala nätverk. Stockholm: Mareld.

Seikkula, J. & Olson, M. (2003). "The Open Dialogue Approach to Acute Psychosis". *Family Process*, 42, pp. 403 – 418.

Skjervheim, H.(2002). *Mennesket* (ed. by J. Hellesnes & G. Skirbekk). Oslo: Universitetsforlaget.

[作者简介]安德斯·林德塞斯(Anders Lindseth),来自挪威诺德兰大学(University of Nordland, Norway)。

原文出处:Anders Lindseth, "Being Ill as an Inevitable Life Topic Possibilities of Philosophical Practice in Health Care and Psychotherapy", *Philosophical Practice*, November 2012, 7.3: 1081 – 96.

(杨宏秀　译)

幸福：其可取性与可行性

莉迪娅·阿米尔(Lydia Amir)

1. 幸福的可取性

幸福通常被定义为我们对它自身的渴望状态,而不是作为获得其他东西的一种手段。这使得幸福成为我们最终的欲望目标。持有这种关于幸福的观点是为了避免无限递归,至少也至多是因为我们把幸福当作目标或终极目标。幸福是我们对它的渴望状态,这也是共识结束和分歧开始的地方,因为我们不清楚什么是"幸福",也就是说,我们真正渴望的是什么?[1]

但是我们必须追求,除非我们追求否则幸福是不会向我们走来的。现在,对许多人来说,无论幸福意味着什么都是值得追求的,这是显而易见的,尤其是自18世纪以来。虽然在那个时候幸福已经有很长的历史了,但是达林·麦克马洪(Darrin McMahon)讲述了这个幸福驱动的世纪是如何提出这样一个观点的,即制度应该促进幸福,人们应该期望在此生得到幸福。麦克马洪解释说,这是一个巨大的新奇事物,"涉及人类期望的一场革命",同时也提出了一些微妙的问题:"到底谁值得拥有幸福? 是为了所有人吗? 幸福是一种权利还是一种奖赏?"(McMahon,2004)我在其他地方辩护了自己的观点(Amir,2015):幸福包含一个规范的因素,其结果是规律的生活,甚至挫折,当然也是努力工作。要想人生之花美好绽放,幸福就不是一种权利,而是一种成就。然而,有趣的是,即使获得幸福所付出的努力得到赞赏,幸福概念本身也可能受到攻击,原因有很多。原因之一是,继承了数千年基督教统治的现代人更改了古人的幸福观。古代伦理学,包括希腊哲学的伦理学,没有认识到一个人的幸福与他对他人(道德)态度之间的紧张关系。对许多古人来说,美德是令人愉悦的,一个人对他人的态度自然会从他对自己的态度中产生。以伊壁鸠鲁的第一个主要原理为例:"有福而不朽的本性本身不知道麻烦,也不给任何其他人带来麻烦"(Epicurus,"Principal Doctrines", I, Pojman and Vaughn, 2011: 345)。不仅自己与他人之间没有紧张关系,相反一个人的宁静与他对待他人的平和方式之间也有关系。然而,以伊曼努尔·康德为首的现代哲学家强调幸福与道德责任之间的紧张关系(Bok,2010:49-51)。这种观念的转变导致了对利己主义的指责,甚至对幸福之人冷嘲热讽。1939年,伯纳德·贝伦森(Bernard Berenson)在与西班牙裔美国哲学家乔治·桑塔亚纳(George Santayana)会面后发表了一份报告,其中可以找到后一种指控的一个例子。

桑塔亚纳似乎成功地实践了自己的幸福哲学,却把贝伦森惹恼了:"总之,他给我留下的印象是一个非常自满、相当恶毒的愤世嫉俗、窃笑、嘲笑的老人。他没有妻子,没有孩子,没有朋友,也没有敌人,除了最基本的需求之外没有其他需求,但他仍然快乐,有意识的快乐。"(Berenson,1964:170-172)第二次世界大战结束时戈尔·维达尔在罗马访问了桑塔亚纳,"对他的冷静和玩世不恭感到恶心和反感"[2]。尽管如此,另外一位观察者埃德蒙·威尔逊(Edmund Wilson,1947:50-51)却将其描述为满足和平静。桑塔亚纳本人在他的传记中指出,他的态度一度被认为是哲学的,但现在却与惯常的做法相左。"我是一个哲学家,"他写道,"我只愿意认同智慧和真理,这冒犯了我的朋友。"(1944:157)前者以及与之相关的对幸福的指控等等是利己主义的,至少在古代幸福哲学中是可以反驳的。在《幸福的道德》一书中,茱莉亚·安纳斯解释了为什么对利己主义的指责不适用于古代伦理学:

> 古代理论在主体幸福感的框架下分配他人的利益空间,不允许道德与自身利益之间出现结构性的鸿沟。关于他人利益的重要性的问题,从一开始就提出了他人利益的重要性的数量和程度要在"我"自身的幸福观念中。然而,现代道德理论,即使在形式上有很大的不同,往往都有这样的假设,即"我"自身的幸福,以及他人的幸福和兴趣,可以在"我"的实践推理的相当不同的领域中得到解决。(我们倾向于把道德与他人的利益而不是自己的利益联系起来,这是将古代理论常常误解为利己主义的一个明显来源。)……幸福理论不允许这种分裂的发展。关于自我利益与关于他人利益的推理在性质和范围上并无不同……道德推理并不与审慎推理相抵触。(Annas,1993:322-323)

因此,古代伦理学设法避免了利己主义和利他主义之间的鸿沟。是因为这些哲学,比如柏拉图主义,亚里士多德主义,斯多葛主义,还有伊壁鸠鲁主义,都认为美德是幸福的必要条件吗?那么,那些不以美德为基础的幸福哲学呢?在这些哲学家中,巴鲁克·斯宾诺莎(Baruch Spinoza)和弗里德里希·尼采的观点在逆转美德与幸福之间的关系方面尤为突出:他们没有主张美德是幸福所必需的,而是坚持美德跟随幸福。当代对慈善和慷慨原因的研究似乎证实了他们的观点。此外,法国哲学家阿兰甚至认为,幸福不仅是对自己的责任,也是对他人的责任。在为幸福提供功利主义论证时,我想继续探讨这一思路,其目的如下:如果你不相信可以为自己幸福,因为你认为它自私自利或者你在逃避所要涉及的艰苦工作,那么考虑为了别人而幸福,因为没有什么比你的幸福更能让他们受益。

A. 让我们从17世纪的荷兰哲学家开始。与普遍观点相反,对巴鲁克·斯宾诺莎来说,幸福或权力是道德的先决条件。斯宾诺莎在《伦理学》的结尾提出了一个令人难忘的观点:"我们并不因抑制欲望而幸福欢喜,相反,我们因为幸福欢喜而抑制欲望。"(Spinoza,*Ethics*,Bk V,Prop. 42)

让我来解释这个观念变革。一方面，斯宾诺莎的伦理学似乎是"结果论"的一个版本。也就是说，他似乎认为最重要或最基本的道德评价是对行动后果的评价。美德的基础是自我保存。因此，美德似乎只能是工具性的，有助于实现自我保护，也可能有助于实现快乐或幸福的情感状态。然而，斯宾诺莎似乎也支持所谓的"美德伦理"，根据这种伦理，最重要或最基本的道德评价是对一个人的品行或美德的评价。

实际上，他似乎否认美德是工具性的价值，因为他声称要论证我们"应该渴望美德只是因其自身原因，没有什么比这更好的了，或对我们更有用的，为了这我们想要它"(Spinoza, *Ethics*, Bk IV, Prop. 18, Scholium)。"事实上，"唐·加勒特解释道，"斯宾诺莎既是结果论者，也是美德伦理学家。"(1996:297)虽然自我保存首先出现在伦理学中，是一种时间延续的趋向，但实现充分的理解——这是最高的美德——带来了对永恒的参与，而永恒本身就是对一个人存在的一种坚持。因此，最高的美德不仅仅是自我保存的手段，它本身就是一种自我保护。也就是说，斯宾诺莎的结果论所追求的结果，至少在其最重要的表现形式中，也是一种品行的状态。相反，快乐的价值对斯宾诺莎的道德规范起着重要作用。因为这只是一个过渡到更完美和更有行动能力之状态的迹象。斯宾诺莎看重的是这更完美、更有能力的状态本身，正如他的（每一个人的）本能所必然追求的那样。

更完美的境界是美德，但这也是幸福的情感状态。对斯宾诺莎来说，幸福作为一种情感状态，不仅仅是一种（甚至是一种不可避免的）道德品质的结果。斯宾诺莎把影响等同于思想。因为最高的美德是富足思想的持续拥有，而这种充足的知识的情感方面是幸福，因此追求幸福就是追求美德。美德和幸福是同样宝贵和基本的——因为最终证明它们是相同的。因此，斯宾诺莎断言："美德就是幸福，也是最大的自由。"(Ellp49S)但是，这就是我在一开始解释时所强调的，他在伦理学的最后一个命题中补充道："幸福不是美德的奖赏，而是美德本身；我们并不因抑制欲望而幸福欢喜，相反，我们因为幸福欢喜而抑制欲望。"(Spinoza, *Ethics*, Bk V, Prop. 42)

斯宾诺莎在他最重要的一本书结尾所提出的最后一个命题，表明了他在伦理思想上所意识到的激进变革。正如大多数道德家和宗教思想家让我们相信，幸福不是自控的奖赏。我们可以变得善良，因为我们快乐。而幸福本身就是美德(Amir, 2010)。

B. 德国 19 世纪哲学家弗里德里希·尼采与斯宾诺莎的亲缘关系已经确立。尼采坚持认为，只有强者才能幸福和有道德。道德和宗教教导人们，如果你是好人，你就会幸福。而尼采则认为美德是幸福的结果，或者罪恶是由不幸福孕育的。然而，我们应该记住，对尼采来说，权力和幸福是一样的。事实上，他提出权力不仅是一个本质主义主张和解释学概念，而且是一个价值标准和幸福的本质。例如，"善"是"一切使人对权力的感觉、对权力的意志、权力本身更加强烈的东西"(Antichrist, section 2)。相反，"恶"是"一切源于软弱的东西"(Antichrist, 2; cf. 57)。权力不仅被认为是一种有效的力量，而且被认为是一种体验。因为权力现象学对于自重（典型的"主宰者"）是必不可少的，没有自重人类就会陷入毁灭性的怨恨。

这不仅在《道德谱系》一书中是一个反复出现的主题,在其它地方也是如此。例如,在《快乐的科学》第 290 节中,尼采写道:"有一件事是必需的:一个人应该从自己获得满足……任何对自己不满意的人都随时准备报复。"因此,软弱不能带来任何"善",因为软弱者的权力意志受挫。即便"奴隶"型实际上可能比"主人"型拥有任何类型的更有效的权力,但如果他感到无能为力,就会成为所有嫉妒和愤怒的牺牲品。对尼采来说,这些嫉妒和愤怒体现在对价值的反应方式和传统道德的特定价值上。因此,只有强大的人才能成为"善的"。

让我回忆一下吉尔·德勒兹(Gilles Deleuze)的观点。这位法国当代哲学家,同时沉浸在斯宾诺莎和尼采的哲学中,强调了尼采的怨恨主题(Deleuze,1983:Chap. 4),以及斯宾诺莎的被视为罪恶的仇恨和自我憎恨的悲伤激情(Deleuze,1988:25)。因为怨恨、仇恨和罪恶感毒害着我们的生活,德勒兹认为,我们应该在自己身上避免它们,同时也要避免那些以此为生的人。

C. 当代关于道德的研究发现,即使是最小的快乐或幸福(在街上捡到一便士,收到礼物)也会让人们表现得更慷慨(Amir 2014:Chap. 3)。这意味着,如果快乐能持续下去,就是道德的坚实基础。这是对那些攻击幸福的人的另一个反驳,他们更喜欢斯宾诺莎主义的悲伤激情。蒙田(Michel de Montaigne)对憎恨悲伤的宣称,以及之后塞涅卡(Seneca)对智慧最可靠标志是持续快乐的肯定,都是这里的典范(Essais,III,5;I,26)。而且,尽管很难准确指出斯宾诺莎对这位文艺复兴时期的法国哲学家的影响,但就尼采而言,这一点已经足够明显了[3]。

D. 最后,法国哲学家阿兰(Alain)宣布幸福是一种道德责任。因为我们应该拒绝绝望,所以必须发誓快乐。此外,他宣称幸福是我们对他人的一种责任,因为它是我们能给予他人的最好礼物(Alain,1928:XCII)。

这是否意味着我们的幸福要归功于他人?我建议,不应该像阿兰所主张的那样,认为幸福是对他人的一种责任,甚至也不应该想象西西弗斯是幸福的,正如阿尔伯特·加缪在《西西弗斯的神话》(1959)的结尾所作的著名论断。这是因为幸福中没有"应该",当然也没有必要是幸福的。然而,我们"应该"认为,通过幸福,我们也为他人的幸福做出了贡献。而且,与一般观点相反,幸福绝不是自私自利或以任何其他方式具有攻击性,例如,肤浅。

让我用两个关于幸福力量的轶事来结束这部分。臭名昭著的悲观主义者亚瑟·叔本华,在他的主要著作《世界的意志和表象》中详细论述了幸福的不可能性(1966,I,408-409;II,164,573;1974,II,291ff,416;Soll 2012)。然而,值得注意的是,他在世时的恶名并非来自他悲观的观点,而是来自他关于幸福生活的格言(1974;2004)。他的追随者西格蒙德·弗洛伊德在《文明及其不满》(*Civilization and Its discontent*)一书中指出,幸福是不可能实现的("幸福完全不可能实现;宇宙的一切规则都与之背道而驰;人倾向于认为'幸福'的意图是不包括在'创造'计划之内的"[1961：23]），显示最后为什么如此（23—30），并在同样的文本进一步重申这一说法（"强加幸福原则、变得幸福的程序，是不能实现的"）。我们必须立即补充说："但是，我们绝不可以——的确，我们不能——放弃我们的努力，以某种方式使它更接近实现。"(30)

这应该足以引起我们对幸福的可行性的兴趣，这是下一节的主题。

2. 幸福的可行性

颇具影响力的当代法国哲学家孔德（Andre Comte-Sponville）指出以下有趣的事实：幸福主题，明显已这么长时间的哲学传统，"几乎被当代哲学家完全忽视了，至少对那些占据了 20 世纪下半叶的人来说是这样"（Comte-Sponville，2000：10）。事实上，如今的幸福主题大多已经成为社会科学的一个研究领域，包括心理学，至少自最近的积极心理学领域建立以来是这样。

然而，社会科学研究的是（主观的）幸福感[4]。幸福（happiness）并不等同于康乐（well-being）；而且，幸福不同于另一种时髦的信条——一种被称为积极思考[5]的意志力上的幸福。不同之处在于，正如理查德·克劳特（Richard Kraut）所恰当地指出的那样，幸福包括一个客观的、对人类最优的条件，而不仅仅是主观的满足感（Kraut，1979）。迈克尔·毕晓普（Michael Bishop，2015）试图弥合心理健康与哲学幸福之间的鸿沟，他描述了当代主要的幸福哲学理论：

> 哲学领域有三种主导的幸福（well-being）理论：享乐主义、亚里士多德主义和欲望满足理论（informed desire theory）。享乐主义的基本观点是，你的幸福是平衡快乐和痛苦的一种功能……亚里士多德观点的要点是，幸福包含拥有促进人发展的美德品格——积极、健康地与世界交往……欲望满足理论认为，幸福包括得到你想要的东西，通常假设你是相当理性和明达的。（Bishop，2015：2-3）

第一种理论是现代形式的伊壁鸠鲁主义，它是乐观的，而不是对维持快乐超越痛苦可能性的悲观（如叔本华和弗洛伊德）。第二个是希腊的幸福（希腊词 eudaimonia）理想，经过一些修正后又重新出现。第三个理论可以通过乔治·桑塔亚那（George Santayana）的幸福观来说明。让我简要地介绍一下每一种理想，并强调它的主要弱点，首先是幸福，其次是欲望满足理论，最后是享乐主义。

A. 为了理解幸福理想及其在西方文明中的命运，我们应该注意到，这种理想产生的吸引力，同时也使得它难以实现，因此在我们同时代人中并不流行。这个相当复杂的思想被封装在非常理想的名字中，它指向人类心灵的神圣属性。安东尼·朗（Anthony A. Long）在他的《心智与自我的希腊模型》（2015）中强调了古希腊幸福理想的基础：

从字面上看,*eudaimonia* 的意思是神所眷顾的分配。这个词组成部分的 *daimon*(保护神)结合了普遍意义上的神性和命运或财富的概念。前面加上前缀副词"*eu*",表示一项活动或条件是优秀的,希腊语中有一个合成词来表达"尽可能最好的人类生活"的意思,即一种繁荣昌盛的状态。(Long,2015:166)

这一理想源于荷马神话中荷马神与人之间的鸿沟,正如

荷马史诗中不朽的神(阿塔那托伊,athanatoi)与凡人(布洛托伊,brotoi)之间的鸿沟,无论是通过美、知识、力量还是幸福,都使荷马神话中的神成为人类最多能仿效和接近的理想。"与神相似"是人类在荷马史诗世界中所能得到的最高赞美。(Long,2015:51-52)

在人的一生中为了缩小神与人之间的本质鸿沟,哲学家曾经求助于以 *eudaimonia* 一词为代表的思想:

通过调用神学伦理学和心理学,希腊哲学家提出,在宇宙中的最好生活(即神圣的生活)与人类可以实现或渴望实现的最好的生活之间存在本质关联,将神性归于心灵意味着人类是自然的,而非像我们现代人所想的那样是超自然的、被赋予过一种绝对卓越、幸福和满足生活的能力。(Long,2015:168-169)

苏格拉底、柏拉图和亚里士多德的观点例证了 *eudaimonia* 的理想,他们都是这位前哲学家的学生。例如,柏拉图的观点——"客观的道德健康是存在的,它是真正精神健康的必要伴生物",这使得灵魂的健康"既是一种智力成就,也是一种品格美德"(Long,2015:109)。然而,我们不想再以这种方式来考虑心理健康,也不轻易坚持亚里士多德(他比柏拉图更注重世俗)的观点:可以通过沉思达到永生(Long,2015:25)[6]。我们当然不想迎合"活得好需要不断地练习、自省和自律"这样的观点,就是所谓"系统练习(禁欲)"(Long,2015:110)。总之,

幸福,按照这样的解释,是一种强烈要求的状态,因为它不仅需要人类培养他们的理性,而且还需要优先考虑它,高于一切,特别是一个人的本能需要和短期的身体满足。(Long,2015:168-9)

对于后来西方文明发展的理想——心灵的平静(ataraxia),这一观察更为正确。这种新理想是亚历山大大帝把古希腊和其他国家联合起来建立了一个难以确定的庞大帝国,从而给古希腊带来的政治和社会变革的产物。此外,由于他英年早逝,没有指定继承人,在他死后夺位战争立即开始,给雅典人的生活带来混乱。这就是古希腊斯多葛主义、伊壁鸠鲁主义和皮浪主义(Pyrrhonism)哲学的起源,这些哲学都把心灵的平静作为幸福

的真正内容，而不是发达（flourishing）或 *eudaimonia*（Amir，2009）。

如上所述，希腊的理想是建立在人之心灵天生神圣的基础上的，一旦中世纪基督教统治了知识分子的舞台，这一观点就必然受到质疑。救赎的新理想是通过宗教，经由上帝的恩典来实现的，而幸福或和平被剥夺，因为这个世界充满了泪水。但从文艺复兴时期开始，现代哲学家们复兴了希腊和希腊主义的理想，将它们与中世纪的基督教遗产融合在一起。值得注意的是，最初理解古希腊和罗马伊壁鸠鲁主义、斯多葛主义和皮浪主义哲学的心灵平静的理想，已经被斯宾诺莎、叔本华以及部分地由桑塔亚纳复兴。这种复兴也采取了新的形式，包括基督教遗产的死后救赎，但有以下重大的变化：这一次，理想是此时此刻的哲学救赎。

幸福，尤其是亚里士多德式的，也在复兴，但形式有所改变（比如：Russell，2012；Kraut，2007）。对现代人来说，尤其重要的是要去除古人那些有问题的假设，比如人类本质的概念、理性的神性以及人类终极目标的概念。但是，特别是如果去掉了幸福的客观成分那么就所剩无几了，也就是说，它指向一个客观的幸福。这样一来，如艾伦·沃特曼（Alan Waterman，1993）公开所说，心理学家和我也相信，那些顾问无事可做。

B.蒙田和桑塔亚那已经修订了古希腊理想以适应更现代风格的包容接受多元化的理想，并通过最小化美德在美好生活的作用，可以称之为幸福的伊壁鸠鲁化（尽管在亚里士多德时期已经有美德是幸福的观点）。蒙田的作品是哲学践行的一个例子：通过阅读、反思和想象（一种通过运用幽默具象而获得的效果），我们分享了蒙田的人生经历；然而，除了以他为榜样为自己打造一条通往智慧和幸福的道路之外，没有什么可以采纳的秘诀[7]。

桑塔亚纳的作品虽然不太为人所知，但却意义重大，它为读者提供了"关于理想善的持久智慧，这种理想善能保证他的生活幸福和意义"（Gouinlock，2015，iii）。"灵感来自希腊，"詹姆斯·古因洛克解释道，"桑塔亚那的是实现和统一人性的理想。事实上，它的目标是灵魂内部的和谐以及灵魂生命所依赖的所有条件。……对任何一个人来说，都有一种最高的善——最能满足他最深切的爱的理想活动——而其他善则与这种最高善相关。"（Gouinlock，2015：xxiii）注意到"幸福是人类应该追求的东西，尽管他们很少这样做"（Santayana，2015：134），桑塔亚那在《艺术中的理性》中解释道，一个人可以快乐，"不仅仅在于拥有不时的狂喜时刻，还在于拥有足够的领悟与办法来不断应对真正的事物，留下他心灵的痕迹"（Santayana，2015：134）。接着他详述了如何实现这一理想：

> 成长经验的一个效果是使不真实的东西变得无趣……存在的条件，在被了解和接受之后，成为相关的唯一美的条件。在每一个地方，每一种情况下，可塑性思维都能找到一个合适的理想……它从给定的问题中孕育出一种新的、独特的解决方案，从而发挥更大的创造性，而没必要制定一种武断的理想，并在任何场合不惜一切代价地强加于人。换句话说，艺术和生活一样，只有通过智慧才能获得快乐的结果。智慧在于读懂了内心，理解了潜藏在那里的激励，然后再

读懂世界,理解它的法则和构成,看看内心的理想是如何以及在哪里体现的。
(Santayana,2015:134。Santayana,1906)

因此,"一个自由的心灵,就像一个创造性的想象,乐于在人与自然之间找到或制造和谐;而且,当它找不到任何解决冲突的方法,它只能尽力去解决,注意到它,战栗着忍受它"(Santayana,2015:135)。

但这正是问题所在:如何做到这一点? 尽管桑塔亚那说,我们必须学会自发地去爱那些正确的,但他没有一个教育理论,也不清楚如何来接受"存在的条件",或解决人与自然之间的冲突,或者选择"战栗着忍受"。的确,桑塔亚纳明确表示需要经验和智慧。我们可能会问,后者是天生的吗? 可以开发吗? 如果智力无法开发,桑塔亚那的理想是少数人的吗?

与我在上面提到的斯宾诺莎和尼采的观点一起,蒙田和桑塔亚纳形成了一组关于幸福的自然主义的观点,似乎比他们的希腊同行更容易实现,因为后者假设了人类理性的自然神性。但再看一下,至少对斯宾诺莎和尼采来说,我在其他地方讨论过(Amir,2014:Chap. 3),这些自然主义哲学要求更多。尽管斯宾诺莎在《伦理学》的结尾简单地断言,"如果我所展示的导致这些事情的方法现在看来非常困难,但仍然可以找到",要想成功地遵循斯宾诺莎的方法,除了其他形而上学假设外,还需要对宇宙采取严格的决定论观点;尼采的快乐处方不能简单地从他的哲学假设而来(Spinoza,*Ethics*,Bk. 5,Prop. 42,scholium。White,2013:126。Amir 2014:Chap. 3)[8]。结束本节幸福的欲望满足理论与其他理论,让我们回想一下,桑塔亚那没有提供接受现实、解决冲突的方法,也不忍受;蒙田是有帮助的,也不过把我们独自留在创造幸福生活的努力中。

C. 享乐主义被认为是一个非主流的理论,因为它坚持所有和唯一的快乐是内在有价值的。它有许多形式,并经常被完善,以捕捉我们趋乐避苦的直觉,准确地描述了我们的正常行为。它是粗糙的形式,由昔勒尼学派(the Cyrenaics)提出,它强调短暂的快乐,甚至是身体上的快乐,以牺牲更审慎的快乐为代价。其形式精致化后产生了伊壁鸠鲁主义,其苦行的生活形式很难让我们今天的大多数人感到快乐。当伊壁鸠鲁派向我们保证将通过他们的措施获得内心的平静或真正的幸福时,叔本华和他的追随者弗洛伊德却因为他们的享乐主义而对幸福的可能性感到悲观。在比较世界上的痛苦和快乐时,我们可能会发现两者之间缺乏平衡。而且,我们似乎有一种倾向,即注意到痛苦而不是快乐,以及很快就对快乐感到厌倦——另一种形式的痛苦。因此,快乐必须以一种方式升级,而这种方式使我们不可能遵守稳定和尽如人意的条件。

对于叔本华来说,"所有的满足,或者通常所说的'幸福',实际上和本质上……总是一个愿望的满足"(1966;I:319)。满足不过是从痛苦中解脱出来。叔本华从一切满足的否定性推出了"一切快乐和幸福"的否定性(II:575)。由于欲望是痛苦的,欲望不能完全满足,我们必须满足,叔本华由此得出幸福是无法达到的。

然而,伊凡·索尔(Ivan Soll,2012)表明,叔本华也有不同程度的不快乐。通过"生活的智慧"或"实践的理性",我们中的一些人可以比其他人少一些痛苦。"《作为意志和表象的世界》的第三本和第四本以及《附录和补遗》(*Parerga and Paralipomena*，1974)的很大一部分致力于这一主题，并描述一系列策略来寻找最优周期的节奏的欲望、满足、新的欲望以及寻找安慰来接受不幸的不可逃避性"(1966，I：315 - 319)。[9]

弗洛伊德列举了各种抵御痛苦的技巧，但他指出，这些技巧要么依赖于幻觉，要么肆无忌惮的本能相比之下只能给我们带来轻微的满足感，要么不能完全保护我们免受痛苦。最后，弗洛伊德探讨了性爱，他把性爱作为所有幸福的模型，但他展示了性是如何以其无法解决的方式成为我们不快乐的来源。正如《文明及其不满》第四章末尾的评论所表明的那样，性功能本身固有的某些东西可能会阻碍完全的性幸福。这是一种内在的侵略性。好斗的破坏性，性欲的破坏性愤怒，构成了人类爱的基础。这会导致强烈的罪恶感，带来幸福感的丧失。即使我们对它的罪恶感以某种方式消除了，这种侵略也无法消除，因为它将成功地打破世界对自我的抵抗，或者更根本地说，打破与自我的差异。因此，利奥·贝尔萨尼(Leo Bersani)为弗洛伊德解释时说，"我们可以适应那些使我们无法适应的东西。更进一步，将治愈我们自己的人性"(Bersani，2009：132)。

总结目前各种形式的幸福的缺点，我们注意到，幸福现在被认为是没有吸引力的，因为它强调理性，它的优先长期利益，它涉及人性的本质和目标，特别是，它提出了一个客观的衡量幸福的标准。桑塔亚那的幸福哲学，被作为欲望满足理论的一个例子，并没有提供接受现实、解决冲突或忍受冲突的手段。享乐主义者叔本华(Schopenhauer)和弗洛伊德(Freud)敦促我们将生活中的痛苦减到最小——这是一个有价值的目标——然而，我们只能满足于将不快乐逐渐减到最小，而不是像伊壁鸠鲁主义者所承诺的那样，拥有持久的内心平静。后者的目标可能会实现，但代价是将苦行生活置于社会价值观之外。

但是，在解决冲突的同时，我们必须忍受不能解决的冲突，并且在接受我们不是完全理性的这一事实的同时，应该通过一个循序渐进的过程有效地减少痛苦。下面的建议有望满足所有这些要求，并与目前提出的许多关于幸福的观点相一致。

3. 一种新的幸福观

我提议的幸福观不需要包含关于宇宙、他人和我们自己的不必要和不确定的假设。中立于任何人都想持有的形而上学和宗教假设，因为它不需要完全的怀疑论，即绝对怀疑主义者的内心平静是建立在这种怀疑论的基础上的，无论他们可能共有什么相似之处。这就是为什么我提出的观点是可取的。尽管如此，只要我们记住，其结果是渐进的，并且与痛苦转化为稳定快乐的数量成比例，它就足以使人相信，其有益的结果可以从其前提中产生。而且，它的渐进性承认，我们并非完全理性，而是需要帮助以便充分实施生活智慧。有了所需的工具，烙上我们思想印记的现实就会立刻变得更加广阔和深刻。此外，工具本身使过程变得愉快，这保证了它的成功。这就是为什么这个观点是可行的。

有很多途径可以介绍这种关于人类状况的观点，我称之为"会笑的人"(Homo risibilis)。基于本文的目的，最好指出它与之前的一些理论之间的关系。首先，它同意叔本华和弗洛伊德关于会幸福的困难，关于减少痛苦的目标的价值，以及这个过程的必要的渐进。这一观点也让弗洛伊德感到高兴,因为他使用了他认为健康的唯一防御机制(1961a)。

第二,让我们陈述什么是幸福所必需的。为了使幸福持久,也就是说,要成为幸福而不是稍纵即逝的欢乐和纯粹的消遣,幸福只能建立在现实的基础上。但我们的现实是由人与自然、人与人以及人自身之间的冲突关系构成的。除非有一个工具来经受这些冲突,否则我们会倾向于避免这些冲突,也就是说,我们不会考虑所有的欲望,会失败在认识和承认它们。这反过来只会导致镇压,而且永远不会提供我们所渴望的持久和平。因此,只有当确信有一条出路时,我们才能进入一种冲突的关系,即与我们自己、他人和整个世界的关系。

回避冲突就是回避自己,回避与他人的真实接触,回避对世界的真实认识,因为冲突是与生俱来的,我们的欲望是无法满足的。结果可以是和谐的,但很多时候无法立即达到和谐,除非进行了一些内部工作,而且一直在进行。这种内在的对话解决了未被满足的欲望,并可能最终导致接受现实,有时也包括接受正在进行的冲突。它是一种与动力和情感有关的智力工作,如果没有调停人的帮助,结果就不是交流而是冲突。因此,它补充了古希腊和桑塔亚那的建议,为许多人展示了一种途径,使他们的有效提议成为可能。

我提出的工具是幽默,因为它在冲突中的抚慰作用,因为它在情感和理性之间的中介作用,因为它使人能够自我认识和思考。幽默的内在矛盾性,如同富有同情心的攻击,如同真理与谬误,使得它对人类生活的模糊性具有独特的价值,尤其是在自我教育的过程中。幽默与恐惧、内疚、羞耻和愤怒的内在联系,以及它与所有这些的内在距离,使它成为一种概念工具,能够处理复杂性,并邀请更多层次的现实加入它所支持的复杂的内在讨论中。

从这个角度来看,幽默使构成冲突的悲剧性对立逐渐转化为滑稽的不协调。后者能够承受冲突,并最终通过接受冲突而化解冲突。接受我们内心不可避免的冲突,以及我们在与某物建立关系时所产生的冲突,无论是与另一个人还是与整个世界的关系,都能化解冲突所造成的紧张。不用羞耻、内疚、恐惧或愤怒来设定我们的本性,从与之斗争所必然带来的嘲笑中解脱出来。我们用真正的尊严来交换虚假的尊严,把自己从生活的悲剧中解放出来,同时保留生活给我们的现实知识。通过幽默的炼金术将痛苦转化为快乐,就会带来一种解脱的状态,因为伴随这种状态而来的是稳定而平静的快乐,这种状态可以被称为幸福。[10]

4. 结 论

20世纪伟大的哲学家伯特兰·罗素在他的经典著作《幸福之路》(*Conquest of Happiness*)的开头写道:"不快乐的人,就像睡眠不好的人一样,总是为这个事实感到骄傲。"然而,他相信"如果他们看到一种快乐的方式,很少有人……会故意选择不快乐"。(Russell,1930,Chap. 1)。

我相信罗素是对的。我所提供的工具可能有助于实现许多关于幸福的哲学理想,因为它在理想与现实、理性与情感、哲学家与人类、哲学与社会以及思想与行动领域之间架起了桥梁。但是，如果系统地使用自我接受和改变的辩证法，能够带来接受最终的不协调——人类的境遇是无罪地拥抱我们必然的失败。

因此，魔法是通过觉醒来实现的[11]，而觉醒是持久幸福的唯一坚实基础。而且，幽默所带来的愉悦使它成为一种工具，确保它帮助教学的课程也被学习来实现它自己[12]。这比任何其他幸福愿景所能承诺的都要多。

注释

[1] 有关幸福的哲学观点，参见：V. J McGill (1967)，P. Quennell (1988)，S. Bok (2010)。最近，英语外的其他语言也出现有价值的哲学著作，例如法语版的：A. Comte-Sponville (2000)、F. Lenoir (2013)、P. Bruckne (2000)。更多关于幸福的文献参见 D. M. McMahon (2006)，pp. 471 - 472。

[2] *New York Review of Books*，May 12，1983，转引自 Woodward，1988，116。

[3] L. 阿米尔 (2016)。

[4] 对于作为当代科学研究对象的幸福感和主观幸福感，参见 M. Eid and L. L. Randy (2008)，Huppert et al. (2003)，Ed. Diener & R. Biswas-Diener (2008)。另一种版本的幸福，将 eudaimonia 翻译成个人的表达能力，最近被一些积极心理学家提出，如 A. S. Waterman (1993)。正如克劳特 (Kraut，1979) 所言，eudaimonia 确实抓住了"幸福"的感觉，因此应该与幸福作为个人幸福进行竞争；然而，这不是 (相对的) 个人表达；这似乎是对心理学术语的误译，而心理学术语可以在研究中评估或测量。

[5] 关于积极思维的书，请参阅 H. Fletcher (1897) 以及畅销书 N. V. Peale (1952)。对于积极思维的致命批评，参见 B. Ehrenreich (2009)。

[6] 亚里士多德对多数人的伦理学观点，严格地以政治和正确的实践为基础，相较于穆斯林，被强调基督教的亚里士多德 (《尼各马可伦理学》第十章中沉思的亚里士多德) 所遮蔽，因此，犹太人亚里士多德被保存在中世纪 [I. Dobbs-Weinstein (2015)，pp. 195 - 196]。

[7] L. Amir (2016).

[8] 对尼采的批评总结如下："不管尼采说了什么，快乐不能通过意志的行为来实现，甚至不能通过确认所有事物的永恒重现来实现"(R. White，2013：126)。

[9] I. Soll (2012).

[10] 我在我的专著《幽默与现代哲学中的美好生活：沙夫茨伯里、哈曼、克尔凯郭尔》(*Humor and the Good Life in Modern Philosophy*：*Shaftesbury*，*Hamann*，*Kierkeg-aard*，2014) 的第三章向读者提供了一个关于"会笑的人"更全面的视角，我在最近的一系列出版物中，如 Amir (2015a)、(2015b) 和 (2015c) 中都对其进行了研究。

[11] 如果我可以借用赫尔曼·德迪恩 (Herman de Dijn，1996，261) 对斯宾诺莎哲学的恰当描述 ("通过觉醒，魔法是可能存在的")。虽然斯宾诺莎的哲学当然是正确的，但这一成就是以接受许多形而上学的假设为代价的，如上所述。

[12] 对导致这一成就的步骤的详细说明超出了本文的范围。我建议读者可参考 Amir（2014：Chap. 3）以及 Amir（2015a）、Amir（2015b）和 Amir（2015c）。

参考文献

Alain. (1928). *Propos sur le bonheur*. Paris：Gallimard.

Amir，L. B. (2009). "Que Podemos Aprender de la Filosofia Helenista?" (What Can We Learn from Hellenistic Philosophy?) [in Spanish]. *Sophia：Revista de Filosofia* 5. 81 - 89, Much longer English version in www.revistasophia.com, 1 - 32.

——. (2010). "The Value of Spinoza's Ethics in a Changing World." *Axiology and Ethics* 1, 301 - 320.

——. (2014). *Humor and the Good Life in Modern Philosophy：Shaftesbury, Hamann, Kierkegaard*. Albany, NY：State University of New York Press.

——. (2015). "Shaftesbury as a Practical Philosopher." *Haser* 6：81 - 102.

——. (2015a). "The Sense of Proportion." *Journal of Humanities Therapy*, Vol. 6, No. 1. 79 - 96.

——. (2015b). "The Tragic Sense of the Good Life." *Socratic Handbook：Methods and Manuals for Applied Ethics and Philosophical Practice*. Michael Weiss ed., 97 - 128. Münster：Lit Publishing.

——. (2015c). "A Contemporary Philosophy of Vulnerability, Fallibility, and Finitude." *Practicing Philosophy*, AleksandarFatic and Lydia Amir eds., 57 - 64. Newcastle Upon Tyne, UK：Cambridge Scholars Press.

——. (2016). *Laughter and the Good Life：Montaigne, Nietzsche, Santayana*. Under Contract for State University of New York Press.

Annas，J. (1993). *The Morality of Happiness*. New York, NY：Oxford University Press.

Berenson，B. (1964). *The Selected Letters of Bernard Berenson*. Ed. A. K. McComb. London：Hutchinson.

Bersani，L. (2009). *Is the Rectum a Grave and Other Essays*. Chicago, IL：University of Chicago Press.

Bishop，M. A. (2015). *The Good Life：Unifying the Philosophy and Psychology of Well-Being*. Oxford：Oxford University Press.

Bok，S. (2010). *Exploring Happiness：From Aristotle to Brain Science*. New Haven and London：Yale University Press.

Bruckner，P. (2000). *L'euphorieperpetuelle：Essai sur le devoir du bonheur*. Paris：Bernard Grasset.

Camus，A. (1959)[1942]. *The Myth of Sisyphus and Other Essays*. Trans. Justin O'Brian. New York, NY：Vintage Book.

Comte-Sponville, A. (2000). *Le Bonheur, désespérément*. Paris: Editions Pleins-Feux.

De Dijn, H. (1996). *Spinoza: The Way to Wisdom*. West Lafayette, IN: Purdue University Press.

Deleuze, G. (1983). Trans. Hugh Tomlinson. *Nietzsche and Philosophy*. London and New York: Continuum.

——. (1988). Trans. Robert Hurley. *Spinoza: Practical Philosophy*. San Francisco, CA: City Lights Books.

Diener, Ed, and Biswas-Diener, R. (2008). *Happiness: Unlocking the Mysteries of Psychological Wealth*. New York, NY: Blackwell.

Dobbs-Weinstein, Idit. (2015). *Spinoza's Critique of Religion and Its Heirs: Marx, Benjamin, Adorno*. New York, NY: Cambridge University Press.

Ehrenreich, B. (2009). *Bright-Sided: How Positive Thinking is Undermining America*. New York, NY: Picador.

Eid, M., Randy L. L. Eds. (2008). *The Science of Subjective Well-Being*. London: Guilford Press.

Fletcher, H. (1897). *Happiness as Found in Forethought Minus Fearthought*. London: Stone.

Freud, S. (1961). Trans. and Ed. James Strachey. *Civilization and Its Discontents*. New York, NY: W.W. Norton and Co.

——. (1961a). "Humour." Standard Edition, Vol. 21. London: The Hogarth Press.

Garrett, D. (1996). "Spinoza's Ethical Theory." *The Cambridge Companion to Spinoza*, Don Garett Ed., 267 – 314. New York, NY: Cambridge University Press.

Gouinlock, J. (2015). "Introduction: George Santayana: The Life of Reason." *Reason in Art*, xiv-lii. Cambridge, MA: MIT.

Huppert, F. A., Nick B, and Barry K. (2003). Eds. *The Science of Well-Being*. Oxford: Oxford University Press.

Kraut, R. (1979). "Two Conceptions of Happiness." *The Philosophical Review*, Vol. 99. 167 – 197.

——. (2007). *What is Good and Why: The Ethics of Well-Being*. Cambridge, MA: Harvard University Press.

Lenoir, F. (2013). *Du bonheur: Un voyage philosophique*. Paris: Fayard.

Long, A. A. (2015). *Greek Models of Mind and Self*. Cambridge, MA: Harvard University Press.

McGill, V. J. (1967). *The Idea of Happiness*. New York, NY: Frederick A. Praeger.

McMahon, D. M. (2004). "From the Happiness of Virtue to the Virtue of Happiness."*Daedalus*, Vol. 133, No.2. 5 - 17.

——.(2006).*Happiness: A History*. New York, NY: Atlantic Monthly Press.

Montaigne, M. de. (1965). Ed. Pierre Villey and ReEd Victor-Louis Saulnier. *Essais*. Paris: Presses Universitaires de France, [1924].

Nietzsche, F.(1954). Trans. and Ed. W. Kaufmann.*The Antichrist*. The Portable Nietzsche, New York, NY: Vintage.

——.(1974). Trans. W. Kaufmann.*The Gay Science*. New York, NY: Random House.

——. (1967). Trans. W. Kaufmann and R. J. Hollingdale. *The Genealogy of Morals*. New York, NY: Vintage.

Peale, N. V.(1952).*The Power of Positive Thinking*. New York, NY: Prentice-Hall.

Pojman, L. P., Lewis V.(2011).*Classics of Philosophy*. Third edition. New York and Oxford: Oxford University Press.

Quennel, P.(1988).*The Pursuit of Happiness*. London: Constable.

Russell, B.(1930).*The Conquest of Happiness*. London: Allen and Unwin.

Russell, D. C.(2012).*Happiness for Humans*. Oxford: Oxford University Press.

Santayana, G.(1906).*Reason in Science*, volume V of *The Life of Reason*. New York, NY: Scribner's.

——.(1944). *Persons and Places: The Background of My Life*. New York: Scribner's; London: Constable.

——.(2015).*Reason in Art*. Cambridge, MA: MIT Press.

Schopenhauer, A.(1966). Trans. E.F.J. Payne.*The World as Will and Representation*, Vol. 2. New York, NY: Dover.

——.(1974). Trans. E.F. J. Payne.*Essays and Aphorisms*. Vol. 2. Oxford: Clarendon Press.

——.(2004).*L'Art d'être heureux. A traverscinquanterègles de vie*. Paris: Seuil.

Shaftesbury, A. A. C.(1963). Ed. John M. Robertson,*Characteristics of Men, Manners, Opinions, Times, etc*, Vol. 2. Gloucerster, MA: Peter Smith, [1900].

Soll, I.(2012). Ed. Bart Vandenabeele. "Schopenhauer on the Inevitability of Un-happiness." *A Companion to Schopenhauer*. 300 - 313. Oxford, UK: Wiley-Blackwell.

Spinoza, B.(1985).*Ethics*. Trans. and Ed. Edwin Curley. *The Collected Works of Spinoza*, Princeton, MA: Princeton University Press.

Waterman, A. S.(1993). "Personal Expressiveness(eudaimonia) and Hedonic Enjoyment." *Journal of Personality and Social Psychology*, Vol. 64, No. 4. 678 - 691.

White, R.(2013).*The Heart of Wisdom: A Philosophy of Spiritual Life*. Lanham, MD: Rowman and Littlefield.

Wilson，E.(1947).*Europe without Baedeker*. London：Secker and Warburg.

Woodward，A.（1988）.*Living in the Eternal*. Nashville，TN：Vanderbilt University Press.

［作者简介］莉迪娅·阿米尔(Lydia Amir)，来自以色列管理学术研究学院(College of Management Academic Studies，Israel)。

［通讯地址］lydamir@colman.ac.il

原文出处:Lydia Amir，"Happiness，Its Desirability and Feasibility"，*Journal of Humanities Therapy*，Vol. 6，No. 2（2015）：79－102.

（杨宏秀　译）

哲学践行作为通向自由和活力的思想开放对话

德特勒夫·斯陶德(Detlef Staude)

1. 一种过时的类比

哲学践行能否从语用的角度被理解为一种治疗方法？虽然我喜欢古希腊的"哲学家是灵魂的医生"这句话，但对我来说，"灵魂"已经不再是一个合适的哲学术语了。但这并不是我认为哲学践行者不是治疗师的唯一原因，即使做哲学可能有治疗的方面，并能提供救济。

我经常从哲学践行者那里听到的另一个奇怪的观点是，哲学在哲学践行中被应用。就像在治疗中，人们采取某种疗法——这里是哲学——并将其应用到病人身上，病人就是来找我们的来访者。人们很容易看到，哲学践行被应用是哲学应用的观点，只是另一种形式的信念，它是一种治疗，或者至少是一种有用的工具来产生效果。

但事情没有那么简单。从很早的时候起，哲学就必须证明自己是正确的，而把哲学家比喻成灵魂的医生，正好符合这一点。医生有很高的社会地位，他们所做的是有益的。他们对人类及其所生活的世界也有着高度的了解，因此被认为是聪明人。即使在今天，人们仍然倾向于不只是用这个类比，而是把它当作对哲学践行的严肃描述。

然而，哲学践行不能满足我们对治疗隐喻的期望。对哲学践行有更清晰的理解，就会把它看作亚里士多德意义上的实践(praxis)——这与 poiesis 有明显的不同，poiesis 是一种行为形式，其目的在自身之外[1]。另一方面，实践(praxis)在它自己的行动中实现了它的目标，而不需要达到某种结果。如果一个人把哲学践行理解为一种治疗，他必然想要在行为本身之外达到某种结果，即通常所说的健康。所以人们把亚里士多德意义上的实践理解为 poesis(结果的"创造")，而不是践行。对亚里士多德来说，实践的最好例子是做哲学或哲学化(philosophizing)——至少这应该是足够的理由来质疑把哲学践行理解为治疗是否合适。

我承认许多治疗师不愿意把他们的行为看作是健康的产物。他们也试图把治疗看作是一种实践。但是，如果哲学践行把自己理解为实践，不在自身之外设置目标地行动，那么它的潜力就会充分发挥出来。然而，如果治疗成功，即如果达到一个明确的目标，病人的健康状况就会更好，那么治疗就会充分发挥作用。

但是把哲学践行描述为治疗似乎有一个明显的优势，它给所有不同的践行方式和如何理解所做的带来了某种一致性。如果不选择这样一个著名的连接词,就很难描述所有不同的哲学践行方法有什么共同之处。而要确定某件事不是哲学践行就更加困难了。这让我们有些不安。最小的共同点似乎是,它应该在某种程度以哲学为基础。这至少有可能说,一个哲学践行者应该在哲学方面受过良好的训练,并在做哲学方面有着丰富的经验。这是成为哲学践行者的必要条件,但还不够。

如果我们试着用哲学家是灵魂的医生这个比喻,并把它当做一个比喻,我们必然会得出这样的结论,我们把哲学用作一种治疗方法。但是,如果坚持以这种方式理解哲学践行,我们还必须决定哪种治疗方法是合适的。如果我们想起西方哲学史,就会陷入困境,因为有许多不同的哲学。但为什么柏拉图比维特根斯坦、尼采、福柯或奥特加·伊·加塞特(Ortega y Gasset)更适合某种"精神疾病"呢?——有没有像尼采或柏拉图那样的东西?——在古代,这要容易得多:那些哲学家们用哲学家是灵魂的医生的比喻——如伊壁鸠鲁主义者或斯多葛学派——相信他们自己的哲学是所有"精神疾病"的万灵药。正好有一种适用于一切的强有力的治疗方法,就很容易把哲学理解为治疗方法。今天,如果不变成意识形态,我们就不可能真正以这种方式理解做哲学。

治疗隐喻背后的主要观点是,人类的许多痛苦都是由想象造成的。治疗主要被理解为对不恰当想象的批判性检查和消解。但是斯多葛学派和伊壁鸠鲁派很容易就知道哪些想象是不合适的,因为他们有自己的思想语料库,自认为这些思想是真实的。即使一个人同意这些信念中的一些,后现代时期哲学践行者必须是他那个时代的哲学家,而非古代的——承认主要存在和哲学问题已经处理,很多这些旧的想法今天仍然鼓舞人心。黑格尔警告说,哲学家永远只是他所处时代的思想家,不能展望未来[2]。但是很明显,他可以坚持过去的想法,成为一个对当代发展没有很好把握的人。

希腊或罗马哲学家可以把自己看作是灵魂的医生,可以没有任何矛盾地把哲学看作是一种治疗方法。即使在文艺复兴时期,哲学的概念也足够广泛而可以这么做:伽利略[3]认为自己和帕拉塞尔苏斯[4](Paracelsus)一样都是哲学家。但是今天,"哲学"的含义要小得多——它有不同的学科以及与其接近的专业。这一事实始终引起其实际相关性的问题。哲学践行不能成为邻近哲学的另一种职业(如心理治疗),但它与哲学有着内在的联系,因此必须处理同样麻烦的问题。但是哲学践行可以显示出哲学的潜力,近于治疗的潜力,也可能与之混合:思想的影响,对日常生活的质疑和反思。

2. 思维方式

思想对我们有什么影响?一个适当的想法在适当的时候可能带来宽慰,或可能解决封锁,甚至是一个问题。它可能给行动带来新的动力,新的勇气,新的生活方向。但是如何找到合适的思想呢?——在对话过程中,通过做哲学,通过参与哲学思想和问题。

这种对话过程可以有多种形式,也可以通过许多不同的方式加以诱导。在哲学践行中,一切都始于哲学咨询,但在现实咨商只是其中的一小部分。然而,即使在今天,它似乎仍然是所有哲学践行方式的范例。

我们赖以思考的语言是由感知、身体意识、词汇、术语、想象和情感塑造的。尽管术语或多或少有明确的含义，但想象力建立了一个相关领域，使它们能够与情感和情绪联系起来。因此，我们通常不进行分析性思考，而更多的是在这些认知和联想之潮中冲浪，就生活问题做出判断。通常这样做的决定不是太坏，没有必要总是思考[5]。但是，一旦更高的复杂性需要对上下文有一个精确的理解，这条捷径就不能再帮助我们了。依赖于这种情形，它甚至可能使事情变得更糟，因为这些手段或多或少与直接判断有关，这可能是非常不合适的。困惑使我们沮丧。如果什么都没用，可以去找一个哲学践行者，他可能会带领我们走出我们的洞穴。

但是根据赫尔曼·施密茨（Hermann Schmitz）的区分，哲学践行者所能做的最好的事情就是激发分析性和解释性思维、提出问题、准确定义基本术语、对某些主题进行反思。他或她所能做的就是激励其他人进行哲学思考。

他可以在咨询中这样做，也可以在哲学咖啡馆、反思小组和研讨会中这样做。如果这也是哲学践行，那么一般观念和日常生活经验之间的联系应该是其中的一部分。它不应该只是交换意见或学习有趣的东西，而是对它的反思，激发自己的思考。

如果我们促进人们进行哲学思考，他们就会开始反思。这与直接参与日常生活相去甚远，日常生活有时会导致困惑或沮丧，无法看清自己的处境，从而无法以一种令人满意的、有意识的方式行事。现在我们通过反思让人们带着距离感直接介入到自己的生活情境中。我们可以不时地回到生活的情境中，把一般的想法和具体的生活挑战联系起来。这就是哲学咨询的一般情况。但研讨会不应该那么不同。即使是长达 3 年的系列研讨会，54 次会议，每次 2 小时，也可能是非常相似的，即使不是其中一个参与者的个人情况和问题成为主要问题。

3. 哲学践行之思想史课程

我长期教授哲学思想史课程已超过 13 年。我以不同的形式做了这个，主要是在波恩的开放大学的一个三年的课程[6]，现在第三次在那儿提供这个课程。在 3 年的课程之间，我有足够的时间在几个一年的课程中展示其他哲学主题。

在这门从古代到 21 世纪的课程中，我必须提供很多信息。尽管如此，每一场会议都是一次生动的对话体验，因为许多来自观众的问题和评论——远不止静静地聆听——会带来新的洞见和想法。

如此密集的思想史课程对广大公众来说似乎并不有趣——但事实恰恰相反。13 年前，当我开始这门课程时，有 50 多人想参加，但因为教室太小，容纳不了这么多人，所以没能参加。即使在今天，在第三轮，仍然大约 35 人有兴趣加入课程。对这门课的兴趣远远超过了对我哲学践行中其他建议的兴趣。所以问题来了：为什么哲学思想史的课程能引发如此好的共鸣？

我试着给出一些答案：

1）课程独特。在瑞士没有类似的课程。其他城镇的哲学家试图开设哲学思想史的课程,他们开设的课程要小得多,只有一些典型的哲学家。

2)想要更多地了解我们这个世界的知识背景,了解主要概念的历史,了解从早期至今的哲学和哲学家,这种愿望似乎了不起,因为没有任何地方能满足这种需求——即使在大学里也不行。到处都有小捷径。整体的观点是缺失的。

3)参加课程的人也发现,他们在其他领域有类似的兴趣。所以这门课也变成了一个聚会的地方。正如亚里士多德所观察到的那样,相互的哲学思考也能促进友谊。

4)这种长期的哲学思考共同激发参与者的幸福感,即使有时他们很难理解他们所面对的一些哲学思想。有一次,我在一个神学院的旅馆里上这样一门课,有一个参加另一门课的人,在课间休息时对我的一个学生说我们上的一定是哲学课。当被问及为什么这么想时,她说,我们经常笑。显然,认真对待问题和想法确实能激发幽默。

5)这门课程是一个挑战:三年时间,有大量的课文要读,有很多不容易的问题要思考,有很多术语和概念一开始并不理解。但参与者觉得自己变得更丰富了,因为他们能掌握的东西可能比他们之前想的还要多。

6)这门长期的课程建立了一个对话的空间,在这个空间里,学习、自我发现、欣赏、与他人的接触和内在自由的发展都得到满足。

7)在我们的世界和价值观都被经济观点所主导的时代,介绍一个自古以来唯一起决定作用的货币就是思想、问题和论点的帝国,这是很有趣的。

到目前为止,我还没有提到参加这门课程的另一个原因,也许对许多参与者来说,这是一个很好的理由:这是一次冒险。像奥德修斯在他漫长的回家的路上经历了最迷人的和困难的情况,我的参与者也可能觉得,2500年以来,哲学思想并不是一个直接的,而是多方面的,开放思想和改变思想的探索,通过这种探索,我们试图了解我们是谁,我们归属于哪里,我们的使命是什么。因此,这整个事业提醒着人们自己一生的问题、特点、困难和成就。

随着时间的推移,了解和反思哲学中的许多不同观点也会提高人格。哲学思想常常是独特的,有时甚至是奇怪的,但一旦我们了解了这些,它们中的许多就会在今天同样显示出它们的连贯性和魅力——并为我们看待世界和自己的方式带来新的光亮。因此,深入哲学思想史,可以拓宽我们对现实的理解能力。

4. 活力与自由

我已经解释了我对哲学践行作为亚里士多德意义上的实践的理解。亚里士多德也解释了为什么哲学对人类来说是必要的和有价值的。对他来说,认识是生命的主要动力[7]。一个人越能感知、认识和获得知识,他就越觉得自己活着。如果一个人把生活和意识分开,就好像别人知道一样,就好像别人过着我的生活一样。这就是为什么感知和知识是如此可取。对于哲学践行者来说,这清楚地说明了为什么哲学践行对人们如此重要:它提高了生活质量,让人们感觉更有活力,更有自我。需要高度的活动、感知、实现和反思。人之所以想要认识世界,是因为他/她想要生活,想要感觉活着,但作为人,他/她还想认识自己。

因此,我的哲学践行的主要目的——一个面向自由的开放思想的对话,得到了满足。自由这一面是通过随着时间的推移而发生的人格的增强而实现的。随着时间的推移,一个人进入不同哲学家的所有不同视角,找出他们的哪些思想、问题和困难真正打动了他,开阔了他的视野,因此他获得了更多的机会去了解自己、他人和世界。他能使自己的观点相对化,但更能判断形势并随后采取行动。自由也反映在课程结构中:有许多选择的可能性。课程的 9 个部分每一个都可以重新订阅。每一个单元也由两个连续的部分组成:第一部分是一个较少对话的研讨会,介绍哲学家,时代,他们的想法;第二部分更多的是与会人员对话讨论其主题和问题。这两个部分可以单独选择。这也取决于人们是否阅读与哲学家的原始文本有关的 30—50 页(每段)的读物。我希望能给他们足够的启发去这样做。但我来这里不是为了教育参与者,甚至不是为了治疗他们。因此,我既不把自己视为一名教师,也不把自己视为一名治疗师,而是一名哲学家,一个进行深刻对话的伙伴。我只是对塑造我们文化的杰出人物的鼓舞人心的生活和思想提供了一些见解——通过这些,我介绍了与他们有关的一些鼓舞人心的对话。

像这样的长期研讨会似乎与中学和大学有一些相似之处。但不同的是,"学校"这个词来源于希腊语 σχολή,这意味着休闲,今天的学校和大学研讨会不再是没有特定目标的反思这样的休闲活动的地方了。他们常常开始把自己看作工厂,为今天的社会和经济培养合适的人才。这个明确的目标不允许把学习理解为休闲,而是有效的培训。哲学践行研讨会不同于学校和大学的研讨会,因为成果和效率在其中没有任何作用,它们为某种休闲活动提供了空间(怎么说这也是一个挑战),但没有要达到固定的目标。它们是一个学校,一个自由的空间。

在这几年的课程实践中,我学到了什么? 自然地,我学到了很多:哲学,哲学的发展,哲学家的思想和问题,不同的历史时期。我可以看到西方文化发展的联系和更深层次的理解,以及与其他哲学文化的异同之处。我还一次又一次地看到,旧的哲学概念和想象在今天仍然很强大,即使人们通常没有意识到它们是如此。我也以一种复杂的方式吸收了所有这些知识,所以在我的研讨会上,我经常遵循一个自发的新轨道,它立即出现在我的脑海中,使一切生动。在整个哲学践行的背景下,我习惯了观察某些观点可能与日常生活经验或更好地理解我们的时代和世界有何关联。所以我觉得我的哲学知识真的帮助我理解生活,让我变得更加生动[8]。与会者参与了这一深刻、复杂和生动的课程。同时,他们的问题和投入也随着时间的推移变得更加深刻,并经常以一种明晰的方式与实际发展联系起来。

如果这是真的,就像亚里士多德·诺瓦利斯说的,做哲学与活力有关,那么为了保持意识,活力在今天是非常需要的,而不仅仅是在我们的日常生活中发挥作用。这就是哲学践行所具有的力量,这种活力与内在解放的联系,与体验自由的联系。

5. 概括：哲学践行的努力

打开了哲学践行的大门，后来，随着一些经验的积累，人们不得不问自己一些基本的问题，例如：

1）我的人类学基础是什么？

2）我的工作目标是什么？

3）我的工作准则和价值是什么？

4）具体结果如何？

5）我怎么去那儿？

6）哲学在其中扮演了什么角色？

所有这些——以及类似的基本问题，都是帮助我们更清晰地把握自己对哲学践行理解的工具，这通常在一开始是隐含的。如果一个人通过这种反思的过程把它表达清楚，他就能得到答案，这可能是多年后新的反思的起点——因此，他就能判断自己对哲学践行的理解是否适合自己的经历，或者是否需要改变。

我不想在这里详细讨论所有这些问题的可能答案，但是我已经提到了我对第二个问题的答案：活力与自由。两者都是哲学践行所必需的，但更高程度的哲学践行也是人们可以追求的目标——因为哲学践行本身就具有这些品质。另一方面，第四个问题要求务实的目标，例如通过哲学践行赚钱，但往往会与目标相冲突。

我在这篇文章中提到了哲学践行的可能性——为期三年的哲学思想史课程——乍听起来很枯燥，当你听到"活力和自由"这个词时，你可能压根想不到这一点。但我也发现，即使是这样的挑战——或者可能尤其如此的挑战——在某些条件下也具有活力和解放的特性和效果。主要的条件是，这样的课程必须立即允许自由和活力的体验，参与者必须感到可以自由地这样做，课程也必须是生动的体验。只有在这种情况下，这样的课程才能成为一种活力和内在解放的练习。

如果我们牢记这门长期课程，反思哲学践行者的任务，我们就永远不会把哲学践行理解为治疗或应用哲学——因为哲学是哲学践行的核心。这个例子展示了一个哲学践行者所做的：他建立了生动的对话空间来倾听、反思和获取关于自己和周围世界的知识。这些空间增强了人们的生活定位和解决问题的能力。它们是生活和自由的练习，是生动自由的体验。它们打开所有分享这一经验的人的思想。哲学践行是对人类潜能和广博的身体、情感和智力的体验。广博是因为哲学并非一种狭隘的体验，而是一次又一次观察世界和人类的新可能性。因此，哲学践行能够引发改变。不过这不是与治疗相比而是 $to\ \overset{.}{\alpha}\sigma\kappa\eta\sigma\iota\varsigma$（$ask\bar{e}sis$ 训练），在重复训练的意义上进行练习。练习哲学思考是非常必要的，因为如果不这样做，随着时间的推移，人类往往会变得心胸狭窄。我们养成了思考的惯性，对我们来说似乎越来越明显，习惯了自己的观点，仿佛它们是真理。这也是被操纵的一个很好的基础。另一方面，哲学践行刺激问题、怀疑，使事情在一开始甚至更加困难。但是，通过从一个更抽象、更普遍的角度来看待它们，我们获得距离参与我们的想象力和判断和观点。这样我们就获得了内在空间,与外部对话空间相呼应。

这就是哲学践行的工作原理和目的。哲学践行者或他的客人/客户在所有的人类层面上都经历了这一点:身体上、情感上,以及自己的思维方式上。所以身体变得和思想一样自由。我有必要提一下这一点,因为身体和灵魂的对立在西方哲学中有一个古老的传统。然而,在德语中,人们发现身体这个词"Leib"最初的意思与"Leben"(生命的词根)相同。因此,活力也意味着更好地进入一个人的身体,变得更加灵活、活跃和生动。哲学践行使整个活着的人更自由、更生动地表达自己,因为达到了新的认识和理解水平。这是可能的——在每一个练习——如果重复练习。3 年的课程是真正进入哲学态度的良好基础。

因此,哲学践行是对生活的一种锻炼,目的是使我们人的各个方面更生动和更有意识地相互作用。如果一个人从一开始就把哲学践行看作是应用哲学或治疗,那么它就失去了开放性,既没有一个特殊的主题,也没有一个独特的方法。它的全部潜力来自实践本身。哲学践行对各种实现都是开放的,甚至对非常有条理的实现,或其他看起来像治疗或教育的实现也是开放的。只有当它们不成为治疗或教育或其他东西时,它们才可以继续成为哲学践行,才能保持它们的活力,解放潜力。在哲学践行之外设计一个有用的目标,使它依赖于这个目标,会导致缩小它作为实践的最初潜力。

我的这个案例,哲学思想史这门课,可能看起来像教学,像教育。但这在很大程度上取决于态度。"教育"可以翻译成德语"Bildung"(教化),这一术语也意味着:致力于自己的个性,变得有意识的成熟,完全地成为自己想成为的那个人。这种"Bildung"的意义接近于哲学践行的中心。所以我的课程是哲学践行,只要它能给人灵感,只要它能使人充满活力和自由,只要它能成为一个发挥个人潜力的空间。在这里,这种潜力可以通过身体体验,可以通过对话中的许多新洞见来感受和丰富。建立并保持一个在其中动力可以演化的空间是哲学实践的完整意义。

注释

[1] Aristoteles, *Nikomach. Ethics* Ⅵ, 4 - 5; cf. *Politics* Ⅰ, 4.

[2] "哲学的任务就是去理解,因为哲学就意味着理性。不管怎样,就个人而言,每个人都是他所处时代的产儿,因而哲学也是他们时代的思想产物。"("Das *was ist* zu begreifen, ist die Aufgabe der Philosophie, denn das *was ist*, ist die Vernunft. Was das Individuum betrifft, so ist ohnehin jedes ein *Sohn seiner Zeit*, so ist auch die Philosophie *ihre Zeit in Gedanken erfaßt*." Georg Friedrich Wilhelm Hegel, *Grundlinien der Philosophie des Rechts*, Vorrede, 25.)

[3] 他曾被托斯卡纳的格兰特公爵聘请为宫廷哲学家,代表美第奇家族。并没有像经常流传的那样说"自然之书是用数学语言写的",而是说"哲学写在这本宏大的书里,宇宙……它是用数学语言写的,它的字符是三角形、圆形和其他几何图形……"(Galileo Galilei, Il *Saggiatore*. Rome, 1623; *The Assayer*, English trans. Stillman Drake and C. D. O'Malley, in *The Controversy on the Comets of* 1618, University of Pennsylvania

Press，1960，pp. 237 - 238.）

[4] 因为医生必须从哲学中汲取知识，哲学不是来自人，而是来自天地、空气和水。(Paracelsus, *Das Buch Paragranum*. Paracelsus-Werke Bd. 1, S. 503.）

[5] 德国哲学家赫尔曼·施米茨(Hermann Schmitz)区分了不同的思维方式:1) 身体的智能思维，对整体的情境做出智能的反应;2) 解释学的智能思维，它几乎不为保持整体的情境的意义而解释情境的某些外延;3) 分析型智能思维，它将单个的外延进行解释，将情境简化为事实与情境的星座。

[6] Volkshochschule Bern.

[7] "很明显，生命是感知和知识(……)。但是知觉和知识本身是每个个体最需要的东西(正因为如此，对生命的欲望被自然植入所有人的内心，因为生活必须被视为一种认识的方式)。因此，如果一个人要抽象(……)知识……()，那么在(……)另一个人的知识而不是自己的知识之间就没有区别;但这就像另一个人的生活，而不是自己，而感知和了解自己是更可取的。"(Aristotle, EE 1244b 26 - 34.）

[8] 德国诗人诺瓦利斯(Novalis, 1772—1801)写道:"哲学化就是给人祛痰、使人苏醒。"(Philosophieren ist dephlegmatisieren, vivifizieren.) Novalis, Fragmente, Kap. 5, Die Kunst Philosophie zu machen. [*Philosophical Writings*. Margaret Mahony Stoljar (ed. and trans.), Albany, NY: SUNY Press, 1997.]

参考文献

Aristotle. (1984). *Complete Works of Aristotle*, J. Barnes ed., Princeton, NJ: Princeton University Press.

Galilei, G. (1960). *The Controversy on the Comets of 1618*. S. Drake and C. D. O'Malley trans. Philadelphia, PA: University of Pennsylvania Press.

Novalis. (1997). *Philosophical Writings*. M. M. Stoljar trans. Albany, NY: SUNY Press.

[作者简介]德特勒夫·斯陶德(Detlef Staude)，来自瑞士哲学践行网络(Swiss Network for Practical Philosophizing philopraxis)。

[通讯方式] philomail@philocom.ch

原文出处:Detlef Staude, "Philosophical Practice as Mind-opening Dialog: Towards Freedom and Vivification", *Journal of Humanities Therapy*. Vol. 6, No. 2 (2015): 25 - 39.

(杨宏秀　译)

第六部分

哲学践行案例

纽约州立大学科特兰分校的案例研究

安德鲁·菲茨-吉本（Andrew Fitz-Gibbon）

凯瑟琳·罗素（Kathy Russell）

本文中的案例研究来自"伦理审查委员会"（IRB）批准的研究项目，该项目于 2008 年 5 月至 11 月在纽约州立大学科特兰学院进行。我们的伦理审查委员会所支持的哲学践行研究是此类研究中的第一个。我们的研究题目是《哲学咨询：案例研究及其影响》（"Philosophical Counseling：Case Studies and Their Implications"）。我们的研究问题是："与受过训练的哲学家交谈是否有助于人们解决生活问题？"我们的结论是，我们的大多数顾客受益于哲学咨询，我们应该继续将其作为我们哲学拓展的一个组成部分。

我们认识到有必要排除或克服来自从未听说过哲学践行的伦理审查委员会成员的潜在阻力，我们承担了教育他们的任务。这并非一项艰巨的任务，因为（合著者之一）安德鲁·菲茨-吉本（Andrew Fitz-Gibbon）是伦理审查委员会里的专业伦理学家。因此，他通过与董事会成员的交往获得了信誉，并能够与他们进行非正式对话。我们的提议从"美国哲学践行者协会"（APPA）所使用的哲学践行的定义开始，并由娄·马里诺夫（Lou Marinoff）提出建议：

哲学践行是一个相对较新的领域，但其根源深植于哲学传统之中。哲学咨询服务的对象是那些理性的、功能性的、没有精神病的患者，但在解决或管理与正常生活经验相关的问题时，可以从哲学帮助中受益的顾客。

我们的研究是评估哲学咨询在以下一个或几个方面与受过训练的哲学家交谈的效果：

（a）私人道德或职业道德问题；

（b）意义、价值或目的的问题；

（c）个人或职业成就问题；

（d）信念系统不确定或不一致的问题；

（e）需要对不断变化的环境作出哲学解释的问题。

我们在协议中加入了以下关于我们的目标群体的内容：

研究方案的预期受试者是自我选择的，他们已经听说过或读过有关哲学咨询的内容，并且已经与课题组长（Principal Investigators）进行了联系，请求咨询。一旦伦理审查委员会同意该方案，课题组长将与学校的公共关系办公室（Public Relations Office）联系，后者将通过地区报纸公布这项研究结果。口头宣传也会提醒潜在的受试者。初步咨询将由一名主要研究人员进行，他将对咨询进行记录，并就受试者是否适宜加入议定书提出建议。合适的研究对象将是在上述五个领域中的一个或多个领域寻求咨询的人。哲学咨询不适合那些寻求心理咨询或心理治疗的人。如果对研究对象的适用性有任何疑问，课题组长将与其他领域的专业人士进行咨询。在这种情况下，受试者将得到一份书面名单，上面列有其他可能提供帮助的专业人士。接受议定书的受试者将大约每星期或每两周接受一次无偿的哲学咨询，或直到在初步评估中没有预见到的问题且不适合进行哲学分析的问题显现出来为止。在后一种情况下，受试者将接受其他专业评估和/或医学检查。在研究计划的一年内，每位课题组长的目标是观察 5 或 6 名受试者。［随着研究的深入，我们每个人都观察到了 10 个顾客。］没有特别的人口统计学要求。

当教职员工向伦理审查委员会提交正式提案时，他们的文件必须有几个组成部分。[1]我们的文件包含以下内容：

1. 拟议研究的一般性质和目的；
2. 目标和方法；
3. 研究参与者的数量和相关性；
4. 研究人员的地位和资格；
5. 预期开始和结束日期；
6. 机密性；
7. 参与者的潜在风险；
8. 参与者获得的收益；
9. 知情同意书。

为了配合我们的提案，并进一步实现伦理审查委员会的教育目标，我们提交了附录和美国哲学践行者协会材料：为顾客提供了讲义"什么是哲学践行？"关于哲学咨询的常见问题，以及美国哲学践行者协会的道德准则。

对哲学家来说，伦理审查委员会批准的过程是复杂的，也是喜忧参半的。我们追求这条路线有几个原因。最重要的考虑是我们计划把我们的实践放在我们的道德、和平与社会正义中心。如果哲学咨询要在我们学院有一个正式的家，我们认为通过规范教职员工对人类课题的研究的标准渠道，逐步将我们的努力介绍给社会是明智的。我们希望伦理审查委员会协议将为我们的追求提供一个合法性的外衣。从这个意义上讲，这是一个"政治"决定。此外，由于安德鲁是科特兰学院伦理审查委员会的伦理学家，而凯瑟琳（Kathryn）在她的科学哲学课程中教授伦理审查委员会程序，我们有理智的理由要求伦理审查委员会批准我们的方案。我们想直接了解这个过程。如果我们把这个新的、有点争议的哲学咨询的想法摆放在我们校园的联邦人类研究保护办公室面前会发生什么？

科特兰学院伦理审查委员会对我们的工作普遍表示支持。一位临床顾问在董事会上表示唯一的犹豫是担心哲学家无法处理咨询过程中可能出现的问题情绪。以批判性的眼光看待生活中的问题可能会产生情感创伤：我们该如何应对这个问题呢？这一担忧的答案是将哲学践行定位为教育事业，具有所有教育在挑战根深蒂固的预设时所具有的同样风险。伦理审查委员会同意美国哲学践行者协会的观点，即日常生活的风险并不比通常的风险高。

其优点是,在大学的赞助下,哲学践行者得到了体制上的支持,包括采访的设施、安排采访和撰写案例笔记的秘书支持以及大学的责任保险。其缺点是伦理审查委员会程序明显偏向于科学,哲学家必须符合预先设定的模式。例如,尽管我们的专业使用"顾客"(client)这个词来表示与我们交谈的人,我们还是因为没有遵循心理学和医学的研究标准而受到批评,这些标准更倾向于使用"参与者"(participant)一词。此外,咨询会议变成了"数据收集"(data collection)。咨询场所成了一个"数据收集点"(data collection point)。伦理审查委员会的监管是非常严格的,我们一开始违反了伦理审查委员会的程序,因为我们将地点从当地的咖啡店改为大学办公室(此事经过了哲学践行者和顾客双方的同意),然后我们又出现在当地的新闻电视上。我们做这两件事都没有重新提交一份经过修订的协议供全体董事会批准。虽然我们曾提及,我们计划在我们的协议中处理与公共关系有关的新闻稿,但这些新闻稿(包括任何电视采访)应该事先得到伦理审查委员会的批准。我们当时并不知道这一点,并以"无辜"的态度行事,但我们却受到了严厉的训斥。

公共关系办公室通过当地媒体宣布了我们的研究结果(几家当地和地区性报纸,然后是锡拉丘兹新闻频道 10 频道报道了我们的研究结果)。我们收到了 30 多个询问,并试图通过电话交谈来了解每一个问题,这并不总是可能的(留下语音信息,回电话却没有结果)。在表示有兴趣的情况下,安排了初次面谈。如果我们认为顾客的特殊问题适合哲学践行,我们将完成知情同意并安排进一步的会谈。虽然一两次询问不适合进行哲学咨询,但大部分顾客都是自行选择的。在经过初步的面谈后,人们很清楚与哲学家交谈是否合适。

到 2009 年夏末,两位作者都获得了美国哲学践行者协会在哲学践行方面的全面认证。[2]在一级培训之后,美国哲学践行者协会要求申请人完成十个案例研究,并将其写下来,如果他们希望获得完全认证,就将其提交给美国哲学践行者协会的高级践行者。[3]二级培训包括案例讨论和评估。许多哲学家在没有完全认证的情况下成功地参与了顾客的咨询。尽管如此,我们还是决定追求这种地位,并进行必要的案例研究。我们认为,这将为我们在校园里的同事和管理者以及潜在顾客眼中的追求增添合法性。

在下面的案例研究中,更改了顾客人名、地名和一些细节,以保持匿名性,同时不牺牲每个案例的相关元素。

凯瑟琳·罗素,案例研究

案例研究 1:选择做丁克

相关背景:六月下旬,杰奎琳(Jacqueline)在当地一家咖啡馆与我会面。由于暑假和长期生病,她不能开车,我们无法再次见面。但是两个月后我们在电话里聊了一个小时。我们两人都承认,我们的电话交谈将是我们最后一次咨询会谈。

杰奎琳今年 54 岁,在医学和遗传学方面受过良好的教育并且经验丰富。她喜欢自己在一家从事基因治疗的机构里所做的工作。"这是一个完美的契合,非常有趣,也非常有益。"她来做哲学咨询是因为她听说过我们的工作,而且她"相信研究"。此外,通过研究我的网站,她发现我写了关于生殖技术问题的文章,这与她带给我的生活问题有着直接的联系。

问题的本质:

杰奎琳经历了 15 年的情感动荡,试图通过体外受精怀孕。她告诉我她"失去了七个孩子"[4],最后一个是在她 49 岁的时候。她坚信,她必须有意识地、深思熟虑地决定停止尝试。对她来说,她有必要选择丁克。

除了见到我,杰奎琳还做了其他的事情来推动自己前进。在我们约会的前一个周末,冬至日的日落时分,她和她的丈夫举行了一个仪式,在仪式中,他们种了一棵白色牡丹来纪念每一个失去的孩子。因为他们喜欢收集贝壳,所以他们收集了七个贝壳作为象征。她讲述了贝壳曾经在里面有生命。他们就像她一样,是一个血管,因为她的孩子在她体内并且曾经活着,尽管他们没有植入她的子宫。杰奎琳和她的丈夫为每一个孩子都取了名字,把这些名字写在一张纸条上,放在每一个贝壳里,然后把这些贝壳埋在白色牡丹周围的地里。

她也一直在写自己的经历,试图发表一篇文章,以便提高人们对不孕不育治疗失败的认识。对她来说,问题在于,孩子的话题总是出现在社交场合。当她谈到自己的不孕不育时,每个人都有一个解决办法:你为什么不直接收养呢? 她试图解释,但没有人接受她的推理。人们既残忍又麻木。一位近亲说:嗯,我猜你只是不善于培养孩子! 在她的"生育朋友"支持小组中,一位确实怀孕的女性告诉她,她应该觉得自己很幸运,因为照顾孩子比她想象的要困难得多。因此杰奎琳感到孤独和没有存在感。

哲学问题和解决方案:

我通过咨询了解到一个有趣的观点,那就是没有办法记录像杰奎琳这样的女性的产科历史。在妇女的医疗图表上,字母 P 代表婴儿安全出生的数量(Para),G 代表怀孕次数(Gravita),AB 代表流产次数(abortions)。但她从未被认为怀孕过,所以她"甚至没有得到 G",尽管她花费了"巨大的金钱,许多小时的努力和完全的情绪波动"。她的损失"甚至不被认为是流产",因为胚胎从未植入。

她解释说,没有社会公认的方式来谈论试管婴儿(IVF)和不孕不育。"甚至连一个符号都没有。这只是一种无声的痛苦"。带着些许苦涩,她对比了自己试管授精失败的经历,认为这应该得到整个社会的认可。相反,"它只是被粉饰太平了"。流产的人可以休息几天,但当她经历体外受精的痛苦时,或者当她必须安静休息时,她没有从工作中得到释放的时间。此外,《联邦家庭医疗休假法案》(Federal Family and Medical Leave Act)也没有承认所花费的时间。她指出,当她的猫死了,她得到了一个装满吊唁卡的篮子。但当她失去一个孩子时,她只得到了几个。她说,试管授精后不孕症改变了她的生活,但人们似乎对她没有同情心。有很多未实现的梦想,尤其是她作为一个母亲实现自己身份的梦想。她一直认为自己是一个即将有六个孩子的女人,但现在却没有办法来描述她的痛苦。

杰奎琳来咨询时,她觉得自己只是不让自己的脚步停下。她想知道:"生命的意义是什么? 如果我的生活不以做母亲为中心,那我的生活会是怎样的呢?"她想要一种哲学的方式来理解和调和不孕不育的痛苦。

方法:

我们第一次会谈的大部分时间是杰奎琳讲述她的故事。对顾客来说,提供一个叙述是很有帮助的,因为它让哲学践行者得以了解他们是如何理解自己的生活的。在剩下的几分钟里,我试图通过两种方式将她的经历与我的研究联系起来,为她的经历提供一个更大的框架。我之所以决定提出这个问题,是因为她一开始就表示我的工作可能与她的经历有关。我也觉得让她从她的个人经历中退一步是有帮助的,抽象地和历史地看待这件事。这可能会让她感觉不那么疏远。

首先,我对她努力写下自己的经历表示衷心的感谢:她是人类生殖领域发生巨大变化的真正"先驱"。没有人确切地知道如何回应她,因为我们正处于一场革命之中。革命的本质是痛苦和动荡的;站在最前线的人和那些直接参与变革的人都会受到伤害。他们被边缘化和被误解。

其次,我指出,对变革的思考引发了关于历史进程的方法论问题。我曾写过关于社会转型的文章,认为它是连续性和间断性的辩证混合。我指出,即使是剧烈的社会变革,也必须有一个连续性的因素,因为我们是人类。我称赞她和她丈夫在夏至举行的仪式之美,并将其与人类数千年来一直在夏至举行各种仪式的连续性联系起来。我还指出了仪式所代表的重要不连续性。她说"不",与她过去的尝试怀孕相决裂。此外,这些尝试之所以成为可能,只是因为妇女现在可以怀孕的方式新颖或不连续,而这些方式尚未成为习惯或规范。难怪她在受苦。

两个月后,杰奎琳说,在我们 6 月份的谈话之后,她"感觉好多了",主要是因为"分享的过程总是有用的"。她说,她还没有看到哲学和心理咨询之间的区别。这并不奇怪,因为第一次会谈的大部分时间我都在倾听。

她谈到了自己在试图继续生活时仍然面临的一些困难,但她说,在经历了一些艰难的经历后,她似乎恢复得更快,比如参加成人礼或其他以孩子为中心的家庭活动。整个夏天,她继续努力寻找一个支援小组,并利用互联网与那些写下自己不孕经历的女性联系。

我决定在第二次会议上更深入地探讨问题,以便揭示她的观点,即她有意识地"选择"停止尝试怀孕。我想用一个不同的框架让她抽象化地思考她的意识。毕竟,既然不孕是违背她的意愿的,她怎么能选择呢?

于是我开始围绕这个问题展开对话:选择意味着什么? 她说她已经"选择停止",不再尝试试管婴儿。我讲述了自由意志与决定论之间的争论。考虑到她的医学和科学背景,我用了她所赞成的行为主义来讨论,选择可能是一种控制错觉,掩盖了"机器里没有幽灵"这一事实,它执行一种叫做"选择"的特殊技能。我们是刺激反应有机体。杰奎琳全身心地投入到通过行为主义框架讨论选择的智力过程中。

她指出,我们所说的选择可能是对激励因素的一种反应。我问:"你得到了什么样的正强化，使你不会完全放弃奋斗？"她发现这个问题深刻而有益。

她说，"我失去了七个孩子和我的一部分同一性（identity）"，但她"厌倦了悲伤"。她想向她的悲伤说再见。我把这种渴望与一种想法联系在一起，那就是选择可能是一种伴随接受而来的自由。她承认希望自己的悲伤完全结束是一个太大的期望。当我们接近尾声时，她说："这很合适。"杰奎琳表示，致力于接受和用一种新的方式来构建选择的问题对她来说似乎是正确的。它提出了一种可以实现的自我概念。

观察：

在方法论方面，我与杰奎琳的研究方案并不理想，因为两次会谈之间相隔了两个月，而且第二次会谈与第一次会谈不同，因为是通过电话进行的。然而，我并不认为这些是成功进行哲学干预的障碍。因为我们第一次会面，所以第二次重新联系起来并不难。由于我们对生育问题的共同兴趣，我们建立了融洽的关系。

接受和悲伤的话题（更不用说自由意志与决定论之争）是可以通过多种方式探讨的巨大话题。如果我要再去看杰奎琳多几次会谈的话，我们可能会从佛教或斯多葛派的角度进行卓有成效的探索接受。然而，我确实觉得我们取得了重大进展。我们通过重新构造问题来解决一些问题。杰奎琳的智力在某种程度上得到了发展，她的思想在哲学上也得到了发展。她不太关注别人的冷漠，而更关注自己对接受的个人需要。她将继续写作。我希望有一天她能为当代生殖革命的文献做出重大贡献。

案例研究 2："哲学咨询改变了我的生活！"

相关历史：

60 岁的南希（Nancy）在一家大型教学医院的科室担任一个医疗团队的重症护理主管，并担任医院首席信息官的顾问。在过去的 12 年里，她为医学专业的学生讲授有关实践护理的法律、伦理和社会方面的课程。她很兴奋能与一位哲学家交谈，称自己对伦理学非常感兴趣。她说："哲学是生活的全部内容。"

南希认为自己是"变革推动者"。她致力于"基于关系的护理"。她说，她想"让医疗团队看看他们对治疗结果的决定，发现改变的可能性，从而改善家人和病人的体验……我关心的是照顾病人"。

问题的本质：

在第一次约会中，南希形容自己"绝望"、"孤立"。她觉得自己"快要走到终点了"。如果她不能对病人护理和护理教育产生太大影响，她应该退休。她想"在她的工作中找到一些新的刺激，一些新的理由，一些她可以对这个机构产生的新的影响"。

在第一次会面时，她说，在研讨会和冲突解决中，过于强调感情。人们问护士："你对此有何感想？"南希认为，这忽略了对价值观、知识信仰和共同经历的实际讨论。她坚持个人或群体的决策应该基于批判性思维，而不仅仅是情感。"我们通过思考来解决问题。例如，我们将如何应对创伤或血液？我们如何组织我们的思想？什么有效，什么无效？我们必须通过计划和反应来思考。"有时候护士"只是谈论程序和技术，而不是我们应该如何思考发生了什么。"

南希面临的主要哲学问题因为她即将退休而变得更加突出：如果她在自己的职业中不再感到满足，为什么还要继续工作呢？这对她来说没有价值，她也不再觉得有使命感。此外，她与同事的关系也受到了影响。在我们上次见面时，她事后回忆道：

我强烈地感到有必要对护士在病床边的不良行为进行微观管理。

我感到愤怒、焦虑和不安。

我感到与人之间的冲突和"不同步"。

我总是为细节争吵。

我在控制。

方法：

考虑到她对"关怀"和"基于关系的关怀"这两个概念的强调，我问南希，她是否知道护理伦理或者卡罗尔·吉利根（Carol Gilligan）的《不同的声音：心理学理论和妇女的发展》(In a Different Voice：Psychological Theory and Women's Development)，因为它们在护理伦理中非常重要。她从来没有听说过。所以我在第一次会谈结束时给她的建议是阅读吉利根的著作，研究一下护理哲学。此外，当我们的讨论揭示了她对护士在工作中缺乏尊重的高度关注时，我建议她对护士专业组织进行网络调查研究。

在随后的几次会谈中，我的方法是担任女权主义关怀哲学咨询师，并就她自己的研究及其在工作中的应用与她进行对话。

哲学思想和解决问题的方法：

在两周后的第二次会谈中，南希报告说她很喜欢读卡罗尔·吉利根的书，发现它与她的生活特别相关。她说："我还记得我三岁的时候，我看到了我和我哥哥之间的差异。"她的人生经历包括努力建立和保持联系。

第二次会谈和第三次会谈之间长达一个月的间隔特别有用。这让南希有时间根据她所做的研究与周围的环境进行互动。"试图影响和改变事件需要一定的时间过程……你不会相信作为我们会谈结果发生的所有事情！"她报道，"在和你谈话之前，我觉得自己对医疗环境几乎没有影响。"

她讲述了几项发展：她的智慧源于她对女性主义关怀伦理的研究。（在会谈中，她很兴奋，发表了很多评论。她带了七本这方面的书！）

她一直在谈论我们的会谈，以及她在医院和其他人一起学到的东西。他们讨论的不仅是护理伦理，还有行为和沟通上的性别差异。她和另一位护士教育者开始使用这些框架来确定他们想要使用哪些哲学原则来有效地教育、培训和管理团队。

关于护士组织的在线研究使她能够与"美国重症监护护士协会"(American Association of Critical-Care Nurses，AACN)等专业团体的同事重新建立联系。她和她的同事开始与"美国重症监护护士协会"的"行动呼吁：成人重症监护护士的工作环境、道德困境和职业倦怠研究"(Call to Action：Study on Work Environment，Moral Distress and Burnout in Adult Critical Care Nurses)合作。

她开始更加坚持和更频繁地强化尊重他人的伦理原则。她说："不是道德思想家，［直接护理护士］让事情发生在他们身上是错误的。他们深受权力结构的影响；他们让医生以某种方式治疗他们。现在我意识到,如果我坚持下去,我可以强调人们不应该这样说话。我一直在模拟如何应对医生的无礼行为。"

今年早些时候,她制定了一项规定,要求工作人员做 15 分钟的演讲。这遭到了强烈的抵制,但他们逐渐重视起来。由于她的研究,她让他们专注于他们的哲学信仰。到了夏末,甚至连住院医师都热情地参加了讨论。

她能和她的男经理相处得更好。她利用吉利根来处理与他的性别差异,她还谈到了作为一个全女性团队的男性领导者意味着什么。

我最后一次见到南希,她仍然热衷于哲学咨询,对护理伦理充满热情。她觉得她和人们相处得更好,她很高兴他们能询问她对与护理相关的伦理问题的看法。她把兴趣扩展到群体动力学,以及它如何影响医学中的道德决策。我想让她感受到社会交往的复杂性,我开始介绍其他类别的分析,如种族、阶级和年龄。当我评论说,一些有色人种的护士可能会看到她和她的欧美男性管理者之间的共同点,而不是他们和她之间看到更多的共同点时,她似乎表示同意。她还提到,一些工作人员的演讲涉及代际差异。

观察:

在南希的案例中,护理哲学和该领域的文献被证明是特别有用的。这与她的身份和生活叙事是一致的。这与她的职业直接相关。一旦我打开了这把宝藏的钥匙,可以说,其余的都是她做的。她正在考虑用她所学知识讲授一门护理伦理学的一学分课程。用南希自己的话来说:"哲学咨询改变了我的生活。我找回了我的魔力!"

我和南希的工作类似于为一个独立学习的成年学生当哲学教授。从这个意义上说,我很清楚我在做哲学践行,这与心理治疗非常不同。作为一名专业发展顾问,我感到很自在。

南希的积极性特别高,这使她在工作中感到愉快。她显然是一位非常敬业、有才华的教育家。我觉得我和她在一起的工作很有价值,这不仅因为它对她的影响,也因为它对她所在单位医疗队的其他人产生的影响。这种连锁反应非常有益。

案例 3:"哲学践行真的能帮助人们"

相关背景:

我在当地一家咖啡馆与帕特(Pat)见过六次面。在第一次会面中,她说她想要"一种不同的思维方式",因为她认为旧的思维方式已经行不通了。她觉得自己就像"一个孩子在外面看着社会"。她对哲学咨询很感兴趣,因为她想要一种替代服用精神药物的方法。她认为自己是一个"非常开放和包容的人",她不想"有一份该做什么和不该做什么的清单"。

帕特是一位 50 岁的阿拉伯裔工人阶级妇女,她是一位单身母亲,家里有一个 15 岁的女儿和一个在伊拉克当兵的已婚儿子。从 1993 年到 1997 年,她与一位酗酒的丈夫有过一段虐待关系,但她觉得自己已经走出了那段经历,她想"展望未来,找到一种新的思维方式"。她讲述了一个紧密而又孤立的家庭,她一直在照顾年迈的父母,尤其是患有心脏病和其他疾病的母亲。

问题的本质:

帕特提出的最严重的问题是慢性疼痛和残疾,这是她在工厂工作时,在装卸码头上把沉重的部件举过头顶时受伤的结果。她一次"做 6—8 个小时重、快、痛苦、重复的动作"。她离开公司后,他们用三个人代替了她,这使她感到非常自豪。2001 年,她"出现了一个椎间盘突出",现在她有四到五个椎间盘脱臼。2005 年,她停止了工作。她有工人补偿费和固定收入,但这种情况让她觉得自己"受制于他人的心血来潮"。"我不是自作主张",她抱怨道。她对自己、公司和"从未帮助过她"的工会感到非常愤怒。她担心自己将面临瘫痪,并对未来的手术感到非常恐惧。

在与帕特一起工作的过程中,我进行了三次启发。

(a) 探索生命目的解释的另一种选择

帕特感到非常不安,因为她"没有目标",所以"毫无用处"。她把自己描述为"在一条通向光明的路上",但她对这条路的尽头是什么感到困惑。她担心找不到自己的目标。

我问帕特,她十几岁时想做什么(走出家门,结婚生子,有朝一日成为一名兽医)。作为一个成年人,她想"支付她的账单,有尊严地死去,把女儿培养成一个敢于说不的坚强的人,能够站起来,觉得一切都很好"。这个练习让她意识到她不仅仅只有一个目标。

为了从根本上挑战那种认为存在某种凌驾一切的、单一的目标的观点,我对传统亚里士多德学派和当代存在主义的生活取向进行了鲜明的区分。毕竟,她来找我说,她想要"一种新的思维方式"。我觉得这项工作能减轻她因没有适当的目标而产生的痛苦。我做了一个关于每个方法的小型讲座,绘制出每个方法的图像。前者涉及将生活中的事件安排在一条每件事或每个人都在追随的道路上,以达到他们的终极目标(她觉得自己应该找到的那盏灯)。我将这种目的论取向与达尔文的"离开我们的过去"的观点进行了对比。生活经常是随机变化的,我们利用了呈现在我们面前的东西。我建议在下一次会谈之前,她试着不使用"目标"这个词来思考她的生活。

在我们下次见面时,帕特已经做好了更多的准备。她说在生活的随机路径上重新定义自己是很有趣的,但是她觉得自己"站在一个大洞的前面",这让她害怕! 令我惊讶的是,她清晰地表达了一种克尔凯郭尔式的恐惧(Kierkegaardian fear),我自然而然地转向了他关于面对深渊的概念,以及存在主义关于激进选择的概念。你通过你的行动塑造你自己。做出选择的必要性和随之而来的恐惧就是人类的处境。我指出,她并不是独一无二的,她只是一个普通人。作为人类,我们看到的是深渊。

"是的,"她回答说,"我得往深渊里看,我必须得去看看。"但是我说:"好吧,让我们看看这个想法,你不需要做任何事情。你可以待在原地。"没有稳定的本质(或目标)你必须遵守。一个人可以逃避一切,最终陷入否认,也可以面对生活呈现的一切。毕竟,这是一个艰难的过程,但却是可能的。我们还研究了接受的概念。

(b) 批判性思维

有一次,我发现她似乎陷入了非理性的恶性循环。她的想法是这样的:"我想"、"我不能"、"我应该"、"我必须"等等。她会不停地转圈,然后陷入愤怒和自怜。我建议她可以打破这个循环。那个提议使她感到很不舒服、很生气。她的肢体语言是向后坐,然后

向后移动。但她承认,她从来没有想过这种循环,这对她来说非常有趣,似乎是一个突破。

当她面对残疾时,她绝望地说她"不能做我以前做过的所有事情"。"我建议我们分析'所有的'这个词的逻辑,以及以'所有的'开头的句子通常是错误的。"如果我们把这个词分解一下,仍然有一些她能做的旧事情,一些她能做的新事情,还有一些她不能做的事情。我鼓励她下次再来赴约时,把她能做和不能做的事情列个清单。这个练习让帕特大开眼界,我将在下面解释。

她能做的事情清单:拥抱我的孩子、对他们大喊大叫、吃、喝、洗衣服和打扫卫生、照顾我的卫生、做饭、说话、走路、躺下、坐在我的前廊、看我的周围、读一本书、做一份兼职工作、如果我经常休息来扭动我的脖子、放松一下、开车大约一个小时、接听电话、去阿尔安农、绘画艺术。

她不能做的事情清单:在工厂工作;工作超过五个小时。

(c)围绕她所面临的问题确定社会运动

我决定运用宏观的、系统导向的视角,让帕特感觉到她并不孤单,而且像她这样的其他人也在积极行动,为自己和他人改善状况。

当帕特确定她能做什么时,她指出那些事情并不是社会所认为的成功。"她所说的'社会'是什么意思?"我问。"政府,"她回答,"你必须身体健康,有一份兼职工作或工作八小时,要有新车,还要交税,还要有源源不断的钱。但残疾是一条艰难的道路,政府并不在意。"

我承认她是对的,我谈到了工人和残疾人所面临的压迫和歧视的政治现实。我解释说,有一些社会运动是为了争取残疾人权利和工人权利。我提供了一些介绍人的名字,她可以给他们打电话。我们走到拐角处,看到了该镇工人权利中心所在的大楼,我给了她"独立之路"(Access to Independence)这个残疾人中心的地址。

解决办法:

在我们上次见面时,帕特报告说,她见过我给她名字的一些人,或者给他们打过电话。其中一位是当地州议会工作人员办公室的代表,她同她谈了两个多小时。此前,这个人曾是一名工人权利活动家,帕特曾与另一名当地工会官员发生过纠纷。他们打算再见面。

帕特开始把争取工人权利当作自己的权利来对待。她以前从未听说过工人的权利,但现在她想分享她的经验,让其他工人知道"红灯是什么"。有趣的是,帕特为一份地区通讯写了一篇文章(已发表),解释了工人的薪酬和该找什么样的律师。她自己找了个新律师。她说:"你觉得自己很孤单,但你必须知道如何保护自己不受公司的影响。"

此外,帕特开始更充分地接受她的残疾,并创造一个新的自我认同。她对工人薪酬的压力很大程度上是因为她不愿意承认自己不能工作,因为她把自己定义为"一个工厂工人,一个好工人"。因此,她很难找到一个不同的框架。她告诉我,和我交谈很有帮助,从一个新的角度思考问题。她说,从来没有人让她考虑过自己能做什么,也没有人让她考虑过自己因为残疾而不能做什么。"这真是让人大开眼界,"她坚持说,"事实上,我不能在工厂工作。我不能工作。"她已经开始了接受的过程。

帕特说："和一位受过训练的哲学家交谈给了我一个新的身份。它让我意识到我有了一个新的世界,我有了新的选择。我必须改变我的身份。"最后,我让她考虑一下这些想法之间的区别:我必须这么做。我选择。我想。然后她变得兴奋起来!她大声说:"我想创造一个新的身份。我想创造新的未来。这可能会很有趣!"

观察:

和帕特讨论是非常有益的,我发现自己在想她现在怎么样了。我对人生段落目的论方法的批判和对存在主义的介绍对她极具启发性。事实上,她用我的图表和她的孩子们交流。她说:"如果我不跟你说,我就不会知道这一切!我告诉所有我认识的人关于你和我们谈论的事情。我希望哲学践行能在我国得到更广泛的应用,因为它真的能帮助人们。"

我的批判性思维方式也很有帮助,因为我们见了六次面,她也更习惯了。她开始使用这个工具来检验自己想法背后的假设。此外,把她介绍给围绕残疾问题和工人权利的社会运动,为帕特开辟了新的前景。我希望她继续跟进这些可能性。我知道帕特的生活将继续充满艰难的挑战。然而,她现在有了一些她可能不会忘记的观点。

安德鲁·菲茨-吉本,案例研究

我与顾客使用的方法有许多相似之处。我在这里简要地提一下,以避免在每个案例研究中重复。这些原则对我接触每个顾客的方式都是不可或缺的。

我所描述的主要方法论是"哲学对话"(philosophical conversation)。哲学总是对话的。即使是写哲学独白,也要和一个看不见的对话伙伴交谈。因此,哲学践行就是一个训练有素的哲学家与一个非哲学家(通常,尽管不是必要的)讨论一个非哲学家提出的问题。在这方面,交互是以人为中心的,而不是以过程或内容为中心的。

在谈话中,倾听顾客的时间比与他们交谈的时间要多,尤其是在前两次谈话中。当然,第一阶段的大部分时间都是专注的练习,试着真正倾听顾客提出的问题。我发现以前的经验在这里是有用的,曾经接受过教牧咨询的培训(20世纪80年代早期的罗杰斯主义培训以及20世纪80年代中期基本的认知疗法培训)。我在一个教区做了19年的牧师咨询,在过去的9年里,我一直是少数几个牧师的精神导师。我很清楚,在哲学践行中需要同样的技能,尽管哲学家带来了不同的重点和方法。

一段时间以来,我一直相信阿拉斯代尔·麦金泰尔(Alasdair MacIntyre)的论断,即人的生命是活着的,并以叙述的形式讲述,也就是说,通常我们通过在持续的叙述中找到意义来理解生活(MacIntyre 1981,1985)。有趣的是,所有的顾客都将他们的困境或问题作为发展故事的一部分来讲述。此外,每一种叙述都是在特定的解释学背景下讲述的,尽管常常不被顾客承认。哲学践行的任务之一是揭示和分析这些解释性框架、假设和预设,并与顾客一起考虑它们的充分性。通过哲学对话,顾客获得了新的解释学线索来解释他们自己的故事,并以更有意义的方式复述。

哲学践行是一种教育活动，它与教牧咨询的主要区别在于帮助顾客对他们提出的问题进行批判性和哲学性的思考。所以，我发现自己在和每个顾客解释形而上学、认识论和伦理概念，这些都是顾客陈述问题的一部分。例如，对于大多数顾客，我发现谈论可信结构（Berger and Luckmann，1967）、探究顾客的世界观（Weltanshauung）以及解释伽达默尔（Gadamer）的"隐藏偏见的暴政"（tyranny of hidden prejudices）（p. 242）都很有用。此外，我发现对黑格尔辩证法［正-反-合（thesis-antithesis-synthesis）］的基本解释有助于向顾客解释学习新思想的过程。我的任务是把这些复杂的概念翻译成顾客能够理解的语言。对于本科生来说，同样的任务是很有帮助的，许多相同的教学工具也被使用。

案例研究 4：伊拉克战争的道德困境

作为两个孩子的父亲，中年已婚人士瑞安（Ryan）是一个双人践行（two-person practice）领域的专业人士，居住在纽约市中心。他也是美国武装部队的一名高级军官。正是在后者的身份下，他才出现了需要咨询的问题。

2005 年 11 月，瑞安被召回现役，在接下来的五个半月里，他接受了部署前的培训，并于 2006 年 4 月被派往伊拉克。部署一直持续到 2007 年 4 月。在部署期间，瑞安在多国部队伊拉克工作人员中服役。瑞安在安全拘留委员会担任治安法官，并管理由国内种族-宗派暴力引起的国内流离失所者问题。

瑞安每天都受到火箭弹和迫击炮的袭击。此外，他在执行外交安全任务时还经常受伤。在这次部署期间，简易爆炸装置炸死了他部队的四名成员，另有六名基地人员在迫击炮袭击中丧生。最后，在调查被简易爆炸装置摧毁的车辆时，瑞安目睹了在这些车辆中被肢解的人的遗骸。

瑞安回到他的平民生活中，发现他 85％的职业生涯由于他的缺席都消失了。他接受了退伍军人管理局的心理咨询。他最初的诊断显示出某些创伤后应激障碍的前兆（抑制他的性情、扰乱睡眠、饮酒量增加）。然而，后来的评估诊断显示病人有再适应障碍。我向瑞恩解释说，我不会用治疗的方法来解决他的问题，而是用哲学的方法。瑞安说他要找的就是哲学咨询。

我见过瑞安六次。在我们的初次面谈中，他说："我的问题是如何调和我的生活受到的干扰，这是被动员起来支持伊拉克自由行动 18 个月所造成的。"问题被澄清为：a)扰乱正常生活（以及错过了孩子们的早期成长）；b)道德困境，瑞安从一开始就没有把伊拉克战争视为一场正义的战争；c)另一个道德困境是不同意美国军人在伊拉克的行为。我问他退伍军人管理局给他的帮助。瑞安报告说，退伍军人事务部的顾问建议给他服用药物，帮助他处理困扰。然而，瑞安并不想只是掩饰自己的感受，而是想要仔细思考这些感受。因此，他寻求哲学咨询。

我们的谈话影响深远。我们还讨论了瑞安作为丈夫、父亲、商人和军官的角色——他在履行各种角色时所面临的冲突、不确定性和挑战。我们讲过亚里士多德和道家的平衡。

当我们谈到他的军事困境时，我向瑞安明确表示，我已经做了 25 年的和平主义者，我的哲学承诺影响了我对伊拉克战争的态度。瑞安认为我的观点可以作为一种对比。在咨询期间,瑞安阅读了迈克尔·沃尔泽(Michael Walzer)的正义战争论、约翰·霍华德·约德(John Howard Yoder)的正义战争与和平主义论以及伊曼努尔·康德(Immanuel Kant)的永久和平论。我们详细地讨论了正义战争与和平主义的传统,并讨论了他对这些书籍的理解。此外,我们还在一定程度上深入考虑了他在伊拉克观察到的各种行动的道德性以及他对这些行动的反应。

在我们的最后一次会谈中,瑞安说,他很高兴有机会与一位哲学家交谈,并希望能够继续下去。在他的离职调查问卷中,他说:"我得到的最重要的领悟是,我作为一名高级军官的角色需要调整。在我成年后的大部分时间里,这在很大程度上塑造了我的身份。"有趣的是,瑞安发现了心理治疗咨询和哲学咨询的主要区别。他说:"心理咨询始于诊断,而哲学咨询则不然。这样做的好处是限制少了。心理咨询师被驱使着去解决问题。然而,这意味着我作为病人——精神的容器——是需要解决的问题。"瑞安喜欢哲学践行的开放性。不过,他也表示:"这个过程结束得太快了。除此之外,在某些方面,我比刚开始的时候有更多的问题要解决。但我认为,提出正确的问题是治愈过程的一部分。"

在他非常充实的一生中,瑞安也是一名高级武术教练。通过哲学咨询,他能够将自己的思想哲学践行与其他传统的"智者"(the wise)联系起来。他说:"总的来说,我认为接触哲学家是件好事。……在旧世界的意义上,我可能会在未来寻找萨满部落长老类型的人。"

案例研究5:调整生活的优先顺序

达尔帕特(Dalpat)是一名资深外科医生,与其他六名外科医生一起工作。他20年前从印度搬到美国。达尔帕特是一名锡克教徒(Sikh),他试图按照锡克教的戒律生活。三年前,他面临着家庭的重大危机,因为他和十几岁的儿子意见不合。他的妻子和女儿站在儿子一边,家庭破裂。此外,他的妻子患上了严重的心理疾病。达尔帕特有生以来第一次酗酒。他的工作受到影响,休了两年的年假。在此期间,他成立了戒酒互谊会,现在已经戒酒了。然而,他的妻子后来离开了他。达尔帕特希望和解。我见了达尔帕特五次。

很明显,达尔帕特已经到了人生的十字路口。在休假前,他每周工作100个小时。他认识到,在一定程度上是他的工作义务导致了他与家人的疏远。他想和一位哲学家谈谈,看看他决心做出的改变是否合适。这些改变包括:a)试图与妻子和解(由于她被诊断患有躁郁症,情况变得更加复杂);b)重新开始工作,但限制自己每周工作40小时;c)重新审视他的个人哲学,找到新的平衡。

我们谈话的一部分是要弄清他的生活状况中哪些因素是他的责任,哪些不是。我们首先详细地讨论了他的工作情况和他过度工作的责任。在我们的谈话中,我使用了亚里士多德关于美德和平衡的观点。我们详细地讨论了目标、实践和习惯。我们还讨论了义务和康德的义务论。达尔帕特是从他的锡克教传统的思想被亚里士多德和康德证实的方式。我们还研究了非暴力和冲突解决问题。他想读书,我建议他读康德、迈克尔·纳格勒(Michael Nagler)的书以及一部关于非暴力哲学的读本。

他与家人之间的问题(与孩子的关系破裂和与妻子的疏远)错综复杂。达尔帕特发现,他至少要为一些问题负责(对孩子,尤其是女儿过于严格)。在他负责的地方,他可以做出改变,在我们在一起的三个月里,他做出了个人的改变,并报告说关系有所改善。关于他的妻子,达尔帕特意识到她的精神疾病不是他的错。尽管如此,他的传统信仰给他留下了对她强烈的责任感。他想照顾她。然而,她不需要他的关心。这产生了一场重大冲突。我试图让他明白,他妻子的选择超出了他所能控制的范围。他不情愿地得出一个结论,他可能不得不让她走,尽管这让他深感不安。

在我们的咨询会谈结束时,达尔帕特证实了他的承诺,为了自己的健康,为了与家人和朋友的关系,他要改变自己的工作模式。他的家庭环境基本上没有改变,他似乎不太可能与妻子和好。积极地说,他在他的锡克教对生活的理解中得到了证实(通过其他哲学的加强),达尔帕特重新致力于按照他的传统戒律生活的道德生活。

案例研究6:职业转变和关系问题

现年64岁的詹姆斯(James)是一位成功的建筑承包商。他成年后大部分时间都在经商,毕业于美术专业。在他60岁出头的时候,他正在考虑从他的承包业务中退休,开始作为一个新时代治疗师的职业生涯。我见过詹姆斯四次。

詹姆斯想谈谈两个问题:他计划的职业转变和他对一段忠诚关系的渴望。

我们通过实用主义哲学讨论了他提出的生活改变的可能性和潜力。詹姆斯广泛阅读各种新时代疗法的书籍,并参加了一些自助周末活动。很明显,他个人得到了帮助,并且有帮助他人的愿望。他掌握了各种令人眼花缭乱的重点和方法——其中一些相当可疑的有效性(例如,几乎不加掩饰的传销计划)。在一次会谈中,他带来了两个相当大的购物袋,里面装着他最喜欢的新时代的书籍,以及每本书对他的帮助。很明显,他还没有决定要成为什么样的新时代治疗师。我试着帮助他更清楚地思考各种可能性。

我们简要地讨论了商业计划和营销策略。为此,我运用了我从第一份工作中对经济学和商业的理解(商业和营销学位,以及6年的银行工作经验)。很明显,詹姆斯在这方面需要一些帮助。在耗尽了我有限的理解之后,我建议詹姆斯向商业顾问寻求帮助而不是向哲学家寻求帮助。

尽管如此,我还是对他相当宏伟和天真的计划持怀疑态度。对我来说,肯定一个相当可疑的商业计划,而不指出明显的问题,将是疏忽大意。我的真实看法是,新企业不会成为谋生的手段,而把追求自己的"爱好"作为职业生涯的改变将以失望告终。这使我在为詹姆斯提供替代方案时,采取了比其他顾客更直接的方法。我建议他在不放弃建筑事业的情况下,以兼职的方式尝试新时代的做法。通过这种方式,他可以看到是否真的有需求,以及他是否有动力和能力来满足这种需求。

关于关系问题,我们通过詹姆斯与女性关系的成功和失败以及他目前对关系的渴望进行了讨论。他担心他所感知的对关系的需要是一个弱点。我们讨论了亚里士多德的思想、人性的社会本质以及伊利格瑞(Luce Irigaray)关于主体间性的女性主义思想。

詹姆斯说,这些会谈就像"顿悟的觉醒"(awakening of insight)。我要求他澄清,他说这就像是在提醒我一些他已经知道但已经变得模糊的事情。哲学咨询使他提出的问题达到了平衡。他还说:"和一个开放、没有先入之见的人交谈是有帮助的。"然而,也有一些失望。他评论道:"我没有很好地推动自己转行。"

詹姆斯还认为哲学咨询存在局限性。他认识到在哲学中没有简单的补救办法。我的印象是,詹姆斯希望会有。令他失望的是,他在新时代的书中读到的一些简单的解决方案,无法用严谨的哲学来解释。

注释

[1] 我们的一些答案直接取自美国哲学践行者协会(APPA)创始人兼纽约城市学院(City College of New York)哲学教授、系主任娄·马里诺夫博士(Dr. Lou Marinoff)提供给我们的材料。这些材料非常友好,没有版权限制。

[2] "初级助理资格认证是指个人进行监督实践所需的最低限度的基本能力。学历的最低要求是硕士学位或哲学学士学位(或西班牙语国家的证书)。候选人必须在伦理学(价值分析/澄清)、逻辑学(形式推理和非形式推理)、认识论(信念辩护)、形而上学(世界观)以及至少西方(最好也包括东方)哲学史上的主要人物和主题方面证明自己具备适当的能力。虽然没有特定的哲学方向是期望或要求,候选人也应该熟悉分析和现象学传统以及现代哲学的基本原则和主题。此外,应征者必须具备人际心理学原理、精神病理学、个人咨询经验或培训方面的实际知识,熟悉哲学作为一种咨询学科的历史,以及个人稳定性和良好性格的证据。成功完成哲学咨询师 APPA 初级认证培训项目,就可以证明这些必要条件和技能得到了令人满意的证明。"APPA 的"认证标准":"初级研究员资格和正式研究员资格分别与初级研究员资格和正式研究员资格相同,只是研究员的最低学术准备是获得哲学博士学位。通过 APPA 邀请,完全认证的研究员有资格为 APPA 认证的候选人提供培训和监督。"于 2009 年 9 月 30 日检索自 http://www.appa.edu/standards.htm.

[3] 我们受到了 2007 年 2 月 1 日至 3 日于纽约市举行的 APPA 哲学践行初级认证(一级)和 2009 年 8 月 22—23 日娄·马里诺夫和沃海娜·菲瑞(Vaughana Feary)在纽约州立大学科特兰学院主持的二级培训的全面认证。

[4] 从哲学上讲,我不习惯称胎儿为"婴儿"。不过,我没有对她的这个指称用法提出异议,因为我觉得这会破坏我们通过对话建立的联系。我只会变成一个麻木不仁的人,无法陪她度过这个悲伤的过程。通常情况下,客户与他们的实践者有着不同的观点,将我们自己的观点强加于人是武断的。

参考文献

Berger, Peter L. and Luckmann Thomas(1967), *The Social Construction of Reality: A Treatise in the Sociology of Knowledge*, New York: Anchor.

Gadamer, Hans-Georg (1975, 1989), Truth and Method, London: Sheed and

Ward.

Gilligan, Carol (1982, 1993), *In a Different Voice: Psychological Theory and Women's Development*, Cambridge, MA: Harvard University Press.

MacIntyre, Alasdair (1981, 1985), After Virtue: A Study in Moral Theory, London: Gerald Duckworth.

编辑注解:当这个案例在 APPA 的二级项目中出现时,有人认为胎儿和婴儿之间的这种区别可以在没有"不敏感主义"(insensitivism)的情况下画出来。强加一个观点可能是武断的,但提供一个观点是对话的。如果一位哲学咨询师支持堕胎,这就意味着她愿意将胎儿和婴儿区分开来。她愿意打掉胎儿却不愿意谋杀婴儿——那么,即使是为了她的顾客的利益,她会毫不犹豫地支持他们的合并吗? 如果病人认为她失去的是胎儿而不是婴儿,她的痛苦会不会少一些? 总的来说,我们应该帮助客户进行批判性思考,还是验证他们的情绪? 如果是后者,哲学践行和心理治疗的区别是什么? 我们欢迎读者来信。

[通讯方式] Andrew.Fitz-Gibbon@cortland.edu
Kathy.Russell@cortland.edu

原文出处:Andrew Fitz-Gibbon and Kathy Russell, "Case Studies from Research at SUNY Cortland", *Philosophical Practice*, November 2009, 4. 3: 502 - 18.

(赵豆 译)

东密歇根大学研究中的案例

凯特·马胡伦(Kate Mehuron)

这些顾客同意向公众分发和讨论他们的案例研究,条件是他们的真实姓名或个人或组织不会出现在这些研究中。其中一些案例研究是我为期两年的研究项目"哲学咨询案例研究:对哲学践行的启示"的成果,该项目于 2004 年获得了我所在的大学伦理审查委员会(IRB)的批准。能成功获得审查委员会对这个项目的批准,这在很大程度上要归功于《哲学践行》(Marinoff 2001)这本书提供的建议。

案例 1:莱拉(Lila)

相关历史

莱拉在精神病学和心理学治疗抑郁症几年之后,向我寻求帮助。她不满意心理治疗和精神治疗的方法,拒绝服用更多的药物来减轻她的抑郁症状。虽然我知道她不想吃药,但我不知道她为什么认为她的心理治疗不成功。有这么多不同的方法可用,我想弄清楚莱拉尝试过的许多方法是否都是以哲学方法或解释为前提的。如果是这样的话,那么我就会对自己能提供的建设性意见感到悲观。莱拉的心理治疗师依赖于对其家庭的情感动态进行广泛的分析,但在某一阶段后,莱拉发现这种分析并没有帮助。

问题或过程的性质

莱拉觉得自己睡得太多而无精打采。她认为这些都是抑郁症的症状,但她很享受日常生活的这一部分。她大部分时间都泡在咖啡馆里写作和读书。莱拉在给儿童读物配插图的同时,还能靠微薄的预算养活自己。她想成为一名更有创造力的视觉艺术家,但她也在寻找其他方式来实现这一点。我们的谈话集中在对她自己的信仰和思维模式的洞察上,这些可能是导致她大部分时间昏昏欲睡的原因之一。

做选择的方法(如果有的话)和启发式(heuristic)

随着我们每周谈话的展开,我发现她在自我反省和自我分析的技巧方面非常自律。她每周都写周报,还邀请我参与一些艺术作品的创作,并在这些创作过程中相互反思。我对这个要求感觉很自在,因为我已经参加过许多场群体活动,这些活动都是以《艺术家的方式》（Cameron 2002）这本书中的练习为指导的，并且我也阅读过沃海娜·菲瑞（Vaughana Feary）的书，同时我也赞同她在哲学践行中推广使用视觉艺术（Feary 2005）。莱拉广泛阅读积极心理学和心理治疗文献。她让我阅读《日益亲近：心理治疗师与来访者的心灵对话》（Yalom 1990. *Every Day Gets a Little Closer*：*A Twice-Told Therapy*），这是一种虚构的心理治疗案例研究方法。在我们讨论这本书的时候，她让我和她分享我的案例笔记。我很高兴这样做，并邀请她与我共同撰写。她拒绝了我的提议，但在会话结束时，她收到了我的案例说明。

有帮助的哲学思想

对她最有用的是我向她推荐的哲学咨询师彼得·格兰姆斯（Peter Grimes）的在线项目"阿尔忒弥斯：认识你自己的挑战"（Artemis：The Challenge to Know yourself），该项目旨在指导用户回答结构化问题，要求用户记录自己的回答。

这一方法在《哲学助产士：认识人类问题及其确认新范式》（Grimes and Uliana 1998）中作了详细描述。莱拉还喜欢在《心流：最优体验心理学》（Csikszentmihalyi 1991）一书中，对精神专注的价值和创造性流动体验的益处进行的实证研究。在我们谈论这些作品的过程中，莱拉慢慢地减少了睡眠时间，开始创作出更多的艺术作品。最后，她和男友搬到了东海岸，从那以后我就再也没有收到她的任何消息。在她离开之前，她告诉我，她珍藏着我的笔记、我们谈话时的日记，以及她对阿尔忒弥斯问卷的回答存档。她说，这些会让她想起她在我们的会议中发现和使用的哲学解药。

主要哲学问题

莱拉发现，她需要哲学上的解药来治疗她那些自我挫败的信念。格莱姆斯和乌利安娜将关于病态观或内化的自我毁灭的信念和对这些信念的反驳作为解药，受到了广泛的欢迎。

主要问题是如何处理或解决的？

正如在《柏拉图灵丹》（Marinoff 2000）中所说的，阅读疗法，或阅读和讨论不同的观点是有益的。莱拉使用了格兰姆斯的在线阿尔忒弥斯问卷，为她自己战胜自我毁灭的信念提供了解药。

其他相关问题或观察结果

莱拉是一个如饥似渴的读者，我们的许多次会议都专门用来讨论哲学或非哲学的来源。这个案例研究只是许多似乎能帮助她改变生活的来源中的一小部分。

与现存理论或个案文献的关系

莱拉最显著的积极变化似乎来自她对"病原体"（pathologos）概念的探索，因为它适用于她的处境。

案例 2：瓦沙（Varsha）

相关历史

瓦沙寻求我的咨询，以帮助他应对他正在用药物治疗的非恶性肿瘤的影响，并希望通过哲学思考来处理。瓦沙用临床术语描述了他的问题，承认他的脑瘤是他注意力缺陷障碍、情绪波动和癫痫的器质性病因。他在一所著名研究机构的本科生涯被这种疾病永久打断，他发现自己无法攻读学位或走上职业道路。他永远不能开车，而且很难找到工作。尽管他的父亲是该研究机构的教员，但他的父母对他的疾病的反应都是与他断绝关系，最终回到了他们在印度的家。瓦沙被留在美国生活。在他十几岁的时候，瓦沙皈依了后期圣徒耶稣基督的教会。他在教会的当地信仰团体中拥有重要的支持网络。

当我遇到瓦沙时，我想知道作为一个哲学咨询师，瓦沙认为他能从我身上得到什么。他不想放弃他的医学诊断，因为临床现象学为瓦沙的自我理解提供了一个认知基础。瓦沙自己一开始也不确定与我交谈能得到什么，除了他对哲学思考有激情，他希望通过与我进行哲学对话来寻求慰藉。

问题或过程的性质

瓦沙不断地反思他自己存在的无助感，以及他对自己实现长期目标的意志受阻而加深的挫折感。他也有自我怀疑，因为他的癌症幸存者支援小组的其他人告诉他，他治疗癌症的方式是病态的。瓦沙认为，这意味着他们不赞成他的坚忍态度，也不赞同他拒绝与怜悯和伤害相关的感情。

主要哲学问题

瓦沙想要讨论他对自己疾病的坚忍态度是否是病态的，他把这种病定义为对自己或他人没有同情心。他对在这个过程中学习更多斯多葛主义很感兴趣。他还为自己的生命是否有价值而挣扎，因为他实现人生目标的努力受到了疾病的阻碍。

做选择的方法（如果有的话）和启发式

瓦沙对医学诊断的运用在认知上使他安心，诊断显示他有器官功能障碍。诊断给出了一个统一的病因来解释他的症状和伴随疾病。对于瓦沙来说，他的疾病和认知症状的社会污名并不是来自诊断本身，而是来自其他人对他病情的社会归因。他让我了解他的病情，并要求我阅读一些医学工作者处理良性脑瘤的实用方法（Nezu 1998）。

有帮助的哲学思想

随着我们几周谈话的逐渐展开，他发现一些哲学诊断和治疗方法对他很有用。他有一个充满激情和自信的个性，渴望在艺术领域获得公众的认可。他的想象力用军事隐喻来表达他在面对困难时对自我主张的高度尊重。我鼓励瓦沙去探索斯多葛主义和尼采式的自我肯定(self-affirmation)。他博览群书,并把这些资源带到我们的谈话中来。亚里士多德和尼采等人提出的关于意志的禁欲主义和哲学理论,提供了哲学上的解药,可以使人们对肉体的局限产生深深的挫折感,并通过认知和艺术上的自我主张和自我创造提供补救措施。虽然我们的正式咨询会谈几年前就结束了,但他偶尔打电话给我,报告他参加的短篇小说比赛,他正在写的博客,或者他组建的一个讨论小组。在瓦沙的案例中,临床和哲学诊断以及解药对他的健康都是至关重要的。

主要问题是如何处理或解决的?

瓦沙受益于我们对诸如《斯多葛战士:军事思想背后的古代哲学》(Sherman 2007)等书籍的讨论。由于他对斯多葛主义的研究,他获得了自我接纳。他也认同尼采的自我超越(self-overcoming)主题,以类似的方式与身体疾病作斗争。瓦沙似乎通过接受当下的重要性,而不是把他自己的全部自我价值建立在长期目标的实现上,从而获得了对生命价值的认可。在他的支持网络的帮助下,他继续写作,并向当地的艺术杂志提交故事。他建立了一个当地哲学讨论小组,灵感来自他对《苏格拉底咖啡馆》(Phillips 2002)的阅读。

其他相关问题或观察

我帮助瓦沙成立了一个苏格拉底咖啡馆小组,他们在九个月的时间里会面。这似乎给了他一种在社区中的重要性,并把他的精力和注意力集中在发展哲学关系和对话上。

与现存理论或个案文献的关系

彼得·拉伯认为,哲学咨询师应该能够识别并确认造成顾客精神和情感困扰的器质性病因(Raabe 2004)。在这种情况下,这些话特别有用。

案例 3:戴安娜(Diana)

相关历史

戴安娜请我帮助她应对创伤后应激综合征的影响。她认为,2001 年 9 月 11 日世贸大厦遇袭时,她住在曼哈顿,患上了创伤后应激综合征。戴安娜当时并不在袭击现场。她从远处目睹了这场悲剧,她看到了来自新泽西州的烟雾,听到了来自朋友和熟人的描述。她家里没有人在袭击中丧生,但她的一个熟人死于双子塔。她离开了纽约,在七年的时间里从事的工作远远低于她之前的职业水平。她称自己有广场恐怖症,并尝试了许多心理疗法和药物来缓解症状。

问题或过程的性质

戴安娜之所以联系我,是因为她希望我在情感和精神上给予帮助,帮助她处理因创伤后应激综合征和广场恐怖症而遭受的严重自由丧失。她让我不要用精神分析或心理治疗来解释她的病情。相反,戴安娜希望我用一种务实、目标导向的方式来指导她。她希望我鼓励她依靠理性的解决问题的方法来摆脱她的症状。她告诉我,在和我一起进行哲学咨询的时候,她还将尝试眼动脱敏与再加工法(Eye Movement Desensitization and Reprocessing, EMDR)治疗。

主要哲学问题

我们会谈的核心内容是讨论如何增强她的意志力,让她不顾自己的症状去追求目标。

做选择的方法(如果有的话)和启发式

我为顾客制定了一些练习,让他们在与我的会谈中确定他们自己的目标和目的。在我们最初的会谈中,她做了其中一些练习。这为讨论她的目标和挫折提供了一个框架,并给出了书面结果。在随后的几次会谈中,我们制定了行动计划,其中包括她作出承诺,采取行动消除她的恐惧。她非常坚定地执行计划,尽管这样做会带来情感上的痛苦。在此期间,她计划了一次为期四天的纽约之旅,安排了几次求职面试和与老朋友的约会。她完成了这次旅行,并对自己表示满意。但是,通过所有这些努力,她仍然感觉到自己的症状所带来的巨大压力。

有帮助的哲学思想

自主性、目的性和理性决策的价值观使我对她的努力表示了支持,尽管她有一些症状。

主要问题是如何处理或解决的?

戴安娜中断了和我的谈话,解释说她的眼动脱敏与再加工法治疗已经证明是非常有效的。她因症状减轻而变得坚强起来,恢复了自己的职业生涯,追求她的长期目标。

其他相关问题或观察

戴安娜有着非凡的职业抱负和克服困难的意志。如果眼动脱敏与再加工法减轻了她的症状,那么她的症状可能有一个重要的生理成分。虽然她的大部分问题是生理上的,但她可能受益于我们所采用的以目标为导向、意志增强的方法。也许如果她没有努力回到纽约,她的自我恢复就会缺少一个有意义和价值的部分。

与现存理论或个案文献的关系

我帮助戴安娜培养意志力的方法受到了《亚里士多德会怎么做？通过理性力量进行自我控制》(Cohen 2003)和《拖延工作手册》(Knaus 2002)的启发。

案例4：奥伊(Oy)

相关历史

奥伊在与我会面的六个月前，他就为自己的人类学论文进行了答辩，毕业论文的主题是性别、避孕和后殖民主义文化。他和他的妻子艾米莉(Amelie)都来自特立尼达(Trinidad)。他的母亲和三个姐妹分散在纽约、亚特兰大和费城。他的一个儿子就读于纽约州北部的一所大学，他的小儿子在上中学。艾米莉是一位福音派基督徒，在一个国际范围的散居非洲基督徒联谊组织中过着积极的社会生活。奥伊称自己是无神论者，具有世俗的人文主义倾向。

他说，他偶尔接受心理治疗已有多年，原因是"情绪低落"。与情绪稳定的妻子不同，他总是有情绪波动。他的情绪在周末会下降，从周六开始，到周日变得最低落。他说，他认为造成这种情况的原因可能是他"不维系友谊或关系"，即使在人际关系中，他也"感到孤独"和"分离"。所以，他觉得自己的生活不像艾米莉那样充实。周末，她会在周六晚上和她的联谊小组一起参加社交活动，周日她会和他们一起去教堂。他说："我不确定我们的宗教差异是不是我们之间的鸿沟或距离。"虽然他不觉得她强迫他参加社交活动，或与她的基督徒联谊一起敬拜，但他认为他的缺席有时可能会让她感到不舒服。

1992年，他们为他的博士课程而搬家。此前，他是纽约市的一名终身数学教师，拥有经济学硕士学位。他描述了1985年至1992年是他婚姻中"最美好的岁月"。因为两人都在纽约：他教数学，而她则从事职业工作。他们都有朋友，都有一个愉快的、共享的社交网络。他的研究生学习对他们两人来说都是一种牺牲。

问题或过程的性质

奥伊在我们的谈话中多次提到需要控制他的生活。他寻求一种更实在的道德准则来生活，以填补他世俗的人文主义的"空虚"。他想对自己的人生有更多的掌控感。他想探究他自己对人类学学术生涯的矛盾心理，因为他对国际关系或非政府组织中更为活跃的工作非常感兴趣。他与艾米莉感情上的疏远也令他担忧。

主要哲学问题

奥伊对萨特、存在意义、马克思主义和后马克思主义资本主义批判的兴趣比发表他的人类学论文摘录更为强烈。我鼓励他在这些领域追求自己的知识和个人兴趣，让论文暂时搁置一段时间。

做选择的方法(如果有的话)和启发式

奥伊选择写一本日记,把他的学术兴趣和他对个人道德的追求联系起来。他和艾米莉作为一对夫妻要求我和他们进行几次会谈,以"澄清"他们之间的关系。他还建立了一个他自己想要掌握的哲学著作的书目,为了养家糊口,他继续寻找教书的工作。

有帮助的哲学思想

积极参与的知识分子(engaged intellectual)的概念对我们双方都是有意义的。他肯定说,我们对这一想法的持续讨论对他有帮助。我读过奥伊给我的一篇关于公共知识分子的文章,提倡生物伦理学家会成为这样的人。这种方法我很熟悉,我很喜欢。我自己对企业机构内生物伦理学家面临的伦理合作问题的解读,与上述说法相符。我和奥伊有很多相同的担忧,关于哲学咨询师,或者一般的哲学家,如何作为公共知识分子发挥作用。很多哲学咨询文献关注的是心理治疗规范的合作对哲学咨询的威胁以及常态与病理的论述。福柯(Foucault)关于哲学家作为公共知识分子的研究在我们的会谈中也有提到。奥伊一度感到不安,因为写日记是"女性做的事情,而不是男性做的事情"。我指着马可·奥勒留(Marcus Aurelius)的《沉思录》和其他斯多葛派自我反省的例子来安慰他。

主要问题是如何处理或解决的?

奥伊获得聘期为一年的教学职位,很有可能获得终身教职。艾米莉很高兴和他搬到一起住,因为在新的形势下,她看到了自己有一些很好的职业前景。这份工作似乎给了奥伊自信和精力,以满足他对知识的追求。这种相互交流似乎促使双方重新作出承诺,与对方一起度过愉快的时光。我对奥伊核心哲学问题的肯定似乎对他有帮助。

其他相关问题或观察

奥伊非常担心新的教学职位是否会给他时间继续从事他的学术写作。我向他推荐了《给大学新教员的建议》(Boice 2000),他找到并读了这本书。奥伊在几个个人问题上既矛盾又缺乏安全感:他的妻子参与了她的教会和成员们积极的传教活动;他的低收入水平和他的家庭地位低下;与艾米莉庞大的社交网络相比,他缺乏友谊。作为一个学者、教师和父亲,我鼓励他注意自己的成就,并为他的成就感到自豪。强调他们之间的积极差异似乎使他安心。

与现存理论或个案文献的关系

我无法在理论或案例文献中找到这个案例。然而,作为一个哲学家,这种咨询关系对我来说意义重大,因为我们有共同的知识兴趣。我能够向他推荐一些他认为非常吸引人且相关的作品。这种咨询关系还包括一个专业的指导部分。

案例5：萨利（Sally）

相关历史

与莎莉结婚24年的丈夫一年前死于一场悲惨的事故，她声称自己经历了极大的自我怀疑。她和他的婚姻充满了紧张，因为他的前妻对他提起了两起诉讼，在经济上"摧毁了他们"。为了帮助他积累财富，她做出了自我牺牲，使他们成了千万富翁。这段婚姻也经历过其他艰难时期。他在六年前做过脑部手术，并与另一个城市的一名企业高管有过五年的秘密恋情。直到最近，她和丈夫才就这一不忠行为达成和解。他去世的那天，他们正和他的几个前妻的儿子一起度假。一天晚上，他正在喝伏特加，她扶着他下了五层楼。他不喜欢这种帮助，所以她让他自己乘最后一班飞机。他从最后一层楼梯上摔下来死了。他一个儿子的妻子是护士；另一个儿子是警察。他们试图把他救活。大儿子迈克与家人关系疏远，这次度假也没有出现，他指责她故意玩忽职守。自从她丈夫意外去世后，她每年以8万至10万美元的方式将继承的遗产分给每个儿子，除了迈克。她对他的指责感到愤怒，不想"奖励他的行为"。她不确定死亡的生理原因，并认为如果对他进行尸检会有所帮助。她说，她试图从整体上践行佛教八正道，即正确的行动、正确的思想和慈悲。她说，她仍在为丈夫的死而悲痛，并因迈克的指控而蒙受巨大的耻辱。

问题或过程的性质

这个问题似乎很复杂。一方面，她对自己是否无意识地让丈夫死去感到内疚和自我怀疑。另一方面，她与这位大儿子在家族财富问题上卷入了一场巨大的家庭纠纷。他的指责使她蒙羞。然而，她拒绝给他继承遗产的钱，加剧了他的愤怒，使所有的兄弟姐妹分崩离析。

主要哲学问题

我向她提出了几个哲学问题：她如何才能将佛教的慈悲与她对迈克的经济惩罚协调起来？她对丈夫死因的自我怀疑背后是什么？

做选择的方法（如果有的话）和启发式

我推荐《当生命陷落时——与逆境共处的智慧》（Chödrön 2000）来回应她对丈夫去世的悲痛。她一直在阅读有关哲学咨询运动的文章，并计划与一位著名的哲学咨询师一起参加即将举行的研讨会。

有帮助的哲学思想

我提出了一个人的道德信念和实际行为之间的一致性的观点。我不知道这是否"有帮助"，但这对她来说是个挑战。

主要问题是如何处理或解决的？

不幸的是，萨莉带着愤怒和不信任从研讨会回来了。她不喜欢这位研讨会的领导，她说他"爱嘲笑人，心胸狭窄，缺乏同情心"。在研讨会之后，她对我表现出不信任的态度，并在不久之后结束了我们的会谈。她可能不喜欢我提出的关于她的佛教修行和她利用自己的财富惩罚迈克之间矛盾的问题。在我们最后一次的谈话中，她说她已经检查过自己的罪行并得出了一些结论。她觉得哲学"太空洞"，她要遵循一种不伤害他人的模式。我们讨论了什么是伤害。她决定就迈克的阴谋论与家人对质，并要求他们为允许迈克散布关于她的谎言承担责任。

其他相关问题或观察

我怀疑她是否诚实。难道迈克是对的，是她让他摔死的吗？我不知道她是否对他的奸情和她声称为这段婚姻所做的牺牲还有未解决的愤怒。我觉得奇怪的是没有进行尸检。

与现存理论或个案文献的关系

感谢娄·马里诺夫（Lou Marinoff）为我推荐《邪恶心理学：真实面对谎言的本质》（Peck 1998）这部重要的作品，它抓住了人们在怀疑谎言是心理咨询对话的一部分时所产生的怀疑感，以及谎言对人际关系的破坏性影响。

参考文献

Boice, Robert. (2000). *Advice for New Faculty Members*. Allyn & Bacon.

Cameron, Julia (2002). *The Artist's Way: A Spiritual Path to Higher Creativity*. Jeremy P. Tarcher/Putnam.

Chödrön, Pema. (2000). *When Things Fall Apart: Heart Advice for Difficult Times*. Shambhala.

Cohen, Elliot D. (2003). *What Would Aristotle Do? Self-Control through the Power of Reason*. Prometheus Books.

Csikszentmihalyi, Mihaly. (1991). *Flow: The Psychology of Optimal Experience*. New York, NY: Harper Perennial.

Feary, Vaughana (2005). "Art and the Good Life: The Role of Literature and the Visual Arts in Philosophical Practice." Philosophical Practice: Journal of the American Philosophical Practitioners Association, Vol.1, No. 2: 95 – 112.

Grimes, Pierre and Uliana, Regina L. (1998). Philosophical Midwifery: A New Paradigm For Understanding Human Problems with Its Validation. Hyparxis Press.

Knaus, William. (2002). *The Procrastination Workbook: Your Personalized Program for Breaking Free from the Patterns That Hold You Back*. New Harbinger Publications.

Marinoff, Lou.(2000). Plato, Not Prozac! Applying Eternal Wisdom to Everyday Problems. Harper Books.

——,(2001). *Philosophical Practice*. Academic Press.

Nezu, Arthur.(1998). *Helping Cancer Patients Cope: A Problem-Solving Approach*. 1st Edition. American Psychological Association.

Peck, M. Scott.(1998). *People of the Lie: The Hope for Healing Human Evil*. 2nd Edition. Touchstone.

Phillips, Christopher.(2002). *Socrates Cafe: A Fresh Taste of Philosophy*. W.W. Norton & Company.

Raabe, Peter B.(2004). "Morals and Ethics in Philosophical Counselling: Sex, Suicide, and Mental Illness." *Journal of the Practice of Philosophy*. Archives 2004: http://www.ustpaul.ca/Philosophy/revue/articles/2004_raabe.html.

Sherman, Nancy.(2007). *Stoic Warriors: The Ancient Philosophy behind the Military Mind*. Oxford University Press.

Yalom, Irvin and Elkins, Ginny(1990). *Every Day Gets a Little Closer: A Twice-Told Therapy*. New York, NY: Basic Books.

[通讯方式] kmehuron@emich.edu

原文出处:Kate Mehuron, "Case Studies from Research at Eastern Michigan University", *Philosophical Practice*, November 2009, 4. 3: 492 – 501.

(赵豆 译)

韩国的社会神经病理学和哲学践行：
聚焦于抑郁、愤怒、暴力和自杀

金俊星（Kim Sung-Jin）

I　今日韩国：病理诊断

自 20 世纪 80 年代以来，韩国在经济发展过程中已经发生了许多激动人心的事情。但是当人们试图适应所有自己的生活方式的巨大变化和快速变化的社会环境时，人们同时表现出越来越多的神经症状。关于这些变化的更多信息，我将总结如下。[1]

1. 韩国近期发展的两个矛盾面孔

不仅从政治学或经济学的角度看，现代韩国是一个独特而有趣的对象。从哲学咨询和治疗的角度来看，它也是非常有趣的。现代韩国显然是一个后工业化国家。人们生活在信息社会中，尤其是高附加值产业需要越来越多的所谓知识型员工。与此同时，这也是有趣的一点，我想额外提一下，韩国正在成为一个"治疗国家"。我从帕特里夏·希普利（Patricia Shipley）和费尔南多·莱尔（Fernando Leal）的表述中引用了这个术语。

> 我们生活在一种治疗以及治疗化的文化中（We live in a culture of therapy and therapising）。[2]

他们将该术语应用于西方的咨询与治疗实践，且尚未对韩国的情况做出说明。尽管他们未将该术语应用于韩国，我仍在这里引用此术语。请在更长的引文中阅读他们的陈述。

> 在西方，咨询已成为中产阶级的时尚追求；我们可以说对于一些人来说这几乎是一种痴迷。我们生活在一种治疗以及治疗化的文化中。（同上）

现在，我希望明确表明，韩国人民的当代生活状况使得有必要将"治疗化"措施不仅应用于所谓的"中产阶级"，而且应该适用于任何阶级或无阶级分化地适用于任何人。换句话说，只要我们的目标是让哲学智慧对普通人的心理健康更有用，只要我们想让"哲学思维方式"(或"哲学化"或"做哲学")更适用于每个人都可能陷入的问题情境。这正是希普利和莱尔也接受的一点,因为他们表达如下。

> 另一方面,英国临床心理学家在国民健康服务(NHS)中普遍采用的"认知行为疗法",在试图改变"不健康"的想法和态度之前,会检查客户的信仰和随意归因,这种疗法看起来更像是在做哲学。它与古代哲学,与斯多葛学派的训诫并无不同。例如,哲学的第一步是接受"以我们的能力能够改变的事情"和"以我们的能力不能改变的事情"之间的区别。(Shipley & Leal,同上)

如果我们确信,我们必须把哲学从大学和学院中带出,以便将其应用到每个人的生活情境中,我们是否也能在韩国做同样的事情,就像在英国发生的那样?那么韩国的总体情况是怎样的呢?

2012 年 6 月 23 日,韩国的全国人口达到 5000 万。借此机会,一群韩国研究人员发明了一个新的俱乐部,并将其命名为"20—50 俱乐部",因为他们知道目前世界上只有 7 个国家能够满足这样的俱乐部会员资格的要求,即:(1)全国人均收入为 20000 美元;(2)全国人口为 5000 万。韩国两次达到国民收入 20000 美元,一次是 2007 年,一次是 2010 年。其他 6 个(可能的)俱乐部成员应该是美国、日本、德国、英国、法国和意大利。

韩国是第二次世界大战后获得国家独立的国家中第一个赢得这一成员资格的国家,而韩国是世界上所谓的发展中国家中的唯一一个例子。

世界上所有研究经济发展的知名学者都一致认为韩国的案例是"奇迹",足以与二战后德国的"莱茵河奇迹"或 20 世纪下半叶的"日本奇迹"相提并论。如果你还记得,在 20 世纪 50 年代末,韩国的人均国民收入是 80 美元,全国人口是 2500 万,你会很容易接受这样的比较并不夸张。因此,韩国人民有充分的理由为他们在过去 50 年中完成的这一巨大和激动人心的变化感到自豪。

但韩国近期发展的另一面使我们既不开心也不自豪。越来越多的人在我们迅速变化和急剧发展的社会中迷失自我。越来越多的人感到孤独、疏远、歧视、压力过大,受到伤害甚至虐待,却不知道如何能够帮助自己,在哪里可以找到保护和关怀或者向谁寻求心理咨询和情感支持。

道德失范、行为异常和基本健康状况破坏的症状是如此明显,不仅广泛存在于政治、经济和教育等公共领域,而且存在于私人和亲密的生活领域像如家庭、家族、朋友和婚姻伴侣等关系中,几乎没有人会觉得他或她自己免于道德责任或与这些患者和弱势少数群体的情感团结。

无家可归者、离家出走的儿童和青少年、被遗弃的婴幼儿、性侵受害者、同性恋受症者、酗酒者、赌徒、游戏成瘾者、网络成瘾者、吸毒者、凶杀或保险诈骗等计划事故的人数不断增加。

2. 功绩社会和副作用

韩炳哲(Byung-Cheol Han)是一位活跃于德国的年轻的韩国哲学家,他在 2010 年柏林出版的《倦怠社会》(*Müdigkeit sgesell schaft*,或 *Society of Tiredness*)一书中将我们的生活状况诊断为"功绩社会"(*Leistung sgesell schaft*),并分析了 21 世纪后工业社会的典型症状。他的分析不仅适用于我们社会的整体氛围,而且甚至可以适用于工人和雇员的生活和工作现实,以及他们几乎在每个职业领域的感受。[3]

几乎所有职业领域的成年人和工人都承受着压力,他们要么在生产和销售方面取得更好的成绩,要么赢得更高的人气和公众认可,以至于他们的日常生活看起来就像生存游戏。难怪在艺人和流行的大众媒体明星中报道了如此多的自杀案件。这意味着我们经常在那些在社交和职业生涯中没有成功的人中观察到自杀案件。

我个人估计,韩国小学到高中的学龄儿童和青少年的情况并不比成年人在竞争激烈的劳动力市场中的情况好。为了不断提高学习效果和更高的学习成绩,孩子们的压力也不小。特别是在今年,大众媒体已经报道了长达几个月的全国学龄儿童和青少年的自杀案件。他们中的大多数人在经历了几个月甚至几年的难以忍受的暴力、心理攻击、威胁、恐吓、抢劫以及羞辱性歧视之后被迫自杀。这些侮辱性歧视都是由一个或一群同班同学和校内同学在校内外实施和煽动的。

甚至老师也会被学生或学生家长在学校和教室里的其他学生面前殴打。当然,我们想知道学校为什么如此暴力,家长为什么会如此愤怒以及老师为何如此优柔寡断。但是你从他们那里得到的答案远远不能令人满意到足以理解整个情况的实际原因以及各个相关方的情况。总的来说,这些问题的答案是如此支离破碎、如此不可靠、如此缺乏反思,以至于没有一个专家能够估计出这些事件的真实因素。不是一个老师,不是一个教育者,不是一个心理学家,也不是仅一个社会学家就能够说明情况或改变有关伙伴的问题,因为合作伙伴之间的对抗和他们的利益之间是多边的,因为科学本身并不是影响或改变人类思维方式和存在方式的正确手段。

仍然令人非常沮丧的是,我们几乎不能指望从任何地方对这种反教育趋势采取可靠的对策。这种情况已经持续了很长一段时间,并造成了如此严重的副作用,如自杀、谋杀、受伤、自尊受损等后果,以及对受害者及其家人甚至对攻击者本人及其家人造成的各种身体、精神和情感伤害。

同样令人失望的是,教师、学校管理部门和相关儿童的父母在许多情况下还没有准备好为了教育原则的共同目标而共同合作。相反,他们的每一部分都倾向于首先保护自己的利益。这种合作可能会受到阻碍,因为它们的每一部分在解决问题情况时都优先考虑不同的教育原则和不同的教学方法。

当没有或不能进行这种合作时,警方往往会接管此案。然后,无论孩子多么年轻,他们在开始行动和反应的所有过程时头脑有多么简单,这些案件都将进行刑事调查和法律审议。结果,最后一种办法将是唯一的办法,而用于解决问题的其他可能和更理想的办法将仍然是无用或无效的。

3. 愤怒、抑郁、暴力、自杀

我们有一些问题需要认真地问自己。在我们试图抓住最后的救命稻草之前,我们如何才能使其他方法有效和可靠呢? 我们应该引入的第一个方法是什么? 作为哲学践行者,我们应该做些什么? 哲学咨询或哲学治疗可以作为这种暴力案件的替代和有效方法吗?

暴力问题不仅与政府决策者、社会工作者或教师和精神病学家有关,它也必须引起哲学家们的关注,我们的哲学智慧应该帮助人们找到有益和有用的社会和心理健康方式。在现实生活中,我们经常遭受暴力,我们应该说暴力是我们生活的一部分。暴力是一种侵略或侵略性的形式,它以多种不同的方式和形式发生。愤怒经常导致暴力,而抑郁也会导致暴力,就它是一种自我毁灭的形式而言,自杀也是一种暴力形式。爱情和仇恨都会导致暴力行为。经常发生的情况是一个相同的原因带来不同形式的暴力,反之亦然。这就是为什么每一个暴力案件都应该被区分开,并且应该从哲学的角度对它们进行分析。

既然暴力和抑郁都与自杀问题有关,就让我们转向韩国的自杀主题。如你所见,我把愤怒、抑郁、暴力和自杀这四个不同的主题放在一起。我这样做是因为它们在现实中经常同时发生或交织在一起。请注意,这4个专题案件的发生率在20世纪90年代后半期的国家货币危机和经济停滞时开始急剧上升。大量的家庭和企业破产,越来越多的年轻人失业,许多家庭里的父亲和丈夫失业。

家庭的经济破坏经常导致家庭关系的破坏。还可能出现许多其他负面结果,例如酗酒、赌博、家庭争吵、愤怒、侮辱、言语攻击、焦虑、身体或精神或性暴力、儿童被遗弃或离家出走、抑郁、嗜睡、自杀或其他类型的成瘾或犯罪。我们非常清楚,这些现象有许多是同时发生的或者是相互结合或连锁反应。

4. 神经病理学社会学

现在让我们转向自杀的主题。我相信你们已经知道韩国在经合组织国家中的自杀率最高。例如,在2010年,每10万人中就有31.2人自杀。自杀是10—30岁人群中最常见的死亡原因。最严重的是老年人的自杀率,达到每10万人里就有81.9人自杀,这一记录比日本或美国等其他发达国家高5—6倍。[4]这是众多统计事实中的一个,它让我们意识到,我们的社会已经向危机的方向发展了多远。

让我再一次引用韩炳哲(Byung-Cheol Han)的论述。他宣称如下:

> 从病理学的角度来看,21世纪初的疾病不是透过细菌,也不是透过病毒,而是由神经元主导的。抑郁症、注意力缺陷多动障碍、边缘性人格障碍、身心俱疲综合征等神经性疾病主导了21世纪初的病理状态。[5]

这句话非常有趣,包含了如下3点明确信息。

（1）我们目前的情况是非常病态的。

（2）它应该被定性为神经性的，而不是细菌学或病毒学。

（3）我们目前的病理状况的主要原因不是来自外在，而是来自作为个体的我们自己。

当我们在考虑抑郁、愤怒、暴力和自杀等 4 个主题时，这句话也值得我们注意，因为这些都是非常具有代表性的案例，哪怕其中只有一个成为我的现实，只要它开始占有我，就会导致我们陷入病态危机。

这句话暗示了哲学践行的一个基本信息，即哲学践行是一种非常必要的资源，它将帮助每一个陷入这种病态境地的人。因为，我们都很清楚，哲学的第一智慧是认识自我，而哲学能给你最好的反思性思维训练。这就是为什么哲学方法对于那些想要从任何病态的痴迷或强迫症中解脱出来，并赢得自尊和精神自主的人来说是最强的资源。众所周知，摆脱病态迷恋的第一步是对迷恋本身的自我认识。

在我们讨论针对当前病态的哲学对策的主题之前，我将说明政府正在做什么以及其他民间治疗师在做什么。

5. 政府对精神健康的关怀

韩国国家公共卫生和社会福利管理局最近对全国各地的心理健康进行了实况调查。调查结束后得出的结论是，必须引入一个新的心理健康检查计划，系统地应用于每个公民的每一个年龄段、每一个教育阶段、每一个职业变化阶段和工作场所，以及每一个老年生命周期[6]。它将为中小型企业提供适当的计划，以促进劳动者的心理健康，并防止压力伤害和抑郁。像警察和消防员这样工作过度紧张的工作人员将由专业顾问和心理学家广泛照顾。

今后政府对国家精神卫生的关怀计划主要以下问题为战略要点：

（1）学校中的暴力和骚扰问题。

（2）预防自杀和高危自杀人群的关怀方案。

（3）针对自杀未遂者及家属的关怀方案。

（4）将精神病治疗的益处扩大到广泛的人群。

（5）老年人的生活关怀和精神关怀方案。

（6）对上瘾者提供治疗和康复计划。

新的政府措施将加强对抗各种形式的反教育障碍的对策。它将聘请更多的咨询师和临床心理学家，并实施护理计划。这项关怀计划不仅包括受害者，还包括学校暴力的袭击者以及他们的父母和老师。

精神疾病和自杀有着密切的联系。57％的自杀者，73％的预谋自杀者，75.3％的自杀未遂者患有精神疾病。早期治疗精神障碍和精神疾病无疑有助于预防自杀。

2011 年的实际情况调查显示，全国 18 岁以上人口中有 14.4％，即 519 万人，一生中至少患过一次精神疾病，但近 85％的人忽视了或不知道。其中只有 15.3％的人接受精神科医生或心理健康专家的治疗。与美国（39.2％）和新西兰（38.9％）相比，这一比例非常低。[7]假设韩国的低生育率可以用以下因素来解释，即：（1）对抑郁症或其他类型的精神疾病漠不关心,不知情或不敏感;(2)对精神疾病患者的负面偏见或歧视;(3)医疗保险的一般规则,如果不包括药物治疗,则不包括精神治疗或心理治疗。

因此,预防自杀的措施也必须包括以下措施:(1)将精神病治疗的益处扩大到广大民众中;(2)老年人的生活关怀和精神关怀计划;(3)健康保险制度的改革,使其能够在不进行任何药物治疗的情况下支付简单咨询的费用。

许多种类的成瘾会导致抑郁、愤怒、沦丧、悔恨以及许多其他精神和身体上的伤害。这样的后遗症最终会导致精神上的自我毁灭或自杀。因此,政府需要改善精神卫生保健的基础设施,并将扩大专业咨询师和精神科医生的职能,使他们的治疗和康复护理服务更容易提供给任何需要他们帮助的人。

6. 治疗社会和哲学

当韩国政府计划加强全国精神保健项目,并计划投入更多人力资源时,它只将精神科医生、心理学家和社会工作者视为合格的顾问、理疗师、咨询师或治疗师。但哲学家们仍然没有被考虑。这意味着我们韩国的哲学家仍然是这一广泛的公共和私人服务领域的探索者,到目前为止,我们还有许多事情要做。

除了医生、心理学家、社会工作者和精神科医生之外,越来越多的其他专家正在为那些感到精神上和情感上无助、虚弱、不确定或不安全的人开设治疗商店或治疗课程。如今,他们的业务,如音乐疗法、艺术疗法、运动疗法、冥想疗法、文学疗法等都在蓬勃发展。对许多需要从其源头得到安慰的人来说,即使是算命、手相术、占卜、风水似乎仍然具有吸引力。

2012年是韩国总统选举年。一位总统候选人在竞选活动中宣布他的候选资格如下。

> 在我们这个充满挫折和不满的社会中,我将对整个国家的愤怒进行治疗。

另一位总统候选人也在官方仪式上宣布,如果他能赢得总统选举,他将把晚上的时间交还给所有工人、雇员和公民,因为他们已经失去晚上的时间很久了。

这两位政治家似乎也很清楚整个国家的病态痴迷情况。他能为我们带来什么样的"愤怒疗法"? 如果我们都能在及时完成日常工作后恢复自由快乐的时光,又会有什么不同?

政客们能否意识到这种病态情况下的哲学问题? 现在不是轮到我们来宣布我们哲学家能够并且将会带来针对当前病态的真正治疗吗? 因为自2007年7月以来,韩国的哲学家们一直为同样的宣言做准备。

是的,正是5年前韩国哲学家开始的,我是2007年7月组织的第一次哲学咨询和治疗研讨会的发起人之一。

Ⅱ. 韩国哲学践行

我将总结一下韩国哲学家在过去 5 到 10 年中所做的事情,他们在过去 5 年中发展了什么样的哲学践行项目和制度,以及他们心中的梦想和未来想要实现的目标。

7. "哲学疾病"与"临床哲学":在韩国诞生的概念

伦理学、逻辑学和分析哲学特聘教授金永进(Young-Jin Kim)是韩国第一位将"哲学疾病"、"哲学诊断与处方"、"临床哲学"等概念引入韩国哲学讨论的哲学家。例如,他的文章《狂热症的哲学诊断和治疗处方》于 1991 年发表在季刊《哲学与现实》[*Cheolhakgua Hyunsil*(*Philosophy and Reality*)]第 11 期上[8],他的《关于临床哲学的提议》于 1993年也发表在同一期刊第 16 期上。[9]他的思考方式完全保留在现代和 20 世纪的伦理学和现代分析哲学中,没有涉及任何心理学概念或心理治疗方法。在一系列的文章和书籍的研究中,他运用批判性思维和分析方法对各种形式的伦理不合理的偏见(如宗教和政治狂热、责任感和义务适用于非法的忠诚等)或传统价值概念(如父权制或家庭中男性主导地位顺序)进行案例研究。他称之为"哲学疾病"主要有三个原因。

(1) 首先,因为这些概念和偏见将作为一种精神力量发挥作用,不仅会支配思维方式,而且会支配那些被这些概念和偏见所说服或着迷的人的行动和行为方式。

(2) 其次,由于这些概念所引发的行动和行为方式会给他人造成不公正的损害或痛苦。

(3) 第三,只有当行为的被控者自己对这些概念进行批判性分析,并对其进行哲学验证的反思思维过程时,这些概念所导致的行动和行为方式才能被阻止。

8. "哲学咨询与治疗":来自国外的概念

直到 2000 年娄·马里诺夫(L. Marinoff)教授的《要柏拉图,不要百忧解》(*Plato not Prozac*)的韩语译本出版后,"哲学咨询"的概念才在韩国为大众所知。译者本人并非出自哲学专业,而是出自英语文学专业。到目前为止,我可以假定,向韩国公众介绍"哲学咨询"是由马里诺夫教授以一种间接的方式发起的,但在这中间起媒介作用的不是哲学家,而是一位文学专业的学生。[10]

无论如何,自 2000 年以来,韩国哲学家对哲学咨询的兴趣开始增长,第一个诱因是马里诺夫教授,第二个诱因我想是格尔德·B. 阿亨巴赫(Gerd B. Achenbach)博士。我自己首先读了马里诺夫教授的上述著作,这是一本非常有趣和非常有用的书。

他的书还提供了关于现代哲学咨询史的信息:现代哲学咨询始于 1981 年阿亨巴赫博士的"哲学践行与咨询研究所"(Institut für philosophische Praxis und Beratung)的开幕。2004 年 2 月,在这一信息的激励下,我亲自拜访了阿亨巴赫博士。他的研究所位于德国科隆附近一城镇贝吉施-格拉德巴赫(Bergisch-Gladbach)。他太友好了,允许我以哲学咖啡馆的形式参加他周五的例会,在他家过夜,然后第二天就哲学咨询的许多主题与他进行私人交谈。和他的谈话对我很有启发。他从自己的咨询经历中给了我很多宝贵的建议，并鼓励我尽快在韩国开始哲学咨询。

从那时起，我开始为我的学生开设讲座、研讨会和阅读课程，以唤醒他们对哲学咨询的兴趣，并激励他们从实践的角度去阅读东方和西方的各种哲学。

我发现我的一些同事参加了马里诺夫教授在纽约城市大学举办的哲学咨询研讨会，另一些同事去了阿亨巴赫博士的研究所参加了长期的哲学践行和咨询的研讨会。我越来越多的同事开始发表关于咨询和治疗实践的哲学基础的研究文章。他们中的许多人在现象学、诠释学、存在主义哲学家以及20世纪的当代后现代哲学家研究中写出了自己的论文。

国立江原大学人文治疗项目邀请了来自国外的第一代哲学践行者、著名哲学家进行座谈。这对我们来说是非常鼓舞人心的机会，我们可以与教授和实践者娄·马里诺夫、拉伯（P. Raabe）、舒斯特（S. Schuster）和德哈斯（L. de Haas）见面，并与他们举行研讨会。拉伯的《哲学咨询：理论与实践》由金秀培（Soo-Bae Kim）翻译成韩语，于2010年出版。[11]

我们的合作伙伴还有中国哲学教授郑英宰（In-Jae Chung），以及其他许多中国哲学、佛教和佛教冥想方面的专家。他们还想把自己的学者身份应用于哲学咨询和治疗。与他们的有效合作，将使我们的哲学咨询与治疗模式成为一种独特的模式，将使我们未来的咨询师比以往更有资格。

9. 塑造韩国哲学践行模式

我的同事们越来越多地想到一个共同的信念，即坚信：(1)哲学践行和咨询应该被纳入学院和大学的课程；(2)各种形式的哲学践行（包括其中最重要的哲学咨询）也必须在我们的社会扎根。

与此同时，我们对我们这个时代所发现的问题也有一种共同的意识，即我们对以下三点的共同批判观点。

(1)首先，不可否认的事实是，韩国的哲学教育与我们的"生活现实"（living reality）或胡塞尔现象学意义上的生活世界（Lebenswelt）脱节太远。

(2)第二，另一个令人惊讶的不可否认的事实是，现在很多人迫切需要通过哲学智慧来照顾他们的心理健康，这将有效地引导他们实现个人自助。

(3)第三，我们应该致力于共同的目标，将哲学智慧的益处推广到我们社会中每一个需要它的人，并找到实现这一目标所需的所有实际方法。

从2007年7月起，有20到30位哲学家，包括哲学博士、教授、名誉教授和我在内，成为哲学践行的第一个先锋群体。我们组织了关于各种作者和顾问的研究学习小组的会议和研讨会，包括阿亨巴赫、马里诺夫、拉伯、拉哈夫（R. Lahav）、舒斯特、琳德塞斯（A. Lindseth）以及其他许多人。

与此同时，我们必须知道我们的实践战略理念应该是什么，哪些策略对我们在社会上成功地建立哲学咨询和治疗最有帮助。

各种各样的咨询和治疗已经很流行了。因此，我们必须知道如何将哲学咨询和治疗带入解脱，特别是与精神病学、心理治疗、心理学和社会福利进行比较和对比。下列结论似乎对我们今后的活动至关重要。

（4）我们将以哲学咨询和哲学治疗作为我们共同活动的主要目标。所有其他形式的哲学践行将仍然是我们行动的次要目标或补充活动。

（5）我们一起教育和训练自己，首先成为合格的咨询师和治疗师，然后我们定期开设官方课程，并招募哲学咨询和治疗的候选人作为课程的参与者。

（6）成立于 2009 年 6 月的韩国哲学践行学会（Korean Society of Philosophical Practice，KSPP）将是韩国哲学协会（Korean Philosophical Association，KPA）正式授权和认证的唯一机构，并由 KSPP 成员自行授权计划和执行所有必要的活动，以将哲学咨询与治疗建立成为一种职业活动并使其具有职业地位。

（7）我们应该制定系统的培训计划，使我们的咨询师不仅能够胜任咨询师的工作，而且在必要的情况下，还能够胜任哲学治疗师的工作，帮助客户恢复和增强他们的心理健康。我将在此说明理由如下：

· 我们的哲学践行模式将必须满足对病理症状的哲学治疗的现有需求。这些病理症状在我们的社会中非常普遍，并不一定适用于精神病学或精神疗法。没有任何治疗效果的单纯咨询很难获得客户的真正兴趣。

· 我们的哲学咨询与治疗模式应该是合格且有效的，足以在客户服务上与心理咨询竞争。否则，哲学咨询在治疗过程中只能起到辅助作用。

· 我们的哲学践行模型还应该包括几乎所有心理学家和精神病学家在治疗实践中所采用的哲学概念和方法。否则，心理学家就会误解我们的哲学践行，哲学家就会不公正地低估我们的哲学践行。

Ⅲ. 韩国哲学家目前的活动

哲学家们会成功地使哲学践行在韩国社会扎根吗？是的，我相信这一点，因为从两个不同的方面来说，一方面需求是非常广泛的，另一方面哲学家们正在非常努力和非常真诚地为自己做准备。

他们制定了使整个践行体系制度化所必需的相当大部分的章程，包括候选人的教育和培训过程、进入践行的过程以及在他们进入践行行业之后对其活动的延续和控制。

但到目前为止，实际情况是只有极少数的私人客户接受一对一的咨询。相反，大多数哲学践行者从事各种形式的社会服务。他们为无家可归的人主持慈善课程、探访单身母亲的家庭、引导儿童关怀项目与冥想课程、领导在韩国的朝鲜难民关怀项目与国际家庭的关怀项目以及领导预防自杀的课程。

所有这些人都有社会障碍或被孤立，甚至被误解和疏远。哲学智慧的任何益处或任何种类的哲学关怀对他们来说都是必要的。但他们不会自己去寻找哲学家。所以我们哲学家必须发明方法来接近他们。

亲爱的本刊读者和哲学家们，请关注韩国的哲学践行。请鼓励我们。今后与您的任何沟通、交流彼此的经验和意见都将对我们非常有帮助。这将有助于把哲学的益处扩展到世界各地的任何人。

注释

[1] 这篇论文是基于我在 2012 年 7 月 16—19 日在韩国春川市国立江原大学举行的第 11 届国际哲学践行大会暨第四届国际人文疗法大会上的主题演讲 2,有部分删减及重写。

[2] Patricia Shipley & Fernando Leal, "The Perils of Practice: A Critical View of the Practical Turn in Contemporary Philosophy", In Jens Peter Brune/Dieter Krohn (eds.), *Socratic Dialogue and Ethics*, Lit Verlag Münster 2005, p. 128.

[3] Byung-Chul Han, *Müdigkeitsgesellschaft（Society of Tiredness）*, Berlin, 2010. translated into Korean by Tae-Whan Kim, Moonji publishing Co., 2012, p. 23.

[4] 2012 年 6 月 24 日,韩国的一些日报报道了韩国国家卫生和社会福利管理局发布的官方数据。

[5] Byung-Cheol Han, *Müdigkeitsgesellschaft*, translated into Korean by Tae-Whan Kim, Moonji publishing Co., 2012, pp. 11 – 12.

[6] *Yonhap News*, Seoul, June 24. 2012.

[7] *Yonhap News*, Seoul, June 24. 2012.

[8] Young-Jin Kim, "Philosophical diagnosis and prescription against fanaticism", *Cheolhakgua Hyunsil（Philosophy and Reality）*, No. 11, 1991, Seoul, pp. 34 – 45.

[9] Young-Jin Kim, "A proposal for the clinical philosophy", *Cheolhakgua Hyunsil（Philosophy and Reality）*, No. 16, 1993, Seoul, pp. 26 – 37.

[10] L. Marinoff, *Plato Not Prozac*, New York: Harper Collins, 1999; translated into Korean by Chong-In Lee, Hainaim Publishing Co., Ltd., Seoul, 2000.

[11] P. Raabe, *Philosophical Counseling: Theory and Practice*, Westport: Praeger, 2001; translated into Korean by Soo-Bae Kim, Seoul, Sigma Press, Inc., 2010.

参考文献

Byung-Cheol Han, *Mudigkeitsgesellschaft（Society of Tiredness）*, Berlin, 2010; translated into Korean by Tae-Whan Kim, Moonji Publishing Co., 2012.

Young-Jin Kim, "Philosophical diagnosis and prescription against fanaticism", *Cheolhakgua Hyunsil（Philosophy and Reality）*, No. 11, 1991, Seoul.

Young-Jin Kim, "A proposal for the clinical philosophy", *Cheolhakgua Hyunsil（Philosophy and Reality）*, No. 16, 1993, Seoul.

L. Marinoff, *Plato Not Prozac*, New York: Harper Collins, 1999; translated into Korean by Chong-In Lee, Hainaim Publishing Co., Ltd., Seoul, 2000.

P. Raabe, *Philosophical Counseling: Theory and Practice*, Westport: Praeger,

2001；translated into Korean by Soo-Bae Kim，Sigma Press，Inc.，2010.

Patricia Shipley & Fernando Leal，"The Perils of Practice：A Critical View of the Practical Turn in Contemporary Philosophy"，In：Jens Peter Brune/Dieter Krohn (eds.)，*Socratic Dialogue and Ethics*，Lit Verlag，Munster 2005，p. 128.

[作者简介]金俊星(Kim Sung-Jin)，来自韩国江原道春川市翰林大学(Hallym University)，是韩国哲学践行学会(KSPP)的会长。

[通讯方式]sjkphil@hallym.ac.kr

原文出处：Sung-Jin Kim，"Socio-Neurotic Pathology and Philosophical Practice in Korea：Concentrating on Depression，Anger，Violence，and Suicide"，*Philosophical Practice*，Volume 7，Number 3，November 2012：1054 – 1065.

（赵培　译）

监狱中的十年苏格拉底式对话：其范围与局限

詹斯·彼得·布鲁恩(Jens Peter Brune)
霍斯特·格朗克(Horst Gronke)*

在柏林的实践哲学与哲学践行世界里，这并不是一个不寻常的日子：上午 9 点。詹斯·彼得将他的两个孩子带到了幼儿园。霍斯特正赶去给一个部门经理做苏格拉底辅导。上午 11 点。詹斯·彼得正在他的新书《哈贝马斯的法哲学》(*Philosophy of Law of Habermas*)的校对表上做最后的修改。同时，霍斯特抵达自由大学哲学研究所。大约 15 分钟后，他的"哲学和公共事务"课程将开始。下午 2 点。詹斯·彼得接受了柏林地区广播电台的采访，主题是"汉斯·乔纳斯和卡尔·奥托·阿佩尔的责任伦理"(Responsibility ethics of Hans Jonas und Karl-Otto Apel)。与此同时，霍斯特完成了他的日常购物活动，在为未来几天的继续教育课程做准备。该课程的主题是"我们当代社会的乌托邦"。

下午 4 点 30 分。我们在戈尔利茨火车站(Gorlitzer Bahnhof)地铁站见面。我们一起前往位于柏林北部的城市区域特赫尔(Tegel)。在火车上，我们回顾了之前在特赫尔刑罚机构(Justizvollzugsanstalt Tegel － JVA Tegel)所做的苏格拉底式对话的会议记录。

下午 5 点 30 分。我们站在特赫尔监狱的大门前：这座监狱有 1700 到 1800 名囚犯，关押在七个监区，是德国最大的男性监狱。我们按铃；全自动门打开。在厚厚的玻璃柜台后面有一名女警官。我们将我们作为外部员工的身份证件和授权书交出。大约 5 分钟后，我们收到入口通行卡。我们走进等候室。我们挤在一个小区域里，发现有大约 15 人在那儿坐着或站着，他们想要探视被拘留者，那可能是他们的亲戚或伙伴。一分钟后，另一个自动门打开，有人叫"团体训练师"进去。我们将钱包、手机和钥匙串存放在储物柜中。我们的行李由狱警检查。然后另一扇门打开了。我们穿过内院，还有一名官员碰到我们问："你们是做苏格拉底式对话的吗？"我们回答："是的"。"今天，我们想去第 5 监区。"当警官带我们走时，我们身后的门开了又关。大约 10 分钟后，我们到了第 5 监区(TA 5)。在办公室里，我们收到包含参与者列表的文件夹。我们毫不迟疑地进入小组会议厅。这是一个空荡荡的房间，有棕色的桌子和厚厚的铁栅栏窗户。雷纳(Rainer)已经准备好茶和咖啡等着我们了。近 5 年来，雷纳一直与我们合作。他因抢劫罪杀人被判无期徒刑，他几乎没有机会重获自由。

一个接一个的参与者走进大厅，他们形成了一个丰富多彩的混合体：德国人、土耳其

---

* 英文版由纳拉哈里·拉奥(Narahari Rao)博士翻译。

人、阿拉伯人;右翼极端分子;知识分子和辍学者;举止温和的瘦弱的男人和肌肉发达的硬汉;年龄在 25 至 70 岁之间的年轻人和老年人。有些人只参与了几个星期,有些人超过 6 个月。我们闲聊,并与其中一人进行更私人化的对话。现在只剩下我们与囚犯在一起;没有狱警在背后监视。下午 6 点整,苏格拉底式会谈开始,有 10 到 12 名参与者。"艾哈迈德(Ahmad)在哪里?""他今天情绪低落;他没有走出他的牢房。""那弗兰克(Frank)呢?""他稍后会来,他请假出去了,刚刚回到里面。"我们的苏格拉底式对话会持续 8 到 12 次,周期 14 天,每个主题 4 至 6 个月。每节课的持续时间为 2 至 3 小时。我们整个时间都花在一个主题上。任何缺席两次以上的人都将被禁止参加剩余的会议。只有当我们开始另一个主题时,他才能再次加入。

自从我们开始在特赫尔监狱提供苏格拉底式对话以来已有 10 年了。囚犯可以自愿选择是否参与。刚开始的时候,乌韦·尼奇(Uwe Nitsch)和霍斯特·格朗克组成了最小的团体,只有 2 名囚犯参加。6 个月后又有 3 个人加入了。从那时起,人们对我们这个团体的兴趣就越来越大,目前达到了顶峰,柏林苏格拉底小组[1]会在不同的监区为 3 个团体提供服务。苏格拉底式对话在德国享有盛名,地方和国家的新闻媒体时常报道这种对话方式,甚至有一部关于我们对话的电影存在。[2]

根据规定,第 5 监区囚犯的刑期从 10 年到终身监禁不等。第 5e 监区是刑期在 3 到 7 年之间的年轻男性。第 4 区是收容社会治疗的监区,主要由性犯罪者组成,他们的刑期从 2 年到终身不等。

在第 5 区中,我们目前的主题是友谊。在上一次会议中,霍斯特承担了编写会议记录的任务,而詹斯·彼得则负责审议。本次会议开始后,霍斯特在书面会议记录的帮助下,简要介绍了该小组在上一次会议上共同确定的内容。不同寻常的是,今天霍斯特给自己的会议记录起了一个标题叫"黑格尔在特赫尔"。这个标题源于在一个相对较新的参与者尤尔根(Jürgen)身上所发生的事情。尤尔根早些时候在监狱外的生活中是一名记者,嘴里总是准备着一些押韵诗。因为我们谈到了"友谊的精神",经过漫长而艰苦的讨论,参与者达成了共识:友谊不仅仅是"我"和"你"之间的短暂联系,它也可以获得独立地位,使个人成为参与者从而找到方向,而这种方向人无法依靠自身获得。因此,正如黑格尔所说,友谊关系是一个支持性载体,一个"客观精神"(Objective Spirit)。我们把这一点放在我们的流程图上:"客观精神(友谊精神)在群体生活中展开并发展成一个独立实在,这种实在引导主观精神、主观思想(将他人和自己视为好朋友)。"

然而,这次是一个罕见的例外,通常我们完全不会提任何一个哲学家的名字。著名哲学家的著作或他们的睿智名言几乎不出现在我们的交流中。我们来到特赫尔监狱不是为了分享亚里士多德、伊壁鸠鲁、马丁·布伯、弗里德里希·尼采、马丁·海德格尔、路德维希·维特根斯坦、玛莎·努斯鲍姆、赖内·马利亚·里尔克、米歇尔·福柯以及其他思想家和作家的智慧。欧洲的哲学践行者喜欢从这些思想家那里慷慨地传播智慧。在我们的案例中,所说的和写下的内容来自参与者自己的反思活动。苏格拉底式对话的引导者只会时不时地指出,此时在讨论中所发展出来的思想也正是学术哲学中的研究主题。这只是额外地为了确保参与者对自己推理能力的自信。

在有一些新参与者加入的新一轮苏格拉底式讨论中,我们首先讨论苏格拉底式对话的意义和程序。我们要求那些长时间的参与者报告我们的讨论通常是如何进行的。瓦西里(Vasili)立即强调,所有对话在团体内部保密。最重要的是,每个人都能不受拘束地自由地表达自己的想法,也不用害怕所说的话会传到狱警、社会工作者或治疗师的耳朵里。"并且,"刚刚到达的弗兰克补充道,"我们让每个人完成讲话,并认真倾听彼此。"西尔维奥(Silvio)说,"我们有责任就一个主题达成一致,而这个主题本身可能会占用两次会议。"然后我们根据自己的经历回忆和叙述情况,这些经历对所选主题有影响。这又占用了两次会议。只有这样,我们才开始讨论我们对这个主题的看法。"是的,确实如此,"雷纳说,"一开始,这种缓慢的节奏可能会让人疲惫不堪和紧张,但随后人们会感到高兴,因为人们可以将一些实际的东西(一个明确的问题以及对现实生活状况的一次体验)跟讨论内容联系起来。""它是如何继续进行的?"詹斯·彼得问道。这个问题带来了彻底的沉默。对于我们的参与者来说,说出苏格拉底式对话是如何发生的并不容易。当然了,在苏格拉底式对话的过程中,人们相互交谈并专注于一个话题,当卡在某个概念或构想上时就会向不同的方向延伸和扭转。但是,这背后有什么方法吗? 我们的苏格拉底式对话与那些在酒吧里谈论日常事务的谈话有什么区别呢? 在酒吧那样的地方,如幸福、正义、爱情等日常经验的哲学主题也会突然出现。或者,我们的苏格拉底式对话与在自助小组里的治疗性谈话又有什么区别呢? 在自助小组里,人们试图表达他们的个人经验和感受,并获得反馈。弗兰克终于冒险尝试了一次:"例如,我们对一个写在流程图上的句子进行了非常细致的讨论。我们从各个角度解释这个句子。在某个时刻我们突然意识到,一开始我们认为已经理解的句子,实际上是我们无法理解的。我们常常称之为'苏格拉底式的混乱'。我们进一步努力实现清晰。但是,我们很明显是在绕圈子。然而,我们仍然在坚持。苏格拉底式对话的引导者一次又一次地将我们带回到所讨论的句子。然后,突然间,清晰感就会出现,就好像发生了什么,好像一盏灯被打开了。""是的,"伯纳德(Bernd)说,"我们的讨论非常深刻,我们深入思考,直到大家都理解它。""不仅是'被理解',"马克(Mark)插话道,"而且还要经受住仔细的审查。最后的结果应该得到我们每个人的同意。"

在我们在特赫尔监狱提供苏格拉底式对话的早期,我们曾经对我们的方法给出更详细的解释。随着时间的推移,我们注意到它对参与者没有多大帮助:听起来太过学术化了,实际上有些人甚至被吓跑了。我们必须学习和练习参与者的说话方式和思考方式。在企业中进行苏格拉底式对话时,我们必须准确地说明我们如何进行,即我们必须在字面意义上将"苏格拉底式对话"这个主动提议作为针对需求的供给而"售卖"出去。通常,这些需求是手头的问题性状况:团队无法就任务的分工达成一致,部门内部和部门之间的沟通中断,新引进的架构不能获得员工的接受等等类似的情况。在这里,人们期望(通常是在通过习惯性咨询的干预而未能实现可持续解决方案之后)苏格拉底式对话能找到问题的根源,并有助于解决眼前的问题。

在监狱中,情况有所不同。在我们的小组中,参与者有着许多不同的、经常是分散的动机。有些人只是希望做一些有意义的事情来获得改变。其他人想学习如何在一个小组中维护自己。在这样的背景下,通过对方法的解释说明来宣称参与我们对话所带来的好处是完全没用的。参与者只想具体体验我们的工作。在方法论问题上大题小做听起来是一个空洞的喋喋不休,甚至更糟糕的是,那样像是对一种教学措施的传授。哪个成年人想成为教学措施的传授对象? 因此,在新的一轮讨论开始时,我们只注意几个方面。对方法的详细解释发生在讨论本身的主体阶段,即当人们在关于"到底发生了什么"这个问题上普遍产生混乱的时候。

苏格拉底式对话与其他哲学方法或哲学-心理学-实践的混合形式有什么区别? 一个显著的区别在于我们设定的目标:通常,两个人(咨询师-客户二元体)之间的咨询情境旨在揭示个体的基本信念系统的"内在"不一致性。我们的主张不仅是一种苏格拉底式的做法,而且旨在揭示发生在共同形成和共享的意见氛围中的矛盾,个体的思想也是在这种氛围中产生。当某人"内心干净",即她自己的价值体系中没有矛盾,这对我们来说还是不够;她还必须能够以一种一致的方式向他人表达她的观点。这就构成了为什么苏格拉底式对话最好作为一种集体讨论来进行的理由。因为,倾听对方的心声,准确地理解对方,用自己的语言巧妙地重述别人所说的话,所有这些都被苏格拉底式对话视为构成主体间可获得的知识的最基本的方面,而不仅仅是一个单独的传播知识的工具的特征。这些活动不仅是确保良好沟通的工具,而且是构成知识过程核心的要素。通过与他人"哲学"的反向对话,参与者仔细审视并重整他们各自的"哲学"。在我们看来,这就是真正意义上的哲学。这也为苏格拉底式对话与那些以心理治疗为导向的咨询话语(如认知行为疗法或理性情绪疗法)划清了界限。令人误解的是,后者有时被描述为"哲学的"和"苏格拉底式的"。

为了在监狱中进行苏格拉底式对话,我们还需要有一个基本方案,按顺序安排思考步骤。虽然在应用它时很灵活,然而,我们的讨论如何进行需要有一个计划。这与娄·马里诺夫(Lou Marinoff)的咨询实践中的平静法(PEACE)[3]具有某些相似之处。但在某些方面,我们的重点不同,我们尤其不能要求(可能是一劳永逸地)解决这样一个问题的主张。

(1) 对话首先是提出一个"苏格拉底式问题"(Socratic Question),由参与者作为一个群体通过一个深入思考的过程,从自己的生活问题中汲取出来。这些问题中的大多数都取决于囚犯经验范围的三个领域。首先,每天都有监狱例行程序,为有关刑事制度的一个或其他细节提供足够的投诉材料。然后,还要不可避免地对一个人的拘留、审判和羁押情况进行回顾和沉思。最后,随着监禁年数的增加,一个人与亲戚和朋友的关系受到影响。由这些情况引起的苏格拉底式问题经常徘徊在尊重或蔑视尊严,信任和背叛,自由或被迫,责任和内疚,友谊和爱情,取得成功或以失败告终:我们的法律的本质是什么? 它们赋予我们哪些义务和权利? 如何赢得人类同胞的信任? 我欠别人什么? 我们是按照自己的意愿行事吗? 什么时候我有理由强迫别人? 我应该承担什么责任? 什么是友谊? 如何走出一个被困在其中的恶性循环? 是什么让生活有意义?

(2) 下一步是"感知"(perceiving)自己的生活:这通常包括回忆过去那些与苏格拉底问题有关的那些情形。我们称之为苏格拉底式对话的"现象学阶段"。我们一再感到惊讶的是,当我们把那些我们认为最基本的问题与自己生活中的具体经历联系起来时,感觉(包括对我们自己来说)有多么困难。苏格拉底所努力阐明的"哲学问题"的特征,实际上就是将问题与我们的具体经验或实践联系起来时所面临的挑战性。苏格拉底式对话不是纯粹抽象层面的讨论。一个人可能会无数次重复发现自己面临一个终生的决策问题。但是,如果他不能用他所经历的具体经验来证实这一点,那他就不会遇到这个问题;可能他有一些其他问题,或者他自己的生活有选择性的认知缺陷,以至于生活中那些重要的决策实例不属于他的职权范围。

就我们的监狱参与者而言,我们注意到了一种特殊的认知缺陷。他们回忆和叙述自己生活中的情况的能力是正常的,这与维护自己和强迫他人意愿有关。但他们的叙述在涉及生活的"积极"方面、自我实现和塑造美好生活的情况时是非常弱的。仔细想想,这并不奇怪。因为这些人中的许多人的童年都很艰难,他们的父母整天盯着电视、对他们的孩子不感兴趣、酗酒、殴打或虐待他们的孩子,也就是说他们的父母就可能是罪犯。许多囚犯在这样的条件下长大,他们作为孩子时主要关心的是赤裸裸的生存。他们几乎没有机会熟悉精致的享乐或金钱以外的生活质量的问题。在监狱中做苏格拉底式对话的最后几年中,我们注意到这种认识上的缺陷,现在我们经常试图请他们将注意力集中在生活质量的问题上,但没有取得多大成功。感知习惯可能比行动习惯更难改变。举一个例子,在其中一次讨论中,雷纳报告说当他成功离开贫民窟,独自一人住在外面的家中时,他有多么自豪。对于我们的问题("那个家有什么感觉很美丽?你在那个家里喜欢什么?你是怎么在那个家度过你的晚上的?")雷纳说不出任何具体的东西。看来,对他而言,获得自己的家是一个简单的自我肯定的步骤。关键在于他"做到"了。

我们认为,监狱中普遍存在的另一种认知缺陷是囚犯不断遭受的社会教育措施的结果。在社会工作者及治疗师与囚犯的讨论中,他们主要关注的是囚犯的犯罪行为。逐渐地,这将他们的思维视野缩小到他们自己的过去。整个人生似乎只是一连串的刑事行为和可怕的经历。只有在参与我们的苏格拉底式对话足够长的时间之后,他们才会慢慢地概念化他们生活的其他方面。在我们看来,只有当生命的各个方面都落入一个人的理解范围之中时,所谓对人类的"整体"感知才会开始。

(3)作为苏格拉底派,我们认为哲学主要是对可能性条件的探索和审视,使我们的生活方式变得有意义和合理。因此,我们有责任充分理解生活方式,充分诠释生活方式,将自己转移到参与生活的人的情感上。因此,在叙述个人生活经历的阶段之后,我们接下来将注意力集中在理解参与者的意图和态度上。在对话的这个"解释学阶段"(hermeneutic phase),最重要的是,摆脱自我中心角度的能力是习得的,这使人也能够通过他人的眼睛来观察情境。不仅仅是监狱中的对话,在许多苏格拉底式对话中,如果我们达到这个阶段,我们会感到非常高兴。例如戴维·玻姆(David Bohm)的对话方法等许多方法似乎对把这个作为主要目标感到满意。

然而,有些苏格拉底式对话,我们走得比这个阶段更进一步,要么是因为对话持续时间较长,要么是因为参与者具有相当的理解能力,然后积极地影响他人。此外,我们作为主持人会毫不犹豫地推动团队进入下一阶段。

(4) 下一阶段我们称之为"分析阶段"(analytical phase)。这里的任务是评估和概念化情境中的具体行动和事件。例如,艾哈迈德终止了与他的同伴弗雷德(Fred)的友谊,因为后者没有告诉他他的女朋友与另一个人有染。这里艾哈迈德的观点是根据什么判断而形成的? 显然,正如艾哈迈德所说的那样,"弗雷德应该对我真诚"。这就是艾哈迈德认为这段友谊最重要的东西吗? 当被进一步追问几次时,他大发雷霆:"弗雷德应该永远站在我这边。"迈赫迈特(Mehmet)问道:"在这里的'站在我这边'是什么意思?""这是否意味着弗雷德应该支持艾哈迈德想要做的一切?"高级阶段的苏格拉底式对话(例如在6次或7次会议之后)大多数都是由对具体判断的澄清构成的。乍一看似乎很清楚的判断会受到更严格的审查,最终在人类可能的范围内给予它们一种对每个人来说都是"清楚明白"的形式。

(5) 最后必然地就到了"辩证阶段"(dialectical phase),这个阶段在柏拉图那里也是整个人文教育[Bildung,古希腊的派地亚(Paideia)]的最后阶段。哪些"理念"(Ideas)支持我们的具体判断,并使之成为现实? 虽然柏拉图的思想是用"理念"来表述问题的,而今天人们谈论的是"准则"(criteria)——标准、原则、价值观、一般前提和预设等等这些有助于具体命题的意义和正当性之建立的东西。新苏格拉底式对话方法的创始人伦纳德·尼尔森(Leonard Nelson)将这一阶段称为"抽象回归"(abstractive regression)。尼尔森通过"抽象回归"这种表达来意指"哲学化"(philosophisation),旨在将具体的经验和判断与一般的信念联系起来。在我们看来,哲学践行的主要任务是使这些联系透明化,并研究它们如何连贯地融合在一起。另一方面,学术哲学(无论是认知的还是实践的)主要集中在抽象的思想领域。以简化形式进行宣传的结果,以及将这种简化("简化你的生活……")作为一项特殊成就并对其进行赞美,两者共同构成了流行哲学的材料,例如充斥市场的自助书籍(例如《如何在十天内变得快乐》)。这通常是以《哲学践行》为标题出售的,而这与我们的践行是完全不同的。这种流行的实践哲学只是名义上的实践哲学,很少触及日常思维和言语的东西(即具体经验的领域)。事实上,日常生活主要是一个只处理手头任务的领域;演讲中通常有这样的形式:"告诉我,我应该做什么,A或B?"沉迷于对基础的反思与它是格格不入的。偶尔,当一种审视基本态度的良好意图被提出时,它几乎最后总是沦为夸夸其谈。

另一方面,苏格拉底式哲学践行的目标是通过一种有条理的辩证过程来澄清一般的信念,这种过程不断地将它们与具体情境中对话伙伴的判断和经验联系起来。从本质上讲,这个过程可以分为两个部分,然而,这些部分是连续的和必然重叠的:助产(maieutic)部分和反诘(elenctic)部分。前者是柏拉图的"助产术",我们称之为"创造性地寻找那些支撑我们在具体情况下的判断的基本态度和原则"。在逻辑方面,使用查尔斯·皮尔士的逻辑,人们可以谈论溯因推理或最佳解释推理。然而,重要的是要注意到,寻求自己的判断建构的普遍基础不只是沉溺于理论游戏中。重要的是找到一个具有普遍性的东西,以引导某人内心在私密的私人时刻所产生的特定判断。苏格拉底式对话旨在抓住有思想的人的内心生活。否则,人们的谈话只会散布在没有焦点的地方,因为与生活没有关联、缺乏"爱欲"(eros)。最重要的是,搜索过程的中轴线是远离在思想史上长期流传下来的、预先形成的观点[胡塞尔称之为"加括弧"（bracketing）]。因为人类会很快地接收并习惯人们通常所认为的（用海德格尔的话来说）所谓"常人"（one）的想法。例如，我们对友谊的常识性概念是从一个理想化的友谊概念中获得的，这个理想化的友谊概念从哲学传统渗透到我们的日常生活环境中。以亚里士多德为例，真正的朋友也是非常高尚的人。对于蒙田（Montaigne）来说，友谊指的是无误的和独特的（很少有的）灵魂亲属关系。

因此，在伯纳德、马克、尤尔根和塞巴斯蒂安（Sebastian）的讨论中，首先表达了一种对友谊提出很高要求的意见。"朋友"经常出现在特赫尔监狱的对话谈论中，"在这里并不存在朋友。在这里，每个人都只关心自己"。的确，如果一个人把尺度设定得那么高，那么自然就没有朋友了！或者，对于关系紧张或关系破裂的因犯来说并不罕见的情况是，每一个潜在的友谊都背负着恐惧和预防措施的重担，也就是说，伴随这些潜在的友谊所带来的感受和行为方式可能会使那些非常渴望友谊的人处于危险的境地。有一天伯纳德想到了一个不同的想法："是什么使我们有资格获得友谊？我们自己能满足我们对别人提出的这些沉重要求吗？"这种从另一个角度看待问题的建议完全改变了讨论的进程。"我们并不是什么善良的人：尽管如此，我们相信，无论如何，我相信自己能够成为别人的好朋友。"尤尔根说道。啊哈，如果是这样的话，那么有特定弱点（和某些优势）的人之间就有可能产生友谊。它是这样的：必须有不同的友谊，强调不同的东西。在一种情况下，是希望共同做某事，在另一种情况下，是彼此之间不隐瞒，而在另一种情况下，则是彼此之间可以相互依赖的事实为友谊奠定了基础。该小组未能完全成功地从一种意味深长的构想中获得这一见解。苏格拉底式的引导者也没有妄称要承担这项任务。我们冒昧地提出一个试验性建议："友谊出现在生命之网的特定情境中。人们越了解一个人，就越能学会评估在这种情况下维系友谊的因素。当然，人们有这种友谊应该遵循的标准，但是这些标准不是一劳永逸的。它们是以我们在各自背景下适当的生活经验为基础的标准。"

在这段简短的讨论中，人们已经可以看出助产阶段是如何自动进入下一个阶段即"反诘"阶段的。在后一阶段对前一阶段形成的基本的一般原则进行了审查，以确定它们是否自相矛盾。然而，进入这一阶段非常罕见，无论是在监狱里进行 12 次苏格拉底式对话，还是为期一周的密集会议，即我们在苏格拉底引导者协会（Gesellschaft für Sokratisches Philosophieren，GSP ——苏格拉底哲学学会）主持下举行的"苏格拉底周"。许多事情需要适当的时间才能成熟，或者一个愉快的巧合是非常合适的参与者走到一起。如果没有其中任何一个，留给我们的只是暂时摸索前进的尝试。或者，有时，特别是在取得成果至上的商业企业的计划中，苏格拉底式的引导人不得不通过更强有力的内容投入来推进到反诘的阶段。在后一种情况下，即当我们加快"苏格拉底式对话"时，我们明确地克制自己使用"苏格拉底式对话"（Socratic dialogue）一词；相反，我们称我们的活动为"以苏格拉底为导向的对话"（Socratic-oriented dialogue）。[4]在我们关于友谊的对话中，至少在接近尾声的时候，我们谈到了一个理想化的友谊概念如何反而在现实情境中产生了减少友谊的后果。它引起了一种矛盾的行为，这种矛盾也在划定其他形式的人际关系问题中出现。事实上，有一次，甚至将朋友与恶魔区分开来对我们来说也非常困难。关于其他主题的大多数对话也以同样的方式结束。

也许，人们会疑惑，这一切到底意味着什么？

我们经常被问道，通过监狱中的苏格拉底式对话，我们真正打算实现什么目标？特赫尔监狱提供了一系列旨在"减轻监狱常规生活的不良影响"的社会教育措施：戏剧团、合唱团、手工艺团体、文学团体、绘画团体、提高社交能力的团体等。我们的工作是否是将正常生活带进监狱的众多服务之一？例如，正如一名参与者曾经所说的，我们的团体"是否能够使得犯人们拥有一些与监狱不相关的东西？犯人们又是否能够在我们的团体里进行更高层次的交流？"毫无疑问，我们的团体也满足了这种需求。为什么不呢？许多人类活动都有意想不到的积极影响（有时也有消极影响）。具有讽刺意味的是，预期效果本身往往通过间接（而非直接方法）得以更好地实现。例如，对于像是更好地认识到自己的感受、增强自信等等治疗效果，也许可以更容易地通过一种间接的方法（如哲学反思性对话）而不是通过将这些效果作为主要目标的治疗性干预来实现它们。无论如何，我们很高兴苏格拉底式对话的提议被视为一种明智的休闲活动；然后，"伴随而来的体验"将发生在参与者身上。

至于我们讨论的效果，首先出现了一个问题：如何在监狱中使用这种对话？以下是一个可能的答案：我们一方面是在大学和研究项目中工作的哲学研究人员和学术教师；另一方面，我们是试图摆脱哲学象牙塔的学术高地，将哲学带入社会领域的哲学践行者。在这样做的过程中，我们故意克制我们的学术能力，并调整自己，以适应我们客户的行动方式和思维方式。"在社会环境中做哲学"实际上意味着使困难的哲学变得容易，以便人们有所了解。在德国，人们使用"*herunterbrechen*"这个词，意思是"大大简化事情，使那些愚蠢和未受过教育的人也能理解某些东西"。但这不是我们的答案，也不是我们的看法。对我们来说，与普通人进行苏格拉底式对话是一个特殊的智力（和情感）挑战。从中获得的收益会更强烈地渗透到我们的学术和其他哲学践行中，而不是相反。我们认为，这就是"苏格拉底式态度"（Socratic attitude），即学会以更好的方式思考人类生活的基本取向的态度。这难道不是在《柏拉图对话集》里苏格拉底在雅典市场上反复与雅典市民对话时所努力想要做到的吗？其目的是掌握自己和他人的思想，并使其清晰化。我们的目的不是要思考学术哲学已经考虑过的、不断更新的各个方面。作为苏格拉底式对话的引导者，我们的能力包括时刻准备好有条不紊地支持我们的参与者努力对他们的思想进行表达、澄清和审视。通过这一过程可以发现深刻和创新的想法。

一个典型的插曲或许可以清楚地揭示出这个思维过程的强烈的公共性：曾经，在刑事所社会治疗监区的苏格拉底小组中，伯纳德主张监视是属于友谊的一种特征。直觉上，我们都认为这个观点是错误的。在我们看来，友谊和监视似乎不兼容。普遍的看法是，友谊以毫无保留的信任为前提。一旦监视出现，友谊就不复存在了。"好吧，"霍斯特说，"我们发现伯纳德的观点不是很有说服力。但是，让我们仔细考虑下它。我们现在有两种显然相互矛盾的看法，一种是典型的苏格拉底式的悖论：伯纳德认为，'没有监视就没有友谊'，马克和尤尔根认为，'没有毫无保留的信任就没有友谊'。为了研究这一矛盾，让我们提醒自己马克在上次会议中提出的例子。他年轻时有一个朋友。他们之间友谊的产生是因为他们过去经常一起玩。他们相识得很慢。这种友谊是建立在毫无保留的信任基础上,还是建立在相互监视的基础上?"马克自己也犹豫不决。他年轻时的朋友来自一个完全不同的社会阶层。他不可能毫无保留地信任他。难道不是因为彼此的期望一次又一次地得到满足从而使得这种友谊随着时间的推移而发展吗?但是,人们是否应该对彼此的期望是否得到满足保持警惕并把这种警惕称为"监视"呢?鲍里斯(Boris)并不这么认为,所发生的事情在某种程度上不同于"监视"。我们需要一个想法来解决这种差异。伯纳德同意完全放弃"监视"这一概念,并提出了一个新的命题:"友谊不应该建立在盲目信任的基础上,而应建立在睁开眼睛的信任基础上。"这在我们看来似乎更为合理。马克认为:友谊不应该被考验;这种"监视"并不适合友谊,但人们不应该对友谊关系中发生的事情视而不见。这在尤尔根看来似乎有道理。然而,尽管如此,他还是相信他有一个闭着眼睛信任的朋友。这仅仅是个幻想吗?尤尔根只是自欺欺人吗?如何有意义地理解像尤尔根那样的友谊?经过长时间的考虑,我们终于达成了一个一致的观点:友谊是在两个人睁开眼睛的相遇中发展起来的;然而,在这个过程中的某个时刻,可以建立起一种深刻的相互理解,使双方毫无保留地相互信任。尤尔根因此表述:"当一段友谊在长期和相互关注的经历中成熟时,我一定能够闭上眼睛又能信任。"

这些想法对于我们在学术背景下的哲学思想来说也是重要的。在哲学思想史上,思想常常误入歧途,因为在我们看来,它们与日常实践失去了活生生的联系。无论如何,如果一个哲学理论考虑到了我们苏格拉底式对话的"小"结果,就会放弃理想主义的友谊概念,那种概念将一切建立在灵魂的独特亲属关系上。

当然,关于监狱中的苏格拉底式对话目标的疑问有不同的含义。人们想知道我们的对话是否有助于罪犯的改造,是否有助于他们免于应受惩罚的行为。一种依靠获得"洞察力"和"自己的知识"的方法能改变罪犯的生活方式吗?也许,我们可以希望通过治疗性对话或心理教育行为训练获得更好的效果。此外,至少在某种程度上,还存在通过药物控制行为的可能性。

作为对相关疑问的回答,我们首先要问的是,哪种方法会产生哪些不同的影响?一方面,我们必须认识到,提供答案就必须对各种方法进行很难设想的多种类型的实证研究。到目前为止,维也纳高等研究所(The Institute for Advanced Studies)只就关于医疗主题的苏格拉底式对话进行了此类调查。[5]但另一方面,我们在苏格拉底式对话期间从我们自己的观察中可以得到一些东西。通过苏格拉底式对话改善交际行为,例如表达自己思想的能力,或理解和发展他人思想的能力等,这一点并不令人惊讶。但是,我们注意到了一些更重要的事情。与正常生活一样,监狱里的人彼此间也仅有着有限的、肤浅的接触。一位参与者曾这样表述:"在监狱里,我们会在公共汽车站碰巧遇到人。人们看到对方后偶尔会说一两句话,但在公共汽车站或监狱的楼层上,即使相遇多年,彼此仍然陌生。在苏格拉底小组中,情况就不同了:在这里,我们与那些原本可能只会进行肤浅交谈的人进行了深入交谈。我们更加密切地了解对方。"我们想使这一点更加明确:在苏格拉底式对话中,一方可以了解另一方的想法,从而也可以了解自己的想法。不同的思维视野可以相互接触,并相互把握。当然,在我们购买面包的时候,我们会经常与面包店的女性交谈,当我们交出所得税申报表的时候和税务人员聊天,要香烟时会和朋友聊天。因此,我们确实以某种方式了解对方。然而,总的来说,这样的相识并没有达到任何深度。因此,对我们来说,其他人仍然是"陌生人"。不同的文化或者(在我们看来更为重要的是)不同的社会环境无意间将彼此划分界限。在我们苏格拉底式对话的团体里,来自不同背景的人聚集在一起,为我们提供了一个社会现实的浓缩镜像。在我们的许多苏格拉底小组中,我们可以观察到以下现象:那些认为相互理解很困难的人会惊讶地发现,在苏格拉底引导者的支持下,一次旨在认真对待他人思想的深入对话会产生使理解变得容易的效果。

我们已经观察到苏格拉底式对话总体上产生的这些和其他影响。因此,我们在监狱中进行对话的参与者也有望获得这些结果。我们找到好东西了!然而,这还不是对以下问题的答案:在使参与者放弃未来的犯罪行为方面,我们的苏格拉底式对话的贡献与例如治疗性对话有何区别?

即使想回答这个问题,也会是缺乏严肃性的行为。是什么使一个人受到赚快钱(quick money)的诱惑,在行使权力的过程中表现出侵略性的感情或欲望?造成这些现象的可能是完全不同的原因。

因此,在总结本文时,我们想要提出一个非常不同的考虑—— 一个基本的考虑,即指出哲学化的特征。

长期以来,在西方哲学史和宗教史上,人们在关于人类行为的两种来源哪个占首要地位这个问题上一直争吵不休。争论的问题是:究竟是理性(Reason)还是意志(Will)促成了好的或正确的行动?对于希腊哲学家,尤其是苏格拉底、柏拉图和亚里士多德来说,答案很明确:首先是通过理性认识真理或善。因此,这种知识也使人行善。这是苏格拉底的思考方式。即使后来的思想家将苏格拉底对道德行动(virtuous actions)的自动作用(automatism)削弱到了道德认知(virtuous knowing),但或弱或强的意志(will)还是必须遵循洞察力(insight)。好的或坏的行为不是好的或坏的意志的结果,而是好的或坏的知识的结果。这也意味着,自由意志问题实际上是一个涉及判断自由和知识自由的问题。随着基督教的兴起,反对运动取得了进展。这里的问题不是要去知道什么是善并且仅仅遵循自身视之为善的东西,而是要去遵循上帝的旨意。罪恶主要不在于无知,而是在于不服从上帝旨意的自由意志。正确行事的不是智者,而是有纯洁心灵的人。使徒保罗持有这种观点,特别是在他的《罗马书》中。在他看来,只有按照上帝的旨意发生的事情才是合理的。从奥古斯丁和邓斯·司各脱到中世纪,这种趋势变得越来越强烈,尽管在相反的方向上出现了间歇性运动,在中世纪的盛期,托马斯·阿奎那成了它的重要代表。

在现代,这种争论还在继续——现在也变成了哲学与心理学之间的争执。尽管启蒙运动提供了一些口头支持,但将一切立足于意志(权力)的影响已经成为一种趋势。当今心理学-教育学社会工作的主要方向是动机、冲动控制、自我控制以及社会纽带的稳定。

在这篇文章中,我们并没有妄自尊大地提出这场争论的解决方案。然而,如果我们认真对待启蒙运动的思想,那么,在我们看来,承认在为人类行动提供方向时理性见解(insights of reason)的首要地位在逻辑上是令人信服的。自决(Self-determination)或自主(autonomy)假定了通过一种不受约束的意志(无论是上帝的意志还是人们自身的意志)最大限度地远离异质性(heteronomy)或远离被他人决定。[6]只有当意志符合理性的要求时,它才是好的。只有经过理性的审视,才能赢得"善"的称号[康德的"善的意志"(guter Wille)]。自然,人们不能质疑这样一个事实:人的意志并不总是,或者说很少遵循善的意志。当然,在这个领域,我们可以通过教学培训、心理咨询和治疗、威胁制裁等方式取得一些进展。但是,在我们看来,如果不了解善的意志,这些措施就是次要选择。因此,问题应该以不同的方式提出:在什么条件下,理性的知识可以引导意志? 在回答这个问题时,我们不能依靠实证研究来支持自己;我们必须依靠或回溯我们自己和参与者的经验。我们相信,改变行为的最强大和最持久的动机源于个体在与他人对话时为自己想出来的见解。与仅仅通过接受他人而获得的"二手"见解相反,由自己的参与和持久思考产生的见解将被视为个人拥有的财产。人们不能简单地摆脱这种见解。这带来了一个后果:人们所看到的和所做的事情之间可能存在的不一致是令人感到不快的,甚至是痛苦的。从另外一方面来讲,思想和行为之间的和谐一致也会同样令人感到愉悦和充实。我们希望监狱中对话的参与者能够成为自我定义的人。他们根据自己的见解指导自己的行动。为此,我们认为,苏格拉底式对话的哲学方法为实现这一点提供了一个合适的机会。

晚上 8 点 30 分,我们再次离开监狱。晚上 12 点,我们坐在我们钟爱的克罗伊茨贝格咖啡馆(Cafe Kreuzberg)超过 2 个小时。实际上,我们早就应该回家了,因为我们一大早就得去参加一个研讨会。但今晚这里真的很好。啤酒味道很好,葡萄酒使舌头发痒。因此,可以等等再回家。我们明天再次讨论苏格拉底式的合理性(Socratic reasonableness)。

注释

[1] 到目前为止,已有 6 位苏格拉底式的引导者参加了在特赫尔的对话:巴贝尔·贾尼克(Barbel Janicke)、沃尔克·伦德斯(Volker Rendez)、乌韦·尼奇(Uwe Nitsch)、萨比尔·尤塞索瓦(Sabir Yucesoy)、詹斯·彼得·布鲁恩(Jens Peter Brune)和霍斯特·格朗克(Horst Gronke)。

[2] "The conquest of inner freedom",参见:http://www.realfictionfilme.de/filme/die-eroberung-der-inneren-freiheit/index.php.

[3] 问题(Problems)—情绪(Emotions)—分析(Analysis)—沉思(Contemplation)—平衡(Equilibriu)。参见 L. Marinoff (1999), Plato, Not Prozac. New York: Harper-Collins.

[4] 参见:Horst Gronke. "Socratic Dialogue or Para-Socratic Dialogue? Socratic-Oriented Dialogues as the Third Way of a Responsible Consulting and Counseling Practice", in J. P. Brune, D. Krohn (eds.) 2005, Socratic Dialogue and Ethics. Munster, pp. 24 – 35.

[5] 参见:Beate Littig. "Neo-Socratic Dialogue in Practice", *Philosophical*

Practice，November 2010，5.3：685 - 697.

[6]因此,我们的哲学践行自身并不支持尼采对理性的谴责,不支持尼采对自然意志(natural will)(无论是生存意志、权力意志或是诸如此类东西的自然意志)的赞同。

[作者简介]詹斯·彼得·布鲁恩(Jens Peter Brune)和霍斯特·格朗克(Horst Gronke)来自苏格拉底引导者协会。

[通讯方式] Brune：brune@zedat.fu-berlin.de；Gronke：gronke@pro-argumentis.de

原文出处:Jens Peter Brune, and Horst Gronke, "Ten Years of Socratic Dialogue in Prisons：Its Scope and Limits"，*Philosophical Practice*，November 2010，5.3：674 - 684.

（赵培　译）

康复医学中的哲学践行之一：
把握存在性破裂患者的个人成熟潜能

理查德·列维(Richard Levi)

康复医学：范围与特征

康复医学,也称物理医学与康复(Physical medicine and Rehabilitation,PM & R),是从内科分支出来的年轻专业之一。随着医学知识呈指数级增长,一个人完全掌握所有的治疗专业早就变得不可能了。物理医学与康复和家庭医学一样有着专注于整体性的矛盾特征。最重要的是物理医学与康复侧重于疾病或损伤的功能后果,旨在最大限度地减少残存的功能损伤,同时最大限度地提高功能、参与性能力、生活质量和生活满意度。由于大多数器官专家都专注于诊断病因,实施因果治疗。并且只要有可能达到"治愈",物理医学与康复就接管了治疗任务,在这些过于频繁情况下充分利这种治疗是不可能的。大致说来,急性医学关注的是疾病的"是什么"(what),而物理医学与康复则关注"那又怎样"(so what)。与大多数其他专业的情况不同的是,康复医生(在美国被称为理疗师)的作用是协调者,而不是一个单独的参与者。就病人而言,理疗医生的作用比医生通常的作用更像是顾问。总而言之,病人的作用更为重要。在外科手术中,病人的角色通常是在治疗前进入睡眠状态,因此在治疗过程中甚至没有意识,这种工作方式在康复医学中是完全不可能的。不能对被动的患者进行治疗,相反,患者必须是目标设定和优先排序以及实施康复过程的积极参与者,没有人能为病人"做"康复治疗。

尽管如此,物理医学与康复通常是根据过时的还原论和生物医学范式进行工作。许多康复论者继续工作,仿佛笛卡尔的身心二元论是有效的。这种情况是不幸的,必须改变,以便物理医学与康复履行其作为专家其背景下与整个人一起工作的信条。在这里,我们希望找到哲学践行(PP)的关键作用。首先,让我通过一个简短的案例研究来说明当前形势的症结所在。

案例 1：当斯文背部骨折

斯文(化名)是一个 25 岁的单身男子,住在瑞典北部的农村地区。他很早就辍学,当伐木工人。他的爱好完全是身体上的,包括山地自行车、高速公路驾驶、雪地摩托车比赛和踢足球,他的身心一直都很健康。有一天,他在工作时不小心被一堆木头压了下来,导致了第五节胸椎的脊柱骨折并在这个高度以下的完全脊髓损伤(spinal cord injury, SCI)。这让他永久的胸部以下完全瘫痪。在急性期后早期,当斯文意识到他所受的是多么严重的伤害时,他感到非常沮丧和悲伤。精神科医生进行了急性精神病咨询。据精神科医生的说法,斯文患有一种生理性的(即"正常的")危机反应,没有重大精神疾病的迹象,医生给他开了抗焦虑和抗抑郁药物。

接下来的康复过程很顺利,斯文受伤后2个月就出院回家了。他被转诊给全科医生(general practitioner, GP)进行"必要的"随访。回到家后,斯文经历了截瘫的全部后果,这让他以前的生活方式变得不可能。他变得更加绝望,甚至想自杀。他不能回到他原来热爱的工作,也不能再参加他的业余活动。当他向全科医生咨询一些医疗问题时,他会提到自己的绝望、无聊和沮丧的感觉。没有对话,但是抗抑郁药物的剂量增加了。受伤两年后,斯文仍在服用抗抑郁药物。他决定不自杀——至少现在不,但他觉得自己的生活毫无意义。他没有工作,喝了太多酒,晚上大部分时间都泡在电脑前,社交活动也非常有限。

对案例 1 的评论

可悲的是,这是严重创伤或疾病(例如脊髓损伤)后的常见结果。不可避免的功能障碍使斯文无法回到以前的生活方式和习惯。由于他(正确地)没有被认为患有精神疾病,精神病学能提供的和将提供的服务很少。抗抑郁药物的作用非常有限,同样因为没有精神疾病,也因为药物不能消除斯文的存在的空间。

这种可悲的状况是不可避免的吗? 我相信不是。在通过另一个案例进一步讨论这个问题之前,让我强调一下斯文困境的悲剧。这一悲剧无疑包括脊髓损伤所造成的不可逆转的功能损害。对包括物理医学与康复在内的现代医学来说,预防和找到这种神经损伤的治疗方法仍然是一个关键的挑战。这是将来会结出果实的事情。现在对斯文没有任何帮助。应该指出的是,直到 20 世纪中叶,脊髓损伤患者才得以存活下来。超过 80% 的患者在受伤后两周内死亡。很大程度上由于现代康复原则的实施,患者现在通常在受伤后存活几十年,具有良好的身体健康前景,尽管永久残疾。然而,在斯文的病例中,这种生存预后的显著改善仅仅导致生存,而不是"生活"。是的,他活了下来,但主观上却失去了生命的意义。这是因为截瘫患者的生活先天就排除了有意义的生活吗? 一点也不。相反,有许多活生生的例子,通过他们真实的生活故事来证明这些观念是错误的。然而,从"此时此刻"(here-and-now)的角度来看,以案例 1 为例的最大悲剧并不是斯文不可逆转的身体伤害本身,而是代表美国医疗服务提供者未能帮助斯文在新生活中找到意义。这需要通过对话进行合格的、有条件的训练,而不是药物。纯粹的物理干预也不会创造意义,尽管就像药物一样,它们可能有助于增加"功能",从而通过提供更多的选择间接地促进意义的发现。斯文是另一个受害者,因为缺乏旨在解决神经或精神护理部分无法"修复"的问题的关注和服务。斯文生活世界的空虚是物理医学与康复迫切关注的问题,正是这一点使斯文无法享受被拯救的生命。手术很成功,但有时也有人说病人死了。在这里,斯文的身体康复是成功的,但是病人在精神上死亡了。

那么,在这种情况下,适当的干预是什么呢? 我相信一个答案是"对精神正常者的治疗"(therapy for the sane),即哲学践行。为什么? 正如精神病学家证实的那样,斯文是"精神正常的"。不开心? 是的。苦恼的? 是的。悲伤? 肯定是的。精神错乱? 绝对不是。斯文经历了他以前生活的一场破碎———一场"存在性破裂"(existential rupture)。他以前生活中意义的来源对他来说已经不存在了——至少看起来是这样。这样的情况使每个人都成为一段时间的哲学家。这里缺少的"治疗"是对斯文的迫切需要的关注,他迫切需要探索其他途径,以便在受伤后找到生活的意义。下一个案例研究可以说明这个方法的好处。

案例 2:当英加背部骨折

英加(化名)是一位 31 岁的已婚幼儿园教师,住在瑞典中部的一个半城市化地区。高中毕业后,她在家乡的一家中等规模的公司做前台接待。她对体育和文学感兴趣。她结婚两年了,现在正考虑要孩子。在国外度假期间,她一头扎进游泳池的浅水区,脊柱 C6 -7 椎体骨折脱位,导致颈部脊髓损伤,使她的双腿完全瘫痪,手臂也部分瘫痪。此外,她失去了胸部上部以下的所有感觉。伤后急性住院康复期间,英加非常伤心,经常哭泣。联络处的精神病学家没有发现任何精神病理学的迹象,并将她诊断为"危机反应"(crisis reaction)。医生给她开了抗焦虑和抗抑郁药。接下来的康复过程平安无事,但英加表达了对她未来私人生活和工作生活的担忧。她的康复团队中的社会工作者接受了哲学践行方面的培训,并拥有"美国哲学践行者协会"(APPA)附属机构的认证。英加同意在住院期间进行一系列的 10 次对话。这些对话被纳入她的康复计划,该计划里还包括一些常规措施,如物理治疗、挛缩预防、日常生活能力培训(ADLs)等。这意味着她必须减少几个小时的物理治疗,这是各方都可以接受的。社会工作者每隔两周由一位哲学践行者监督。对话会记录在医疗记录中,并在康复小组其他成员定期举行的会议上与他们讨论重点。正如英加在她的对话会谈中获得的见解所表明的那样,康复目标的优先次序不断被重新排列。从医院出院后,英加和社会工作者又安排了四次治疗,先是每周一次,持续两周,然后每月一次,持续两个月。出院三个月后,英加回到了她以前的工作岗位,现在是半日工作(以便有时间进行物理治疗和日常生活能力培训)。一年后,她生了一个儿子。她和丈夫保持着丰富的社交生活,在受伤后两年的门诊随访中,她声称自己过着完全满意的生活。与受伤前的生活相比,她找到了新的意义来源,以补偿那些因身体残疾而失去的意义。因此,她比以前读更多的文学作品,花更多的时间与家人和朋友在一起。现在,作为一名母亲,她把更多的注意力放在这个新的、充实的角色上,而不是她的残疾。她发现,坐在轮椅上绝不会妨碍她成为一个好妻子、好母亲、好朋友。通过反思对她来说真正重要的是什么,她已经在她的"生活哲学"和她现在选择的活动之间获得了比受伤前更好的契合。她说,当时她根本没有意识到自己的人生观。是的,她感到相当快乐,但那只是表面上的,没有经过深思熟虑。她声称,她的持续颈部脊髓损伤所带来的生存危机,让她在生命中其他意外发生之前更早地"停下来思考"。在这种情况下,她觉得她已经受益于得到的动力,审视她的选择和偏好,然后相应地调整她的生活。

对案例 2 的评论

英加与斯文形成了鲜明的对比，说明了许多人都有巨大的应对潜力。但是潜力需要被实现才能发挥作用。英加通过哲学践行得到了这样的机会，而斯文没有。当然，我们不能想当然地认为斯文会接受这样的机会，但考虑到潜在的好处，显然他也应该得到这样的机会。通过将哲学践行整合为英加多模式康复计划的关键部分，她获得了一个机会，首先系统地反思自己的新生活状况，然后采取行动。人们认为，对存在主义问题的额外关注帮助她取得了有利的结果。

"生活能力"：将哲学应用于医疗康复工作

几年来，我一直在思考如何改进目前的康复模式。这个范式的某些方面，例如高度的患者参与和授权，根据一项明确界定的计划开展的多模式和跨学科活动，具有可衡量的里程碑和终点，并关注日常生活中的实际后果，是医学作为一个整体的典范，它应该成为整个医疗改革的蓝图。当然，这些关键方面应该得到保留和进一步发展。但是，在我看来，一些关键的组成部分正在缺失，或者至少严重不发达。其中一个组成部分是哲学践行。每个人的"生活哲学"都会影响到他/她的生活方式。许多疾病和伤害都与有害的生活习惯有关（例如营养过剩和不良、吸烟、滥用药物和酒精、不动、压力）。这些习惯将对残疾人士的生活产生更大的影响，因为这通常会使他们更容易受到各种负面医疗后果和并发症的影响。为了改变习惯向更健康的方向发展，需要有动力。积极改变的动力可以通过不同类型的辅导来促进。

不幸的是，目前的康复范式缺乏对"生活哲学"、生活习惯和激励性工作的明确关注。为此，政府资助的一项名为"生活技能"（Life Competency）的试点项目于 2008 年开始，由瑞典斯德哥尔摩的脊髓基金会与一个私人康复中心、斯德哥尔摩康复站、卡罗林斯卡医学院神经康复科及优密欧大学康复医学科合作。作为项目负责人，我和我的同事在临床康复环境中实施了健康促进和生活方式干预。早在 20 世纪 90 年代末，也就是在目前的课题之前，我们就开始使用认知行为疗法（CBT）来研究动机，以适应康复环境中相关的挑战。因此，这种方法在执行过程中更注重教学而不是心理治疗，强调讲课、阅读和小组讨论。然而，我们认为对"缺陷"或功能失调思维的关注在这个特定的应用程序中有些遗漏。通常，确实有很多非常实际的问题需要考虑。因此，虽然在一定程度上有所帮助，但我们觉得认知行为疗法对我们的危难患者来说并不是最理想的治疗方法。

因此，我们将注意力转向了危机心理治疗。从临床和医学的角度来看，大多数物理医学与康复患者都经历过了重大的生存危机，而这些危机在很大程度上没有引起人们的注意和讨论。尽管"危机管理"连同创伤和损失在实践和文献中都是众所周知的，但通常只强调危机的某些方面。例如，几乎全部的注意力都放在让病人或顾客"度过"危机的"阶段"（即震惊、否认、愤怒等等），然后"回到正轨"上。然而，在康复环境中，这通常既不可能也不充分，在康复环境中，患者通常必须在余生中应对永久性的、有时是渐进性的残疾。此外,在危机中往往隐藏的成熟和"智慧"的机会通常没有得到充分的探索。其中一个例子就是有时被称为"幸运的突破"的人,指的是一个"中途退出"的人,在经历了脊髓损伤之后,他的生活发生了180度的转变,成为一个快乐而成功的人,声称受伤后的生活比受伤前更令人满意。

虽然这样的阳光故事显然与常规相去甚远,但在受伤或重大疾病首次出现后,并没有一个不寻常的临床印象,即出现了改变的"机会窗口"(window of opportunity)。从理论上说,这个机会之窗可能反映了一个人的生活世界的破碎(我建议称之为"存在性破裂"),在那里绝对没有任何东西可以被认为是理所当然的。然而,这种对"所有价值观的重新评估"的开放态度很少是明确的,而且在严重的医疗侮辱的所有其他方面的混乱中也常常被忽略。当然,通过积极提供一个就诸如这些问题进行对话的论坛,我们认为,可以抓住这个机会使病人受益。简单地说,创伤和疾病让"每个人"在一段时间内成为哲学家。技巧在于将哲学践行的供给与患者潜在的咨询需求同步。通过利用这种(暂时的)对改变的开放性态度,我们的经验表明,这将有助于随后生活方式的改变。通过避免回顾性的童年创伤分析,避免对悲伤进行"心理化"(psychologizing),而是专注于"此时此刻"(here-and-now),并尽可能设想一个令人满意的未来,哲学上和关于存在的对话可能确实被证明是一种强大的"对精神正常者的治疗"(therapy for the sane)。

总之,医疗创伤或疾病常常导致"存在性破裂"。这使病人处于一种哲学的思维状态。在这种状态中,对变化持开放态度,并迫切希望探索哲学和存在主义问题。通过在残疾的情况下识别意义的所在,患者不仅可以"度过"危机,还可以从"价值重估"中获益,最终为生活方式的改变创造动力,并在永久残疾的情况下恢复甚至提高生活满意度。

方法说明

在筛选了哲学践行的一些变体,并与一些著名的实践者进行了富有成效的讨论之后,我们决定与"美国哲学践行者协会"(APPA)及其现任主席娄·马里诺夫(Lou Marinoff)教授正式合作。除了是当代哲学践行运动的先驱之一,马里诺夫还可以通过APPA 的认证为该项目提供结构化的教学投入。对于一个试点研究项目来说,能够描述其不同的组成部分当然是必要和可取的,尤其是为了便于随后的复制和扩展。该项目的教育和教学工作实际上包括一个为期一年的雄心勃勃的计划,提供给康复站多学科团队中的各种专业人员,如医生、社会工作者、物理治疗师、护士、职业治疗师等。康复项目的哲学投入有两种形式:1)作为康复方案的一部分,在一名正式合格的哲学践行者的监督下进行个别对话(Individual dialogue session);2)在康复中心里的"哲学咖啡馆"(Philosophical cafés)里讨论与康复相关的概念(如独立、自由、幸福、满足)。

该项目目前已进入第三年,也是最后一年。现在的一个挑战是为对话的执行和记录制定指导方针。我们意识到在哲学践行中关于方法(或无方法)的争议,但是对于这个特定的实施,至少我们希望实施一些程序。在质量保证和基于证据的医疗实践需求的背景下,追求高透明度和可扩展性是很自然的。

从物理医学与康复中（至少在瑞典）已经使用的方法的角度来看，最初的对话侧重于对病人的"生活世界"进行结构化或半结构化的映射，包括具体的事实问题、社会网络、自我观以及"核心价值观"（精神维度）。这种"生活世界分析"（lifeworld analysis）补充并丰富了在每个康复计划开始时作为理所当然的常规检查和映射。在对话过程中，患者可能会在面对医疗现实时找到通向有意义的生活的其他途径，然后这种"重新评估"随后反映在康复目标和行动计划的修改中。

初级康复出院后，日间护理和门诊随访服务最好包括个人和团体的"哲学践行部分"。不仅病人，而且他们的配偶和其他重要的人也可能被邀请参加这些服务。从长远的角度来看，许多病人将需要重新住院或日托，例如，由于疾病进展或与年龄有关的问题，应再次提供哲学践行服务，作为多模式康复服务的一个自然组成部分。在这种情况下，实施哲学践行的价值应该得到科学的评估，就像任何其他治疗方式一样。

划　界

在医学领域实施哲学践行并非没有困难。阻力因行动而异，因国家而异。我们很清楚，我们的项目并不是此类项目的第一次尝试，我们欢迎那些在这方面有经验的人的反馈。撇开非理性的地盘之争不谈，在我看来，有几个真正需要考虑的问题。第一，有些病人当然会同时患有严重的精神疾病。这些人应该接受精神病学专家的咨询，而不是哲学践行。因此，可以推荐某种形式的精神疾病筛查。第二，哲学践行不应该强加于任何人，违背他/她的意愿。在此，重要的是要认识到，患者对受伤或疾病的急性情绪反应存在很大差异。第三，还有时间问题。在至少获得某种程度的情绪稳定之前，开始进行哲学对话可能是不明智的。病人的医疗情况也是如此：在重要功能方面具有一定程度的生理稳定性是进行有意义对话的必要条件。第四，哲学践行必须以一种可以理解的方式呈现给患者，以便其能够就参与与否作出知情的决定。

结　论

在物理医学与康复中，哲学践行似乎是一种很有前途而且确实是非常需要的额外工具、方法或活动，它填补了精神病学和以身体为导向的康复技术之间的空白。严重的创伤和疾病通常会导致"存在性破裂"，病人需要并愿意重新评估生活目标和生活方式。这个时间框架为病人打开了一种"哲学化"（philosophize）倾向的大门，为病人和康复团队提供了机会窗口，使得他们能够捕获病人在个人成长、成熟化以及目标设定调适等方面的潜力，而在标准的护理模式那里，这些潜力往往被浪费了。

致　谢

我要感谢格拉姆·拉古尔斯特里姆（Goran Lagerstrom）先生和脊髓基金会的克拉

斯·霍尔廷(Claes Hultling)教授、奥尔曼·阿夫斯方登(Allmana Arvsfonden)、斯德哥尔摩康复站、脊髓损伤诊所、于奥默大学的社区医学与康复部、卡罗林斯卡医学院神经康复科、凯里亚科斯·西奥多里迪斯博士(Dr. Kyriakos Theodoridis)、扬·阿隆森(Jan Aronsson)先生、迈克尔·罗素(Michael Russell)博士以及所有参与这个项目的朋友和同事。

参考文献

Braddom R.(2006). *Physical medicine and rehabilitation*. Philadelphia：Saunders.

Van Deurzen E.(2009). *Psychotherapy and the quest for happiness*. London：Sage.

Fulford B, Thornton T, Graham G（editors，2006）. *Oxford textbook of philosophy and psychiatry*. New York：Oxford University Press.

Koestenbaum P ＆ Block P.（2001）. *Freedom and accountability at work：applying philosophic insight to the real world*. San Francisco：Jossey-Bass/Pfeiffer.

Lloyd G.G. ＆ Guthrie E.(2007). *Handbook of liason psychiatry*. Cambridge：Cambridge University Press.

Lahav L.(editor, 1995). *Essays on philosophical counseling*. Lanham：University Press of America.

Marinoff L.(2004). *The big questions：how philosophy can change your life*. New York ＆ London：Bloomsbury.

Marinoff L.(2001). *Philosophical practice*. New York：Academic Press.

Marinoff L.（1999）. *Plato，not prozac! applying eternal wisdom to everyday problems*. New York：Harper Collins.

Raabe P.B.（2000）. *Philosophical counseling：theory and practice*. Westport：Praeger.

Schuster S.C.(1999). *Philosophy practice：an alternative to counseling and psychotherapy*. Westport：Praeger.

［作者简介］理查德·列维(Richard Levi)是瑞典于奥默大学(UMEÅ University)康复医学教授及主任,同时也是斯德哥尔摩康复站(Rehab Station Stockholm)的高级医学顾问。

［通讯方式］richard.levi@rehabmed.umu.se

原文出处:Richard Levi, "Philosophical Practice in Rehabilitation Medicine：Grasping the Potential for Personal Maturation in Existential Ruptures", *Philosophical Practice*，July 2010，5.2：607－614.

（陈红　译）

康复医学中的哲学践行之二：可行性与实践实施

同事：安娜卡林·拉格斯特罗姆（Annacarin Lagerstrom）、凯特琳·特拉夫（Catrine Traff）、约翰娜·福克斯（Johanna Fuxe）、基基·爱普生·奥佐雷克（Kicki Epstein-Orzolek）、罗伯托·冈萨雷斯（Roberto Gonzalez）、斯蒂芬·保罗（Stephen Paul）、莫林·拉斯滕（Malin Rasten）

瑞典斯德哥尔摩康复站

引　言

在之前的一篇论文（Levi，2010）中，我们主张在临床医学中进行哲学践行。我们认为，重大伤害或疾病往往伴随着"存在性破裂"，需要重新评估生活目标和调整"生活世界"以适应新的形势。通常，这种对生命、肢体和自主受到威胁的情绪和认知反应既不是精神疾病的原因，也不是精神疾病的结果。此外，只有在这种情况下，"功能失调"的思维才会产生严重的痛苦（认知心理治疗理论）。相反，我们认为，这种存在的"不安"反映了一种迫切的需要，以应对经常发生根本性变化的生活状况。我们的信念是，这种应对和重新定向的过程构成了康复计划的一个组成部分，事实上是不可或缺的一部分。在这种情况下，由于存在的"不安"与医疗条件密切相关，我们很自然地发现存在和哲学对话应该成为康复工作人员的一项任务，而不是被"外包"到其他地方。

本文介绍了在某医疗康复中心工作的 7 名专业人员的临床经验。其目的主要是阐明以下几个方面：

i. 患者是否愿意（或以其他方式）进行对话，重点讨论他们可能具有的关于存在的和/或"哲学"的问题；

ii. 护理者安排此类对话的经验；

iii. 患者为对话选择的主题，以及这些主题与患者整体健康状况的关系；

iv. 对话与康复过程的相关性。

患　者

作为他们康复计划的一部分，23 名参加日间护理和/或门诊康复的患者分别在 4—6

个不同的场合与护理人员进行了一系列预定的个人对话。大多数人因多发性硬化症（MS），一种中枢神经系统的慢性进行性疾病，或创伤性脊髓损伤（SCI），马尾神经脊髓或尾部神经的非进行性损伤而导致残疾。少数患者患有其他严重的神经系统疾病，如肌肉萎缩（muscular dystrophy）和格林-巴利综合征（Guillain-Barré syndrome）。

方 法

在瑞典斯德哥尔摩的一个康复中心，有大约 100 名临床工作人员，其中 17 人自愿参加了一个为期两年的哲学践行研究项目。这个项目是政府资助的一个为期三年的"生活能力"项目的一部分，该项目的目标是通过增加针对生活方式管理和生存支持的活动来改善康复项目。在自行选择的工作人员组中，有医生、物理治疗师、职业治疗师和社工等几个涉及医疗康复的专业人员。培训由作者和两名瑞典专业哲学家基里亚科斯·狄奥多里底斯（Kyriakos Theodoridis）和简·阿伦森（Jan Aronsson）指导。该项目包括一系列讲座、小组讨论、阅读和研讨会。作为一个标准化的组成部分，所有参与者在美国的娄·马里诺夫（Lou Marinoff）教授和迈克尔·J·罗素（Michael J. Russell）教授的监督下，都通过了美国哲学践行者协会（APPA）对相关专业人士的认证。训练结束后，参与者被要求自行选择一段时间进行哲学践行的临床实践，并要求系统地记录一年的活动。七人同意，随后提交了构成本报告基础的材料。在这 7 名专业人员中，有 3 名社工、2 名职业治疗师及 2 名物理治疗师。

没有为对话确定具体的"协议"或"方法"。由护理人员和病人决定对话的内容和会谈的次数。然而，由于这项活动已纳入定期康复计划，所有哲学践行课程都与病人的其他计划康复活动相适应，而且通常必须与固定的康复期相一致，直到出院为止。会谈按照标准程序记录在医疗记录中，在征得患者同意后，也按照标准程序将与患者正在进行的康复有关的信息分享给康复小组。

护理人员为本报告所作的记录不包括病人身份数据。为了确保机密性，对叙述进行了调整。

1. 结果

1.1 病人参与对话的意愿

护理人员在康复过程中以"标准"的方式开始与患者互动，要求提供有关患者当前状况的真实信息。根据职业的不同，这种历史记录将会有不同的调整，尽管有些重叠是不可避免的。例如，物理治疗师会关注与行走有关的问题，职业治疗师会关注日常生活活动，社会工作者会关注社会和经济状况等等。甚至在早期的"标准化"（formalized）对话阶段，与哲学践行相关的问题也常常被提及。

一些例子可以澄清这一早期对话阶段：

案例 1：一名已婚男性，由于脊髓损伤而截瘫和坐轮椅，在受伤后的几年里出现了严重的肥胖。原来他的妻子纵容他吃高热量的食物（她正在做饭）。护理者指出目前的饮食对他的健康有害。这一评论引发了一场关于为他人提供支持和关怀意味着什么的讨论。这是一个善意的问题，还是一个实际效果的问题？

案例2：一位患有多发性硬化症多年的已婚女性，目前从事一份要求很高的工作，她发现兼顾自己的职业职责和私人生活越来越困难。由于她在工作上极具竞争力，她现在要求丈夫和儿子把他们的家维持在她以前所提供的那种完美的秩序中，但现在她再也不能这样做了。这就促使护理人员对她的自我价值标准提出疑问，以及病人将她对完美的要求投射到她的家庭上在多大程度上是合理的。完美是必要的吗？不惜一切代价？

案例3：一位患有多发性硬化症多年的年轻女性告诉我们，她现在在日常生活中什么事情都做不了。在护理人员要求澄清后，病人表示她"处于存在性困惑的状态"。这为一系列关于意义、选择和优先事项的对话打开了大门。在"美好生活"中，真正重要的是什么？

案例4：一位患有进行性多发性硬化症的中年妇女出现了严重的行走困难，现在不得不开始依靠轮椅行走。她感到很沮丧，因为她觉得"被自己的身体背叛了"。她现在走路受限，觉得自己"毫无价值"。然后护理人员提出了个人价值的问题，以及病人是否可能把轮椅看作是一种提高行走能力的手段，而不是残疾的象征。因此，关于轮椅的象征作用和实际作用的讨论开始了。

案例5：一位有两个成年子女的中年已婚妇女，最近在多发性硬化症严重复发后，病情有显著恶化。像其他许多患有多发性硬化症的人一样，她多年来一直在通过越来越努力的尝试来应对，丝毫不降低自己对自己的要求。现在这个方法已经不可能了，她觉得自己完全没用。护理人员建议进行一次对话，讨论是什么让生活和一个人"有用"。这个概念仅仅包含功能度量吗？

案例6：一名笃信宗教的中年男子最近因前列腺癌转移而出现截瘫，目前正在接受康复治疗。在对话中，病人提出了许多关于死亡、罪和救赎的问题。当他试图理清自己的处境时，他强烈地感到有必要被倾听。在这里，精神和宗教动机是最重要的。

护理人员参与哲学对话的总体经验是，这是病人普遍接受的，也是病人要求的。然而，人们认为重要的是不要把"大问题"（big questions）强加给病人，而是要警惕提示病人正在考虑这些问题的线索。最重要的是，从护理人员的角度来看，如果病人表示愿意进行这样的对话，就应表现出一种宽容和开放的态度。

1.2 护理人员参与存在主义或哲学对话的经验

一般来说，护理人员报告说，他们首先必须与病人建立融洽的关系，即信任的关系，然后再介绍与存在主题有关的更私人和敏感的问题。护理人员也强调倾听的能力，而不是提供具体的建议。一位护理人员承认，她最初在试图定义病人的"哲学状况"（philosophical condition）时感到缺乏经验。他们也提到，护理人员最初经历了某些不熟悉的情况，因为他们没有使用标准的工具方法，即快速地将患者的陈述翻译成建议的"解决方案",而是采用一种更现象学的态度,要求患者详细阐述他们的想法,而不过早地打断他们。一些护理人员提到现象学的立场(或态度)对他们来说是一种更好地理解病人的新方法。

1.3　对话中的典型主题

通过分析记录在案的对话语料库,可以确定一些重复出现的主题:

1.3.1　与人格统一性(personal identity)有关的主题:

我现在是谁？我因为疾病而改变了吗？

我现在的身体有缺陷,我作为一个人还有什么价值呢？

1.3.2　与自主性(autonomy)有关的主题:

当我在日常生活中需要私人协助时,我如何能保持完整(integrity)和自主？

1.3.3　与价值和意义相关的主题:

是什么使生活有价值？

尽管我有残疾,我的生命值得活下去吗？

我还能对别人有价值吗？

尽管我有残疾,我在哪里可以找到或者创造我的生活意义？

(我的)生活荒谬吗？

1.3.4　与损失、痛苦和死亡有关的主题:

为什么这种事会发生在我身上？

在我的困境中,是否可以找到或创造一个什么目标？

面对无法治愈的痛苦,自杀是一个可以接受的选择吗？

1.3.5　与负罪感相关的主题:

我的疾病是对我罪孽的惩罚吗？

我是家庭和社会的负担吗？

1.3.6　与期望有关的主题:

我有什么权利要求别人给我补偿？

在忍受痛苦和照顾自己方面,我应该对自己要求什么？

1.3.7　与正义和团结有关的主题:

我可以向别人要求什么？

我的损失如何赔偿？

显然,许多主题是重叠的。此外,清单远非详尽无遗,可以或多或少地具体讨论每个主题,而不是抽象和笼统的讨论。尽管如此,主题给出了许多不同的哲学问题,这些问题是患者努力在困境中达到清晰和连贯的基础。

2. 可行性

从病人和护理人员的角度来看,在康复环境中进行存在主义/哲学对话是一种积极的体验。由于本文呈现的是一个试点项目,因此没有尝试正式的结果评估。然而,由于在康复环境中患者选择的存在主义或哲学对话的主题在目标设定和康复过程方面具有高度相关性，因此考虑将此能力加入任何综合康复计划似乎是明智的。在此背景下，"循证的"（evidence-base）哲学践行需要进一步的研究。

3. 讨论

如上所述，从本项目得出的结论必须是暂定的和临时的。在评估结果时，应特别考虑以下因素：

（1）员工被提供了为期两年的入门课程，其中包括"美国哲学践行者协会"（APPA）的附属会员认证。在自我选择并完成课程的小组中，还有一个更深入的自我选择步骤，即由参与当前项目的 7 名专业人员完成。虽然筹备工作可能有些过于野心勃勃，但我们强烈认为，应该通过参加美国哲学践行者协会课程来实施员工教育，以确保工作的严肃性。

（2）未采用明确的"方法"与患者进行哲学化。因此，目前仍不清楚我们的"哲学"抱负是否显著改变了"治疗环境"，以及即便它已经改变了，我们也还是不清楚这种改变是否明确地对患者有益。

考虑到这些限制，我们的结论是，对残疾和康复的概念和存在方面的新的开放态度实际上得到了我们病人的普遍接受和赞扬。我们强烈地感到，通过把这样的对话作为康复治疗的一部分，那些令人难堪的替代方案（这些方案要么无视病人想要讨论"深层"问题的每一次尝试，要么把这些病人转给精神病治疗）变得多余了。

物理医学和康复需要大量的生物医学技能。这些能力通常在专业工作人员中得到很好的发展。通过使工作人员也有能力参与处理存在主义问题和哲学问题的对话，病人获得了新的选择，他们可以选择与谁讨论基本问题，而不管这个人是物理治疗师、社会工作者、医生还是其他任何人。对话可以在病人选择的时间和地点进行。我们的结论是，哲学践行有希望成为临床康复的一个有用的组成部分。希望进一步的研究能够阐明这种"对精神正常者的治疗"（therapy for the sane）（Marinoff，2004）更确切的用途和好处。

参考文献

Levi，Richard.（2010）."Philosophical Practise in Rehabilitation Medicine：Grasping the Potential for Personal Maturation in Existential Ruptures"，*Philosophical Practice* 5.2：607 - 614.

Marinoff，Lou.（2004）. *Therapy for the Sane*. New York & London：Bloomsbury.

［通讯方式］richard.levi@rehabmed.umu.se
同事：
安娜卡林·拉格斯特罗姆（Annacarin Lagerstrom），理疗师，理学硕士，annacarin.lagerstrom@rehabstation.se

凯特琳·特拉夫(Catrine Traff)，职业治疗师，citrine.traff@rehabstation.se

约翰娜·福克斯(Johanna Fuxe)，社会工作者，Johanna.fuxe@rehabstation.se

基基·爱普生·奥佐雷克(Kicki Epstein-Orzolek)，职业治疗师，kicki.epstein-orzolek@rehabstation.se

罗伯托·冈萨雷斯(Roberto Gonzalez)，社会工作者，roberto.gonzalez@rehabstation.se

斯蒂芬·保罗(Stephen Paul)，社会工作者，Stephen.paul@rehabstation.se

莫林·拉斯滕(Malin Rasten)，物理治疗师，malin.rasten@rehabstation.se

原文出处：Richard Levi and colleagues, "Philosophical Practise in Medical Rehabilitation II: Feasibility and Practical Implementation", *Philosophical Practice*, November 2011, 6.3: 844 - 49.

（陈红　译）